思想的・睿智的・獨見的

經典名著文庫

學術評議

丘為君　吳惠林　宋鎮照　林玉体　邱燮友
洪漢鼎　孫效智　秦夢群　高明士　高宣揚
張光宇　張炳陽　陳秀蓉　陳思賢　陳清秀
陳鼓應　曾永義　黃光國　黃光雄　黃昆輝
黃政傑　楊維哲　葉海煙　葉國良　廖達琪
劉滄龍　黎建球　盧美貴　薛化元　謝宗林
簡成熙　顏厥安（以姓氏筆畫排序）

策劃　楊榮川

五南圖書出版公司 印行

經典名著文庫

學術評議者簡介（依姓氏筆畫排序）

- 丘為君　美國俄亥俄州立大學歷史研究所博士
- 吳惠林　美國芝加哥大學經濟系訪問研究、臺灣大學經濟系博士
- 宋鎮照　美國佛羅里達大學社會學博士
- 林玉体　美國愛荷華大學哲學博士
- 邱燮友　國立臺灣師範大學國文研究所文學碩士
- 洪漢鼎　德國杜塞爾多夫大學榮譽博士
- 孫效智　德國慕尼黑哲學院哲學博士
- 秦夢群　美國麥迪遜威斯康辛大學博士
- 高明士　日本東京大學歷史學博士
- 高宣揚　巴黎第一大學哲學系博士
- 張光宇　美國加州大學柏克萊校區語言學博士
- 張炳陽　國立臺灣大學哲學研究所博士
- 陳秀蓉　國立臺灣大學理學院心理學研究所臨床心理學組博士
- 陳思賢　美國約翰霍普金斯大學政治學博士
- 陳清秀　美國喬治城大學訪問研究、臺灣大學法學博士
- 陳鼓應　國立臺灣大學哲學研究所
- 曾永義　國家文學博士、中央研究院院士
- 黃光國　美國夏威夷大學社會心理學博士
- 黃光雄　國家教育學博士
- 黃昆輝　美國北科羅拉多州立大學博士
- 黃政傑　美國麥迪遜威斯康辛大學博士
- 楊維哲　美國普林斯頓大學數學博士
- 葉海煙　私立輔仁大學哲學研究所博士
- 葉國良　國立臺灣大學中文所博士
- 廖達琪　美國密西根大學政治學博士
- 劉滄龍　德國柏林洪堡大學哲學博士
- 黎建球　私立輔仁大學哲學研究所博士
- 盧美貴　國立臺灣師範大學教育學博士
- 薛化元　國立臺灣大學歷史學系博士
- 謝宗林　美國聖路易華盛頓大學經濟研究所博士候選人
- 簡成熙　國立高雄師範大學教育研究所博士
- 顏厥安　德國慕尼黑大學法學博士

經典名著文庫215
叔本華《附錄和補遺》第二卷
Parerga und Paralipomena II

[德] 亞瑟・叔本華(Arthur Schopenhauer) 著
韋啓昌 譯

經典永恆・名著常在

五十週年的獻禮・「經典名著文庫」出版緣起

總策劃 楊榮川

閱讀好書就像與過去幾世紀的諸多傑出人物交談一樣

——笛卡兒

五南,五十年了。半個世紀,人生旅程的一大半,我們走過來了。不敢說有多大成就,至少沒有凋零。

五南忝為學術出版的一員,在大專教材、學術專著、知識讀本出版已逾壹萬參仟種之後,面對著當今圖書界媚俗的追逐、淺碟化的內容以及碎片化的資訊圖景當中,我們思索著:邁向百年的未來歷程裡,我們能為知識界、文化學術界做些什麼?在速食文化的生態下,有什麼值得讓人雋永品味的?

歷代經典・當今名著,經過時間的洗禮,千錘百鍊,流傳至今,光芒耀人;不僅使我們能領悟前人的智慧,同時也增深加廣我們思考的深度與視野。十九世紀唯意志論開創者叔本華,在其〈論閱讀和書籍〉文中指出:「對任何時代所謂的暢銷書要持謹慎的態度。」他覺得讀書應該精挑細選,把時間用來閱讀那些「古今中外的偉大人物的著作」,閱讀那些「站在人類之巔的著作及享受不朽聲譽的人們的作品」。閱讀就要

「讀原著」，是他的體悟。他甚至認為，閱讀經典原著，勝過於親炙教誨。他說：

> 「一個人的著作是這個人的思想菁華。所以，儘管一個人具有偉大的思想能力，但閱讀這個人的著作總會比與這個人的交往獲得更多的內容。就最重要的方面而言，閱讀這些著作的確可以取代，甚至遠遠超過與這個人的近身交往。」

為什麼？原因正在於這些著作正是他思想的完整呈現，是他所有的思考、研究和學習的結果；而與這個人的交往卻是片斷的、支離的、隨機的。何況，想與之交談，如今時空，只能徒呼負負，空留神往而已。

三十歲就當芝加哥大學校長、四十六歲榮任名譽校長的赫欽斯（Robert M. Hutchins, 1899-1977），是力倡人文教育的大師。「教育要教真理」，是其名言，強調「經典就是人文教育最佳的方式」。他認為：

> 「西方學術思想傳遞下來的永恆學識，即那些不因時代變遷而有所減損其價值的古代經典及現代名著，乃是真正的文化菁華所在。」

這些經典在一定程度上代表西方文明發展的軌跡，故而他為大學擬訂了從柏拉圖的《理想國》，以至愛因斯坦的《相對論》，構成著名的「大學百本經典名著課程」。成為大學通識

教育課程的典範。

　　歷代經典・當今名著，超越了時空，價值永恆。五南跟業界一樣，過去已偶有引進，但都未系統化的完整舖陳。我們決心投入巨資，有計劃的系統梳選，成立「經典名著文庫」，希望收入古今中外思想性的、充滿睿智與獨見的經典、名著，包括：

- 歷經千百年的時間洗禮，依然耀明的著作。遠溯二千三百年前，亞里斯多德的《尼各馬科倫理學》、柏拉圖的《理想國》，還有奧古斯丁的《懺悔錄》。
- 聲震寰宇、澤流遐裔的著作。西方哲學不用說，東方哲學中，我國的孔孟、老莊哲學，古印度毗耶娑（Vyāsa）的《薄伽梵歌》、日本鈴木大拙的《禪與心理分析》，都不缺漏。
- 成就一家之言，獨領風騷之名著。諸如伽森狄（Pierre Gassendi）與笛卡兒論戰的《對笛卡兒沉思錄的詰難》、達爾文（Darwin）的《物種起源》、米塞斯（Mises）的《人的行為》，以至當今印度獲得諾貝爾經濟學獎阿馬蒂亞・森（Amartya Sen）的《貧困與饑荒》，及法國當代的哲學家及漢學家朱利安（François Jullien）的《功效論》。

　　梳選的書目已超過七百種，初期計劃首為三百種。先從思想性的經典開始，漸次及於專業性的論著。「江山代有才人出，各領風騷數百年」，這是一項理想性的、永續

性的巨大出版工程。不在意讀者的眾寡，只考慮它的學術價值，力求完整展現先哲思想的軌跡。雖然不符合商業經營模式的考量，但只要能為知識界開啓一片智慧之窗，營造一座百花綻放的世界文明公園，任君遨遊、取菁吸蜜、嘉惠學子，於願足矣！

　　最後，要感謝學界的支持與熱心參與。擔任「學術評議」的專家，義務的提供建言；各書「導讀」的撰寫者，不計代價地導引讀者進入堂奧；而著譯者日以繼夜，伏案疾書，更是辛苦，感謝你們。也期待熱心文化傳承的智者參與耕耘，共同經營這座「世界文明公園」。如能得到廣大讀者的共鳴與滋潤，那麼經典永恆，名著常在。就不是夢想了！

二〇一七年八月一日　於
五南圖書出版公司

目　錄

（就多個不同話題所作的分散但有系統安排的思考）

第 1 章	論哲學及其方法	1
第 2 章	論邏輯和辯論法	19
第 3 章	對智力及其相關東西的思考	31
第 4 章	對自在之物與現象的一些對照考察	91
第 5 章	略論泛神論	99
第 6 章	論哲學和自然科學	103
第 7 章	關於顏色理論	175
第 8 章	倫理道德散論	185
第 9 章	論法學和政治	225
第 10 章	我們的真正本質並不會因死亡而消滅	251
第 11 章	生存空虛學說的幾點補充	269
第 12 章	論生存的痛苦與虛無	277
第 13 章	論自殺	293
第 14 章	生存意志的肯定和否定學說的補遺	299
第 15 章	論宗教	311
第 16 章	梵文文學散論	383
第 17 章	考古散論	393
第 18 章	神話方面的一些思考	399
第 19 章	關於美和美學的形上學	407
第 20 章	論判斷、批評和名聲	447

第 21 章	論學者和博學	475
第 22 章	論自爲的思考	487
第 23 章	論寫作和文體	499
第 24 章	論閱讀和書籍	555
第 25 章	論語言和詞語	567
第 26 章	心理散論	585
第 27 章	論女人	623
第 28 章	論教育	637
第 29 章	論面相	643
第 30 章	論噪音	651
第 31 章	比喻和寓言	655

一些詩歌	665
人名索引	675
叔本華年表	697

第 1 章　論哲學及其方法

1

我們所有知識和科學的支撐基礎是不可解釋之物。所以，每一種解釋經過或多或少的中間環節，最終都會回到那不可解釋之物，正如測量大海深度的鉛錘，無論投放在大海何處，都必然抵達或深或淺的海底。這不可解釋之物屬於形上學探究的內容。

2

幾乎所有人都總是認為自己是一個這樣或者那樣的人，具有由此推論出來的這樣或者那樣的素質，但卻很少想到他們根本就是一個普遍意義上的人，有著由此引出的普遍人性。是否認識到這一點是至為重要的。堅持第 2 種更甚於第 1 種主張的極少數人是哲學家。其他人傾向於第 1 種看法，原因就是總體而言，他們在事物當中只是看到個別、零星的個體，而不是事物普遍性的東西。只有智力天賦更高的人，根據其思想的卓越程度而相應在單個事物中越來越多地看到事物的普遍性。這一重要的差別完全滲透於人的認知功能，以致我們對最平凡、普通事物的直觀也因此呈現出差別。所以，頭腦卓越的人和智力平庸之輩各自對普通事物的觀察和看法已經大不一樣。這種從每一單個呈現的事物中把握其普遍性，也對應與吻合我名為不帶**意志**的純粹認識主體和定義為事物柏拉圖式理型的主體對應物，因為只有當認知瞄準了事物的普遍性，認知才可以處於不帶意志的狀態。相較之下，意志**打算**的對象物則是單一、個別的事物。所以，動物的認知嚴格侷限於這些單個事物，因而動

物的智力完全為動物的意志服務。而思想智力瞄準事物的普遍原理，則是要在哲學、詩歌和總體而言藝術、科學真正有所建樹的必不可少的前提條件。

對**為意志服務的智力**而言，亦即在智力的實際事務應用中，就只有**個別、單一的事物**；對追求藝術或者科學的智力，亦即自為活動起來的智力，就只有事物的普遍性，事物整個的類別、物種和理念，**因為甚至造型藝術家也只是旨在個體當中表現出理念**，亦即種類。這是因為**意志**只是直接瞄準個體事物——這些才是意志的真正對象，因為也只有這些個別事物才具有經驗的現實性。而概念、類別、物種則只能非常間接地成為意志的目標。所以，粗人不會感知普遍的真理，但思想天才卻忽略和無視個體的事物。如果被迫糾纏於構成了實際生活素材的單一、個別的東西，那對於天才就是令人難受的苦役。

3

探索哲學的兩個首要條件是：具備勇氣不把疑問留在心裡；把一切所謂**理所當然**的事情引入清晰的意識之中，以發現問題。最後，要真心探究哲學，我們的精神思想必須是真正空閒的：不能帶有任何目的，亦即不能受到意志的指揮，而是全神貫注地接收直觀世界和自己的意識所給予的教誨。相較之下，哲學教授卻是惦記著自己個人的利益和好處，以及能帶來這些利益和好處的東西——這些才是他們所關切的。這就是為什麼他們根本看不到如此之多再清楚不過的東西，甚至哲學的問題也從來不曾進入過他們的知覺意識。

4

文學家把生活、人的性格和人的處境之畫面展現給我們的想像

力，把所有這些圖像活動起來，然後讓每一個人透過這些畫面盡其思想所能去思考。所以，文學家可以同時滿足思想能力參差不一的人，不管他們是傻瓜還是智者。但**哲學家**並不以此方式展現生活，而是對生活抽絲剝繭，概括出成熟、完善的思想。現在，哲學家就要求他的讀者以他本人同樣的方式、同等的程度去思考。所以，哲學家只有很小的讀者群。據此，我們可以把文學家比作帶鮮花來的人，而哲學家帶來的則是鮮花的精華。

　　文學作品相對哲學著作還擁有這一巨大的優勢：文學的眾多作品可以同時並存而又不會互相干擾和妨礙。而且那些彼此差異極大的作品也可以同時為同一個思想的人所欣賞和珍視。相較之下，某一哲學體系在這世上甫一露面，就已經睥睨著它的兄弟姊妹，處心積慮要毀滅它們，就像上臺登基的亞洲國家的君主一樣。這是因為正如一山只容一虎，同樣，只有**一種**哲學可以君臨天下。也就是說，哲學體系就其本質而言是孤獨、不喜交際的，一如那些孤獨坐守絲網的每一隻蜘蛛：牠們現在就看著蒼蠅自投羅網。而一旦一隻蜘蛛向另一隻蜘蛛靠近，那就是想要一場你死我活的搏鬥。因此，文學作品和平共處，就像安靜吃草的綿羊，但哲學著作就是天生的猛獸；那種破壞和毀滅一切的欲望使它們甚至成為要吞噬自己同類的蠍子、蜘蛛、昆蟲幼體一類。它們來到這一世上，就像從傑森的龍牙種子冒出來的全副披掛的武士，在此之前同樣是經歷了一番自相殘殺。這場爭鬥已經持續了兩千多年，會有最終的贏家，天下從此可以歸於太平嗎？

　　由於哲學體系具有這一爭辯好鬥的本性，這一「群雄並起，互相廝殺」的特質，所以哲學家要獲得認可和名氣，難度比文學家要大無數倍。文學作品只要求讀者進入為其提供娛樂消遣或者鼓舞昇華的系列文字之中，為此花上幾個小時的時間。但哲學家的著作卻試圖使讀者的整個思想模式來個翻天覆地的變化。它們要求讀者宣布自己在此之前，在這一門學科裡所學過的、相信過的東西都是錯的，所花的時間、精力全

[16]

都白費了，現在必須從頭開始。他們至多只能保留某一位前任哲學家的部分思想，以便在此之上重建基礎。此外，現存哲學體系的每一個教授者也都因職位所致而成了與新的哲學體系較勁的強力對手。而且有時候甚至國家政府也會把其偏愛的哲學體系納入保護傘下，並且透過強有力的物質手段，防範和阻撓其他學說的傳播和流行。再者，如果我們考慮到哲學著作的讀者群與欣賞文學作品的人數之比，恰如願意聆聽教誨的讀者與想要尋求消遣、娛樂的人數之比，那麼，一個哲學家的出場究竟會是怎樣的「凶多吉少」——這我們自己就可以下判斷了。但當然，哲學家能夠得到的酬勞是思想家及經過很長時間才會出現的、不分國籍的、爲數不多的出類拔萃者所給予的鼓掌和喝采。而大眾則是逐漸地、基於權威地學會敬重這位哲學家的名字。據此，同時也因爲哲學的進展對整個人類發揮著雖然緩慢，但卻深遠的影響，哲學家的歷史與帝王的歷史一起，自千百年來並肩排列；帝王比哲學家的數目要多百倍。因此，一個哲學家能爲自己在哲學家的青史中留下名字，就是相當偉大的事情。

5

[17] 哲學作者是嚮導，他的讀者則是旅遊者。如果他們要想一起抵達目的地，首先就必須一起出發；換句話說，作者必須把讀者置於一個肯定是共同的立足點和審視角度——而這不是別的，正是我們每一個人所共有的經驗意識。在此，作者緊牽著讀者的手一步一步地引領他，沿著山間小路，盡力登上雲外的高處。**康德**就是這樣做了：他從對事物和自身的完全普通的意識出發。相較之下，試圖把下面這些作爲出發點卻是多麼顛倒和荒謬：據稱是對超自然、超物理的關係或者事件，甚至對超感覺的知覺理性，再不就是對某一絕對的、自爲思考的理性的智力直觀！因爲這就意味著從無法直接言說的認識立場出發——這樣，讀者從出發

起就已經不知道自己是和作者站在一起，抑或離他有千里之遙。

6

我們自己認真靜思和琢磨一樣事情與跟別人交談這件事，兩者的關係猶如一個活的有機體與一臺機器的比較。這是因為只有在第 1 種情形裡，所有的東西才好像來自某一整體，或者用一個調子發出聲音，因此，這可以達到完美的清晰度和真正的連貫性；但在第 2 種情形裡，不同出處並且各自差異懸殊的部件被湊合在一起，以強行產生某種統一協調的運動，但往往會出其不意地停止下來。也就是說，我們只能完全透澈地明白我們自己，對其他事物我們都只能是一知半解，因為我們頂多只能把概念集合起來，而不能把這些概念的基礎——直觀了解——統一起來。因此，採用對話中的共同思考的方式，永遠不可能發掘出深刻的哲學真理。但這樣的對話卻有助於我們預先演習一番，找到和釐清需要解決的問題，以及對隨後提出的解答加以檢驗、核實和評判。柏拉圖的《對話錄》就是在這一意義上撰寫的，也因此，柏拉圖學派分流出第 2 和第 3 個學院派別，其懷疑的態度有增無減。對話文字作為傳達哲學觀點的一種形式，只有在被討論的話題可以有兩個或者兩個以上完全不同，甚至彼此相反的觀點時才是恰當適宜的。對於這些不同觀點，要麼交由讀者自己判斷，要麼就把這些不同的觀點集合起來，以補足並完整地正確理解這話題。如果是前者，那就應有對反對意見的反駁。為此目的而選取對話形式的話，那觀點的差異就必須從根本上突出地、明顯地表達出來，以達到真正的戲劇性：兩種聲音確實是在對話。如果沒有這樣的目的，那這種對話就只是要貧嘴閒聊而已——就像絕大多數的對話那樣。

[18]

7

討論和比較別人所說過的東西不會特別增加我們的眞知和灼見，因爲這樣做始終就像只是把水從一個容器注入另一個容器而已。只有透過自己對事物的觀察和思考才可以眞正充實我們的眞知和灼見，因爲事物才是永遠近在眼前、隨時準備好的活的源泉。所以，看到那些一心一意要做哲學家的人總是在第 1 條道上走到黑，而對第 2 條途徑則似乎一無所知；總是糾纏於某某人說過這樣或者那樣的話，某某人的意思到底是這樣還是那樣，以致就好比一次次重複地把舊瓶子倒轉過來，以防遺漏了瓶裡留存的一兩滴水，而對自己腳下潺潺流過的活水卻視而不見——這樣的情景讓人百思不得其解。沒有什麼比這更清楚地暴露出這種人的無能和更有力地指控他們那貌似深刻、獨創和煞有其事的表情就是欺騙。

[19]

8

那些希望透過熟讀哲學史而成爲哲學家的人，更應該從其閱讀的哲學史中了解到：哲學家就像文學家一樣，只能是**天生的**，並且前者比後者更加稀有。

9

哲學的一個奇怪和不當的定義就是：哲學是一門**由純粹的概念**組成的學科。甚至**康德**也做出了這一定義。其實，我們所擁有的概念不是別的，而是概念中所貯存的從直觀認識那裡借來、乞求來的東西，而直觀認識是我們一切眞知的眞實和永不枯竭的源泉。所以，眞正的哲學並非只是用抽象的概念編織而成，而只能建基於觀察和經驗，不管是對外在

的還是對內在的東西。要在哲學上做出點扎實成績，也不是透過試圖組合概念就可以的，而我們當代的詭辯主義者，如費希特、謝林之流，就尤其習以爲常地玩弄這一手法，而黑格爾則在這方面發揮得讓人至爲厭惡。施萊爾馬赫則是在道德理論上運用這一手法的佼佼者。哲學一如藝術和文學，其源泉就是對這一世界的直觀把握。再者，人們無論怎樣保持抬高著頭，但世事也不至於如此冷血，以致不會最終讓整個人全部身心地投入行動和感受到完全澈底的震撼。哲學不是一道代數題，相反，就像**伏維納古**正確無誤地說過的：「偉大的思想從心而出。」

10

就總的和大的方面而言，我們可以把各個時期的哲學理解爲就像鐘擺一樣地在**理性主義**和**啓蒙主義**之間，亦即在應用認知的客觀源頭和認知的主觀源頭之間擺盪。

理性主義所具有的器官，就是原初唯獨只爲服務於**意志**而設的智力，所以是**面向外在的**；理性主義首先是以**教條主義**的身分出現的。作爲教條主義，理性主義是持完全**客觀的**態度的。然後，這教條主義就轉變爲**懷疑主義**，並因此而最終成了**批判主義**。批判主義想要透過考慮到**主體**而調解爭端，那也就成了超驗（先驗）哲學。所謂**先驗哲學**，我的理解就是所有從這一事實出發的哲學，即其最近的和最直接的對象物並不是事物，而唯獨是人對事物的**意識**，因此這意識是永遠不可以無視和不理的。法國人很不準確地把這稱爲「心理學的方法」，在這名稱之下的就是他們所理解的不帶成見地從客體，或者從客觀上思維出來的概念出發的哲學，亦即教條主義。到達了這一地步以後，理性主義就認知到：其研究原則和推理方法就只是抓住了**現象**，但並沒有抵達事物那最終的、內在的和自身固有的本質。

在所有的階段，**光明主義**與理性主義都表現爲對立、矛盾的，但在

[20]

此階段則尤其如此；光明主義本質上是**投向內在的**，其研究原則和方法則是內在覺悟、智力的直觀、更高級的意識、直接認知的理性、對上帝的意識、合一等等，而把理性主義貶爲「自然之光」。那麼，如果同時還把一種宗教作爲其基礎，那就成了**神祕主義**。它的根本缺陷就是它的認知**無法傳達**，部分是因爲對於內在的感知並沒有判定不同主體的客體同一性的規範，另一部分則是因爲這樣的認知必須透過語言來傳達，但語言是爲了智力那**投向外在**的認知的目的而形成，以由那些認知而來的抽象爲手段，完全不適用於表達從根本上有別於那些認知的內在狀態，而這些狀態就是光明主義的素材。所以，光明主義就不得不形成自己獨有的語言，但這再度由於第 1 個理由而行不通。由於**無法傳達**，這樣的

[21] 認知也就是無法證明的；這樣，理性主義就與懷疑主義一起進場了。在**柏拉圖**的一些段落中就已經有了**光明主義**的痕跡，但卻是在新柏拉圖主義、諾斯替教派和亞略巴古的狄奧尼修斯，以及斯考特斯·愛留根納等哲學中明確出現的；還有在穆罕默德的信徒中作爲**蘇菲學說**，在印度的吠檀多和彌曼差都有顯現；但表現得最明確的則是雅克布·伯默和所有基督教的神祕主義者。每當理性主義完成了它那一個階段而又不曾達到其目標時，光明主義就總會出現。所以，在學院派哲學接近尾聲之時，光明主義就出現了，並且是作爲神祕主義與其針鋒相對；尤其是在德國人當中，表現在陶勒和《德國神學》的編撰者那裡；也同樣在新時代作爲康德哲學的對立面表現在雅各比和謝林，以及最後期的費希特的作品裡。不過，哲學應是可以傳達的知識，所以必須是理性主義的。據此，我在我的哲學裡雖然在結尾處指出光明主義的領域是存在的，但我卻小心不會涉足哪怕一步；正是因爲我並不曾要對這世界的存在給予終極的答案，而只是在客觀的、理性主義的路上盡可能地走得遠點。我留給光明主義足夠的空間，它盡可以其方式達到所有謎團的答案，而用不著擋住我的前路或者對我論戰。

與此同時，光明主義卻經常會隱藏於理性主義的基礎，這樣，那哲

學家雖然說只是以星辰為前進的方向，亦即只盯著那外在的、清楚地擺在眼前的客體事物並只考慮這些事物，但其實，他看著那隱藏的光明主義就像看著藏起來的羅盤一樣。這是可以允許的，因為他並不是要傳達那無法傳達的知識，他所傳達的始終是純粹客觀和理性的。柏拉圖、斯賓諾莎、馬勒伯朗士和其他許多人有可能就是這樣的情況，這與任何人都無關，因為這是他們心中的祕密而已。相較之下，高聲嚷嚷訴諸智力的直觀、大膽的，並要求內容具有客觀的效力，就像費希特和謝林所做的那樣，那就是卑鄙和無恥的。 [22]

　　此外，就其本身而言，**光明主義**是探究真理的一種自然的和情有可原的嘗試方式。這是因為那朝向**外在的**智力，只是為**意志**的目標服務的知識手段，並因此是次一級的，那只是我們的整體的人的**一部分**；智力屬於現象，智力知識只吻合於現象，因為智力也唯獨只是為現象的目的而存在。那還有什麼比這更加自然呢？即在我們應用客觀的智力並沒有取得成功以後，現在就押上我們的整個本質——這屬於自在之物，亦即屬於世界的真正本質的東西，因此也必然承載著解決所有謎團的答案——以透過同樣的東西尋求幫助。這就像古時候的德國人，在輸掉所有一切以後，最終就把自己本人押了上去。但實施這一手段唯一正確和客觀有效的方式，就是把握這一經驗事實，即意志在我們的內在展現並的確構成了我們的唯一本質；把這一事實用於解釋客觀的外在知識，就像我所做的那樣。相較之下，光明主義的路徑卻由於上述理由不會通往目的地。

11

　　只是精巧和敏銳或許使人有能力成為懷疑論者，但卻無法造就一個哲學家。不過，哲學裡的懷疑論就好比國會中的反對派，也同樣是有益和必需的。懷疑論無一例外都是因為哲學無法給出像諸如數學那種清楚

的證據，就跟人無法做出動物的本能技巧一樣——而動物的本能技巧也

[23] 是先驗眞實的。所以，針對每一哲學體系，懷疑論者永遠可以站到天平的另一邊，但與對方相比，其分量歸根結柢是不足道的，不會比懷疑算術上對圓圈的方形化計算——因爲那種計算畢竟也是大概的——有更大的殺傷力。

如果我們知道一些東西的同時，又承認不知道自己所**不知道**的東西，那**我們的所知**就有了雙倍的價値和分量。因爲這樣一來，我們所知道的東西就不會招致別人的懷疑。但如果就像謝林的門生那樣，冒充知道我們其實並不知道的事情，那這種情形就是避免不了的。

12

每一個人都把他認爲眞確的、無需檢驗的某些陳述和命題名爲**理性的表達**，對這些命題他是如此地確信，就算他想要這樣做，他也沒有辦法去認眞地檢驗它們，因爲要這樣做，他必須是暫時對其有了懷疑。人們對這些陳述和命題深信不疑，是因爲在他們開始說話和思想的時候，這些東西就持續不斷地告訴他們，並以此灌輸進他們的頭腦。所以，人們這樣思維這些命題的習慣就與他們的思維習慣一樣的老套。結果就是他們無法把兩者分開，這些東西事實上就與他們的腦髓一起成長起來了。這裡所說的千眞萬確，要提出證明的話，既多餘也危險。

13

發自對事物的客觀和直觀認識，以前後一致的方式總結出來的世界觀不可能是完全錯誤的，就算是碰上最糟糕的情形，那也不過是失之片面而已，例如：完全的唯物主義、絕對的唯心主義等等。這些世界觀都是眞實的——各有各的眞實。所以，這些世界觀所包含的眞理都是相對

所以，歌德這樣說：

> 任何時候都不要
> 受誘惑提出反對意見：
> 與無知之人爭論的話，
> 智慧之人就變成了無知。*

如果對方缺乏思想和理解力的話，那情形就更為惡劣——除非對方是真心全力要找出真相和請教，那就消除這方面的缺陷。否則，對方很快就會感覺被擊中了痛處。這樣，與之爭論的人馬上就會發現，現在他已不再是與對方的智力較量了，而是在與這個人根本的、激進的部分，與這個人的意志交鋒。對對方來說，現在最要緊的就是**贏得辯論的勝利**，哪管什麼公平公正，到底又是孰對孰錯。因此，他就會全副精神集中在各種各樣的花樣、手段和不誠實的招數上，而不會是任何其他別的。在這些招數用盡以後，最終他就被迫撒野，目的只是以這個或那個方式補償自己低人一等的感覺，並且根據爭論者的地位和階層，要把頭腦思想的交鋒一變而為身體的搏鬥，這樣他才更有勝算的希望。據此，就有了第2條原則：我們不要與理解力很有限的人辯論。我們已經看到，或許能與我們辯論的人已所剩無幾。的確，也只能與那些已經屬於出類拔萃的人辯論。另一方面，人們面對有人持有與己不同意見，一般來說都會感到不高興，因為他們就要調整自己的意見，好讓別人能夠贊同。那麼，在與這些人爭論的時候，就算這些人不會用上述「**蠢人的最後招數**」，通常我們仍會感到惱火，因為在這個過程中，不僅要應付他們不濟的智力，而且很快就要面對他們道德上的種種劣性。也就是說，這些道德上

[37]

---

* 參見《西東詩集》。——譯者注

的劣性就表現在他們爭論時常有的不誠實做法。只是為了要在爭論中占上風，他們所用的陰招、刁難可謂花樣繁多，數不勝數，並且定期重複，以至於在早些年裡，這些招數成了我留意、琢磨的素材。我注重的是這些招數純粹的形式部分，因為在這之前我看出，儘管所爭論的內容和爭論者各種各樣，但永遠重複用上的不外是同樣的老一套招數，非常容易認出來。那時候，我就有了要把那些花招的形式與內容分別開來的打算，要把這些形式就像標緻、整潔的解剖標本一樣展示出來。所以，我收集了所有在辯論中經常出現的不誠實招數，把這些招數連同其特質清楚地展示出來，以例子作說明，並給每一招數取了特定的名字。最後，我還補充了對付這些招數所要採用的反制手段，猶如制定了針對那

[38] 虛晃劍招的辦法。由此產生了一部形式方面的**辯論制勝術**。在這部辯論法裡，上述辯論技巧或策略，就成了辯論制勝術的主角，而在邏輯學和修辭學裡，主角則是三段論法和修辭術。辯論技巧與邏輯技巧和修辭術的共同之處，就是在某種程度上都是與生俱來的，因為這些是實踐先於理論，要應用這些技巧，並不需要先行學習它們。所以，我所提出和制定的這些技巧的純粹形式，是《作為意志和表象的世界》第 2 卷第 9 章**理性的技術**的補充部分，而理性的技術的內容包括邏輯學、辯論法和修辭學。既然在辯論法方面，就我所知，前人沒有留下多少著作，所以，我也無法利用前人的工作。只有亞里斯多德的《論題篇》的某些地方還可使用，其中一些提出和推翻論題的規則可以用於我的目的。但第歐根尼·拉爾修提到的泰奧弗拉斯托斯的著作，肯定與我的主題完全吻合，但這本著作連同泰氏的所有修辭學著作已經散佚了。柏拉圖（《理想國》，第 5 章，第 12 頁）也談到過「反對的藝術」——教導如何「辯論」和「爭論」，正如「談話的藝術」教導「討論」和「談話」一樣。在當代作品中，只有已故的荷爾的**弗里德曼·施奈德**教授的《邏輯專論：辯論的方法、規則及對辯論者不良行為的詳解》（1718）最接近我的目的。這部著作之所以有用就在於其剖析辯論者不良行為的章節裡，對各

式各樣的不公正行為赤裸裸地展示出來。但他卻始終只是注意學術辯論中的形式方面；此外，總體來說，他對這個主題的處理膚淺、欠缺力度，一如那些院系出品一貫的樣子；並且拉丁文寫得差勁透頂。1年以後出版的**喬基姆·朗格**著《辯論的方法》肯定好得多，但卻沒有多少合乎我的目的的內容。現在校訂我以前寫的這部作品的時候，我發現再沒有那合適的心境，去如此詳盡和仔細地觀察和研究那些庸常之人是如何狡猾和不擇手段地掩蓋自己的不足。所以，我把這個工作放到了一邊。但為了將來那些有興致研究這類主題的人，我把對這個主題的處理作更進一步的說明，在此把幾條應付策略作為這方面的樣品寫在這裡。在這樣做之前，我從我的草稿中給出**辯論中最重要的幾點**，因為這提供了辯論中抽象的基本框架，就好比為此提供了一副軀幹骨架，因此可被視為辯論的骨學。由於寫得清晰，讓人一目了然，所以值得放在這裡。那就是：

每一次辯論（不管是公開進行抑或在學術大廳，在法庭，或者普通談話中進行）的重要程序必須如下：

提出**論點**（These）和反駁論點：為此有兩種**方式**和兩種**途徑**。

(1) 兩種方式是辯論中對事（ad rem）和對人（ad hominem），或者依據已承認的事實（ex concessis）。只有採用第1種方式，我們才可以推翻論點中絕對的或者客觀的真理，因為我們闡明了這個論點與所談論的事情的性質並不相符。採用「對人」的方式，我們則只能推翻這個論點的相對真理，因為我們證明了這個論點與這個論點的辯護者的其他論點或私下所承認的互相矛盾；或者我們證明了他為這個論點所作的辯論站不住腳；這樣，他的論點是否是客觀真理就確實懸而未決了。例如：在涉及哲學或者自然科學問題的辯論中，對方（在此必須是個英國人）竟然提出了《聖經》裡面的論據，而我們可以用同樣的論據反駁之，雖然這些都是從人出發的論據，並不能定奪此問題。這就好比A用之前從B那裡收到的紙幣支付給B。在很多情況下，這種程序方式

類似於在法庭上，原告拿出了一張假的長期債券，被告一方則以假的結清債務的收據以對應。但借貸一事卻仍然有可能發生過的。同樣就這個例子，從人出發的論據常常有簡潔的優勢，因為在以上兩種情況下，要真正和澈底地查明事情，是異常繁瑣和困難的。

(2) 兩種**途徑**分別是**直接的**和**間接的**。直接的途徑是攻擊對方論點的**根據**，間接的途徑則是攻擊對方論點的**結果**。前者證明論點的根據不是真的，後者證明這個論點不可能是真的。對此我們將仔細考察一番。

A. 採用**直接的**反駁途徑，亦即攻擊論點的**根據**，我們表明了：要麼這些根據不是真的，因為我們說「我要反駁大前提」，或者「我要反駁小前提」——透過這兩者我們攻擊奠定了論點的結論**內容**；要麼我們承認這些根據，但表明從這些根據無法得出此論點，因此我們說「我要反駁那結論」——這樣我們就是攻擊**得出**結論的形式。

B. 採用**間接的**反駁途徑，亦即攻擊這個論點所引出的**結果**，並根據這些錯誤的結果，依據這一法則「結果錯誤，是根據錯誤所致」而得出結論：這個論點並不正確。那麼，我們要麼採用純粹的**例子**，要麼採用**反證法**。

(a) 所謂例子就只是反例而已：這個反例證明了論點所包含的對事或對關係的陳述，亦即由此論點所引出的東西與此論點明顯不合。所以，這個論點不可能是對的。

(b) **反證法**就是我們暫時把對方這個論點當作是真的，但現在我們把這個論點與其他某一被公認為真的、沒有任何爭議的說法連繫起來；把這兩者變成某一邏輯推論的前提，但接下來的結論卻是明顯錯的，因為這個結論要麼與總體事情（事物）的性質或與所涉及的事情確切的、已得到公認的性質相違背，要麼與此論點的辯護者的其他說法相矛盾。所以，反證法根據其方式既可以是「對事」，也可以是「對人」。如果結論所違背的完全沒有任何疑問，甚至是先驗確切的真理，那我們就證明了對方的荒謬。無論如何，因為加上去的其他前提是無可爭議的真

的。也就是說,對世界各自不一的把握只是在出於某一特定的立場、角度的時候才是真實的,就好比一幅圖畫也只是從某一視角去表現一處風景。但如果我們提升到比**某一**體系的立場更高的角度,那我們就會看出其真理只是相對的,亦即片面的。只有最高的把一切都一覽無遺和考慮 [24] 進去的審視角度才可以為我們帶來絕對真理。據此,例如:如果我們把自己視為大自然的產物,只是暫時出現但終將完全毀滅,大概就像《傳道書》所說的那樣,那這一說法是真實的;但認為過去存在的和將來存在的集於我身,在我之外的一切皆是無的觀點,與此同時也是正確的。同樣,如果我像阿那里安那樣把最大的幸福設定為享受此時此刻,那也是對的;但假設我從痛苦和虛無中看到其有益的特性,或者從一切快感逸樂中認出有害的東西,領會到死亡就是我的存在的目標,那我的這些觀點也同樣是正確的。

所有這些都有其理由,因為每一合乎邏輯推理、前後一致的觀點都只是把我們對大自然的直觀和客觀理解以概念承載和固定下來;而大自然,亦即那被直觀之物是從來不會撒謊的,也不會自相矛盾,因為大自然的本質排除了這些東西。所以,假如出現了自相矛盾和謊言,那是因為我們的想法並非出自對大自然的客觀理解,樂觀主義就是這樣的例子。但對大自然的某種客觀理解有可能是片面的和不完整的,那需要的只是補足,而不是駁斥和駁倒。

14

面對自然科學所取得的如此偉大的進步,人們總是不知疲倦地責備形上學進展過於緩慢。甚至**伏爾泰**也慨嘆:「啊,形上學!我們在這方面的進展就跟古代凱爾特人的巫師時期相差無幾。」(《形上學雜論》,第 9 章)但試問又有什麼學科像形上學那樣總是遭遇阻力,總是面對擁有職權的對手,一個國家特派的檢察官,一個配備全副武裝的國

王衛士？這些人隨時準備著撲向手無寸鐵、全無還手之力的形上學。只要形上學仍然受到威脅，被迫委屈逢迎那些爲照顧大衆低劣的理解力而設的教條，那形上學就永遠不會展現其眞正的能力，就永遠無法邁出巨大的步伐。我們首先被別人捆起了臂膀，然後就因爲無法施展一番拳腳而遭受別人的奚落。

[25]

宗教奪走了人們探求形上學的能力，一是透過在早年向人們強行灌輸教條以扼殺這種能力，二是禁止人們自由和不帶偏見地表達形上學的觀點，或者對此加以種種避諱，以直接禁止，或間接阻撓，或透過上述的癱瘓作用而在主觀上造成不可能去自由探索至關重要的、最具樂趣的和關乎自己存在的事情。這樣，人們最高貴的能力也就以這種方式被禁錮起來了。

15

要讓自己容忍別人與己相反的觀點和耐心對待別人對自己的看法提出的異議，最行之有效的方法或許就是記住這一點：我們自己何嘗不是對同一審視對象經常性地連續變換截然相反的看法？有時候甚至在很短的時間之內，根據對象物在不同光線之下所展現的樣子，而相應地一再變換看法，一會兒拋棄某一看法，一會兒又拋棄與之相反的看法和重拾原先的看法。

同樣，在我們說出與別人看法相牴觸的意見時，沒有比這一說法更能爭取別人的好感了，「我以前也持有與你一樣的想法，但⋯⋯」等等。

16

某一錯誤的學說不管是因其錯誤觀點所致，還是出自人爲的別有

用心，都總是服務於特定的情勢，因此只會流行某一段時間。只有真理才是永遠不會過時的，哪怕這一真理在某一時間內受到低估、誤解或者扼殺。這是因為只要從人的內在發出一點點光明，從外在吹進一點點空氣，那就會有人宣揚或者保衛這一真理。也就是說，因為真理並不是出自某一黨派的目的，所以，具有頭腦思想的人隨時都會成為這真理的捍衛者和辯護者。真理好比磁石，無論何時何地都始終指向某一絕對確切的方向，而錯誤的學說則像一尊雕像，以手指向另一尊雕像，而一旦與後者分離，那這雕像就失去其全部意義。 [26]

17

通常，妨礙我們發現真理的不是發自事物的和誘人犯錯的虛假外表，甚至也不直接是我們的理解力薄弱，而是先入為主的觀念和偏見——這些作為虛假的先驗之物對抗著真理，就像逆風把船隻吹向與唯一的陸地相反的方向——對此，船舵和風帆是徒勞無功的。

18

歌德的《浮士德》中有兩行詩句：

祖輩留下的遺產，
要去爭取，才能擁有。

以下是我對這兩行詩所做的詮釋。我們全憑自己之力，獨立地和不知情地發現了在我們之前思想家已經發現的東西，那可是有著巨大的價值和用處。這是因為對自己想出來的東西，與學來的和接受過來的東西相比，我們會更透徹地了解前者；當我們在這之後，在前賢的著作中發現

了同樣的東西時，由於與已被承認的權威說法不謀而合，自己的正確思想在無意中獲得了有力的證實。我們就會由此增強了信心，並能更堅定地捍衛這一思想。

但如果我們首先是在書本裡發現了某種說法，然後經自己琢磨也得出了同樣的結論，那我們永遠不能確切地知道這結論到底是經過自己的思考、判斷而獲得，抑或只是重複說出跟隨別人感應同樣的說法。事實到底如何是有很大區別的，因為如果是後一種情形，那我們就可能終究是受了影響，只是與前人一起得出了錯誤的見解，就像流水輕易地順著此前流出來的水道前行。如果兩個人獨立進行運算而得出同樣的結果，那這一結果就是可靠的；但如果一個人只是瀏覽另一個人的計算過程，那情形可就不一樣了。

19

那源自意志的智力，其本質所帶來的結果就是我們無法避免地把這世界視為要麼是**目的**，要麼就是**手段**。目的的意思就是這世界的存在由其本質證明是正當和合理的，所以，這樣的存在明確優於其不存在。不過，這一想法在認識到這世界只是痛苦和可朽的生物的地方以後，就再無法成立了。另一方面，把這世界視為**手段**的想法，是那已經過去了的無盡的時間無法允許的，因為由於那逝去的無盡的時間，每一個要達到的目的必然是早已達到。由此可推論：把那對我們的智力來說是自然的假想套用在事物或者世界的整體是**超驗的**，亦即這樣的想法在這世界是……但……。這可以此作解釋：這想法是**出自**智力的本質，而智力正如我已闡明了的，是為個體的**意志**服務的，亦即是為了得到意志的對象物而產生的，所以是專門為意志的目標和手段而設，因此是不會知道和理解任何其他東西的。

20

當我們**向外**審視時，無法測量的世界和數不勝數的造物就展現在我們的眼前，我們作爲個體的自身就縮小爲無物，猶如消失了似的。著迷於和迷惑於那超大的體積和數量，我們就會進一步推想：只有著眼於**外在的**，因而**客觀（客體）的哲學**才是走對了路子。古老的希臘哲學家對 [28] 此甚至不曾存有一絲懷疑。

相較之下，當我們**向內**審視時，首先就會發現每一個體都只是對自身感到直接的興趣，並的確更關心自己甚於除此之外的一切東西加在一起。這是因爲每一個人只是直接地了解自己，對於其他一切只是間接了解而已。此外，如果我們還考慮到：具有意識和認知之物只能想像爲個體，而不具有意識的東西則只有一半的、某種只是間接的存在，那一切眞正和眞實的存在就屬於個體。最後，如果我們還記得：客體以主體爲條件，所以，那無法測量的外在世界就只在認知之物的**意識**中存在，所以，是與個體——這一外在世界的承載物——的存在如此明確地結合在一起，以致這一外在世界在這一意義上而言，甚至可以被視爲那永遠是個體意識裡面的布置、偶然和附屬的東西——如果我們考慮到上述這幾點，那我們就會得出這一看法：只有審視**內在**，從直接給予的主體出發的哲學，因而也就是自笛卡兒以後的哲學才是走對了路子；而古人們則忽視了主要的東西。但只有深入自己的內在，把藏在每一認知之物那裡的對本源的感覺引入意識之中，我們才會完全確信這一點。事實上，還不止這些。每一個人——哪怕這個人是多麼的微不足道——都在自己簡樸的自我意識中認出自身就是最實在之物，必然了解到自身就是這一世界的眞正中心點，甚至就是一切眞實性的本源。這種原初意識有可能說謊嗎？最強有力地表達這裡所說的就是《奧義書》（第一部分，第 122 頁）中的這一句話：「我是萬物，除我以外，別無其他；一切因我而起。」當然，由此看法會過渡到光明主義，甚至神祕主義。這是觀照內

[29] 在得出的結果，而投向外在的審視則讓我們看到：我們存在的結局就是一堆白骨而已。[1]

21

哲學的分類是重要的，尤其是在表述方面。以下從自我的角度對哲學分類的看法是有其價值的。

雖然哲學探究的對象是經驗，但哲學卻不像其他學科那樣探究這一類或者那一類特定的經驗，而是探討總體的經驗本身，根據其可能性、範圍、關鍵內容、內在和外在的成分、形式和素材。所以，哲學當然是有經驗基礎的，而不是從純粹抽象的概念就可想像出來的。這一點我在我的主要著作第2卷第17章第180-185節已詳盡說明，本章第9小節也作了扼要的總結。從哲學的確定了的題材出發，接下來的就是：哲學所要考察的首要東西，必然就是讓**總體經驗**得以展現的媒介，以及形式和特質。這一媒介就是表象、認識力，因而也就是智力。因此，每一套哲學都必須首先考察認知功能，其形式和法則，以及這一認知功能所適用之處和侷限所在。因而這種考察就是「首要的哲學」。這可分為：對首要的，亦即直觀的表象的考察——這一部分的考察人們名為**思想法則**

[30] **學**或者認識論；對次要的，亦即抽象的表象的考察，連帶其操作的規律性，也就是**邏輯學**，或者理性學說（Vernunftlehre）。這泛泛的一大類考察總括了，或者更精確地說，取代了以前人們所稱的**本體論**。本體論

---

[1] **有限**（Endlich）和**無限**（Unendlich），只有在涉及時間和空間的時候才是有意義的概念，因為時空都是無限的，亦即沒有盡頭，正如這兩者也是無限可分的一樣。如果我們把這兩個概念也套用其他東西，那這些東西必須是充塞時間和空間之物，並透過時間和空間共有了那些東西的屬性。由此可以判斷：有限和無限這兩個概念在19世紀被冒牌哲學家和膚淺、輕浮的人濫用到多麼厲害的程度。

就是人們提出的所謂有關總體事物的至為普遍和基本特性的學說，因為人們把那只是得之於表象功能的形式和本質的事物特性當作是自在之物的特性，而這又是因為所有透過表象功能而被把握的實質都必然與表象功能的形式和本質相符，因此，所有的實質都具備了為所有這些實質所共有的某些特性。這就好比透過一層玻璃看東西，然後就說這東西是這玻璃的顏色。

進行這樣的考察的哲學就是狹隘意義上的**形上學**，因為這一類哲學不僅只是讓我們認識現存的東西、大自然，把這些總結、歸類連繫起來考察，而且還把這些視為既有的，但卻是有條件的現象——某種與現象本身不同的本質，因此也就是自在之物展現這一現象。形上學就力圖更進一步地了解這一自在之物，而為此目的所採用的手段就是：把外在和內在的經驗結合起來；透過發掘總體現象的含義和其中的關聯以獲得對這總體現象的理解——就好比猜測、解讀一篇不認識的文字裡面的神祕字詞。沿著這條路子，形上學從現象**出發**而到達發出現象者，到達那匿藏在這一現象背後的東西，亦即「緊隨物理學之後的東西」。這種形上學因而又分為 3 類：

大自然的形上學

美的形上學

道德倫理的形上學

不過，這樣的支流劃分已經預設了形上學本身。也就是說，形上學證實了自在之物、現象的內在和最終的本質就在我們的**意志**。因此，根據對意志在外在大自然的顯現的考察，我們就可以探究其在我們內在的完全不一樣的和直接的表現——由此就產生了道德倫理的形上學。但在這之前，人們思考了如何才能至為完美、純粹地把握意志的外在，或者說客觀的現象——而這就產生了美的形上學。

理性生理學或者靈魂學說是沒有的，因為正如康德已經證明了的，靈魂是超驗的，而超驗之物就是無法證明、欠缺根據的假設，因

[31]

此,「靈魂和大自然」的矛盾說法也就始終留給菲利斯丁人和黑格爾之流。人的自在本質只能與所有事物——亦即這一世界——的自在本質結合在一起才能理解。因此,在《斐德羅篇》(第 270 頁),**柏拉圖**就已經讓蘇格拉底把這一問題以否定的意味提了出來:「你認為在不知道整個宇宙的基本本質的情況下,有可能恰當地了解靈魂的基本本質嗎?」也就是說,微觀宇宙和宏觀宇宙互相詮釋,並以此證實了兩者在本質上同屬一物。這種與人的內在本質緊密連繫起來的考察,貫穿和滲透在整個形上學的各個部分,因此不會再度作為心理學而單獨出現。相較之下,**人類學**(或者人種學、人體構造學)作為一門經驗科學卻可以成立,但卻部分是解剖學和生理學,部分只是經驗的心理學,亦即透過觀察而獲得的有關人的道德和智力的表現,有關人類的特性,以及在這些方面的個體差別的知識。但這裡面最重要的東西卻必然是作為經驗的素材,由形上學的 3 個部分先行拿下和加以處理。對剩餘的素材,需要細心觀察和有頭腦地解讀,甚至要從更高的角度思考——我的意思是,需要得到具有某些智力優勢的人的處理。所以,只有那些頭腦出色的人寫出的作品才有可讀性。諸如此類的作者就是泰奧弗拉斯托斯、蒙田、拉羅什福科、拉布呂耶爾、愛爾維修、尙福爾、艾迪遜、沙夫茨伯里、申斯通、利希騰貝格等等。但在由沒有思想並因此憎恨思想的哲學教授所編撰的教材裡,卻找不到上述的觀察和思考,他們的那些思考也讓人無法忍受。

[32]

第 2 章　論邏輯和辯論法

22

　　普遍真理與特殊真理的關係，就像黃金與銀的關係——只要我們能從普遍真理推論出並轉換成相當數量的特殊真理的話，就像把金幣換成零碎銀角子一樣。例如：植物的一生就是一個去氧的過程，而動物的一生則是一個氧化的過程；或者當某一電流循環的時候，馬上就會在與電流成直角切割處產生某一磁流；或者「不用肺呼吸的動物不會發出聲音」；或者「一切已成化石的動物是已滅絕的動物」；或者下蛋的動物不會有橫膈膜。這些是普遍的真理，從中我們可以引申出非常多的個別真理，以解釋所發生的現象，或在目睹之前就可預計到這些現象。同樣很有價值的是道德學和心理學的普遍真理，每一條普遍規律，每一句這類性質的話，甚至每一句俗語都如金子般寶貴！因為這些是從每天都在重複的無數事情中提取出來的精粹，並且透過這些事情得到詮釋和例證。

23

　　一個**分析**判斷（analytisches Urteil）只是一個拆開的概念，一個**綜合**判斷則是把頭腦已有的兩個概念組合成一個新的概念。但要把這兩個概念結合起來，則必須透過某一**直觀所見**以給出理由。根據這一直觀所見是經驗的抑或純粹先驗的，以此產生的判斷也就相應成為一個後驗的綜合判斷或先驗的綜合判斷。 [33]

每一**分析**判斷都包含著某一恆眞句，沒有任何恆眞句的判斷是**綜合**判斷。由此可以推論：在陳述中，也只有在聽取陳述的人對所陳述的主要概念並不如陳述者了解得那麼全面，或者一下子未能如陳述者那麼清楚的時候，才用得上分析概念。此外，幾何定理具有綜合判斷的性質也由此得到了證明：幾何定理沒有恆眞句。這在算術中不是那麼明顯，但情形是一樣的，因爲例如：從 1 數到 4 和從 1 數到 5，那些數字組也恰恰是同樣經常的反覆，從 1 數到 9 也是如此，但這不是恆眞句，而是經由對時間的純粹直觀造成的，沒有了對時間的純粹直觀是無法領會和理解的。

24

從**一個**命題不可以引出多於這命題已經包含的東西，亦即不可以引出多於這命題所表明的、已經被窮盡理解了含義的意思。但從**兩個**經由三段論法連接了前提的命題，卻可以引出多於單獨分開的這兩個命題所包含的東西。這就像化學反應合成的東西：所顯現的特性是其組成部分單獨所沒有的。邏輯推論（結論）的價值正在於此。

25

每一**推演**都是從某一已經確實無疑的命題，藉助另一個命題作爲第 2 個前提，在邏輯上推演出所宣稱的命題。那推演出來的命題必須要麼是自身具有直接的，更準確地說具有原初的確切性，要麼是從某一具有這樣的原初確切性的命題中經邏輯推論出來的。也就是說，這類原初確切的不是靠證明和證據才可獲得確切性的命題，正如其構成了一切科學的基本眞理，其形成永遠是透過把以某種方式直觀把握到的東西轉爲思考清楚的、抽象的東西。正因此，這些命題被稱爲**顯而易見**（evident）

的；這個稱號也只屬於這些命題，而不屬於那些只是論證出來的命題。 [34]
這些論證出來的命題，作為「從前提引出的結論」，只能稱為「合乎邏輯」。這些命題所包含的真理永遠只是間接的、借來的和推論出來的；但這些命題因此也可以同樣是確切的，如同那些包含直接真理的命題一樣——亦即如果前者是從那些包含直接真理的命題正確推論出來的話，雖然這中間經過了一些插曲。就算有了這一前提，這些命題的真理也常常比那些只包含直接和直觀認識的真理的公理，更容易地展示、證明和讓人明白，因為要認出那樣的直觀真理，時而缺乏客觀條件，時而又缺乏主觀條件。這種情形類似於磁化了的磁鐵，不僅具有與原初的磁礦石同樣強的吸力，甚至經常有過之而無不及。

也就是說，認識包含直接真理的命題的主觀條件，就是我們所稱的「判斷力」，這判斷力卻是屬於頭腦出色之人的優勢；而從給出的前提得出正確結論的能力，則是頭腦健康的人都不缺乏的。這是因為要認出和確立原初的、直接真實的命題，要求人們把直觀認識到的東西轉化為抽象的認識；但頭腦平庸的人在這方面的能力卻極其有限，他們的頭腦能力只涉及那些輕易就可一覽無遺的關係，例如：歐幾里得的定理，或者一些完全簡單的、沒有絲毫模糊的、明擺在他們眼前的事實。一旦超出了這些之外，就只能透過證明的方式讓他們信服，而證明並不要求其他的直接知識，只需要在邏輯裡透過矛盾律和同一律表示出來的，在前進的每一步都能重複驗證的知識。因此，必須以這樣的方式幫他們把所有的一切都還原為最簡單的真理，因為他們只有直接把握這些東西的能力。如果從普遍到專門，那就是演繹；相反的話，那就是歸納。

相較之下，具有判斷力的人，甚至那些發明家，那些發現真理的人 [35]
卻擁有高得多的能力，從直觀所見過渡到抽象的、成形了的思想，以至於可以看清事物間錯綜複雜的關係；這樣，對他們來說，包含直接真理的命題的範圍就大為擴展了，也囊括了眾多東西，而其他人對這些頂多只能是膚淺地、間接地相信。對這些頭腦平庸的人來說，對一個新發現

的真理，他們是在真理發現以後才去試圖找出真理的根據和證明，亦即追溯一些早已公認的、毫無疑問的真理。但在某些情況下，這是不可行的，例如：我用六分法標示了 6 個基本顏色，這是唯一可以讓我們理解每一個基本顏色的真正和獨特本質，並以此首次真正解釋了顏色。我無法為這些提供證據。但儘管如此，這個理論的直接確切性是如此之大，任何有判斷力的人都很難真的對此產生懷疑。正因此，維也納的洛薩斯教授先生竟敢把這當作是他自己的發現成果。關於這事情，大家可參看我的《論大自然的意志》第 19 頁。

26

就某一理論性的事情有意見**分歧**和**辯論**，毫無疑問會給辯論雙方帶來益處，因為這會校正或者堅定他們的想法，同時還會激發新的思想。這是兩個頭腦的摩擦或碰撞，經常會擦出火花。但這也像兩個身體的碰撞：更弱者通常就會吃虧，而強壯者則感覺良好，只會發出得勝、得意的聲音。出於這方面的考慮，就有了這樣的要求：辯論雙方起碼要在某[36] 種程度上是勢均力敵的，無論是在知識方面，還是在頭腦和機智方面。如果其中一方在知識方面處於下風，他與對手不在同一水準，因此無法聽懂對方的論辯，那他就好比是站在對方劍擊的距離之外。如果他欠缺的是頭腦和機智，那他很快就會心生怨恨，就會逐漸在爭論中使出各種各樣不誠實、故意刁難、卑鄙的手段。如果人家指出他的這些手段，就會誘發出粗野的言行。因此，正如同一級別的選手才可獲准參賽，同樣，首要的原則就是：有學識的人不要與沒有學識的人辯論。這是因為有學識的人無法對對方用上自己最好的論據和理由，因為沒有學識的人欠缺知識以理解和考慮那些論據和理由。如果他在這窘境中拚命想讓對方明白他的那些理由，那通常都以失敗告終。甚至有時候，對方做出的某一蹩腳的、拙劣的反駁，在同樣無知的聽眾眼裡就似乎贏得了道理。

理，所以，結論的錯誤必然來自對方的論點。那這個論點就**不可能**是對的。

在辯論中，每一個攻擊的方法都可以還原為在此所展示的公式般的程序，這些在辯論法裡也就是擊劍藝術中的常規劍法，例如：擊劍時的第三姿、第四姿等等，而我一一列出的手段或應對招數，或許可以比之於擊劍中的虛招。最後，那些在辯論中出現的人身攻擊，則是大學擊劍老師所說的「邋遢劍招」。我把所編撰的辯論招數拿出一些作為樣品，列在下面。

第 7 招：**延伸含義**。把對方的說法延伸其意思的範圍，直至自然界限之外，遠超出對方打算表達或已經表達的意思，目的就是駁倒這延伸了意思的說法。

例子：A 聲稱英國人在戲劇藝術方面勝過所有其他民族。B 就提出了一個似是而非的反駁例子，說英國人在音樂和因此在歌劇方面卻沒有多少成就。由此可知，要對付這一虛招，在對方提出一個反駁時，我們馬上對自己已給出的說法嚴格限制在所使用的字詞範圍，或者限制在這些字詞的合理含義範圍，並且要盡量縮小這些字詞的含義範圍。這是因為某一說法越是廣泛，那這一說法就越容易受到攻擊。

第 8 招：**引出結論**。人們通常是偷偷地給對方的說法加上與這一說法相關（透過其主語或者述語）的另一說法。以這兩個說法為前提，人們就引出了一個錯誤的、通常是帶惡意的結論，並把這個錯誤的結論歸因於對方。 [42]

例子：A 稱讚法國人驅逐了查理十世。B 馬上回應：「所以，您就想要我們驅逐我們的國王。」由 B 偷偷作為大前提加進去的說法就是「所有驅逐他們的國王的人都是值得稱讚的」。這也可以還原為「把某句有有限含義的話，理解為具有無限含義」。

第 9 招：**打岔**。如果在辯論過程中留意到形勢不妙，對方就要贏了，那就試圖「變換辯論中的事情」，及時避免這件不幸的事情。即轉

為討論其他的事情,亦即某一無關緊要的事情,如需要的話,一下子就要跳到這樣的事情上去。現在,我們把這其他的事情強加給對方,目的就是反對它,把這而不是原初的論題變成辯論的主題,以致對方得放棄即將到來的勝利而掉頭迎戰。但如果不幸地看到對方在此也很快就給出強有力的反駁,那我們就得迅速重施故技,亦即再一次跳到別的事情上面去。我們可以在一刻鐘裡重複 10 次這樣的事情——如果對方還沒失去耐性的話。我們可以這樣巧妙地實施這種戰術性打岔:逐漸把辯論神不知鬼不覺地過渡到某個與正在進行的論題相關的事情,如可能的話,過渡到某一確實涉及對方本人(只在某一方面)的事情。如果我們只是繼續所辯論的主題,但卻搬出與辯論主題相關的其他方面,例如:從談

[43] 論中國人的佛教轉到中國人的茶葉貿易,那就不用做得那麼巧妙了——雖然這些相關的其他與所談論的觀點沒有一點點的關係。如果這招並不可行,那就要抓住對方偶然用到的某一字詞不放,目的就是把這個字詞連接上某一新的爭議性含義,從而甩掉舊的含義,例如:對方說了這樣的話「這就是事情的神祕之處」,那我們就得迅速插話:「是啊,如果您要談論神祕的東西,那我可不是你的談話對象,因為就神祕的東西而言……」等等,等等,這樣就能贏回很多的餘地。如果連這樣的機會都沒有,就得更大膽放肆才行,就要突然跳到某一完全毫不相干的事情,說出類似這樣的話,「對!您最近也是這樣說的!」等等,等等。總而言之,打岔招數是那些不公正、不誠實的辯論者在所有招數中經常是本能地用上的,是他們最喜歡、運用得也最嫻熟,並且是幾乎一定要用的一招——一旦他們陷入困境。

所以,我收集了諸如此類的 40 多個招數,並對其加以說明。但要闡明、詳解那些思想狹隘、能力低下,與頑固、虛榮、不公正、不誠實結伴的人的藏身角落,現在卻讓我相當地抗拒;因此,我就給出樣品好了,並且我是很認真地提請大家留意避免與大部分人爭論的上述理由。或許我們想透過辯論幫助別人理解事情,但一旦發現對方的反駁

有頑固的成分，那就要馬上中斷爭論。這是因為此人很快就會變得不公正、不誠實。理論上的詭辯者就是實踐中的作梗者和刁難者，在此我所談論的辯論陰招，比詭辯派的詭辯方式還要卑劣得多。這是因為這些人的意志戴上了理解力的面具，裝出一副在運用理解力的樣子，而最後的結局總是讓人噁心，因為沒有什麼比看到對方在故意曲解我們的意思更讓人氣憤的了。誰要是不肯承認對方的有力理由，那就表明自己要麼是直接的理解力低下，要麼是理解力受到意志的抑制，亦即間接的理解力 [44] 低下。因此，只有在職務和責任需要的時候，我們才可以與這些人瞎忙。不過，儘管說了以上這些，為公平對待上述那些詭計和手段起見，我卻必須承認：如果我們一聽到對方說出確切、有力的辯論就放棄自己的見解，那就過於倉促行事了。也就是說，我們感受到了對方的雄辯和力道，而我們一下子無法提出反駁，或者搬出其他救兵以便讓我們的說法站得住腳。如果在這種情形下我們馬上認輸，馬上放棄自己的論點，這樣做就有可能對真理不忠誠，因為在這之後有可能發現我們畢竟是對的，但我們出於軟弱和對事情缺乏信心，就屈從於眼前的印象。就算我們為我們的論點所提出的證明確實是錯的，但也會有另外的正確證明。正是有感於此，甚至那些真誠的、熱愛真理的人，也不會面對滔滔雄辯而輕易屈服，而是試圖簡短地抵抗；甚至當對方的反駁已經讓自己論點的真理性成了疑問，也通常再堅持一陣子自己的說法。這些人就像軍隊的指揮，明知陣地就要失守了，但仍然堅守多一會兒時間，以冀望援軍能夠到來。也就是說，他們現在暫時是以蹩腳的理由應戰，卻希望與此同時能想到好的理由，或者終於能夠看穿對方表面上的雄辯。所以，我們在辯論中幾乎是被迫稍稍有失公允，因為在那一刻，與其說我們是在為真理而戰，不如說我們是在為我們的說法而戰。總而言之，這是對真理認識還不夠確切，人的智力還不夠完美所致。由此馬上產生的危險就[45] 是我們在堅持己見方面走得太遠了，為糟糕的誤信死撐得太久，到最後，我們頑固不化，為人的劣性敞開了門戶，不惜任何手段都要維護自

己的說法，亦即不惜使出不誠實的招數，死撐到底。但願每個人都受到其保護神的庇佑，不會在以後爲自己感到慚愧。不管怎麼樣，對所討論的事情的本質有了清晰的了解，當然會有助於自身在這方面的修養和提高。

第 3 章　對智力及其相關東西的思考

27

在哲學裡，每一聲稱**不帶任何預先假設的方法**都是大話、空談，因為我們必須永遠把某些東西視為既有的東西，以便從這既有之物出發。這一說法，「給我一個支點，我就能舉起整個地球」說的就是這一道理。這也是人們從事任何事情都不可避免的條件，就算是哲學探究也同樣如此，因為我們的精神思想也一如肉體那樣不可能自由漂浮在虛空、以太之中。但是，這樣一個哲學探究的始發角度，一個暫時是既定的出發點，在以後卻必須獲得補償和合理證實。也就是說，這一始發角度既可以是**主體（主觀）的**，那也大概就是自我意識、頭腦中的表象、意志；也可以是**客體（客觀）的**，那也就是反映在對別的其他事物的意識中的東西，那大概就是真實的世界、外在的事物、大自然、物質、原子，甚至是上帝或者純粹只是任意想像、設計出來的概念，諸如實質、絕對或者種種其他。為了再度彌補採用此角度的任意性和矯正那預設，我們以後就必須變換**角度**和採用相反對立的角度，並從這一角度出發，在補充的哲學論辯中再度引申和推論出我們從一開始就視為既有的東西。這樣，事物也就彼此闡明。

例如：我們從**主體**出發——就像柏克萊、洛克、**康德**所做的那樣，而在康德那裡，這一審視方法達到了頂峰——那這條途徑儘管因為主體的真正**直接性**而具備了一大優勢，但所獲得的哲學卻在某種程度上相當的片面，並且也不是完全得到證實的，除非我們採用這一方式把這一哲學補充完備：把從這一哲學推論出來的觀點作為既有的東西再次變成審視的出發點，因而是從相反的觀點出發，從客體推論出主體，就像在此 [46]

之前我們從主體推論出客體一樣。我認為我在大致上為康德的哲學做出了這樣一種補足——這見之於《作為意志和表象的世界》第 2 卷第 22 章和《論大自然的意志》中「植物的生理學」。在這些論述中，我從外在大自然出發推論出了智力。

但現在如果反過來是從客體出發，把周圍眾多的事物，諸如物質以及在物質上面顯現的各種力作為既有之物，那我們很快就有了整個大自然，因為這樣一種審視方法帶來了純粹的**自然主義**——我更精確地把這稱為**絕對的自然物理學**（absolute Physik）。這是因為那既有之物，所以也就是絕對真實之物，就人們普遍的理解而言，即大自然的法則和大自然的力，包括這些自然力的載體，即物質；但特別考察一下，那不過就是無數恆星和圍繞恆星運轉的行星自由浮游在無限的空間。結果就是在空間中，不外乎就是要麼發光，要麼被照亮了的星球。在被照亮了的星球表面，由於腐敗程序作用的緣故而產生了生命：這呈階級差別的有機生物體以個體呈現，遵循著控制生命力的大自然規律，經由繁殖和死亡在時間上開始和結束；而這些規律如同其他所有規律和法則那樣，構成了現有的、生生不息的秩序，既沒有始點和盡頭，也沒有對此的解釋理由。在這逐級向上的有機生物系列中，占據最高一級的是人類，其存在也同樣有其開始，在其一生中，有許多和巨大的痛苦、少得可憐的歡樂；然後，就像所有其他人一樣有其終結。在這之後，一切依舊，就好像這個人不曾存在過似的。那在此指導思考、扮演著哲學角色的我們的**絕對的自然物理學**，就向我們解釋說：由於那些絕對存在和絕對有效的大自然法則的作用，**一個**現象總是產生或者取代另一個現象；在這過程中，所有的一切都是完全自然而然地發生，因此也就是完全清晰、可以理解的。這樣，我們就可以套用**費希特**的口頭禪在被如此解釋的世界——費希特站在哲學教授的講臺上，向他的學生們一臉嚴肅語帶強調地發揮其戲劇表演才華：「它是這樣，就是因為它是這樣；之所以是現在這樣，就因為它是這樣。」所以，在持這一審視角度的人看來，那些

不滿足於對這一世界如此再清楚不過的解釋，並試圖在全然是想像出來的形上學中尋找其他解釋的人，純粹就是荒誕的念頭作怪；這些人還想在這種形上學的基礎上再次建立起一套倫理道德學呢！而因為這套倫理道德學無法由物理學奠定起來，所以就從杜撰的形上學那裡取得其唯一的理由！物理學家們因此以明顯鄙夷的神情看不起形上學。但是，無論這種純粹從**客體**出發的哲學論辯如何志得意滿，其審視角度的片面性和變換這一角度的必要性或遲或早都會透過各種機會，以各種方式表現出來。也就是說，認識的主體及其認知官能遲早要成為被考察的對象，因為所有的那些天體世界首先只存在於那認知功能。例如：把人的智力稱為**自然之光**的基督教神祕主義者，認為人的智力在求證更高一級的事情時，畢竟是力不勝任的——他們的看法基礎就是：人的所有這些知識，其有效性只是相對的和有條件的，而並非像我們當今那些理性主義者所認為的那樣不帶條件。也正因為理性主義者這樣認為，所以，他們藐視基督教的深刻、神祕之謎，情形就跟物理學家藐視形上學一樣。例如：理性主義者認為原罪的教義只是一種迷信而已，因為他們那種伯拉糾式家庭「主夫」的智力、見識讓他們高興地發現：任何人都不需為他人早在 6 千年前所犯下的過失負責。這是因為理性主義者大膽放心地遵循自己的**自然之光**，並一本正經地誤認為：在 40 或者 50 年前，在他們那戴著睡帽的爸爸懷了自己，他們的媽媽把自己平安生下來之前，他們是純粹和絕對的**無**；然後，從那一刻起，他們才是從無中生成。正因為這樣，他們才**可以**不為任何事情負責。什麼罪人、原罪的，十足的胡說八道！ [48]

這樣，正如我已經說過的，循著**客體**（客觀）知識而思辨的人或遲或早在各式不一的前路上，尤其是在無法避免的哲學探究的過程中，開始察覺到事有蹊蹺。也就是說，人們就會發現：所有根據客體的一面所獲得的智慧，都是以信賴人的智力為前提，但人的智力自有其形式、功能和呈現方式；所以，所有這些知識是完全以這智力為條件的。由此

就有了變換審視角度，以主體方法取代客體方法的必要性。也就是說，在此以前，智力以十足的自信構築了整套教條，放心大膽地對世界及其萬物，以及所有這一切的可能性先驗地做出了判決；但現在，這一智力本身卻變成了我們要檢查的對象，它的權威現在必須接受檢驗。這首先促成了**洛克**的哲學，然後是康德的《純粹理性批判》；最後導致了這樣的認識：自然之光只是投向外在；一旦需要把這種光折返照明自己的內在時，它是無能為力的，亦即無法直接驅趕籠罩著內在的一片黑暗，而只能經由上述哲學家所採用的迂迴、折射的手段，並且是克服了巨大的困難，我們才獲得了有關智力獨特的運作和獨特的本質的間接資料。在這之後，智力才清楚地了解到：智力的原初任務只是把握關係——這對

[49] 於為個體意志服務已經足夠了。所以，智力本質上就是投向外在的，並且在投向外在時，智力也只是作用在表面的力，就像電力一樣，亦即只能把握事物的**表面**，而不能深入事物的內在。也正因為這樣，智力無力完全和**從**根本上理解和看透所有那些在智力看來是客體（客觀）上清楚和真實的東西——哪怕這其中最微不足道、最簡單的一樣東西。相反，不管是每樣事物還是整體的事物，其根本的東西對智力而言仍然是一個不解之謎。但智力由此獲得了更深一層的認識，也就是人們所說的**觀念主義**或**唯心主義**，亦即智力及其運作所理解的客體（客觀）世界及其秩序，並不是無條件的、自在的存在，而是經由腦髓的功能而形成，因此首先只存在於這頭腦之中；所以，套著這樣的形式，那就只是有條件的和相對的存在，也就只是現象、外表而已。在獲得這一見解之前，人們在探求自己存在的根據時，預設了認知、思維和經驗的法則就是純粹客觀的，是自在、自為和絕對的存在，也純粹是因為這些，人自己以及一切其他事物才得以存在。但現在，人們認識到事實卻恰恰相反，自己的智力和因此自己的存在，是所有那些法則、規律以及由此衍生出來的東西的條件。然後人們也終於明白：時間、空間、因果律這些他們現在已經清楚的觀念性東西，必須讓位給另一種與大自然秩序完全不同的

事物秩序，而大自然的秩序卻被視為那另一種事物秩序的結果或者象形文字。

28

人的理解力一般來說都不適合作哲學思考，可以從很多事情看得出來，其中之一就是：甚至到了現在，儘管自笛卡兒以來就這話題已有了如此之多的論述，但**實在論**仍然永遠是充滿自信地反對**觀念論**，幼稚地聲稱如此實體的存在，並不只是存在於我們的頭腦臆想中，而是確實和真切地存在。但正是就這現實本身，就這存在的方式方法及其所包含的一切，我們斷言其只存在於**設想**和**看法**之中，而不會在別的地方找到，因為這些只是對我們的頭腦表象之間連繫的某種必然的秩序。儘管有了之前的觀念主義者（尤其是**柏克萊**）的所有教誨，但我們還是只有透過**康德**才真正、透澈地相信了觀念論，因為康德並不是一下子就把這事情打發了事，而是深入個別的細節，把先驗的東西分開，在任何情況下都考慮到實踐經驗的成分。誰要是明白了這世界的觀念性，那種就算沒有產生出表象，這一世界仍舊是存在的宣稱，就會顯得沒有意義，因為這樣的宣稱說出了自相矛盾的東西：這世界的存在恰恰就意味著它已成了想法和表象。這世界的存在本身就在主體的設想裡。這就是這句話，「那是物體（或客體，Objekt）」所表達的意思。[1] 所以，那些高貴、古老和更優秀的宗教，亦即婆羅門教和佛教，其學說都完全以**觀念論**為基礎，因此甚至期待大眾去接受這一點。但相較之下，猶太教卻是真正濃

[50]

---

[1] 如果我觀看某一對象，例如：某一風景，並在想：在這一刻，我的頭顱被砍掉了，我知道那對象將是原封不動地繼續在那裡——但這樣歸根結柢就是說：我的頭顱被砍掉了，但我這個人仍舊還在那裡。明白這個道理的人不多，但這些話是寫給那少數人的。

縮了和加強了的實在論。

一個小騙術先是由**費希特**引入的，隨後就獲得認可進入了大學課堂。那就是**自我**（das Ich）的用詞。也就是說，在此，透過名詞詞類和前置冠詞，把本來的和絕對的主體詞「我」（Ich）變成了受詞或客體詞。這是因為在真實中，「我」標示的是主語（或主體詞），因此是永遠不可以變成受詞（或客體詞）的，也就是說，那認識的主體是與一切[51] 被認識之物相對立的，前者是後者的條件。所有智慧的語言也表達了這一點，所用的辦法就是不會把「自我」用作名詞。所以，**費希特**不得不強行扭曲語言，以達到其目的。這同一個費希特玩弄的另一更大膽的騙術則是無恥濫用 setzen（**確定、放置**）一詞，而他的作為非但沒有戳穿和受到責備，而且時至今日，所有追隨他的榜樣和權威的假冒哲學家仍然經常濫用這個詞，以方便其詭辯和教授虛假的東西。setzen 即拉丁語的 ponere，並構成了 propositio（命題）一詞，自古以來，都是純粹的邏輯用語，表達的是：在某一辯論或者在通常探討的邏輯關聯中，我們暫時假設、假定、肯定了某些東西，因而暫時給這些東西以邏輯上的效力和形式上的真實性──但與此同時，這些東西的現實性、物質的真實性和真確性卻是完全不曾觸及的，是懸而未決的。但**費希特**卻慢慢地為 Setzen 這個詞騙得了一種真實的，但當然是模糊不清的含義，而笨蛋們就認可這一含義，詭辯者也持續地採用這一含義。也就是說，自從先是 das Ich（我或自我），然後是 das Nicht Ich（非我）用了以後，setzen 一詞就成了「創造」、「產生」的意思，一句話，就是把這些「確定、放置」到這世上──至於何以做到這一點，我們也不知道。而一切我們想要**認定**為存在，但卻又沒有根據，並且還硬要他人接受的東西，那就 setzen 這些東西，這樣，這些東西就在那了，就完全的真實了。這就是所謂後康德哲學的仍然有效的方法。這就是費希特的傑作。

29

康德所發現的**時間的觀念性質**，其實已經包含在屬於機械學的**慣性法則**裡。這是因為這個法則所表達的，從根本上就是純粹的**時間**沒有能力產生任何物質效果；因此，單是時間，就其自身而言，絲毫改變不了一個物體的靜止或者運動狀態。由此已經得出結論：時間並不是自然和物質上真實的東西，而是某種超驗的觀念性東西，亦即不是源自事物，而是源自認知著的主體。假如時間是事物本身所固有的，是其特質或者附屬的東西，那時間的量，亦即或長或短的時間，就必然會在事物那裡造成某些改變。但時間卻完全無法做出這些改變，毋寧說時間是掠過事物而去，不曾留下一點點的痕跡。這是因為在時間的流動中，只有**原因**才是**起作用的**，而不是時間的流動本身。所以，確實，如果一個物體擺脫了各種化學的影響，例如：萊娜河冰塊裡面的長毛象、琥珀中的蒼蠅、完全乾燥的空氣中的高貴金屬、乾燥石墓中的埃及古物（甚至假髮）──那數千年的時間也不會對這些造成改變。那在機械方面出現的慣性法則，正是時間絕對不起作用的同樣特性。某一物體一旦得到了運動，那時間就無法剝奪或者無法只是阻撓其運動，這運動也就是絕對不會終止的了──除非自然、物質的原因對其發揮相反的作用。這恰如一個靜止的物體會永遠保持靜止──除非某一自然的、物質的原因加入並導致其運動起來。所以，由此已經可以推論：時間是某樣不會對物體有所觸及的東西，這兩者是不一樣的性質和類別，因為屬於物體的現實性，並不可以給予時間。據此，這時間就絕對是**觀念性**的，亦即只屬於頭腦想法和表象及其裝置，而物體則透過那各種各樣的特性及其所發揮的作用，清楚地顯示出這些物體並不只是觀念性的，而是與此同時，在這些物體那裡，也顯現了某一客觀現實之物，某一自在之物，儘管這自在之物與其現象是多麼的不同。

[52]

運動，首先就只是**運動學**的事情，亦即其元素完全是唯一取自時間和空間。物質是**可運動**之物，那已是自在之物的客體化。物質**對靜止和運動是絕對漠不關心的**，由於這一點，物質一旦取得了靜止或者運動，

[53] 就會始終保持那個樣子，同樣準備著永恆地飛行或者永恆地靜止。物質的這一漠不關心，證明了空間和時間與純粹出自這些的相對立的運動和靜止，並非與這自在之物（這自在之物顯現爲物質，並給予物質所有的力）連繫在一起，而對自在之物而言是**全然陌生**的東西；空間和時間因而並非發自造成現象者和進入現象當中，而是來自把握這一現象的**智力**，而空間和時間屬於智力，是智力的形式。

　　順便說一下，誰要想生動形象地直觀這裡所說的慣性法則，那就想像自己站在世界的邊界，向著前面的虛空，用手槍射出一顆子彈。那手槍裡的子彈就會朝著不變的方向永恆不息地飛行。數以億萬年的飛行不會讓其疲倦，永遠不會缺少空間讓其飛得更遠，時間也不會爲此而耗盡。再者，我們是先驗和正因此是完全確切地知道所有這些。我想，這整件事情的超驗觀念性，亦即腦髓的幻覺效應，在此會尤其清楚地讓我們感覺得到。

　　對**空間**的考察與這之前對時間的考察是相似和平行的，在考察空間時，或許可以連繫到這一點：物質不會透過在空間中的延伸和分散或者透過空間中的再度緊壓而增加或者減少；還有就是在絕對空間中，靜止與直線運動在運動學上是重疊的，是同樣的東西。

　　對康德關於時間的觀念性學說的預知，見之於古老哲學家說過的許多話語，我在其他地方已經提過必要的一些。**斯賓諾莎**直截了當地說過：「時間並不是事物的某種限定，而只是一種思維方式而已。」（《形上學思想》，c. 4）眞正說來，對時間的觀念性的意識，甚至構成了以往就有的**永恆**的概念的基礎。這裡說的永恆，本質上也就是時間

[54] 的相反，所以，那些稍有見解的人都一直是如此理解永恆這一概念，而之所以能夠如此理解，只能是因爲他們感覺到了時間只是在我們的智力

裡面，而並非存在於事物的本質。沒有思想能力的人因為欠缺理解力，所以才把永恆的概念解釋為沒完沒了的時間，而不會再作他想。正因為這樣，學院派哲學家才被迫說出了這些直白的話，例如：「永恆並不是接二連三沒有盡頭，而是永遠的此時此刻」；甚至柏拉圖也在《蒂邁歐篇》說了，普羅提諾也重複說了這話：「時間是移動的永恆的圖像。」為此目的，人們可以把時間名為分開來的永恆，並在此基礎上給出這樣的說法：如果沒有永恆，那也就不會有時間。的確，我們的智力之所以產生出時間，只是因為我們本身就處於永恆之中，自康德以來，在同一意義上，在**時間之外的存在**的概念被引入了哲學，但人們在運用這些詞的時候可要格外小心，因為這些想法想想還可以，但卻無法在頭腦中直觀和化為現實。

時間到處和在所有頭腦裡都是完全均勻、有規律地流逝，這一點是很好理解的──如果時間是某樣外在的、客觀的，可以透過感官而看到的東西的話，就類似於某樣物體。但時間可不是這樣的東西：我們既看不到它，也觸摸不到它。時間也一點都不只是物體的運動或者物體一貫的變化，這些東西毋寧說是在時間裡面，時間因而是物體運動或者變化的前設條件。這是因為鐘錶可以走得太快或者太慢，但時間卻不是與鐘錶一起走的；相反，那均勻的和正常的東西，那鐘錶的快和慢與之搭上關係的東西，才是時間的真正流動。鐘錶**量度**時間，而不是**製造**時間。就算所有的鐘錶都停擺了，就算太陽本身停止不動了，就算所有的運動或者變化都停頓了，也一刻都不會阻止時間的流動；時間仍然會均勻地繼續運轉，只是現在不再陪伴著變化而流逝罷了。但是，正如我說過的，時間不是可見、可感覺的東西，不是外在給出的和作用於我們的東西，因此不是真正的客體（客觀）之物。我們唯一能說的只是：時間就在我們的內在，是我們自己那不間斷向前進展的智力程序，或者就像康德所說的，是我們的內在感官與我們所有的設想和表象都帶有的形式，因此，時間構成了這個客體世界劇院的基礎框架。時間在所有頭腦中的

[55]

均衡運轉，比任何其他的都更能證明：我們所有人都圍於同一個夢中，是啊，做出這夢的就是某一個本質（關於時間的主觀根源，假如人們對時間在如此之多的不同的頭腦中都是均衡地運轉感到非常驚訝，那這裡頭上是有了某種誤解，因為這種均衡性在此必然意味著在同樣多的時間裡流逝了同樣多的時間，因此就會產生這一荒謬的設想，即設想還有第2段的，是那第1段曾走過的或快或慢的時間）。* 這同樣的事情也可在空間上得到證明，只要我能把許許多多的世界——不管那有多少——都甩在身後，但我還是永遠不能脫離空間，而無論在哪裡都隨身帶著空間，因為空間是依附著我們的智力，是屬於我的頭顱裡面的想像機器。**

---

* 此後的版本中增加了內容。內容是：在我們看來，時間是那樣完全的不言自明，以致我們自然不會清晰地意識到時間，唯一只留意到時間之中的變化過程，而這些變化當然可在實踐經驗中認出。所以，一旦我們的眼睛純粹盯著時間本身，完全有意識地發問：這一本質是什麼？這東西既沒有讓我們看得見，也沒有讓我們聽得到，但所有的一切，要真正存在的話，就必須進入其中，並且以某種冷酷無情的均匀性前行，沒有任何一種東西可以稍稍耽擱或者加快其進程，並不像人們那樣，可以在某一既定的時間之內，完成在時間裡面的事物變化——一旦我們這樣發問，那我們就已經在哲學修養上邁出了重要一步。但時間看上去卻是那樣的**不言自明**，以致我們不會這樣地發問，我們甚至無法想像某一沒有時間的存在，因為對我們而言，時間是所有一切存在的永遠前提。正是這一點證明了時間只是我們的智力的形式，亦即認知裝置的形式。所有的一切都必然顯現在這時間和空間裡。因此，時間與一切建立於時間的本體存在物也都隨著腦髓的消失而消失。——譯者注

** 在弗勞恩斯塔德編輯的版本中，增加了下面兩段文字。內容是：沒有這一類的考察——而這一類的考察也就是《純粹理性批判》的基礎——那在形上學是不可能取得真正的進步的。那些詭辯者排擠了這些考察，以便讓他們的觀念體系和各種各樣的鬧劇取而代之，然後再度無憂無慮。這些人是不可原諒的。

時間不僅只是我們認知的先驗形式，而且還是認知的基礎和基本低音；它首要構建起顯現給我們的整個世界的脈絡組織，是我們所有的直觀理解的承載物。理由律的其餘形式就好比是時間的複製品，時間是所有一切的原型。因此，我們所有涉及存在和現實的設想與表象是與時間分不開的，我們的頭腦

時間是我們的智力的安排。由於這一安排，我們理解為未來的事情，現在看起來似乎根本不存在，但在未來變成了現在以後，這一錯覺就消失了。在某些睡夢裡，在預見未來的催眠和第二視覺中，上述錯覺形式就暫時被攩到了一邊去，所以，那未來的事情就顯現為當前發生的事情。由此解釋了為何人們有時候有目的地努力，要使具有第二視覺者所預言的事情落空，哪怕是在附帶的情形細節，但都以失敗告終，因為具有第二視覺者在那事前的時候就已經看到其真實存在了，正如我們看到了只是目前發生的事情。所以，將來的事情也有其不變性，一如過去的事情（這方面努力的例子見之於基澤的《動物性磁性檔案》，第8卷，第3部分，第71、87、90頁）。 [56]

因此，所有發生的事情，亦即在時間上相繼發生的事情，其透過因果的鏈條向我們顯現的**必然性**，就只是我們在時間的形式下，對整體和不變存在著的東西的察看方式；或者這必然性也就是存在的東西，雖然那存在的東西在今天被我們認為是明天，在明天則成了現在，在後天則成了過去，但卻不可能不與其自身同一起來，成為不變的一體。正如在生物體、有機體裡合乎目的的實用性和恰當性中，顯示了那客體化在有機體中的意志的一體性，但這一體性在我們那囿於空間的理解力看來，卻是眾多的部分和這些部分協調一致地為了某一個目的（參見《論大自然的意志》，第61頁）。同樣，因果鏈帶來的所有事情發生的必然性，恢復了客體化在所有這些事情上的自在本質的一體性。在我們那囿於時間的理解力看來，這一體性就是一連串的狀態，也就是過去、現在和未來，但自在的本質本身卻不認識所有這些，而是以「永恆的現在」而存在。

也永遠離不開一前一後地反映所有事物，什麼時候（Wann）仍然是躲不開的，與在哪裡（Wo）一樣。但所有在時間上顯現出來的東西，就只是現象。——譯者注

在催眠的遙視或預視中，因**空間**而起的分離比起因**時間**而起的分離，更常和更易被取消，因為不在現場，在遙遠地方的東西，比那確實還是在未來的東西，更常被納入直觀之中。用**康德**的語言來說，可以此得到解釋：空間只是外在感官的形式，時間則是內在感官的形式。時間和空間，就其**形式**而言，是先驗就可直觀的──這是康德教會我們的；但就其內容而言，這也是可以發生的──這是催眠中的遙視、預視教我們的。

30

[57] 關於**空間的觀念性**的最明白易懂，也是最簡單的證據，就是我們無法在思想中去掉空間，就像可以去掉所有其他東西一樣。我們只能清空空間：一切的一切，我們都可以用思維從空間中清除，讓一切從空間中消失，我們甚至完全可以想像恆星與恆星之間的空間是空蕩蕩的等等。**唯有空間本身**是我們不管用什麼方式都無法擺脫的：不管我們做什麼，也不管我們置身何處，空間就在那裡，沒有哪處就是盡頭，因為空間是我們所有想像和想法的基礎和首要條件。這完全確切地證明了：**空間屬於我們的智力本身**，是智力的組成部分，甚至就是為編織智力的絲網提供了第 1 條根本的絲線，然後在這之上，才呈現了那五光十色的客體世界。這是因為只要在頭腦中設想某樣東西，空間就會顯現出來，然後就會堅持不懈地陪伴著直觀智力的所有活動、兜轉和爭取，正如我鼻子上面的眼鏡一樣跟隨我這個人的一切左轉、右轉和活動，或者如影隨形。如果我注意到某樣東西無論在哪裡和無論在任何情況下都是與我相伴，那我就會得出結論：這與我是連在一起的，例如：某一不管我走到哪裡都無法擺脫的獨特的氣味。空間與此並沒有兩樣：不管我想些什麼，不管我設想出一個什麼樣的世界，空間總是首先就在那裡，並且是寸步不離。那麼，如果就像這裡所明白顯示的：空間是一個功能，並的確就是

我的智力本身的一個基本功能,那由此得出的觀念性質也會擴展至所有空間性的東西,亦即所有在空間中顯現的東西:這些東西盡可以就自身而言至少有其客體(客觀)的存在,但只要它是**空間的**東西,亦即只要它有形體,有大小、數量和運動,那它就受著主體的限定。再者,那精細、準確切合實際的天文學上的計算之所以成為可能,就是因為空間其實就在我們的頭腦裡。所以,我們並非就事物自在的樣子而認識這些事物,而只是認識這些事物所顯現的樣子。這是偉大的**康德**的偉大教導。

認為無限的空間獨立於我們而存在,因此是絕對客觀和自在地 [58]
存在;只是這無限空間的一部分是透過眼睛到達和反映在我們的頭腦中——這是至為荒謬的想法,但在某一意義上卻是最有成效的。這是因為誰要是清晰地意識到這想法的荒謬,也就一併直接認識到這世界只是現象的存在,因為他所把握的世界就只是某一腦髓的現象,而這腦髓的現象就隨著這人的死亡而消失,以留下某一完全不一樣的、屬於自在之物的世界。他的頭在空間中並不會妨礙其看清:空間的確還只是在他的頭腦之中。

30(補充)

假設我說:「在一個不一樣的世界」,那如果有人問:「這不一樣的世界又在哪裡呢?」那這人就是相當欠缺理解力的。這是因為那**空間**,那賦予一切的「哪裡」以意義的空間,恰恰屬於這個世界。在這世界之外,並沒有什麼「哪裡」。——平和、寧靜和喜悅唯一只在**沒有**「**哪裡**」和「**什麼時候**」的地方。

31

智力之於內在的意識世界，也就是光之於外在的物質世界。這是因為智力與意志的關係，亦即智力與生物有機體的關係（生物有機體只是客觀所見的意志），大致上猶如光與可燃物和氧氣的關係（可燃物和氧氣的結合就產生了光）。並且正如光越少與燃燒物的煙霧混合在一起，那光就越純淨；同樣，智力越完全與其所出自的意志分離，那智力就越純粹。我們甚至可以更大膽地比喻：正如我們所知道的，生命就是一個燃燒的過程，在這燃燒的過程中所產生的光就是智力。

32

我們的認知就像我們的眼睛那樣，只是向外而不是向內觀看的，所[59]以，當認知者試圖轉向內在以認識自己時，所看到的就是一片漆黑，就會陷入完全的空洞。這是由於下面兩個原因。

(1) **認知的主體**不是自主的東西，不是自在之物，並沒有獨立、原初、實質的存在，而只是現象而已，是某一次要的、附屬的東西，首先是以有機體爲條件，而有機體則是**意志**的現象。**一句話**，這並非別的，而是總體腦髓之力聚集的焦點。我在我的主要著作（第2卷，第22章，第277頁；第3版，第314頁）已經闡明這一點。那認知的主體又是如何認識自己的呢，因爲就自身而言，它什麼都不是？它朝向內在的話，那它雖然認識到意志——它的本質的基礎——但這對**認知**主體來說卻不是真正的自我認識，而是對另外一樣、有別於它的自身的東西的認識；這東西一旦被認識了，就馬上只是現象而已；但這樣的現象卻只有時間爲其形式，而不是像外在世界的事物那樣，除了時間以外還有空間。但除了這一點以外，主體認識意志的方式也一如其認識外在事物的方式

（透過那些外在事物的顯現而認識它們），亦即透過認識個別的意志行為和平常的喜惡來認識意志，那也就是透過那些人們所說的願望、激動、情慾、感覺等一類的東西。所以，它所認識的意志仍舊只是現象，雖然並不像外在事物那樣受到空間的侷限。由於上述理由，認知的主體卻不認識自己本身，因為在其自身是沒有什麼東西可以認識的——除了它就是認知者以外。但恰恰因為這樣，它就始終不是被認識之物。它是這樣一個現象：除了認知以外並沒有其他的外現，所以，在它那裡，並沒有任何其他東西可供認識。

(2) 在我們身上的**意志**當然是自在之物，是自為的存在，是首要和獨立的，其現象就作為有機體顯現在空間中的直觀和理解的大腦中。雖然如此，意志是沒有自我認知的能力的，因為就它自身而言只是某一欲望和渴求的東西，而不是**認知**的東西，因為作為這樣的東西，並不認知到任何東西，所以也認知不了自己。認知是某一次要的和經過中介以後的功能，並不直接屬於那自身本質上是首要的意志。 [60]

33

對自身不帶偏見地作一番最簡單的觀察，結合解剖學的成果，就可得出這樣的結果：智力，一如其客體化，即腦髓及與之相連的感覺裝置，不是別的，而是某一大為加強了的對外在印象的接收能力。但智力並不是組成了我們原初的和真正內在的本質的東西，所以，在我們身上，智力並不是那在植物裡催生和發芽之力，或者石頭裡的重力與化學之力。只有**意志**才表明就是這些東西。智力在我們身上就是在植物那裡的這種東西：它是促進或者阻礙植物接收外在的影響，接受物理和化學的作用以及其他東西的能力。只不過在我們身上，這種接收能力得到了如此大的提高，以致由於這種能力，整個客體世界，這作為表象的世界就顯現出來了，直至達到了這樣的程度，以致其起源就成了客體。為了

形象地闡明這一點，我們設想那世界沒有一切動物性的生物。那這世界就是沒有察覺的、感覺的，因而根本不是客體（客觀）存在的，但此刻姑且假設這世界是客體（客觀）存在吧。那麼，現在，就讓我們想像一定數量的植物彼此近距離地從地裡長了出來。這些植物受到了多樣的影響，例如：空氣、風、植物相互間的碰撞、潮溼、寒冷、光線、溫暖、電壓等等。現在，我們在思想裡愈加提升了這些植物對這些作用的接受能力，這種接受能力最終就成了感覺，伴隨著的是把這些作用與其原因連繫起來的能力。這樣，到最後，那感覺就成了察看、察覺或者觀看。

[61] 那世界就馬上在那出現了，就顯現在空間、時間和因果律之中；但這卻只是外在影響作用於植物的接受能力的結果。這種形象的思考相當適合幫助我們理解外在世界那純粹現象的存在。這是因為誰又會想到要做出這樣的宣稱：在那種直觀中有其存在的情形（而那直觀則純粹是產生於外在的作用影響與活躍的接受能力之間的關係），展現了所有那些自然力（這些自然力據假設是對植物發揮了作用）的真正客觀、內在和原初的特性和構成，因而也就是展現了自在之物的世界？我們透過這一形象的例子可以明白為何人的智力範圍如此的狹隘，就像康德在《純粹理性批判》中所證明的。

相較之下，自在之物就只是**意志**。因此，意志就是現象的所有特性的創造者和承載者，意志無疑會受到道德方面的指責；但甚至**認知**及其力量，亦即智力，也是屬於意志的現象，因而是間接屬於意志。智力狹窄和愚蠢的人始終受到別人的鄙視，或許就是因為在他們那裡，意志如此減輕了負擔，而為了其目標就只是裝備了兩克溫特的智力，至少部分是這樣。

34

　　就像我在上面（第25節）和《作為意志和表象的世界》（第1卷，第14章）已經說過的，不僅**顯而易見的事實**是直觀的，任何對事物的**真正理解**也都如此。所有語言都有無數比喻的方式，就已經證明了這一點。那些比喻也就是努力把一切抽象的東西還原為直觀之物。這是因為某樣事物的純粹抽象的概念並不會讓人真正懂得這事物——雖然抽象概念可以讓我們談論這些事物，正如許多人大談許多事情一樣。事實上，一些人在談論事情的時候，甚至連這些概念都不需要，他們只需搬弄字詞，例如：一些學來的專業、技術用語，就足夠應付了。與此相比，要真正理解某樣東西，我們就必須從**直觀**上把握它，要接收到一幅清晰的圖像，盡量地取自現實本身，否則就要透過想像力了。甚至那些太過宏大或者太過複雜，我們難以一眼就盡收眼底的東西，要真正理解的話，那也必須要麼部分地，要麼透過某一可一覽無遺的具有代表性的東西，讓我們可以直觀地想起來。但如果連這一點都難以做到，那我們至少要嘗試透過直觀圖像和明喻幫助理解。直觀確實就是我們認知的基礎。這一道理也反映在我們處理非常龐大的數目和相當巨大的，只能運用這些數目以表達的距離時，例如：在研究天文學的時候——此時，我們雖然是在抽象中思維，但卻並沒有真正和直接理解這些數目，而只是獲得了某一比例概念而已。

　　但是，**哲學家**比起任何其他人都更應該從那一切知識的源頭，從直觀知識中汲取，因此眼睛應該始終注視著事物本身、大自然、世事、人生，讓這些而不是書本成為他的思想的主題。哲學家也必須把所有現成的、流傳下來的概念永遠放在自然、生活中檢驗和核實。因此，書本並不是知識的源頭，而只是他們的輔助工具而已。這是因為從書本獲得的知識只是二手的東西，並且通常都已是有點失真、歪曲的。這些的確就只是事物的原型，亦即這一世界的反射、影像；並且鏡子很少是完全乾

[62]

淨、無塵的。相較之下，大自然現實卻從來不會撒謊；對大自然來說，真理就是真理。所以，哲學家必須以大自然為研究對象。也就是說，大自然的巨大、清晰的特徵與它主要和根本的特性產生了哲學家要琢磨的問題。據此，哲學家就把大自然重要的和普遍的現象，那隨時、隨處可見的東西作為要考察的對象，而專門的、稀有的、特定的、細微的或者

[63] 轉瞬即逝的現象則留給自然科學家、動物學家、歷史學家等。哲學家關注的是更重要的東西：這一世界的整體和全部，其本質和根本真理是哲學家的更高目標。所以，哲學家不能同時糾纏於個別、零星、微小的事情，正如從高山之巔俯瞰地上全景的人不可能同時考察、斷定山谷下面生長的植物一樣，而只能把這些工作留給待在那裡研究植物的人。一個人要全副身心和全力投入到某一專門的學科分支裡面，那當然就必須對此懷著熱愛，但對其他所有的事情也就肯定是漠不關心的，因為把全副力量奉獻給某一專門領域的前提條件只能是對所有其他事情一無所知，這就好比要和**一個**女人結婚的話，就得放棄所有其他的女人。因此，第一流頭腦的人永遠不會完全獻身於某一專門的科學，因為他們最上心的是對整體事物的見解。這些人是統帥，而不是士官長；是樂隊指揮，而不是樂團中的演奏者。一個偉大的思想家又怎麼可能滿足於只是精細了解這整體事物中的某一支線、領域及其與其他事物的關聯，而不顧所有其他的？相反，他明顯把目光瞄準了整體，其努力都投入到事物和世界的總體，在這方面，任何事情對他來說都不是陌生的。所以，他不能把自己的一生消磨在某一專業的微小細節上面。

34（補充）

A. 至今為止**哲學**的**不成功**是必然的，對此的解釋就是：哲學家並不是侷限於對特定的世界作更深一層的理解，而是馬上就想要超越這一世界，試圖去發現一切存在的終極原因、永恆的關係。而要思考這些，

我們的智力是完全無法勝任的,其所能理解的絕對只是哲學家們一會兒稱為有限的事物,一會兒又名為現象的東西。簡言之,我們的智力只適合把握這一世界的短暫易逝的形體,以及那些對我們的個人、我們的目標和維持我們的自身有用的東西;這種智力所涉及的是在經驗和知識範圍之內。所以,我們的哲學也應該是在經驗和知識的範圍之內,不要逾越到超自然、超塵世的事物裡面,而是要限於從根本上理解這特定的世界。這一世界已給出了足夠多的素材。 [64]

B. 如果是這樣的話,那我們的智力就是大自然給予的一件可憐的禮物,因為這智力只是適合於理解與我們可憐的個體存在有關的,也只維持在我們世俗存在一段短暫時間的關係和情形。相較之下,那唯一有價值的東西,一個有思想的人會感興趣的東西,對我們的存在的一個解釋,對這世界的關係和情形在整體上的分析,一句話,對這人生大夢之謎的解答——當所有這些根本就不是智力所能探究的,並且就算向這智力細述對所有這些探究的解答,這智力也永遠無法明白,那我就認為這智力並不值得培養,不值得我為其操心。那是一樣不值得我彎腰撿起的東西。

A. 我的朋友,如果我們抱怨大自然,那我們一般都是錯的。只需想一下:「大自然是不做無用功的,既不做多餘的事情,也不會白送禮物。」我們只是一時的、有限的、轉瞬即逝的、夢一樣的生物,影子般一掠而過。這樣的人要有理解無盡、永恆、絕對的關係和情形的智力,目的又是什麼?而有了如此智力的人,又如何能夠再度放下這些關係,轉回到唯一現實的、唯一真正涉及我們那白駒過隙一般存在的渺小關係和情形,並為這些效力?大自然要是給了我們這樣一種智力,那它就不僅做出了某一巨大的無用功夫,而且還做出了違背其目的的事情。這是因為這又有什麼用呢,就像莎士比亞說的:

> 我們這些大自然的傻瓜,

> 如此可怕地擾亂心神，
> 竟為了那些心魂之外的東西？
>
> ——《哈姆雷特》，第 1 幕，第 4 景

[65] 這樣一個完整和透澈的形上的見解，難道不會讓我們無力對所有自然、物理的東西有所見解，不再有能力做事和行動？難道不是或許就讓我們永遠處於驚恐麻木之中，就像見到了鬼魂？

B. 但你所做的卻是「以待解決之問題作為依據」，即我們只是一時的、轉瞬即逝的、有限的生物。但與此同時，我們又是無限的、永恆的，就是那大自然的原初源泉本身。所以，這是值得我們花費功夫持續地探索，看看「大自然最終是否可以探究」。

A. 根據你自己的形上學，我們只是在某種程度上是無限和永恆的，即在作為自在之物而不是作為現象的時候，是在作為世界的內在源泉而不是作為個體的時候，是在作為生存意志而不是作為個體認知的主體的時候。在此，我們談論的只是我們智力的性質而不是意志，而作為有智力的生物，我們是個體的和有限的；據此，我們的智力也是有限的。我們生活的目標（我允許自己用一個形上的表達）是實際性的而不是理論性的：是我們的做事，而不是我們的認知屬於永恆；我們的智力就是要引導我們的做事和與此同時在意志面前擺上一面鏡子。這就是智力所做的事情。智力要做出比這更多的話，那極有可能是不適宜的，因為我們已經看到天才，那小量的智力盈餘如何妨礙了有這智力盈餘的個人的生涯和經歷，造成這樣的人外在的不幸——雖然在內在可能會讓他幸福。

B. 你提醒我天才的事情，很好！這部分地推翻了你想要申辯的事實：在天才那裡，理論性的一面異常地壓倒了實際性的一面。雖然天才無法把握那永恆的關係，但對這世界的事物，他卻已經看得稍為深刻了一些，但深入到界限，卻是對的。這當然讓受惠於天才的人沒有那麼恰

到好處地把握那些有限的、塵世的關係和情形，這就好比是在劇院用了望遠鏡。此處似乎就是我們一致的地方，我們共同的探討也就到此為止吧。

35

在凝視某一物體一段長時間以後，眼睛就會變得遲鈍而無力看清東西。同樣，持續思考同一件事情會讓智力無力琢磨和把握這事情，智力會變得遲鈍和混亂。我們必須把事情放下，以便再次思考時重新看到其清晰的輪廓。所以，看到柏拉圖在《會飲篇》（第220頁）所說的，即蘇格拉底在思考突然想起的問題時，就會24小時僵硬不動，活像雕塑一般，我們就不僅會說「這不是真的」，而且還補上這一句「這種杜撰很不高明」。從智力需要得到休息的事實，也就可以解釋為何在間隔某一段長時間以後，當我們就像新的和陌生的人一樣注視這世界事物的日常進程，亦即帶著一副新鮮的、完全不帶偏見的目光觀望時，那事物的關聯和含義就會至為清晰和純淨地展現給我們。到了這個時候，我們也就簡單明瞭地看清了事物，我們就是無法理解為何這樣清楚明白的事情，卻不為時刻身處其中的人所發覺。諸如此類的清晰時刻，因此可以比之為「清澈、健全的時候」。

36

在更高的意義上說，甚至那突發靈感的時候，連同其帶來的瞬間光明和才思，都只屬於天才的「清澈、健全的時候」。所以，人們可以說天才與瘋癲只有一線之隔。但理性之人的理智其實也只在「清澈、健全的時候」才真正發揮作用，因為理性之人也並非永遠都是那麼理智。精明的人也同樣不是在時時刻刻都那麼精明；就算是有學問的人也並非在

每一刻都能引經據典，因爲有時候他也無法想起本來相當熟悉的東西，並把這些東西有條理地連繫起來。一句話，「沒有人可以時時刻刻都那麼智慧」。所有這些似乎表明：腦髓汁液有其潮汐的特定時間，或者腦髓纖維有其張、弛之時。[2]

但是，正當腦液如此漲潮之時，如果一些新穎、深刻的見解突然到來，我們的想法、念頭同時也自然提高了活躍度，那引發這些的始終是某一直觀的誘因。直觀、直覺的見解是每一個偉大思想的根源和基礎。這是因爲字詞在其他人那裡喚起思想，但字詞喚起我們的只是圖像。

37

我們要盡快記錄下我們有價值的、自己的思想是不言自明的：我們有時候甚至會忘記我們所經歷過的事情，那我們所想過的東西失之遺忘就更是多得多了！思想不會是**我們**呼之即來，而是在**它們**願意的一刻降臨。但我們最好不要記錄下從外在現成的就可以獲得的，只是學來的或者盡可以翻書重新找到的東西。也就是說，不要只做文學、科學著作的彙編，因爲把某樣東西抄寫下來也就等於把它們付諸遺忘。對待我們的記憶力，我們應該苛刻、嚴厲一點，這樣，記憶力才不至於忘了服從我們，例如：我們在無法回想起某一事情、某一詩句或者某一字詞的時候，不要翻書把它們找出來，而應該長達數週地定期催促、煩擾那記憶，直至其履行義務爲止。這是因爲我們不得不去回憶這些東西的時間越長，這些回憶起來的東西在以後就越牢固地黏附在我們的記憶裡；我

---

[2] 根據**精神的能量**是處於加強抑或鬆弛的狀態（這是有機體生理狀態所致），我們的精神智力相應上升至相當不同的高度：有時候在以太的高空中翱翔並直觀這一世界，有時候巡遊在地面的沼澤、泥潭之上，大多數時候則在這兩端之間徘徊，或更接近這一端，或更接近那一端！意志對此無能爲力。

們花費如此精力才從記憶深處找回的東西，與藉助翻書重新刷新記憶相比，會在以後需要的時候更容易聽候我們的吩咐。而借用某一技巧方法死記東西的**記憶術**，其基礎就是人們信賴自己的聰明更甚於記憶力，所以，我們就把後者的任務交由前者完成。也就是說，我們必須把難以 [68]
記住的東西替換成容易記得的東西，目的就是在將來可以再度替換成前者。但這樣的記憶術與自然的記憶力相比，就猶如義肢與真肢之比，並且如同所有的一切，為拿破崙的這一句話做出了詮釋：「非天然的東西都是有欠完美的。」在開始的時候，藉助於記憶術記住新學來的事物或者字詞，直至它們融入我們天然、直接的記憶中，是不錯的辦法。這就像我們暫時借用拐杖一樣。我們的記憶到底是如何開始從經常是一望無際範圍的儲存庫裡馬上找到我們每次所需之物；那有時候是漫長、盲目的搜索在這之後如何自動展開；那一開始遍尋不著的東西是如何在大多數情況下，在我們已經發現了相關的某一細小線索以後，否則就是在數小時或者幾天以後，我們完全是自動地、沒有來由地想起來了，就像有人悄悄地告訴了我們——所有這些對我們在此過程中的當事人來說都是一個神祕之謎。不過，這一點在我看來是毋庸置疑的：要記住和處理如此大量、種類如此繁多的記憶素材，記憶力那神祕莫測和精緻細微的操作是永遠不可以被人為地、有意識地運用類比技巧所取代。在藉助這些人為的記憶技巧時，天然的記憶力必須始終是記憶過程的原動力，但現在記憶力就不得不記下兩樣東西，亦即記號和記號所代表之物，而不只是一樣東西了。無論如何，記憶術這種人為的記憶也只能幫助記下相對很小的一部分東西。總而言之，事物是以兩種方式印在我們的記憶裡：第一，透過我們刻意的死記硬背，如果要記住的只是一些字詞或者數字，那我們不妨暫時運用記憶術的技巧；第二，由於事物給我們留下的印象，我們用不著做出任何努力就自然而然記住了它們，這些事情的確就可以被稱為「讓人難忘」。正如創傷通常只是在稍後，而不是在當下 [69]
讓我們感到痛楚，同樣，許多事情或者許多聽過、讀過的思想使我們留

下了比當時馬上意識到的要更深刻的印象。但在這之後，我們一次又一次地想到這些東西，結果就是這些我們已經無法忘記，已經融入我們的思想體系之中，並能適時出現。再者，很明顯，這些東西在某一方面是我們深感興趣的。但要對事情感興趣，就要求我們有活躍的、渴望吸收客觀東西的心靈，追求見解和知識。許多學者之所以對自己本行的東西驚人的無知，歸根結柢就是因為他們對那些學問的題材和對象缺乏客觀興趣；這樣，與這些有關的發現、見解和解釋就不會留下強烈的印象給他們，所以也就不會留在記憶裡。這是因為，大致而言，這些人對其學習的東西不曾懷有摯愛，他們只是強迫性地學習和研究。一個人對越多的事物感到強烈的和客觀的興趣，那以這自發的方式留在他記憶中的事情也就越多。所以，在年輕的時候，留在記憶中的事情也是最多的，因為在年輕的時候，事物的新奇感提高了人們對這些事物的興趣。記憶的第 2 種方式比第 1 種方式更可靠扎實，並且它還會自動為我們挑選重要的事情，雖然這些重要的東西對一個冥頑不靈的人來說，只是侷限於個人的俗務。

37（補充）

記憶可以比喻為一個任性和反覆無常的人，一個年輕的女孩：有時候它會完全出其不意地拒絕提供它已提供了百次之多的東西，然後在稍後，在我們不再想著這事情的時候，它卻自動給出這東西。

如果我們把一個詞與某一形象連繫起來，與把這個詞與只是某一個意思連繫起來相比，那這個詞會更牢固地留在我們的記憶裡。

如果我們一勞永逸地知道了**所學到的東西**，那將是一件美妙的事情，只不過情形可不是這樣：每一學到的知識都必須不時透過重溫而翻新記憶，否則，就會逐漸被遺忘掉。但是，純粹的重溫又是讓人厭煩的，所以，我們需要學習一些新的東西。因此，「不進則退」。

38

　　我們思想的**特質**（其形式的價值）發自內在，但思想的**方向**和因此思想的素材卻是來自外在的。這樣，我們在既定的每一刻所思考的內容就是兩種根本不同的因素的產物。據此，客體、對象之於精神智力就只是琴弦撥子之於弦琴。因此，相同的景象在不同的頭腦裡會引發出極為不同的思想。當我仍處於精神智力的花樣年華和思想能力的頂峰時，適逢腦髓最高度集中的一刻，那觸目所及之物都會向我說出啟示，一連串值得記錄下來，而且也寫下來的思想也就產生了。但隨著歲月的遞增，尤其是隨著活力的衰減，上述類似時刻就越來越少了，因為雖然客體、對象是琴弦撥子，但精神思想卻是弦琴。這一精神思想的弦琴是否調校至發出最和諧、響亮的聲音，從根本上決定了每個人頭腦中所反映的世界的差異。正如這精神思想的弦琴受制於每個人的生理和解剖學的條件，同樣，琴弦的撥子也操縱在偶然的手中，因為這偶然為我們帶來了所要研究和思考的對象物。但在此，這事情大部分還是由我們任意選擇，因為我們至少可以透過決定所要研究哪些對象物和選擇置身何種環境以便部分地隨意決定這事情。所以，在這方面我們應該多花點心思，有目的地和講究方法地行事。類似建議由**洛克**的精美小書《論對悟性的引導》提供給我們。但是，針對有價值的對象物的認真、美好的思想卻不是在任何時間隨意呼之即來。我們所能做的只是為這些思想的到來鋪平道路，亦即把沒有價值的、愚蠢的和庸常的念頭拒於思想的門外，避開一切信口胡說和胡言亂語。這樣，我們就可以說：要想出些有智慧的東西，最便捷的方法就是不要思考無聊、乏味的東西。我們只需為美好的思想敞開大門，它們就會造訪。正因為這樣，我們不要在每一空閒的時候就馬上隨手拿起一本書，而應該先讓我們的頭腦思想安靜下來。然後，一些很好的想法、念頭就會到來。**里默**在他所寫的關於歌德的一本書裡說過一句很中肯的話：獨特思想的到來幾乎只是在散步或者站立之

[71]

時，甚少是在坐著的時候。因為生動、深刻，具有價值的思想的到來是有利的**內在**條件的結果甚於外在條件所致，所以，由此就可以解釋為何涉及多個完全不同對象的諸如此類的思想，通常會快速、接二連三地交替出現，很多時候甚至幾乎是同時湧現。如果是後一種情形，那這些思想就會像一個水晶洞裡的水晶一樣互相糾纏在一起。事實上，這種情形就類似狩獵者同時看見和追逐兩隻兔子。

39

一般正常人的智力相當的狹隘、貧乏，意識也極不清晰——這可以透過這一事實看得出來：儘管投進無盡時間之中的人生有如白駒過隙，儘管我們的生存是如此的艱難和窘迫，舉目盡是難以勝數的不解之謎；儘管眾多現象別有深意，儘管生命是完全不足夠的——儘管這樣，也不是每個人都經常和不斷地探究哲學；甚至不能說是很多人，或者只有那麼一些人是這樣做的——不，應該說只是零零星星的個人才去思考哲學，這些人純粹就是例外。其餘人等就生活在這大夢裡，與動物並沒有多大的區別，不同之處只在於這些人比動物多了對未來幾年的預見和籌謀而已。那表示出來的對形上學的需求，從一開始就由上頭以宗教的手段打發了事，而這些宗教不管是何貨色，都足以應付這種需求了。或許還有比表面上看更多的人在私下裡探究哲學——雖然這之後或許有結果顯示如此。我們人類的處境的確是艱難和窘迫的：那樣的一段生活時間，充滿著困頓和操勞、恐懼和苦痛，但卻一點都不知道**何來、何往與何為**；與此同時，還有那各式的牧師、神父及其各自的**啟悟**，以及對不信者的威脅、恐嚇。除此之外，人與人的相見、相交，就猶如面具與面具的周旋；我們並不知道自己是誰，就像面具甚至不了解其自身。動物就是這樣看待我們的，而我們也是這樣看待動物的。

[72]

40

　　我們幾乎相信我們所有的思維，半數是在無意識中進行的。在大多數情況下，還沒有想清楚前提，結論就來了。這一點從下面這情形就已經可以推斷出來：有時候，某一事情的發展結果是我們一點都無法預料的，這事情對我們自己的事務會有何影響，更是我們所無法清晰測量的，但這事情仍然明白無誤地影響了我們的整個心境，因為這事情使我們的心情變得開朗或者憂鬱，而這只能是無意識默想的結果。這種情形在下述例子中表現得更明顯：我對某一理論性或者實際性的事情的事實素材有了了解以後，經常會在我沒再想到的這些情況下，經過幾天的時間，事情的結果，亦即這件事情是怎樣的一種狀況，或者對此要做的事情會自動和清晰地出現在我的感覺意識裡。但這究竟是以何種操作得出的結果，是我不得而知的，就像電腦運算操作是我無法看見的一樣。這恰恰就是無意識的思考。同樣，不久以前，我就某一主題寫下了一些東西，但隨後我就不再考慮這一問題了。但有時候，腦子裡就會突然有了對這一課題的補充議論，而在此之前的期間我可是完全沒有想過這事情的。類似的事情就是我連續幾天努力地回憶起某一忘了的名字，但偏偏在我一點都想不起這一事情的時候，我會突然想起這一名字，就好像有人在我耳邊悄聲告訴了我一樣。確實，我們那些最好、最富內涵和最深刻的思想是突然靈光般出現在意識之中，並且經常是馬上就以有分量的妙語方式表達出來。很明顯，這些是長時間無意識默想，以及無數的經常在很久以前的直觀洞見的結果——但那些單個的、具體的洞見卻已被我們遺忘了。關於我對這一問題的論述，讀者可閱讀《作為意志和表象的世界》（第 2 卷，第 14 章，第 134 頁；第 3 版，第 148 頁）。我們幾乎可以大膽地提出這一生理學的假設：有意識的思維在腦髓的表層進行，無意識的思維則在腦髓的內層發生。

[73]

41

面對生活單調和由此產生的枯燥無味，經過相當一段時間的生活以後，人們就會發現生活無聊得讓人難以忍受——假如我們總體的認識和見解不是在持續進步，對所有事物和關係的理解不是變得越來越清晰和透澈的話。這既是成熟和經驗結出的果實，也是我們自身在不同的人生階段承受了變化所致——因為經此變化，我們就在某種程度上總是處於某一新的審視角度；從這新的角度觀察，事物就展現了那仍不為我們所知的一面，給出了不一樣的現象。這樣，儘管我們精神力的強度衰減了，但「今天教導昨天」就仍然不倦地持續下去，讓生活蒙上了某種永遠新奇的吸引力，因為那同一物就永遠呈現為不同的和嶄新的東西。所以，任何一個有思想的老人都要把梭倫的話作為自己的座右銘：「我年事已高，但仍好學不倦。」

[74]　　附帶一說，我們的情緒、心境的許多不同的變化也時時刻刻發揮著同樣的作用。我們也因此每天都是在不同的光線下看事情。這就減少了意識、思想的單調，因為這作用方式一如持續變換的日光，連帶其層出不窮、變幻莫測的光線效應照射在一處美麗的鄉村風景：結果就是這一風景讓人百看不厭，每次都給我們新的愉悅。所以，處於不同的心境，那熟悉的東西就顯現出新奇的一面，引發新的思想和見解。

42

誰要是想後驗地，因而透過試驗去解決某些他先驗地就可認清和決定的事情，例如：每一個變化都必然有著某一原因，或者數學方面的真理，或者出自機械學、天文學的那些可以還原到數學的命題，或者從為人熟知和毋庸置疑的大自然法則引出一些命題，那都會被人輕視。我們最近的那些從化學角度出發的唯物論者就給出了這方面一個很好的例

子。他們那極為片面的學問知識已讓我在其他地方說過這樣的話：只有化學的知識可能會讓人成為藥劑師，但卻無法讓人成為哲學家（參見我的《論大自然的意志》中「前言」，第 2 版，第 4 頁）。也就是說，這些人以為透過經驗的途徑就在那先驗的真理方面有了新的發現，而那先驗的真理在他們之前已經說了千遍之多：即**物質是恆存的**；這些傢伙大膽地宣告（而並不理會對此一無所知的世界），並**透過經驗的方式**真誠地證明此發現〔「對此的證明，只有我們的天平和蒸餾瓶才可以提供」，路易士・布希那博士先生在《力和材料》（第 3 版，1856，第 17 頁）中說的，而這些話是他這個學派的幼稚回聲〕。但他們是那樣的沒有信心和那樣的無知，以致在此不用那唯一正確和適用的字詞「物質」，而是採用他們熟悉的「材料」（Stoff）。這樣，先驗的命題「物質是恆存的，因此，其定量永遠不會增加也不會減少」就表達為：「材料是不朽的。」他們在這樣說的時候就感覺到了新意和偉大，說的也就是他們的新發現，因為自數個世紀，甚至數千年以來，就恆存物質的重要地位和恆存物質與始終是現有的形式的辯論，當然是這些小人物所不知道的。他們就像是新生的嬰兒，由於「太遲學習」而受苦太甚，而這被格留斯（《阿提卡夜話》，11，7）描述為：「太遲才學到東西的人，缺點就是以前沒有學過的就一直不知道，一旦終於開始了解，就會到處利用每一個機會把那自認為是了不得的東西說出來。」如果有哪位天生是有耐性的人，肯花功夫讓那些從廚房裡走出來、一無所知的藥劑師毛頭小夥子和理髮匠學徒明白**物質**與**材料**的區別，那就好了：材料已經是**有了限定**的物質，亦即物質與形式的結合，而這兩者也可以再度分開。所以，恆存的唯獨只有物質，而不是材料，因為材料仍然可能成為另外的材料——還沒把你們那 60 種元素除外呢。物質不滅永遠不是由實驗而發現和決定的。因此，假如這不是先驗就可以確定下來的話，那我們對此永遠都是無法肯定的。對物質不滅和物質在各種形式中變換的認識，完全和明確的就是先驗的，因此也就是並不依賴於經驗——莎士比

[75]

亞劇中的一段話就可證明這一點，而莎士比亞卻當然並不怎麼了解物理學，也不會總體上知道得很多，但他卻讓哈姆雷特說：

凱撒死後化為土，
用以補洞風可堵，
啊！那泥土曾讓世人敬和畏，
現在卻是補牆驅冬寒。

——《哈姆雷特》，第 5 幕，第 1 景

所以，莎士比亞已經應用了這一真理，但我們今天的唯物論者卻經常從藥局和診所那裡端出這一真理，因為他們顯然對發現這一真理很感得意，並且認為這一真理是經驗主義的碩果，正如我上文所說的那樣。但誰要是反過來，想要先驗地闡明唯獨是後驗的，只能從經驗中知道的東西，那就是招搖撞騙和受人嘲笑。謝林及其弟子就提供了有關這些錯誤的警示例子，就像當時某一個人美妙地說出的，先驗地射擊一個後驗的目標。謝林在這些方法和技巧方面的成就，人們可以從他的《自然哲學體系第一概要》中清楚地了解。一眼就可看出，謝林偷偷地和完全以經驗的依據從我們面前的大自然抽象出普遍的真理；然後，用簡單明瞭的話語在總體上表達這真理的特性。現在，謝林就拿著這些當作是先驗發現的、這大自然的、可設想性方面的原則；然後就很高興地從這些原則再度推論出所碰到的、構成了這些原則的基礎的事實。據此，謝林就向其學生證明：大自然不可能是另外的樣子：

哲學家走了進來，
向你們證明：這必然就是這個樣子。

人們可以在上述著作第 96 和 97 頁讀到這方面的滑稽例子，那就是對無

機大自然和重力做出先驗演繹。在我看來，這就像小孩向我表演戲法：我清楚地看到這小孩練習把小球藏在了杯子底下。之後，我就要在杯子底下發現小球並要為此感到驚奇。有這樣的老師這樣的作為，我們就不會奇怪在長時間以後，在那同一條道路上還可碰到他的學生，看著他們如何想要從模糊的，從經驗中得到的概念，例如：從蛋形、球形，根據任意設想的，就像是用鬥雞眼看到的模糊相類似，例如：卵生動物、脊椎動物、腹肚動物、乳房動物等一類荒唐的東西，而先驗演繹出大自然的行事；與此同時，我們從其鄭重其事的演繹可清楚地看出：他們總是偷偷瞄看唯獨後驗才可確切的東西，但仍經常明顯扭曲大自然以讓大自然吻合他們的怪誕念頭。相較之下，那些老實秉持經驗論的法國人卻是多麼地值得尊敬。他們坦白承認只是向大自然學習和探究其進程，而不是規定大自然要有什麼樣的法則。純粹採用歸納的方法，他們就發現了既深刻又準確的動物王國的劃分法。而德國人則根本無法欣賞這種劃分法，因此就把這撇到一邊去，為的就是藉上面提到的那些古怪和偏頗的想法以顯示其獨創性。然後，他們就這些而互相讚嘆。好多在評判思想價值方面眼光銳利並且公正的裁判！出生在這樣的國家，該是多麼幸運啊！ [77]

43

一旦我們對於某一事情有了某一堅定的看法以後，對於這同樣事情的新的意見和看法，我們都會持拒絕和否定的態度，這是相當自然的。這是因為這些不同的意見有損我們暫時已是自成一體的一套信念，打擾了我們以此得到的寧靜，苛求我們做出新的努力和宣告以前的思考努力白費了。據此，糾正我們錯誤的真理就好比是苦口、難吃之藥，並且不會在服食的當下就顯現其療效，而只能過了一定時間以後才顯現出效果。

所以，我們看到個人已是頑固堅持自己的錯誤，大眾群體就更是如此了：對於他們既定的看法，經驗和教誨窮數百年之功也不會發揮多大的效力。所以，就有了某些受到人們普遍喜愛並被深信不疑的錯誤看法，這些看法每天由無數的嘴巴自鳴得意地重複。我已開始把諸如此類的錯誤看法做成目錄，我請求讀者作更多的補充。

(1) 自殺是懦弱的行為。

(2) 不信任別人的人，自己本身就是不誠實的。

(3) 功勛卓著的人和思想天才，都是發自身心的自謙。

(4) 瘋癲之人是極其不幸的。

[78]   (5) 哲學是無法學會的，只有哲學探究才是可以學會的（真相與此說法卻恰恰相反）。

(6) 創作優秀的悲劇要比創作優秀的喜劇容易。

(7) 人們跟著培根學舌說：懂得一點點哲學會使人不相信上帝，但懂得很多哲學卻讓人返回到上帝那裡。——是嗎！那走著瞧！

(8) 知識就是力量（Knowledge is power）——簡直是鬼話！一個人可以很有知識，但卻並不因此擁有一丁點力量（或權力）；而另一個人很有力量（或權力），但卻沒有一丁點的知識。所以，希羅多德非常正確地表達了與此相反的說法：「對人來說，至為痛苦的事情莫過於懂得很多，但卻對事情無能為力。」（《歷史》，9，16）有時，一個人的所知會使他有了對付別人的力量，例如：他知道別人的隱私，或者別人不知他的底細等等。但這仍不足以證實「知識就是力量」的說法是正確的。

許多人未作深思就在相互間鸚鵡學舌這裡面的大部分說法，純粹只是因為這些說法乍聽起來似乎很有見地。

44

我們在旅行的時候就可以觀察到大眾的思維方式是多麼生硬和僵

化，與他們打交道又是多麼的困難。這是因為誰要是有幸與書為伴更甚與人交往，那他所看到的只是思想、知識的輕鬆交流，連帶那有思想者之間相互快速的作用和反作用。這樣，他就會很容易忘記在那可以說是唯一現實的世俗人群當中，情形卻是完全另外一種樣子。到最後，這個人甚至會誤以為所獲得的每一深刻見解馬上就會成為全人類共同的財產。但我們只需某一天坐火車旅行到遠一點點的地方，就會發現此刻所處的地方，人們仍固守著某些歪論、謬見、風俗習慣、生活方式和衣著款式，的確是自多個世紀以來一直保留不變。而這些東西在昨天所到的地方卻是沒有人知道的。那些地方方言與此也沒有兩樣。我們由此可以[79]得出結論：書本與大眾之間存在著多麼巨大的鴻溝，已獲承認的真理抵達大眾的步伐又是多麼的緩慢——雖然這些步伐是確實的和肯定的。所以，就其傳遞的速度而言，沒有什麼比智力之光更不像自然之光的了。

所有這些都是源於大眾甚少思考，因為他們在這方面的時間和練習都是欠缺的。不過，雖然大眾長時間抱住錯誤不放，但在另一方面，大眾卻不像學術界那樣是一個每天變換言論風向的風信雞。這是相當幸運的，因為想想那人多勢眾的巨大群體如此快速地變換運動就夠嚇人的了，尤其當我們考慮到大眾在變換方向時所沖走和推翻的一切。

45

對知識的渴求，如果目標是事物普遍的原理，那就是**求知慾**（Wissbegier）；如果想要知道的只是單個、零星之物，就應稱為**好奇、好打聽**（Neugier）。小男孩大多顯示出求知慾，小女孩則只表現出好打聽；小女孩在這方面的好奇心可以達到令人吃驚的程度，並經常伴隨著讓人厭煩的天真。女性這種只關注個別事物而無法感知普遍原理的特性，在此已經預示出來了。

46

　　一個結構良好並因此配備了細膩判斷力的頭腦具有兩大長處。第1個長處是在所看見過的、經歷過的和閱讀過的事物中，只有最意味深長、最重要的東西才會附著於這種頭腦，並自動刻印在記憶中，以便在將來需要的時候招之即來，其他的則任其流走。據此，這種人的記憶就像細密的篩子：只有大塊的東西才會留下來；而其他人的記憶則像粗眼的篩子：除了偶然留下的東西以外，一切都被漏掉了。具備這種頭腦的人的另一長處與上述第1個長處是相關的，即凡是與某一事物或者某一問題相同性質的、類似的，或者有著某種關聯的東西——無論這些東西距離多麼遙遠——都會適時在這一腦海中出現。這是因為這種人只抓住事物真正本質性的東西；這樣，甚至在彼此差異極大的事物中，也能馬上認出其同一性的東西和因此相互間的關聯。

47

　　理解力並不是以其廣度，而是以其強度（或深度）見稱。所以，在這一方面一個人可以放心地與1萬個人較量一番，而1千個傻瓜湊在一起也產生不了一個聰明的人。

48

　　擠滿這一世界的可憐的平常人，真正缺乏的是兩種彼此密切相關的能力，亦即判斷力和能有自己思想的能力。但這類人缺乏這兩者的程度是不屬於這類人的人所難以想像的，也正因如此，外人難以想像這類人的生存是多麼的貧乏和悲慘，以及「愚蠢之人所飽受的苦悶和厭倦」。這兩種思想能力的欠缺正好解釋了，一方面為何在各個國家氾濫，被同

時代人稱為「文學」的文字作品，其品質是那樣的低劣；另一方面為何真正的作品在這些人當中出現時會遭受如此的命運。也就是說，所有真正的創作和思考都是在某種程度上試圖把某一偉大的頭腦加在渺小人物的身上，這種努力不會馬上取得成功就不足為奇了。作者要給予讀者樂趣的話，所要求的永遠是這位元作者的思維方式與其讀者的思維方式在某種程度上的**協調一致**；這種協調一致越完美，那讀者感受到的樂趣就越大。因此，具有偉大思想的作者也就只能被擁有偉大思想的讀者所完全欣賞。也正是因為這樣，拙劣或者平庸的作者會引起有思想的讀者的反感和厭惡。事實上，與大多數人的交談也是同樣的結果。能力不足和**不相協調**可是無處不在。

藉此機會，我想提醒大家：我們不應只是因為某一新奇的和或許是真實的話語，或者思想是在某本劣書中找到，或者是從某一傻瓜口中聽到就低估它的價值。其實，那本劣書偷竊了這一思想，而傻瓜則人云亦云，這當然是被隱藏起來的。另外，一句西班牙諺語也這樣說：「傻瓜了解自己的家裡更甚於聰明人了解別人的屋子。」因此，每個人都比別人更了解自己的領域。最後，我們都知道，甚至一隻瞎眼的母雞有時候也會找到一小粒玉米。甚至這一句話也是對的：

沒有頭腦思想的人，其頭腦裡面是一個謎。[3]

所以，甚至園丁也經常一語中的。這樣的事情也是有的：我們在很久以前曾經聽到一個很普通、沒受過教育的人說過的一句話，或者描述過的

---

[3] 這是**蓋斯福德**在斯托拜烏斯的《文選》「前言」中引用的（第 30 頁，根據格留斯，圖書 II，第 6 章。參見《文選》，第 1 卷，第 107 頁）。原文是這樣寫的：「甚至一個愚人也經常說出恰當的字詞。」據說是**埃斯庫羅斯**的詩句，但編者對此是存疑的。

某一經歷，但自那以後卻一直無法忘記。但我們由於這些東西的出處而傾向於低估其價值，或者視其為早已普遍為人所知。如果是那樣的話，我們現在就應該問一問自己：在那麼長的時間裡我們是否又再聽過，或者甚至讀到過這些東西？如果情況不是這樣，那我們就要敬重它們。我們會因為鑽石是在糞堆裡扒出來的，就不珍視這鑽石嗎？

49

[82] 　　並沒有哪一樣樂器在這樂器自身的材料振動以後，不會給純淨的聲音混雜和添加了某些別樣的東西，因為純淨的聲音只是由空氣的振動而成，而透過樂器的材料的衝力，樂器的材料的振動首先產生了空氣的振動，並造成了某些次要的附帶噪音。每一樂音也就由此獲得了它專門特有的東西，亦即例如：把小提琴的樂音與長笛的樂音區別開來的東西。這次要的添加音越少，那樂音就越純淨。因此，人的聲音是最純淨的，因為人工的工具是無法與天然的工具相匹敵的。同樣，沒有什麼**智力**是不會為認知中的本質和客觀的東西另添加上某些別樣的主觀的東西，某些出自攜帶這一智力、構成這一智力的條件的人的東西，因而也就是某些個人的東西。那認知中的本質和客觀的東西也就由此受到了汙染。智力所受的這些影響如果是最少的，那就會達到最純淨的**客觀**，也就變得至為完美。因此，這智力的產品就幾乎只是包含和重現每一智力在事物當中所穩定領會到的東西，亦即**純粹客觀**的東西——這一點，恰恰就是為什麼這樣的智力產品會讓每一個能夠明白其意蘊的人感到滿意的原因。所以，我曾說過，天才的特性就在於其客觀性。但某一絕對客觀的，因而是完全純淨的智力卻是不可能的，一如某一絕對純淨的樂音也是不可能：這樣的樂音不可能是因為空氣是不會自動振動起來的，而必須以某種方式被推動起來；純淨的智力不可能是因為智力不會為自己而存在，而只能作為某一意志的工具而出現，或者（完全說真的）大腦也

只能作爲有機體的一部分才成爲可能。一個非理性的、盲目的意志顯現爲有機體，那就是每一智力的基礎和根源。所以，每個人的智力都有缺陷和愚蠢、乖張的特質，而沒有了這些東西，那也就不是人了。還有就是，「沒有不帶莖柄的蓮花」。歌德也說了：

巴別塔還在那作祟，
他們無法連結！
每個人都有其怪想，
哥白尼也不例外。

造成認知不純淨的因素，除了主體的既定本質、個性以外，還有那 [83]
些直接來自意志及其暫時情緒的因素，因而也就是來自認知者的切身利益和七情六欲。要完整測量出在我們的認知中添加了多少主體的成分，那我們就要經常以兩個有著不同心境和不同關注的人的眼睛察看同樣的事情。既然這不大可行，那我們就只能觀察在不同的時間、不同的心緒和不同的場合，那同一個人和對象物是如何向我們展現出很不一樣的樣子。

當然了，如果我們的智力可以**自為**的存在，亦即成爲原初、原創和純淨的東西，而不是某一次級的能力，必然地根植於某一**意志**——而由於這樣的意志基礎，那智力的幾乎所有的認知和判斷都受到了某種汙染——如果是這樣的話，那就是極好的事情。這是因爲假如不是這樣，那這智力就是一個純淨的知識和眞理的器官。但現在的情形卻是，對我們有某些興趣或利益摻雜其中的某一件事，我們是極少看得清楚明白的！這幾乎是不可能的事情，因爲要給出每一辯論和補充每一事實的時候，意志就馬上一起說話、發表意見，我們甚至無法分辨出哪個是意志的聲音和哪個才是智力的聲音，因爲這兩者已合爲**一個**「我」了。在我們要預測我們關心的某一事情的結局時，這點就表現得尤爲清楚，因爲

在智力走出的每一步那種關心幾乎都會歪曲事情，忽而作為恐懼，忽而作為希望。在此，要看得清楚幾乎是不可能的，因為智力就像是一個火把——藉助其光亮，我們才可以閱讀，強勁的夜風在此時卻把火把吹得忽隱忽現的。正是由於這一點，在情緒亢奮的情況下，一個忠實和真誠的朋友是價值無比的，因為他置身事外，所以，會看清楚事情的真實樣子；但在我們的審視下，情形卻由於我們激情的欺騙而被歪曲了。要能[84]夠準確地判斷所發生的事情，準確地預測將要發生的事情，那這些事情就必須與我們無關，亦即與我們沒有任何的利害關係，因為除卻這些，我們並不是不帶偏見的，我們的智力會受到意志的感染和汙染而又對此並不曾留意。這一點，還有那些不完整或者受到歪曲的事實，解釋了為何有頭腦和見識的人在預言政治事務的結果時，有時候會是全錯了。

至於藝術家、詩人和作家，造成其智力不純淨的主體因素也就是我們習慣所稱的時代思想，而時至今日則名為「時代的意識」的東西，因此也就是某些時興的觀點和概念。黏上了這些流行東西的色彩的作家，就是讓自己受到了那些東西的影響，但他們本來卻應該無視和拒絕那些東西。在過了或短或長的歲月以後，當那些觀點完全消失不見了，他們出自那個時期的作品也就缺少了從當初時興觀點所獲得的支持。那些作品也就經常顯得如此無聊乏味，讓人無法理解，起碼跟舊的日曆沒有什麼兩樣。也只有真正的文學家或者思想家是超越所有的那些影響。甚至**席勒**也看過《實踐理性批判》，而這本書也對席勒產生了影響。但莎士比亞看的卻只是這一世界。所以，我們在所有莎士比亞的劇作中，在他的英國歷史的劇作中則尤其清楚地看到，那些劇中人物都是受自私自利或者惡毒的動因的驅動，極少例外，並且也不是太過刺眼。這是因為莎士比亞想要在文學藝術的鏡子裡表現人，而不是展現道德方面的漫畫。所以，每個人在那些鏡子裡面認出的都是人，莎翁的著作在今天和以後永遠都會活著。席勒的《唐·卡洛斯》的人物，則可以相當鮮明地分為白和黑、天使和魔鬼。這些在現在看來已經是古怪了，再過50年以

後，又將是怎樣的情形！

50　　　　　　　　　　　　　　　　　　　　　　　[85]

植物的生活就只是**存在**而已：據此，植物的樂趣也就是某種純粹的和絕對主體的呆滯的舒適感。到了**動物**，**認知**增加了，但這認知仍然完全侷限於動因，甚至是最近的和最直接的動因。因此，動物從其只是存在就可找到完全的滿足，而這也足以充實其生活。所以，動物可以無事可做數小時而不會覺得不適和不耐煩，雖然牠們不會思考，而只會觀望。也只有到了最聰明的動物等級，例如：犬和猴子才會有做事的需要，並因而會感覺到無聊。所以，牠們喜歡玩耍，其消遣就是張著嘴巴注視著路過的行人。這樣，牠們也就與那些從窗戶張嘴往外盯著行人的人同屬一個類別：那些傢伙到處都在盯著我們，但也只有在發現盯著我們的人是學生時，才會真的讓我們動怒。

只有在人那裡**認知**，亦即對其他事物的意識，與純粹的自我意識相對應，才會達到較高的程度，並且由於理性的出現而提高至深思和反省。這樣的結果就是人的一生除了只是**存在**以外，還有這樣的**認知**作消遣，而這種認知在某種程度上就成了在人自身以外，在別的存在物和事物的第二存在。不過，在這些人那裡，認知大部分也還是侷限在**動因**方面，但也包括了遙遠的動因。眾多這樣的動因集合起來，就成了所稱的「有用的知識」。而這些人**空閒**、**自由**的認知力，亦即不用服務於一定目標的認知力，卻通常只是發揮好奇和消遣的需要，但這空閒的認知力卻是每個人都會有的，起碼達到了這裡所說的程度。與此同時，如果動因允許他們喘息，那他們就僅僅只是以**存在**填充其大部分的人生，這方面的證據就是那常見的張著嘴巴看人、看熱鬧，以及那種主要只是聚在一塊卻又要麼是無話可說，要麼是談話內容極度貧乏和簡陋的社交。確　　[86]
實，大部分人雖然並不曾清楚地意識到這一點，但在**心底**裡卻是把盡可

能少思想地生活奉為至高的處世格言和準則，因為思考對於他們就是一個負擔和累贅。據此，他們也就只恰好做出其職業業務所一定需要的思考，然後就是同樣只根據他們不同的消遣的需要，不管那是交談還是遊戲而動腦筋，但這兩者必須是盡量只用最少的思考就可進行。但假如在閒暇時間他們缺少乏類似的交談和遊戲，那他們就會數小時地靠著窗戶，張著嘴巴觀望最瑣細的、沒有任何意義的事情，真正讓我們看到阿里奧斯托的「無知者的無聊」的樣子＊，而不是去拿起一本書，因為這樣的話，他們就要被迫思考了。4

[87]　　只有在智力已經超出了所需的程度，認知才會或多或少成為目的本身。據此，如果在某一個人那裡，智力放棄了其天然的職責，亦即放棄了為意志服務，並因此不再去只是把握事物之間的關係，而是要純粹客觀地發揮，那就是一件全然反常的事情。但這恰恰就是藝術、文學和

＊　參見《憤怒的奧蘭多》，34，75。——譯者注

4　**常規的人**害怕體力操勞，但更怕思想上的勞動，這也是為什麼他們是那樣的無知、那樣的缺乏思想和那樣的沒有判斷力。

平常人的智力都是狹隘的，亦即只受限在其持續、固定的點，意志，以致這智力就像一個短的，因此是飛快走動的鐘擺，或者就像一個帶短的位置向量的距角。這都是因為他們在事物那裡真正看到的只是對他們有利的或者不利的東西，而對他們不利的他們看得則更清楚。這樣，他們在處理事情的時候就是相當得心應手的。相較之下，具有**天才智力的人**就只看到**事物本身**，這就是他的能力所在。但這樣一來，他對自己有利的和不利的認識就模糊了或被擠掉了。所以，平常的人在生活的道路上走得比他更靈活。我們可以把他們比作兩個下棋的人：人們把他們置於一個陌生的屋子，在他們面前放上真正中國的、很有藝術技巧的、相當優美的棋子形象。其中一個就輸了，因為他老是分心去觀賞那些棋子的形象，而另一個則贏了，因為他對那些東西沒有興趣，看到的也就只是棋子而已。

絕大部分人的本質構成決定了他們除了對吃、喝與交媾以外，不會認真地對待其他事情。這些人會把那些少有的高貴之人帶給這世界的一切，不管是宗教的還是科學的，或者藝術的，馬上當做是工具加以利用，戴著這些面具，服務的是自己低下的目的。

哲學的根源。所以，這些作品就是由當初並不是作此用途的器官所創造的。也就是說，智力從一開始就是從事繁重工作的傭人，被其要求諸多的主人——意志——搞得從早忙到晚。但當這忙碌的苦役雇工在某一天，在空閒的時間自發自願地完成了作品，沒有別的什麼目的，就只是自我滿足和愉快，那這作品就是真正的藝術品；如果達到了某一高度，那的確就是一天才的作品。

把智力用於純粹客觀的方面，以其各個高級別構成了所有那些藝術、文學、哲學作品以及總體純粹科學成就的基礎。[5] 在理解和學習這些作品和成就的時候，就已經是這樣運用智力了；在對某一事情自由的，亦即不涉及個人利益的思考，也同樣如此。的確，這樣的智力運用甚至讓談話僅僅只是有了活力——假如那話題是純粹客觀的，亦即與利益，也就是與談話者的意志毫無關聯。這樣純粹客觀地運用智力，與涉及主體的，亦即個人的利益而運用智力——哪怕只是間接地——兩者的關係就猶如跳舞與走路一樣，因為純粹客觀地運用智力就如跳舞一樣是不帶目的地使用多餘的能力。相較之下，主體地運用智力當然是自然的，因為智力本來就是為服務意志而產生的。但正因為這樣，我們在智力用於主體性目的方面是與動物共通的：這樣的智力就是急切需求的奴隸，有著我們的可憐特性的印記，在這方面我們就像是「被綁在土地上的農奴」。這一特性不僅出現在工作和個人活動中，而且也見之於所有關於個人的和普遍物質性事務的交談，例如：吃、喝和別的愜意的享受，然後就是職業和與此相關的東西以及各種各樣的得益，甚至涉及社會和國家這樣的共同實體（das gemeine Wesen）也是如此，因為共同的實體始終帶著某一共同的核心（ein gemeines Wesen）。絕大部分的人當然是沒有能力在其他別的方面應用其智力，因為他們的智力純粹只是為其

[88]

---

[5] 一個民族在**美術**、**文學**和**哲學**方面拿得出來的著作，就是在這民族中曾有過的**智力盈餘**的成功結果。

意志服務的工具，完全投入到這種服務以後已無餘力。正是這一點造成了他們如此的乾巴乏味，就像動物一般的嚴肅，沒有能力進行任何客觀性的交談。在他們的臉上，也可看到智力與意志是緊密相連的。我們經常碰到的那種很讓人沮喪的狹隘和侷限的表現，恰好標示了那種人的認知只侷限於他們意志的事情。我們可看到他們所擁有的智力，也就是他們的意志為達到其目標所恰好需要的，此外就再沒有多餘的了。他們的相貌是那樣的俗氣，原因就在這裡。[6]據此，一旦意志不再驅使他們，他們的智力就陷入停滯狀態。他們不會對任何事情懷有**客觀**的興趣。對任何與他們本人沒有關聯，或者沒有起碼是某一可能的關聯的事情，他們不會留意，也更不會仔細思考；沒有什麼東西會贏得他們的興趣。某一戲謔或者機智的玩笑從來不會明顯激發起他們，更準確地說，他們是討厭一切哪怕只是需要他們稍稍思考一下的東西。只有那些粗糙的玩笑和調侃才會讓他們笑一下，除此之外，他們就是表情嚴肅的牲畜。所有這一切，只是因為他們只能產生與**主體**有關的興趣。這就是為什麼適合他們的消遣就是打牌，確切地說，是為了贏錢的打牌，因為這不像戲劇、音樂交談等留在知識的範圍內，而是把**意志**本身活動起來，而**意志**則是首要的和無處不在的。此外，他們從初次的呼吸到最後的咽氣都是生意人，是天生的生活中的苦力和腳夫。他們享受的樂趣都是感官方面的，對於其他樂趣沒有絲毫的感應。只有在做買賣和交易的時候，才好與他們說話，否則就不要理睬他們。與他們的交往會讓人降格，的確會把自己變得低俗起來。他們的談吐就是**喬爾丹諾·布魯諾**（在《灰土的灰土》結尾處）形容的「平庸、低級、粗野和沒有尊嚴的交談」，是他自己發誓要絕對避免的。相較之下，兩個有能力只是以某種方式純粹**客觀**地運用其智力的人，在相互的交談中，就算那素材是輕鬆的，並且只是流於戲謔，但仍然已經是自由地發揮其思想力了。與前者相比，這後一

---

6 參見《作為意志和表象的世界》，第 2 卷，第 380 頁；第 3 版，第 433 頁。

種交談就像舞蹈與走路相比。這樣的談話事實上就像是兩個或者3個人相互之間的舞蹈，而前者則像是並排或者一前一後地行進，為的是要抵達目的地。

因此，這種始終是與能力連結在一起的、自由地和因此是反常地運用智力的傾向，在**天才**那裡達到了這樣的程度，以致認知成了主要的事情，成了全部生活的**目標**，自身的存在則成了次要的事情，淪為**手段**而已。據此，總體來說，天才透過對其餘世界的認知和把握，更多地生活在這其餘的世界，而不是生活在自身之中。他那異常提高了的認知能力讓其失去了以只是**存在**及其目標來打發時間的可能性。他的頭腦精神需要不斷的和有強度的工作。因此，他在日常生活的寬闊場景並沒有那種冷靜、沉著，也不會愜意地融進這種生活中去，正如平常人都能做到的那樣——平常人甚至可以把純粹是儀式的和走過場的東西也做得真正有聲有色。據此，要過平常的實際生活，那天才的智力可是糟糕的配置，並且如同每一反常的東西一樣都成了阻礙，因為正常的頭腦智力才與平常的生活相匹配。這是因為智力得到了這樣的提升以後，對外在世界的理解就會達到如此高度的客觀清晰性，並提供了遠多於為意志服務所需的東西，以致太多太豐富的東西完全妨礙了對意志的服務，因為就其自身思考這些既有現象，始終會轉移對這些現象與個人意志的關係及對這些各個現象相互之間的關係的考察，並因此擾亂和妨礙了對這些關係的靜心把握。其實，要為意志服務的話，對事物有一相當膚淺的研究就足夠了。這表皮的研究只需提供這些事物與我們當時的目標的關係，以及與我們的目標連在一起的又是什麼，所以，所認識的不過只是關係而已，而對其他一切則盡可能地視而不見。這樣的認識會因為對事物本質的客觀和全面地把握而受到削弱和擾亂。在此，拉克唐修的話得到了證實：「庸眾很多時候會更有理解力，因為他們只有所需要的理解力。」（《神聖原理》，第3卷，第5章）

所以，天才完全是與實際行動的能力相對抗的，尤其是在實際事

務的最高活動場所，在世界政治活動中。這恰恰是因為高度完美和細膩敏感的智力會有損**意志**的能量，而這些東西表現為勇敢和堅定時，如果只是配備了幹練和直截了當的理解力、準確的判斷力和一點點的機敏與狡猾，那這些正正就是造就政治家、將軍的材料；如果這意志的能量達到了大膽放肆和固執死板的程度，那在有利的情況和條件下，也會造就一個世界歷史的人物。但就諸如此類的人而言，談論**天才**則是可笑的。同樣，擁有少許程度的思想優勢，例如：精明、狡猾和某些確定的但卻是單一方面的才能，就會讓具備這些才能的人在這世上吃得開，輕易就可奠定個人的幸福，尤其是除了這樣的才能，還附加了無恥（一如上面說的大膽、放肆）。這是因為智力處於這些低層級的優勢，仍會始終忠於其天然的職責而為自身的意志服務，只不過是更精確和更容易地完成其工作而已。但在天才那裡，智力卻是擺脫了其天然的職責。所以，天才對一個人的運氣肯定是不利的。這就是為什麼歌德會讓塔索說出這樣的話：

> 月桂花冠，無論你在哪裡看到，
> 都標誌著痛苦更甚於好運。

因此，天才雖然對具有此天才的人是某一直接的收益，但不會間接地得益。

50（補充）

我們在動物那裡可清楚地看出，動物的**智力**就只是為**意志**服務而活動起來，而絕大多數人在這方面，一般來說也沒有很大的不同。的確，在許多人那裡，也可看出他們的智力從來不會為了其他目的而活躍起來，而是始終只指向生活中的渺小目標和很多時候為了實現這些目標都

要採用低下的和有失體面的手段。如果一個人有了超出為意志服務所需的多餘智力，然後，這多餘的智力自動自發地投入到自由的，並非由意志刺激起來的，也與意志的目的無關的活動中去，而這智力活動的結果將是純粹客觀地理解這世界和事物——那這樣的人就是**天才**。他的臉上也會有著天才的印記。那些擁有超出所說的必需分額智力的人也已經有了這樣的印記，雖然這印記沒有那麼鮮明而已。

地位、階層、出身的差別，都不如無數百萬人與極少數、極稀有的一些人之間的鴻溝那樣巨大：前者把**頭腦只是**視為和應用於**肚子的奴僕**，亦即頭腦只是為達到意志目標的一個工具；後者則勇敢地說道：不，頭腦不能只是服務於這些目標，頭腦應該只是為了自己的目標而忙碌起來，亦即要去把握這世界奇妙的和五光十色的景觀，以便在這之後以這樣或者那樣的方式重現出來，這可以是圖畫，也可以是對這景觀的解釋，根據那具備此頭腦的個人的特性而定。這些是真正高貴的人，是這世界的真正**貴族**。其他的人則是農奴，「被綁在土地上的農奴」。當然，在此僅僅指的是這樣的人：不僅具有勇氣，而且還有著使命和權力要讓頭腦擺脫為意志服務，以致所做出的犧牲得到了報酬。至於其他的，在其身上所有這些都只是部分存在的人，上述鴻溝並不是那麼巨大，但鮮明的分界線卻是始終存在的，就算是與那擁有一點點，但卻是明確的才能的人，也是如此。 [92]

測量**智力等級**最精確的**尺度**，可以是人們在面對事物時，在多大程度上只是去把握**個體**事物，抑或多多少少地去把握事物的**普遍性**。動物只認識單獨的事物，因而是完全侷限於理解個體事物。但每一個人都可以把個體之物總結為概念，人的理性運用正在於此；這些概念越是普遍，那他的智力就越高。當對普遍性東西的把握深入到**直觀**認識，不僅僅只是概念，而且連直觀到的東西也直接理解為普遍性的東西，那就產生了對（柏拉圖式的）**觀念**的認識：那種認知是審美的；如果是自動自發的話，那就是天才的一類，而如果是在哲學方面，則達到了最高一

級，因爲到那時候，那整個生命、存在物及其匆匆而過的特性，那世界及其存在，就以被直觀把握了的眞正本質顯現了出來；以此方式作爲沉[93] 思的對象物加之於人的意識。那是最高級的靜思細想。所以，在這種認知和只是動物的認知之間有著無數的等級，其中可以透過那越發具有普遍性的認識而區分開來。

51

對有能力有保留地理解事情的人來說，天才與正常人的關係或許可以以下面的方式最清楚地表達出來。一個天才，就是一個有著**雙重**智力的人：一重是**爲自己**而服務於他的意志；另一重則是**爲了這一世界**，而他也就成了這一世界的一面鏡子，因爲他**純粹客觀地**理解了這一世界。這一理解的總和或精華，經技術性發揮和完善以後，就會重現在藝術、文學或者哲學作品中。相較之下，正常的人卻只有第一重智力，我們可以稱爲**主體（主觀）**性的，而天才的智力則可稱爲**客體（客觀）**性的。雖然這主體性的智力，在銳利和完美方面可以各有至爲不同的程度，但這一類智力與天才的雙重智力有著某一明確的層級之分，大概就像胸腔的聲音，哪怕那是很了不起的高音，但與（音樂中的）假音相比，仍始終有著本質上的不同。正如長笛的兩個上8度音和小提琴的蘆笛音，這些是兩部分空氣震顫柱的聯合，而這兩部分本是由某一振動波節所分開的；而在胸腔音和長笛的低8度音，只有那整個和不曾分開的空氣柱在震顫。所以，由此可以讓我們明白天才的專有特性，而這特性就明顯地印在那些著作，甚至印在具有如此天才的人的面相上。同樣清楚的是，這樣的雙重智力通常對爲意志服務造成了妨礙，這就解釋了上面提到的天才應付實際生活的笨拙能力。天才尤其缺少務實性，而這卻是平庸、簡單智力的特點，不管其是敏銳還是呆滯。

52

　　正如腦髓就是寄生物，全靠有機體的供養而不會為內在經濟直接帶來貢獻，因為在上面它那堅固的、有著良好保護的居所裡，腦髓過著獨立、自主的生活，同樣，具有高級思想稟賦的人在過著與眾人一樣的個體生活以外，還過著另一種純粹智力性的生活。這樣一種智力生活不僅只是在知識、學問上持續增加、豐富和調校正確，而且還由整套的名副其實的真知灼見所組成。這種生活不受個人命運、際遇的影響——只要其追求和努力根本不受其擾亂。所以，這種生活會提升這個人超越那變幻、波折的命運。這種生活就是持續的思考、學習、試驗和實踐，並逐漸以此為主，而個人的生活則退而成為只是手段，而不是目的。歌德就給出了這種獨立和分離的智力生活的一個例子。在香檳戰爭嘈雜和騷亂的戰地，歌德為其顏色學說而觀察各種現象；並且在那無盡不幸的戰爭中，在盧森堡要塞駐守的歌德只要獲得片刻的休整，就會馬上拿起他的「顏色學說」本子。歌德也就為我們這些土地的鹽巴留下了應該仿效的榜樣，即我們無論何時都要不受打擾地專注於我們的智力生活，哪怕個人的生活在這世上飽受動盪和波折；要永遠記住：我們可不是僕人的兒子，而是自由的人。作為我們的徽章和家族紋章，我的建議是一棵在風暴中被吹得劇烈搖擺的樹，但與此同時，這樹卻仍然是大紅碩果掛滿枝頭。另附上這樣的題詞：「在我受盡風吹雨打之時，果實成熟了」，或者「狂風吹拔，但仍碩果纍纍」。

　　與個人的純粹智力生活相對應的整個人類的生活，其**現實**的生活也同樣在於**意志**，無論就其經驗的含義還是就其超驗的含義而言，都是如此。人類這一純粹智力的生活就在於人類透過科學在認知上的不斷進步，就在於藝術的盡善盡美，而這兩者歷經世世代代緩慢地進展，每一代過客也做出了他們的貢獻。這種智力生活就像是某種超凡脫俗的東西，某種美妙的芬芳，從那忙碌的世俗事務，從那真正現實的和受著**意**

志指引的大眾生活中醞釀出來的,現在就漂浮在這些東西的上空。與那世界歷史一起,哲學、科學和藝術的歷史純眞無邪地、不帶血腥地走著自己的路。

53

天才與常人的區別,如果算是程度上的差別,當然就只是**數量**上的;但當我們考慮到常人的頭腦儘管有個人的差別,但他們的思維卻有某種共同的方向;由於這共同的思維方向,所以,在相似的情況下,他們所有想法會立刻走上同一條路徑和陷入相同的軌跡;所以,常人那並不以眞理爲依據的判斷經常是一致的,以致他們的某些基本觀點是在任何時候都始終堅持的,一再地被人重複和重新提出來,而每個時代的偉大思想者則或公開或私下抵制這些東西——當我們考慮到所有這些,那我們就會傾向於認爲天才與常人的區別是**品質**上的。

54

天才的意思就是在這天才的頭腦中,**世界作爲表象**達到了更清晰明亮的一級,更清晰地顯現出來;又因爲並不是細心觀察單個、零星的東西就會爲我們帶來最重要的和最深刻的認識,而只有對整體的把握強度才可以做到這一點,所以,人類也只能期待這樣的天才給予最偉大的教導。如果這天才得到培養和完善,那他就會以這一形式或者那一形式給[96] 予他的教誨。因此,人們也可以把天才定義爲對事物有著特別清晰的意識,並因此也對事物的對立面,亦即對自己本身有著特別清晰的意識。所以,人類仰視具有如此天賦的人,希望得到關於事物及他們自身的

啓示。[7]

與此同時，這個人就如同其他人一樣，首先是爲了自己而如此存在，這是關鍵的、不可避免的和無法改變的。而他對他人而言是什麼，則是次要的，聽隨偶然。無論如何，人們從這個天才那裡所接受的不過就是透過雙方所做出的努力而獲得的某種反射，以人們自己的頭腦去思維這天才的思想，僅此而已。但在人們的頭腦裡，天才的思想始終就是異國的花卉，終究會萎縮和弱化。

55

要獲得獨創的、不平凡的，或許甚至是不朽的思想，那我們只需要完全疏離世事一些片刻的時間；這樣，那些最日常普通的事物就會顯現其全新的、不爲我們所知的樣子，這些事物就以此方式向我們透露了眞正的本質。但是，在此所需的條件根本不是困難與否，而是壓根就不是我們所能掌控的，正因此這也是天才管控的事情。[8]

---

[7] 經由極爲罕有的多個機緣巧合，不時地，例如：在一個世紀中會誕生出一個**智力明顯超常**的人，而智力則是次要的，亦即在與意志的關係中是附屬的素質。在他被人們認識和獲得承認之前，有可能經過一段很長的時間，因爲阻撓人們認識這天才的是愚笨，阻撓人們承認這天才的是嫉妒。但一旦他真的得到了認識和承認，人們就會團團圍住這天才及其著作，希望從他那發出的點點光亮能夠穿進他們存在的黑暗之處，能夠說明和解釋他們的存在 —— 也就是在某種程度上是來自某一（不管其仍是那麼的渺小）**更高一級神靈的開示**。

[8] 單靠自身的話，天才的頭腦無法產生原初的思想，一如女人單靠自身無法生出小孩；外在的環境動因必須作爲父親一樣地到來，好讓天才結出果實和分娩。

[97]

56

天才與其他人相比，就猶如紅寶石與其他寶石相比：紅寶石會發出自己的光，而其他寶石則只會反射所接收到的光線。我們也可以說：天才與其他人的區別，就猶如特殊的帶電體與只是導電體的區別。所以，天才並不適合那些純粹的學者：他們只是把學來的東西再教導給別人而已。正如特殊的帶電體並不是導電體一樣。更準確地說，天才之於純粹只是博學，就猶如正文之於注解。一個博學者是一個學了很多知識的人，一個天才則是人們要從他那裡學習他的並非從任何人那裡學來的東西。所以，偉大的思想家——這可是1億人當中也沒有一個——就是人類的燈塔；沒有了這些燈塔，人類就會迷失在無邊無際的、至為可怕的錯誤和野蠻的大海之中。

但是，只是一般的學者，例如：大概哥廷根大學平庸的教授一類，看待天才就跟我們看待兔子差不多：只有當兔子死了以後才可被烹調和享用；所以，在其眼裡，只要天才還活著，就必須射殺掉。

57

誰要想得到同時代人的感激，就必須與同時代人的步伐保持一致。但這樣的話，任何偉大的東西就無從產生。因此，誰要打算成就一些偉大的東西，就必須把目光投向後世，堅定信念為後世完成自己的作品。當然，他有可能在同時代人中間默默無聞，就好比是被迫在孤島上度過一生的人：他勤勉地在這孤島上建起一座豐碑，以便把自己存在的訊息傳達給將來的航海者。如果這種命運對他來說似乎太過殘酷，那他就必須這樣安慰自己：那些平常普通、純粹實際的人也經常遭受了相似的命運，他們也無法期待得到對自己勞動的補償。也就是說，那些平
[98] 常、實際的人，如果處境有幸允許的話，就會在物質的道路上忙於生

產，會日復一日，孜孜不倦地賺錢、買賣、建造房屋、耕種土地、投入資本、創立公司、經營布署。在這個過程中，他們誤以為是為了自己而工作，但到頭來，**後人**卻坐享其成——這些後人甚至經常不是他們自己的後人。所以，這種人也照樣可以說出「前人種樹，後人乘涼」的話；他們的工作就是他們的報酬。因此，這些人相比思想的天才也好不到哪裡去。思想的天才當然也希望可以獲得報酬，起碼能夠得到榮耀，但到頭來，他們只是為了後代做出了一切。當然，這兩種人其實也從前人那裡繼承了許多。

但上述所獲得的補償——在這方面天才是占上風的——關鍵就在於他自己是個什麼樣的人，而不是對其他人而言他是個什麼樣的人。確實，又有誰比這種人生活得更真實呢？這種人生活過的某些瞬間，僅僅只是迴響就透過千百年的混亂和噪音仍可清晰地聽到。對天才這種人物而言，最明智的做法或許就是：為了不受打擾地成為自己，那麼，只要他還活著，他就要讓自己滿足於享受自己的思想和作品，這個世界則只是他所指定的他這樣的豐富存在的繼承者；至於他的存在所留下的印痕，則猶如化石足跡一樣，只有在他本人死後方才傳到世人的手中（參見拜倫的《但丁的預言》，第4篇開頭）。

除此之外，天才優於其他人的地方並不侷限於他發揮其至高能力的方面，而是就像一個有著異於常人的良好骨架、動作敏捷俐落的人：不僅能夠格外輕便、靈活地完成身體的動作，而且在這過程中愉快、愜意，因為他在施展自己的天賦中得到了直接的快樂，他也因此經常漫無目的地發揮這些本領。再者，正如這一身體靈活的人不僅在跳繩或者跳舞的時候，能夠做出一般人無法做出的跳躍動作，就算是完成其他人也會的較為簡單的舞步，甚至走路的姿勢動作，也無一例外地顯露出少有的彈性和靈巧；同樣，有著真正高人一等頭腦的人不僅產生出和創作出其他人無法給出的思想和作品，並不只是唯一在這些方面表現其偉大，而且還能夠隨時以認知和思考為樂，因為對他們來說，認知和思考 [99]

活動本身就是一件輕鬆、自然的事情；所以，較為簡單的，在其他人能力範圍之內的事情，他們也能更輕鬆、快捷、準確地把握。因此，他們能夠為獲得了知識，解決了難題，為每一含義深長的思想——不管這些是出自自己抑或出自別人——而得到直接和強烈的快樂。這就是為什麼他們的頭腦思想在沒有什麼其他目的的情況下也同樣持續活潑，並因此成了永不枯竭的樂趣之源，以致無聊無法靠近他們，而無聊卻是時時刻刻都在折磨常人的惡魔。另外，過去或者同時代的偉大思想者所寫下的巨作，對他們來說才算是真正存在了。具有常規的，亦即糟糕的智力的人面對推薦給他們的這些偉大思想的作品，大概就猶如痛風患者到了舞場，雖然後者到場是出於習俗和禮貌，前者閱讀那些思想巨作卻是不甘人後。**拉布呂耶爾**說得很對：「所有的精神思想對沒有精神思想的人來說都是無能為力的。」再者，聰明頭腦或者思想天才的想法與平庸之人在某些方面的想法，就算在根本上是相同的，但兩者之比猶如色彩鮮豔、生動的油畫與素描畫或者顏色淡弱的水彩畫相比。所以，所有這些就屬於天才所獲得的報酬，是給那些孤獨存在於這個與他們不同、也不相稱的世界的思想天才的補償。也就是說，因為一切偉大都是相對而言的，所以，我到底是說該烏斯是偉大的，抑或說該烏斯不得不生活在可憐、渺小的人群當中，其實是一樣的，因為小人國與大人國之別全在於不同的審視角度。所以，一個創作了不朽巨著的人在無盡的後世人看來是多麼的偉大，多麼的值得讚嘆，多麼的意趣無窮，那在這一作者活著

[100] 的時候，世人在他眼中也就必然是多麼的渺小、多麼的可憐和多麼的乏味。我曾說過的這一句話就表達了這些意思：從塔底到塔頂有 300 英尺的話，那從塔頂到塔底當然也就恰好是 300 英尺。[9]

據此，如果我們發現思想的天才通常不喜與人交際，間或不招人

---

9 偉大的思想者對思想貧乏者正因此會有著些許的寬容，因為他們正是由於這些人的思想貧乏才成為了偉大的思想者，因為一切都是相對的。

喜歡，讓人反感，那是不足為奇的，這不是因為這類人不喜交往，而是因為他們在這世上的生活方式就跟在晨曦初開的美麗時分散步的人差不多：他興致勃勃地欣賞著新鮮、壯麗的大自然，但他也就只能以此為樂，因為他找不到可交談的人——除了頂多一、兩個在田裡彎腰勞動的農人。因此，偉大的思想者經常更寧願自我獨白，而不是與世俗之人對話。偶爾當他勉強與這樣的人對話時，空洞的談話又會使他重回自我獨白中去，因為他忘記了他的對話者，或者他起碼並不在乎對方是否明白自己，他對其說話就像小孩對著玩具布偶說話一樣。

謙虛的偉大思想家肯定會讓人們喜歡，但遺憾的是，這不過就是自相矛盾的說法。也就是說，這樣的偉大思想家必須優先考慮和珍視他人的想法、意見和觀點，以及他人的方式、方法，並且這些人可是數目極為龐大。而自己與眾人相當不一樣的思想則要屈居其後，自己的思想必須隸屬於和適應於眾人的看法，甚至要完全壓制自己的思想，以便讓眾人的看法成為主宰。但這樣的話，偉大的思想家就不會有所成就，或者只能成就其他人也能成就的東西。其實，他要創做出偉大的、道地的和不同尋常的東西，就必須無視其同時代人的方式、思想和觀點，不受影響地創作他們所批評的，鄙視他們所讚揚的。沒有這種傲慢，那也就沒有了偉大的人。萬一他的一生和所發揮的作用是在一個並不認識和欣賞他的價值的時代，那他仍然就是他自己，就像一個高雅的旅行者，現在得在一個寒酸的小旅店度過一個晚上，第二天他就巴不得繼續上路了。

[101]

不管怎樣，如果一個思想家或者文學家能夠只是被允許在一邊的角落不受干擾地思考和創作，那他就對他所處的這個時代滿意了；而如果能給予他一個角落，可以思考和創作，而又不需理會其他人，那就是他走好運了。

這是因為大腦只為肚子服務，當然就是幾乎所有不以**手工**為生的人的共同命運，他們也很適應這樣的情形。但對於具有偉大頭腦的人，亦即對於具有超出為意志服務所需分額的頭腦能力的人，大腦只為肚子

服務卻是讓人絕望的事情。所以，如果是迫不得已，這個人寧願生活在至為受限的狀況——只要讓他自由運用自己的時間，以發展和應用自己的能力，亦即讓他有那價值無比的閒暇。但其他人的情形當然就不一樣了，他們的閒暇沒有客觀的價值，閒暇對於他們甚至不是沒有危險的。他們似乎也感覺到了這一點。這是因為我們這時代的技術所得到的史無前例的提升，大大增多了奢侈品，讓命運的寵兒可以選擇要麼是更多的閒暇和精神思想的薰陶，要麼是更奢侈、更舒適的生活和更努力的工作。常人一般都會典型地選擇後者，寧願香檳更甚於閒暇。這也是連貫如一的，因為對於常人，如果不是為了意志的目標而動腦筋，就是愚蠢的事情，喜歡這樣做就會被稱為古怪、離心（Exzentrizitat）。據此，

[102] 堅持追隨意志和肚子的目標，則是同心（Konzentrizitat）。意志當然是這世界的中心點，並的確就是其核心。

但總而言之，兩者擇一並不是常見的情形。這是因為正如大多數人一方面並沒有多餘的錢，而是微薄、將就著過日子，另一方面也同樣沒有多餘的智力。他們的智力剛好足以應付為意志服務，亦即足以完成養家糊口的工作。這工作完成了以後，他們就很高興地張著嘴巴盯著人看，或者就享受感官上的樂趣，以及小孩子氣的遊戲、打牌、擲骰子；或者也相互間進行至為乏味的交談；又或者穿戴、裝飾一番，然後一個個鞠躬致意。稍稍有些智力盈餘的人已經是極少數了。正如有一點點多餘的錢的人會去作樂，同樣，這些有多餘智力的人也會去尋找智力上的快樂。他們會做些沒有什麼物質進帳的人文學習和研究，或者從事某一門藝術，並且已經是有能力產生出某些**客觀**興趣。因此，我們可以不妨與之交談一下。但至於其他人，我們還是不要與之交往為妙，因為除了某些例外，例如：他們講述自己有過的經驗，講些他們的專業的某些事情，或者至少提供些從他人那學來的某些東西——除了這些以外，他們所說的話都不值得去聽，我們對他們說的話，他們也甚少正確地理解和把握，這些話也大多與他們的觀點相左。所以，巴爾塔扎爾・格拉西安

很確切地形容他們為「不是人的人」，喬爾丹諾·布魯諾（《論原因，第 1 篇對話》，瓦格納編，第 1 卷，第 224 頁）的這句話也說出了同樣的意思：「我們與之打交道的是人，抑或只是根據人的外表和樣子而製造出來的東西——兩者的差別是多麼的巨大啊！」這話與提魯瓦魯瓦的《聖詩》中所說的達到奇妙的一致：「常人看起來似乎是人，但我可從來不曾見過人一樣的東西。」（參見提魯瓦魯瓦，《聖詩》，格魯爾譯，第 140 頁）[10] 對有需要得到愉快的消遣和趕走獨處的孤寂的人，我建議養狗：我們幾乎總能從狗的道德和智力素質中體會到歡樂和滿足。

但是，我們應該時時處處避免有失公正。我的愛犬經常就以牠的聰明，有時又以牠的愚蠢使我吃驚，而人類給我的感覺與此沒有兩樣。智力不足、完全沒有判斷力、充滿獸性的人類無數次讓我感到厭惡，我也不得不同意古人的哀嘆：

愚蠢的確就是人類的母親、保姆。

不過，在其他時候，我又對此感到驚訝：在這樣的人類中，各種各樣有用的和優美的藝術和科學——雖然始終出自個人，是某種例外——卻能夠形成、扎根、保存和完善；人類忠實地和持久地保存著偉大的思想家的著作，歷經 2、3 千年的時間，把荷馬、柏拉圖、賀拉斯等人的作品抄錄下來，小心保管，使其得以經歷人類歷史的禍害、暴行而免遭毀

---

[10] 考慮到儘管地方和時間彼此分隔遙遠，但想法甚至語言表達卻是那樣的高度一致，那我們就不會懷疑：這些思想和表達都是出自同樣的客體。所以，在大概 20 年前，我就想著要人做一個鼻煙盒：在蓋子上盡可能用鑲嵌的方式鑲上兩個美麗的大栗子，但附帶著的一片葉子卻暴露出那是七葉樹果。那時候，我肯定沒有受到這些話的影響（因為其中一段話還不曾印刷出來，而另一段話則自 12 年以來就不曾在我手裡）。這一象徵每次都能讓我具體地想像出上述的思想。

[104] 滅——人類以此證明了他們認出了這些作品的價值；同樣，我驚訝於在其他方面都屬於大眾的某些人所做出的專門的、個別的成就，以及不時就像靈感一樣展現出來的思想或者判斷力的素質；甚至大眾也不時讓我感到驚奇，那就是正如通常所發生的那樣，只要其合唱是巨大、完整的，他們就能非常準確地判斷，就好比是不曾經過訓練的聲音在一起唱和，只要人多勢眾，就會得出和諧的效果。那些超越大眾，被我們稱為天才的人物，只是整個人類的「清澈、健全的時候」。所以，這些人能夠取得其他人絕對無法取得的成就。與此相應，這些人的獨創性是如此巨大，不僅他們與大眾的差別讓人一目了然，這些天才人物之間的個性差別也同樣的突出分明，以致兩個天才人物之間可以在性格和精神思想方面截然不同。因此，每一個天才都透過自己的作品奉獻給這一世界一件不可能從另外別處獲得的禮物。所以，阿里奧斯托的比喻極其準確，成了著名的比喻也就是理所當然的：「大自然塑造了他，然後打碎了模子。」

58

由於人的能力有限，每一個偉大的思想者之所以稱得上是這樣的人，其前提條件就是這個人有明顯薄弱的一面——甚至在智力方面。也就是說，這個人的某種能力有時候甚至遜色於頭腦平庸的人。這方面能力的欠缺會妨礙他發揮其突出的能力，但就具體某一個人而言，用**一個**字詞對此加以描述也總是困難的。這更適宜以間接的方式表達，例如：柏拉圖的弱點正好就是亞里斯多德的強項，反之亦然。康德的弱項正好就是歌德的偉大之處，反之亦然。

59

　　人們也很樂意**崇拜**某樣東西，只不過他們的崇拜大多數時候都選錯了門口，而這要等到後世才糾正過來。在這之後，這種原先是由有文化修養的群體給予天才人物的尊崇慢慢就會變質，一如那些信眾對聖人的尊崇相當容易地變質爲對其遺骨、遺物可笑、幼稚的頂禮膜拜。正如成千上萬的基督徒會崇拜一個聖者的遺物，但對這個聖者的生平和教導卻不甚了解；也正如許許多多佛教徒的宗教，更講究的是對佛牙（《東方的君主制度》，第224頁）、佛骨[11]和盛放佛骨的佛塔、僧鉢、化石足印，或者佛陀栽種的聖樹等一跪三叩，而不是透澈了解和忠實實踐佛陀崇高的教誨，同樣，許多人大張著嘴巴、心生敬畏地打量著、凝視著佩脫拉克在阿爾瓜的住處，據說曾經在費拉拉囚禁塔索的監獄，莎士比亞在史特拉福特鎭的居所和裡面莎翁坐過的椅子，歌德在威瑪的房子和家具，康德戴過的舊帽子，以及上述這些人的手稿，但這些人卻從來不曾讀過上述名人的著作。除了張大嘴巴呆看以外，他們無法做出別樣的事情。比他們要聰明的人則私下渴望一睹偉大的思想者曾經經常看到的東西。由於一種奇怪幻覺的作用，這些人錯誤地以爲這樣就能把這一客體引回主體，或者在這一客體肯定留下了某些屬於這一主體的東西。與他們相似的還有這些人：他們不遺餘力考察**文學作品的素材**，例如：浮士德的故事傳說及其文學作品，然後就是引發作家創作作品的作家本人生活中眞實的個人境遇和事件。他們對這些來龍去脈一究到底，這些人就好比看見劇院一幅美麗布景以後，就匆匆忙忙登上舞臺，認眞仔細地檢查支撐這一布景的木製架子。屬於這種情形的例子在當今不勝枚舉，那些專家刁鑽地考察浮士德其人及其傳說、澤森海姆是否眞有弗里德里克

---

[11] 參見湯瑪斯・哈代著《東方的修道生活》，倫敦，1850，第224、216頁；《佛教指南》，倫敦，1853，第351頁。

其人、格里岑其人是否真的住在魏斯阿德勒小巷、綠蒂‧維特的家人的情況是否屬實等等。這些例子證明了這一真理：人們感興趣的並不是那形式，亦即對素材的處理和表現，而是更著眼於素材。但那些不是去**研究**一個哲學家的思想，而是對了解哲學家的生平歷史感興趣的人，就好比對油畫作品不感興趣，但卻好奇於油畫框及其雕工，以及鍍金所需的費用。

到此為止，所有這一切都還好。但還另有一類人，他們的興趣同樣是投向物質和個人的一面，但在這一條道上他們走得更遠，甚至達到了毫無價值、完全是無恥的地步。也就是說，因為一個偉大的思想者把自己最內在的寶藏敞開給人們，並且經由這位思想者最大努力地發揮其能力，創作了提升和啟蒙人們及其10至20代後世子孫的作品——因此，也就是因為這個人送給了人類絕無僅有的一大厚禮，所以，這些壞小子就理直氣壯地坐到了判官席上，拉開架勢要審判這一思想者的道德。他們要看看能否找出這個人身上的某些汙點和瑕疵，以緩解由自慚形穢所帶來的苦痛。所以就有了，例如：從道德角度對歌德的生活所做的各種細緻調查——這方面的書籍和雜誌可謂汗牛充棟。調查、討論的問題就是歌德是否應該和必須與他在青年時代曾經戀愛過的這一女孩或者那一女子結婚；或者歌德是否不應老實、正直地為其君主效力，而應該成為服務大眾的人，一個配享保羅教堂一席之地的德國愛國主義者等等。人們這些忘恩負義的聒噪和惡意貶損的企圖，證明了這些不具有資格的判官不僅在智力上，而且在道德上也同樣是些無賴和混混——這已經表達了很多的意思。

60

具備一定**才華**的人為了金錢和名聲而工作；相較之下，要說出驅使**天才**精心創作作品的推動力，卻不是那麼容易的一件事。天才甚少因創

作出了作品而得到了金錢。名聲也不是那推動力，只有法國人才會想到是名聲在起推動作用。名聲實在是太靠不住了，並且只需稍為仔細思考一下就會發現，名聲的價值太微不足道了：

你配得到的名聲永遠不會與你的作品相稱。*

同樣，也不完全是為了自己感覺到輕鬆愉快，因為這種愉快與所付出的極其艱辛的勞動並不相稱。其實，這是由於一種奇特的本能，天才的個人就受到驅使把自己的所見、所感在其傳世的作品中表達了出來，而在這個過程中，他並沒有意識到別的其他動機。大致上，這種情形就與果樹結出果子一樣，都是出於同樣的必然性；後者從外在那除了只需要一塊賴以成長的土地，別無其他。深入思考一下，似乎就是：生存意志作為人類物種的精靈，這個人意識到：由於很罕有的機緣巧合，在很短的一段時間裡，智力在此達到了更高一級的清晰度；現在，生存意志就力求為與這個人具有同一本質的整個物種，起碼獲得這一個體智力清晰觀察和思考的結果或者產物，以便讓從這一個體發出的光亮，在以後的時間穿透常人黑暗和呆滯的意識，並使這些人受惠。由此產生了那種驅使天才行動起來的本能，並讓天才不計報酬、無視別人的讚許或者同情，而寧願忽略自己本身的安逸，孤獨、勤勉、刻苦地盡最大努力完成其作品。在這期間，他更多的是為後世考慮，而不在乎自己的時代，後者只會把他引入歧途而已。這是因為綿延的後世占了人類物種的更大部分，也因為隨著時間的流逝，寥寥無幾的具有判斷力的人會零星地、單獨地出現。與此同時，這樣的天才通常就像歌德的詩歌中哀嘆不已的藝術家：

---

* 參見賀拉斯，《諷刺詩》，2, 8, 66。——譯者注

[108]　　既沒有欣賞我的朋友，
　　　　也沒有珍視我的才華的王侯
　　　　我遺憾都沒有這兩者。
　　　　到我清修之地的也只是麻木的施主
　　　　我默默地勤勉，飽受痛苦，
　　　　沒有識者，也沒有門徒。*

　　天才的目標就是完成自己的作品，把它們作爲神聖之物和自己生存的眞正成果變成人類的財富，將其交付給更具有判斷力的後代子孫。所有其他的目標都得爲此目標讓路。爲此目的，他戴上荊棘冠，而在將來的一天，這一荊棘冠就會抽芽發葉而成月桂花環。天才一意孤行、專心致志地完成自己和穩妥安置自己的作品，一如那些關注其卵，爲將來的幼蟲準備好食物的昆蟲——牠們時日無多了，其後代是牠們永遠無緣相見的。這些昆蟲把卵產在牠們確切地知道幼蟲將來可以找到生命和食物的地方，然後才安心的死去。

---

*　　參見《歌頌藝術家》。——譯者注

第 4 章　對自在之物與現象的一些對照考察

61

自在之物（Ding an sich，又譯「物自體」）指的是獨立於我們的察覺和發現而存在的東西，亦即真正的存在之物。對德謨克利特來說，自在之物就是成形的物質；**對洛克來說，自在之物從根本上也是同樣的東西；對康德來說，則是 X；對我來說，則是意志。**

下面出自恩披里柯著作中的一段話，可以證明**德謨克利特**把自在之物完全理解為這個意思，因此屬於這一類總結的頂端〔恩披里柯看到德謨克利特的著作（《反對數學家》，7，§135）並經常逐字摘引〕：

因為德謨克利特否認出現在他的感官知覺中的東西，所以，他認為這些東西一點都不會是實際的樣子，而在我們看來只是如此而已。但原子的存在和虛空的存在卻的確是真的。　　　　　　　　　　　　　　　[109]

我建議大家查閱整段話，因為接下去不遠，就出現了這句話：「所以，我們並不知道每種事物是如何構成或者如何不是這樣構成的，」還有就是「很難知道事物是如何構成的」。所有這些都表明了「我們認識事物，並不是根據事物的自身，而只是根據其顯現的樣子」，並開啟了從絕對唯物主義出發但卻引向了唯心主義，在我這裡終結的次序。對自在之物與現象的一個異常清晰和明確的劃分，並且已經是在康德意義上的劃分，見之於斯托拜烏斯所保存的**波菲利**的一段文字（《自然哲學文選》，L.1，第 43 章，片斷 3）：

如果説感官方面和物質方面的東西是向著各個方向延伸，是變化的，那的確如此……但那真正存在的本身，説它們永恆根植於自身，永遠不變，那就是對的。

62

正如我們對地球的了解只及於表面，而不是裡面那巨大的固體部分，同樣，我們對事物和這個世界，在經驗上除了認識現象（亦即表面）以外別無其他。對這個世界的確切知識是在廣泛意義上的「物理」層面。但假定了那表面有其內在，假定了這內在不僅僅是平坦的，而且還有立體的內容，假定這內在的東西還具有所推論的種種性質——這些就是形上學的課題。試圖根據純粹現象的法則構建起事物的自在本質，好比有人試圖從只是平面及其相應的法則構築起某一立體的物體。每一個**超驗教義**的哲學都試圖根據**現象**的法則和規律構建其**自在之物**。這樣[110]做的結果，就猶如把兩個完全不相似的圖形彼此覆蓋：這是永遠不會成功的，因為不管如何把圖形翻過來倒過去，始終一會兒是這個圖的一角露出來，一會兒又是那個圖的另一角露出來。

63

因為自然界中的每一種生物都同時是**現象**和**自在之物**，或同時是「被創造的自然」和「創造性的自然」，所以，每一種生物都可以有雙重的解釋，一重是**物理**上的、**有形**的解釋，另一重是**形上**的解釋。物理方面的解釋都是發自**原因**，形上的解釋都是發自**意志**，因為意志表現在沒有認識力的大自然就是**自然力**（Naturkraft）；更高等級的就是**生命力**（Lebenskraft）；在動物和人那裡，則稱為**意志**。據此，嚴格來說，一個人的智力等級和方向，他性格中的道德特性，有可能甚至純物理地

第4章　對自在之物與現象的一些對照考察 | 93

被推論出來。也就是說，這個人的智力就從他的腦髓和神經系統，以及影響這兩者的血液循環推論出來的；這個人性格中的道德特性則從他的心臟、循環系統、血液、肺臟、肝臟、脾臟、腎臟、腸子、生殖器等本質、狀態和共同作用推論出來的。當然，要達到這個目的，對協調生理和精神心理關係的法則與規律，我們需要有比畢夏和卡班尼所掌握的還要精確得多的認識。然後，這兩者可以上追溯至更遠的一些物理原因，也就是說，追溯至他的父母的本質構成，因為他的父母能夠提供種子產生的只是一個像他們那樣的生物，而不會是一個更高級和更優良的生物。從**形上**而言，同一個人只能解釋為他自身的、完全自由和原初意志的現象，其意志打造了與他相稱的智力。所以，他所做的一切，雖然是必然出自他的性格與所出現的多個動因的爭鬥，而他的性格也是他的身體組合的結果，但他所做的一切仍然不得不歸因於他。但在形上而言，他整個人與他父母的分別也不是絕對的。

64

[111]

所有的**理解**都是某種**設想**和**表象**，因此根本上是停留在**設想**和**表象**的領域；那麼，既然設想和表象也只是提供**現象**，所以，理解也就侷限於現象的範圍。在**自在之物**開始之處，**現象**也就終止了，表象以及與表象相連的理解也就隨之終止了。但在此取而代之的卻是存在本身，所意識到的自身就是**意志**。假如這種意識到自身是直接的，那我們對自在之物就有了完全足夠的認識。但因為意識到自身的，其達成是透過意志創造了有機的生物體，並透過這個生物體的一部分創造了智力；然後必須首先經由這智力，才能在自我意識中發現和認出作為意志的自己——所以，對自在之物的認識，其首要條件是這其中的認識者與被認識者互相分離，其次則是與腦部，與自我意識密不可分的時間形式；因此，這種認識就不是全然澈底的和足夠的（人們可以參見和比較《作為意志和表

[112] 象的世界》，第 2 卷，第 18 章）。[1] 與此相關的是我在《論大自然的意志》中「自然的天文學」第 86 頁所闡述的真理，即我們越清楚地了解某一事件或者某一關係，我們就越停留在現象之中，越不曾涉及自在的本質。

65

當我們觀察和思考隨便某一自然生物（例如：某一動物）的存在、生活、活動，那這一動物在我們面前就是一個深不可測的祕密——不管動物學和動物解剖學都告訴了我們些什麼。難道大自然純粹出於頑固而對我們的問題永遠沉默以對嗎？難道大自然不就像所有偉大的東西那樣

---

[1] 自在之物與現象的區別，也可以表述為某種事物的**主觀**（**主體**）本質和**客觀**（**客體**）本質的區別。事物的純粹**主觀**本質正是自在之物，但自在之物卻不是認識的對象物。因為對認識的對象物而言，關鍵是認識的對象物要始終存在於某一認識著的意識之中，要作為其意識中的設想和表象，而在認識著的意識中顯現的，正好就是事物的客觀本質。因此，事物的**客觀**本質就是認識的對象物，只不過作為認識的對象物，那只是設想和表象而已，並且只有透過某個進行設想和表象的機制才可以成為設想和表象，這個進行設想和表象的機制也必然有其特定的構成和規則，所以，這只是現象，是與某一自在之物有關聯的現象。對自身的意識，亦即對某一認識自身的「我」，也同樣如此。這是因為「我」也只能透過其智力，亦即透過進行設想和表象的機制，並且透過其作為生物體的外在感觀，透過其作為意志的內在感覺而認識自身，而意志的行為則透過其生物體能看到同步重複，如影隨形。由此就推論出自己兼備兩種身分，並名為「我」。由於雙重認識的緣故，也由於此智力近距離靠近其根源，靠近其意志，所以，對客觀本質的認識，亦即對現象的認識，在此與主觀的認識，亦即與對自在之物的認識，差別就少了很多——這是與透過外在感官而認識，或者與對其他事物的認識（較之於對自身的意識）相比較而言的。也就是說，自我意識只要是透過內在感覺而認識，那它就還有時間的形式而沒有了空間的形式；時間的形式以及那主體和客體之分，就是唯一把自我意識與自在之物分開的東西。

是直白、開誠布公的，甚至樸素天眞？因此，我們沒有得到它的回答是否另有原因？是否因為我們的問題問錯了，歪曲走樣，從錯誤的假設出發，甚至包含某一自相矛盾？難道我們可以想像：這裡面有著因果的關聯，但這因果的關聯卻永遠從根本上隱藏不露？當然，這些都是不可能的。這之所以無法看透，就是因為在我們探究原因和結果的領域，這些因果形式是陌生的。因此，我們是在一條完全錯誤的路徑上緊追因果鏈條。也就是說，我們試圖循著理由律而抵達大自然的內在本質——這內在本質透過我們所見的每一大自然現象而呈現出來；但這理由律卻只是我們的智力要把握現象，亦即要把握事物的表面所依靠的一種形式。我們卻想以這樣的智力方式超出現象之外。因為在現象的範圍內，理由律是適用和足夠的，例如：某一動物的存在可以其生殖作解釋。也就是說，動物的繁殖從根本上並不比其他的，甚至最簡單的因果更神祕，因為就算要解釋這些最簡單的因果，到最後還是要面對無法理解和把握的東西。在生殖問題上，我們不知道其中的一些中間環節，但這一點在本質上並沒有改變什麼，因為就算我們掌握了這些環節，仍然要面對無法理解的東西。所有這一切都是因為現象始終就是現象，而不會成為自在之物。[113]

對於事物的內在本質，理由律是陌生的。那是自在之物，是純粹的**意志**。因為它是，所以它意志；因為它意志，所以它是。那是每一種生物中絕對眞實的東西。

66

所有事物的根本特性是暫時和倏忽，我們在大自然中可以看到所有的一切，從金屬一直到有機生物體，有些是透過自己的存在，有些則是經由與其他存在的爭鬥而消耗殆盡。那麼，大自然是如何能夠維持個體的形式和更新，經受住生命過程的無數次重複，歷經無窮無盡的時間，

並且是那樣的不知疲倦？除非大自然的核心是某一沒有時間之物，並因此是完全牢固不滅的東西，是自在之物，與它的現象迥然不同，是有別於一切物理、有形之物的形上的東西。這就是在我們身上，在一切事物中的**意志**。

67

我們抱怨糊裡糊塗地生活，並不明白那存在的總體上的關聯，尤其不明白我們自身的存在與整體存在的關聯；這樣，我們的一生不僅是短暫的，我們的認識也完全侷限在這一存在裡面，因為我們既不能回顧出生以前的情景，也不能看到死亡以後的狀況，所以，我們的意識只是猶[114]如瞬間照亮了黑夜的一道閃電。因此，看上去的確就像是一個魔鬼在狠毒地阻擋我們獲得更多的知識，以看我們的窘況為樂。

但我們的這些抱怨真正說來卻是沒有理由的，因為這都是出自我們的某種幻象，而這幻象又是出自這樣一個錯誤的根本觀點：既然總體事物是某一**智力**的產物，因此在成為現實之前就只是**設想**和**概念**；據此，既然總體事物是出自認知的產物，那也就必然是完全可以得到認知的理解和澈底探究的。但是，真實的情形卻更有可能是這樣的：我們所抱怨無法知道的一切，是任何人都不知道的，並且就其本身而言，甚至是不可知的，亦即無法想像的。這是因為一切認知都是在**想法**和**表象**的領域，因此所有的知識都是與想法和表象有關，而想法和表象卻只是存在的外在一面，是次要的、附屬的東西，也就是並非維持總體事物、維持世界總體所需的東西，想法和表象只幫助維持個體的動物性生物。因此，總體事物的存在也只是偶然意外地，因而以相當侷限的方式進入認知；在動物性的意識中，那只構成了畫面的背景部分，因為在動物性的意識中，意志的對象和目標才是最重要的，並占據著首要位置。那麼，雖然得益於這個附屬的東西，整個世界得以在空間和時間中出現，亦

即作為表象的世界（這世界的這種存在，在認知之外卻是不存在的）而出現，但是，世界的內在本質，那自在的存在，卻是完全獨立於這種存在的。正如我說過的，既然認知的出現只是為了維持每一個動物性的個體，那認知的整個特性，認知的所有形式，如時間、空間等，也就只是為了這樣的目的。而要達到這樣的目的，所要求的就是認識個體現象與個體現象相互之間的關係，而絕不是要認知事物和整體世界的本質。

康德已經證明，那多多少少困擾著每一個人的形上學的難題，不會有直接的和讓人滿意的答案。但這歸根結柢是因為這些難題的根源就在於我們智力的形式（時間、空間和因果律），而我們的智力的目的就只是把動因呈現給個體意志，亦即把欲求（意志）的對象物，連帶要奪取對象物的手段和途徑，一併顯示給個體意志。如果濫用這個智力，將其投向事物的自在本質，投向世界的總體和關聯，那智力的上述形式，那涉及所有可能事物之間的並存、次第，因由關係的智力形式，就會產生出形上學的難題，諸如這世界和他自己本人的起源和目的，那開始和結束，自身是否經由死亡而毀滅，或者自身死後是否仍然繼續存留，意志是否自由等等，等等。現在我們想像智力的形式被一舉取消了，但對事物的意識仍然存在，那這些難題並不就是解決了，只是完全消失了而已，這些難題的表述也不再有含義。這是因為這些難題完完全全是由智力的那些形式而來，而智力的形式卻完全不是著眼於理解世界和存在，而只是為明白我們個體的目標而設。[115]

這所有的考察為我們提供了對康德學說的說明，也為其學說奠定了**客觀**的基礎，因為康德只是從**主觀**（**主體**）的一面出發而建立其學說，認為理解力的形式只適用於經驗和知識範圍內，而不能應用於超驗的問題。我們也可以這樣說，智力是物理性質（有形性質）的，而不是超越物理性質（形上性質）的；換句話說，正如智力出自意志，屬於其客體化，同樣，智力也就只為意志服務。但這種服務只涉及**在**大自然中的事物，而不會涉及超越大自然以外的某些東西。正如我在《論大自然

[116] 的意志》中所詳解和證明了的,每一種動物的智力都明顯只爲動物的目標服務,那就是能夠發現和獲得食物。這動物所得的智力分額也就由此決定了。人也沒有什麼兩樣,只不過要維持人的生存困難更大,人的需求也無窮無盡和多種多樣,所以,人需要得到大得多的智力分額。只有當人的智力由於某種異常而超額,才會表現出**多餘的、不需再爲意志服務**的智力。如果多餘的智力很可觀,那就可以稱爲**天才**了。也只有這樣的多餘智力,才可以做到**客觀**。但多餘的智力卻可以在某種程度上有了形上的特性,或者起碼爭取成爲這樣。正是因爲這種智力所具有的客觀性,大自然本身、事物的總體,現在也成了這智力審視的對象,成了這智力要解決的難題。也就是說,運用這種智力,大自然真正地開始把自身視爲某種東西的同時,又**不是**那種東西,或者可以是某**種別**的東西。但在那些平庸、正常的智力中,大自然卻無法清晰地審視自身,正如磨坊主人並不會聽到他的磨坊聲音,香水店店主不會嗅到自己店裡的味道一樣。在智力平庸者看來,大自然是理應如此的,因爲這樣的人囿於這大自然。只有在某些明亮的瞬間,他們才意識到大自然,並對此感到驚駭。但這些時候轉瞬即逝。因此,這種普通頭腦的人能在哲學領域取得什麼樣的成就——哪怕這些臭皮匠成群地聚集在一起——很容易就可想而知。相較之下,如果有的人的智力是原創性的,就其使命而言是形上的,那這樣的人是能夠推進哲學的,尤其在合眾人之力以後,正如他們也能推進其他各個學科。

第 5 章 略論泛神論

68

現在在大學教授之間展開的泛神論和一神論的爭論，我們可以透過一段對話，以比喻和戲劇的方式表現出來。這段對話是演出期間在米蘭的一家劇院的正廳進行的。一個對話者深信自己身處巨大的著名的**吉羅拉莫**木偶劇院，讚嘆著導演的布置和讓木偶表演起來的技巧和藝術。另一對話者則反對說，完全不是這回事！表演者不過就是導演和他的助手們，我們眼前所見的木偶角色，其實是導演們藏身在其中，劇作者也在裡面表演角色。[117]

看著大學教授們與泛神論就像是與某一禁果一樣地眉來眼去，又不敢伸手抓住它，倒是挺好笑的。大學教授在這方面的態度和表現，我在《論大學的哲學》中已經有所描繪，並且讓我們想起《仲夏夜之夢》中的織工波頓。啊，哲學教授這一行飯可真不好吃啊！他們首先得隨著政府部長的笛子起舞，就算是他們做出了的確是細膩、優雅的成績，但卻仍然會受到外面的野生吃人獸、真正的哲學家的襲擊：這些襲擊者可以把他們裝進口袋，隨身帶走，以便一有機會就拿出來，就像口袋滑稽丑角一樣，觀賞其表演以取樂。

69

我是反對泛神論的，首要的是泛神論並沒有說出任何東西。把世界稱為「上帝」，並沒有就此解釋了這世界，而只是用了「世界」這一多餘的同義詞豐富了我們的語言。你們說「世界就是上帝」，抑或「世

就是世界」，歸根結柢是同樣的。如果我們從上帝出發，姑且把上帝當作是既定的、有待解釋的東西，亦即說出「上帝就是世界」，雖然這在某種程度上給出了某一解釋——只要這是把未知的東西引到相對知道的東西——但這仍然只是以字詞解釋字詞而已。如果我們從那真實的既定之物出發，亦即從這世界出發，說出「世界就是上帝」，那很清楚，這樣的話就是什麼都沒有說，或者起碼就是「以更未知的來解釋未知」。

[118]　　因此，泛神論假設了一神論是在泛神論之前的，因為只有當我們從某一神祇出發，亦即預先就已經有了這一神祇，並且很熟悉這一神祇，我們才會終於把這神祇與世界同一起來，以便真能以像樣的方式處理掉這「世界」的概念。也就是說，我們並不是不帶定見地從世界作為有待解釋之物出發，而是把神祇視為既定之物並從神祇出發，但在人們很快就不知這神祇去了哪裡以後，「世界」就得接替了神祇的角色。這就是泛神論的起源。這是因為從一開始和不帶定見的話，任何人都不會想到要把這世界視為一個神祇。如果哪位神祇不曾想到有什麼更好的娛樂，而是要把自己變身為我們眼前所見的世界，變身為一個如此飢餓、渴求的世界，目的就是在此忍受那沒有節制，也沒有目的的苦難、匱乏和死亡，其外形就是那數百萬活著的，但卻是擔憂、害怕、飽受折磨的生物（其總體上只依靠互相吞噬才可以短暫生存），例如：變身為600萬的黑人奴隸，每天身上平均承受6000萬下的鞭打；變身為300萬的歐洲織工：飢寒交迫，在潮溼的冰冷小屋中或者淒涼的廠房中掙扎度日等等——這神祇很明顯是受到了糟糕的誤導。對於那肯定是習慣於另外完全不一樣的東西的神祇，這算是什麼樣的娛樂啊！

　　據此，從一神論到泛神論的所謂巨大進步，如果我們認真對待，而不是只把那視為經過了偽裝的否定，就像上面所表明的那樣，就是從未經證明的和難以想像的東西轉換成了徹頭徹尾的荒謬東西。這是因為儘管與「上帝」一詞連在一起的概念是多麼的不清、搖擺和混亂，但「上帝」的兩個屬性卻是與「上帝」無法分開的：至高的能力和至高的智慧。

認爲配備了這樣東西的神靈會置自己於所描述的處境,簡直就是一個荒謬的想法,因爲我們在這世界的處境,很明顯,是任何一個有智力者都不會置身的,更不用說一個全知者了。泛神論必然就是樂觀論的,因此也是錯誤的。相較之下,一神論只是未經證實,就算很難設想那無邊的 [119] 世界就是人格化的,因此也就是個體的神靈的作品,而這樣的神靈我們也只能從動物的本性去了解,但這也不至於是完全荒謬的想法。這是因爲一個全能並且全知的神靈創造出一個飽受痛苦、折磨的世界,始終是可以設想的,雖然我們不知道這到底是爲了什麼。因此,就算我們認爲這一神靈有著至善,但無法探究這神靈的旨意,就成了一個藉口,讓這一理論得以逃脫被人們斥爲荒謬。但根據泛神論的設想,那造物者上帝本身就受了無盡的痛苦折磨,在這一小小的地球上,在每一秒鐘都死去一次,並且是上帝自己自願要這樣。這就荒謬了。把世界與魔鬼視爲一體,才是更正確的看法,這也是《德國神學》可尊敬的作者所做的,因爲他在其不朽著作的第93頁(根據恢復了的文本,斯圖加特,1851年)說:「這就是爲什麼邪神與大自然是爲一體,無法克服大自然的地方,也就是無法克服邪神的地方。」

很明顯,這些泛神論者給這**輪迴世界**冠以**上帝**之名;但神祕主義者則把這同一個名字給了**涅槃**。關於涅槃,神祕主義者可以敘說比他們所知的更多的東西,但**佛教徒**卻沒這樣做,所以,他們的涅槃就是相對的無。「如果正確理解了事情,那我們是不會糾纏於其名稱的。」猶太教會、基督教會和伊斯蘭教應用上帝(或神祇等)一詞時,採用的是其本來的和正確的含義。

今天經常聽到的說法,「世界就是目的本身」,到底是要以泛神論還只是以命運論去解釋是不確定的,但卻起碼只是允許某一自然的而不是道德上的含義,因爲根據這後一種看法,世界始終就表現爲實現某一高目標的**手段**。但認爲世界有的只是自然方面的含義,而沒有道德上的含義,這想法卻是最不可救藥的錯誤,是怪癖、反常的頭腦的產物。

第 6 章　論哲學和自然科學　[120]

70

大自然就是**意志**——只要大自然是在自身之外察看自己。而採用這樣察看的立場和角度的，必然是某一個體的智力。這智力也同樣是意志的產物。

71

我們不要像英國人那樣，把大自然的作品，把動物循本能的巧奪天工視爲上帝的智慧，而是要由此明白：所有透過**表象**媒介，亦即透過智力（哪怕這個智力已經發達至理性的高度）而成就的東西，一旦與直接發自意志（作爲自在之物），並不需要透過表象以達成的東西相比，諸如與大自然的傑作相比，簡直就是拙劣之作。這就是我的《論大自然的意志》的論題。因此，我極力推薦讀者閱讀我的這一著作，在那裡，讀者可以讀到我就我的理論中的眞正焦點所作的最清晰的論述。

72

如果我們觀察到大自然對於個體並不怎麼關注，但對於保存物種卻異常地操心，所用的手段就是那威力無比的性慾，還有那難以勝數的多餘種子：對植物、魚類、昆蟲來說，那經常是隨時以數十萬以上的種子來取代一個個體——那麼，我們就會假定：大自然要生產出個體固然是很容易的事情，但要創造出一個物種卻極其困難。所以，我們從來沒有

[121] 看到有新的物種形成,就算那「自然發生」(亦稱「原初發生」,即從無生命的物質中產生出生物)眞發生了(這種事情是沒有疑問的,尤其是那些體表寄生蟲一類),那產生的也是些已知的物種。但現在居住在地球上的動物群中的極少數已經滅絕的動物種類,例如:渡渡鳥,大自然卻無法再度替代牠們,雖然這些曾在大自然的計畫裡。因此,我們感到驚訝:我們的渴望成功地捉弄了大自然。

73

根據拉普拉斯的宇宙起源學說,太陽是由發光的擴展至海王星的原初霧靄所組成的。在這些發光的霧靄裡面,化學的元素是不會實際存在的,而只是有可能地和潛在地存在。但把物質首次和原初地分開爲氫和氧、硫和碳、氮、氯等等,以及分爲不同的、彼此相似的,但又截然分開的各種金屬——這是首次彈撥了世界的基本和弦。

此外,我猜想所有的金屬就是兩種我們仍不認識的絕對元素的結合,而金屬間也只是由於這兩者量的比例而有所差別,而金屬的電阻也以此爲基礎,所根據的法則就類似於這一法則:在一種鹽的根裡面,氧與鹽基的比例與其在同一種鹽的酸裡面的比例是相反的。假設我們眞能把那些金屬分解爲成分,那我們很可能就可以造出它們。但現在悶悶悶得死死的。

74

沒有什麼哲學頭腦的人還保留著古舊的,從根本上是錯誤的關於**精神與物質**相對立的觀念。這些人包括所有沒有學過康德哲學,因而就是大多數的外國人,還有許多今天在德國從事醫學的人等等。這些人是那樣蠻有信心地以其問答手冊的標準答案進行哲學探討。尤其是這些人

當中的黑格爾主義者，由於他們相當無知，且其哲學思維粗糙，所以就又拿出前康德時期的「精神與自然」的名稱，以重新開始討論精神與物質的對立。他們以一副天眞無邪的樣子，打著那一名稱又端出了這一話題，就好像從來不曾出現過康德，我們也好像仍然戴著假髮，在修剪了的矮樹籬之間走來走去，因爲我們就像萊布尼茲那樣，在莊園住宅（《萊布尼茲》，埃爾德曼編，第755頁）與公主、貴婦議論哲學，談論「精神與自然」——「自然」就是那修剪整齊的矮樹籬，而「精神」被理解爲假髮下面的東西。在假設了精神與物質這錯誤的對立以後，就有了唯靈論者和唯物論者。唯物論者聲稱，物質經由其形式和混合產生出萬物，因而也就產生了人的思維和意志。對此說法，唯靈論者則是大喊大叫地反對。

[122]

但事實上，既沒有精神也沒有物質，在這世上有的卻是許許多多的胡言亂語和幻象。石頭那百折不撓的重力恰如人腦的思維一樣無法解釋，我們也可以據此推論石頭裡面也有精神。因此，我想對這些爭論者說的是，你們以爲了解某種死物，亦即了解某種完全被動的和缺乏特性的物質，因爲你們錯誤地以爲眞的明白了所有你們能夠還原爲**機械**作用（效果）的東西。但是，正如物理和化學的作用也是你們公認無法理解的——只要你們仍不知道如何把那些作用還原爲機械作用——那同樣，這些**機械**作用本身，亦即發自重力、不可穿透性、內聚力、堅硬、僵硬性、彈性、液體性等的外在展示，也就如同那些物理和化學作用一樣的神祕，並的確就如人腦裡的思想一樣的神祕。既然物質可以往地面落下（你們不明白爲什麼是這樣），那這個物質也可以思考（你們也不明白爲什麼是這樣）。在機械學（力學）中眞正純粹和完全能夠讓人澈底明白的，並不會超出在每一解釋中的純數學部分，因而就只是侷限在空間和時間的規定之內。但空間和時間兩者及其整套法則，卻是先驗爲我們所意識到的，所以，是我們認知的形式和唯獨屬於我們的想法和表象。因此，空間和時間上的限定和規定，從根本上是主觀（主體）的，並不

[123]

涉及純粹客體之物，並不涉及獨立於我們認知的自在之物本身。甚至在機械力學中，一旦我們走出純粹數學之外，一旦我們走到那不可穿透性、重力，或者僵硬性，或者液體性，那在我們面前的外在展示就已經充滿了神祕，其神祕性一如人的思維和意志，因而也就是無法直接探究的東西，因為每一種自然力都是這樣無法直接探究的東西。那現在你們所說的**物質**又在哪裡呢？你們對物質認識和理解得如此真切，以至於你們想用物質來解釋所有的一切，想把所有的一切都還原為物質！能夠純粹把握和完全透澈解釋的，永遠只是在數學方面，因為這根植於我們的主體，根植於我們的表象機制。一旦某種真正客體的東西出現，某種並不是先驗就可明確規定的東西，那到最後也就馬上變得無法探究。我們的感官和理解力所察看的東西，完全就是表面的現象，根本就不曾觸及事物真正的和內在的本質。這是**康德**想要說的意思。既然你們認為在人的頭腦中有某一**精神**，就像「機器機關裡跑出的神」，那就像我說過的，你們也就必須承認每一塊石頭有其**精神**。另一方面，既然你們那死的、純粹被動的**物質**能夠作為重力而發力，作為電力而吸引、排斥、迸出火花，那這**物質**也可以作為腦漿而思想。一句話，既然我們可以給每一個所謂的精神配上物質，那也可以給每一個物質配上精神。這表明精神與物質對立起來是錯誤的。

因此，並不是笛卡兒把所有事物都分成精神和物質才是哲學上正確的，正確的做法是把事物分成意志和表象，這種分法與笛卡兒的分法不是平行並進的。這是因為笛卡兒的做法把**所有的一切**都精神化了：一方面把完全真實和客體的東西、實體、物質等放到**表象**一類，另一方面則把每一現象中的自在本質歸為**意志**。

[124]　　關於物質的想法和表象，其源頭我首先在我的主要著作（即《作為意志和表象的世界》，第1卷，第9頁；第3版，第10頁）裡闡述了，然後在我的《論充足理由律的四重根》（第2版，第21節，第77頁）中作了更清晰和精確的說明，也就是說，物質是承載所有素質和特性的

客觀之物,但這個承載者自身卻又完全不具有素質和特性。在此我向讀者提示這些,以便讀者能牢牢記住這個嶄新的、在我的哲學中極為關鍵的學說。這物質就只是客體化了的,亦即向外投射的,就因果律方面的智力功能本身,也就是客觀化了的**作用**、**效果**,但卻又沒有其實質和方式的更細緻的規定。所以,在客觀理解這個物體世界的時候,智力就自己給出了這物體世界的所有形式,也就是時間、空間和因果律,也與此一併給出了物質的概念:物質就是在抽象中被思考的,沒有素質特性也沒有形狀,並不會在實踐經驗中碰到的東西。但一旦智力透過這些形式並在這些形式中察覺到某一(永遠只是發自感官的)現實的成分,亦即某一獨立於他自己的認知形式的東西,某一並不顯現為**作用**、**效果**,而是顯現為某一特定的作用形式的東西,這就是智力所認定的**實體**,亦即定形的和有具體規定的物質,因而也就是獨立於智力形式的東西,亦即某一完全客觀的東西。但我們必須記住,實踐經驗中的物質在任何情況下也只是透過在其身上外現的力而顯現出來,正如反過來,每一種力也永遠只是作為藏在某一物質裡的東西而為我們所知。這兩者一起構成了經驗的現實世界。但所有經驗的現實東西都帶有超驗的觀念性。在每一個這樣的經驗物體,亦即在每一現象中顯現出來的自在之物本身,我已經證明就是意志。如果現在我們再一次把這當作出發點,那麼,正如我經常說過的,物質就只是**可視的意志**,而不是意志本身;因此,物質只屬於我們想法、表象的形式和樣式部分,而不屬於自在之物。據此,我們必須把物質想像為不具有形式、不具有具體特性,絕對是惰性的和被動的;我們也只能在抽象中想像這樣的物質,因為在經驗裡從來沒有過不具有形式和不具有品質特性的物質。正如雖然只有**一種**物質出現在各種各樣的形式和變故當中,但那仍然是同樣的物質;同樣,那在所有現象中的意志,歸根結柢也是同樣的意志。客觀上的物質也就是主觀上的意志。所有的**自然科學**都無法避免這一不足之處,即都唯一從**客體**(**客觀**)的一面把握大自然,而對**主體**(**主觀**)的一面漠不關心。但在主體

[125]

的一面必然藏著關鍵的東西：這屬於哲學的範圍。

根據以上所述，對我們那受制於智力的形式，從一開始就只是爲個體意志服務，而不是要客觀了解事物本質的智力而言，那萬物所由此出現的東西必然顯得就是**物質**，亦即現實的東西，填充時間和空間之物，在所有的品質和形式變化中持續堅持著，是一切直觀的共同支撐基質——但這東西就其本身而言，卻唯獨是無法直觀的。與此同時，**物質**本身到底是什麼，首先和直接的就是一個沒有定論的問題。那麼，既然按照人們的理解，如此常用的「絕對」一詞指的就是從來不曾形成，也從來不會消失，但一切存在的東西都由此組成和產生，那我們就不用到那些幻想出來的地方去尋找這「絕對」的東西；因爲非常清楚：物質就完全符合所有這些要求。在康德表明了物體只是**現象**，其自在的本質卻是無法認識的以後，我還是終於證明了這個本質與我們在自我意識中直接認識爲意志的東西是同一的。因此，我（《作爲意志和表象的世界》，第 2 卷，第 24 章）把物質表述爲只是**可視的意志**。還有就是，因爲在我看來每一種自然力都是意志的現象，所以，自然力不會不帶有某一物質基質而出現，因此，自然力的外現也必然伴隨著某一物質上的變化。這種情況讓動物化學家**李比希**得出了這種說法：每一次的肌肉活

[126] 動，甚至頭腦中的每一次思考，都必然伴隨著某一化學上的物質轉化。但我們要永遠記住，在另一方面，我們在實踐經驗中認識物質時，永遠只是透過顯現在物質上的自然力。物質恰恰只是這些**總體上的**自然力的顯現，亦即在抽象中，在泛泛中的顯現。就自身而言，物質就是可視的意志。

75

那些每天都可見到的小規模的，完全是簡單的作用和效果，一旦我們有機會目睹其大規模地發生，那所展現的情景就是全新、有趣和具

有啓發意義的，因爲只有目睹那些情景，我們才會對顯現出來的自然力有了相稱的表象認識。這方面的例子就是月食、沖天的大火、氣勢宏大的瀑布，在聖費里爾山間開鑿運河水道，以把水轉移到朗格多克運河；在冰融河水上漲的時候，那些擁擠成一堆堆互相碰撞的冰塊；還有大船從船臺上下水，甚至在拖船時人們所看到的一條大概 200 碼長、繃得緊緊的大粗纜繩，幾乎瞬間整條被拉出水面時的情形。如果我們能夠直接觀照引力的作用，一覽無餘地觀照其在天體間恢宏的活動和效果，親眼見到：

它們是如何追逐戲玩
那充滿吸引力的目標。*

那將是怎樣的情景！因爲對地球引力，我們只能極其片面地直觀認知，例如：只是了解了地球上的重力。

76

實踐經驗在狹隘的意義上就是知識只停留在作用和效果的層面，而無法深入其根源。要應付實際需要的話，這經常就足夠了，例如：在治療學方面。一方面是謝林學派的那些自然哲學家的滑稽胡言，另一方面是經驗主義的進步，造成了現在許多人對體系、理論什麼的敬而遠之，以致人們以爲全憑一雙手，不用動腦子就會取得物理學的進步，所以， [127]
人們最喜歡只是埋頭做實驗，而不用在這個過程中動腦筋。他們誤以爲他們的物理或化學儀器和裝置會代替他們思考，會用純粹實驗的語言把真理說出來。爲此目的，現在是實驗無限地疊加，在實驗中的各種條件

---

* 引自席勒的詩歌〈世界之大〉。——譯者注

也一樣疊加，以至於所做的是至爲複雜、相當紛亂棘手的實驗。也就是說，做這樣的實驗永遠不會得到純粹和明確的結果，而只是對大自然用了螺絲起子，以強迫大自然開口說話。但真正的、自爲思考的探究者，卻把自己的實驗設計得盡可能的簡單，以真正地聽到大自然的清晰發話，然後據此做出判斷，因爲大自然始終就只是證人。尤其可以證明上述論斷的例子，就是在過去 20 年間，由法國人和德國人所處理的視覺光學中的載色和層色部分，包括生理顏色的理論。

總而言之，若想發現**最重要的**真理，並不是靠觀察那些罕見的、隱藏的，只能經由實驗而產生出來的現象，而是要觀察公開擺在每一個人面前的、每一個人都可以接觸到的現象。因此，我們的任務並不是要看到別人還沒有看到的東西，而是要在每個人都可以看到的事情那裡，想到沒有人想到的東西。這也是爲什麼要成爲一個哲學家，所需要的東西要比成爲一個物理學家多得多。

77

對聽覺來說，聲音的高和低的差別是**質**的方面，但物理學卻把這種差別歸因爲只是**量**的方面，亦即只是更快或更慢的振動；物理學就透過這樣的方式，用**機械**的作用效果來解釋一切。因此，在音樂方面，不僅是韻律的成分，節奏拍子，而且和聲的成分，音調的高和低，都還原爲運動，因而就是還原爲時間的計量單位，還原爲數位。

在此，類推給出了一個支持**洛克**自然觀的有力的根據，亦即一切我們透過感官在物體上所察覺到的、作爲物體的**質**（**洛克所說的第二性質**），本身不過就是量的差別而已，那也只是最小的部分的不可穿透性、大小、形式、靜止、運動和數目所得出的結果，而**洛克**認爲這些特質構成了唯一客觀真實的東西，並因此命名爲**第一性質**，亦即原初的性質。在聲音方面，這些是完全可以證實的，因爲在此實驗可以允許增

減，方式就是我們可以讓長和粗的弦線顫動，其緩慢的振動能夠點算。但**所有的**性質都是這樣的情形。所以，這實驗首先應用到光的方面：光的作用效果和色彩就從某一完全是想像出來的以太的振動推論出來的，並且被相當精確地計算。這種極為離譜、絲毫不會臉紅的吹牛皮和胡說八道，卻尤其受到學術界的無知者的追捧，他們重複這些胡言亂語時，帶著如此小孩子般的自信，人們甚至會以為那些什麼以太及其振動、原子等其他亂七八糟的東西，是他們親眼見過、親手摸過的。由此觀點會得出有利於原子論的結論，而原子論在法國尤其占據著領導地位，但在德國，在獲得了貝采里烏斯的化學計量學的支援以後，也得以蔓延和擴散（普耶，《實驗物理學和氣象學的元素》，1，第 23 頁）。在此，要詳盡地駁斥原子學說是沒必要的，因為那頂多只是某一未經證實的假說而已。

一個原子，無論其多麼的小，也永遠是一個不間斷的連續統一體。假如你們能夠把這樣的東西想像為小的，那為何就不能想像為大的呢？但那原子，目的又是什麼呢？

化學的原子就只是表達出物質間結合的固定不變的比例關係。因為這種表達必須以數字給出，所以，人們就以某一隨意定下的單位，即每一物質用以結合的某一定量的氧的重量，作為這些數字的基礎。對於這些重量比例，人們極其不幸地採用了**原子**這一古老的表達。由此，經那些法國化學家之手，就產生了粗糙的原子學說，而那些化學家除了他們的化學以外，**並不曾學到過**任何其他的東西。這原子學說相當嚴肅地對待其原子，把用以計算的籌碼一般的東西實體化為真正的原子，然後，完全就是德謨克利特的那種方式，大談這個物體裡面是這樣的原子安排，而那個物體裡面又是那樣的原子安排，以解釋那些實體的質量和差別。而這些談論者絲毫都不曾感覺到這事情的荒謬之處。不言自明，在德國，也不乏無知的藥劑師，他們也是「裝飾了講臺」的人，跟著那些化學家的腳步。如果這些人在課本大綱中，以十足教條和嚴肅的方式向

[129]

學生們陳述，就好像他們的確是知道一點所說的東西，「**物體的水晶形式，其基礎就是原子的直線布置**」（沃勒，《化學概要》，第 3 頁），那也是不奇怪的。但這些人說的卻是與康德同樣的語言，並且從青年時代起就聽到人們畢恭畢敬說起康德的名字。但他們卻從來不曾讀過康德的著作。結果就是他們只能炮製出這些醜惡的鬧劇。如果有人把《自然科學的形上學基礎》精準地翻譯出來，以治療他們退回到德謨克利特理論的毛病——如果這仍有可能的話——那就是為那些法國人做了件大好事。人們甚至可以補充謝林的《自然哲學的觀念》中的幾個段落，例如：第 2 部，第 3 和 5 章以作說明，因為在此一如其他別處，謝林只要是站在康德的肩上，就會說出很多不錯的和值得記在心上的東西。

[130]　　只是思考而不做實驗會引向何方，中世紀已經顯示給了我們，但這個世紀確定是要讓我們看到只是實驗而不做思考又將引向何方，以及青年教育如果只是侷限於物理學和化學，會得出什麼樣的結果。只能從法國人和英國人一直以來對康德哲學的完全無知，從德國人自黑格爾的愚民進程以來對康德哲學的疏忽和忘記，才能解釋**當今的機械物理學**為何**粗糙**至讓人難以置信的程度。這機械物理學的學生們想把更高級的一類自然力，光、熱、電、化學過程等還原為運動、碰撞、壓力的法則，還原為幾何形態，即他們所想像的原子。這些原子，他們通常都只是羞怯地冠上「分子」之名，正如他們也是出於羞怯而不敢把那些解釋套用於重力。對重力，他們也是以笛卡兒的方式還原為某一碰撞和衝擊。這樣的話，在這世界上，除了碰撞和反碰撞以外，就別無其他了，這些就是他們唯一所能理解的。他們談論空氣的分子，或者空氣中氧氣的分子時，是很讓人開心的。因此，對他們而言，那 3 種聚合狀態，就只是某一細膩的、更細膩的和再加更細膩的粉末。這就是他們所**理解**的。這些人實驗得太多、思考得太少，所以是至為粗糙的一類現實主義者。他們把物質和碰撞法則視為絕對既定的東西，是可以澈底理解的東西，因此，還原為這些東西，對於他們似乎就是一個可以完全讓人滿意的解

釋。但事實上，物質的那些機械性質如同以這些性質作解釋的那些東西，都是一樣的充滿神祕。所以，例如：我們對**內聚性**的理解，並沒有比對光或電的理解多。實驗中許多手工操作使我們的物理學家的確荒廢了思考和閱讀。他們忘記了：實驗是永遠不會提供真理的，而只是提供了資料以找出真理。與這些物理學者相似的還有生理學家：他們否認生命力，想要以化學力取而代之。 [131]

在他們看來，一個原子並不只是某一丁點的沒有細孔的物質，而是——因為原子必然是不可分的——要麼是沒有廣延性的（但這樣，它就不會是物質了），要麼就是具備了絕對的，亦即最強的內聚和黏合其各個部分的力。在此，我推薦大家參見我在主要著作（第2卷，第23章第305頁；第3版，第344頁）就這方面的議論。再者，如果要在本來意義上理解化學原子，亦即理解那客觀的、真實存在的原子，那從根本上就不會再有真正的化學組合了，每一種這樣的化學組合就都會被還原為由不同的、永遠都是保持分開的原子組成的某一細膩的混合。但一個化學組合的真正特徵恰恰就在於這個化學組合的產物是一個完全同質、均一的物體，亦即在這一物體裡，並不會找到某一哪怕是最無窮小的部分是不包含組合在一起的兩種物質。也正因此，水與氫氧爆鳴氣有著天壤之別，因為水是氫氧兩種物質的化學結合，而在氫氧爆鳴氣中，氫和氧只是細微的混合和並存。氫氧爆鳴氣就只是一個混合體。人們只要點火，那可怕的爆炸伴隨著極強的光和熱，就宣告了這是一個巨大的、全面的轉化，涉及那混合體中的兩個組成部分最內在的東西。事實上，我們馬上就發現那轉化的結果就是某樣與那兩個組成部分從根本上和在各個方面都不一樣的，但又是完完全全同一、均質的實體物質：水。因此，我們就看到：這裡所發生的改變是與宣告這改變的大自然精靈的暴動相吻合的，也就是說，那氫氧爆鳴氣的兩個組成部分在完全給出了自己獨特的、彼此對立的本質以後，兩者又互相完全穿透，現在就只顯現出一種絕對同一的、均質的實體：就算在其可能的最小的部

[132] 分,那兩個組成部分也是永不分離地聯合在了一起,以致其中一部分是不會單獨在實體中找得到的。這就是為什麼這是一個**化學**的而不是機械性的變化過程。這樣的話,又如何可能與我們的當代德謨克利特一起,對所發生的事情羅列出這樣的解釋:之前無序散布的原子,現在是各就各位、排列整齊,一雙一對的,或者毋寧說,由於它們的數目極不相等,所以,現在圍繞**一個**氫原子就組合了排列有序的 9 個氧原子,這是與生俱來的和無法解釋的策略所致。據此,那爆炸就只是擊鼓,要原子們「各就各位」,因此,那些大的噪音也沒有什麼,小題大做而已。所以,我說了,這些就是胡鬧,一如振動的以太,以及留基伯、德謨克利特、笛卡兒的所有機械的和原子的物理學及其笨拙的解釋。只懂得給大自然上老虎凳逼供是不夠的,在其發話的時候,我們還需要能夠聽得懂。但在這方面卻是能力欠缺。

但總而言之,如果有原子的話,那原子就必須是無差別和無特性的,因此也就是沒有硫原子、鐵原子等,而只有物質原子,因為差別會破壞了簡單,例如:鐵原子就必然包含了某些硫原子沒有的東西,因此就不是簡單的,而是組合而成的;而質的變化總體而言,其發生不會不伴隨著量的變化。所以,如果**原子**是可能的話,那原子就只能被想像為絕對的或者抽象的**物質**的最終組成部分,而不是特定材料的最終組成部分。

上述把化學組合還原為相當精微的原子混合的做法,當然助長了法國人要把一切都還原為**機械**過程的瘋狂和頑固的想法,但卻無助於真理。為維護真理,我提醒諸位**奧肯**(《論光和熱》,第 9 頁)說過的一句話:「在這宇宙裡,任何事情,任何算是世界現象的事情,都不會是

[133] 經由機械原理而成的。」根本上,也只有一種**機械作用效果**,那就是一個物體要侵入其他物體所占的空間:**壓**和**撞**都可還原為這一點,而壓和撞的差別就在於逐漸還是突然,雖然透過後者,那力就變「活」了。所有機械學所成就的都建立於此。**拉**只是表明上這樣,例如:有人用繩子

拉動一個物體時，也就是推動它，亦即從後面壓它。但人們現在就想以機械學解釋整個大自然：光在視網膜上的作用效果就在於時而緩慢、時而快速的機械性撞力。為此目的，他們還幻想出了一種據說可以碰撞的以太。與此同時，他們卻看到在折彎一切的至為劇烈的風暴中，那光線卻保持紋絲不動，就像幽靈一樣。假如德國人能夠盡量遠離那備受稱讚的經驗主義及其手工勞動，假如學習康德的《自然科學的形上學基礎》，以便不僅一次清理那實驗室，而且也清理乾淨頭腦，那就好了。[1]

77（補充）

至於康德的**排斥力**和**吸引力**，我發現吸引力並不像排斥力那樣消耗於和完結於其結果，亦即物質。這是因為排斥力的功能是不可穿透性，排斥力只有在某一外來物體試圖進入既定物體的範圍才會發揮作 [134] 用，因此不會在這範圍以外發揮作用。相較之下，**吸引力**的本性卻不會因**某一**物體的界限而取消，所以，在超出既定物體的範圍以外也能發揮作用。也就是說，否則的話，一旦物體的某一部分被**分開**了，這部分就馬上不會再受到吸引力的作用。但吸引力卻吸引**一切**物質，甚至從遙遠的距離，因為它視一切都歸屬於一個物體，首先歸屬於這地球物體，然後是更多的其他。從這一觀點出發，我們當然可以把重力也視為物質的

---

[1] 由於其素材的緣故，物理學相當頻繁和不可避免地碰到形上學的難題，但我們那些除了帶電玩具、伏打電堆、青蛙後腿以外就一無所知的物理學家，對哲學的事情暴露出如此極度的、修鞋匠一般的無知，以及與無知通常結伴而來的狂妄。由於這種狂妄，他們對哲學家數千年來一直思考的難題（如物質、運動、變化）就像粗糙的農夫一樣擅發哲學議論。所以，他們應該得到的回答，沒有比這首諷刺小詩更好的了：可憐的經驗主義魔鬼！／你根本不知道你自己的愚蠢。／啊，那可是先驗的愚蠢呀（參見席勒和歌德的短詩，博阿斯主編，第 1 部分，第 121 頁）！

先驗可被認識的特質。但也只有在其部分的最緊密接觸中，在我們稱為**內聚性**當中，這吸引的力量才得以足夠集中，以抵禦那比它大百萬倍數的地球物體的吸引，讓既定、分開的物體的部分不至於向著地球垂直地落下。但如果這物體的內聚性微弱的話，那這種事情就會發生：這物體就只是因為其各部分的重力緣故而破裂、剝落和掉下來了。但那內聚性本身，卻是一種充滿神祕的狀態，我們也只能經由融合與凝固，或者分解和蒸發，亦即只有透過從液體的狀態過渡到固體的狀態，才能促成內聚性。

如果在絕對的空間（亦即除去所有的環境），兩個物體以直線互相靠近，那我說 A 走向 B，或者 B 走向 A，從**運動學**看，那是同一回事，並沒有差別。但從**動力學**看，促使運動起來的**原因**是對 A 還是對 B 正在或者曾經發揮作用，卻是有差別的，因為根據此差別，我**阻止** A 或者 B，那運動就會停止。

圓圈運動也是一樣：從**運動學**看，（在絕對的空間裡）是太陽繞著地球轉抑或地球在自轉，都是一回事；但從**動力學**看則有上述差別，並且還有這一點：在那**自轉**的物體上，**切線的力**會與物體的內聚性發生衝[135]突，也正是因為這種力，那**圓圈運動的物體**就會飛走的——假如不是有另一種力把這物體繫於其運動的中心點的話。

78

化學分解就是透過親和性克服了內聚性。兩者都是隱藏的特質。

79

光就如重力一樣，很難以機械性解釋。人們開始的時候也同樣試圖用某種以太的碰撞解釋。**牛頓**就提出了這樣的假設，但他很快就放棄

了。**萊布尼茲**並不承認引力，但他卻很喜歡這一假設。在《未經編輯的作品和書信集》（由卡雷爾在1854年出版）中，萊布尼茲的一封信（第63頁）證實了這一點。以太的發明者是笛卡兒，「歐拉把笛卡兒的以太應用在他的光的傳播理論」，普拉特納在他的論文《論生機》第17頁說。光毫無疑問與引力有著某種關聯，但卻是非直接的，是在某種反射的意義上而言；光是作為引力的絕對對立物。光是一種從根本上擴散出去的力，就如同引力是一種集結、收縮的力。兩者始終都是直線產生作用。或許人們可以用比喻，稱光就是引力的反射。物體是無法透過**碰撞**發揮作用的——假如這物體不**重**的話；而光是無法測重的，因此無法機械性地，亦即透過碰撞產生作用。與光最近似的，但從根本上卻只是光的變形、變質，那就是**熱**。熱的本質可以首要用來說明光的本質。

　　熱雖然與光一樣，本身是不可測重的，但在這方面顯現了某種物質性：熱表現為長久存在的東西，可以從**一個**物體和地方轉移到另一個，並且要占據這另一地方的話，就得撤離原先的地方。這樣，在其離開了某一物體以後，我們就可以說出熱到了哪裡，並且也必然可在某個地方找到它，哪怕它只是處於潛伏的狀態。所以，在此，熱表現出來的就是某一長久存在的東西，亦即與物質一樣的東西。雖然並沒有什麼物體是熱絕對無法滲透的——以此熱就可以被完全封閉起來——但我們看到，熱是根據那不導熱體具體不導熱的程度而相應地或快或慢地逃跑。所以，我們對此用不著懷疑：某一絕對的不導熱體可以永遠地把熱封存起來。當熱處於**潛伏**狀態時，尤其清晰地顯示出熱的長存性和實質性，因為熱進入了一種狀態——在那種狀態中，熱可以保存某一任意的時間；在那以後，又可以絲毫不減地作為自由的熱而重現。**熱**的潛藏和重現，無可爭辯地證明了熱所具有的物質性，並且既然熱是**光**的某種變形、變質，所以，也就證明了光具有物質性。所以，那發散和放射理論體系是對的，或者更準確地說，是最接近真理的。熱被正確地稱為「無法測量的物質」。一句話，我們看到熱雖然會轉移，也可以潛藏起來，但卻永

[136]

遠不會消失，我們在任何時候也都能說出這熱變成了什麼。只有在燃燒的時候，熱才轉化成光，並具備了光的性質和遵循光的法則。這種變形和變質，在舞臺照明的灰光燈中尤其明顯，而人們都知道，這種灰光燈就被用於氫氧顯微鏡。既然所有的恆星都是新熱的永恆源泉，但現有的熱又永遠不會消失，而只是轉移了，起碼是潛伏了，正如我已指出的，那我們就可以推論：這世界總體上就會越來越熱。這提出的問題我就擱在這裡。因此，這樣的熱就始終顯現爲某一雖然無法測重，但卻長久存在的定量。針對這樣的觀點，即熱這一材料會與受熱了的物體形成化學連結，那我們可以提出：兩種材料彼此有著越多的同屬關係，那就越難

[137] 把這兩者分開。但現在，很輕易受熱的那些物體也會很輕易讓熱離開，例如：金屬體。而熱在物體的潛藏，則更應該被視爲熱與這物體的眞正的化學連結，所以，冰與熱就給出了一種新的物體水。正因爲熱與這樣的物體透過壓倒性的同屬關係而眞正連結，所以，熱就不會馬上從這一物體轉移到所靠近的另一物體，就像熱從其只是依附的物體所做的那樣。誰要是想把這用於如歌德的《親和力》的那種比喻，那就可以說：一個忠實的女人與其丈夫的結合，就像潛伏的熱與水的結合；而不忠實的戀人與這男人就只是像從外而飛至的熱之於金屬，只要沒有更想要她的其他男人靠近，那她就仍是她的男人的。

我驚訝地發現，物理學家都是（或許沒有例外的情形）把**熱容量**（Wärmekapazität）與**自身專有的熱量**（**或稱比熱量**）（spezifischer Wärme）視爲同樣東西和同義詞。但我卻發現這兩者是對立的。一個物體有越多**自身專有的熱**（**比熱**），就越少吸收傳給它的熱，反而馬上就把這熱再度傳導出去，因此，這一物體的**熱容量**也就越少。反之亦然。如果要把某一物體弄至某一級溫度，這物體比其他另一物體需要得到更多從外傳入的熱，那這一物體就有著更大的熱容，例如：亞麻籽油有水的一半的熱容。要把 1 磅的水弄至蘭氏 60 度所需要的熱，可以把 1 磅的冰融化──此時，熱潛藏起來了。而亞麻籽油則只需這一半的熱，

就可達至蘭氏60度了，但因為亞麻籽油會再度把熱傳出去而降至蘭氏0度，所以，這熱也只能融化半磅的冰。這就是為什麼亞麻籽油會有比水多1倍的自身專有的熱（比熱），因此也只有水的一半的熱容量，因為亞麻籽油只會把傳送過來的熱而不是自己專有的熱再度傳送出去。因此，一個物體有著越多專有的熱，那這物體的**熱容量**就越少，亦即更輕易趕走那傳過來的、作用於溫度計的熱。為此目的所需而傳給物體的熱越多，那物體的熱容量就越大，那物體自身的、專有的和無法轉讓的熱就越少，據此物體就再度把轉移過來的熱傳送出去；因此，1磅蘭氏60度熱量的水會融化1磅的冰，在這期間，水就降至列氏0度。1磅蘭氏60度的亞麻籽油則只能融化1/2磅的冰。水比油有更多自身專有的熱的說法是可笑的。一個物體有越多專有的熱需要外在的熱以加熱自身就越少，但把熱給出來也越少：快速冷卻下來的也會快速地熱起來。這件事情在托比亞斯・邁耶的《物理學》（§350）裡面說得完全正確，甚至邁耶在§365也混淆了熱容量與自身專有的熱量，並把兩者視為同一。只有當液體性的物體改變了其聚集態或物態，亦即在其凍結時，那物體才會失去其專有的熱。所以，在流體物那裡，那不過就是潛藏的熱，但就算是固體物也有其專有的熱。鮑姆格特納則列舉了鐵屑的例子。

[138]

光並不顯現出像熱那樣的物質性，更準確地說，光只有某種鬼魂的性質，因為其來去都不留蹤影。光也只有在其產生的時候才會在那裡，一旦光停止形成和展開，甚至就會停止發亮，就會消失，而我們卻無法說出那光去了何方。我們有足夠的不透光材質的容器，但我們卻無法收起這光和再度把光放出來。至多是重晶石，以及某些鑽石能留住光亮幾分鐘的時間。但最近的報導說，有一種紫色的螢石，只需暴露在太陽光線中幾分鐘的時間，就會在3到4個星期裡保持發亮（參見奈曼，《化學》，1842）；也正因此，這螢石被命名為氯性或者火樣的綠寶石。這讓人想起有關紅寶石的古老神話，順便一說，這方面的所有筆記都彙編在《斐羅斯屈拉特著作》（奧利厄斯編，1709，第65

[139] 頁,筆記第 14)。我補充這一點:在《沙恭達羅》(第 2 幕,威廉·瓊斯譯,第 32 頁)也是提到過的,而最近和最詳盡的報導則是在本韋努托·切利尼的《切利尼自傳》(第 2 版,威尼斯,1829,第 4 個故事),這個刪減的版本也見於他的《論工匠藝術和論雕塑》(米蘭,1811,第 30 頁)。但由於所有的螢石受熱以後都發光,我們也就必然得出結論:這螢石輕易地把熱轉化為光,也因為這一理由,火樣的綠寶石並沒有像其他物體那樣把光轉化為熱,好比不曾消化就再度把光交出來了,這也適用於重晶石和某些鑽石。所以,只有在光落在了不透明的物體上,根據這物體的不透明度而相應轉化為熱,並且在取得了熱的實體性,我們才可以就這方面給出解釋。但在另一方面,光的**反射**,在其遵循彈性物體的反彈規則時,卻顯示出某種物質性;在**折射**中也同樣如此。在折射中,光也顯露出**意志**,因為在對其開放的透明物體中,會優先選擇更厚、沒有那麼透明的。[2] 這是因為光放棄其筆直的路線,以便朝向有更多、更厚、透明物質的地方;所以,在從**一個**媒介到另一個媒介的進出過程中,光永遠是朝著最靠近的質量,或者朝著質量最密集的地方,亦即永遠朝著這個方向爭取。在凸面鏡那裡,最大質量的集結會在中間,亦即光在出來的時候是圓錐形的;在凹面鏡裡面,那最大的質量會在周圍邊緣集結,光在出來的時候會是漏斗一樣。當光斜落在一個平面上,那在進和出集結的質量時,光總是**轉變**其路線而朝向集結的質

[140] 量,就好比是向這伸出了歡迎或者告別之手。在折射的時候,光也顯現了對物質的傾向和爭取。在反射的時候,光雖然是反彈了,但一部分透進去了,這是建立在所謂的光的極性上。**熱**的類似的意志外現,尤其可以在其對良好和糟糕的導體的表現得到證明。要深究**光**的本質,唯一的希望就是探究在此談及的光的素質特性,而不是沿襲機械論所設想的,與光的本質不相吻合的振動或者放射。那些有關光的分子的童話就更不

---

2 某些細節上的調節,參見普耶著作,第 2 卷,第 180 頁。

用提了，那些極度古怪的東西出自法國人的定見，因為他們認為無論什麼事情，最終都必然是機械性的，所有的一切都必然以那撞擊和反撞擊為基礎。我覺得奇怪的是，他們為何還沒說酸是由小鉤和帶小環的鹼所組成的，所以它們才可達成如此堅固的結合。他們在骨子裡仍然是笛卡兒。但每次都用機械性的解釋是不可能的，日常可見的事實，即垂直的影像就已經清楚地表明這一點。也就是說，我站在鏡子的面前，光線就從我的臉上垂直落到鏡面上，從鏡面上又沿原路返回到我的臉上。這兩者的發生持續不間斷，所以也是同步發生。如果這發生的是機械性的事情，那不管是振動還是放射，沿直線和各自從對立方向而來的光的擺動或流動（就像兩個沒有彈性的球，從彼此對立的方向，以同樣的速度迎向對方）必然會彼此阻擋和取消，以致無法成像；或者它們會互相把對方壓到一邊去，一切都混亂起來。但我的影像卻穩定、不動搖地就在那裡。因此，這裡發生的不是機械性的事情（參見《作為意志和表象的世界》，第 2 卷，第 303、304 頁；也見第 3 版，第 342 頁）。但普遍的假設（普耶著作，第 2 卷，第 282 頁）就是振動不是縱向的，而是橫向的，亦即垂直朝著光線的方向發生；振動以及連帶的光的印象不是從光所在的地點而來，而是在那跳舞，那振動騎著其光線，就像桑丘·潘沙坐著塞到他的胯下的木馬——這馬是任何馬刺都無法策動的。正因此，他們就不說**振動**而喜歡說**波**了，因為他們與這說法相處得更好一些。但也只有沒有彈性的和絕對可移動的東西，例如：水，而不是某一絕對彈性之物，例如：空氣、以太，才會激打出波。的確，無法稱量之物的無法稱量的特性就已經排除了其作用所作的任何機械性解釋：無法稱出重量的東西也是無法撞擊的；而無法撞擊的東西是無法透過振動而發揮作用的。但人們廣為宣傳的那些完全是未經證明的，從根本上已經是錯的，從空氣（的確如此，亦即從音樂中的空氣振動）中拿來的假想，即顏色取決於那（完全是假想中的）以太的不同擺動速度——其無知無畏，恰好證明絕大多數人都是完全沒有判斷力的。猴子模仿做出所見到

[141]

的動作，人們則模仿說出他們所聽到的話。

他們的「照射的熱」正正就是光轉化成熱的過程中的中間點，或者也可以說是蛹變時期。照射的熱就是光放棄了作用於視網膜的特性，但卻保留著其他特性——這可以比之於相當低度的低音弦或者管風琴聲管仍可被看到在顫動，但已經不再發出聲音，亦即不對耳朵起作用了——所以，光是以直線射出，穿越了若干物體，但也只有當其進入不透明的物體時，才會加熱這些物體。法國人的方法，即透過堆砌條件使實驗更複雜，可以增加實驗的精確性和有助於其量化，但卻增加了判斷的難度，並的確擾亂了人們的判斷，也對造成歌德所說的這一情況負有責任：對自然的理解和判斷，完全沒有與豐富了的事實和經驗知識同步。

[142] 就**透明**的本質能夠爲我們提供最好資料的，或許是那些只在液體狀態時才是透明的，而在固體狀態時卻是不透明的東西，類似這些東西就是蠟、鯨腦油、動物脂肪、牛油、燃油等等。我們可以暫時這樣解讀這種事情：這些東西和所有固體物體所特有的爭取成爲液體狀態的努力，就表現爲與熱的一種強烈的親和性，亦即對熱的愛，因爲熱是它們成爲液體的唯一手段。所以，在固體狀態時，這些物體就把所有落在它們那裡的光馬上轉化爲熱，也就是保持不透明，直至成爲液體爲止。得到飽和的熱以後，它們就爲光放行了。[3]

那些固體普遍都有要成爲液體狀態的渴望和爭取，其最終原因或許就在於液體狀態是一切生命的條件，而意志則是在其客體化的等級上永遠往上爭取和奮鬥。

光轉化成熱和反過來熱轉化成光，透過玻璃受熱時的表現得到了明

---

[3] 我斗膽提出一個猜想，即從一件類似的事情或許可以解釋一些司空見慣的現象：那潔白的鋪路石板，一旦被雨水溼透了，就會顯得深褐色，亦即不會反光，因爲現在水一心要想蒸發，就把落在石板上的所有光馬上轉化成熱；而石板在乾燥的時候卻是反光的。但爲何白色、擦亮的大理石在溼了以後，卻不會變成深色，白色的瓷器也同樣不會？

顯的證明。也就是說，在加熱到了一定溫度時，玻璃就熱得發紅、無火燃燒，亦即把所接受的熱轉化為光；在熱度更甚時，玻璃就融化，然後就會停止發亮，因為現在熱量已足夠讓其變成液體了——這樣，熱量就為了成為液態的目的而大部分潛藏起來了，也就是說，再沒有多餘的熱無謂地發光。但如果熱量再一次增加，那熱還會發光的，亦即液體的玻璃本身就會發亮，因為現在液體玻璃不再需要把傳送過來的熱用於其他方面（順便一說，巴比內在 1855 年 11 月 1 日《兩個世界的雜誌》上提到了這一事實，但卻半點都不曾明白個中的道理）。 [143]

人們指出，在高山上，空氣的溫度雖然相當低，但陽光直射在身上，熱度是相當強勁的，可以做出這樣的解釋：陽光還沒有被更低的，也是更厚的一層大氣層所減弱，照在身上就馬上轉化為熱。

人們都知道，在晚上，所有的聲響和雜音都會比白天更響。人們慣常都是以晚間普遍安靜來解釋這一事實。我不再知道是誰在大概 30 年前提出了這一假設：這其實是因為音與光的真正交鋒所致。更仔細地考察一下這種現象，我們當然會感覺傾向於接受這一解釋。但唯有講究方法的實驗才會定奪這件事情。那麼，這種音與光的對抗，可以以光的走向是絕對直線這一特性加以解釋，因為光穿過空氣，減弱了空氣的彈性。那麼，如果得以這樣確認，那就又多了一個有助於了解光的本質的事實。如果以太和振動理論得到證明，那光波打亂和阻礙了音波的解釋就有了一切支持。在另一方面，人們會很容易得出這件事的最終原因，亦即缺乏光亮會在動物失去了應用視力的同時提高了聽力。**亞歷山大·馮·洪堡**在 1820 年的一篇論文 *（後來修正的論文，參見《短篇文章集》，第 1 卷，1853）中討論了這件事。他也認為以晚間的安靜來解釋是不夠的，他還給出了這一解釋：在**白天**，地球上的土壤、岩石、水和

---

* 參見比恩鮑姆，《雲的王國》，第 61 頁。——譯者注

[144] 物品**受熱並不均勻**,這樣,厚度不均勻的空氣柱就升起來了。音波就得逐次地穿過這些空氣柱,因此就斷裂和不均勻了。但在晚上,我認為,那**不均勻的冷卻**也會造成同樣的效果;再者,只有當噪音從遠的地方傳來,並且噪音是如此強烈,以致仍能被聽到,這一解釋才是成立的,因為只有在那樣的情況下,聲音才會穿過多個空氣柱。但在晚上,泉水、噴水池、溪水在我們的腳邊流動的聲音是白天的 2 至 3 倍。總而言之,洪堡的解釋只涉及聲音的**傳播**,而沒有涉及在最近的周圍所發生的聲音為何得到了直接的**加強**。此外,普遍的下雨會因為平衡了各處地上的溫度,所以也就必然會像晚上那樣帶來聲音的同樣加強。但在海上,聲音卻一點都沒有得到加強,洪堡說這種加強會小**一些**,但這說法是很難檢驗的。所以,洪堡的解釋與本話題無關。因此,在晚上聲音得到了加強,要麼歸因於沒有了白天的噪音,要麼歸因於音與光的直接交鋒。

79(補充)

每一朵雲都有某種收縮力:這雲必須透過某種內在的力而合在一塊,讓其不至於完全溶解和分散在大氣中,不管這收縮力是電方面的抑或只是內聚力,或者只是引力及其他。這種力越活躍和越起作用就越牢固地從裡面維繫住這一朵雲,這雲也以此獲得了一個更加線條分明的輪廓和總體而言一個更巨大的外形,就類似積雲的情形。這樣的雲不會輕易降雨,而雨雲則具有模糊不清的輪廓。在**打雷**方面,我有這樣一個假設,相當的大膽,或許也可稱為異想天開,我自己對此也不確信。但我
[145] 也不會一定要壓制這一設想,而是想提交給把物理學當作主業的人,好讓他們首先檢驗這事情的**可能性**。如果這可能性是確定存在的話,那這事情的**真實性**就用不著懷疑了。

既然現在我們仍沒有清楚地了解打雷最直接的原因,因為流行的解釋並不足取,尤其當從導體中啪嚓發出火星時,我們就會具體想像出打

雷的聲音——那我們是否可以大膽提出那奇特的，甚至放肆的假設：雲裡面的電壓分解了水，從雲的其餘部分產生的**爆鳴氣**（爆炸瓦斯）形成了小氣泡，而稍後，電子火花就點燃了這些？那雷的轟鳴聲恰恰就與此爆炸相吻合，而在那打雷巨響之後通常緊隨而至的陣雨也可以此得到解釋。缺少了水的分解，那雲中的電擊就只是閃電而已，就是沒有雷鳴的閃電。[4]

斯庫特滕先生在科學院朗讀過《關於電子大氣層的回憶》，其中的摘錄見 1856 年 8 月 18 日的《記錄》。基於所做過的實驗，斯庫特滕先生陳述說，那在陽光下從水和植物中往上升，形成了雲的霧氣，是由微小的氣泡組成的，包含了帶電子的氧，其外殼就是水。[5] 至於與這氧相對應的氫，他就一點都沒說。但在此我們起碼必須假設，在雲裡就算沒有水的電解，也已有了爆鳴氣的一個成分。

---

[4] 但人們現在仍想要把這種閃電再度視為很遠的打雷！普伊曾在《科學的學院》1856-1857 年主持過一次有關沒雷鳴的閃電和沒有閃電的雷鳴的很長的辯論。他指出（1857 年 4 月），甚至是那種有能量的蛇形閃電，其發生有時候也是沒有雷鳴的（〈對關於沒有雷鳴的閃電的假設的分析〉，普伊，《數學雜誌》）。在 1856 年 10 月 27 日的《記錄》上，有一篇文章就閃電而沒有雷鳴和反過來的問題糾正了另一篇文章的看法。這篇文章很確信地，就好像已經解決了問題似地認為：雷鳴只是由導體那些飛躍的火花造成的巨大噪音。對他而言，不聞雷聲的閃電就只是遠方的閃電。約翰·米勒在《宇宙物理學》（1856 年）中按照其老套的方式提出，「雷鳴只是在電的飛濺期間，那激蕩的空氣的振動而已」，因此就是火花從導體中發出的**啪嚓**聲。但雷的轟鳴與跳躍的電子火花所發出的聲音都毫無相似之處，就像蒼蠅與大象之別差不多。這兩種聲音的差別不僅在音量上，更在音質上（參見比恩鮑姆，《雲的王國》，第 167、169 頁）。相較之下，雷鳴卻與一連串的爆炸聲極為相似；這連串的爆炸聲可以是同時的，純粹只是因為路程長遠而接連抵達我們的耳朵。是萊頓瓶電池嗎？

[5] 如果雲正如人們所假設的是由小的泡泡組成的（因為真正的水霧是看不見的），那就能漂浮，這些雲裡面的就必須充斥比大氣**更輕**的氣體，因此，要麼充斥著**水霧**，要麼充斥著**氫氣**。

在大氣中的水電解為兩種氣體時,許多熱量就必然潛藏了起來,而由此形成的冷就可以解釋那仍然是一大難題的冰雹——這冰雹常常伴隨著雷暴而出現。這見之於《雲的王國》第 138 頁。當然,冰雹是由錯綜複雜的情形所致,所以很少發生。我們在此只是看到那冷的來源,而在炎熱的夏天要凝結這雨水,冷源是不可缺少的。

80

沒有哪一種科學能像**天文學**那樣讓大眾肅然起敬。所以,那大部分的天文學家雖然只有算術的頭腦,而在其他方面一般都是能力偏下,但他們卻以其「至為高貴的科學」等說法,經常擺出一副自命不凡的派頭。柏拉圖早就嘲笑過天文學的自負,還提醒人們說:在頭頂之上的東西,並不就可以稱為高貴(《理想國》,50,7,第 156、157 頁,比朋蒂尼編)。牛頓所享受到的近乎偶像般的崇拜,尤其在英國讓人難以置信。在不久前的《泰晤士報》上,牛頓仍被稱為「人類中最偉大的一位」;同一份報紙的另一篇文章則試圖安慰我們,反覆強調牛頓始終仍是個凡人而已!1815 年(根據《監察家》週報的報導,1853 年 1 月 11 日《加利尼亞利》重印),牛頓的一顆牙齒以 730 英鎊賣給了一個勳爵,而這個勳爵就把牙齒嵌進了一個戒指上面。這讓人想起了佛陀的聖牙。對偉大算術家的這種可笑的崇拜,就是因為這個人為碩大無朋的大塊頭找到其運動的法則,把這些法則還原為在這大塊頭中活動的自然力,而這碩大無比的大塊頭就成了人們衡量這個人的成就的依據(並且那些運動的法則源於在大塊頭中活動的自然力,甚至不是牛頓發現的,而是**羅伯特‧胡克**發現的。牛頓只是透過計算加以證實了而已)。否則,就難以設想為何給牛頓的崇拜要多於任何其他一個把展現出來的作用效果還原為某一自然力的外現的人,為何?例如:**拉瓦錫**就沒有得到同樣程度的崇敬。其實,要以多種多樣一起作用的自然力去解釋所出

[147]

現的現象，甚至從這些現象中找出那些自然力，比只需要考慮在沒有阻礙的空間中兩個，並且是兩個簡單和單一形式作用的力，如引力和慣性力要困難得多。也正是基於天文學素材太過簡單和貧瘠，才有了天文學的數學實在性、可靠性和精確性。所以，天文學才有能力宣告，甚至還沒有見過的恆星的存在，並以此讓這世界驚奇不已。這雖然讓人無比讚嘆，但仔細察看，這種能力也只是我們每次從呈現出來的，出自某一仍然還沒見著的原因的效果，去確定那一原因時所進行的智力運作。一位品酒家把這一能力發揮得更驚人：他從一杯酒就能確切品出酒桶中肯定有一塊皮革。他的說法被否認了，直至酒桶清空以後，在桶底找到了一 [148]
串鑰匙，繫著鑰匙的是一個小皮條。在此和在發現海王星時所進行的智力運作是同樣的，區別只在於其應用，亦即其對象物。那只是運作涉及的素材之別，而一點都不是運作形式有別。相較之下，達蓋爾的發明，如果那並非就像某些人所說的大部分得之於偶然，阿拉哥因此只能在之後才給出理論[6]，那就比勒維里耶的讓人驚嘆的發現要聰明百倍。但正如我已說過的，大眾的敬畏是基於那塊頭的巨大分量和那遙遠的距離。利用此機會，我想說許多物理學的和化學的發現對整個人類可以有著難以估量的價值和用處，但做出那些發現的就只是一點點的聰明、機智，以致有時候偶然發生的事情就已單獨勝任。所以，這些發現和發明，其思想上的價值與在物質上的價值有著很大的差別。

　　從哲學的角度出發，我們可以把天文學家比之於這樣的人：他們到場觀看一出偉大戲劇的演出，但他們不會讓那音樂和劇中的內容分散其注意力，他們只會留意布景裝飾的機械裝置，能夠終於完全弄清楚那傳動裝置及其中的關聯，就很高興了。

---

[6] 發現和發明通常都只是在摸索和試驗中發生的，而這個理論則是在之後才想出來的，正如對某一公認的真理的證明是在之後才給出的一樣。

81

[149] 黃道帶的符號是人類的族徽，因為在印度人、中國人、波斯人、埃及人、希臘人、羅馬人等那裡都有同樣的圖像和同樣的順序；至於其起源，則是有爭論意見的。**依德勒**（《論黃道帶的起源》，1838）並不敢決定黃道帶最先是在哪裡被發現的。**李普修**宣稱它最先出現在托勒密時期和羅馬時期之間的紀念碑上。但**烏勒曼**在《古代，尤其是古埃及的天文學和占星學的特徵》（1857）中提到，甚至在西元前16世紀的國王墓碑中就已有黃道帶的符號。

82

回顧畢達哥拉斯的天體和諧說，我們應該要計算一下：如果我們根據恆星的不同速度而相應地把一系列聲音集合在一起，海王星給出低音，水星給出高音，那出來的是什麼樣的和音。在這方面，人們可參看《亞里斯多德著作注釋》（勃蘭迪斯編，第496頁）。

83

如果以我們現在的知識程度看，而萊布尼茲和布豐也已經聲稱，地球過去曾經處於燒得火熱和熔化的狀態，而事實上，地球也仍然是這樣的狀態，因為只是地球的表皮冷卻和變硬了——那麼，地球在這之前，正如所有的燃燒的東西那樣也是發亮的；並且因為巨大的行星也都是發亮的，而且發亮的時間更長，所以，更久遠和古老世界的天文學家就提出太陽是雙重、三重，甚至四重的恆星。那麼，因為地球表面的冷卻是如此的緩慢，以致歷經歷史時期，也不曾有過證據證明冷卻在些微地增加。事實上，根據**傅立葉**的計算，些微程度的冷卻都已不再發生了，

因為地球每年放射出來的熱量，又從太陽那裡再度接收了；在體積上大 1384472 倍的太陽——地球曾經就是這其中的組成部分——冷卻是與體積的差別相應而成比例地更加緩慢，雖然並沒有外來的補償。因此，太陽的發光和發熱就以此得到解釋：太陽現在還仍處於地球過去曾經所處的狀態，但在太陽那裡，光和熱的減少是太過緩慢了，甚至歷經數千年，仍然感受不到其影響。至於太陽的大氣層應該是發亮的，可以從其最熾熱的部分的氣化得到解釋。這對於恆星也是一樣的。在那些恆星中，雙重星也就是其行星仍然處於自發光的狀態。根據此假設，所有的餘火都會逐漸熄滅，並且在過了多少萬億年以後，整個世界就必然會陷入寒冷、僵硬和黑暗之中，除非在這期間，發光的星雲中凝固出某些新的恆星，並引出又一「劫世」。

[150]

84

我們可以從自然天文學中得出下面的**目的論**的思考。

利用不同的溫度以冷卻或者加熱某一物體，所需的時間與物體的體積成比例而相應快速地增加。所以，**布豐**試圖根據那些被假定為熱的星體的不同塊頭、質量而計算出冷卻所需的時間。但在我們這個時代，**傅立葉**在這方面卻做得更徹底和更成功。在小的規模，那些夏天無法融化的冰川向我們展示了這一點，甚至放進地窖裡的足夠大的一堆冰塊也是如此。順便一說，「分而治之」在夏天的熱對冰塊作用時得到了最形象的說明。

4 個巨大的行星從太陽那裡接收到甚少的熱，例如：天王星上面的日照只是地球所接收到的 1/368。所以，這些行星完全得依靠自己內部的熱以維持它們表皮上的生命，而地球則幾乎完全依靠來自外部的、來自太陽的熱——如果我們信任**傅立葉**的計算的話。根據他的計算，地球裡面的強熱對其表皮的作用卻小之又小。4 大行星的體積是地球的

[151]

80倍到1300倍不等，所以，冷卻這些行星所需的時間之長難以估算。在那歷史時間內，我們卻沒有地球冷卻的一點點最細微的痕跡，而地球與那些行星相比又是如此之小，正如一個法國人異常聰明地證明了這一點。他的根據就是：在與地球的自轉有關的方面，月亮移動得並沒有比我們所掌握的其最早時的移動要慢。也就是說，假如地球是冷卻了一些，那地球就必然在同等程度上收縮了，那地球的自轉也就因此而加快，與此同時，月亮的移動則保持不變。這樣看來，那些巨大的星體遠離太陽，小的星體則靠近太陽，而最小的星體則距離太陽最近，是符合目的的。這是因為這些最小的星體將會逐漸失去其內部的熱量，或者起碼結殼如此之厚，內部的熱穿透不到表皮了[7]，它們因此需要外部的熱源。那些小行星作為一個炸散了的星體的碎塊，是完全偶然的反常東西，所以，在此不予考察。但這些偶然的東西本身是反目的論的。我們願意希望災禍是在星體有生命居住之前發生的。但我們知道大自然是毫不留情的，我也沒有保證哪一觀點就是正確的。但這由奧爾伯斯提出的，相當有可能是真的假設，現在再度遭到否認，其根據或許在神學方面不亞於天文學方面。

[152] 但要讓所提出的目的論變得完整，那4個巨大的星體裡面，最大的星體就必須是距離太陽最遠的，而最小的星體則是距離太陽最近的。不過，在此情況下卻相反。人們可能會提出反對意見：這些星體的質量輕了很多，因此比其他小星體更稀鬆，但這卻遠遠不足以補足那體積上的巨大差別。或許那只是它們內在的熱的結果。

那黃道的傾斜尤其引起人們目的論方面驚嘆的東西，因為要不是黃道的傾斜，那就不會出現季節的變化了，地球上就只有持續永恆的春天，那果實就不會成熟和繁茂，地區也就不會到處都可居住——幾乎直到接近兩極為止。因此，在黃道傾斜處，物理—神學家們看到了所有防

---

[7] 火山就是那巨大的蒸汽鍋爐的保險閥門。

護措施中最有智慧者，而唯物論者則看到了所有偶然中的最幸運者。**赫爾德**尤其被這種驚嘆所鼓舞（《人類歷史哲學的概念》，第 1 部，4）——但在仔細檢查之下，這種讚嘆卻是有點簡單、幼稚的。這是因為假如真的只有上面所說的持續永恆的春天，那植物世界就肯定免不了調整其本質以作適應，以致沒有那麼強烈卻是持續的和均衡的熱能與其相適應，正如現在已成化石的史前世界的植物，就是為完全不一樣的星球狀況而設計——不管那星球狀況因何而起——並在那種狀況中枝繁葉茂。

月球上並沒有透過折射而呈現出大氣層，是其質量更小的必然結果：月亮的質量只是我們的星球的 1/88，因此只有很小的吸引力，以致我們的空氣轉移到月球的話，就只能保留其 1/88 的濃、密度，所以無法造成明顯的折射，在其他方面也必然是同樣無力的。

此處或許是提出一個有關月球表面的設想的地方，因為我無法下定決心拋掉這一設想，雖然我很清楚這設想會遭遇很多困難；我也只把這一設想視為一個大膽的猜想傳達給大家而已。這一設想就是：月球並不是沒有水，而是水被凝結了，因為缺少了大氣層會造成絕對的寒冷，而這寒冷甚至不會允許寒冰的蒸發，如果不是因為這種寒冷，缺少大氣層本來是有利於冰的蒸發的。也就是說，以月球之小，其體積為地球的 1/49，質量則是地球的 1/88，我們必須視其內在的熱源枯竭了，或者起碼不再作用於表面。月球從太陽那裡並不會得到比地球還要多的熱量。這是因為雖然每月一次月球接近太陽，它接近的距離與我們遠離的距離是一樣的；除此之外，在那樣的情況下，月球始終只是把背向我們的一面朝向太陽，這一面與朝向我們的一面相比，根據**麥德勒**所言，只是接收了比例上 101：100 的更為明亮的日照（也就是熱量），而這在朝向我們的一面是永遠不會發生的，無論在這種情況下，還是在與此相反的情況下，亦即在 14 天以後，在月球再度以與我們地球的距離更遠離了太陽以後。所以，我們無法認定太陽對月球的溫暖影響會比對地球更

[153]

強；事實上，太陽對月球的熱的影響更弱，因爲雖然熱的作用在月球的每一面維持 14 天，但卻被同樣長時間的黑夜所中斷，而這就阻礙了熱作用的累積。透過陽光而取熱，依靠的是存在的大氣層。這是因為這只能透過光轉化爲熱而進行，而當光碰到不透明的，亦即光無法穿過的東西時，光就會轉化爲熱。也就是說，碰到這樣的不透明之物時，光並不能像對透明的東西那樣可以其閃電般的速度和直線走向穿過去；這樣，光就會轉化爲向著各個方向和向上擴散和攀升的熱。但這熱作爲絕對輕盈（不可稱量）的東西，必須透過大氣層的壓力留住和聚合在一起，否則，在生成的時候就已經消散了。這是因爲就算光以其原初的放射本質閃電般地穿過空氣，但轉化成熱的時候，其行進就變得如此的緩慢，因爲熱要克服這空氣的重量和阻力，而眾所周知，空氣卻是最糟糕的導熱體。在另一方面，如果這空氣是稀薄的，那熱就流逝得更容易，而如果完全沒有空氣的話，那熱就馬上跑掉了。因為這個原因，在氣壓減半的高山之頂，永遠覆蓋著積雪；而在深谷，如果比較寬大，那就是最溫熱的。那麼，如果是完全沒有了大氣層，又將是何種樣子！所以，在溫度方面，我們就得毫不猶豫地設想月球上所有的水都是凝結了的。不過，現在又有了這一困難：正如大氣稀薄有助於烹飪，降低沸點，完全沒有了大氣也就必然極大地加快了蒸發的過程；據此，月球上凝結的水必然早就蒸發掉了。要解決此困難，可考慮到所有的蒸發，甚至在眞空中的蒸發，其發生也只是由於某一相當數量的熱的緣故，這熱也正透過此蒸發而潛藏起來。但這樣的熱在月球上卻是沒有的，月球上的寒冷幾乎就是絕對的，因為透過陽光的直接作用而轉化來的熱馬上就消散了；在這期間所產生的小小蒸發也馬上被寒冷再度停止，就像白霜一樣。[8]這是因

[154]

8　這一假設得到了普耶所報告的萊斯利實驗（第 1 卷，第 368 頁）的完全支持。也就是說，我們看到水在眞空中凝結，因為蒸發甚至奪走了水要保持液體狀態所需的熱。

為儘管空氣**稀薄**本身是有利於蒸發的，但因為空氣稀薄會讓蒸發所需的熱量流失掉，而更多的是阻礙了蒸發。關於這一點，我們可看到阿爾卑斯山的積雪，透過蒸發而消失的不會更甚於透過融化而消失的。完全**缺乏**空氣時，所形成的熱會馬上流失，這對蒸發不利，更甚於在同等比例上缺乏空氣壓力本身對蒸發的有利。依照此假設，我們就要把月球上的水視為結冰了，尤其是在其表面的那整個充滿神祕的、灰色的，人們總是描述為「海」的部分。那這部分的許多凹凸不平就不再製造困難了，那些橫過其表面的、明顯的、深邃的和大部分是直線的槽紋和切口，就可以解釋為裂開的冰層中的巨大裂縫。這一解釋與那些形狀很相符。[9]

[155]

另外，一般來說，從缺少大氣層和水就得出沒有一切生命的結論並不是完全可靠的，人們甚至可以稱這是狹隘和目光短淺，因為這結論是基於「到處都和我們的一樣」這一假設。動物生命現象可以用呼吸和血液循環以外的其他方式達成，因為一切生命最根本的東西只是在形式永遠不變的情況下，物質在永恆變化。我們當然可以想像這只有在液體和霧氣形式的中介情況下發生。只不過物質總體上只是可視的意志，無論在哪裡都在爭取逐步升級其現象。要達到這一目標的形式、手段和途徑是多種多樣的。在另一方面，卻再度需要考慮到不僅只是月球上的化學成分，其實，所有星球的化學成分都極有可能與地球上的化學成分是同樣的東西，因為整個星體體系都是從那原初的發光星雲脫離的，曾幾何時，現在的太陽也是擴展至那發光的星雲。這當然讓我們猜測會有相似的某種意志更高級的現象。

---

[9] 1858 年 4 月 6 日，在寄出月球的一張照片時，羅馬的**塞基**神父寫道：「相當值得注意的是，在月圓的時候，那平整部分的黑色底部和粗糙、高低不平部分極為光亮。莫非可以認為後者部分覆蓋著冰或雪？」（參見 1858 年 4 月 28 日《報導》）（在很新的一部戲劇中，有這樣一句話：「啊，如果我能夠登上結了冰的月亮，身後拉著梯子！」——文學家的直覺！）

85

[156] 康德最先在《自然通史和天體理論》(1755)中提出了那極具洞察力的**宇宙起源學**,亦即天體進化的理論,然後在《上帝存在的唯一可能的論據》第 7 章把這理論補充完整。在幾乎 50 年以後,拉普拉斯(《宇宙體系論》,5,2)以更偉大的天文學知識發展了這一宇宙起源學,並為其奠定了更加穩固的基礎。但這一宇宙起源學的真理不僅只是建立在由拉普拉斯所極力主張的空間狀況的基礎上,亦即 45 個天體集體向著**一個**方向循環,並在同一時間也恰恰向著同一個方向自轉;而且這天體學說還有更加穩固的**時間**狀況的支持。這時間狀況透過克卜勒的第二和第三法則表達出來,因為這些法則指出了一條固定的規則,給出了精確的公式:根據這些規則和公式,所有的行星越是靠近太陽,就以嚴格合乎規則的比例旋轉得越快,而太陽本身只是自轉取代了公轉,現在就是那各個漸次排列的星體中的速度最快者。在太陽仍延伸至天王星時,太陽自轉一次是 84 年,但現在,經過每一次的收縮所帶來的加速以後,自轉一次是 25 天半。也就是說,如果那些行星不曾是那如此巨大的中心體的剩餘部分,而是每一個行星都以其他方式自己形成的,那就無法理解每一個行星是如何精確地恰好抵達根據克卜勒的兩條定律這一行星必須處在的位置——如果這一行星不是要麼栽進太陽中去,要麼飛離太陽的話(依據牛頓的引力法則和離心力法則)。康德和拉普拉斯的宇宙起源學的真理首要就是基於這一點。也就是說,如果我們與牛頓一樣把行星的旋轉視為引力和起抵消作用的離心力的結果,假設行星現有的離心力是既有的和固定的,那對每一個行星來說,就只有唯一一個位置可[157] 以讓這行星的引力與這離心力恰好取得平衡,這行星也因此才能保持在其軌道上。因此,肯定有過一個和同樣的一個原因,給了每一個行星位置的同時也給予了速度。如果把一個行星移至更靠近太陽,那這行星假如不是要栽進太陽中去的話,就必須跑得更快,因此也就是要得到更多

的離心力；把行星置於更遠離太陽的話，那就必須在引力減少的同等程度上減少行星的離心力，否則，那行星就會飛離太陽。所以，一個行星無論在哪裡都可以有其位置——只要有那麼一個原因能夠提供這一行星以精確符合這一位置的離心力，亦即可以與在那位置的引力恰好取得平衡的離心力。既然我們現在發現每一個行星都確實有其在那位置所需要的速度，對此的解釋只能是：給予這行星位置的同一個原因，也同時確定了這行星的速度。唯有從這所談論的宇宙起源學才可明白這一點，因爲根據這個宇宙起源學，中央天體猛地一下子、一下子地收縮，某一環狀物得以脫離，並在這之後結團成了行星。在這期間，按照克卜勒的第二和第三定律，中央天體的每一次收縮都必然強力加快了自轉的速度，而這就把由此確定了的速度留給了接下來再一次收縮時，在那具體地點脫離出去的行星。現在，中央天體就可以在其區域範圍的任意一個地點甩掉這一行星，因爲這一行星總是可以得到精確適合這一地點而不是適合其他任何地點的離心力。這一地點越是靠近中央天體，那離心力就越強，因此，那離心力要與之抗衡的，把這行星吸引到中央天體的引力就越強。這是因爲那漸次甩掉行星的天體，恰恰是以給予這一行星離心力的同樣程度增加了的自轉速度。此外，誰要想形象地看看在那收縮以後必然會有的自轉加快速度，那一個巨大的燃燒著的螺旋形火圈可以給我 [158]
們一個有趣的例子，因爲這個火圈開始時轉動緩慢，然後，在火圈越來越小的同時，轉動就相應地越來越快。

克卜勒在第二和第三定律中只是說出了行星與太陽的距離和這行星軌道運行的速度的事實狀況，這涉及在不同時間的同一個行星，或者涉及兩個不同的行星。這一狀況是**牛頓**在最終採納了他一開始摒棄的**羅伯特·胡克**的基本思想以後，從引力和與之平衡的離心力推論出來的；牛頓也以此說明了這種狀況**必然**如此，並且爲什麼，亦即因爲與中央天體**這樣**的距離，行星爲了不栽進中央天體之中或者飛離出去，就必須恰好具有**這樣的**運行速度。雖然在往後的連串原因中這只是作用原因，但在

往前的連串原因中才是目的原因。但這一行星是如何成功地恰好在那一位置正好得到了所需的速度，或者以這既定的速度恰好被安排在這一位置，讓引力能夠與那速度精確達到平衡——這個中的原因，這更高一級的作用原因，只有**康德—拉普拉斯的宇宙起源學**才能教導我們。

這個宇宙起源學也會在將來讓我們明白那些行星大致有次序的**排列**，我們就會知道那不僅是有次序而已，而是有其定律的，亦即出自大自然的一條定律。下面的表就表明了這一點。這個表早在1百年前，在天王星被發現之前就已經為人們所知。在上面的一行（第1行），人們永遠把數字加倍；在下面的一行（第2行），上面的數字則都加上4。這樣，這些數字就表現了行星之間大概的平均距離，這也與今天所承認的大致吻合：

0	3	6	12	24	48	96	192	384
4	7	10	16	28	52	100	196	388
☿	♀	♁	♂		♃	♄	♅	♆
水星	金星	地球	火星	小行星	木星	土星	天王星	海王星

[159]　　這樣的位置安排有其次序和規律，是不會看不出來的，雖然那只是約莫如此。或許每一個行星都有其軌道上的一個位置，就在它們的近日點與遠日點之間，與規律精確吻合；這一位置可被視為這一行星本來和原初的位置。不管怎麼樣，這有其或多或少精確程度的規律性，是在中央天體接連收縮時活躍、活動著的力和構成這些力的基礎的原始物質所得出的結果。原初星雲質量的收縮都是這之前的收縮所導致的自轉加快帶來的結果，而那外圍區域現在就不再能跟得上那加快了的自轉，因此就掙脫和留在那裡了——再一次的收縮也就由此產生，而這收縮又再一次地導致自轉加速等等，等等。因為中央天體以如此猛烈的一下子接著一下子的方式減少其體積，所以，收縮的寬度每次也就以同樣的比例減少，亦即大概是在之前的一半以下，因為中央天體每次都將原先擴展出

來的收縮了一半。此外，值得注意的是，在最中間的行星就遭殃了，而結果就是：留下來的只是這行星的破碎部分。這就是 4 個大的行星與 4 個小的行星之間的分界線。

並且證實這個理論也有這樣的事實，即在總體上，越遠離太陽的行星就越大，因為成形為那些行星球體的星雲區域就越大，雖然由於在那星雲區域中偶爾存在闊度差別，而在成形中會產生某些不規則之處。證明康德—拉普拉斯宇宙起源學的另一個事實，就是行星的密度大概是以它們與太陽的距離越遠而相應比例地減少。這是因為可以如此解釋：距離太陽最遙遠的行星是太陽的殘餘部分，是在太陽延伸最廣，因而密度最稀薄的時候甩出來的。在那之後，太陽收縮了，亦即變得更大密度了等等。康德—拉普拉斯的宇宙起源學還以此得到了證實：即月球在後 [160] 來以同樣的方式透過地球的收縮而產生，而那時候的地球仍是霧狀，但也正因此，那時候的地球達到了現在的月亮的地方；月球也只是地球密度的 5/9。至於太陽本身並不是所有太陽系總最有密度的，可以這樣解釋：每一個行星的形成都是一整環圈在隨後被弄作一團而成球體，但太陽卻只是那中央天體在上一次收縮以後沒有更再壓縮的殘餘物。對這所談論的宇宙起源學的又一特別證明就是這樣的狀況：所有的行星軌道對黃道（地球的軌道）的傾斜在 3/4 度和 3½ 度之間不等，水星的傾斜則是 7°0'66"，但這幾乎是太陽的赤道對黃道的傾斜度，因為那達到了 7°0'66"。對此的解釋是：太陽最後一次甩掉的環圈是與其脫離的太陽的赤道幾乎平行的，而太陽在之前所甩掉的行星卻在這個過程中失去了更多平衡，或者太陽在甩開行星以後移動了自轉的中軸。倒數第二的金星，已經有 3½° 的傾斜，其他所有行星甚至低於 2°，除了土星以外，因為土星是 2½° 的傾斜（根據洪堡的《宇宙》，第 3 卷，第 449 頁），甚至我們的月球那如此古怪的運行——即自轉和公轉的週期是同樣的，月球因此永遠是同一面朝向我們——也唯獨只能這樣去理解：這恰恰是一個環圈圍繞地球轉動的運動；月球就是這一環圈收縮以後形成的，但

在這之後，月球並不像行星那樣由於受偶然的一撞而快速地自轉。

這些宇宙學的思考首先引發我們兩個形上的思考：第一，在所有事物的本質裡都奠定了某種和諧，由於這種和諧，那最原初的、盲目的、

[161] 粗野的和低級的自然力，在最死板、僵硬的規律的指引下，透過在任由它們擺布的物質上輪番爭鬥，透過與這些相伴的偶然後果，帶來的就是這一世界的基本框架，連帶其令人讚嘆的目的性，那就是為生物的形成和居住而設的一處地方。這其中的完美，也只有最細膩的匠心在最深刻的智力和最精準的計算的指導下才可實現。所以，我們在此看到亞里斯多德的作用原因和目的原因是如何以讓人吃驚的方式，各自在獨立的情況下殊途同歸。這些具體的思考和以我的形上學的原理對那些構成了基礎的現象的解釋，大家可以在我的主要著作（第 2 卷，第 25 章，第 324 頁；第 3 版，第 368 頁以下）找到。我在此提到這些，目的只是指出這給了我們一個樣式，說明我們以類似的方式明白，或者起碼泛泛地看出：所有的那些牽涉個人的生活進程、相互交織的偶然事件，是如何在祕密的、預定了的和諧框架中互相契合，目的就是要引出符合其性格和其真正最終好處的一個和諧整體，猶如所有的一切就是因為這樣而發生，就只是幻影一樣地為了他而存在。在（《附錄和補遺》）第 1 卷〈論命運〉中，目的就是更仔細地闡明這一問題。

由那宇宙起源學所引發的第 2 個形上的思考就是：對世界的形成，就算是那涉及範圍如此之廣的**自然**、**物質**的解釋，也永遠無法消除對形上解釋的要求，或者可以取代**形上**的解釋。相反，人們發現**現象**越多就

[162] 越清楚地看到：人們所涉及的就只是現象，而不是自在之物的本質。這樣，就有了對**形上學**的需求，而形上學則是對那應用範圍如此之廣的物理學的互補。這是因為我們的智力所建構起來的世界，其所有的構成物質，歸根結柢就是同樣眾多的未知的數和量，它們恰恰就是形上學要解決的謎團和難題，也就是那些自然力的內在本質。那些自然力的盲目的作用效果，在此卻符合目的地建構了這個世界的框架。然後，就是化學

上不同，並因此是相互作用的元素的內在本質；個別行星的個體性質和構成就出自那些元素的爭鬥，而地理學的工作就是從那爭鬥的痕跡中證明那些行星的特性。關於這些元素的爭鬥，**安培**給出了最完美的描繪。最後，就是這樣一些力的內在本質：這些力最終顯現為安排著一切，在行星的最外層表面，就像哈氣般地產生出了黴菌一樣的植被和動物。隨著動物的出現，意識以及由此而起的認知也就出現了，而認知又再度成為了發展至此的整個過程的條件，因為構成這過程的所有一切，都只對認知而存在，只是對認知而言才有其現實性；事實上，那發生的事情和變化本身，也只是由於認知自身固有的形式（時間、空間、因果性）才可以展現出來，因此只是相對地，對智力而言才是存在的。

也就是說，一方面，人們必須承認：所有的那些自然物質的、宇宙起源學的、化學的和地理學的事情，既然是作為意識出現的條件，必然在意識出現**之前**就已經長時間發生了，亦即在意識之外而存在。但在另一方面，不可否認的是，上述發生的事情在意識之外就是絕對的無物，是根本無法想像的，因為那些事情首先是在和透過意識的形式才能展現。起碼人們可以這樣說：意識由於其形式的原因，是現在討論中的有形和物理學事情的條件，但意識卻再度以那些事情為條件，因為那是那些事情的物質使然。但從根本上，宇宙起源學和地理學要我們預設發生了的事情（作為在某一認知生物很早之前就已發生的東西），本身就只是把我們的直觀智力所無法把握的事物的自在本質，翻譯成我們的直觀智力的語言。這是因為那些事情與現在發生的事情一樣，就其自身而言從來沒有過的存在；在涉及一切可能經驗的先驗原則的幫助下，在追隨一些經驗的事實材料時，這就回溯到了這些事實材料：這回溯本身就只是把一系列並非無條件存在的現象連在了一起。[10]因此，那些發生的事 [163]

[164]

---

10 在地球上所有生命之前所發生的**地質上的事件**，並不存在於任何意識之中：既不在這些事件的意識之中，因為它們並沒有意識；也不在其他意識之中，

件本身,在其經驗的存在中,就算其出現有一切機械精準和數學正確的確定性,也永遠留著一個晦暗的核心,就猶如在那後面潛伏著的沉甸甸的祕密。也就是說,在那些事件中外現出來的自然力,在承載這些自然力的原始物質,在這些自然力的那必然是沒有開始,因此是無法理解的存在——我們都可看到那晦暗的核心。循經驗的途徑以弄清楚這晦暗的核心是不可能的。所以,在此形上學就得出場了,就要在我們自己的本質那裡,讓我們了解到一切事物的核心就是**意志**。在這一意義上,**康德**也說了:「顯而易見,大自然的作用效果,其首要的源頭完全只能是形上學的課題。」(《關於生命力的眞實估計之思考》,§51)

因為那時候並沒有任何其他意識。所以,由於缺乏了某一主體,它們就沒有了任何客觀的存在,亦即那些事件是沒有的,或者它們的存在又意味著什麼呢?這從根本上就只是一個假設,也就是說,假設在那原初的時候,某一意識是存在的話,那些事件就會在那意識中展現了,對現象的回溯就把我們帶到了那裡。所以,是否在這些事件中展現出自身,取決於自在之物的本質。當我們說,在開始的時候,有一片**發光的原初星雲**,然後團結成了球體,開始了旋轉,並因此成了凸透鏡的形狀,其最外圍周邊被甩掉而成了一個環狀物,然後這環狀物團結成了一個行星,同樣的事情再一次地重複等等,即整套的拉普拉斯宇宙起源學;當我們現在同樣補充上最早的地質現象,直至有機大自然的出現——那我們這裡所說的一切並不是在本意上眞實的,而是某種形象性語言。這是因為這所描述的現象,從來不曾**像這個樣子**發生,因為這些現象是空間、時間和因果性的現象,這樣的現象就絕對只存在於一個大腦的想法和表象裡面,而大腦是以空間、時間和因果性作為其認知的形式。所以,沒有了這樣的大腦,那些現象是不可能的,永遠也不曾有過。因此,那些描述只是表示:如果一個大腦曾在那時候存在,那上述事件就會在那大腦中展現出來。但在另一方面,就其本身而言,那些事件不是別的,而是生存意志在呆滯、缺少認知地渴求客體化;那麼,現在大腦存在了以後,這生存意志就在大腦的思路中和透過大腦想像形式所必然帶來的回溯,必然把自己展現為那些原始的宇宙起源和地質學的現象;這些現象也就由此首次獲得了客體(客觀)的存在,但也正因為這一點,那客體(客觀)的存在與主體(主觀)的吻合程度,不會亞於如果那主體存在是與客體存在在同一時間存在,而不是只在無數千萬年以後方才出現。

所以，從這所進入的形上學的角度看，那花費了如此之多的精力和聰明才智才獲得的關於這世界的自然、物質上的解釋，似乎就是不足夠的，的確就是皮相的，並在某種程度上只是假的解釋，因為這些解釋不過就是歸因和還原為未知的數，還原為「隱藏的特性」。這種解釋可以比之於某種不曾透進裡面的，只是停留在表皮的力，諸如電的一類；甚至就像是紙幣：其價值只是相對的，是以另一種金錢為前提條件。在此，就這種關係的詳細論述，我建議讀者閱讀我的主要著作（第 2 卷，第 17 章，第 173 頁；第 3 版，第 191 頁以下）。在德國，就有那麼一些平庸的經驗主義者想要大眾相信：除了大自然及其法則，就再沒有其他了。但這是行不通的，因為大自然並不是自在之物，大自然的法則也不是絕對的。

如果我們在頭腦中把康德—拉普拉斯的宇宙起源學，從**德呂克**一直到**埃利·德·博蒙**的地質學，最後到那動植物的原初生成以及對其結果的論述，亦即植物學、動物學和生理學依次排成一列，那我們的面前就是大自然的整個歷史，因為我們就可一眼統觀這經驗世界的全部現象。但這整體的現象卻首先是形上學要解決的**難題**。如果只是物理學就能夠解決這難題的話，那這難題也就早已經接近解決了。但是是永遠不可能的。上面提到的兩點，即自然力的自在本質和客體世界受到智力的條件制約，再加上物質先驗就可確定的沒有初始、物質的因果序列，奪走了物理學的一切自主性，或者就成了要把蓮花連接到形上的土地上的莖柄。

[165]

此外，地質學最近的研究結果與我的形上學的關係，可以簡略表述如下。在地球的最早期，在花崗石期之前，生存意志的客體化是侷限在其最低的層級，亦即侷限於無機的大自然力。在自然力那裡，生存意志以極其宏大的派頭盲目、暴烈地展現出來，因為那些已經有了化學上的差別的元素在爭鬥，其戰場不只是星球的表面，而是涉及整個大的星球，其現象必定是如此宏大，以致任何想像力對此也無能為力。與極強

[166] 烈的原初化學過程結伴的光的演變，是在我們這太陽系裡的任何一個行星都可看到的，而那震耳欲聾的爆鳴當然並不會超出大氣層之外。在這巨神爭鬥終於發作完畢以後，在那些花崗岩作為墓碑覆蓋了戰鬥者以後，經過適宜的停頓和海水沉澱物的間歇，生存意志就展現在接下來更高的一個層級，與之前形成最強烈的對照，就展現為植物世界的呆滯和寧靜生活。這也同樣展示了龐大的規模：那參天和漫無邊際的森林，其殘餘在經過無數年以後為我們提供了取之不盡的煤礦。這植物世界逐漸從空氣中清除了二氧化碳，也就最先成了適宜動物生命的地方。在這之前，那是一個沒有動物的漫長和深沉寧靜的時期。這一時期最後由於自然的變革毀掉了植物樂園而結束，因為這變革埋葬了森林。現在，由於空氣變純淨了，生存意志就進入了第3級偉大的客體化：動物世界。在海裡游的是鯨和魚類，但在陸地上，仍只是爬蟲類，但這些爬蟲卻奇大無比。世界帷幕再次降下了，接下來的就是意志的更高一級的客體化：溫血的陸地動物，雖然這些動物的種類已經不再存在了，這些動物的大部分也都是厚皮的。地球表殼連帶在這上面的所有生物經過再一次的破壞以後，生命終於又再一次重新燃起。現在，生存意志客體化為動物的世界：動物世界呈現了多得多的數量和更多樣的形態；有的動物的種類雖然不再有了，但其屬類卻還是存在的。這透過形態的多樣性和差別而變得更完美的生存意志的客體化，已提升至猿的一類。不過，我們這最後的太古時代還得毀滅，以空出位置給現在的人在更新了的土地上安身。在此，生存意志的客體化達到了人的一級。據此，地球可以比之於一張被書寫了4遍的羊皮紙。在此，一個有趣的附帶思考就是想像一下：在太空中圍繞著太陽一類的無數恆星旋轉的每一個行星，雖說仍然處於化學變化的階段，仍是最粗糙的力量在可怕的爭鬥的場所，或者正經歷著寧靜的間歇期，但其內在卻隱藏著祕密的力量，有朝一日，植

[167] 物世界和動物世界就會以其無盡的多樣形態由此而出。對這些祕密力量而言，上述那些爭鬥就只是前戲而已，因為這些前戲為那些力量準備

好了場所，安排好了這些力量出場的條件。人們的確忍不住要去設想：在那火和水的洪流中狂怒、咆哮的，與後來讓動植物群有了生命的是同樣東西。但到達了這最新的一級，即人的一級，在我看來，必然就是最後一級，因為在這一層次，已經有了否定意志的可能性，亦即有了與這種爭取背道而馳的可能性。這樣的話，那「神的喜劇」也就到了盡頭。據此，就算沒有物理學的理由以保證不會出現再一次的世界災難，也有抗衡出現這樣的災難的道德上的理由，亦即這一災難現在是沒有目的的了，因為這世界的內在本質不需要為了可能從這世界獲得解救而有更高一級的客體化。道德的東西可是事物的核心或基本低音，儘管只是物理學家不怎麼明白這一點。

86

為了估算**牛頓**的引力體系的偉大價值——不管怎麼說，牛頓把那**引力體系**提升至確實和完美的程度——我們必須回想起在天體運行的起源問題上，思想家自數千年來所面對的窘境。亞里斯多德就把宇宙當作是由透明的、互相嵌進對方的多個天體組合而成的，其最外圍的天體就帶著恆星，後面跟著的天體就每一個都帶著一個行星，最後一個則帶著月球，這部機器的核心就是地球。那麼，到底是什麼樣的力量永不疲倦地轉動這天琴，則是他不知該怎麼回答的問題，除了說在某處肯定有某一個「首先的推動」。亞里斯多德的這一回答，在以後人們就相當慷慨地解釋為亞里斯多德的有神論，但亞里斯多德卻沒說過神和造物主，他教導的是宇宙的永恆性和對那天琴宇宙的首次運動力。甚至在**哥白尼**以這世界機器的正確構造取代了那寓言般的說法以後，在克卜勒也發現了這世界機器的運動規則以後，有關那推動的力的古老窘境卻仍然存在。亞里斯多德就已經為那些個別的天體安排了同樣多的神祇以作指導。學院派則把指導任務交給了某一所謂的**智力生物**，而這只是取代天使的一個

[168]

更高雅的字詞而已，每一個這樣的智力生物就像駕駛馬車一般地駕駛著他們的行星。在這之後，自由的思想者，例如：喬爾丹諾·布魯諾和瓦尼尼，除了把行星本身說成是某種活生生的神祇以外，再沒有更好的想法。然後就是笛卡兒。他總是把一切都解釋為機械性的原因，但除了知道碰撞以外，就不知道任何其他的推動力。因此，他就假定了某種看不見的和感覺不到的材料，一層一層地圍繞著太陽轉，或者往前推動著行星，即笛卡兒的漩渦說。這一切卻是多麼幼稚和笨拙，引力體系因此是多麼值得高度評價！這引力體系讓人無可否認地證明了那運動的原因和在這些原因中活動的力，並且是如此確切和精準地證明了這些，以致就算是最微不足道的偏差和不規則、行星或者衛星在其軌道上的加速或者減慢，也都以其最直接的原因完全地解釋清楚和精確計算出來。

因此，把引力只是作為重力才直接為我們所知的東西，定為維繫天體系統之物——這一基本思想，由於與這思想相連的結果的重要性，是如此極其重大、有意義，以致對這思想的起源進行一番探索就不是無關緊要、可以撇到一邊的事情。尤其是我們作為後世的人，更應該公正，因為作為同時代的人，我們甚少做到這一點。

牛頓1686年出版《自然哲學的數學原理》時，人們都知道**羅伯特·胡克**大聲疾呼，是他先於牛頓有了牛頓的根本思想；還有胡克及其他人的強烈不滿和訴說，迫使牛頓保證在《自然哲學的數學原理》完整版第1版（1687）提及這一點。牛頓在第1部分命題4推論6的一條附注中，以盡可能的寥寥幾字提及了這件事，亦即在括弧裡寫道：「我們的同胞雷恩、胡克和哈利也獨立地得出了這個結論。」

1666年**胡克**就已經在《皇家學會的通訊》中說出了引力體系的關鍵思想，雖然那還只是假設。我們從《皇家學會的通訊》中主要的一段可以看得出來，而這段**胡克的**原話刊登在了杜戈德·斯圖亞特的《人類理智的哲學》（第2卷，第434頁）中。在1828年8月《季度評論》上，有一篇很不錯的、簡明的天文學歷史，文章認為**胡克的**優先權是板上釘

釘的事情。

在由米綏出版的 1 百多卷的《傳記錄》中，關於**牛頓**的一篇文章似乎是從這篇文章所援引的《不列顛傳記》中翻譯過來的。這篇文章包括對世界體系的描繪，是逐字和詳細地根據羅伯特·胡克的《從觀察嘗試證明地球的運行》（倫敦，1674，40）中的引力定律。再者，這篇文章說，重力延伸至所有天體的基本思想，在博雷利的《行星運行的理論和物理原因》（佛羅倫斯，1666）已經表達出來。最後就是牛頓對胡克上述發現的優先權所作投訴的長篇回覆。而那已經重複得讓人反胃的蘋果故事卻沒有權威性。人們最先是在特納的《格蘭瑟姆的歷史》第 160 頁，提到這已被當作人人都知的事實的蘋果故事。**彭伯頓**認識當時已到了高齡的呆滯的牛頓，他在《牛頓哲學概觀》「前言」中雖然說到牛頓是在花園裡首次有了那一思想，但卻不曾說過任何蘋果的事情。這有可能是在這之後才加進去的。**伏爾泰**硬說是從牛頓的外甥女的嘴裡聽到這個蘋果的故事，這大概就是這故事的來源。參見伏爾泰的《牛頓哲學的要素》第 2 部分第 3 章，比較一下拜倫的《唐璜》第 10 章第 1 節的注解：「那是著名的蘋果樹，其中一個蘋果掉了下來，據說這就讓牛頓注意到了引力。這棵蘋果樹大概 4 年前被風破壞了。斯圖科里博士和康杜特先生都沒有說過這個掉下蘋果的軼事，所以，我無法找到保證這件軼事的任何權威性，我不能亂用這件軼事。」（布魯斯特，《牛頓的一生》，第 344 頁） [170]

我現在就給所有反對這一說法（即萬有引力的偉大思想就是那根本上錯誤的單色光理論的兄弟）的權威們，多補充一個論據。這個論據雖然只是心理學方面的，但對那些也從智力的一面了解人性的人來說，這個論據是很有分量的。

人們都知道的，並且也是一個不爭的事實是：不管是牛頓自己想出來的抑或從他人那裡獲悉的，牛頓相當早（據稱是在 1666 年）就已經明白了引力體系；後來，他就試圖把這個引力體系應用在月球的運行

上來核實；但是，因爲出來的結果並沒有與所假設的精確吻合，牛頓就把這個想法再次放下了，並在多年裡不再想起這樁事情。同樣爲人所知的是，那把牛頓嚇得退縮的不一致實驗結果的緣由。也就是說，這不一致就是因爲牛頓把月球與我們的距離估算少了大概 1/7，這又是因爲這距離首先只能根據地球的半徑算出來，而地球的半徑又是從地球圓周角度的數值計算的，但這圓周角度的數值卻只能直接測量。牛頓只是根據一般的地理座標的測定把那角度設定爲 60 英里的大概數，但事實上卻是 69.5 英里。這樣的結果就是月球的運行，與引力隨著遠離距離的平方而遞減的假設並不相符。這就是爲什麼牛頓放棄和打消了他的假設。只是在大概 16 年以後，亦即到了 1682 年，他偶然得知法國人**皮卡**好幾

[171] 年前已經完成的角度測量。根據這一測量，那角度大概比牛頓過去所設想的要大 1/7。牛頓並沒有把這視爲特別重要，他是在學院裡從一封信中得知這個情況，牛頓也就作了筆記，然後就精神集中地傾聽學院裡的報告，並沒有爲此消息而分心。只是在這以後，他才想起自己以前的設想。他就重新開始這方面的計算，並在這一次發現了與其設想精確吻合的事實。對此，人們都知道牛頓如此欣喜若狂。

現在，我就問問每一個是父親的人，每一個生發過、醞釀過和呵護過自己獨特設想的人，會是這樣對待自己的孩子嗎？一旦不是諸事合意，就馬上把孩子掃地出門，毫不留情猛地關上大門，在 16 年間對其不聞不問？碰到上述情況，在痛苦地說出「沒有什麼可做了」之前，難道不是到處猜測到底是哪裡出了差錯，甚至是上帝創造世界時出了差錯，而不是首先在自己生、養、呵護的寶貝孩子身上找錯？而人們最容易起疑的地方，則是那唯一的經驗數據（以及**一個**測量角度），因爲這些數據是計算的基礎，而這些數據的不可靠又廣爲人知，以致法國人自從 1669 年以來就一直進行他們的等級測量。但牛頓卻相當草率地根據那些庸常報告而接受了以英里計算的棘手數據。這是一個提出了真實的解釋了世界的假設的人受到了誤導？肯定不是，**如果他的這一假設真的**

是他自己提出的話！相較之下，我卻知道誰會出現這樣的情況。那就是別人家的孩子，被不情願的主人請進這一家裡。男主人就（挽著他那生育不良的夫人的手，而這位夫人也只是生育了一次，並且生下的是個怪胎）在那乜視著眼、妒忌地看著，他也只是奉命讓這些別人的孩子接受檢驗，心中希望他們無法通過檢驗；一旦他們無法通過，就馬上帶著一抹輕蔑的笑容把他們逐出屋子。

這一論據至少對我是甚有分量的，以致我認為這完全證實了那些聲稱（引力的基本思想應該歸功於**胡克**，**牛頓**只是透過計算證實了胡克的思想）。據此，可憐的胡克與哥倫布是同樣的遭遇：美洲稱為「阿美利加」，引力系統就稱為「牛頓萬有引力定律」。

[172]

此外，至於上面提到的七色怪論，在歌德的顏色理論提出 40 年以後，仍然享有很大的威望，那古老的關於「狹窄的裂縫」和 7 種顏色的應答祈禱仍在吟唱，罔顧所有明顯的事實。這些自然是會讓我迷惑的——假如我不是早已習慣了把同時代人的判斷視為無法預料的東西。因此，我只把這當作是更多一重的證據，既證實了那些專業物理學家悲慘、可憐的素質，也證實了那所謂受過教育的公眾不是去檢驗一個偉大人物所說過的話，而是虔誠地照樣重複那些罪人們的言語，說歌德的顏色理論就是失敗的、未經授權的嘗試，是歌德一個值得原諒的弱點。

87

貝殼類化石是一個明顯的事實存在。埃利亞學派的**色諾芬**早就知道這一事實，並對此給出了總體上算是正確的解釋。但這一事實存在卻被**伏爾泰**辯駁、否認，甚至被說成只是幻想（參見勃蘭迪斯，《埃利亞學派評論》，第 50 頁；伏爾泰，《哲學詞典》「貝殼類」詞條）。也就是說，任何甚至只是有可能被扭曲為證實了有關摩西的報導的東西，都是伏爾泰極不願意承認的，在這一情形裡就是大洪水。這是一個警醒的例

子,說明一旦選邊站,熱切和熱情是多麼容易引導我們犯錯。

88a

完整的**石化**就是完全的化學變化,裡面不帶任何機械性的變化。

[173]
88b

當我為觀賞地球體的古代作品而審視一塊剛折斷的花崗石時,我根本不會相信這塊原始的石頭是透過某種聚變和結晶,以一種乾巴巴的方式而生成,也不會是透過昇華、透過沉澱而生成。在我看來,那肯定是經過了某種完全不同的,現在已經沒有的化學程序。某種金屬和類金屬的混合物快速和同一時間焚燒,並與那馬上就產生作用的焚燒產物的親和力結合起來——這是最接近我對此的想法。人們是否曾經嘗試過把矽、鋁等,以其組合(花崗石的)礦物土中原子團的比例混合一起,然後讓其在水下或者在空氣中快速焚燒?

在肉眼可見的自然發生的例子中,最常見的是只要是死亡了的植物體,例如:腐敗、霉爛的樹幹、枝枒或者根部,就會有**蘑菇類**快速生長出來,蘑菇類甚至就只是在此處生長起來。但一般來說,這些不是分散的,而是一叢一叢地長出來。顯而易見,這不是聽任偶然地這一處那一處撒下的種子決定了地點,而是在那腐爛的植物體給了那無處不在的生存意志合適的材料,讓生存意志馬上抓住了。至於這些蘑菇類隨後透過種子而繁殖,並沒有與上述相矛盾,因為這適用於所有活的、有種子的,但曾幾何時卻必須在沒有種子的情況下形成的東西。

89

　　比較一下相隔相當遙遠的不同地區的**河魚**，或許就會得到關於大自然的原初創造力的最清晰的證明：這大自然的原初創造力，在相似的地點和情形下，以相似的方式發揮出來。在大概同樣的地理緯度、地形高度，以及同樣的河流體積和深度，甚至在彼此相隔至爲遙遠的兩個地方，會發現要麼是完全同樣的，要麼就是非常相似的魚類。我們只需想想幾乎所有山區的溪流都有鱒魚。那是有目的引進所致的猜測，就這些動物而言，在大多數情況下都站不住腳。鳥兒吃了魚卵但沒有消化掉而導致這些魚類傳播的說法，對遙遠的距離來說並沒有足夠的說服力，因爲在比它們的行程要短的時間裡，鳥兒的消化過程就已經完成了。並且我也想知道那種不消化魚卵，亦即違反目的吃魚卵的說法是否正確，因爲我們的確是很好地消化了魚子醬，但鳥兒的嗉囊和胃部甚至是爲了消化堅硬的種子而設。如果人們想要把河魚的起源追溯到上一次的全球大洪水，那人們忘了：這些河魚是出自海水而不是河水。

[174]

90

　　我們要理解從鹽水形成立方晶體，並不比理解從雞蛋中的液體形成小雞更容易。再有，在這與自然生成之間，**拉馬克**認爲沒有發現本質上的區別。但這樣的區別還是存在的，也就是說，從雞蛋中只能出來**某一**特定的種類，而這就是「明確生成」。人們又會反對說，每一精確地規定了的注入，也只會產生出某一確定了的極微小的動物。

91

　　面對那些最難的難題——要解決這些難題人們幾乎是絕望的——我們所擁有的極少的資料,就必須盡可能地加以利用,以便從這些組合中可以引出一點點的東西。

[175]　　在《瘟疫記事》(1825)裡,我們發現在14世紀,在黑死病減少了整個歐洲、大半個亞洲,甚至還有非洲的人口以後,人類馬上就出現了異乎尋常的生育高潮,尤其是雙胞胎的出生變得相當頻繁。與此相吻合,**卡斯帕**(《人的大概壽命》,1835)以4次重複的大規模的經驗爲證據,告訴我們:在某一地區的既定人口中,死亡和壽命的長度總是與嬰兒出生數目同步的,以致死亡數目和出生數目以同樣的比例增加和減少。這一點透過許多國家及其不同的省分所累積的證據,證明是毫無疑問的。不過,卡斯帕只是錯在把原因和結果混淆了,因爲他把出生的增加當作是死亡增加的原因。但我堅信實情恰恰相反,而這點也與**舒努勒**所提供的不尋常現象(但他似乎並不曉得這不尋常的現象)相吻合,即死亡人數的增加並不是透過物理的影響,而是透過某種形上的關聯導致人口出生的增加。這一點我在我的主要著作(第2卷,第41章,第507頁;第3版,第575頁)已經討論過了。所以,總而言之,出生的數目取決於死亡的數目。

　　據此,或許有這樣的自然規律,即人類的生育能力——這也只是大自然的總體繁殖力的一種特別形態——會因與其對抗的原因而加強,也就是與其阻力一起提升;因此,人們可在「做必要的修正」之後,把這一規律隸屬於馬里奧特定理,即阻力隨著壓力的增大而增大,以致無窮。那麼,我們假設那與生育能力對抗的原因經由瘟疫、大自然的公轉等的破壞而出現了,達到了前所未有的規模和效果,在這之後,生
[176]　育能力也就必然再度提升至完全是前所未見的高度。最後,因爲那對抗多育的原因如此強烈,我們走到了極點,亦即人類悉數滅絕,那受到

如此擠壓的多育能力就會達到了與此擠壓相稱的力度，因此就會有了如此的張力，現在就能成就看起來是不可能的事情。也就是說，既然「明確生成」，亦即從相同的東西生成相同的東西的路被堵住了，那就撲向了「模糊生成」。但是，在最低等的動物那裡所表現出來的這些，卻難以想像地表現在動物王國的較高階那裡：獅子、狼、大象、猿猴，甚至人的形態，永遠不可能依照纖毛蟲、消化道寄生蟲和寄生物的樣式生成，即大致上直接從那凝結的、太陽孵育的大海的沉澱物，或者黏液，或者從腐爛的有機團塊中冒出，而只能理解為「在另一不同的子宮中生成」，所以，就是出自得天獨厚的一對動物的子宮，或更準確地說卵子——這是在那物種的生命力經由某些東西受到了阻滯，並在這一對身上得到了積聚和異常提升以後發生的事情：現在，就在某一星雲的時刻，在行星處於正確的位置和所有有利於大氣的、地球的和天體的影響恰好俱足時，那例外出現的就不再是與這物種同樣的東西，而是與其緊密類似的，但卻是比這更高一級的形態。這樣，這次這一對就不只是繁殖出一個個體，而是一個物種。當然，出現這樣的情形，只有在最低等的動物經由平常的「模糊生成」，從活著的植物的有機腐敗或者從細胞組織中一直攀升到得見天日，成為將要到來的動物種類的使者和先驅以後。發生這樣的事情，必然是在每一次的地球巨變之後，而這些巨變至少已經完全毀滅了這行星上的所有生物 3 次，以致需要重新燃起生命； [177]
而這之後，每一次生命都更加完美，亦即以更接近現在的動物群的形態出現。但只是在最近一次的大災難以後，在地球表面出現的動物系列中所發生的已升級至形成人類——而在那更上一次的災難以後，已經形成了甚至猿猴一屬。我們看到無尾目動物在有了自己的、更完美的形態之前，過的是魚類的生活。並且根據某一當今普遍承認的觀察，每一個胎兒都要連續經過幾個在其達到自身物種級別之前的級別。為何每一新的和更高級的物種，其升級和生成不是透過胎兒形狀而一舉超越了這胎兒母親的形狀？這本應是唯一理性的，亦即從理性角度可以設想出來的物

種生成方式。

但我們必須想到這種升級並不是沿著單一直線，而是沿著多條並排的升級線路。所以，例如：曾經從那魚的卵裡出來了一條蛇，另一次從這蛇的卵裡出來了一條蜥蜴；但與此同時，從另一條魚的卵子裡出來的是某一蛙類，然後，從這蛙類的卵子出來了某一龜鱉類；從第 3 條魚的卵子生出了某一鯨類，然後，這鯨類又再度生出了海豹，而最終，那海豹生出了海象；或許從鴨子的蛋生出了鴨嘴獸，從鴕鳥蛋生出了某種更大的哺乳動物。總而言之，這些事情必然是在地球上的許多地方彼此獨立地發生，但無論在哪裡都是發生在馬上就很明確、清晰的階段，都給出了某一固定、持久的**物種**，而不是在逐漸的、模糊不清的過渡期中發生，因而並不類似於從低 8 度音逐漸升至、吼至最高的 8 度音，而是類似於沿著有其明確起始而上升的音階。我們不想隱瞞這一點：我們依此只能設想最早的人在亞洲是從紅毛人猿，在非洲則是從黑猩猩而來——雖然並不是作為人猿，而是馬上就生成為人。值得注意的是，這一起源甚至也是一個佛教神話所教導的，見於**艾薩克·雅克布·施密特**的《對蒙古人和藏人的探究》（第 210-214 頁），也見《新亞洲雜誌》（1831 年 3 月）中**克拉普羅特**著《佛教的殘篇》和**科本斯**的《喇嘛教的等級》（第 45 頁）。

在此所說的「在別的子宮中的模糊生成」的思想，是首先由《宇宙的自然歷史痕跡》（1847，第 6 版）的無名作者提出來的，雖然一點都沒有那應有的清晰和明確，因為作者把這個觀點與一些站不住腳的假設和離譜的謬誤緊密地交織在一起。這歸根結柢是因為作者是英國人，每一個超出了物理學的假設，亦即每一個**形上**的假設，都會馬上與希伯來的一神論合併在一起。也正是為了避免這一點，他就不當地擴展了物理學的範圍。正因為缺少在思辨哲學或形上學方面的修養，一個英國人是完全沒有能力對大自然有一種**思想上**的領會和把握，因此他並不知道在把大自然的作用理解為根據嚴格的或許是機械的規律性而展開，與把

大自然的作用領會爲希伯來神祇（他稱爲「造物主」）預先想好的藝術製品之間，還有中間一途。教士們，英國的教士們，對此難辭其咎。這些人是所有愚民主義者中的最狡猾者。他們傷害人民的頭腦至這樣的程度，甚至在那些最有知識和最開明的人中，其根本思想的體系也是至爲粗糙的物質主義和最笨拙的猶太迷信的大雜燴。這兩者就像醋和油一樣地搖勻在一起，就看它們如何相容了。還有，由於接受了牛津的教育，那些「紳士」、「爵士」們也大體上還是屬於烏合之眾的。但只要受教育的階層，其教育是交由牛津的正統蠻牛去完成，那這種情形就不會有所改善。到了1859年，我們在法裔美國人阿加斯的〈論分類〉一文中，仍然發現同樣的立場觀點。他仍然面對同樣的選擇：**有機的世界**要麼是純粹偶然的結果：這偶然把這世界胡亂地拼湊在了一起，成了在物理和化學力量作用之下大自然的奇妙現象；要麼就是在認識（這一動物性的功能）之光下，在深思熟慮和算計以後巧妙完成的藝術傑作。這兩種觀點都是一樣的錯誤，都是基於那種幼稚的唯實論，而唯實論在康德出現80年以後已完全是**丟人現眼**的東西了。所以，阿加斯就像一個美國鞋匠似的哲學論辯有機生物的起源。如果那些先生們除了他們的自然科學以外，就再沒學到什麼，也不想學到什麼，那他們在其文章中就必須不要越過這些半步，而是「最嚴格地」固守其經驗主義，以防就像阿加斯先生那樣糟蹋自己，就像老婦人一樣地談論自然的起源，讓自己成了眾人的笑談。

　　根據**舒努勒**和**卡斯帕**所提出的法則往另一方向推論，可得出這一結果：很明顯，隨著我們成功地透過正確利用所有的自然力和每一方寸的土地，以減輕最低層民眾的不幸，這一很傳神地被稱爲無產階級的民眾數目就會增加，那苦難也就由此一再地重新出現。這是因爲性慾總是會增加飢餓，正如這飢餓一旦滿足了就會促進性慾。以上法則會向我們保證：這情形不會最終導致地球眞正超出太多的人口——這一災難的恐怖之處，就算是最生動的想像力也無法描繪。也就是說，根據這正在談

[180] 論中的法則，在地球有了盡其所能養育的最大人口以後，物種的繁殖就會降至還不足以填補死去的人口的程度，而在每一次變故增加了死亡以後，又會讓人口恢復到最大數目之下。

92

在地球的不同地方，在同樣或者類似的氣候、地形和環境條件下，會生成同樣或者類似的植物和動物。所以，一些物種（Spezies）非常相似，但並不相同〔這就是屬（Genus）的概念〕，許多還可分為種和類——這些不可能是互相從彼此那裡生成，雖然那物種是同樣的。這是因為物種的同一並不意味著起源的同一和出自唯一的一對*，而是在一樣的環境但在不同的地方，大自然重複了同樣的程序，並且相當的小心謹慎，不會放任某一物種（尤其是高級的物種）相當不安全地存在，即不會孤注一擲並從而把大自然艱難取得的成果暴露在千百種危險之中。大自然知道自己意志的是什麼，會堅定地意志它，並相應地行事。但機會卻永遠不是只有唯一一次。

那麼，那些從不曾被馴服的非洲大象，其耳朵相當寬大，蓋過了脖子，而母大象也同樣有獠牙——牠們不可能出自那些好教和聰明的亞洲大象：這些亞洲母大象並沒有獠牙，耳朵也遠遠沒有那麼寬大；同樣，那些美洲短吻鱷不可能出自尼羅河的鱷魚，因為兩者在牙齒和脖子[181] 後面的鱗甲數目方面就可以區分開來；也同樣，黑人不可能出自高加索人種。

但是，人類卻很有可能只是在 3 處地方生成，因為我們只有指示

---

* 後來的版本增加了內容。內容是：這總體來說是一個相當荒謬的設想，誰又會相信：所有的橡樹是從最初的唯一一棵橡樹而來，所有的老鼠來自最初的一對老鼠，所有的狼來自最初的一對狼？——譯者注

出原初種族 3 種明確分開的類型：高加索人種、蒙古人種和衣索比亞人種，並且這些生成也只能在古老世界中發生。這是因為在澳大利亞，大自然無法產生出猿猴，但在美洲卻只有長尾猴而沒有短尾猴，更不用說那最高級的、無尾類人猿——這些類人猿就占據排在人類之前的位置。大自然不會跳躍、突變。再者，人類的起源只有在回歸線之間開始，因為在其他地帶的話，那新生兒就會在第一個冬季中喪生。這是因為新生兒雖然不是沒有母親的照顧，但在成長時並沒有得到教誨，也沒有繼承了祖先的知識。所以，在大自然可以把其嬰兒送到冰冷、嚴酷的世界中去的時候，這嬰兒起初必須依偎在大自然溫暖的懷抱。但在熱帶地區，人卻是黑色的或者至少是深褐色的。這些是不分種族的人類真正的、自然和特有的膚色，也從來不曾有過本來是白色的人種。的確，談論這樣的白色人種，把人幼稚地分為白色、黃色和黑色，就像在所有書本裡面仍在做的那樣，證實了嚴重的先入為主和缺乏深思。早在我的主要著作（第 2 卷，第 44 章，第 550 頁；也見第 3 版，第 625 頁）中，我就已經簡短討論過了這個話題，並說過這大自然的母腹從來就不曾原初產生過一個白人。人只有在回歸線地帶才是舒適自在的，在此，人們都是褐色的或者深棕色的，只是在美洲並不普遍都是這樣，因為這個大洲的大部分已被褪了色的人種所居住，主要是中國人。但在巴西森林中的野人卻是黑褐色的。[11] 只是在人們離開對他而言唯一是自然的、在回歸線之間的地帶，並在這以外的地方長時間繁殖以後，以及由於其物種的增長而擴展地盤至更寒冷的地帶以後，人才變得淺色和最終的白色。所以，只是因為在溫暖和寒冷地區的氣候影響，歐洲人口部族才逐漸變白。這一過程是多麼的緩慢——這一點我們可從茨岡人那裡看到：茨岡人是

[182]

---

[11] 那些野人並不是原始人，正如在南美的野狗並不是原始狗一樣。這些野狗只是後來變野了，那些野人也是後來變野了，是某一文明開化的民族的後裔，其祖先迷了路或者流落到那裡，無法保留其原先的文化。

來自印度的一個部族，自從 15 世紀初就游牧至歐洲，其膚色也仍然大約是在印度人和我們之間。這同樣也見於黑奴的家人：他們自 300 年來在北美繁殖和衍生，膚色也變淡了一些，儘管這變淡的進程由於他們與新來的烏木一般黑膚色的移民相混合而耽擱了，而茨岡人卻並沒有得到這方面的更新。這些從其天然家園被放逐出來的人，其膚色變白最近的自然原因，我認為就是在熱帶的氣候中，光和熱在生發層產生了緩慢但卻持續的碳酸脫氧化，而這碳酸在我們那裡卻透過毛孔而未受分解。碳酸的脫氧化留下了如此之多的碳，足以為皮膚著色；黑人的那種特殊氣味或許也與此有關。至於在白人中，低下的體力勞動的階層一般都比高地位的白人要黑，可以從他們出汗更多得到解釋，而這出汗發揮的作用類似於熱的氣候，雖然程度上遠不如熱的氣候。那麼，據此，我們種族的亞當無論如何就要被視為黑色的，而畫家把第 1 個人表現為因褪色而形成了白色則是可笑的；再者，既然耶和華是根據自己的形象而創造了他，那耶和華在藝術作品中也要表現為黑色。但人們可以讓其有傳統的白鬍子，因為稀疏的鬍子並非與黑膚色連繫在一起，而只是與衣索比亞人種相關。的確，甚至人們在近中東國家和在某些義大利教堂中所見到的最古老的聖母像，聖母連同基督都是臉色黝黑的！事實上，上帝的整族選民過去都是黑色或者深褐色的，直至現在仍然比我們要黑，而我們是源自更早時期移民的異教部落。但現在的敘利亞居住的卻是混血的人種，部分是源自北亞（例如：土庫曼人）。同樣，佛陀有時候也被表現為黑色膚色，甚至**孔子**也是這樣（戴維斯，《中國人》，第 2 卷，第 66 頁）。至於白色面孔，則是某種退化，是不自然的，這可從非洲內陸的某些部族在第一眼看到這樣的面孔時感到噁心和厭惡得到證明：對這些部落的人來說，這樣白色的臉看起來就是病態的退化。一個非洲女孩相當友好地以奶招待在非洲的一個旅行者，並對他唱到：「可憐的陌生人，我們多麼同情你，你是那樣的蒼白！」拜倫的《唐璜》（第 12 章，第 70 節）中一句注釋是這樣的：「丹納姆少校說，在他到非洲

旅行以後第一次見到歐洲的女人時，那些女人的面容看上去就像是不自然的和有病的。」但那些人種志學家仿照**布豐**的樣子（弗羅倫，《布豐的作品和思想》，巴黎，1844，第 166 頁及以下）仍舊充滿自信地談論白種人、黃種人、紅種人和黑種人，把膚色作為他們人種劃分的基礎，而事實上這膚色卻一點都不是關鍵性的東西，其差別的起源就只是某一原始種族距人類的唯一本土溫帶或大或小和或早或遲的遠離而已；所以，在這溫帶以外，人只能在非自然的維護之下生存，正如熱帶的花卉在溫室過久一樣。但在這個過程中，人就逐漸地，並且首先在顏色方面退化。至於褪色以後，蒙古人種的膚色變得比高加索人種黃，那當然可以是基於人種的差別。至於最高級的文明和文化——古印度和埃及除外——唯獨只發現於白色的民族；甚至在許多黑膚色民族中，統治的階層或者統治的宗族，其膚色比其他人的膚色要淺，並因此明顯是外來移民，例如：婆羅門、印加人以及南海島嶼的統治者——那是因為困境產生技巧，因為那些很早就遷移到北方並在那裡逐漸褪色變白的部族，在北方與氣候所帶來的各種各樣的艱難和匱乏作爭鬥時，不得不發掘了他們所有的智力，發明和發展出全部的技藝，以補足微薄和匱乏的大自然。他們高度的文明也就由此而來。

[184]

正如暗黑的膚色對人來說是天然的，同樣，素食也是如此。但正如暗黑的膚色一樣，人們也只是在熱帶地區才可以保持吃素。當人們去更寒冷的地區，為應付對他們而言非自然的氣候，他們就必須食用對他們而言非自然的食品。在真正的北方，人沒有肉食是不可能生存下來的。有人曾經告訴我，在哥本哈根，6 個星期的監禁，嚴格地、沒有例外地只有水和麵包，那會被視為危及生命。所以，人們是在同一時間變白和吃肉的。但恰恰因此，也正如由於穿上厚重的衣服，人們就有了某種不純淨的和讓人噁心的狀態，而這是其他動物所沒有的，至少處於其天然狀態的動物所沒有的。人們也就必須相應透過不斷的和特別的清潔功夫，以讓自己不那麼招人反感。所以，這些清潔功夫也只是富有、生活

[185]

舒適的階層才可能有的，因此也就是義大利語準確稱爲的「乾淨的人」（gente pulita）。穿著更厚重的衣服的另一個結果就是：正當所有的動物都以其天然的形態、遮蔽物和顏色走動，並呈現出某種合乎自然的、讓人賞心悅目的樣子，人類卻穿著各式各樣的，經常是相當古怪和離奇的，此外也經常是寒酸、襤褸的衣服，在動物中滑稽可笑地走動著；那形態與整體不相吻合、格格不入，因爲他們的形態並不像其他形態那樣是大自然的作品，而是裁縫師的作品。因此，那就是對這世界的和諧整體的無禮擾亂。有高貴感覺和趣味的古人爲了緩和這裡所說的不好之處，就採用盡量輕便的遮蔽衣服，衣服做得不會是緊貼身體以致成爲一體，而是把這外來的東西與身體分開，讓人的形態的各個部分都盡可能清楚地表現出來。由於與這相反的觀念的緣故，中世紀和近代的衣服就是毫無趣味、野蠻的和讓人厭惡的。但最讓人噁心的就是被稱爲「貴婦人」的女人今天的服飾，其缺乏趣味模仿自其曾祖母，最大可能地扭曲了人體的形態，並且在女士圈裙的包束下，其寬度與高度做成了一樣，讓人懷疑積聚了不乾淨的氣味，這就讓其不僅是可憎的，讓人反感的，而且是讓人噁心的。

92a

[186] 人與動物在身體上的某一不爲人注意的不同，就是人的鞏膜上的眼白始終是看得見的。馬修上尉說，現在在倫敦看到的布希曼人卻不是這樣：他們的眼睛是圓的，讓人看不到白色的地方。但**歌德**卻與此相反：眼白通常都是可見的，甚至在虹膜之上也是如此。

93

生命可以定義爲某一形體的狀態：在此狀態中，儘管物質不斷地

變化,但這形態的根本(實體性)形式卻始終得到保持。有人會反駁我說:某一漩渦或者瀑布也是在物質的不斷變化之下保持著其形式。對此的回答是:對這些漩渦和瀑布來說,其形式並不是根本的,而在遵循普遍的自然法則過程中完完全全就是偶然的,因為這些形式取決於外在情形,我們可以透過改變外在的情形來隨意改變其形式,但又不會因此而觸動其根本性的東西。

94

反對**生命力**這一設想的論戰已成了今時今日的時髦,但儘管這些反對貌似聲勢不凡,卻應稱為不僅錯誤,而且還絕對的愚蠢。這是因為誰要是否定生命力,那也就從根本上否定了他自己的存在,因而可以炫耀自己已經達到了荒謬思想的頂點。但如果這狂妄、荒唐的想法來自醫生和藥劑師,那這些胡言就還包含了最可恥的忘恩負義,因為正是生命力戰勝了疾病和帶來了痊癒,而那些先生們在這之後就攫取和斂取錢財。除非有某一獨特的自然力(其本質是**依照目的**而行事,正如重力在本質上是讓物體彼此靠近),活動著、引導著和調節著這整個複雜的有機體裝置,在這有機體中的展現就如同重力在落下和吸引現象中的展現,電力在所有透過摩擦機或者伏打電堆所導致的現象中的展現等等——除非是這樣,否則,生命就是一個假象、幻象;並且每一生物事實上只是一個自動的物體,亦即機械的、物理的和化學的力在那運作,而集合成這一現象要麼是由於偶然,要麼是出自某一藝術家的目的,因為他就喜歡這個樣子。當然,在動物性有機體裡,物理和化學的力是在作用的,但把這些集合起來和加以引導,以致某一符合目的的有機體由此產生出來卻是生命力:這生命力據此控制著上述那種種的力並調節、修正其作用;在此這些作用只是處於從屬的地位。而相信只是這些力造成了一個有機體,那不僅只是錯誤,而且是愚蠢,就像我所說的。那生命力本身

[187]

就是意志。

人們想要把這一點看作是**生命力**與所有其他自然力的根本差別：生命力一旦離開了某一物體，就不會再度回去。真正說來，無機大自然的力只有在例外的情形下才會離開其一旦控制了的物體，例如：可以透過燒紅的鐵塊而奪走其磁性和透過新的磁化而讓其重新獲得磁性。至於電力的接收和失去，我們更可以明確宣示這同樣的道理，雖然必須認為物體並非從外在接受這電力本身，而只是接受那刺激，而這刺激的結果就是身體裡面已存在的電力，現在就以＋E和－E分開了。相較之下，重力卻永遠不會離開某一物體，其化學特質也是如此。也就是說，這些東西在與其他物體結合以後只是潛藏起來了，在這解體以後就會無損地再度出現，例如：硫會變成硫酸，硫酸又會變成石膏（硫酸鈣），但透過接連的分解，這兩者都會變回硫。但生命力在離開物體以後，就不會重新回來。原因就是生命力並不像無機大自然的力那樣只是依附於物質材料，而是首要依附於形式。生命力的活動恰恰就在於產生和維持（亦即持續地產生）這一形式：所以，一旦這生命力離開了某一物體，那這物體的形式也就毀滅了，起碼在其更細膩的部分是毀滅了。產生出這形式有其規律性的，甚至計畫性的過程，有其要產生的東西的確定次序，因而就是有開始、手段和進展。所以，生命力不論在哪裡重新出現，都必須完全從頭開始其組織，所以，生命力不可以再度接過那剩下來的，並的確已經是在衰敗中的東西，因此就是不會像磁性那樣又來又去的。在此談論的生命力與其他自然力的差別，就在於此。

[188]

生命力與意志是絕對同一的那在自我意識中作為意志出現的東西，在無意識的有機體生命中就是那有機體生命的原動力，這原動力被描述為生命力就是相當貼切的。僅從與此的類比就可推論：其他自然力從根本上也是與意志同一的；只不過意志在這些其他自然力中處於某一較低級別的客體化。所以，試圖以**無機的大自然**去解釋那有機的大自然，亦即去解釋生命、認知和**意志活動**，就等於想要以現象（這種只是

腦髓的現象）去推論出自在之物，猶如以影子去解釋身體。

　　生命力作為原初的力，作為形上的東西，作為自在之物，作為意志是不會疲倦的，因而是不需要休息的。但其現象形式、肌肉能力、感覺能力和新陳代謝能力，當然是會疲倦和需要休息的。其實，這只是因為這些首先是要透過克服較低級別的意志現象而產生出、維持住和控制著有機體，而那些較低級別的意志現象對同樣的物質有著更優先的權利。這點可從**肌肉力量**最直接地看出來，因為肌肉力量不得不持續地與重力作爭鬥；所以，肌肉力量是最快疲倦下來的，但每一次的依靠、支撐、坐下、躺下也都幫助其休息。也正因為這樣，這些休息的姿勢對**感覺能力**的最強消耗，亦即對思維活動是有利的，因為生命力也就可以全部集中投入到**這一**功能中，尤其是當這生命力並沒有被第3種能力、被新陳代謝的能力所占用，例如：在正當消化的過程中。但是，每個有著某些自主思考的人都會留意到：在室外的空氣中散步對提升自己的獨特思想大有助益。但我把這歸因於呼吸程序由於運動而加快了，而呼吸程序既加強和加快了血液循環，也更好地為血液提供了氧氣。這樣的話，首先，那腦髓雙重的運動（也就是說，隨著每一次呼吸的運動和隨著每一次脈搏跳動的運動）變得更快、更有能量，腦髓血管的充盈壓力也變得更緊張；其次，那更完美的帶氧和脫碳，因而是更帶活力的動脈血液透過從頸動脈出發的血管分支，滲進了腦髓的全部實體物質，並提升了腦髓的內在活力。所有這些所導致的活躍的思維能力，只要走路的人一點都不覺得疲倦，仍然得以維持。這是因為一旦有了一點點的疲勞，那現在強迫使用肌肉力量就會分攤了生命力，感覺力量的活躍性也就因此降低了；如果是相當疲倦的話，那感覺能力甚至降至麻木的程度。

　　感覺能力卻又只能在睡眠中得到休息，因而可以經受更長時間的活動。正當肌肉能力與感覺能力同時在晚上休息時，生命力就無例外地現身為新陳代謝的能力，因為生命力只能以其3種形式之一集中和全力地發揮作用。所以，身體各部分的形成和滋養，尤其是對腦髓的營養，

[189]

以及各種發育、補償、治療,因而也就是大自然的治癒力的各種各樣的作用,特別是在有益的疾病關頭,都首要是在**睡眠**中進行。正因此,要保持健康,因此也就是要長壽,一個首要的條件就是能夠經常享有不間斷的深沉睡眠。但把睡眠盡量地延長卻不是好的做法,因為在長度上獲得的在深度上就失去了,而恰恰是在深度睡眠中,上述有機體生命程序才可以完美進行。由此看得出來:即在某一晚上被打擾和縮短了睡眠以後,第2晚的睡眠就不可避免地更為深沉。人在醒來以後,明顯地感到精神振奮、更添活力。這些極其有益的深度睡眠是不可以被其長度所取代的,而恰恰是透過限制其長度而達到那深度。這一說法也就是基於這一道理:所有高壽者都是早起者;就正如荷馬所說的:「甚至過量的睡眠也是一種負擔。」(《奧德賽》,15,394)[12] 所以,如果我們較早就自動醒來,那就不要力求重新入睡,而是要起來,與歌德*一起說出:「睡眠就是個空殼,把它扔掉吧。」上面所說的深度睡眠的有益作用在催眠中達到了最高一級,因為催眠是最深沉的睡眠。所以,這種睡眠就是對付許多疾病的萬靈丹。如同有機生命的所有功能一樣,在睡眠中,因為腦髓活動的暫停,消化得以更輕鬆、容易地進行。所以,在餐後睡上10到15分鐘或半個小時是有益的;喝杯咖啡也會帶來好處,因為咖啡加快了消化。相較之下,太長的睡眠是不好的,甚至可能是危險的──而我對此的解釋,就是在睡眠中,一方面**呼吸**是明顯地減慢和減弱了,但在另一方面,一旦因睡眠而加快了的消化進展到產生乳酶,那乳酶就流進了血液,並把血液高度碳化了,以致這血液比一般時候都更需要透過呼吸程序去碳。但這時候呼吸卻因為睡眠而減慢了,氧化和循環也隨著減慢。那些白色、細嫩皮膚的人餐後在長時間睡眠以後,我們就能明顯看到這所導致的後果,因為他們的臉和鞏膜是某種黃褐色,

---

[12] 參見《作為意志和表象的世界》,第3版,第2卷,第274頁。

* 參見《浮士德》,2,第4661行。──譯者注

即較高碳化的症狀〔這午後睡覺的壞處的理論至少在英格蘭是不為人知的，我們從梅奧（Mayo）的《生活的哲學》第 168 頁看得出來〕。出於同樣的理由，那些血液充盈、矮實敦壯的人，中午長睡會有中風的風險。由於這樣的午睡，還有晚上大量的進餐，人們甚至可以觀察到癆病——這從同樣的原理輕易就可得到解釋。由此也可清楚為什麼每天只大吃**一頓**很容易造成危害，因為這樣不僅讓胃部一次過分地工作，而且在如此大增了乳酸以後，也讓肺一次增加了太多的工作。此外，至於呼吸在睡眠中減緩，對此的解釋就是呼吸是一種結合的功能，亦即呼吸部分是從脊髓神經出發，並且就此是一種反射運動，而這樣的反射運動在睡眠中也是持續的；另外，呼吸也是從腦髓神經出發，並因此受意識的自主支配，而在睡眠中這自主部分的停頓就減緩了呼吸，也造成了打鼾（更詳細的內容參見馬紹爾·荷爾的《神經系統的疾病》，第 290-311 頁，並比較弗洛倫斯的《神經系統》，第 2 版，第 11 章）。從腦髓神經參與到呼吸，也就可以解釋為何在我們集中腦髓活力去盡力思考或者閱讀時，呼吸會變得更輕和更慢，正如**納瑟**所觀察到的情形。相較之下，消耗肌肉力量和強力的感情，如歡樂、憤怒等等，除了加快血液循環，也會加快呼吸；所以，憤怒一點都不是絕對有害的，如果能恰如其分地發洩這怒氣，那對不少正因此而本能地要找機會發洩怒氣的人帶來不少益處，尤其是這種發洩怒氣會在同一時間有助於宣洩膽汁。 [192]

　　證明在此考察的 3 種基本生理力互相平衡的證據，就是這不容置疑的事實：黑人比其他人種有更多的體力，所以，他們在感覺能力上所欠缺的在肌肉能力上就有了更多。這樣，他們當然更接近於動物，因為所有這些在比例上都比人類更有肌肉的力量。

　　至於個體中的 3 種基本力量，我建議大家閱讀《論大自然的意志》中〈生理學〉一章的結尾。

95

我們可以把活著的動物性有機體視為沒有原動力的一臺機器，一系列沒有開始的運動，一連串沒有首要原因的因和果——如果那生命並沒有與外在世界接觸就展開其進程的話。但這接觸點卻是那呼吸的程序：那是與外在世界最近的和最根本的連繫環節，並提供了首次推動。所以，生命的運動必須被理解為從此而出，那就是被理解為因果鏈條中的第 1 環。所以，一點點空氣就作為生命的最早衝動，亦即最早的外在原因。那一點點的空氣在滲進和氧化的時候開始了其他程序，而生命就是其結果。那從內在而出、迎合這些外在的原因的，就是表明要呼吸的激烈渴求，要呼吸的無法遏止的衝動，因而直接表明就是意志。生命的第 2 個**外在**原因就是營養。這也是開始從外在作為動因而發揮作用的，但卻不像空氣那樣迫切和刻不容緩：營養只是在胃裡才開始其生理上的因果作用。**李比希**推算出了有機大自然的預算和勾勒出其收支的平衡。

[193]

96

哲學和生理學在這兩百年間走過的卻是一段漂亮的路，從笛卡兒的松果腺和推動這「松果腺」，甚至受這松果腺推動的「元精」，到查理斯·貝爾的脊椎**運動神經**、**感覺**神經和**馬歇爾·霍爾**的反射運動。**馬歇爾·霍爾**在出色的《論神經系統的疾病》一書中所闡述的關於反射運動的絕妙發現，是關於不由自主的動作，亦即不需藉助智力而達成的動作的理論，雖然這些動作必然還是發自意志。至於這理論展現了我的形上學，因為這理論有助於釐清意志和有意識的自主隨意的差別——這在我的主要著作第 2 卷第 20 章分析過了。在此，我寫出一些就**霍爾**的理論所引發的議論。

在進入**冷水**浴缸的時候，呼吸會馬上加快了許多；如果浴缸的水相當寒冷，那這種效應在走出浴缸以後還會持續一陣子。對此，**馬歇爾‧霍爾**在《論神經系統的疾病》§302解釋為是由寒冷突然作用在脊椎上所引發的反射運動。除了這其中的作用原因，我想補充這一目的原因：大自然想盡快地彌補突然而來的熱量流失，而增加呼吸恰恰就是其中的手段，因為呼吸是熱量的內在源泉。增加呼吸的次要結果，即動脈血液增加和靜脈血液減少，伴隨著對神經的直接作用，有可能在很大程度上造成了那種無比清明、愉悅和純粹觀照的心態，而這是冷水浴後通常都會產生的直接結果，並且水越冷就越是這樣。

打哈欠就屬於反射運動。我懷疑打哈欠的更遠因就是由於無聊、精神懈怠或者困倦所導致的腦髓短暫的失效，那麼，脊髓現在就取得了相對腦髓的優勢，並以自己之力產生了那古怪的蠕動。相較之下，那經常同時伴隨著打哈欠的伸展肢體，雖然是非故意進行，但還是由自主、隨意所指揮，不再屬於反射運動。我相信，正如打哈欠歸根結柢是由感覺能力欠缺而來，那伸展肢體則是由於肌肉能力的短暫超額積聚所致，人們也就伸展肢體以去掉這多餘的積聚。據此，這只會在有力氣的時候發生，而不會在力弱的時候。對於探索**神經活動的本質**，這一事實是值得考慮的：四肢被壓著的話，會產生麻木，但值得注意的是在（腦髓）睡眠中，這是永遠不會發生的。

[194]

小便的欲望在壓制了以後會完全消失，遲些時候欲望又會再來，同樣的事情再度重複。我對此的解釋如下。讓膀胱的括約肌處於關閉的狀態是一種反射運動，由脊髓神經所維持，因而就是沒有意識的和不是自主隨意的。那麼，當這些脊髓神經由於滿溢的膀胱多施加了壓力而感到疲倦和放鬆，其他屬於大腦系統的神經就會馬上接管其功能。這樣，那關閉膀胱的括約肌就成了帶意識的自主功能，並伴隨著難受的感覺，直至脊髓神經放了並再度接替那功能為止。這是可以多次重複的。至於我們在腦髓神經代理脊髓神經、有意識的功能據此代理著無意識的功能

的時候，試圖以手腳快速的運動來得到一點點的放鬆，我的解釋是：神經力量投入了那主動的刺激起肌肉力量的神經時，感覺神經作為為腦髓

[195] 傳遞那種不舒服感覺的信使，就在感覺能力方面有所失去。

我感到奇怪的是，**馬歇爾·霍爾**並沒有把**笑**和**哭**歸入反射運動。這是因為這些作為明確的和不由自主的運動，毫無疑問屬於反射運動。也就是說，我們無法想要笑和哭就可以笑和哭，正如我們無法自主打哈欠和打噴嚏一樣，而只能拙劣地假裝做出這些，別人也能馬上就認出那是假裝而已。這4種行為也同樣很難壓制。笑和哭只是因精神思想上的刺激而出現，所以與歸入反射運動的勃起有共同之處；此外，笑完全可以透過在身體上搔癢而刺激起來。引發笑的一般，亦即思想、智力上的刺激，必須由此來解釋：我們藉助腦髓功能而突然認出了在某一直觀的表象與某一在其他情況下是相匹配的抽象表象之間的不相協調，腦髓功能就獨特地影響了延腦或者屬於刺激─運動系統的某一部分，然後，這古怪、搖盪多個部位的反射運動由此而出。那第5對神經和迷走神經似乎在這裡起到了主要的作用。

我的主要著作（第1卷，第60節）是這樣說的：「生殖器官比身體的其他外在部位都多得多地受制於意志，而一點都不受制於智力：的確，意志在此展現的幾乎是獨立於智力的，就像其他那些只是隨著受到的刺激而為植物生命服務的部位。」事實上，**表象**並不是作為**動因**對生殖器官發揮作用，就像其通常對意志的那種作用方式，而只是作為**刺激**對生殖器官發揮作用，恰恰就是因為勃起是一種反射運動，因此是直接的，只要這表象是**現在存在**的話。也正因此，要持續某段時間發揮這樣的作用的話，是需要這表象出現某些時間的。而某一表象要作為動因發揮作用的話，那表象出現極短時間以後經常就可以了，總而言之，其作

[196] 用效果與其出現的時間並沒有什麼關係。〔關於刺激與動因和其他種種的這一差別，讀者可以在我的《倫理學的兩個基本問題》（第34頁或第2版，第32頁以下）和《論充足理由律的四重根》（第2版）第46

頁讀到我的分析。〕再者，某一表象對生殖器官所發揮的作用，並不像某一動因的表象那樣可以透過某一其他表象而**消除**——除非那第 1 個表象被後者排擠出了意識，那第 1 個表象亦即不再**現在存在**了。據此，要完成交媾，女人的現時存在作為動因而作用於男人是不足夠的（例如：為了生育孩子或者履行義務等等），就算這一動因是足夠強大的，那女人的存在必須發揮出直接的**刺激**作用才行。

97

至於某種聲音要被聽到的話，就必須在 1 秒內發出至少 16 次振動，在我看來這就在於：這聲音的振動必須傳達給聽覺神經，因為聽覺並不像視覺那樣，只是透過對神經所造成的印象而引出的刺激，而是需要神經本身被拉過來、拉過去的。所以，這些必須以特定的快速和短距離進行，這就迫使神經以尖銳的「之」字形方式，而不是圓圓的拐彎方式短暫折回。此外，這些必須在耳朵的迷路和耳蝸裡自動進行，因為裡面的骨頭就是神經的共鳴板。但在那裡環繞著聽覺神經的淋巴，卻因為沒有彈性而減弱了骨頭的反作用。

98

當我們考慮到根據最新的調查研究，白痴的頭蓋骨，還有黑人的頭蓋骨，唯獨在其寬度上，亦即從太陽穴到太陽穴普遍不及其他人的頭蓋骨，而偉大的思想家卻有著特別寬大的頭顱，甚至柏拉圖的名字也由此而來；再就是當我們承認頭髮變白是精神操勞和憂傷更甚於年老的結果，而頭髮變白一般都是從太陽穴開始，甚至一句西班牙諺語也說了：「白髮並不羞恥——如果那是從鬢角開始長出來的。」——那我們就有理由推測：腦髓在太陽穴下的部位是思考時尤其活躍之處。或許在**將**

[197]

來，人們能夠建立一套真正的頭骨學，其內容完全有別於戈爾的那一套頭骨學及其如此笨拙和荒謬的心理學基礎，把腦髓器官假想為**道德**的素質。此外，灰、白的頭髮之於人，就等於在 10 月分紅、黃的葉子之於樹木，兩者看起來經常都是挺好的，只要不掉落就可以了。

因為腦髓是由許多柔軟的、中間有著不可勝數的分隔空間的折疊物和紮束物組成，在其空間也有黏溼的體液，所以，由於重力的緣故，所有的柔軟部分就必然是部分彎曲著，而另一部分則彼此壓著，而且頭部處於不同的姿勢，其方式就相當的不同，而這不是血管充盈所能完全克服的。雖然硬腦膜保護了更大團塊的互相擠壓（根據**馬根蒂**的《生理學》，第 1 卷，第 179 頁和**亨普爾**的《解剖學的入門基礎》，第 768、775 頁），因為硬腦膜就在這些大團塊之間，形成了大腦鐮和小腦幕，但略過了更小的部分。那麼，現在我們假設思維的過程是與腦髓組織確實的，哪怕是很小的運動緊密相連，姿勢的影響就必然是相當巨大和即時的，因為這會導致更小部分組織的彼此擠壓。但現在的情況可不是這[198]樣，這就證明了思考並不只是機械展開的事情。但頭部的姿勢卻不是無所謂的，因為不僅是腦髓部分的互相擠壓取決於頭部姿勢，而且不管怎樣都有其作用的或大或小的血液流量也取決於這姿勢。我的確發現如果我想要記憶起某樣東西而不果時，然後我就大幅改變頭部姿勢而取得成功。總而言之，對思考最為有利的姿勢似乎就是讓腦底處於完全的水平位置。所以，在人們沉思時，頭部是略向前向下傾斜的。對於偉大的思想家，例如：**康德**，這姿勢就已成了習慣；**卡丹奴**也是這樣說自己的（瓦尼尼，《圓形劇場》，第 269 頁）。但這或許和部分是因為他們腦髓具有超常的重量，尤其是因為腦髓的前半部相對後半部重了太多，連帶那細薄的脊髓和據此那細薄的脊椎骨。但在那些有著很厚的頭骨，同時也是愚蠢的人那裡可不是這樣的情形；所以，這些人把鼻子仰得老高。此外，他們這樣的腦袋也透過明顯易見是厚和大的頭蓋骨暴露出來：由於頭蓋骨厚大，所以儘管腦袋厚大，但顱內空間卻相當窄小。確

實有某種頭顱仰起、脊椎骨相當挺直的方式，我們不用多想，也不需這方面的知識就可以馬上感覺到這是愚蠢的標誌。這很可能是因為這些人的後半部腦髓有著與前半部分腦髓相等的重量——假如不是，甚至超過了前半部分腦髓的重量的話。正如向前低頭的姿勢有助於思考，那與此相反的姿勢，亦即仰起頭，甚至向後彎和向上望的姿勢會有助於暫時在記憶方面用力，因為那些想要回憶起某樣東西的人，經常會採用這種姿勢，並且取得效果。與此相關的就是相當聰明的狗——我們都知道牠能明白一部分人的言語的——當牠們的主人跟牠們說話，牠們也在用力去猜出那些詞語的意思的時候，牠們就變換著把頭倒向這一邊和那一邊。這讓牠們看起來相當的聰明和有趣。

[199]

99

這一觀點對我是非常清楚明白的，即急性疾病，除去個別例子以外，不外就是大自然自身引入的治療過程，目的就是要消除已在有機體裡蔓延的某些失序和混亂；為此目的，「大自然的治癒能力」現在就披著獨裁暴力的外衣，採取非常的懲戒手段。而這就構成了明顯感覺到的疾病。傷風感冒就提供給我們這些普遍發生的事情最簡單的**典型**。由於感冒著涼，外在皮膚的活動也就滯止了，透過發散、呼氣而進行的有力排泄也就停滯了，這有可能引致個體的死亡。內在的皮膚、黏膜也就馬上代替外在皮膚的功能，而感冒著涼之所以是疾病正在於此；但很明顯，這救助手段只是針對真正的毛病，即針對皮膚功能的停滯狀態，而不是針對感覺到的毛病。著涼感冒這一疾病，與其他疾病一樣經歷同樣幾個階段：發病、加劇、高峰、減弱。開始時的急性病，慢慢就會變成慢性病，並且從現在開始就作為慢性病而持續著，直到那重大的，但本身不那麼明顯感覺到的問題，即皮膚滯止其功能的問題過去了為止。所以，讓傷風感冒進入內在是有生命危險的。那同樣的過程構成了絕大多

數疾病的本質,而這些疾病其實就是「大自然的治癒能力」的藥品。[*]對抗療法竭盡全力地對抗這樣的過程,而順勢療法則力求加速或者加劇這一過程——如果不是因做得誇張變形而擾亂了大自然的話——起碼是要讓那由太過和偏頗所導致的反作用加速到來。據此,兩種療法都硬說比大自然更懂得這些事情,但大自然肯定知道自己的治療方法的尺度和方向。所以,在所有不屬於上述例外的疾病情形裡,更應該推薦的是**物理療法**。只有大自然以自己之力實施的治療才是澈底的治療。「一切非天然的東西都是不完美的」也適用於這裡。醫生的方法大都是指向症狀,因為那些症狀被視為就是那毛病本身;所以,經過醫生這樣的治療以後,我們感覺並不舒服。相較之下,我們只需給予大自然時間,那大自然就會慢慢完成其治療。在這之後,我們會感覺比在生病之前還要好,或者如果是個別某一部位有病,那這部位就會變得更強壯。我們可以從那些我們經常會有的小毛病那裡,很方便和沒有危險地觀察到這一點。這會有例外,亦即會有只有醫生才能幫助的情形——這點我是承認的,尤其對梅毒的治療,那是醫學的勝利。但絕大多數的痊癒純粹只是大自然的作為,而醫生只是撈取了費用而已——儘管疾病的痊癒沒有醫生的努力也會成功。假如這樣的推理——「因為是在這之後發生的,所以這就是那發生的原因」——不是如此普遍的流行,那醫生的名聲和收費帳單就會相當不妙了。醫生的乖乖的客人會視自己的身體為鐘錶或者另外的機器一樣的東西,如果其身上某一樣東西功能失常,那就只需某一業餘的機械師就能修復。但事情並不是這樣的:身體是一個會自動修復的機器,通常發生的大大小小的功能毛病在經過或長或短的時間以

---

[*] 此後的版本中增加了註釋,內容是:疾病本身就是大自然試圖救助的一種方式,以此說明在有機體裡撥亂反正。因此,醫生的手段也就是幫助大自然治癒疾病。也只有一種治癒力,那就是大自然的治癒力。那些藥丸和藥膏是沒有治癒力的,這些頂多是在可做一些事情之處給予大自然的治癒力一點提示而已。——譯者註

後，會經由「身體的治癒能力」完全自動消除。所以，我們就讓這種治療能力自便和發揮吧：「少看醫生，少服藥物，但醫生畢竟是一種精神安慰。」

100 [201]

關於**昆蟲蛻化變形**的必然性，我給出以下解釋。在這些細小動物的現象下面的形上之力是如此的渺小，以致其無法在同一期間開展和完成那動物生命的不同功能，所以，牠必須把這些不同的功能分開，以連續地做出在更高級動物那裡一氣呵成的事情。據此，牠把昆蟲的生命分成兩部分：在第 1 部分的幼蟲狀態中，形上的力就唯獨表現為新陳代謝的能力、吸收營養、身體造型。這樣的幼蟲生命的直接目標就只是產蛹。但由於蛹內完全是液態的，所以，這蛹就可被視為第 2 次的卵，那成蟲在將來就由此卵而出。因此，準備好汁液，好讓成蟲由此而出——這就是幼蟲生命的唯一目標。在昆蟲生命的第 2 部分裡——這一部分是由那卵一樣的狀態與第 1 部分分隔開來——那形上的生命力就表現為百倍增加了的肌肉力量，應用於不知疲倦的飛行；表現為提升了的感覺能力、更完善的並經常是全新的感官和奇妙的本能、直覺；但首要表現為生殖功能——這就是現在最終的目標。相較之下，那吸收營養的功能就減少了許多，有時候甚至完全暫停了，那昆蟲的生命以此有了某一全然超凡的特徵。生命功能的這些完全改變和分離也就在某種程度上展現了兩個連續活著的動物，這兩個動物至為不同的形體對應著不同的功能。把這兩個動物連接起來的是那蛹的卵樣狀態，準備好這蛹的內容和材質就是第一個動物的生命目標；第 1 個動物顯著的造型力現在就在這蛹的狀態裡做出最終的事情——產生出第 2 個形體。因此，大自然，或者更準確地說，構成了變態動物基礎的形上的東西，在這些動物那裡用兩步完成 [202]
了如果一次去做則又會是太多的事情：那是把工作分開來做。據此，我

們看到變態完成得最完美、最澈底的，是那些最明確顯示出功能分開的動物，例如：蝴蝶。也就是說，許多毛毛蟲每天都吃牠們重量雙倍的食物；相較之下，許多蝴蝶與不少其他昆蟲，在玩的狀態中卻一點都不吃東西的，例如：蠶蛾等。而在一些昆蟲那裡，變態卻是不澈底的：就算牠們已處於完備的狀態中，吸取營養卻還在進行，例如：蟋蟀、蝗蟲、臭蟲等。

101

那幾乎為所有骨膠狀放射動物所獨有的在海上發出磷光，或許就像磷光本身那樣是源自某一緩慢的燃燒過程，並的確正如脊椎動物的呼吸就是這種燃燒過程：這個燃燒過程就由整個表皮上的呼吸所替代，並因此是一種外在的緩慢燃燒，正如骨狀放射動物的呼吸就是一種內在的燃燒。或者更準確地說，在海上的磷光那裡發生著一種內在的燃燒，其光的演變純粹只是因為所有這些骨膠狀動物的透明而在外在也可見到。就此，人們可以大膽猜測：以肺部或者腮部的所有呼吸都是伴隨著某種磷光的，所以，某一活體的胸腔的內部是發出光亮的。

102

如果植物和動物之間在客觀上沒有完全明確的差別，那詢問這差別到底在哪裡就沒有任何意義，因為這問題只是要求把人人都確實理解但又並不清晰明白的差別還原為清晰的概念定義（我在《倫理學的兩個基本問題》第33頁以下和在《論充足理由律的四重根》第46頁給出了這個概念的定義）。

[203]　展現了生存意志的不同的動物形體，彼此之間就像是同樣的思想用不同的語言和根據不同語言的精神而說出來的；同一屬（Genus）的不

同種（Species）可被視為在同一主旋律下的一些變奏。但仔細考察一下，那些動物形體的差別卻可以從每一種動物不同的生活方式及由此而來的不同目標而推論出來。我在《論自然界的意志》中〈解剖上的比較〉一章中就專門分析過這一點。但在植物形態上的差別，我們卻一點都無法具體、個別地給出明確的原因。在多大程度上我們可以大概做到這一點，我在我的主要著作（第1卷，第28節，第177、178頁）大致上表明了。還有，我們可以在目的論上對植物做出某些解釋，例如：那倒掛金鐘屬的花朵向著下面，原因就是它們的雌蕊比雄蕊要長很多；所以，這樣的位置會有助於花粉的落下和接住等等。但總體而言，我們可以說在客體世界，亦即在直觀的表象裡，如果在自在之物的本質裡，亦即在構成了現象的基礎的意志裡並沒有某一精確對應的爭取和追求，那就根本不會有相應的什麼表現出來。這是因為表象的世界無法全靠自己而給出任何東西，也正因為這樣，表象的世界不會奉上虛空的、閒著無聊而編出來的童話故事。植物及其花卉那無窮無盡的多樣形式和色彩，無論在哪裡都必然是那主體本質同樣變換著的表達，也就是說，那在表象世界中展現出來的，作為自在之物的意志，必然是透過表象世界而反映出來的。

出於同樣的形上的理由，也因為個人的身體只是他那可視的個體意志，亦即那個體意志在客觀上的展現，而就算是他的智力或者腦髓，作為他的意願認知活動的現象，也是屬於那同一個體意志的，所以，不僅他的智力特性可以從他的腦髓和那刺激著腦髓的血液循環中了解和推論出來，而且他的全部道德性格及其所有特徵和素質也必然可以從他其餘的整個組合的更詳細的特性，亦即透過他的心、肝、肺、脾和腎等的構造、體積、質量和相互之間的關係而了解和推論出來——雖然這永遠不能真的做到。但在客觀上，這樣做的可能性必然是存在的。下面的觀察可以有助我們過渡到這一觀點。激情不僅僅作用於身體的不同部分（參見《作為表象和意志的世界》，第3版，第2卷，第297頁），而且也

[204]

是反過來的：個別器官的個體狀態會刺激起激情，甚至刺激起與這些激情相關的頭腦表象。在貯精囊週期性地滿溢時，色情和淫穢的思想念頭就會無時無刻地、在沒有特別的原因和機會的情況下出現。我們可能會想這其中的原因純粹是心理上的，是我們思想方向乖張而已。不過，其實這純粹是身體上的原因，一旦那貯精囊滿溢的情況過去了，精子吸收進血液裡，上述情況就會停止。有時候我們想要不滿、爭吵和發怒，認真地去尋找這方面的機會。實在無法找到外在的機會，那我們就會在思想裡喚起已經忘記很久的不滿和憤懣，以便就此發作和咆哮。這種狀態很有可能是膽汁盈餘的結果。有時候我們會在沒有什麼原因的情況下內心感到緊張和慌亂，我們在思想裡尋找引起擔心的東西，並輕易就自以為找到那原因，這就是英語所說的染上了憂鬱（to catch blue devils）。這可能源自腸子等問題。

第 7 章　關於顏色理論　　　[205]

103

因為我的同時代人的漠然態度一點都沒有動搖我對我的顏色理論的真理性和重要性的信念，所以，我就整理和出版了這部著作兩次，1816年是德語版；1830年則是拉丁文版，登在尤斯圖斯·拉迪烏斯的《眼科的較小篇幅文章集》第 3 版。因為人們對我的這一理論完全缺乏興趣，不會給年事已高的我留有多少希望會活著看到這部著作的第 2 次出版，所以，我就把我對此題目還要說上的幾句話擱在這裡。

誰要是去找出某一特定作用效果的原因，如果他是深思的話，就會首先充分探究那作用效果本身，因為原因的事實和論據就只能出自作用效果——那唯一給出了找出原因的方向和指引。但那些在我之前提出了顏色理論的人，卻沒有任何人是這樣做的。並不只是**牛頓**在還沒有精確了解所要解釋的作用效果的情況下就爭論著要尋找原因，牛頓之前的先行者也是這樣做的，甚至**歌德**，這個比其他人都確實要深入得多地探究和說明了作用效果、那特定的現象，亦即眼睛的感覺的人，也沒有在我上述的方法和方向方面走得足夠遠。否則，歌德就肯定會發現我所發現的真理，而這真理是所有的顏色理論的根源，也包含了他的理論的根據理由。所以，我在說這話的時候，是無法把他排除在外的：在我之前的所有人，從古至今，都只是著眼於探索無論是在一個物體的表面，還是光線會遭遇什麼樣的變化——不管那變化是經分拆為成分所致，還是透過模糊混濁或者別的遮住光線而成——以顯現出顏色，亦即在我們的眼睛那裡刺激起那種完全是特有的和特殊的感覺，那種絕對無法言傳而只能經由感覺而表明的東西。但正確和有條理的方法卻不是這樣的，而　[206]

明顯是要首先轉向這種感覺，以查看是否可以透過其更詳細的特性和此感覺現象的規律性，讓我們弄清楚在這過程中在生理上發生了什麼。這是因爲第一，我們對那**作用效果**有著透澈的和精確的了解，而這特定和既定的東西不管怎麼樣，也必然提供給了我們事實和論據以探討所要尋找的原因，亦即在此的外在刺激——就是這外在的刺激作用於我們的眼睛，造成了生理上所發生的事情。也就是說，相對於某一特定作用效果的每一可能的變化，必然可以證明有著與此變化相應的原因方面的變動；再者，如果在作用效果的多個變化當中，相互之間並沒有顯現出清晰的界線，那在原因方面也不宜畫出諸如此類的界線，因爲在此也必然發生了那同樣的逐漸過渡的變化。最後，如果作用效果顯現出了矛盾之處，亦即可能出現了其性質和方式的完全顛倒，那這事情發生的條件必然就在於所假設的原因的本質等等。這些泛泛的原則是容易運用在顏色理論方面的。每一個了解實情的人都會馬上看出：我的那只注視著顏色本身，亦即只注視著眼睛的既定的、特有的感覺理論，已經是先驗地給出了事實和論據以判斷牛頓和歌德就顏色的客體方面的理論，亦即判斷有關在眼睛那裡刺激起諸如此類的感覺的外在原因；經過更仔細的探究，他就會發現：從我的理論的角度審視，一切都爲歌德的理論說話，一切都與牛頓的理論不合。

[207]　　爲了在此給知情者有關上述的一個證據，我想用寥寥數語說明：歌德給出的原初自然現象的正確性從我的生理學理論就已經可以先驗地知道。如果顏色本身，亦即在眼睛那裡，就是視網膜的神經活動的質的分半，因而就只是部分刺激起來的視網膜神經活動，那其外在的原因必然就是某一**減少了**的光線，但其減少的方式卻相當的特別，其必然有的特性就是給予每一種顏色的光亮與其給予每一種顏色的反面和互補部分的昏暗恰好相等。但這事情只能透過一種穩妥的和滿足了所有情形的方式才能發生，即在某一特定的顏色中的**明亮**原因，恰恰就是在這同一種顏色的互補部分的**陰暗**原因。在光亮和陰暗之間塞進了不透明的東西作分

隔，就很好地滿足了這一要求：在相反的光線下，就總是產生兩種在生理上互補的顏色，根據這不透明物的厚度和密度而得出不同的結果，但合在一起，就始終成為白色，亦即互補而成視網膜的全活動。據此，這些顏色在不透明至為稀薄的時候，就成了黃色和紫色；隨著不透明的密度的增加，這些顏色就變成了橙色和藍色；最終，在密度還要更高時，就成了紅色和綠色，但這最後者卻肯定不可以以這種簡單方式描述，雖然天空在太陽西沉時有時會有這方面太過微弱的表現。最後，如果這不透明是完美的，亦即濃縮至光亮無法透過，那照射在這上面的光亮就會顯現為白色，在光亮照射其後面時就會是陰暗或者黑色。對這事情的考察方法的說明，人們可在我的顏色理論的拉丁文修訂本（§11）中找到。

由此可見，假如**歌德**發現了我那基本的、涉及本質的生理方面的顏色理論，他就會在那裡得到對他的自然的基本觀點的強有力支援，並且就不會犯下謬誤，不會絕對否認從多種顏色中產生出白色的可能性，而經驗卻證實了這樣的可能性——雖然這始終只是在**我的**理論的意義上，而從來不是在牛頓理論的意義上。不過，雖然歌德至為齊備地收集了顏色的生理理論的材料，但他卻始終沒有成功發現那理論本身，而那理論作為根本的部分卻是最主要的東西。但這卻可以從**歌德**的精神思想的本質加以解釋：也就是說，這方面歌德是太過**客觀**了。「每個人都有其優點所帶來的缺陷」，喬治‧桑女士據說在某個地方這樣說過。正是他的精神思想那種讓人驚訝的客觀特性，給他的文學作品到處都打上了天才的印記；但在需要回到主體——在此，就是那視物的眼睛本身——以便在那裡抓住整個顏色世界維繫於此的最終線索時，他的客觀性就為他構成了妨礙。而我則是出自康德的學派，早就準備好了滿足這一要求。所以，在我擺脫了歌德的個人影響，過了1年以後，我就可以找到了顏色真正的、根本的和無法推翻的理論。歌德的本能和興趣就是純粹**客觀**地理解和再現一切。然後，完成了這些他就意識到完成他的事情了，除此之外，他就根本無力看到其他東西。這就是為什麼我們在他的《顏色學

[208]

說》中，有時候我們在期待獲得解釋的地方，發現的就只是描述而已。這樣，在他看來，他在此為那事情的客觀過程給出的正確和完備的陳述就是最終所能做到的事情。據此，他的整個顏色學說中最普遍和最高的真理，就是所給出的特別客觀的事實情形，他本人也完全正確地稱為**原初現象**。這樣，他也就一切都完成了：一句準確的「事情就是這樣了」對他來說始終就是最終目標；他並不會追求「事情必然就是這樣」。他甚至還可以嘲笑說：

哲學家進來了，
他會向你們證實，事情必然就是這個樣子。

——《浮士德》，1，1928 行

[209] 當然了，歌德只是一個詩人，不是哲學家，亦即他並沒有受到某種鼓舞，或者並不是身不由己地要全力去尋究事物那最終的根據和最內在的連繫，就像我們想要的那樣。也正因為這樣，他就只能把最佳的收成留給我，因為就顏色的本質的最重要的說明、最終的滿足和解讀歌德所教導一切的鑰匙，唯獨只在我的著作中才能找到。據此，在我從我的理論推論出他的原初現象以後，就像我在上文簡短說過的，他的原初現象就不再配用這名字了。這是因為這並不是像歌德所以為的某種絕對現存、既有的東西，某種永遠不再允許解釋的東西，而只是原因；根據我的理論，只是要造成作用效果，亦即把神經活動分半的話所需要的東西。真正的原初現象唯獨是視網膜的有機體能力——這讓其神經活動分為兩個在性質上相反的，有時對等有時又不對等的部分，並相繼顯現出來。在此我們當然也就得止步了，因為從這裡察看，也頂多只是讓我們看到終極原因，就正如我們在生理學中通常所遭遇的情形。因此，我們透過顏色又多了一種手段以分清和認識事物。

此外，我的顏色理論比所有其他顏色理論都有這樣的巨大優勢：我

的理論就每一種顏色的**印象**特性給出了說明和解釋，因為這理論教導以視網膜全活動的某一明確的數值分數來認識這印象特性，然後那就是要麼屬於＋的一邊，要麼屬於－的一邊；這樣，我們就學會明白每一種顏色特有的差別和獨有的本質；相較之下，牛頓的理論則完全沒有解釋上述那特有的差別和獨有的作用效果，因為牛頓的理論說顏色就只是那 7 種同類的光亮中某一「隱藏（刺激起顏色）的特質」，據此，牛頓的理論給予這 7 種顏色中的每一種一個名字，然後就完成了。而歌德則滿足於把顏色分為暖的和冷的，其餘的就聽憑他自己的審美考察了。所以，也只有在我這裡，人們才獲得了至今為止始終是不見蹤影的每一種顏色的本質之間的關聯。

[210]

104

生理學方面的顏色感覺現象，是我的整個理論的基礎。在布豐發現了這感覺現象以後，**舍費爾**神父在《論顏色》（維也納，1765）中，根據牛頓的理論對此加以解釋。因為人們在許多書裡，甚至在居維爾的《比較解剖學講義》（第 12 課，第 1 條）都可看到重複出現這種對事實的解釋，我就想在此明確地否定它，並要讓其出洋相。舍費爾神父的解釋說：眼睛由於長時間觀看顏色而疲勞，眼睛就失去了對這種同類光線的敏感性，所以，眼睛在馬上接下來收到所觀看的白色時，只能把上述的同類色光都排斥掉；這就是為什麼眼睛就不再是看到白色，而是收看到其餘 6 種同類光線（這些其餘光線與那第 1 種顏色就共同構成了白色）的產物：這產物現在據說就是作為生理光譜而顯現的顏色。但對事情的這種解釋讓人看出「從假設出發」是荒謬的。這是因為在觀看紫色以後，眼睛在白色（灰色就更好）的平面上就會看到某種黃色。那這種黃色就必然是在剔除了紫色以後其餘 6 種同類光亮的產物，亦即由紅、橙、黃、綠、藍和靛藍組合而成——這可是要獲得黃色的美妙混合啊！

這些混合將會給出街上的垃圾一般的顏色，而不會是別的。

此外，還有不少事實是與舍費爾的解釋相矛盾的，例如：這一點從一開始就不是眞的，即眼睛在大概持續地觀看第 1 種顏色以後，就變得[211]不再收看到這一顏色，甚至到了這樣的程度：在白色那裡也不再能夠一同收看到這第 1 種顏色，因爲眼睛完全清晰地看著這第 1 種顏色，直至眼睛從這顏色轉向白色爲止。但最後，還有這困擾人的情形，即我們要看生理上的顏色的話，一點都不需要看著一個白色的平面，每一個沒有顏色的平面就可以達到目的，而一個灰色的平面則是最好的，就算是一個黑色的平面也可以，甚至閉上眼睛也的確可以看到生理上的顏色！

105

只有透過我的理論，顏色的關鍵**主體性**本質才得到了應有的理由和認可，雖然對這感覺早由古老的諺語表達出來了，「口味和顏色是無法爭論的」。同時，康德就美感和趣味判斷所說的也適用於顏色，即雖然美感和趣味判斷是主體（主觀）性的，但就像一種客體的東西那樣，也要求得到所有正常構造的人的同意和贊成。

106

我在我的理論中已闡明：就算是從顏色中產生出白色，也是唯一**建立在生理方面的基礎上**，因爲白色只能由此產生：一對顏色，亦即兩種互補色，亦即視網膜的活動在其中分開一半，又再度合在一塊的兩種顏色，又再度合在了一起。但這也只有在這樣的情況下才可以發生：即兩個在眼睛中刺激起這其中一種顏色的外在原因，同時作用於視網膜的同一個位置。我說過多種可以造成這種情形的方法，最容易和最簡單的就是當我們讓稜鏡光譜中的紫色落在黃色的紙上。但假若我們並不想只滿

足於稜鏡的顏色,那採用把一種透明顏色與一種反射出去的顏色聯合起來的辦法就最能取得成功,例如:讓光線穿過一塊紅黃色的玻璃,落在一面藍色玻璃的鏡子上。「互補色」這個用語只有在生理的意義上理解才具有真理和意義;除此之外,是一點意義都沒有的。

[212]

歌德沒有道理地否認了從顏色中產生出白色的可能性,但這可是因**牛頓**曾經從某一錯誤的根據得出和以一種錯誤的意義提出的論斷所致。

至於德國人,他們對歌德的顏色理論的判斷是與我們對這樣的國家只能抱有的期待相吻合的:他們可以在長達 30 年裡把像黑格爾這樣一個沒有思想、沒有任何成就、瞎寫些胡說八道的東西,完全就是個空殼的假冒哲學家宣布為所有最偉大的哲學家和智者。德國人發出的合唱,甚至在整個歐洲迴響。我知道得很清楚:「愚蠢是人的權利」,亦即每一個人都有權利根據自己所理解和所喜歡的去判斷,但為此,他就得承受**後代人**,並在此之前承受其**鄰國人**根據其判斷而做出的評判。這是因為在此也還是有報應的。

107

歌德有著對事情本質的真實、忘我的客觀看法;**牛頓**就只是一個數學家而已,始終是急匆匆地忙著測量和計算,目的就是為了給那從所掌握的表皮現象拼湊起來的理論奠定基礎。這就是真相,你們就儘管做出鬼臉吧!

在此,還可以告訴更多的讀者大眾一篇我的短文。這滿滿的兩頁紙的短文是在1849年歌德誕辰1百週年時,我寫在了由法蘭克福市出版,並放在了市圖書館的紀念冊裡。這文章的開頭指的是在那城市的那一天,那至為壯觀、隆重的慶祝活動。

寫在法蘭克福歌德紀念冊裡的文字:

[213]

不管是用花冠裝飾的紀念碑，還是禮炮齊射和鐘聲鳴響，而宴會及其致辭就更別提了，都不足以彌補歌德在其顏色**理論**方面所受到的巨大和可恥的不公。這是因為歌德極為傑出的、有著完美真實性的顏色理論並不曾得到合理的承認，而仍被普遍認為是失敗了的努力，業內人士對此只是發笑而已，就正如最近一家期刊所説的。人們甚至把那當作是一個偉人的缺陷，需要帶著寬容和忘記遮蓋起來。這一史無前例的不公對待，這一聞所未聞的顛倒真相只有在這樣的情況下才是可能的：即大眾是麻木的、遲鈍的、無所謂的、沒有判斷力的，所以，他們輕易就會受騙；在這事情上面他們放棄自己的調查和檢驗——哪怕這些相當的容易，也不需要預先有一定的知識——就只想讓這些事情聽任「業內人士」決定，亦即任由那些並不是為了學問本身，而是為了薪資而做學問的人作決定，聽任那些人擺出樣子、作一言九鼎狀以博取人們的敬佩。假如這民眾真願意不是獨力做出判斷，而是就像未成年人一樣地由權威引領，那這個與康德一起就是德國所能有的最偉大的人，其權威和分量的確就應是更勝過那許多千萬個職業人加在一起——並且要知道，這顏色理論是歌德在整個一生中都作為頭等大事加以研究的。至於這些業內人士所做出的裁決，那赤裸裸的真相就是：他們可是慚愧得要死，因為隨著真相暴露出來，即他們不僅讓自己受到那明顯錯誤的東西的誆騙，而且在長達幾百年裡，自己不曾做過任何的調查和檢驗，就懷著盲目的信仰和虔誠的讚賞、崇敬、教授和傳播這些東西，直至最終一個老詩人到來教給他們更好的東西。經過這一次難以承受的羞辱以後，他們就像罪人往往做的那樣，頑固不化，執拗地否定後續的教導；並且在執意堅持了至今已是 40 年一個被發現和證明是明顯錯誤的，甚至荒謬的東西以後，雖然爭取了寬限期，但他們的罪過卻是增加百倍了。李維已經説過：「真理受到壓迫是太過常有的事情，但真理是永遠不會被消滅的。」幻滅的一天必將到來，然後會怎麼樣？那就是：「我們就盡我們所能的作態吧。」（歌德，《艾格蒙特》，3，2）

[214]

在那些有著科學院的城市，掌管這些學院的公共教育的部長可以以下面的方式表現出他們對歌德毫無疑問會有的敬意。再沒有比這更高貴和更真誠的方式了。那就是把任務交給那些科學院，讓其在設定的時間內對歌德的《顏色理論》提供一份澈底、透澈的探究和批評，以及就其與牛頓的顏色理論的衝突之處給出裁決。那些身在高位的先生們可能會聽到我的聲音，但既然這是為我們的偉大逝者呼喚公道，那就順應這聲音吧，而不要事先去徵求那些由於不負責任的沉默而本身就是共犯者。這是最確切的方法，以消除歌德不該承受的恥辱。然後，那就將不再是以絕對命令和做鬼臉打發了的事情，也再不可以允許聽到那套厚顏無恥的藉口，即這裡涉及的不是判斷力的問題，而是計算的問題。相反，那些行會會長就會面臨這樣的選擇：要麼說出實話，要麼就是極其嚴重的名聲掃地。因此，在這樣的嚴刑逼供之下，我們希望他們就給出些說法吧；但與此同時，我們卻沒有任何可擔心的。這是因為在認真和誠實檢驗之下，那明顯並不存在的牛頓的嫁接雜種，那只是為了音階而找出來的 7 種稜鏡的顏色，那並不是紅色，那至為清晰地、完全樸實和不帶偏見地在我們眼前顯現為由藍色和黃色組合而成的簡單的原初綠色，尤其是存在和隱藏在純淨、清晰的太陽光線之下的陰暗和靛藍同類光亮這一怪胎說法，還有隨便一對消色差的觀劇鏡都會表明就是謊言的它們那不同的可折射性——這樣的童話，在面對歌德的清晰和簡單真理，在面對歌德把所有的物理顏色的解釋和還原為一條偉大的自然規律時，又如何能夠保持正確？而對這一條自然規律，大自然無論在哪裡和無論在何種情況下，都給予了未受賄賂的證詞。我們倒不如擔心看到 1×1 會被推翻好了。

誰要是不自由地承認真理，就是真理的背叛者。

第 8 章　倫理道德散論

108

　　物理學的真理有著許多外在的意義，但卻缺乏內在的意義。說到這內在的意義，那可是智力的和道德的真理的特權，因為智力和道德的真理是意志在最高級別的客體化，而物理學的真理涉及的則只是意志在最低級別的客體化，例如：如果我們可以確切地肯定這一現在仍然只是猜測的說法，亦即太陽在赤道產生熱電，熱電又產生了地球的磁力，地球的磁力又產生了極光，那這些真理就包含了許多外在的意義，但內在的意義卻寥寥無幾。相較之下，不僅一切高級的和真正精神思想方面的哲學論題提供了內在意義的實例，就算是觀看一齣優秀悲劇所展示的苦難，甚至觀察人們行為當中的那些道德的和非道德的極端表現，亦即觀察那卑劣和善良的特性也是如此，因為所有這些突顯了本質（其現象就是這一世界），在這本質客體化的最高級別上把那內在的東西暴露出來了。

109

　　認為這一世界只有物質的意義而沒有道德的意義，是一個最大、最有害和根本性的謬誤，是真正**變態**的思想；並且從根本上也是被宗教信仰人格化為「反基督」的東西。儘管所有宗教眾口一詞地強調與此謬誤對立相反的思想，並且試圖以神話的方式為這些思想奠定基礎，但這一根本性的謬誤卻從來沒有在這地球上澈底消失，而不時地就會再次抬頭，直至犯下眾怒而被迫再一次潛藏起來。

不過，就算是確切感覺到世事人生有其道德上的含義，但要理清這一含義和破解這一含義與世道發展的相互矛盾之謎卻是如此的困難，現在留給我的工作就是要去細緻地說明道德的唯一真正、純粹，因此無論古今、放之四海而皆準的基礎，以及道德所引向的目標。在這方面支持我的理論的真實道德情形實在太多了，我並不擔心我的理論有朝一日會被其他學說取代或者擠掉。

但是，只要那些哲學教授仍然無視我的倫理學，那康德的道德原則就會繼續占據大學的講壇。康德的道德原則有著花樣繁多的形式，現在最吃香、最流行的一種就是「人的尊嚴和價值」。我在《論道德的基礎》第 8 章第 169 頁（第 2 版，第 166 頁）已經把這一說法的空洞本質說清楚了。所以，在此我只想補充下面這些內容。如果有人泛泛地問起這一所謂人的尊嚴是以什麼為基礎的，那對此的回答很快就是以道德為基礎——也就是說，道德的基礎是尊嚴，尊嚴的基礎是道德。除此之

[217] 外，把**尊嚴**的概念套用於像人這樣在意志上有罪、在思想智力上狹隘、在身體上又脆弱和易朽的生物身上，在我看來只能是極富諷刺意味的：

人有什麼值得沾沾自喜？
受孕已是罪過，出生就是懲罰；
生活就是勞動，死亡則為歸宿！

所以，我想寫下下面這條規則，以對應康德道德原則的上述形式：對我們所接觸的每一個人，我們都不要根據價值和尊嚴而對其客觀評估，也就是既不要考慮他的意志的卑劣性，也不要留意他的智力上的狹隘和他那些扭曲、反常的想法與概念，因為前者很容易引起我們的憎恨，後者則招致我們對他的蔑視。我們的眼睛盯著的應該只是他的磨難、他的需求、他的恐懼、他的苦痛。這樣，我們才會始終感同身受地同情他，才會產生憐憫之情，而不是憎恨和鄙視，而只有憐憫才是《福音書》呼籲

我們應該有的「愛」。要避免憎恨或者鄙視別人，那就的確不是要追求的所謂「尊嚴」和「價值」，也只有同情的角度才是唯一適合的。

110

由於**佛教**更深刻的倫理和形上的觀點，所以，佛教徒並沒有從首善出發，而是從首惡出發，因為首善首先是作為首惡的反面或者否定而出現。根據以撒·雅各·施密特所寫的《東蒙古歷史》第 7 頁所言，佛教中的首惡就是色慾、懶惰、嗔怒、貪婪。但傲慢似乎應該取代懶惰的位置，因為在《教育和奇妙書信集》（1819，第 6 卷，第 372 頁）就是這樣說的；並且嫉妒或憎恨是增加進去、排最後的首惡。我更正了德高望重的施密特的說法，由於與受到婆羅門教和佛教影響的**蘇菲**學派的學說不謀而合而獲得了支持。也就是說，蘇菲學派列出了同樣的首惡並相當恰當地把這些罪惡成對地提出來。這樣，色慾與貪婪、傲慢與嗔怒也就連袂出現了（參見托盧克，《東方神祕主義者精華》，第 206 頁）。我們發現色慾、嗔怒和貪婪在《薄伽梵歌》（第 16 章，21）已被列為首惡——這證明了這些教義已有久遠的歷史。同樣，在《巴拉波達·查德羅·達雅》[1]——這是宣講吠陀哲學的一部相當重要的哲學寓言劇——這 3 種首惡現形為與理智之王作戰的激情之王手下的 3 位大將。與這 3 種首惡對立的首善則為純潔、布施連帶溫柔、謙恭。

[218]

現在，如果我們把東方倫理學這些深刻的基本觀點與柏拉圖提出的，被人們成千上萬次重複的著名首善，亦即正義、勇敢、節制和智慧作一比較，那就會發現柏拉圖選出的首善缺少一個清晰的、指導性的根本概念，因此是基於皮毛的認識而選出來的，甚至部分明顯

---

[1] 由克里希那·米可拉寫的劇本也稱為《概念的誕生》，是一部神學和哲學劇。從梵文翻譯過來，並由羅森克蘭茨在 1842 年寫了序言。

地選擇有誤。美德必須是意志的素質，但智慧則首先屬於智力。希臘語的「節制」——西塞羅翻譯成拉丁文的 temperantia，而德文則為 Massigkeit——是一個相當不確定和具有多種含義的詞語，因此它當然包括許多不同的意思，例如：謹慎、清醒、昂起頭來，這很可能是從「具有健康的思維」的詞語而來；或者就像作家海爾拉克斯所說的——根據斯托拜烏斯的《文選》（c，5，60）——「人們這樣稱呼這一美德，是因為這美德與謹慎緊密相連。」勇敢並不是美德，雖然有時候它可以是美德的工具或者為美德服務。但勇敢也可以隨時助紂為虐，甚至為卑劣的目的效勞。勇敢究其實只是一種氣質特性。**格林克斯**（《倫理學》）就已經擯棄柏拉圖的首善，提出了「勤勉」、「服從」、「正義」和「謙卑」——顯而易見，這是糟糕的看法。中國人認為「仁、義、禮、智、信」是 5 大美德（《亞洲雜誌》，第 9 卷，第 62 頁）。吉德在《中國》（倫敦，1841，第 197 頁）一書中對這各項美德作了細緻的評述。基督教並沒有首善之說，而只有神學方面的美德，亦即信仰、慈愛和希望。

　　一個人道德上的善或惡首先是從這個人對待他人的根本態度和心情反映出來的，亦即要麼帶有嫉妒，要麼帶有同情的特質。這是因為每個人在其自身都帶有嫉妒和同情這兩種彼此對立相反的素質，因為這兩種素質產生於一個人對自己的狀況與他人狀況所不可避免地做出的比較。根據這種比較對他的個體性格的作用結果，上述這一或者那一素質就相應構成了他的根本心情和態度、他的行為的根源。嫉妒也就是在你和我之間築起一道厚牆，對懷有同情心的人來說，這道牆壁則是脆弱和透明的，有時候會被同情心完全推倒——到了那時候，我和非我之間的差別就消失了。

111

　　上文提到的**勇敢**，或者更精確地說勇敢的根源**勇氣**（因為勇敢行為是勇氣在打仗時的表現），值得我們花費功夫對其進行一番更細緻的分析。古人把勇氣列為美德，而懦弱則為缺點、惡習，但這種看法與基督教思想並不相符，因為基督教著眼於仁慈和耐心，其學說不允許任何的敵意，甚至禁止抵抗。所以，對現代人而言，勇氣不再是美德了。不過，我們必須承認：懦弱似乎與高貴的性格並不相稱，因為懦弱暴露出了過度關切其自身。但勇氣卻可以還原為人們心甘情願地迎向此時此刻構成威脅的惡行，目的就是以此防止更大的罪惡在將來發生，而懦弱則與此恰恰相反。勇氣具有**堅忍**的特性——堅忍意味著我們清楚地意識到除了此刻威脅著我們的惡行以外，還有更大的惡行，而我們此刻的倉皇退卻或者躲避，就會招致將來更可怕的惡行。據此，勇氣就是某種**堅忍**；正因為這樣，勇氣使我們能夠承受各種犧牲和實現自我征服。因此勇氣起碼就與美德有了一定的關聯。

[220]

　　或許我們還可以對勇氣做更高層次的考察。也就是說，我們可以把對死亡的一切恐懼歸因於缺乏那種天然的，因而也只是感覺到的形上學——把握了這個形上學，人就會確信：他是存在於所有的一切，正如他存在於自己的身體一樣；他這身體的死亡因而對他本人並沒有構成傷害。也正是由此確信產生出了英勇的氣概，因此（正如讀者們從我的《倫理學的兩個基本問題》所回想起來的），從這同一源泉也伴隨產生了正義和仁愛的美德。當然，這是從相當的高度看待這種事情；但除此以外，的確不可能還有其他方法能夠解釋清楚為何懦弱看起來就是招人鄙視，而個人勇氣則顯得高貴和壯烈，因為從任何一個較低的角度看，都無法讓人明白為何一個有限的個體——他本身就是一切，他本身的確就是其餘世界存在的根本條件——不應該把保存其自身放在首位，而其他一切都是其次的。所以，一個全然固有知識之內的，因而純粹經驗的

解釋是不足夠的，因為這種解釋只能以勇氣的有利和有用方面為支撐。這或許就是為何**卡爾德隆**就勇氣曾經表達過值得我們重視的懷疑觀點。

[221] 卡爾德隆事實上否認了勇氣的存在，甚至透過一個睿智的年邁大臣之口說出了這一見解，後者在年輕的國王面前說：

> 雖然天然的恐懼在每個人的身上以同樣的方式發揮作用，但為了不讓別人看到這恐懼，他就變得勇敢，而這就是勇敢的由來。
> ——《空氣的女兒》，第 2 部分，第 2 幕

至於上面提及的勇氣作為美德在古人和現代人心目中的不同價值，我們還必須考慮到這一點：古人把每一傑出之處，每一就自身而言值得稱道的素質均理解為美德，不管這些優點、素質是道德上的、智力上的，抑或只是體力上的。但在基督教向人們表明生活中的基本方向是道德方面的以後，在美德的概念下就只是道德上的優點。但是，人們發現古老的拉丁語作家和義大利人很早就在運用「美德」的詞語了──這可由 virtuoso 一詞眾人皆知的含義得到證明。我們應讓學生們明白無誤地認清古人的美德概念有著比現在的 Tugend 更廣泛的含義，否則，學生們私下就會很容易產生迷惑。為此目的，我尤其推薦由**斯托拜烏斯**為我們保存下來的兩段話：第一段（自稱來源於一個畢達哥拉斯的門徒**米特普斯**）是在《文選》第 1 章，§64（蓋斯福德編，第 1 卷，第 22 頁），在那裡，我們身體的每一部分的適宜和用處都用那有美德含義的詞表達。另一段則在《物理和倫理文選》（書 2，第 7 章，第 272 頁，赫仁編），是這樣寫的：「一個鞋匠賴以做出一雙好鞋子的技巧，可以稱為

[222] 美德。」由此解釋了為何在古人的倫理學著作裡，他們所談論的美德和劣性在我們的倫理學裡找不到位置。

112

正如把勇氣列入美德是否妥當存在疑問，同樣，**吝嗇**（Geiz）能否歸入罪惡也成問題。不過，我們可不能把吝嗇與貪婪（Habsucht）相混淆，後者是拉丁詞 avaritia 所表達的意思。所以，我們想把吝嗇的正反兩面的議論表述出來，讓讀者聽到，讀者可以據此得出自己的判斷。

A **吝嗇**不是罪惡，它的對立面**揮霍**才是罪惡。揮霍出自一種動物性的、囿於此時此刻的侷限——對此侷限，那只在思想中的未來是無能為力的；揮霍也是由於錯誤地以為感官樂趣真有其肯定和實在的價值所致。這樣，為了那些空洞、匆匆即逝，並且經常只是想像出來的快樂，或者只是為了餵養那空洞、愚蠢的傲慢，沾沾自喜於其豬朋狗友對他的哈腰、鞠躬（但私下裡，那些寄生蟲對他除了嘲笑以外，別無其他），以及博取眾人對其排場的驚嘆和羨慕，揮霍之人付出了將來匱乏困境的代價。因此，一旦發現這種人的缺點，我們對其就應該像躲避瘟疫病人一樣地避之唯恐不及，及時與他們一刀兩斷，以免在其行為的惡果稍後呈現的時候，要麼給他施以援手而負擔其惡果，要麼迫不得已扮演雅典的泰門那些朋友的角色。同樣，我們不可以寄望那些漫不經心地揮霍自己財產的人，在耗盡家財以後對可能落入自己手裡的別人的財產不動分毫。這種人就像薩魯斯提烏斯所一針見血說過的：「揮霍自己的財產，覬覦別人的財物。」（《卡蒂林納》，第 5 章）所以，揮霍不但導致貧困，而且還由貧困導致犯罪。出身於富有家庭的罪犯幾乎都是由於大肆揮霍而淪落至犯罪。所以，《古蘭經》（《蘇拉》，17，詩篇，29）說得很對：「揮霍之人是撒旦的兄弟。」（薩迪，格拉夫譯，第 254 頁）相較之下，吝嗇節儉的後果是富餘，而富餘到底什麼時候招人討厭了？ [223] 這能帶來的好結果，就算是罪惡，也必然是好的罪惡了。也就是說，吝嗇節儉所根據的正確原則就是：所有快感逸樂都只是否定作用的，由這

種快感組成的幸福因而只是幻象而已；而苦痛卻是相當肯定和真實的。所以，吝嗇之人捨棄了快感享受，為的就是能更穩妥地避免苦痛。據此，「堅忍和捨棄」就成為了吝嗇之人的座右銘。再者，因為這種人知道發生不幸的可能性難以窮盡，危險的道路又數不勝數，所以，為了抵禦這些，他們就聚積手段以盡可能地在自己的周圍築起三重城堡。誰又能說在哪方面防備的功夫會做得太過？只有那些知道命運是如何出爾反爾捉弄我們的人，才會最終達成自己的目的。哪怕防備功夫做得太過了，那這一差錯也只給自己本人帶來害處，而不會讓別人受累。如果這樣的人不需用自己積聚起來的財富，那這些財富將來有朝一日就會讓沒他那麼深謀遠慮的人受惠。他沒有把金錢投入流通並不是壞事，因為金錢並不是消費品，只是真實、有用的物品的代表，而不是這些物品本身。其實，杜卡特金幣只是假的，它們本身並沒有價值，其代表之物才具有價值，而這些並不會退出流通。另外，由於吝嗇的人有錢不用，那其他人投入流通的金錢也就相應升值了。雖然像人們所說的那樣，不少吝嗇之人歸根結柢直接熱愛金錢只是因為金錢本身，那不少揮霍成性的人也的確同樣只是為了揮霍而胡亂大肆揮霍。與吝嗇鬼結下友誼或者與他們有著親戚關係不僅沒有危險，反而可能帶來利益呢。因為不管怎樣，與他們最親近的人在他們去世以後，就可以收穫他們自律的成果。

[224] 甚至當他們仍然在世時，如果遭遇極大的困境，我們還可以指望從他們那裡獲得某些救濟。與一個身無分文、債臺高築、自身難保的揮霍者相比，我們起碼能夠從吝嗇者那裡獲得更多的資助。一句西班牙俗語這樣說：「鐵石心腸的人比身體赤裸者施捨得更多。」由此可見，吝嗇節儉並不是一樁罪行。

  B　　吝嗇就是罪惡的精髓和濃縮！如果身體樂趣引誘人們偏離正道，那是他們感官性的本質、內在的動物性之過。這些人恰恰受到刺激和誘惑，被此時此刻的印象所俘虜而未經三思就為所欲為。與此相反，如果因為身衰力竭或者年事已高的緣故，他們始終無法拋棄的那些惡習

最終拋棄了他們——因為這時候，他們享受感官樂趣的能力已經沒有了——此時，如果他們轉向了吝嗇，那身體的欲望就成了思想上的貪念而存活下來。金錢作為這一世上所有好處的抽象和代表就成了枯槁的根塊——現在，他們那已經麻木、逝去了的欲望，作為那抽象的自我死死咬住這根塊不放。現在這些東西就在對金錢的熱愛中獲得再生。原先那些為時短暫的感官欲望，現在搖身一變成了斤斤計較、精打細算的金錢欲。這種金錢欲就像其對象物一樣本質是象徵性的，也同樣是無法消滅的。這是對世俗樂趣執著的眷戀，就好像百足之蟲死而不僵，是完滿的無法皈依，是肉慾的昇華和精神化，是匯聚所有無法饜足的欲望的抽象焦點。因此，這一抽象焦點與各種欲望的關係猶如普遍概念之於普遍概念所包含的單個事物。據此，吝嗇節儉是老年人的惡習，這就猶如揮霍是年輕人的惡習一樣。

113

上述所聽到的正反論辯，當然會讓我們採用亞里斯多德的中庸之道（Justemilieu Moral）。下面的議論在這方面對我們有所幫助。

每一個人的完美優點都是與某一缺點相關聯的——這優點隨時會轉為這缺點；反過來，每一缺點又與某一優點相關聯。所以，我們對人的看法出現差錯，經常就是因為在剛認識一個人時，我們會把他的缺點和與這些缺點相關聯的優點互相混淆，或者反過來：因為在我們看來小心、謹慎似乎是膽小、懦弱，節儉像是吝嗇，或者胡亂揮霍者被視為豪爽大方，粗鄙放肆看成是坦白真誠，愚蠢的無畏顯得就是高貴的自信，凡此種種，不一而足。

[225]

114

　　誰要是生活在人群當中，就總是一再忍不住地覺得道德敗壞是與智力低下緊密結合在一起的，這兩者都直接出自同一根源。但事情並不是這樣，我在我的主要著作第 2 卷第 19 章第 8 節（「論意志在自我意識中的主導地位」）已對此詳盡說明。產生這一錯覺只是因為人們經常看到這兩者混在了一起，而對此的解釋完全就是這兩者太過頻繁地出現了，所以，這兩者輕易相遇，不得不住在同一個屋簷下。但不可否認的是，一旦道德敗壞和智力低劣聯手作祟，那這兩者就能夠相得益彰地炮製出種種令人厭惡的現象。這就是太多太多的人所呈現給我們的，而世事照樣繼續發展。欠缺智力的人尤其容易把自己的虛假、卑鄙和下流表現出來，而精明的傢伙則懂得更巧妙地掩藏起這些劣性。在另一方面，一個人的乖僻、反常的心地又是多麼經常地妨礙了他看到自己的智力本來完全可以認清的真理！

　　不過，我們每一個人都不要自負。正如每一個人，甚至最偉大的思想天才，在某一知識領域裡也有著明顯的侷限，他也以此表明自己與那本質上顛倒、荒謬的人類有著血脈之緣，同樣，每個人的內在都有著某些相當惡劣的道德成分，甚至某個有著最好和的確是最高貴性格的人，也會在某些時候以其某一劣性特徵使我們大吃一驚。這個人就好比是要承認他與人類的淵源，因為人類有著程度不一的卑鄙、無恥，甚至殘忍。也正因為這人身上的劣性——這一罪惡的本原——他才不可避免地成為人類的一分子。也出於同樣的原因，這世界總體上就是我的這反映世界的忠實鏡子所顯現的樣子。

　　儘管所有這些人與人之間的差別是如此之大，一旦看見他人表現出我們自己的樣子，那不少人就會感到震驚。啊，如果有一個讓人透視道德事情的**阿斯莫德**就好了！如果他不僅助其寵兒看穿牆壁、屋頂，而且還可透視覆蓋著一切的奸詐、虛偽、謊言和欺騙的紗網，讓我們看到在

這世上誠實是多麼的罕見，甚至經常是在我們最意想不到的地方，在所有美德外表的背後，在最內在的深處隱藏著的就是全盤掌控著一切的欺詐和不誠實——如果是這樣，那該有多好！正因此，許多人與四足動物結下了更為純淨的友誼，當然了，要不是因為有狗的存在，看著其誠實面容的時候我們可以不帶狐疑，我們又怎能從人的那些沒完沒了的弄虛作假、背信棄義中恢復過來？我們這一經過文明教化的世界，只是一個巨大的假面舞會！在這裡，人們見到的是騎士、牧師、醫生、律師、神父、哲學家以及其他各種人等。但這些人其實都不是他們顯現出來的那種人，他們只是戴著面具而已。隱藏在面具背後的一般都是投機謀取金錢的人。某個人戴上了從律師那裡借來的法律的面具，為的只是巧妙地打擊對手；另一個人為著同樣的目的，選擇了一副公共利益和愛國主義的面具；第 3 個人則挑了宗教或者信仰改良的面具。為了各種各樣的目的，不少人套上了哲學，還有博愛等面具。女人則沒有那麼多的選擇：通常可供她們挑選的面具只有靦腆、賢淑、端莊、謙和、持家有道。然後，還有泛泛的缺乏特色的面具，就好比骨牌一樣，因此，到處都可見到這類面具：這些不外乎就是忠厚、老實、謙讓、發自內心的關切和臉帶笑容的友好。就像我已說過的，在大多數情況下，所有這些面具的後面都是些商人、小販、投機分子。在這方面，做生意買賣的人構成了唯一誠實的階層，因為唯有他們才是以自身的樣子示人，亦即不戴面具地活動，也因而處於低下的地位。我們早在青少年的時候就必須得到教導：我們就是身處一場假面舞會。這是非常重要的。否則，我們就無法明白許多事情，就會摸不著頭腦，完全驚呆了，而「泰坦用更好的泥土塑造了他的心」[*]的人，其詫異則為時至為長久。諸如此類的事情就是卑鄙、無恥，得到的是青睞、提攜；做出了業績，甚至做出了最非凡、最偉大貢獻的人，遭受的是其學科中其他人的忽視；真理和傑出的才幹

[227]

---

[*] 參見尤維納利斯，《諷刺詩》，14，35。——譯者注

招來的是厭惡和仇視;學者對其所研究的學科一無所知;每一貨眞價實的東西幾乎都無一例外地遭拒絕,而似是而非之物卻受人追捧。所以,我們應該教育年輕人:在這場假面舞會裡,蘋果是蠟製的,鮮花是絲綢做的,金魚則是紙板做的而已;所有一切都是不值錢的玩意兒和不必當眞的笑談。我們應該告訴他們:如看見兩個人在認眞地討論某件事情,那其中一個就是在出售假貨,另外一個則在支付僞幣。

但我們還可以作更嚴肅的討論和提到更爲惡劣的事情。在骨子裡,人就是醜陋、野蠻的動物。我們所知道的人只是被綁上了繩索,處於馴服的狀態,這種情形叫做文明教化。所以,人們偶爾暴露其本性時會讓我們震驚。一旦解除了法律、秩序的束縛和出現了無政府狀態,人就會顯現出眞實的樣子。誰要是沒有機會觀察這些而仍想弄清這些情形,那他盡可以閱讀古老的和當代成千上萬的文獻報導;他就會確信:在殘忍、無情方面,人是絲毫不亞於老虎和鬣狗的。當代提供給我們一個極具分量的例子,那就是英國反對蓄奴制團體針對北美實行蓄奴制各州惡待奴隸的問題,1840年收到的北美反對蓄奴制團體的回覆:《北美聯邦的奴隸制及奴隸買賣的情況報告:回答英國反對蓄奴團體的提問》(倫敦,1841,第280頁,布面,4先令)。這本書對人性發出了至爲嚴厲的控訴。在放下這本冊子時沒有人不感到驚駭,也很少人不流下淚水。這是因爲無論讀者在此之前如何聽說過、想像過或者夢見過奴隸們的悲慘狀況和人性中大致的刻薄、殘忍特性,但他們讀了這本書以後,所有這些就都變得不值一提。那些披著人皮的惡魔,假仁假義、嚴守安息日、固定上教堂的惡棍,尤其是那些人當中的英國國教牧師——他們是以怎樣的暴力、非義對待落入他們魔掌的無辜的黑人兄弟的啊!這本冊子提供給我們的是枯燥但翔實的材料。這本冊子激發起人們極大的憤慨,我們甚至可以手拿這本書,向北美蓄奴聯邦發起一場十字軍戰役,以制服和懲罰這些惡魔。這些人是整個人類的恥辱。對不少人來說,過去了的事情似乎可以不算,《舒迪祕魯遊記》(1846)就有了出自現在

的另一個例子：它描述了祕魯士兵在軍官那裡所受到的對待。[2] 但我們用不著在地球另一邊的新大陸尋找例子。在 1848 年的英格蘭，據披露，在短短的時間之內就發生了不是一宗，而是上百宗丈夫毒殺妻子、妻子毒殺丈夫，或者夫婦兩人用毒藥或者採用飢餓、虐待的手段，接連把孩子慢慢折磨至死的案例。他們這樣做的目的純粹只是從殯葬聯合會那裡領取派發給他們的安葬費用。爲此目的，這些人同時在多家，甚至有時在多達 20 家聯合會爲孩子購買了保險。讀者可參見 1848 年 9 月 20、22 和 23 日《泰晤士報》對此類事件的報導。爲此原因，這家報紙催促取締這些殯葬聯合會。1853 年 12 月 12 日《泰晤士報》再一次激烈控訴了人的這種惡行。

　　當然，這一類報導是記錄人類罪行檔案中至爲黑暗、醜陋的紙頁。但所有這些及類似暴行的根源，卻是人的內在和與生俱來的本性，也就是泛神論者的「典型」的神祇。每一個人的內在都窩藏著一個巨大的自我，這自我極其容易越過法律的界限。這種事情小的可在日常生活中看到，大的則由歷史書的每一頁告訴我們。人們承認那時刻受到緊張監察的歐洲均勢有其必要性──這難道不就已經招認了人就是弱肉強食的野獸嗎？一旦窺見身邊的弱者，難道不是肯定猛撲過去嗎？我們難道不是每天都目睹著在小事情上得到證實嗎？與我們人性中這種無邊的自我結伴的，還有貯存在每一個人心中的或多或少的憎恨、憤怒、嫉妒、怨恨和惡毒：這些東西鬱積在胸中，就像毒牙裡的毒液，只等時機一到，就會噴發而出。到了這個時候，那就是一個掙脫了鐐銬的魔鬼，肆無忌憚地咆哮發作。如果沒有好的機會發作一番，到最後它就只能抓住最微小的機會，把這些發作的藉口在想像中放大：

2　　最新近的例子，可見麥克里奧德的《東非遊記》（兩卷本，倫敦，1860 年）。

> 機會不管多麼的微小，也足以讓我們勃然大怒。
>
> ——尤維納利斯，《諷刺詩》，13，183

然後就盡其所能和盡其所敢地小題大做。這種情形我們平時屢見不鮮，表述這種情形的熟悉說法就是「借題發揮，甩掉些膽汁」。並且我們的確可以觀察到，在恣意發作時，如果沒有遭到抵抗，那在發作完畢以後，心情都會感覺好了很多。甚至亞里斯多德也說過「發怒並非毫無樂趣可言」（《修辭學》，第 1 部分，II；第 2 部分，2）；他還補充了荷馬形容「發怒比蜜糖還要甜美」的一段話。但我們並不只是帶著快感發洩我們的憤怒，而且還發洩憎恨——這兩者的關係猶如急性病之於慢性病：

> 憎恨是維持更為長久的快意：
> 我們急急忙忙去相愛，但卻從容不迫地仇視。
>
> ——拜倫，《唐璜》，第 13 段，6

戈比諾（《論人種之間的不平等》）把人稱為「典型的凶惡動物」。對這一說法人們會感到不舒服，因為人們會對號入座想到自己。但戈比諾說得很對，因為只有人才會純粹為了傷害別人而傷害別人。其他動物永遠只是為了解決飢餓，或者正處於打鬥的狀態才會做出傷害。據說老虎捕殺比牠能吃下的還要多的動物，那老虎扼殺所有那些動物，目的只是為了要吃掉牠們，老虎只是法國諺語所說的「眼比肚大」而已。沒有動物是純粹為了折磨而折磨其獵食對象，但人卻是這樣做的，而正是[231]這一點構成了人的**魔鬼**特性——這比純粹的動物性還要惡劣許多。我們已經談論了在大的規模和大的程度上的這一特性，但在微小的方面，這特性也是同樣清晰可見的——我們每天都有觀察的機會，例如：兩隻小狗互相追逐、嬉玩，情景相當可愛、平和，然後一個 3、4 歲的小孩

來了。這小孩馬上就用鞭子或者棍子用力抽打、分開牠們，這幾乎是不可避免的，這也顯示出這小孩現在就已經是「一隻典型的凶惡動物」。甚至人們那些經常漫無目的的譏笑和惡作劇都出自這同一根源，例如：如果我們表現出不喜歡受到打擾，或者對些微不便感到不高興，那就總會有人恰恰為此目的而打擾別人，給別人製造不便：「典型的凶惡動物」。事情確實如此，以致我們必須謹慎小心，不要對些微的麻煩和不便表現出不高興；反過來，也不要對某些小枝節流露出愉快和高興，因為一旦出現了後一種情況，那就會有人做出那個獄卒的同樣行為：獄卒發現他的囚犯花費心機巧妙地馴服了一隻蜘蛛，並以此找到愉快以後，馬上就把這隻蜘蛛一腳踩死了。這就是「典型的凶惡動物」！這就是為什麼其他動物本能地害怕見到人——這「典型的凶惡動物」——甚至看見人的痕跡都會心生恐懼。本能直覺在此也沒有欺騙動物，因為唯獨人才會狩獵對人既沒有用處也沒有害處的動物。至於人的惡性在大規模方面的表現，我們已經作了論述。

所以，每個人的內心都確實藏著一隻野獸——一有機會就要張牙舞爪、暴怒咆哮，就會傷害他人，甚至會毀滅那些妨礙自己發威作惡的人。人類的打鬥欲和戰爭欲正是由此而來。也正因為這樣，為了抑制這隻野獸，將其控制在一定的範圍，這人類獸性的監察者，即人的認識力就持續忙個不停。人們盡可以把這只野獸稱為激烈的惡魔，用那些字詞就可以取代解釋的人起碼是足夠了。但我的說法卻是：這就是生存意志，因為存在中持續的痛苦折磨而越感惱怒和怨恨，所以就試圖透過為別人製造苦痛來減輕自己的苦痛；但這種做法久而久之就發展成了真正的惡毒和殘忍。在此我們還可以補充這一點：正如根據康德所言，物質只是透過膨脹力與收縮力的對立作用而存在，同樣，人類社會也只是透過人的憎恨（或憤怒）與恐懼的互相對立、牽制而組成。這是因為假如沒有了相應分量的恐懼以抑制我們的怨恨本性，那這種怨恨或許就使每一個人都成為殺人犯；而如果憤怒不曾在我們的心裡存在並監察著別

[232]

人，那恐懼就會讓我們成爲每一個小男孩取笑、捉弄的對象。

但人性中最糟糕的特性始終是對別人的痛苦所感受到的快意，亦即幸災樂禍（Schadenfreude）。因爲這一特性與殘忍密切相關，與殘忍的區別的確就像理論與實踐的區別。總而言之，幸災樂禍出現於同情本應現身的地方，而同情作爲幸災樂禍的對立面，卻是名副其實的公義和博愛的眞正源頭。在另一種意義上說，與同情相對立的是**嫉妒**——只要這嫉妒是由與上述相反的情形所引發，亦即因別人處於很好的處境而起。因而嫉妒與同情的相對立首先基於誘發的機會，只有在那誘發的機會出現之後，嫉妒才會在感覺中出現。所以，雖然嫉妒並不可取，但卻情有可原，並且總而言之也是人之常情。相較之下，幸災樂禍卻是魔鬼一般，其嘲笑活脫脫就是地獄發出的笑聲。正如我已經說過的，幸災樂禍恰恰在本應是同情出現的位置，而嫉妒卻只是在沒有機會引發我們的同情的情況下，更準確地說，是在與此相反的情形下才會出現；並且嫉妒作爲與同情相對立的情緒，只要侷限於上述的程度範圍之內，那就是人之常情。確實，恐怕無人能夠完全擺脫得了這種情緒。這是因爲看到別人享有快樂和占有財產時，就會更苦澀地感覺到自己在這方面的欠缺。這是自然的，並且的確是無法避免的。只不過這種感覺不應該引起我們

[233] 憎恨比自己更幸福的人罷了——但眞正的嫉妒卻恰恰就是這樣。如果我們爲之嫉妒的不是別人從好運，或者從偶然，或者從別人的眷顧那獲得了禮物，而只是別人獲得了大自然的饋贈——那就是最不應該的，因爲一切與生俱來的東西都有其形上的基礎，這樣的安排因而有其更高層次的公正、合理，也可說是神靈的恩賜。但不幸的是，嫉妒卻恰恰與此相反：針對別人自身優異素質的嫉妒偏偏是最難以消除的。所以，具有頭腦智力甚至天才思想的人，在這世上如果形勢所迫而無法傲視和冷對嫉妒者的話，那他們就必須首先乞求別人原諒自己的才能。也就是說，如果嫉妒純粹是因財富、地位或者權力而起，那這種嫉妒通常仍然可以透過自我而得到緩衝和平息，因爲在某些情況下嫉妒者的自我會考慮到

可以指望從其嫉妒和羨慕的對象那裡獲得說明、接濟、保護、提攜，或者起碼在與這些人的交往中沾上這些尊貴之人的光芒，甚至分享這種人的榮耀。獲得諸如此類的好處和實惠的希望總是存在的。相較之下，針對大自然的饋贈和個人的優越素質（諸如女人的美貌和男人的智力）的嫉妒，我們則沒有上述諸如此類的希望和安慰。這樣，除了只是對這些受惠者懷有苦澀和無法消除的恨意以外，別無其他。因此，現在唯一的願望就是對嫉妒的對象實施報復。但這些嫉妒者的處境相當的不幸：一旦別人明白了自己發出攻擊的原因就是嫉妒，那所有這些攻擊就頓失威力。所以，這種嫉妒會被小心翼翼地掩藏起來，一如那些不敢示人的肉慾罪過一樣。現在，嫉妒者就只能費盡狡猾的心機隱藏起嫉妒，為其戴上面具，目的就是在別人不明就裡的情況下對自己嫉妒的對象暗下殺手，例如：他們會無視別人那些吞噬著自己內心的優秀素質，臉上始終掛著一副心無邪念的表情；對於別人的長處，他們可真的從來沒看到、不知道，也不曾留意到和聽說過。這種嫉妒也就把人折騰成偽裝大師。 [234]
嫉妒者心思續密地做到完全忽視這個人——這個人的閃光素質啃咬著嫉妒者的內心——沒有注意到他，也不時地完全忘記了他，好像這就是個微不足道的傢伙。但私下，嫉妒者卻使盡渾身解數，小心謹慎、一絲不苟地杜絕任何可能讓這些優異素質顯現和被人了解的機會。這對他們來說是頭等重要的事情。然後，這些嫉妒者就從暗處發出指責、挖苦、嘲笑、中傷，就像蟾蜍從洞中噴射出毒液。他們會以不曾稍減的力度熱情稱讚微不足道的人，讚頌同類成果中的平庸者，甚至拙劣者。一句話，他們成了善用謀略的隱身的普魯特斯，目的就是在不顯露自己的情況下詆毀對方。但這樣做又有什麼用處呢？有經驗的眼睛仍可認出這嫉妒。嫉妒在其對象面前的畏縮和躲避已經把自己出賣了。所以，招致別人嫉妒的素質越閃亮，那具備如此素質的人就越孤獨。這就是為什麼美貌的女孩子沒有女性朋友。莫名其妙的憎恨情緒也會暴露出嫉妒——這種憎恨能夠抓住最細小，並且經常只是想像出來的藉口而激烈爆發。此外，

儘管嫉妒的家族分布廣泛，但我們仍然可以從人們普遍讚美自謙中一眼認出嫉妒的存在；而把自謙稱為美德的做法就是為了讓平庸之輩獲益而想出來的狡猾招數。但自謙正是透過其暴露出來的照顧鄙陋東西的必要性而恰恰展現了鄙陋的東西。當然，沒有什麼比看見別人那暗地裡潛藏，並且疲於玩弄花樣的嫉妒更讓我們的自我感覺和高傲受用的了。但是，我們永遠不要忘記：憎恨是與嫉妒相伴隨的。我們一定要小心別讓嫉妒之人成為虛假的朋友。正因為這樣，發現別人的嫉妒對於我們的安全是很重要的。所以，我們要研究嫉妒之人，以便破解他們的招數，因為嫉妒的人到處都有，並且總是神不知、鬼不覺地活動在我們的周圍；或者就像那些有毒的蟾蜍一樣出沒在黑暗的洞穴。這種人不值得我們對其寬容和同情，相反，我們的態度和行為準則應該是：

嫉妒永遠難以平息，
那你就儘管報以鄙視。
你的幸福、名聲對他就是痛苦，
那想想這些痛苦的原因就是你的任務。

[235] 那麼，當我們考慮到人的**劣性**，就像上文所做的那樣，並為這些劣性而感到震驚，我們就必須馬上把目光投向人類生存的**苦難**；對後者感到驚愕的話，則又必須回頭審視人的劣性——這樣，我們就會發現這兩者互相平衡，就會意識到某種永恆的正義，因為我們會察覺到這一世界本身就是一個巨大的審判庭，會開始明白為何一切有生命的東西都必須為其存在而贖罪，先是在其活著的時候，然後在其死亡時分。也就是說，「罪孽」與「懲罰」對應、協調得天衣無縫。從這同一個審視觀點出發，我們對在生活中隨處可見的絕大多數人的智力**不足**所經常感受到的厭惡和惱怒也就煙消雲散了。所以，在佛教的**輪迴**裡，「人之苦難」、「人之性惡」和「人之愚蠢」相互對應得毫釐不爽，具有同等的分量。

但在某一特定的時候，我們眼裡只看到這三者之一，並對此特加檢視；這樣，我們所看到的這其中之一者在程度上就似乎壓倒了其餘兩者，但這只是錯覺而已，純粹是其範圍之大所致。

這就是**輪迴**，這輪循環裡面的一切無一不宣告了這一點；但人類世界則比任何一切都更清楚地宣示了此事實，因為在人世間，道德上的惡劣、無恥，智力上的無能和愚蠢以嚇人的程度占據著優勢。儘管如此，在這人類世界中，仍然會出現——雖然是分散、零散地——一些總能重新喚起我們驚訝的誠實、善良，甚至崇高的現象，還有那偉大的理解力、思考的頭腦，甚至天才的思想。這些東西從來不曾完全泯滅，它們在處於巨大的黑暗之中的零星各處閃耀出光芒。我們必須把這些視為一個憑證：在這**輪迴**中藏著一條美好、救贖的原則，能夠衝破這一輪迴並為這輪迴之中的全體帶來滿足和解救。

115

讀過我的倫理學的人都知道，對我來說，道德的基礎歸根結柢是建立在這一真理之上——這一真理在印度的《吠陀》是以這一神祕的成語 [236] 信條表述出來的：「這就是你。」這一信條適用所有生物，不管是人類還是動物。它因此被稱為**真言**。

事實上，我們可以把與此信條相符的行為，例如：善良的行為，視為神祕主義的發端。每一個出自純淨目的的善良行為都宣告了做出這一行為的人，是與這一現象世界正好相牴觸的，因為在這一現象世界裡，他人與自己是完全分離的；但這行善者卻認出了自己與他人是同一的。因此，每一件完全沒有利益關係考慮的善行都是神祕的行為，都是一個不解之謎。所以，要為此做出解釋，人們就只能虛構出各種各樣的理由。康德在掃除了一神論的所有其他支柱以後，就只留下最後唯一一條：即一神論可以讓我們最好地說明和解釋所有諸如此類的神祕行為。

據此，**康德**承認一神論是一種雖然在理論上無法證明，但為了實際的目的卻是有效的、可以成立的假設。但康德說出的這些見解是否出自真心，我是懷疑的。這是因為以一神論來支撐道德就等於把道德歸因於自我主義；雖然英國人，還有我們德國低下階層的人士，絕對看不出道德除了一神論之外，還會另有別的基礎的可能性。

我們在上面提到的在陌生、客觀上顯現出來的某一個體的身上重新認出了自己的真正本質，尤其清晰、美麗地顯現在這些情形裡：當一個人在處於死亡已成定局的情況下，仍然緊張、熱切地關注著其他人的安危並對他們施以救助。這方面的例子就是我們熟悉的那位年輕女僕的故事。這位女僕某天夜裡在院子裡被一隻瘋狗咬了，她知道自己完了。她奮力抓住這隻瘋狗，把牠拉進馬廄並把門鎖上，以防再有人成為其犧牲品。同樣，在那不勒斯發生的事件——蒂希拜恩在一幅水彩畫裡把它永恆地記錄了下來。當時火山正在爆發，一個兒子背著自己年邁的父親，正在逃離那向著大海快速流去的岩漿。但由於在岩漿和海水這兩股奪命的洪流之間還有一小塊狹窄地帶，父親吩咐兒子放下自己以便快跑逃命，因為如果不這樣做，兩個人都會同歸於盡。兒子聽從了父親的吩咐，在離開時回頭向父親投來了永別的一眼。所有這些都表現在畫作裡。我們還有同類的歷史事實——華特·史考特在《密得羅西恩監獄》（第 2 章），以大師的手法描繪了類似事情。兩個犯人被法官判了死刑，其中一人由於自己不夠靈活而導致了同伴被捕。在死刑宣判以後，前者在教堂奮力制服了衛兵，成功地解救了自己的同伴；但在整個過程中，他絲毫不曾考慮過自己逃生。下面這一幕情形也經常一再在銅版畫裡表現出來，雖然提起這種事情會引起西方讀者的反感：一個士兵正跪在地上接受死刑，但他用手絹極力趕走那向他靠近的愛犬。也就是說，在所有這類情形裡，我們可以看到：一個人在完全確切地知道自己正在邁向即將臨近個體的直接毀滅時，不再考慮自己如何逃生，為的是把全部精神和力量投向保護他人生命上面。還有什麼比這種人的行為更清楚

地顯示出他們的這種意識，即這一個體的毀滅只是一種現象的毀滅，所以，這一毀滅本身也只是現象而已，而正遭受毀滅的個體的真正本質卻不受影響地在其他個體身上延續——現在，他就在這其他個體的身上清楚地認出了這一本質，正如他的行為所暴露的那樣。這是因為如果情況不是這樣的話，那當我們看到一個人正在遭受滅亡之際，為何這個人仍然透過使出其最後全部的力量而表現出對他人的安危和繼續生存如此深切之同情和關注？

事實上，要意識到自己的存在有兩種彼此對立的方式。一是在我們的經驗直觀中，就外在的、時空而言，是無盡無垠的世界裡顯現為無比渺小的東西；作為數以億計的人群中的**一員**，在這地球上折騰極其短暫的時間，而這些人每過 30 年就更新一批。二是透過沉浸於自身內在和意識到自身，成為一切中的一切和成為那唯一的真正實質，此外，也在別的、外在給予的他人身上就像看鏡子一樣又再瞥見了自身。第 1 種認知方式只是透過個體化原理把握了事物的現象；但第 2 種認知方式卻直接意識和感覺到了作為自在之物的自身。我的這一學說在涉及第 1 種認知方式方面得到了康德的支援，對這兩種認知方式的看法則得到了與《吠陀》相同的意見。當然，人們對第 2 種認知方式的簡單反對意見就是：第 2 種認知方式預設了一個，並且是同一個的實質可以在同一時間，在不同的地點完整地存在。雖然從經驗的角度考慮，這一預設明顯是最不可能的事情，甚至是荒謬的，但這種情形對自在之物而言卻是完全真實的，因為那種不可能和荒謬純粹只是建立在現象形式之上，而這現象形式構成了個體化原理。這是因為自在之物、生存意志完整和不可分地存在於每一生物之中，甚至是至為微小的生物；其完整性絲毫不亞於過去曾經存在、現在仍然存在、未來還要存在的生物總體。正因為這樣，每一生存之物，哪怕是最不顯眼的一種都能對自己說出：「只要我一息尚存，這一世界就不會毀滅。」事實上，儘管所有其他的生存之物毀滅了，這世界的自在本質仍將絲毫無損地存在於這僅剩的個體生存之

[238]

物中；這一個體生物就仍然可以笑對毀滅這一幻象。當然，這一結局是不可能的，人們同樣有道理持有與此相反的說法：哪怕是最微小的生物遭到完全毀滅，那在它身上，與之相隨的世界也一併遭到了毀滅。也正是在這一意義上，神祕的安吉奴斯說：

[239]　　我知道如果沒有我，上帝一刻都不會存在；
　　　　如果我歸於無，祂的靈魂就必然不再了。

但為了能讓我們甚至從經驗的角度在某種程度上看到這一真理，或者起碼認清這一真理的可能性，亦即我們的自身可以存在於別的生物身上——這些生物的意識與我們的意識可是分離的和不同的——那我們只需回想起接受了磁性催眠的人，他們從催眠中醒過來以後，他們那同一個「我」，對自己在此之前所說過的話、做過和經歷過的事情都一無所知。因此，個體意識完全是現象的一個點，甚至同一個「我」也可以產生出兩個點，而這兩者彼此一無所知。

上述思想在我們猶太化了的西方始終帶著某種相當異樣、奇特的意味，但在人類的母國，情況可不是這樣。在那裡，人們信奉的完全是另一種信仰。所以，根據此信仰，時至今日，例如：在死人安葬以後，神職人員就在大家面前和著樂器的伴奏，一齊唱起《吠陀》的頌詩——它是這樣開始的：

寄存肉身的精靈千頭、千眼和千足，它扎根於胸中，並同時滲透於整個大地。這一精靈是這一世界和一切過去、未來之物。那是吸收養分以成長和賦予一切以不朽的東西。這就是它的偉大，所以，它是化為肉身的至高無上的精靈。這一世界的構成要素是它存在本質的一部分，三部分則在天上永生不滅。這三部分從這世界飛升，但最後一部分仍留凡塵，就是那（經由轉世輪迴）享受或者不享受自己善行或者惡業結果的

東西等等（根據科爾布洛克的《論印度教的宗教儀式》，《亞洲研究》第5卷，第345頁，加爾各答版；也見於科爾布洛克的《雜文》，第1卷，第167頁）。

那麼，如果把這些頌詩與我們的頌詩相互對照一下，那我們就不再感到[240]奇怪，為何宣講「造物主」[3]的英國國教傳教士在恆河流域對婆羅門教信

---

[3] 英文的 Maker 德文就是「造物主」（Macher），並且就像這個德語詞一樣，常用作組合詞，例如：「watchmaker」（鐘錶匠）、「shoemaker」（鞋匠）等等。那麼，「Our maker」（法文則譯為 notre faiseur）在英語的文章中，在布道和日常生活中，是人們很普遍和很愛用的詞語，意思就是「上帝」。我請讀者留意：這個詞語可說是英國的宗教觀點的典型。但那些受過神聖吠陀學說教育的婆羅門，那些要仿效和追上婆羅門的吠舍，以及所有對靈魂轉生和透過轉生得到報應的信仰深信不疑，並在生活中的每一事件都會想到這些信仰的印度人民──對於這些人想要把這上帝和造物主的概念加之於他們，那他們會是什麼樣的感覺和心情，那些了解此事的讀者很容易就可以估計得到。從那永恆的「梵天」，那存在於一切，那活著並希望得到解脫的梵天過渡到那無中生有的「造物主」，對人們來說是嚴苛的要求。要這些人相信這世界和人是從無中生出的作品，是永遠不會成功的。所以，在那值得讚揚的書的第15頁，那作者說得很正確：「傳教士的努力都是不會有結果的：任何值得尊敬的印度人都不會聽從他們的告誡。」同樣（第50頁，在陳述和解釋了婆羅門教的基本學說以後）：「我堅信：希望這些內心充滿了這些觀點，帶著這些觀點生活、走動和存在的人，有朝一日會放棄這些觀點而接納基督教的學說，是徒勞無益的。」還有第68頁：「如果英國教會的整個主教公會要全力實現這樣的目標，那除非透過絕對的強迫手段，否則，在龐大數目的印度人中，一千人中也無法成功皈依一個人。」他的這一預言到底有多正確，現在在41年以後，由登在《泰晤士》報（1849年11月6日）、簽名是斯維思的一封長信所證明，而這封信來自一個在印度生活了很長時間的人。在信中，他還說了這些：「我從來不曾曉得哪怕是一個例子：在印度一個會讓我們引以為傲的人皈依了基督教；我也不曉得有這樣一個個案，那皈依者到最後不是成了其所接受的信仰的指責對象，成了他所拋棄的宗教的一個警示。所以，至今為止為數極少的改宗者只是起到了阻止他人步其後塵的作用。」在這封信遭到反駁以後，來了第2封證實其所言的信，簽名是薩菲，日期是

[241] 眾無從下手，收效甚微。誰要想看一看一個英國軍官在 41 年前如何勇敢、有力地駁斥那些先生們所宣講的荒謬、讓人臉紅的傲慢主張，並由此體驗其中的快意，那他就應該閱讀由這位駐守孟加拉的英國軍官所撰寫的《爲印度人辯護，反駁克勞迪烏斯·布坎南牧師的誹謗，兼駁斥其贊成在英屬印度建立基督教機構的論據；全篇意在表明印度人道德理論系統的種種優越之處》一書（倫敦，1808）。這本書的作者以罕有的眞誠和坦率闡明了印度恆河流域的教義，相比歐洲宗教學說的種種優勝之處。這篇小文章雖然只有德文排版的短短 5 個印張，但時至今天仍然值得把它翻譯出來，因爲它比任何我所知道的著作都更好、更坦率地闡述了婆羅門教所產生的有益的和實際的影響，在生活和大眾中的作用。這篇報導完全有別於傳教士炮製出來的文章，後者正因爲出自傳教士的手筆，所以，就不會有多大的可信性。但這篇文章與我從一些在印度度過了半輩子的英國軍官嘴裡聽到的相當吻合。要了解總是爲自己終身俸祿

[242] 問題而激動的英國教會教士如何嫉妒和遷怒於婆羅門教，那我們應該看看，例如：在數年前那些主教們如何在英國國會持續幾個月地狂吠、叫罵。由於東印度當局不屈不撓──它在諸如此類的問題上總是這樣──所以，主教們就一次又一次地狂吠不已，而這只是因爲英國當局向印度古老和令人尊敬的宗教表示了某些外在的敬意，而這在印度是合乎情理的事情，例如：當扛著神像的遊行隊伍經過時，英國衛兵和軍官整

---

11 月 20 日。信中說：「我在馬德拉斯管轄區服務了 12 年以上，在這麼長的時間裡，並沒有看到一個人哪怕是有名無實地從印度教或者伊斯蘭教皈依了新教。在這方面我是完全贊同斯維思的，並相信軍隊幾乎所有的都可以給出相似的證詞。」對這封信，接下來也同樣有強烈的反對聲。但我相信，這些反對聲如果不是來自傳教士，也是來自傳教士的表親，這些人至少是篤信上帝的對手。儘管他們所說的一切並不都是沒有根據的，我還是更相信上面摘錄的不帶偏見的證人證詞。這是因爲在我來說，我相信紅衣更甚於黑衣，一切維護和有利於教會──這對整個貴族的貧窮男兒而言是相當有錢和舒適的供養機構──的說法，正因此在我看來是可疑的了。

齊地站出來打鼓致敬。再有就是這些官兵拿出一塊紅布罩在載著神像的車上等等。這些行為都被迫終止，對朝聖香客的課稅也一併提高了。這些措施當然是為了取悅那些主教大人們。與此同時，那些自命尊貴、領取終身俸祿、戴著長而彎曲的假髮的人繼續對我們人類原初的宗教口沫橫飛地橫加指責，其完全是中世紀式的作風，在我們今天應該稱為粗鄙和惡俗；同樣，讓他們更加氣惱的是在 1845 年，愛倫伯勒勳爵以凱旋式的隊伍把在 1022 年已遭詛咒的馬默德毀壞的蘇瑪諾塔所殘存的大門帶回孟加拉，並移交給婆羅門。我認為所有這些都讓我們相信：那些主教們不會不知道在印度居住多年的大部分歐洲人在心裡對婆羅門教是有好感的；這些歐洲人對歐洲的宗教和社會偏見唯有聳肩以對。「所有的這些」，屬於這一類的一個歐洲人曾經對我這樣說：「只要在印度住上兩年，就會像鱗片一樣地剝落。」一個在 10 年前陪伴過德瓦達希的法國人，一個文質彬彬的紳士，在我跟他談起印度的宗教時，馬上就充滿熱忱地慨嘆：「先生，那可是真正的宗教啊！」但極為可笑的是，在此也就附帶一提，德國一些奴性的冒牌哲學家，還有不少研究東方文化的書呆子學者，站在理性猶太教的立場，掛著一絲自負的微笑，冷冷地、高高在上地俯視著婆羅門教和佛教。我的確很想推薦這些小人物簽訂合約，參加法蘭克福遊藝會的猿猴喜劇——如果印度神猴哈努曼的後代子孫真的肯容忍他們的話。

我認為如果中國的皇帝、暹羅國的國王或者其他亞洲國家的君主，允許歐洲列強派遣傳教士到他們國家的話，那他們完全有權利提出這一先決條件：他們也可以派出同等數量的佛教經師到這些歐洲國家，並享有同等的權利。當然，為此目的，必須挑選很好地學習過派駐國語言的經師。這樣，我們就會有一場有趣的競賽，然後看看到底誰能取得最大的成效。

究其實質，那些幻想的、間或甚至奇怪的印度神靈理論——這些時至今日仍然像幾千年前一樣構成了印度人民的宗教——也只是以象

徵，亦即為照顧人們的理解力而以意象、擬人化和神話化的方式，表述了《奧義書》的學說。每個印度人都根據自己的思想能力和教育的程度去琢磨、感受或者清晰洞察這些神話背後的含義。而偏執、狹隘和粗野的英國牧師卻譏笑和褻瀆這種宗教神話為「偶像崇拜」，自以為自己才是唯一對的一方。釋迦牟尼佛的目的就是去蕪存菁，把高深的道理從意象、神祇等混合物中分離出來，使一般人都可以接觸和明白那些純淨的真理。釋迦牟尼佛在這方面非常的成功，因而他的宗教是這一地球上最[244]卓越超群的，由全球最大數量的信眾所代表。釋迦牟尼佛可以與索福克利斯一起說出：

> 一旦與神祇合力，甚至一無是處的人也可取得勝利；
> 但我敢於不靠神祇的幫助而獲得榮耀。
>
> ——《埃阿斯》，767-769

試圖讓全世界都皈依基督教的宗教狂熱是不負責任的。詹姆斯·布魯克爵士殖民統治了一部分婆羅洲好一段時間——他在 1858 年 9 月參加了利物浦舉行的基督教福音傳播會舉行的會議，對這傳教會的中心發表了演說。他說道：「對伊斯蘭教徒，你們沒有取得進展；對印度人你們則是完全沒有任何進展。你們仍然是在第一天踏上印度國土的地方原地踏步。」（1858 年 9 月 29 日《泰晤士報》）。但在另一方面，基督教傳教士卻做出了斐然的成績，並值得嘉許，因為他們當中的一些人為我們帶來了對婆羅門教和佛教出色與全面的報導，忠實、準確地翻譯了這些宗教的典籍——如果翻譯者不是對所翻譯的著作懷有摯愛，那他們不可能取得這樣的成就。我把下面這首打油詩獻給這些高貴的人物：

> 你們出去之時是老師，
> 歸來的時候則成了學生；

被遮蔽了深意的真理，
從此不再陌生。

所以，我們希望有朝一日，甚至歐洲也能消除掉所有猶太教的神話。這一世紀或許已經到來了：根源出自亞洲，操雅弗語系的人將重獲其**故國的神聖宗教**，因為在步入迷途很長時間以後，這些歐洲人接受這些宗教的時機再度成熟了。

116

讀了我的獲獎論文《論意志的自由》以後，任何有思想的人都不會再對這一點存疑：這種自由在大自然是尋覓不到的，它只能存在於大自然以外。這種自由是一種形上的東西，在這一自然世界裡是不可能的。因此，我們個別的行為一點都不是自由的，但自己的個體性格卻被人們視為自己自由做出的功績。一個人之所以是這樣一個人，是因為他一次、永遠地意願（意志）成為這樣一個人。這是因為意志是自在地存在，哪怕這意志是在某一個體裡面顯現，因而構成了這一個體的原初和根本的意志活動；意志獨立於一切認知，因為意志是先於認知的。從認知那裡，意志只是獲得了動因——而隨著動因，意志就相繼發揮和發展其本質，這一本質也就得以被認識，或者說就顯現出來了。但意志本身作為超越時間之物，只要是存在了，那就是不可改變的。因此，每一個這樣的人既然是存在了，那在每一情形下（這些情形也遵循著嚴格的必然性而出現），除了做出他每次在這樣的情形下所做出的事情以外，絕對不會還做出其他別的。所以，一個人一生中的整個經驗軌跡，連同那大大小小的事情，就像一個座鐘的走動一樣，其必然性預先就確定了。這從根本上是因為上述形上的自由行為（行動）進入我們認知意識的方式是直觀、觀念，以時間、空間為形式；透過這形式，那本來是統一和

[245]

不可分的行為（行動）現在就呈現為分散的、成一連串的狀態和事件，受著理由律在 4 種形態方面的指引——而這恰恰就是人們所說的**必然**。但那結果卻是道德的，也就是說，我們從我們的所為認識到我們所是，正如我們從我們所承受的痛苦認識到我們應得到的一樣。

由此我們更進一步推斷：人的**個體性**並不唯一以個體化原理為基礎，所以，人的個體性並不完全只是**現象**，而是根植於自在之物，根植於個體的意志，因為它的性格本身是個體的。但這根子在此究竟有多深，並不屬於我要回答的問題。

[246] 在此，值得回想起柏拉圖早就以其方式把每個人的個體性形容為這個人的自由行為，因為**柏拉圖**說人的個體性就是這個人的心和性格的結果，正如每個人是轉世、輪迴以後的產物（《菲德洛斯篇》，第 325 頁；《法律》，第 10 部，第 106 頁，比朋蒂尼編）。甚至婆羅門教也以神話的形式表達了與生俱來的性格註定不能改變這一看法：在每個人出生的時候，婆羅門就在每個人的頭骨上以文字刻下這個人的行事和痛苦，這個人的人生軌跡也就必然據此展開。他們指出頭蓋骨上的鋸齒痕就是這些文字，而這些文字的內容就是這個人前世生活和行為的結果（參見《奇妙書信集》，1819，第 6 卷，第 149 頁；第 7 卷，第 135 頁）。這同一個見解似乎就是基督教（甚至早在保羅教義中）神恩選擇的教義的根據。

上述討論引出的，已在經驗上普遍得到證實的另一結論就是：所有**真正**的優點，不管是道德上的還是智力上的，不僅只有自然的或者現實經驗的根源，而且還有其形上的根源；所以，這些優點是先驗就有的，而非後驗才有的，那也就是與生俱來的，而不是後天獲得的；那也就是並不根植於單純的現象之中，而是扎根於自在之物。因此，每一個人從根本上只是做出他本性中的事情，亦即做出屬於他那與生俱來的、固定不變的本性的事情。智力才能雖然需要得到發掘、修養，正如大自然的許多產品需要一番加工才可以讓人們享受或利用一樣，但在這

兩種情形裡，任何修養和加工都不可以取代原有的材料。因此原因，所有只是學習得來的、後天勉爲其難獲得的，亦即後驗的素質，無論是道德上的還是智力上的都的確不是貨眞價實的，都是表面功夫，但卻沒有內容。正如這是從正確的形上學所得出的結論，對經驗事情的深刻觀察也教導我們同樣的道理。證明這一道理的就是所有人都相當重視每一個在某一方面表現出眾的人的面相、外形，亦即這個人與生俱來的東西，所以，人們都很想看看這樣一個人。當然，出於很好理解的理由，膚淺之輩和平庸之人會持與此相反的意見，爲的是可以指望他們所欠缺的一切，終有一天也會得到。所以，這一世界不僅是這樣一個戰場：對所取得的勝利或者失敗的獎賞是在下一個世界分發，其實，這世界本身就已經是最後的審判，因爲每個人根據自己的優點和功德已經一併獲得了酬勞和恥辱，就正如婆羅門教和佛教在教導轉生輪迴時已經知道了這一道理。

[247]

117

　　人們提出過這一問題：兩個人單獨在荒野裡長大成人，他們在首次相遇時會怎麼做？對此問題，**霍布斯**、**普芬多夫**和**盧梭**各自給予了相反不一的回答。普芬多夫相信這兩人會友好地互致問候；霍布斯認爲他們會彼此敵視對方；而盧梭的看法則是這兩個人會沉默不語地彼此擦肩而過。這 3 個人的看法既是對的又是錯的，因爲正是在這種情形下，**個人與生俱來的道德傾向方面那無法測量的差別**就會明顯表現出來。這種情形也就好比是測量這種差別的尺度和儀器。這是因爲有這樣一些人，看見別人就會馬上刺激起敵意，因爲他們的內在深處就會喊出：「這個是非我！」也有一些這樣的人，在看見他人會馬上引起友好的關切和同情，他們的內在會說：「這就是另一個我！」在這兩種情緒之間有著無數的級別。我們在這關鍵點上是如此根本的不同，這確實是一個

[248] 巨大的難題,並的確是一個神祕之謎。一個名叫**巴斯特海姆**的丹麥人在他所寫的《有助於了解處於原始狀態下的人的歷史報導》一書裡,為我們提供了對人的道德性格的先驗性進行各式考察的素材。巴斯特海姆發現,一個民族所表現出來的思想文化和這個民族的道德優點是各自完全獨立、分開的,因為這其中之一經常並不與另一個結伴出現。對此現象我們可以這樣解釋:道德優點完全不是出自理性思考(對理性思考的訓練、培養有賴於思想文化)的,而是直接發自意志本身,而意志的內在成分是與生俱來的,意志就自身而言是無法透過文化修養而改進的。巴斯特海姆把大部分民族描述為相當的卑劣,但關於某些未開化部落,他不得不報導非常優秀的普遍性格特徵,例如:居住在薩烏島的居民,還有西伯利亞一帶的通古斯人和皮魯島人。巴斯特海姆為此難題頗費了一番腦筋:為何個別部落的人異常善良,而他們四周部落的人卻又是那樣卑劣?在我看來,對此現象的解釋是道德素質遺傳自父親。在上述例子中,那孤零零的部落來自同一個家族,因而出自同一個祖先,沒有經過混雜,而這個祖先就是一個善良的人。北美出現過許多令人不快的事情,例如:逃避公債、明火執仗打劫、搶奪等等。出現了這些事情,英國人就會想起那些北美人是來自英國當年流放罪犯的殖民地——雖然我這裡說的只適用這些人當中的一小部分人。

118

讓人驚嘆的是:**每一個人的個體性**(亦即那確定的性格和確定的智力)就像滲透力很強的染料一樣,精確決定了這個人的所有行為和思想,直至最瑣碎的細節。所以,一個人的整個人生軌跡,亦即他的內在和外在的歷史,會與另一個人的人生軌跡截然不同。正如一個植物學家從**一片葉子**認出整株植物,**居維葉**從**一塊**動物骨頭就能重構這一動物,

[249] 同樣,我們從一個人的**某一**典型行為就可以達至正確了解這個人的性

格;確切地說,就是在某種程度上從這一行為構建起這一個人,儘管這一行為只涉及一些小事情。事實上,這些小事情經常最能說明我們認識這個人,因為在處理更重要的事情時,人們會小心防範;但在小事情上他們沒有太多顧慮,只會循著自己的本性行事。如果一個人在這種小事方面透過其完全不顧及別人、絕對自我主義的態度和行為,顯示出他的內心並沒有公平、正直的感情,那我們就不要在沒有足夠保障的情況下託付給他哪怕是一文錢。這是因為這樣一個在所有不曾涉及財產的事情上每天都表現出缺乏公正的人,其無邊的自我在日常生活中隨處透過那些別人不會計較的細微行為而暴露出來,就像一件骯髒的內衣從襤褸外衣的孔洞中向外張望——這樣一個人在處理人、我間的事情時,在除了正義就再別無其他動因的情況下,誰又會相信他能誠實行事?誰要是在小事上不顧及他人,就會在大事上肆無忌憚。誰要是忽略了一個人性格的微小特徵,直到吃虧受累了以後才從大處了解到此人的性格,那他就只能咎由自取。根據這同一原理,如果我們所謂的好朋友在小事情上面暴露出卑鄙、下流、惡劣的特性,那我們就必須馬上與這些「好朋友」一刀兩斷,以避免在大事上受其陰毒暗算——這些東西時機一到,就會現形。這一做法同樣適用於僱用的僕人。我們永遠謹記這一點:單獨一人也總比被叛徒簇擁著要好。

確實,一切關於人的知識,其入門和基礎就是確信:一個人的行事在大體上和本質上並不是由這個人的理性及其決心所指引的;因此,一個是這樣或者那樣的人,並不是因為這個人想要成為這樣或者那樣的人——哪怕他很想要這樣做;這個人的行事發自這個人與生俱來的和不可改變的性格,並由動因所特別、具體地確定,因而是這兩種因素的必然產物。據此,我們可以以一顆行星的運行來闡明一個人的行事:行星的運行是給予這一行星的離心力和太陽對其牽引的向心力共同作用的結果,前者代表了性格,後者則是動因的影響。我這說的幾乎不僅僅是比喻,也就是說,行星所以運動起來的離心力,雖然受到引力的限制,但

[250]

在形上的層面，就是在這一行星上顯現出來的意志。

誰要是把握了上述道理就會認識到：我們對自己在將來的某種情況下會如何作為，頂多只是做出猜測而已，雖然我們經常會把所作的猜測視為定論，例如：在別人提出某一方案以後，一個人會非常真誠，甚至非常樂意地承擔義務：在將來出現某種情況的話，他會做出這樣或者那樣的事情。但他是否會真的履行這一義務可一點都不是確定的，除非他的本性決定了他所做出的承諾本身，永遠和無論在哪裡對他這個人來說都是一個足夠有力的動因——因為這動因透過他顧慮自己的信譽而發揮作用，與別人的強迫沒有兩樣。但除此以外，這個人在將來某種情況下會如何作為，卻是可以預先完全確定下來的——只要我們準確、精細地了解了這個人的性格和他將身處其中並受其影響的外在情況。如果我們已經見過他在相似情況下的行為，那預知當然就非常容易了；因為他在第二次會不可避免地做出同樣的事情——前提是在第一次的時候，他已經正確和完全地了解了當時的情況。這是因為正如我已經常指出的：「終極原因並不以其真正的本質，而只是根據其本質被了解的程度而發揮作用。」也就是說，一個人在第一次時並沒有認識到或者明白的東西不會對他的意志產生影響，正如某一絕緣體阻止了導體作用的話，電流傳導也就停止一樣。性格的本質不變和由此產生的必然行為會留給這個人尤其清晰的印象：這個人在某一機會情形下並沒有像他應該的那樣行動，因為他欠缺果斷、堅定、勇氣或在那一刻所需要的素質；現在事後，這個人認識到了自己沒有正確行動，真心為之後悔，並且或許會想：「啊！如果我再有機會，我就會做出不同的行為！」再有機會以後，還是做出了同樣的事情——對此，他自己都大感驚訝。[4]

[251]

莎士比亞的戲劇無一例外地為我們提供了說明現正討論的真理最

---

[4] 參見《作為意志和表象的世界》，第 2 卷，第 226 頁以下；或第 3 版，第 2 卷，第 251 頁以下。

好的例子。這是因為莎翁澈底相信這一真理，他直覺的智慧在每一頁紙裡都以具體、形象的方式把這真理表達了出來。但我現在還是想要舉出一個例子說明——莎翁在這一例子裡尤其清楚地凸顯了這一真理，但卻又絲毫沒有刻意和斧鑿的痕跡，這是因為莎翁是一個真正的藝術家，從來不會從概念出發。莎翁的目的明顯只是要把自己直觀所見和直接了解的這一心理真理表現出來，並不在乎只有為數不多的人會注意和明白這一道理，也不曾想到將來的某一天在德國，膚淺和愚蠢的傢伙會詳細分析說他寫下這些劇本只是為了圖解一些道德方面平淡無奇的理論。我想說的是諾森伯蘭伯爵一角。他在 3 齣悲劇裡面連續出現，但都不是作為主角出場，而是分散在 15 幕中為數不多的幾個場景裡出現。所以，如果在閱讀時不是全神貫注的話，儘管作者牢牢把握著這一角色，我們仍然很容易就會遺漏這人分散在不同段落的性格描寫，以及這一性格在道德上的一致性。莎士比亞讓這位伯爵在每次出場時都帶著高貴的騎士派頭，談吐也與此相配。莎翁間或讓他的嘴巴說出一些相當優美，甚至崇高的辭藻，因為莎士比亞的手法和席勒相差很遠。席勒喜歡把他筆下的魔鬼塗抹成黑色，作者對其角色的讚許或者反感就在這些角色說出的話語中流露了出來。但在莎士比亞和歌德的筆下，人物一旦站在那裡說話，那說出的話語都是完全合乎情理的，哪怕這個角色是一個魔鬼。在這方面，我們可以比較一下歌德和席勒作品中的艾爾巴公爵。我們在《理查二世》中就已經認識了諾森伯蘭伯爵。在這一劇中，他第一個站到波林布魯克一邊陰謀對抗國王，而波林布魯克後來就成了亨利四世。諾森伯蘭伯爵私下對亨利四世阿諛奉承（第 2 幕，第 3 景）。在接下來的一幕裡，諾森伯蘭伯爵因為在說起國王的時候直呼理查而遭到斥責，但他發誓那只是因為自己喜歡簡約而已。這事情過去不久，他就用一番花言巧語說服了國王屈膝投降。在接下來的一幕，他如此苛刻、無禮地對待讓位慶祝活動中的國王，以致到最後，失魂落魄和鬱鬱寡歡的國王再一次忍無可忍——他吼道：「魔鬼，我還沒進地獄你就已經折磨我

[252]

了！」在劇的結尾，他向新國王報告說：他已把前國王追隨者的頭顱砍下並送往倫敦去了。在接下來的悲劇《亨利四世》裡，諾森伯蘭伯爵以同樣的方式煽動對抗新任君主。在第 4 幕，我們看到叛亂者聯合起來，準備在第二天早上發動一場大的戰役，現在就只是急不可耐地等待諾森伯蘭伯爵和他的軍隊而已。終於，諾森伯蘭伯爵的一封信到了：他正抱病在身，但他又不放心把軍隊交給別人；儘管如此，他希望他的同伴們勇敢前進，奮勇殺敵。叛亂者這樣做了，但由於諾森伯蘭伯爵軍隊缺陣而導致實力大減。他們全軍覆沒，造反的頭目也大都被俘虜了。諾森伯蘭伯爵的兒子，英勇的「熱刺」也被王儲親手擊倒。再度在接下來的戲劇——《亨利四世》的下半部——我們看到諾森伯蘭伯爵為自己兒子的死亡而狂怒，喘著粗氣叫嚷復仇。所以，他再次煽動起暴亂，叛亂的首領們重新聚在一起。正當他們在第 4 幕不得不打一場大戰，就只需等候諾森伯蘭伯爵的軍隊與之會合的時候，一封信到了：諾森伯蘭伯爵因為無法聚集到足夠的將士，所以，他將到蘇格蘭避避風頭；儘管如此，他打心裡希望他們英勇的作戰會獲得極大的成功。得到這一消息以後，叛亂者與國王達成協議並繳械投降。國王後來並沒有遵守協議，叛亂者也就被消滅了。

　　因此，一個人的性格並不是這個人理性思考和選擇以後的產物。在一個人的行為中，智力所能做的只是把動因呈現給意志；但智力只能作為旁觀者和目擊證人，看著動因如何作用於既定的性格，並由此形成人生的軌跡，嚴格來說，這裡面的總體事件發生的必然性與鐘錶運動的必然性一般無異。關於這一點，讀者可參見我的獲獎論文《論意志的自由》。認為在做出每一個別行為時，人的意志（意願）是完全自由的，那是一種錯覺。在那篇論文裡，我把人的這一錯覺還原其真正的含義和根源，並以此提出了產生這一錯覺的作用原因。在下面運用目的論以解釋這一自然錯覺的同時，我想一併補充產生這一錯覺的目的原因。因為自由和原初性〔這些其實只屬於人的悟知性格（intelligibeln

Charakter）——智力只能在人所走過的一生中了解到這一悟知性格〕似乎屬於人的每一個別的行為，原初的作品對我們的經驗意識來說，就似乎是經由每一個別的行為而重新完成，所以，我們的人生歷程也就以此獲得了最大可能的道德「指引」，因為我們只有經過這樣的方式才能對我們性格中所有不良的一面有所感覺。也就是說，良心以這樣的評語伴隨著做出的每一個行為：「你本來應該做出別的行為或事情。」——雖然這句話的真正意思是「你本來應該是別樣的人」。那麼，一方面人的性格不可改變，另一方面人持續置身其中的外在情形則遵循著嚴格的必然性而出現，這樣，一個人的一生也就無一例外地從開始到結束都被精細地確定下來；但儘管如此，一個人的一生連帶其所有的無論是主體還是客體的確定和限定，則比另一個人的一生幸福得多、高貴得多和有價值得多——既然是這樣，那如果我們不想剔除所有公道、正義的話，我們就會得出在婆羅門教和佛教中的確定看法：無論是與生俱來的主體條件，還是誕生於其中的客體條件，一個人都是這個人前世存在所得出的道德上的果。

馬基維利似乎完全沒有做過哲學思辨，但由於其獨特的、極具穿透性的理解力，他說出了下面這一句的確含義很深的話，而說出這話的前提就是能夠直觀認識到：在既定的性格和既定的動因齊備以後，行為就完全是必然地出現。他在喜劇《克里提亞》的開場白這樣說：「在這世上，如果相同的人和相同的情勢再度出現，那用不著 1 百年，現在的人就會再度在一起，就會再度做出現在他們正在做的同樣事情。」[5]

古人對命運的看法不外乎就是他們已在意識中確信：所發生的一切事情都是透過因果鏈緊密地連接了起來，所以，其發生是嚴格必然的；據此，將來要發生的事情已經是完全固定的，是肯定和細緻地確定了下

---

[5] 但對聖奧古斯丁《上帝之城》（圖書 12，第 13 章）的話的回憶，可能引導馬基維利得出了這樣的見解。

來，不會有絲毫的更改，一如過去已經發生的事情。只有那確切預言將來的事情——在古人的命運神話裡——才被視為不可思議的事情，如果在此我們排除催眠預知和第二視覺的可能性的話。我們不可以試圖以膚淺的空談和愚蠢的藉口反駁命運論的基本真理，而是應該做出努力，清晰地明白和察覺這一真理，因為這一真理是可被實證的；它為我們提供了了解我們謎一樣的存在的重要素材。

上帝決定命運論和上述的命運論並不是在最主要和最重要的方面有所不同，而只是在這方面不一樣：人的既定性格和來自外在的對人的行為的規定和限制，在上帝決定論者看來，是出自某一具有認知之物；在上述命運論者看來，則是出自某一不具有認知之物。在結果方面，這兩種命運論殊途同歸：發生的事情都是必然地發生。而**道德自由**的概念是與**原初性**的概念密不可分的。這是因為如果說一個生存是另一個生存的作品，但前者在意願（意志）和行為方面卻是**自由**的——那這一看法用字詞說說還可以，但在思想裡卻是辦不到的。也就是說，誰要是從無中創造出這一生存，那他也就一併創造和確定了這一生存的本質，亦即一併創造了和確定了這一生存的總體素質。這是因為人們永遠不會是創造了，但又不曾創造出某樣東西，即某一根據其素質完全確定了的東西。以此確定下來的這些素質，在這之後就會伴隨著必然性而外現出來和發揮出作用，因為這些外現和作用就只是被活動起來的素質本身：這些素質只需有來自外在的誘因就會顯現出來。一個人**是**什麼樣的人，就必然會做出什麼樣的行為。因此，功德和罪過並不繫於這個人的個別行為，而繫於這個人的真正本質和存在。所以，一神論與人應負擔的道德責任是格格不入的，因為這樣一種道德責任始終歸於這生存的創造者，這一造物主才是真正的負責者。人們徒勞地嘗試透過人享有道德的自由這一概念以協調這些矛盾，但這牽強的協調說法始終站不住腳。**自由**的存在也必然是**原初**的存在。假如我們的意願（意志）是**自由**的，那**原初的本質**也就是自由的；反之亦然。前康德教條主義試圖分開這兩個論斷，並

因此被迫假設了**兩種**自由：亦即對宇宙起源學來說的第一世界原因的自由；對道德學和神學來說的人的意願（意志）的自由。與此相應，在**康德**那裡，第 3 對和第 4 對悖論探討了**自由**。

相較之下，在**我的**哲學裡，不帶成見地承認行為有其嚴格必然性與我的這一學說是相符的：在沒有認知的存在物那裡顯現的也是**意志**。否則，那些沒有認知的存在物，在其遵循明顯的必然性而作用和活動時，就會與人的意志（意願）活動形成了矛盾——假如真有個別行為的自由，假如人的個別行為不也是同樣遵循著嚴格的必然性，一如所有其他的作用和活動。在另一方面，正如我在上文表明了的，我的這種意志行為有其必然性的同一學說，就必然得出這一推論：人的存在和本質本身就是他的自由的作品，因而也就是他的意志的作品，意志因而就是自為、自有的存在。但在與此相反的假設裡，所有的責任就消失無蹤了，就像我已表明了的；並且這一道德世界如同自然世界一樣，只是一臺機器：置身在這機器之外的機器製造者，就是為了自己的消遣而發動起這機器。所以，真理與真理之間是連貫、統一的，它們互相需求、相互補充，而謬誤則處處碰壁。

119

道德說教對人的行為會產生什麼樣的影響，其界限是什麼——我在論文《論道德的基礎》（第 20 節），已經詳盡地探討過了。與道德說教在本質上相類似的是**榜樣**、**實例**的影響，但榜樣的影響卻比學說、理論的影響更有力。因此，我們有必要對榜樣、實例的影響作一番簡短的分析。

榜樣、實例首先發揮的要麼是阻撓，要麼是鼓動的作用。當榜樣使人放棄了這個人很想做的事情時，那就是發揮了阻撓的作用。也就是說，這個人看到其他人並沒有做這樣的事情——由此他得出了這一泛泛

的推論：做這樣的事情是不可取的，這會爲他本人、他的財產或者聲譽帶來危險。他就堅持這一想法，很高興不用自己親自去調查一番。或者他甚至親眼目睹做出這件事的人承受了糟糕的後果。這是阻嚇性的榜樣例子。而鼓動性的榜樣例子有兩種作用方式：亦即要麼促使一個人做出這個人其實並不想做的事情，但也同樣確保如果不這樣做的話就會給這人帶來某種危險，或者會有損這個人在他人心目中的印象；要麼就是鼓勵這個人做出自己想做，但卻由於害怕危險或者擔心丟臉而一直沒有做的事情。這類是誘惑性的榜樣例子。最後，榜樣和實例也會使這個人注意到在這之前他一點都不曾想到過的事情。假設是這種情況，那很明顯，榜樣和實例首先只是作用於他的智力；在這期間，對他的意志的影響是次要的；當這一榜樣和實例眞的對其意志產生了影響，那是經過自己做出判斷或者信賴做出榜樣和實例的人。榜樣和實例之所以有相當強力的影響，都是因爲人們普遍缺乏判斷力，也經常沒有多少知識去探索自己該走的路。所以，人們就十分樂意跟隨別人的步伐。據此，一個人越缺乏判斷力和知識，他就越容易受到榜樣例子的影響。所以，絕大多數民眾的指路明星就是別人的例子。他們的全部行爲、做事，無論所涉及的事情是大是小，最終都不外是仿效他人；哪怕是做最微小的事情，他們也不是依據自己的判斷。這個中的原因就是害怕深思、回想，以及順理成章地不信任自己的判斷力。人們這種極其強烈的模仿他人的本能也證明了人與猿猴的親緣關係。模仿和習慣就是人們絕大部分行爲的動力。但榜樣和實例的作用方式卻是由每一個人的性格所決定的。因此，同樣一個榜樣例子對一個人可以產生誘惑性作用，但對另一個人卻會起到嚇阻性的效果。某些與人交往的不當、無禮舉止輕易就給了我們機會觀察這種情形。那些不當舉止以前是沒有的，現在卻逐漸扎根、蔓延。當第一次注意到這樣的不良舉止時，一個人會想：「喲！怎麼會有這樣的事情？這多麼的自私、自我！一點也不爲他人考慮！我的確要引以爲戒，不能做出這樣的事情。」但另外就有 20 個人這樣想：「哈！這個

人能夠做出這樣的事，那我也一樣可以的了！」

從道德的角度考慮，榜樣例子就和說教一樣雖然能夠有助於社會和法律的改進，但卻不會有助於改良一個人的內在，而一個人的內在才是真正道德方面的。這是因為榜樣例子永遠只是作為個人的動因而發揮作用，所以，這裡的前提條件是這個人能夠接收、接受這種動因。但恰恰這個人的性格是主要和首先接收、接受這種動因，抑或接收、接受另外一種動因，決定了這個人本來的、真正的，但卻始終是與生俱來的道德素質。總而言之，榜樣例子是幫助顯現出我們性格中良好或者糟糕素質的手段，但這些手段卻無法產生這些素質。所以，塞內卡的話說得很對：「意志是學不會的。」所有真正的道德品質，無論好壞，都是內在天生的──這一學說與婆羅門教和佛教的輪迴學說更吻合──與猶太教相比較而言。根據前者的輪迴學說：「一個人的惡行和功德如影隨形般地伴隨著一個人從這一世輪迴到下一世。」而猶太教則需要來到這一世上的人，在道德上是空白的，為的是依據那令人難以想像的「無須根據的自由、任意選擇」，因而也就是經過理性的思考來決定自己是想要成為天使還是魔鬼，抑或介乎兩者之間的人。猶太教的這些說法我知道得很清楚，但我對其不屑一顧，因為我的旗幟是真理。我也不是哲學教授，所以，我的職責不是首要鞏固、維持猶太教的基本觀點，尤其是這一觀點已成了永遠妨礙人們獲得任何哲學認識的絆腳石。「無須根據的自由、任意選擇」打著「倫理道德的自由」的名義，成了哲學教授至愛的玩具。我們就讓他們自得其樂吧！這些聰明、誠實和坦率的人啊！

[259]

第 9 章　論法學和政治

120

　　德國人一個特有的缺點就是：明明擺在他們面前腳下的東西，他們卻在雲端裡尋找。這方面一個極好的例子就是哲學教授對**自然權利**的解釋。爲了解釋人與人之間最簡單的生活關係，這些也就是自然權利的素材，亦即公義、不義、擁有、國家、刑法等等——爲了解釋這些，就搬出了至爲膨脹、至爲抽象，因此是至爲廣泛和空洞的概念，然後就運用這些概念，根據那些教授各自的古怪念頭而建起了林林總總一個又一個直衝雲霄的巴別塔。就這樣，那些最清楚、最簡單和與我們直接相關的生活關係就被搞得難以理解，給在這些學校接受教育的年輕學子造成極大的不便。但這些事情本身卻又是極爲簡單和易懂的。讀一下我在《論道德的基礎》（第 17 節）和《作爲意志和表象的世界》（第 1 卷，第 62 節）中關於自然權利的論述，就會相信我這裡所說的。對於某些字詞，例如：權利、自由、好、是（Sein，這完全沒有意義的連繫動詞中的不定式）等等，德國人很容易暈頭轉向，馬上就會陷入某種神志不清，並開始囉嗦些莫測高深、不知所云的字詞，因爲他們會把意義最廣泛，因此也就是最空洞的概念煞費苦心地羅列在一起，而不是去注視現實，親身直觀事物和關係。要知道，那些概念是從這些現實中抽象出來的，所以，這些現實是那些概念唯一真正的內涵。[260]

121

　　誰要先入爲主，認爲權利的概念必然是**肯定性質**的，並要去定義此

概念，那他是不會得出什麼結果的，因為他只是想要抓住一個影子，追蹤一個鬼魂，尋找一個烏有的東西。也就是說，正如**自由**一樣，**權利**的概念是**否定性質**的，其內涵就只是否定的。**不公正、侵犯權利**的概念是肯定性質的，是與廣泛意義上的**侵害**同一個意思。這樣的侵害可以涉及人身，或者財產，或者名譽。由此，**人的權利**就可輕易定義為：每個人都有權利做一切不會侵害別人的事情。

有**權利**做某事或者對某樣東西擁有權力，就只是意味著**可以做**某事或者拿去、應用某樣東西而又不會因此而侵害了別人。「簡樸就是真理的印記」。由此就可看出許多問題是多麼的不知所謂，例如：我們是否有權結束自己的生命。但至於或許對我們人身的要求和權利，那是以我們活著為條件的，隨著我們這一條件的消失而消失。要一個人在已經不想再活下去的情況下，仍須為了他人的利益而機器人一般地繼續生活，是過分的要求。

122

[261] 雖然人們的力量和能力並不相等，但他們的權利卻是相等的，因為權利並不立基於力量和能力，而是本著權利所具有的道德本質，建立在這一事實上：在每一個人那裡，那同一個生存意志都在其同一個級別的客體化展現出來。這只是就人身為人所擁有的原初的和抽象的權利而言。每個人透過其力量和能力所獲得的財產和榮譽，取決於這些力量和能力的程度和性質，並給了他的權利更大的範圍：平等就到此為止了。在這方面配備了更高能力的人，或者更勤勞地發揮這方面能力的人，透過其更多的所獲，擴大的並不是他的權利，而只是他的權利所涉及的東西的數目。

123

在我的主要著作（第2卷，第47章）中，我闡明了**國家**本質上就只是這樣一個機構：保護全體人民免受外來侵略，也保護人們免受內部個人之間的侵害。由此就可推論：國家的必要性就在於眾所周知的人類的**不公正**。沒有了這些不公正的話，就不會有人產生關於國家的某一個想法，因為人們就不用害怕自己的權利受損害，而聯合起來對抗野獸或者自然力的襲擊與國家畢竟只是些微相似而已。從此觀點出發，就可清楚地看出那些假冒哲學家的狹隘和平庸，因為他們以華麗的辭藻把國家表現為最高的目標和人類存在的花朵，並以此給出了對庸俗的神化和禮讚。

124

如果在這世界上**公義**是普遍存在的話，那我們**建起**了我們的房子就已足夠了，除了這明顯的財產權以外，就不需要其他的保護了。但正是因為**不義**是生活中的常態，所以才有必要讓建好自己房子的人也能夠保護這一財產。否則，這個人的權利事實上就是不完備的。也就是說，侵略者就有其**拳頭的權利**（Faustrecht，或說**拳頭即公理**）。而這恰好就是**斯賓諾莎**對權利的概念，因為他並不承認其他權利，他是這樣說的，「每個人有多少力量，就有多少權利」（《政治論》，第2章，§8），「每個人的權利是由他具有的力量所決定的」（《倫理學》，4，命題37）。似乎是霍布斯引導他形成了這一概念，尤其是在《政治論》第1章§14。在那裡，**霍布斯**補充了這一古怪的解釋：可愛的上帝對一切擁有的權利只是奠基於上帝的無所不能。那麼現在在公民世界，雖然這一權利概念無論是在理論上還是在實踐中都被廢除了，但在政治方面卻

[262]

只是理論上廢除了而已,在實踐中這個權利概念仍然是持續適用的。我們現在就看到在中國因疏忽了拳頭就是公理,就是權利這一規律而得到的後果,亦即國內的叛亂和歐洲人的外侮。這世界上最大的王國並沒有防衛的力量,必然就得因為只是耕耘和平的藝術而不是戰爭的技藝而受罪。在那創造性自然的活動與人的活動之間,有某種特有的相似之處,但這相似之處卻不是偶然的,而是奠基於這兩者的意志的同一性。在整個動物世界裡,在以植物為生的動物出現以後,最終在每個動物級別都必然出現那搶掠性的動物,其目的就是以前者為獵物、為生。同樣,在人們誠實地和汗流滿面地從土地上得到整個民族賴以為生的東西以後,就總會出現這麼一些人:他們並不想開墾土地以獲得生活所需,而更寧願冒險押上生命、健康和自由去賭一把,目的就是撲向那些誠實賺得了財產的人,把他們的勞動所得據為己有。人類當中的這些掠食動物就是四處征服的民族。無論何處都可見到這些人,從最古老的時代一直到最近的時期,其各自的得失成敗無例外地為這世界歷史提供了素材。因

[263] 此,伏爾泰說得很對:「所有的戰爭不過就是搶掠而已。」他們對此也感到羞恥——這可由此看得出來:每一個政府都扯開嗓門聲明:他們拿起武器只是為了自衛。但這些征服者並不是以公開的和官方的謊言粉飾這種事情——這其實比做出那些征服行動更讓人噁心——而是大膽無恥地引用馬基維利的學說。也就是說,從這些學說他們推斷出:雖然在個體之間,在倫理和法學方面,「己所不欲,勿施於人」的原則當然是適用的,但在民族之間和政治方面,與此相反的原則才是對的,即「己所不欲,施之於人」。你不想被別人奴役,那就要及時奴役別人——也就是說,一旦別人的軟弱提供了這樣的機會給你。這是因為一旦錯過了這樣的機會,他們以後就倒戈到了敵方的陣營,然後就會奴役你——雖然現在犯錯放過機會的一代人用不著付出代價,但接下來的一代人就將為此受罪。馬基維利的這一原則對搶掠欲望來說終究是更像樣的藉口,總比總統演說裡面的那些用以包裹赤裸謊言的破爛外衣要好;馬基維利的

原則也讓人想起那兔子據稱襲擊了大狗的著名故事。從根本上，每個國家都視別的國家為一幫強盜，一有機會就會撲上來。

125

在農奴制（諸如俄國）與土地占有制（諸如英格蘭）之間，在總體上的農奴與租賃土地的佃戶、土地抵押的債務人等之間，差別更多的是形式上的而不是實質上的。這農民是屬於我的，抑或這農民賴以養活自己的土地是屬於我的；這鳥還是這鳥的食物屬於我，那果實抑或結出這果實的果樹屬於我——這些在本質上是沒有多少差別的。就正如莎士比亞讓夏洛克說的：

你奪走了我賴以為生的手段， [264]
也就奪走了我的生命。

自由農民的好處雖然可以不做農活了，到廣闊的世界闖蕩一番，但農奴和「束縛在這土地之上」的人或許擁有這更大的好處：當農產歉收，當疾病、衰老和失去能力而無助時，他的主人就得照料他。所以，農奴能睡上個安穩覺，而遇上歉收時，農奴的主人則在床上輾轉難眠，想著辦法提供麵包給他的農奴。因此，**米南德**就已經說了：「為一個好主人效力，勝過成為自由人活在苦難之中。」（斯托拜烏斯，《選集》）自由人的另一個好處就是他有可能透過自己的某些才能而改善自己的處境，但這樣的可能性對農奴來說也不是完全被剝奪了。如果農奴有更高級的成就，對其主人甚有價值，那他也會因此得到相應的對待，例如：羅馬時的手工匠人、製造廠的主任、建築師，甚至醫生也大多是奴隸。甚至在今天的俄國，據說很了不起的銀行家也是農奴。農奴有這些行業技能的話，也可以贖回自由，就像在美洲所經常發生的那樣。

所以，貧窮和奴役只是同一種東西的兩種形式，或幾乎可以說就是同一種東西的兩個名字而已，因爲這同一種東西的實質就是：一個人付出了力氣或能力，但絕大部分都不是爲了自己，而是爲了別人。這樣，他就一方面會工作負荷過重，另一方面又無法滿足自己的需求。這是因爲大自然只賦予了人恰好一定量的力氣，以讓他在適度運用其力氣的情況下得以謀生，力氣也就所剩不會很多。那麼，如果人類中並不只是極少一部分人不怎麼以體力承擔起人類生存的共同負擔，那剩下的人就會因此而超額勞動和受苦。由此產生的禍害，要麼是以奴隸制的名義，要麼是以無產者的名義，在任何時候都由絕大多數人承擔。但導致這禍害的遠因卻是奢侈。也就是說，爲了讓少數人得到一些可有可無的、多餘的和精巧之物，讓他們可以滿足那甚至是虛假的需求，現在很大一部分人力就得花費在這些東西上面，並因此不再生產必需的、不可缺少的東西。成千上萬的人就不是爲自己搭起小屋和茅舍，而是爲少數人建造奢華的大廈；不再是爲自己及家人縫製粗衣，而是爲有錢人織造精美的衣服，或者絲綢料子，甚至花邊，爲滿足有錢人而製作多種多樣的奢侈物品。城市中的大部分人成了這些奢侈品的製作工人，因此，現在農夫們就爲這些人和向這些人訂購產品的人而耕地、播種和放牧，亦即有了比大自然加諸他們身上的更多的苦役。除此之外，他本人也還要花費不少力氣和土地，不是在穀物、馬鈴薯和畜牧業方面，而是去釀酒、養蠶、繅絲，種植菸草、啤酒花、蘆筍等等。更有甚者，大量的人脫離了農業而服務於造船和航海，以便弄來蔗糖、咖啡、茶葉等等。生產這些多餘消費品就再度成了數以百萬計的黑奴苦痛的原因。那些黑奴被人從其祖國強行擄走，目的就是要以他們的汗水和苦痛去生產那些供享受之物。一句話，人類的大部分精力不是用於生產所有的那些必需品，而是用於爲一小撮人生產完全是多餘的、可有可無的東西。因此，只要有奢侈品的存在，那就必然會有超額的工作和悲慘的人生，不管其名稱是貧窮還是奴役。這兩者的根本區別就是：奴隸把其原因歸爲暴力，而貧窮者則

把原因歸為人的狡詐和詭計。整個社會有失自然的狀態，那要逃離苦難的普遍爭鬥，那要付出許許多多的生命代價的航海，那錯綜複雜的商業利益，最後就是所有這些會引發的戰爭——所有這些的唯一根源就是奢侈品，而這些奢侈品卻並不會帶給享受這些奢侈品的人幸福，而更多的是讓這些人病態和心情更加糟糕。據此，減輕人類苦難最有效的手段就是減少，甚至取消奢侈品。

這一連串的思路無疑有著許多對的東西。但是，這也遭到另一種說法的反駁，而這另一說法更由於有來自經驗的證明而變得有力。也就是說，人類投入到生產奢侈品中的勞動，在這方面必然要失去的**肌肉力量**，卻慢慢地在**神經力量**（情感能力和智力）方面千倍地得到補償，因為神經力量恰恰是透過這一機會而獲得了自由（在化學的意義上）。這是因為神經力量屬於更高一級的，所以，這些力量所成就的也就比肌肉力量的成就高出千倍，

> 一個好的點子經常勝過許多手工勞動。
>
> ——歐里庇得斯，《安提厄普》

一個全都是農民的民族，不會有什麼發現和發明；但悠閒的手會導致活躍的頭腦。藝術、技藝和科學本身就是奢侈的孩子，它們也償還了欠下的債務。它們的成果就是在科學的各個分支都完善了技術，在機械、化學、物理諸方面，而到了今天，把機械業提高到了一個從來不曾想到過的高度，尤其是透過蒸汽機和電力而做出的事情，這在以前會被歸為神鬼所為。因為機械在現在的工廠和不時在農活中所做的工作，是千倍於所有有閒的、生活富裕的、受過教育的人和腦力勞動者雙手所能做出的，亦即做出了就算廢除了奢侈品，讓全民都從事農活也無法做出的事情。那些工廠、營運、生產的結果一點都不是只讓有錢人得益，而是惠及了所有人。以前很難負擔得起的東西，現在變得價廉、貨源充足，甚

[267]

至低下階層的生活也輕鬆、舒適了許多。在中世紀時，英國國王曾經向一位貴族借來一雙絲綢襪子，以便穿上這襪子接見法國使者。甚至伊莉莎白女王在 1560 年也非常高興和驚奇地收到這樣的新年禮物：第一雙絲綢襪子（《迪斯累利》，1，332）。但今天，每一個商店售貨員都可以擁有這樣的東西。在 50 年前，貴婦人穿的是現在的女傭穿的印花布連身裙。如果機械產業能以這樣的進步速度持續一段時間，那就幾乎會節省了全部人力，就像現在馬的勞動已被免除了一樣。這樣的話，我們就可以想像會產生某種普遍的人類精神文化——但只要大部分人仍然必須從事艱苦的體力勞動，那這就是不可能的事情，因為肌肉力量和情感力量無論任何時候任何地方，無論普遍而言還是單個而論，都總是相互對立的，恰恰就是因為這兩者的基礎都是那同樣的生命力。再者，因為「技藝會移風易俗」，所以，那大的戰爭和小的鬥毆，或者決鬥，或許就會完全從這一世界消失，正如這兩者現在已經稀有得多。但在此，要寫出一個烏托邦並不是我的目的。

[268] 但除了所有這些理由以外，我們還要提到那些反對廢除奢侈品和反對平均分攤所有的體力勞動的論據，即人類大眾無論何時何地都永遠需要領導者、指引者和顧問——這些領導者根據不同的情勢而以不同的形態出現。他們就是法官、管理者、將軍、官員、神父、醫生、學者、哲學家等等。所有這些人的任務就是引領那絕大多數都是相當缺乏能力的、虛妄顛倒的人走過那人生的迷宮。因此，這些人根據自己的位置和能力而獲得了對人生迷宮或大或小的總覽。那麼，這些領導者免於體力勞動，也免受一般的匱乏或者不適之苦，甚至根據他們所做出的偉大得多的成就而比普通人擁有更多和享受更多，就是自然的，也合乎公平的。甚至批發商人也應列入這得到豁免的領導者階層——只要這些商人老早就預見到大眾的需求並為此需求而未雨綢繆加以解決。

126

關於一個民族的君權問題,歸根究柢就是是否有人從一開始就可以有權在違反這一民族意志的情況下統治這一民族。我認為在理性上是無法這樣宣稱的。人民當然就是君王,但這君王卻永遠是個未成年人,因此必須受到監護,而不能單獨行使其權力,否則無盡的危險就會接踵而至。尤其是這種君王就像所有的未成年人一樣,輕易就成為了詭計多端的騙子和流氓的玩物。這些騙子和流氓也正因此被稱為蠱惑人心者。

伏爾泰說過:

第一個國王是一個幸運的戰士。

當然,所有的王侯在當初都曾經是勝利的隊伍的首領,並在長時間裡以這樣的身分行使統治。在他們有了常備軍隊以後,就把人民視為維持他們及其軍隊的手段,並因此視為需要看管的羊群——這樣,這羊群才會提供毛、奶、肉。這都是因為(在接下來的章節裡做更深入的討論)天然地和原初地,統治這一地球的是**武力**,而不是**公理**(或說權利)。因此,武力有「先占領者的權利」的優勢。所以,武力是永遠不會無效的,是不可以真正解除的,而是永遠都不能缺席的。我們只能希望和要求武力站在公理(或說權利)一邊,與公理結合在一起。因此,君王說:我統治你們,透過武力或權力,但在這方面,我的權力是排他性的,不會還有其他別的權力,因為我不會容忍在我的權力(武力)旁邊還有其他權力(武力)——不管這是外來的還是內部的一方攻擊另一方。所以,你們就勉強忍受我的權力(武力)吧。正因為這一切就是這樣過來的,隨著時間及其進步,從原來的君主政體就進展成了某種別樣的東西,原先的概念就隱退了,人們只是有時瞥見其就像鬼魂一般一閃而過。也就是說,取而代之的是國王的觀念,而國王就成了扎實、牢不

可破的支柱，整個法律秩序和透過此秩序所有人的權利就唯一以此作支撐並得以存在下去。[1]但國王也只能是因其**與生俱來的**特權而做到這些。他的這一特權給了他，也只是給了他某種無人能有和能及的權威，這權威是不可以遭受質疑和攻擊的。的確，每一個人都本能一樣地服從這一權威。所以，這國王稱爲「受神恩典」是有理由的，他是國家裡面最有用處的人，他的貢獻是國王的年俸無法回報的——不管這年俸有多豐厚。

[270] 但**馬基維利**也是完全明確地從有關君王的第一個、中世紀時期的概念出發，以致他認爲這一概念是不言自明的，他也沒有對此概念加以解釋，而是假定了人們對此概念已經是心照不宣的。馬基維利也就在此基礎上提出他的建議。總而言之，馬基維利的書只是從當時普遍盛行的實踐追溯其理論，然後系統、連貫地表達出來。這樣，他的書就以其完美、以其新穎的理論形式獲得了迷人的聲望。順便一說，這後面所說的也適用於拉羅什福柯的不朽小書《箴言》。但《箴言》的主題卻是私人的生活，而不是國家、公眾的事情，並且《箴言》不是給出建議，而是寫出了拉羅什福柯的觀察和評論。人們可能會批評這本精彩小書的書名，因爲這本書的大部分既不是箴言和格言，也不是反省和思考，而是拉羅什福柯對人的發現和洞察，所以，這書應取這樣的名字。此外，馬基維利的書本身有不少內容也是適用於私人生活的。

127

公理（或說權利）就其本身而言是不具有強力（武力）的，本質上

---

[1] 斯托拜烏斯：《選集》，44，41，（第 2 卷，第 201 頁）：波斯人那裡有一個習俗：當國王死了，就有 5 天的無政府狀態，這樣，人們就可看到國王和法律原來是價值巨大的。

強力（武力）才是主宰。那麼，如何把強力（武力）與公理結合起來，透過強力（武力）讓公理成為主宰，這就是國家治理技巧所要面對的難題。這可是個有相當難度的難題。要認清這一點，那我們就只需想到幾乎每一個人都胸懷無邊的自我，此外，通常還加上那日積月累起來的憎恨和惡意，以致本來就是「爭吵」遠遠壓倒了「愛意」；還有就是要把數以幾百萬計這樣的人控制在秩序、平和與安寧之中，而與此同時，每個人本來都有權利向別人這樣說：「我並不比你差多少！」考慮到所有這一些，我們必然會對此感到不可思議：這世界上總體來說是如此寧靜與平和、合法與有秩序的，就像我們所看到的那樣。這當然唯一只能依靠國家機器。這是因為始終只有自然的強力才會直接發揮作用，因為一般來說人們也只會感受自然的強力和對其產生敬意。如果要在經驗中驗證這一點，那我們就一下子廢除所有的制約，以最清晰和最有力的方式告誡人們要理性地、公正地，但卻是違反他們自己的利益行事——這[271]樣，只有道德力量是無能為力的就會明顯顯現出來，因為我們得到的回應通常只是幾聲嘲笑。所以，只有自然的強力才可以讓人產生敬意。但這強力原本是在大眾那裡的，是與無知、愚蠢和不義結伴在一起。因此，國家治理技巧的任務首先就是，在這樣困難的處境下，讓自然的強力屈從於智力，屈從於精神思想的優勢，成為服務於此的工具。但如果這智力本身並沒有與公正和善良及良好的目的相結合，那如果這樣成功了，結果就是這樣的國家是由欺騙者和被欺騙者所組成的。但這會逐漸隨著民智的進步而暴露出來，無論人們如何設法加以阻止，然後就會引發革命。相較之下，如果智力是伴隨著公正和善良的目的，那就會產生出按照總體人事的標準算是完美的國家。很有助於達成此目的的不僅是公正和善良的目的，而且還要可以證明這些和公開展示這些，並因此需要給出官方彙報和得到公開監管。但需要注意的是：由此而來的更多人的參與，會讓偌大一個國家對內、對外發揮作用的統一權力有損其集中和力度，而這卻是共和國幾乎總是會有的情形。因此，透過國家的形式

滿足所有這些要求是國家治理藝術的最高任務。但在實際上，卻要考慮到具體的民族及其特性，因為這些作為原材料，其素質始終會影響到成品的完美。

[272] 　　如果政府管治能夠盡可能地完成其任務，把國內的不義盡量減至最少，那就已經永遠是很大的成就了，因為要掃除所有不義，不留任何殘餘，只是理想中的目標，我們也只能接近達到這一目標而已。也就是說，那些不義從一邊被逐出，又會從另一邊悄悄爬回來，因為不義深深地根植於人的本質。人們努力透過憲法的人為形式和完善的法制來達到這個目標，但那就像數學中的漸近線，因為固定的概念永遠不會窮盡所有的個別情形和套用在每一個個體，因為這些概念就像馬賽克圖畫的石頭，而不是油畫的細膩筆觸。此外，所有的試驗在此都是危險的，因為人們面對的是至為麻煩的材料：人類。操控這種材料幾乎就像操控高強度炸藥一般的危險。在這方面，對國家機器而言，新聞和出版自由當然是相當於蒸汽機的安全閥門，因為所有的不滿由此透過言詞而發洩；如果那些不滿並沒有多少實質性的東西，那就的確經發洩而竭盡。如果真有這樣的新聞和出版自由的話，我們及時知道這些不滿以做出補救，那是好事。這要比抱著怨氣好得多：這些抱著的怨氣就在那發酵、膨脹，膨脹得越加厲害，直至終於轟然爆炸。但在另一方面，新聞、出版自由可被視為一紙販賣毒藥的許可證，這毒藥毒害的是心靈。這是因為又有什麼東西塞不進那既沒有見識又缺乏判斷力的大眾的頭腦？尤其是向他們誘之以利的話。而一旦給他們的腦袋灌輸了某種東西，那又有什麼壞事是他們做不出來的？所以，我擔心的是新聞和出版自由所帶來的危險更甚於其好處，尤其是人們的申訴都可循法律的途徑。但無論如何，新聞、出版自由應有的條件是嚴禁一切匿名言論及其發表。

[273] 　　總而言之，我們甚至可以提出這一假設：權利與某些化學物質是類似的構成，即無法純粹和分離地展現出來，而頂多不過是摻雜了些微的東西，而這些東西就是其承載物或者給予了所需的牢固性和穩定性，如

氟，甚至酒精、氰化氫等等。因此，權利也一樣：如果權利要在真實世界中立足，甚至能普遍地存在，就必然需要某一些微的專橫和武力的附加物，目的就是要讓權利能夠在這一現實和物質世界作用和長存，而不會煙消雲散，就像赫西俄德所遭遇的情形——儘管權利這東西的真正本質只是觀念性的，並因此是縹緲的。所有的出生權，所有的繼承權，每一種國家宗教和許多其他，都可被視為這樣一種必不可少的化學基礎或者合金，因為只有基於這樣一種專橫加固了的基礎，才可以讓權利得到伸張和連貫地實施。所以，那就好比「給我一個支點」的權利。

林奈那人為的、任由人意而挑選、分類的植物體系是任何自然的植物體系所代替不了的，無論這一自然體系是多麼的與理性相符，也無論其如何多次的反覆試圖與理性相符，因為這一種體系永遠無法給出那確定和穩固、扎實的定義，而這是人為的和任由人意的體系所具備的東西。同樣，就像上述所表明的，國家憲法的人為和任由人意定出的基礎是任何某一純粹自然的基礎所代替不了的。也就是說，那純粹自然的基礎要拋棄上述的條件限制，要把產生的特權由個人價值的特權所取代，要把國家宗教由理智探究的結果所取代等等。這是因為儘管所有這些是與理性相符的，但卻欠缺那確定和扎實的定義，而只有這些才可唯一確保國家的穩定和維護全體國民的福祉。一部只是體現了抽象的權利的國家憲法，對於人以外的其他生物可能是很不錯的，因為絕大部分人都是極為自私自利、不公不義、沒有體恤之情、撒謊成性，甚至不時是惡毒 [274] 的，並且還只有差勁的智力配備，所以，就有必要由一人集權力和強力於一身，其本身則超然於法律和法規、不受問責的；所有人都服從其權力和強力，把這人視為屬於更高的一類，是受神恩典而成的統治者。也只有這樣，人類才能從長遠得到約束和治理。

相較之下，我們看到在北美的美利堅合眾國，人們試圖完全不要所有這些任由人意的基礎，亦即讓完全不摻雜質的、純粹抽象的權利來統治。只不過，這結果並不誘人，因為雖然北美物質富饒，但我們發現

那裡普遍的思想意識卻是低級的功利主義，連帶其不可避免的伴侶——無知；而這無知就爲那傻乎乎的英國聖公會的盲目信仰、不知所謂的自負、粗野的蠻橫以及幼稚的崇敬女人鋪平了道路。但更糟糕的事情卻在那裡習以爲常地發生，亦即令人髮指的奴役黑人，以及極度殘忍地虐待奴隸，不公義地鎮壓自由黑人，私刑，經常性發生的暗殺而又不受懲罰，聞所未聞的血腥決鬥，不時地公開嘲笑法律，拒付公債，政治上無恥哄騙相鄰的州並隨後進入其富饒地區搶掠，然後就必須由上頭用不實的謊言加以掩飾，但每個人卻都知道這些就是謊言，並且發出嘲笑。還有就是那越演越烈的暴民統治。最後就是高層上述的拒絕正直和誠實對國民私德所產生的極其惡劣的影響。所以，在地球另一邊的純粹權利憲法的試驗品真沒有爲共和國說了多少好話，它在墨西哥、瓜地馬拉、哥倫比亞和秘魯的模仿品就更沒有什麼值得稱道的東西。共和國還有這

[275] 樣一個很特別和似非而是的缺點：在這些國家裡，有出色頭腦的人更難達到高位並從而發揮直接的政治影響力，這是與君主制國家相比較而言的。這是因爲無論在哪裡，那些思想狹隘、無力和平庸的人都總是聯合起來反對具有出色頭腦的人，視他們爲天然的敵人；或者都會憑直覺而團結起來，這些出類拔萃者由於共同的害怕而緊緊地抱在一起。這些人總是人多勢眾，在共和國憲法的國家中，輕而易舉就會成功壓制和排擠掉那些頭腦出眾者，目的就是不要讓他們把自己比下去。在每個人都有同樣的原初權利的情況下，這些人對抗那些傑出者，甚至是 50 對 1 之比。但在君主制國家，這些狹隘頭腦的人針對有能力者而普遍和自然組成的聯盟卻只是單向存在，亦即只來自下層；但從上層，具有理解力和才幹的人則自然獲得說項和保護。這是因爲，首先君主的地位是高高在上的和穩固的，並不會懼怕有能力者。此外，君主本人更多的是透過其意志而不是透過其智力爲這個國家服務，因爲他的智力對那許多的要求是永遠無力勝任的。因此他必須使用別人的頭腦，並且考慮到他的利益是與這個國家的利益緊密不可分離地合爲一體，他會更喜歡和更優待最

有能力者，因為這些人是他最好使的工具——只要他能慧眼識才就可以了；而這也不是那麼的困難，假如他求才若渴的話。同樣，那些大臣也比那些未來的政治家高出一籌，以致不會帶著嫉妒看待他們，並因此出於同樣的原因很願意為了利用其才幹而挑選出色的人才，聽其發揮。所以，在君主制國家，頭腦優秀的人才始終比在共和國更有機會對抗其無處不在的死敵——愚蠢。這可是一個巨大的優勢。

總而言之，君主制的政體形式對人來說是自然的政體形式，幾乎與動物是一樣的情形，例如：蜜蜂、螞蟻、飛行中的鶴類、跋涉中的大象、結夥出去獵食的狼群及其他動物。所有這些動物在行動中都有**一個**領頭的。人的每一次伴隨危險的行動，每一次軍事行動，每一艘大船的行進，都必須聽命於一個統帥的指揮，無論在哪裡都必須有某一意志作領導。甚至動物性的有機體也是君主制的構成：腦髓才是唯一指揮者、統治者。雖然心臟、肺部和胃部對整個有機體的持續存在做出了更多的貢獻，但這些市儈和小市民卻不會因此而發揮領導和指引作用，因為領導和指引唯獨是腦髓的事情，必須從**一個**點發出。甚至行星體系也是君主制的。相較之下，共和國的制度對人來說卻是違反自然的，對於高級的精神生活，亦即對於藝術和科學同樣是不利的。與所有這些相應，我們發現在這地球上無論何時何地，無論那些民族是文明進化了的抑或是野蠻的，或者處於這兩者之間，都總是以君主制統治的。

[276]

> 多人統治並不是好事，應該只有一位統治者，只有一位君王。
> ——《伊里亞德》，2，Ⅱ，204

我們看到無論哪裡無論何時，那數以百萬計的人，甚至數以億計的人會臣服於、心甘情願地聽命於一個人，有時甚至聽命於一個婦人，或者暫時性地聽命於一個小孩——這種事情又怎麼可能發生呢？如果在人們的心中不是有著某一君主制的本能在驅使人們做出那被視為適宜的

事情，這是因爲這種事情並非出自理智思考。各個地方和地區都有一個君主，其尊嚴一般來說都是世襲的。這君主就好比是那全體人民的擬人化身或標記符號，是全體人民在這君王那裡化身爲個人了。在這一意義上，這君王可以理直氣壯地說出「國家就是我，我就是國家」（法語，l'étatc'estmoi）。正因此，我們看到莎士比亞的歷史劇中，英格蘭國王和法國國王彼此以「法國」和「英國」相稱，奧地利公爵也被稱爲「奧地利」（《約翰王》，第3幕，第1景），他們儼然以肉身體現了他們的國家和民族。這是符合人性的，也正因此，那世襲的君王及其家庭的興旺是與其國家分不開的，而透過選舉上去的卻通常不是這樣的情形，例如：我們可看看實行教皇世俗統治的國家吧。中國人也只有君主制的概念，共和國是什麼玩意中國人是不明白的。1658年，在中國的一個荷蘭公使團不得不把奧蘭治親王說成是他們的國王，因爲不然的話，中國人就會把荷蘭視爲一幫群龍無首的海盜的巢穴（詳見讓・尼爾霍夫著《荷蘭東印度公司使節團訪華紀實》，讓・勒・夏龐梯爾譯，萊頓，1665，第45章）。斯托拜烏斯在他的書中一章裡以這樣的話作題目：「論君主制就是最好的體制」（《自然哲學文選》，第2卷）在這裡，斯托拜烏斯收集了古人關於君主制好處的最好段落。共和國恰恰就是違反人性的，是人爲的和經過思考以後的產物，因此是整個世界歷史中少有的例外，亦即只有那小小的希臘地區的共和國、羅馬共和國和迦太基共和國，並且其條件都是其國民的5/6，或許甚至7/8是由**奴隸**組成的。甚至在1840年，在美利堅合眾國，在1600萬居民中有300萬是奴隸。此外，古代共和國的維持時間與君主國相比是相當短暫的。總而言之，共和國容易建立起來但卻難以維持，而君主制則剛好相反。

　　如果人們想要一個烏托邦的計畫，那我就會說：解決問題的唯一辦法就是由眞正貴族中的智慧和高貴的人實施專制統治，這些人則**透過生育的途徑**而獲得：由最高尚、最高貴的男子與最聰明、最有思想的女人結成婚姻。這裡建議的就是**我的烏托邦**，是我的柏拉圖的理想國。

君主立憲制的國王，毫無疑問相似於伊比鳩魯的神祇，因為那些神祇並不摻和到人事中去，心平、氣和、愉快地安坐其天上。但這些現在卻一下子成了時髦。在每一個德國的小侯國，都完整列出了英國憲法的仿製品，還有那上議院和下議院，一直到《人身保護法》和陪審團制度。這些東西是出自英國人的性格和英國的國情，在具備這兩者的前提下，這些英國人的形式對英國人是適宜和自然的；但同樣自然的是，德國人被分成許多部族，由許多諸侯真正行使管治，而在所有這些諸侯之上則有一個皇帝在國內維持和平，對外則代表著統一的王國，因為這些是出自德國人的性格及其國情。我認為如果德國不想遭遇義大利的命運的話，那就必須恢復，並且盡量有效地恢復那被波拿巴一世廢除了的國王的尊嚴。這是因為德意志的統一維繫於此，沒有了德皇的尊嚴，德意志的統一就是有名無實的，不安全的。但因為我們不再是生活在根特·馮·施瓦茨伯格的時期——那時候，選擇國王可是一件很嚴肅的事情——所以，我們國王的位子可以輪流傳給奧地利和普魯士，在其有生之年都可以維持。不管怎樣，小國的絕對君權是虛幻的。拿破崙一世為德國所做的，正正就是奧托大帝為義大利所做的，亦即把德國分成許多**獨立**的小國，所根據的原則就是「分而治之」。英國人在這方面表現出了他們那偉大的理解力：牢牢地和神聖地保持著他們古老的制度、機構、習俗，其頑固堅持甚至到了有可能太過和可笑的地步。這正正是因為那些古老的東西，並不是在無所事事的頭腦中想出來的，而是逐漸誕生於情勢之力和生活的智慧本身，因此適合他們的國家。相較之下，不通世故的德國佬卻盲目聽從其學校老師的說法，非得穿著燕尾服走動不可，其他別的都是不得體的。因此，他們軟硬兼施地從父親那得到了這大禮服。在穿上這禮服以後，其笨拙的舉止和有失協調的氣質讓他們看起來相當的滑稽。但這禮服對他們是太過緊身和不舒服，尤其是很快就要穿著這些衣服坐在陪審席上。這陪審員制度源自最野蠻的英國中世紀，源自阿爾弗雷德大帝時期，因為那時候，能夠閱讀和書寫就足以被

[279]

豁免死刑。這是刑事審判庭中的最糟糕者。也就是說，坐在審判席上的不是有學問知識、有經驗的刑事法官，不是每天都在破解那些小偷、流氓、謀殺犯所慣用的伎倆而花白了頭髮，並因此懂得個中巧妙的人，而是那些裁縫和手套縫製工。現在，這些人就要以他們那笨重的、粗糙的、未經鍛鍊的、有欠靈活的，甚至還不習慣於集中注意力稍長一點時間的頭腦智力，從那層層的謊言和假象中找出真相，而與此同時，這些傢伙腦子裡盤算著的卻是他們的布匹和皮革料子，最想盡快回家。他們對很有可能與確實肯定之間的差別完全沒有清晰的概念，相反，他們愚蠢的頭腦中自有某種「微積分機率」——據此，他們就放心大膽地判定別人的罪責。[2] 但人們卻以為這些人就會不偏不倚。這些「心有惡意的庸眾」真的就是不偏不倚？對於這些與被告同屬一個階層的人，與法官相比，亦即與跟被告完全是陌生的，生活在與被告完全不一樣的領域，不會有被免職之虞的，意識到自己的官員榮譽的法官相比，我們擔心其偏頗，難道不會是 10 倍於對法官嗎？把針對這國家及其首長的犯罪，以及違反出版法的事情交由陪審團去判定，那就好比是讓羊群看管菜園。

128

無論在任何地方，也無論在任何時候，人們都會對政府、法律和公共安排有諸多不滿，但這大都只是因為人們總是隨時把人的存在本身所必然帶有的痛苦歸因於政府、法律等等，因為用神話來說吧，這是亞當受到的詛咒，並經由亞當禍及整個人類。但把這一假象做得如此充滿謊

---

[2] 對這些人，可用薩繆爾・詹森對某個軍事法庭的評論。這個軍事法庭把人召來，對一件重要事情做出裁決，詹森對此法庭並沒有什麼信心，說在這法庭的成員裡面，或許沒有一個曾經在其一生中單獨花過哪怕只是 1 小時思忖過有關可能性和機率的問題（博斯威爾，《薩繆爾・詹森的一生》）。

言和如此放肆大膽，卻是「當今」的那些蠱惑人心者。也就是說，這些蠱惑人心者是樂觀主義者，是基督教的死敵：這一世界對他們就是「本來的目的」，亦即就這世界本身而言，根據其特性和構成而論，這一世界就是安排得非常美妙的，是享受幸福極樂的一個合適居處。而這世界上讓人觸目驚心的巨大不幸，他們則全部歸因於政府，也就是說，只要政府盡到責任的話，那地球上就會雨過天晴，亦即所有人就會無憂無慮地吃喝、拉撒、繁殖和咽氣，因為這就是他們對其不斷宣稱的「本來的目的」和「人類的無限進步」的釋義。

129

以前，主要撐起王位的是**信**（Glaube），現在則主要是**貸**（Kredit）。對於教皇本人，他那些虔誠信眾（Gläubigen）並不會比他的債主（Gläubiger）更讓他上心。以前人們哀嘆世人的罪過（Schuld），現在人們則驚恐地看著世人的債務（Schulden）；並且正如以前人們預言了審判日，現在人們預言了將來的偉大的「拒付債務」、國家的總體破產，但卻同樣充滿信心地希望他們本人或許不會看到這一天的。 [281]

130

財產權雖然在倫理上和理性上都比**世襲權**有堅實得多的基礎，但財產權與世襲權卻是相關聯並合為一體的，因此，我們難以把世襲權砍掉而又不會危及財產權。這個中的原因就是：大部分的財產都是繼承過來的，所以也是某種世襲權，正如古老的貴族那樣：只是使用其祖傳財產的名字，亦即只透過這名字表達了他的財產。據此，如果所有的財產擁有者是精明的，而不是一味的嫉妒，那他們也會擁護維持世襲權。

所以，這樣的貴族就有雙重的用處：一方面幫助支撐了財產權，

另一方面則支撐了國王的世襲權,因為國王是這個國家的貴族之首,並且國王對待貴族一般來說就像是對待某一低微的親戚,其方式是完全有別於平民的,哪怕這平民被委以了高位。國王最信任的人,其祖先大都是國王的首席大臣,始終是國王的祖先最身邊的人——這是很自然的。所以,一旦某一貴族受到君王的猜疑,在向其再次表忠時,理直氣壯地搬出他的貴族名號。當然了,性格是遺傳自父親的,我的讀者知道這一點。沒有意願去看看那個人到底是誰的兒子,這是狹隘和可笑的。

131

女人都有揮霍的傾向——少數情形除外。所以,必須確保每一現有的財產免受她們的愚蠢的侵害——除非是某些稀有的情形,亦即女人自己賺得了財富。這也就是為什麼我認為女人永遠沒有完全達到成年,應該始終受到男人的真正監督,不管那監督是來自父親、丈夫、兒子,還是國家,就像印度那樣;女人因此永遠不可以擅自、專橫地支配並非她們賺來的財富。至於讓母親甚至可以成為指定的監護人和管理者,以負責父親留給孩子的財產,我認為是無法原諒、極有害處的愚蠢做法。最常見的情形就是,這個女人會與她的情人一起大肆揮霍掉孩子父親著眼於他們而畢生打拚賺來的東西——至於她與他結婚與否都是一樣的。荷馬老爹已經給我們發出過這一警告:

[282]

你知道女人的心裡是什麼樣的態度嗎?
她只會為一起生活的男人的家裡添加東西,
但那些孩子,還有親愛的丈夫
在死去以後,她卻不會再度想起和過問。

——《奧德賽》,15,20

在丈夫過世以後，生母常常就成了繼母。一般來說，也只有繼母是如此名聲惡劣，以致有了「繼母一樣」的形容詞，但人們卻從來不會說「教父一樣」。在希羅多德（《歷史》，4，154）的時代，女人就已經有了這樣的名聲，她們也曉得保留這一名聲。不管怎樣，女人永遠需要監護人，所以永遠不可以成為監護人。總而言之，一個不愛她丈夫的女人，也不會愛與他生下的孩子——也就是說，在那只是本能的因此並不可以歸於道德方面的母愛過去以後。再有，我認為在法庭裡，「在一般的同樣的情形下」，一個女人的證詞的分量應該不如一個男人的證詞，例如：兩個男人的證詞就與大概3個或4個女人的證詞具有同等的分量。這是因為我相信，女性的群體每天向空氣中噴出的謊言有男性的3倍之多，並且那假象做得如此真切和真誠，男人是望塵莫及的。穆罕默德信徒當然走到了另一極端。一個年輕、受過教育的土耳其人，有一次 [283] 跟我說：「我們把女人只視為供播種的土地。所以，她信奉的宗教對我是無所謂的，我們可以娶基督徒，而不用要求她們皈依。」在我問到伊斯蘭教的托缽僧是否可以結婚時，他說：「那可是不用說的了，先知也是結婚的，不可能期望他們比先知更神聖。」

假設並沒有假日，但卻多了同樣多的放假小時，那是否會更好呢？那一個無聊並因此是危險星期天的16小時將是多麼舒適啊，如果這當中的12小時分攤給所有的週日！星期天的兩個小時用於宗教靜修總歸是足夠的了，人們幾乎不會投入比這更多的時間，也更不會投入時間作虔誠默想。古人並沒有每週一天的休息日，但當然，要為人們真正維持如此買來的每天兩個悠閒小時和讓其免受干涉是相當困難的。

132

那永遠流浪的猶太人亞哈隨魯，不是別的，正是擬人化的整個猶太民族。因為亞哈隨魯對救世主犯下了重罪，所以，他就永遠不會從這

塵世生活及其重負中獲得解救，並且無家可歸地在陌生之地漂泊不定。這正好就是小小的猶太民族的流浪和命運。這也的確是夠奇妙的：自那快要將近兩千年以來，這民族被逐出其居住地，卻仍然存在，仍然居無定所地流浪，而其他許多偉大和顯赫的民族，諸如亞述民族、米提亞民族、波斯民族、腓尼基人、埃及人、伊特拉斯坎人卻已永恆安息和完全消失了。而與這些民族相比，那小角落民族簡直不提也罷。所以，時至今日，這些「難民」，這在各民族當中的沒有土地的無名之輩，這個流落世界各處，無處是家園而又無處是陌生之地的民族，卻以非比一般的執拗宣示其民族性，念念不忘亞伯拉罕曾是作為外人居住在迦南地，但逐漸成了整塊地方的主人，正如他的上帝所許諾他的（《摩西五經》，17：8）。他們也想在某處落腳和扎根，以便終於成為一個國家，因為一個民族沒有了國家，那就是在空氣中飄蕩的球而已。[3] 在這之前，猶太民族就像寄生蟲一樣依附在別的民族及其土地。但在此期間，猶太人卻內心充滿著對本民族的最強烈的愛國熱情。這很明白地透過其牢固的團結一致而表現出來，他們所堅持的是人人為我，我為人人。這種沒有國家的愛國主義比任何其他主義都更能激動猶太人的心。一個猶太人的祖國就是其餘的猶太人，所以，他會為其餘的猶太人而戰，就像是「為了祭壇和壁爐」而戰，而這地球上沒有任何一個民族像他們那樣緊密地團結在一起。由此可知：想要讓他們參與部分的政府統治或者參與管理

[284]

---

[3] 《摩西五經》（圖書4，第13章以下；圖書5，第2章）給了我們一個很有教益的例子，詳解了**在地球上逐漸移民**的過程，也就是那些游牧民族如何試圖擠走那些已經幾代定居在那裡的民族，占領那很好的土地。最近同一類舉措就是遷徙到美洲，或者更準確地說征服美洲，並且的確就是持續驅趕、擠壓美洲的印第安人，還有在澳大利亞的同樣行動。**猶太人**在那被讚美的土地定居下來的方式和羅馬人在義大利定居下來的方式，在本質上是同樣的，亦即那遷徙過來的民族與其之前的鄰居持續作戰，並最終征服了他們。只不過羅馬人的征服行動要比猶太人大得多而已。

某一州或國家，該是多麼荒謬的念頭。猶太人的宗教本來就是與他們的國家融合爲一體的，對於他們並不是首要的大事，而只是維繫他們的紐帶，是他們的「集合點」，是他們可以辨識的軍旗或帽徽。這一點也表現在：甚至接受了洗禮的猶太人，也一點都不會招來其餘猶太人的憎恨和厭惡，而這與猶太人以外的所有叛教者是大有不同的。一般來說，就算是受洗的猶太人，也不會再是其他猶太人的朋友和同志——除了某些正統派以外——和不會不再視他們爲自己的真正同胞。在一些猶太人定期的、莊嚴隆重的，必須有 10 人一起參見的祈禱儀式時，如果少了 1 人，那接受了基督教洗禮的猶太人甚至可以因此參加，但其他的基督徒卻不可以。所有其他的宗教行爲也是如此。如果基督教完全衰落並終結了，那事情就更清楚了，因爲那時候，猶太人並不會因此而停止分離，並作爲猶太人而團結在一起。因此，把猶太人視爲某一宗教的教派是一個極度膚淺和錯誤的觀點；但如果爲了維護這一觀點，用某一從基督教教會那裡借來的用語，把猶太教描述爲「猶太教派或信仰綱要」，那這用語就是一個根本性的錯誤，其目的就是誤導，是絕對不可以允許的。而「猶太民族」則是準確的稱謂。猶太人並沒有信仰綱要，一神教屬於他們的民族性和國家憲法，對他們是不言自明的東西。的確，一般人都知道，一神教與猶太教是可以互換的概念。那與猶太民族性緊密相連的，人們都知道的缺點是至爲突出的——而神奇地缺乏所有這些缺點的話，那就可以用「害羞」或「難爲情」表達——雖然這缺陷在這世上或許比起任何積極的素質都更有助力。把這些缺點主要歸因於猶太人所承受的長期的、不公正的壓迫，雖說可以原諒他們，但卻無法消除這些缺點。對那些理性的猶太人，他們拋棄了古老的神話、胡扯和定見，經由洗禮而走出了那不會帶給他榮譽和優勢（雖然在某些例外情形中會有某些優勢）的組織，我是絕對讚揚的，就算他們對基督教的信仰並不是那麼的認真。每一個年輕的基督徒，在堅信禮上背誦其信條時，不就是這樣的情形嗎？但爲了免除他的這一步，以最溫和的方式終結這完全是

[285]

[286] 悲喜劇式錯亂的世界,那肯定是最好的手段,就是讓猶太人與基督徒通婚,甚至鼓勵人們這樣做。對此,教會是無法反對的,因為這有使徒本人的權威(《哥林多前書》,7:12-16)。這樣,1百年以後就只剩下很少的猶太人。那很快鬼魂就要被驅除,亞哈隨魯就要被埋葬,上帝選定的民族就將不知道在哪裡了。但如果人們把解放猶太人做過了火,以致他們獲得了國家權利,得以參與基督教國家的治理,那這求之不得的結果就有可能挫敗。這是因為那時候他們才更要愛當和繼續是猶太人。至於他們與其他人一起享有同樣的公民權利,則是正義所要求的。但讓他們參與國家大事則是荒謬的,因為他們是並將始終是外來的、來自東方的民族,所以必須始終視為定居下來的外來陌生人。大概25年前,英國國會就解放猶太人進行了辯論,一個發言者假設了這樣一個情景:一個英國猶太人來到了里斯本,碰到了兩個飢寒交迫的人,而他卻力所能及只可以救助其中一人。那兩個人都是他不認識的陌生人。其中一人是英國人,但卻是基督徒,而另一個是葡萄牙人,但卻是猶太裔。那他會救誰呢?我相信任何一個明白的基督徒和真誠的猶太人對答案是什麼都不會有所疑問的。但這為讓出權利給猶太人,為我們提供了準繩。

133

沒有什麼事情會是像**宣誓作證**那樣,宗教直接和明顯地介入到實際和物質生活當中去。這樣一來,就讓一個人的生命和財產取決於另一個人的形上的信念,那可是太不好的事情了。那麼,假如有朝一日,就像人們所擔心的,各個宗教都衰落了,人們也都停止所有的信仰了,那宣[287]誓又將會如何?因此,很值得花費功夫去探究宣誓是否有著某種純粹道德上的含義,某種獨立於所有確定的信仰,又能納入清晰概念的東西;這種出自純粹的、至為神聖的東西,可以超越普遍教會名目,雖然與宗教宣誓時的虛飾排場和鏗鏘有力的用語相比,這裡面的道德含義會顯得

有點無華和寡味。

宣誓作證的目的，無可爭辯地就是以道德的方式抗衡人們那太過常見的虛假和撒謊特性，採用的方法就是透過某種在此產生的不一樣的顧慮，增強了人們要說出真話的道德責任，讓人們活生生地意識到這一獲得認可的道德責任。我將試著根據**我的**倫理學，弄**清楚**這種突出責任裡純道德的、不帶有任何超驗的和神祕性東西的含義。

我在我的主要著作第 1 卷第 62 節第 384 頁（第 3 版，第 401 頁）、我的獲獎論文《論道德的基礎》（第 17 節，第 221-230 頁；第 2 版，第 216-226 頁）則更是詳細地提出了這一似非而是，但卻是真確的命題：在某些情形裡，人們是有權撒謊的。我以詳盡的說明和證明對此命題予以了支持。這些情形包括 (1) 那人有權對另一人動用武力；(2) 當那人被他人完全沒有合理理由地問到了一些問題，而造成了無論是拒絕回答還是真誠回答都會危害到自己的利益。正因為在類似這些的情形下，當事人肯定有其正當理由說出不實的東西，所以，在一些重要的事情上面，要做出的決定是取決於一個人所作的陳述，也例如在做出一些承諾，而這些承諾是否兌現又是至關重要的時候，就需要當事人首先做出直截了當和鄭重其事的聲明：他承認在此並沒有上述的情形，因此也就是知道和明白在此他沒有受到武力對待或者威脅，而只是法律在主宰；同樣，他承認被問到的問題是合理的；最後，他也意識到了所有的一切，都取決於他現在對這問題所作的回答。這一聲明包含了這樣的意思：如果他在這樣的情形下撒謊，那他是清楚地意識到在做出某一嚴重不公的事情，因為他站在那裡，人們相信他是誠實正直的，現在就把定奪這次事情的權力交到了他的手中，而他既可以做出公正也可以做出不公正的事情。如果他現在撒謊，那他清楚地意識到他就是這樣一個人：在擁有自由的權力的時候，經過冷靜的思考而運用這權力做出了不公正的事情。發假誓就給出了關於他本人的這一證詞。與此相關的還有這一點：正因為沒有人真的不需要某種形上學，所以，每一個人心裡都有這

[288]

樣的確信——雖然這確信不是那麼的清晰：這世界並不只是有其自然的、物質上的含義，而同時也有著某種從某個角度而言的形上的含義；並且在形上的含義方面，我們個別的行為只是根據其道德性所得出的後果，與由於經驗性的效果而得出的後果相比是大有不同的，前者也比後者重要得多，因此的確有其超驗的意義。關於這一點，我建議讀者閱讀我的獲獎論文《論道德的基礎》（第21節）。我只補充這些：一個人如果否認他自己的行為除了以經驗為根據的含義以外，還會有任何其他含義，那在做出這一宣稱時總免不了感覺到內心的牴觸和免不了控制一下自己。要求一個人宣誓作證，那就是明確地要把這人置於這樣一個處境，讓他在這一意義上作為單純的道德生物，意識到他以這身分做出的決定對他自己本人所具有的高度重要性。這樣的話，所有其他考慮對他來說現在就都大為減少，直至完全消失。在這期間，那被啓動起來的確信，即確信我們的存在有著某一形上的，同時也是道德上的意義，到底

[289] 只是模糊地被感覺到了，抑或這一確信是裏著各種神話和寓言的外衣，並因此是生動、有活力的，抑或那一確信已成了清晰的哲學思想——這些都是不重要的。由此可以再度推論：這裡的關鍵並不在於宣誓作證的方式是表達這種或者那種的神話關係，抑或是完全抽象的，就像在法國所慣用的「我發誓」。宣誓人所採用的宣誓方式必須根據這宣誓人的智力構成而定，正如也是根據其實在和具體的信仰而定。對宣誓作證這事情如此審視的話，那一個人就算不信仰任何宗教，也是完全可以宣誓作證的。

第 10 章　我們的真正本質並不會因死亡而消滅

134

雖然我在我的主要著作中連貫地和詳盡地討論過這一話題，但我相信，對此話題補充一些零散的思考，對讀者來說不會沒有價值的，因為這些對我已作過的表述仍能給出更多、更清楚的說明。

我們需要讀一下讓·保羅的《塞里納》，才可看到一個頭腦至為出色的人，是如何與一個他不想放棄的錯誤想法及其荒謬之處糾纏不清、陷入苦鬥的；他不想放棄這想法和概念，因為這想法合乎他的心意，但這想法中的那些他難以消化的雜亂和自相矛盾，又始終讓他不得安寧。這裡所說的想法就是在死亡以後我們那總體的個人特有的意識會持續存在。讓·保羅那些糾結和矛盾恰恰證明了由真真假假的概念組合而成的諸如此類的東西，並不是有益的錯誤，就像人們所宣稱的那樣是肯定有害的。這是因為把靈魂與身體錯誤地對立起來的話，就正如把個人特 [290] 性提高到據說是永恆存在的自在之物本身，那就不只是不可能得到真正的，建立在現象與自在之物的對照之上的，關於我們自身本質不滅和不受時間、因果性和變化的影響的知識。那些錯誤的想法和概念是絕對不可以確定為真理的代表，因為理性始終會重新抵制這裡面荒謬的東西，然後就必然連同這想法把與這想法融合在一塊的真實的東西也一併放棄。這是因為真理只能以其純粹而長存：一旦混進了錯誤之中，這真理就會有了那些錯誤隨時崩塌的缺陷，就好比花崗岩一旦風化了，就會裂開、坍塌，儘管水晶和雲母不會受到類似的風化。因此，那些真理的代替品的處境很不妙。

135

在日常的交往中，有許許多多什麼都要知道，但卻又什麼都不想認真了解的人；那如果被一個這樣的人問到人死以後是否繼續存在，那對此最合適的，也是最正確的回答就是：「在你死後，你就將是你出生以前的樣子。」因為這個回答隱含了這樣的意思：要求那有其開始的存在方式永無盡頭是荒謬反常的；此外，這個回答也暗示了或許有兩種存在和與此相應的兩種無。但同樣，人們也可以回答說：「不管你死後將會是什麼——那或許什麼都不是——那對你都會是自然的和適合的，就正如現在你個體的、有機的存在對你是自然的和適合的一樣。所以，你頂多只需害怕過渡性的那一刻而已。的確，既然對事情深思熟慮以後得出的結果是：一種完全的『無』的存在（Nichtsein）會優於我們這樣的存在，那停止我們這存在，或者我們不再存在一段時間——這想法在理性上就不會煩擾我們甚於設想我們從來就不曾誕生。那麼，既然這一存在本質上是一個個體特性的存在，那這個體特性的完結因此就不要被視為某種損失。」

[291]

但在另一方面，假如一個人是循著客觀的和經驗的路徑，緊隨物質主義的有說服力的線索，他現在極其恐懼地向我們發問，因為他面對的是死亡以後的完全毀滅，那我們或許可以極簡捷地和符合他的經驗理解的方式給予他安慰，亦即向他清楚地表明物質與暫時占據了這一物質的形上的力的區別，例如：看看鳥蛋吧，一旦有了適宜的溫度，那蛋內同質的、不具形態的液體，就會呈現其鳥類物種的複雜和精確特定的形態。在某種程度上，這是某種「自然發生」，並且很有可能是在過去的遠古時代和在某一機緣巧合的時機，從這蛋所屬的動物類型躍升至更高一級，並由此形成了一系列逐級向上的動物形式。不管怎麼樣，某種與物質有別的東西至為明顯地出現了，尤其是這東西只要環境稍稍不是那麼的有利就不會出現。由此可以感覺到：在作用完成了或者後來受阻了

以後，這東西也仍然可以無損地脫離物質——這就表明還有某種完全不一樣的永恆，與在時間上持久存在的物質是有別的。

136

單一的個體並不是為永恆存在而設的，個體隨著死亡而消失。但我們卻不會因此而損失。這是因為個體存在的背後是另一種完全不一樣的存在，個體存在就是那另一種存在的顯現。那另一種的存在並沒有時間這回事，因此既沒有永恆也沒有消亡。如果我們想像出某一生靈是知道、明白和統攬一切的，那我們在死亡以後是否繼續存在的問題，對這生靈而言很有可能就是沒有意義的，因為那超越了我們現在的時間上和個體上的存在以外的繼續存在或者停止存在，就不再是有意義的，就成了無法辨析的概念，據此，對於我們本來的和真正的本質，或者對於表現在我們的現象中的自在之物，死亡或者繼續存在的概念是應用不上 [292]
的，因為這些概念是從時間那借用過來的，而時間只是現象的形式而已。但我們卻能把我們的現象的核心**不可消滅**想像為這一核心的**持久存在**，而且是依足**物質**的模式，而物質在形式的種種變化之下是恆存於時間的。那麼，如果我們否認那核心是持久存在的，那我們就會根據物質的**形式**模式把我們在時間上的終結視為毀滅，因為一旦帶著這形式的物質脫離了這形式，這形式也就消失了。但兩者都是「從某一種類轉移到另一種類」（亞里斯多德，《論天》），亦即從現象的形式轉移到自在之物。但對於那種不是持久存在的不可消滅，我們無法得到哪怕是一個抽象的概念，因為我們缺少直觀表象以證明這抽象的概念。

但在事實上，可把那種新的存在物的形成和已有的存在物歸於無視為某種幻象，是由兩塊打磨了的玻璃器具（腦髓功能）所造成的，也只有透過這一器具我們才可以看到某些東西。這器具就稱為空間和時間並在其互相滲透的因果性當中。這是因為我們在這些條件下所感覺到和看

到的一切，都只是現象；但我們卻認識不到自在之物本身的，亦即在獨立於我們的感覺和所見時的樣子。這其實就是康德哲學的核心。在經過了這樣一個時期以後，即那些待價而沽的江湖騙術透過其愚民過程把哲學逐出了德國，並且得到了那些視真理和思想為這世上無所謂的東西，而薪水和報酬則是性命攸關的人心甘情願的幫助——我們無論如何經常地回憶起康德的哲學及其內容都不為過。

136（補充）

由於**時間**這一認識形式所致，人（亦即生存意志在其客體化的最高級別的肯定）就表現為某一總是重新出生，然後死亡的生物物種。

[293]　這對個體死亡無動於衷的存在，並沒有時間和空間這些形式，但所有對我們而言真實的東西都是顯現在時間和空間中；所以，在我們看來，死亡就表現為灰飛煙滅了。

137

我們怎麼可以只要看到某一個人的**死亡**就誤以為某一自在之物在此**歸於無**了？更準確地說，那只是某一現象在時間（時間是一切現象的形式）上的終結，而自在之物卻不會為此所動——這是每一個人直接的直觀認識。所以，人們在所有的時期都致力於用不同的形式和用語說出這一認識，但所有的那些形式和用語都是取自現象，在其本來意義方面都只是涉及現象而已。每一個人都覺得與另一個生物在很久以前從「無」中製造出來的人是有所不同的。人們由此就有了信心：死亡有可能終結他的生命，但卻不會終結他的存在。

137（補充）

人與從「無」中生成的活物是有某些區別的，動物也是如此。誰要是以為他的存在就只是侷限於現在的生命，那他就是把自己視為從「無」中生成的活物了，因為在 30 年前他是「無」，而再過 30 年，就又再是「無」了。*

138

一個人越清晰地意識到一切事物的脆弱、虛無和夢幻一樣的性質，也就越清晰地意識到他的內在本質的永恆性，因為只有與這內在本質相對照，才能認清事物的那些性質，就正如只有根據所看到的固定不動的岸邊，而不是只看著那船隻本身，才會看出自己所在船隻的快速航行。

139

現在有著兩個部分：一個**客體**和一個**主體**。只有客體的部分才有**時間**的直觀這一形式，並因此不停地流動；主體的部分則是固定的，並因此始終如一。由此產生了我們對逝去已久的事情那生動的記憶和對我們的永恆性質的意識——儘管我們認識到了我們的存在是轉瞬即逝的。

從我一開始所提出的定理**世界是我的表象**，緊接著的結論就是「首

[294]

---

* 後來的版本增加了內容。內容是：假如我們完全澈底地認識了我們自己的本質，深入到了最內在，那我們就會發現要求個體的永不消亡是可笑的，因為這意味著要給出了那真正的本質以交換那本質的無數外現中特定的一個外現，或說火花。——譯者注

先是我存在了，然後才是世界」。人們要牢記這一點，當作是解毒藥以對付這一錯誤的看法：死亡就是化為無。

每個人都認為自己的最核心，就是**現時**所包含的，自己隨身帶著的某些東西。

只要我們活著，我們就始終是帶著我們的意識站在時間的中心，永遠不會在時間的終點，並可由此得出結論：每一個人都帶著整個無限時間當中不動的中心點。這也是從根本上給予他信心的東西，這樣他就得以在沒有持續的死亡恐懼的情況下活下去。但誰要是藉助於很強的記憶力和想像力，可以極其生動地在腦海裡重現自己一生中某一逝去已久的往事，那他就會比其他人都要清晰地意識到**在一切時間中的「現時」的同一性**。或許這一命題反過來說會更準確。但無論如何，這樣清晰地意識到所有的**現時**的同一性，是哲學能力的一個關鍵要求。憑藉自己這一意識，人們把那至為匆匆易逝的東西，把那「現時」理解為唯一永存的。那麼，誰要是以這樣直覺的方式在內心意識到現時（亦即在最狹隘的意義上一切現實性的唯一形式）的根源就在**我們**的身上，因此是從內在發出的，而不是源自外在，那他就不會對他的自身本質的不滅特性有所懷疑。他就會明白：隨著他的死亡，雖然那客體世界及其展現這世界的媒介智力，對他來說是消亡了，但這並沒有損害他的存在，因為不管是內裡還是外頭，都是一樣多的現實性。他就會充滿理解地說：「我是一切過去所是、現在所是和將來所是。」（參見斯托拜烏斯，《選集》，44，42；第 2 卷，第 201 頁）

[295]　誰要是不承認所有這些，那就必須宣稱和說出相反的東西：「時間是某樣客觀（客體）和真實的東西，是完全獨立於我而存在的。我只是偶然被拋了進來，獲得了這其中的一小部分，並因此抵達了某一短暫的現實，就如同千萬個其他在我之前到達，現在已經是無的人一樣，而我也很快就會變成無。相較之下，時間卻是真實之物：時間將在沒有我的情況下繼續前行。」我想這觀點的根本顛倒，甚至荒謬之處，透過其肯

定的用語就可讓人感受到了。

根據所有這些，生活當然就可被視爲一場夢，死亡則是夢醒了。但那個體性卻屬於夢中的意識，而不屬於夢醒的意識。所以，對夢中的意識來說，死亡就表現爲化爲無。但無論如何，從這一角度看，死亡並不可以被視爲轉移到了某一對我們而言全新的和陌生的狀態，而只能是回到我們自己原初的狀態，而生命只是這狀態的一個短暫插曲而已。

但假如某一哲學家眞的誤以爲在垂死之際，他就會得到只有他才會有的安慰，也起碼可以轉移注意力，因爲此後那常常糾纏他的難題就要解決了，那他的情形就跟這樣的人差不多：馬上就要找到他所要找的東西了，但提燈此時卻熄滅了。

這是因爲隨著死亡，意識也就當然消失了，但產生出維持到那一刻的意識的東西，卻一點都不曾消失。也就是說，意識首先以智力爲基礎，但智力卻是以某一生理程序爲基礎的。這是因爲智力明顯是腦髓的功能，並因此是以神經和血管系統共同作用爲條件；更具體地說，是以由心臟出發而得到營養、啓動和持續鼓動腦髓爲條件，是以精巧和異常神祕的腦髓構造爲條件，而經由這腦髓結構——對此解剖學只曉得描繪，但生理學卻無法明白的——這客觀世界的現象和我們思想的裝置就實現了。某一**個體的意識**，亦即總而言之某一意識，出現在某一**非肉體的生靈**，那是無法想像的，因爲每一意識、認識的前提條件就是腦髓功能，而這正正就是因爲智力在客觀上表現爲腦髓。所以，正如智力，在生理上，因此也就是在經驗的現實裡，亦即在現象中是某種次要的東西，是生命程序的結果，同樣智力在生理方面，與意志相比也是次一級的，而只有意志才是首要的和始終是原初的東西。甚至那有機體本身也只是意志在腦髓中直觀到的和在客觀上，因此亦即在腦髓的空間和時間形式中表現出來的東西，正如我多次分析過的，尤其是在《論大自然的意志》和我的主要著作第 2 卷第 20 章。所以，既然意識並不是直接與意志連繫在一起，而是以智力爲條件，而智力又是以有機體爲條件，那

[296]

這一點就是毫無疑問的了：隨著死亡，意識也就熄滅了，一如在睡眠和昏迷的時候那樣。[1]但不要灰心！這意識到底是什麼呢？那是某一腦髓的、某一強度更高的動物性東西，是我們本質上與整個動物界共有的東西——雖然這在我們的身上達到了頂點。正如我已足夠多地表明，這意識就其目的和起源而論，就只是大自然的「巧妙裝置」，是說明解決動物所需的資訊工具。但死亡使我們回到那種狀態，就是我們原初的狀態，亦即我們的本質的自身狀態，其原始之力就表現在產生和維持現在行將終止的生命方面。也就是說，這是與現象相對照的自在之物的狀態。在這一最原初的狀態中，類似腦髓這樣的權宜手段，即那極其間接的，也正因此只是提供現象的認知，毫無疑問就是完全多餘的；所以，我們也就正因此失去了這手段。這意識的消失與這現象世界對我們的停止是一體的，這意識就是這現象世界的媒介，除此以外，再也沒有其他的用處。假如在我們這最原初的狀態裡，還讓我們保留那動物性的意識，那我們是會拒絕的，正如瘸腿治好了以後會拒絕拐杖一樣。所以，誰要是為即將失去這一屬於腦髓的、純粹是為這現象而設和服務的意識而哀嘆，那就與皈依的格陵蘭人差不多：他們不想上天堂，因為他們聽說在天堂裡沒有海豹。

此外，在此所說的一切都是基於這樣的假設：**我們**甚至無法想像出任何與**認知的狀態**並不一樣的**沒有意識的狀態**，而認知的狀態也就是自身承載著所有認知的基本形式，分為主體與客體、認知者與被認知者。不過，我們必須考慮到這一點：這認知與被認知的整個形式只是以我們動物的，因而是相當次級的和衍生的本性為條件，所以一點都不是一切本質和一切存在最原初的狀態，而這因此可以是完全不一樣的、卻又**並非沒有意識**的狀態。但我們現在自身的本質，就我們所能深入其內

---

[1] 如果死亡了智力也不會消亡，那就當然太好了：這樣，人們就可以把我們在這一世界所學到的希臘語完整地帶到另一個世界中去。

在的程度而言,卻仍然只是**意志**,但這意志就其本身而言已是沒有認識力的。那麼,如果我們由於死亡而喪失了智力,那我們也就只是進入了**沒有認識**的原初狀態,但這並不會因此就是全然**沒有意識**的;更準確地說,這種狀態將會超越上述形式——在這種狀態中,主體與客體的對立消失了,因為在此那要被認知的與認知者本身是真正和直接成了一體,那所有認知的根本條件(那種兩相對立)也就不存在了。這些作為說明和解釋,可以與《作為意志和表象的世界》第 2 卷第 273 頁(第 3 版,第 310 頁)相比較。喬爾丹諾·布魯諾的一句話可被視為對我在那裡 [298] 和這裡所說的另一種表達:「神聖的心靈,那再沒有任何差別的絕對聯合,本身就是那認知和被認知的東西。」

或許每一個人在最內在的深處不時會感覺到這樣的意識:某種完全別樣的存在會更適合他,而不是現在這一說不出的、卑鄙的、一時的、個體的和陷於苦難和困頓的存在。這時他就會想:死亡或許會帶他回到那完全別樣的存在中去。

140

現在,如果我們採用與這種投向**內在**的考察方式相反的考察方式,再一次把目光投向**外在**,完全客觀地去把握所展現的世界,那死亡當然就會顯得是化為無;但與之相比,出生也像是從無中生成。但無論是化為無還是從無中生成都不是無條件的真實,因為這些只有那現象的事實。在某種意義上,假如我們真的死後還存活著,那仍舊不會是比我們每天眼前所見的生育更大的奇蹟。那些死去的都到了所有生命和這些死去的生命所來的地方。埃及人就是在這一意義上把陰間稱為**阿門特斯**——這意思就是,根據普盧塔克(《伊西斯和奧西里斯》,第 29 章)的「奪去者和給予者」,所要表達的就是:所有的一切要回到的和所有的一切所來自的是同一個源頭。由此觀點出發,我們的生命可被視為從

死亡那裡獲得的借貸；而睡眠則是每天要還的這借貸的利息。死亡不加掩飾地宣告自己就是個體的終結，但在這個體身上卻有著一個新的存在物的種子。據此，所有死去的東西，其中並沒有什麼是永遠死去了的；但所有誕生的東西，也並不就是接受了某一從根本上全新的存在。死亡的東西是死去了，但某一種子卻留下了，而從這種子新的存在就出來了，現在就進入存在，並不知道是從何而來和為何恰恰會是他這樣子。這就是輪迴轉生的神祕之謎。讀者可把我的主要著作第 2 卷第 41 章視為對此的解釋。因此，我們明白了所有在這一刻活著的生物都包含了所有將在未來活著的生物的真正種子，這些生物也就是在某種程度上已經存在了的。同樣，每一正當盛年的動物似乎就向我們喊道：「你為何抱怨有生命的東西如此短暫？如果所有在我之前存在的我的同類不是死了的話，那我又怎麼可以存在？」所以，在世界舞臺上，無論那些戲劇和面具如何變換，這裡面的演員還是同樣的演員。我們坐在一起，談話和互相刺激著，眼睛閃亮，聲音也響亮起來：在千年以前，**其他人**也恰恰是這樣坐著，那是同一個樣子，都是同樣的人。過千年以後，也將是這個樣子。那使我們無法意識到的這些裝置，就是**時間**。

[299]

我們完全可以分清楚**靈魂轉生**和**再生輪迴**：前者是整個所謂的靈魂**轉移**到了別的一個肉體。而後者則是個體的**分解**和重新形成，亦即只有他的**意志**是持續長留的，在取得了一個新生物的形態以後，就獲得了一副新的智力；也就是說，個體就像中性鹽一樣分解了，然後其基礎就與其他一種酸結合而成了某一新的鹽。塞爾維烏斯（維吉爾作品的評論者）所設想的**靈魂轉生**與**再生輪迴**的差別——這設想在溫斯多夫的《論靈魂轉生》（第 48 頁）中得到了簡略的說明——很明顯是錯的和沒有價值的。

斯賓塞·哈代的《佛教手冊》（第 394-396 頁，可與同書第 429、440 和 445 頁相比較）和桑格馬諾的《緬甸帝國》第 6 頁，以及從《亞洲研究》第 6 卷第 179 頁和第 9 卷第 256 頁可以讓我們看到：**佛教**在死

後繼續存在方面給出了一個通俗易懂、大眾化的學說和一個祕傳、深奧的學說，前者就是那**靈魂轉生**論，如同婆羅門教所說的一樣；後者則是難懂得多的**再生輪迴**說。後者與我的這方面學說高度吻合，即意志有著形而上的持久存在，而智力則只具有自然、有形的本質構成及與此相應的短暫、可朽特性。重生在《新約》中就已經出現了。

現在，如果我們為更深入探究再生輪迴的祕密而在此求助於我的主要著作第 2 卷第 43 章，那在仔細思考之下，這事情看起來似乎就是在歷經所有的時間當中，男性就是意志的保管者，而女性則是人類智力的保管者——以此方式，人類就得以永遠延續存在。因此，每一個人都有著一個父親和一個母親的組成部分；就正如這些組成部分是經由生殖而結合起來，同樣也就經由死亡而分解——而這也就是個體的終結。我們這樣深感哀痛的就是這一個體的死亡，感覺這一個體是真的消失了，因為他就只是一個結合，而這一結合是一去不返地結束了。但關於所有這些，我們可不要忘了：從母親那遺傳得到智力並不如從父親那遺傳得到意志那麼的肯定和無條件，因為智力實質上是次級的和只是身體方面的，完全依賴著有機體，不僅只是在腦髓方面，而且也在其他方面，正如我在上書第 43 章所分析的。在此順便一說，我雖然與柏拉圖在他把所謂的靈魂分為可朽的一部分和不朽的另一部分方面不謀而合，但因為他就像所有在我之前的哲學家那樣，把智力認定為不朽的部分，而意志，亦即欲望和激情的所在則是可朽的部分，正如從《蒂邁歐篇》（比朋蒂尼編，第 386、387 和 395 頁）所看出的，所以，柏拉圖與我，與真理是相反和對立的。亞里斯多德也持與柏拉圖同樣的看法。[2]

但儘管自然、有形的部分透過生殖和死亡，連帶明顯由意志和智力

---

[2] 《靈魂論》（1，4，第 408 頁）從一開始，他就順口說了心底裡的意見：vovg 就是**真正的靈魂，是不朽的**——對此他卻是以錯誤的命題加以證明的。他說**憎恨和愛意**並不屬於靈魂，而是屬於有機體，是屬於那非永恆的部分！

組合而成的個體，以及後來的解體，而奇妙和讓人憂心忡忡地主導著一切，那構成其基礎的形上部分卻有著如此完全不同的實質，以致不為所動，我們也應放心，不再顧慮。

據此，我們可以從兩個對立的角度考察每一個人：從其中一個角度審視，一個人就是一個在時間上有其開始和結束的個體，匆匆而逝，是「一個影子的夢」，同時還無法擺脫眾多的缺陷和苦痛；從另一個角度看，這個人是無法消滅的原初本質，就客體化在所有的存在物那裡，並且作為這樣的東西就跟薩伊斯的伊西斯女神一樣說出這話：「我是所有的一切，不管是過去、現在還是未來。」當然了，這樣的實質可以做出比在這個世界顯現出自身要更好的事情。這是因為這是個有限性的世界，是痛苦和死亡的世界。在這世界和出自這世界的東西必然會終結和死去。只有不是出自這世界和寧願不是出自這世界的東西，才會以無限的威力閃電般地掠過這個世界，向上空激發，然後就既不知時間也不識死亡。把所有這些不一致的說法統一起來，的確就是哲學的課題。

140（補充）

相信生命就是一部缺少了後續的小說，如同席勒的《看見鬼魂者》那樣，並且就像斯特恩的《感傷旅行》那樣，經常是中斷了上下文——那這無論在美學上還是在道德上都是無法消化的想法。

對我們而言，**死亡**是並且始終是**否定**的——是生命停止了，不過，死亡必然有其肯定的一面，但那是我們看不見的，因為我們的智力完全不足以把握這一面。因此，我們知道得很清楚我們經由死亡所失去的，但卻不知道我們經由死亡所獲得的。

[302]

意志經由**死亡**所蒙受的**智力**損失——意志就是在此消逝的現象的核心，其作為自在之物是不可消滅的——就是這一個體意志的冥河忘卻水。沒有了這忘卻水的話，意志就會回憶起其作為核心的眾多現象。

人死之時，本該就是甩掉了其個體性，一如甩掉了一件舊衣服，人也本該為在得到教誨以後現在將換上更新、更好的衣服而高興。

假設我們指責**世界精靈**在個體短暫存在以後，就把個體**毀滅**掉，那他就會說：「只需看一看：這些個體，看看他們的缺陷，他們的可笑、卑劣和醜惡之處！難道我要讓其永遠持續下去嗎？」

對那**造物者**，我會說：「與其這樣半奇蹟地無休止地造出新人和毀滅掉已是活著的人，你為何不一勞永逸地讓已存在之物繼續存在以至永遠？」

很有可能，他會這樣回答：「他們如果總是想要造出新的創造物的話，那我就必須為空間而憂心。是的，如果情況不是這樣就好了！」雖然就我們私下說吧，這樣一個物種一直就這樣長久活下去，除了就是這樣的存在以外，別無其他更遠大的目標，那在客觀上是可笑的，在主觀上則是無聊乏味的，其可笑和無聊的程度遠甚於你所能想像的。你只需自己想像一下吧！

[303]

我：那他們或許會取得點點成功的——在各個方面。

141

短篇對話式的玩笑結語

色拉敘馬霍斯：一句話，我死後會是什麼？——要清晰和簡潔！

熱愛真理者：一切和一切都不是。

色拉敘馬霍斯：又來這一套了，把一個自相矛盾的說法當作是解答了問題。這一招已經用爛了。

熱愛真理者：用內在的，為經驗範圍內的知識而設的語言回答超驗的問題，當然就會導致自相矛盾。

色拉敘馬霍斯：你說的超驗是什麼，內在的，經驗範圍內的知識又是什

麼？我雖然從我的教授那裡知道這些用語，但那些只是那親愛的上帝的屬性詞——我的教授哲學就只研究那親愛的上帝，而那樣做也才是適宜的。也就是說，如果上帝是藏在這世界裡面的，那上帝就是內在的；但如果上帝是在這世界的外面某處，那上帝就是超驗的。看看，那是清楚和明白的！我們就知道要抓住什麼。但再沒人懂你那些舊式的康德術語了。當今的時間意識就是，從德國科學的大都會開始——

熱愛真理者：（輕聲旁白）德國哲學的假話、大話、空話——

色拉敘馬霍斯： 經過了一整列的偉大人物，特別是經過偉大的施萊爾馬赫和龐大精神的黑格爾，已經從所有這些返回來了，或者更準確地說，是被帶前了很長的距離，以致把所有這些拋在了身後，不再認識這些了。——那這些詞又怎麼了？

熱愛真理者： 超驗的知識就是超出了一切經驗可能的知識，試圖要去確定事物自在和自身的本質；而內在的知識則是在經驗的可能範圍之內的知識，因此只能說明現象。作為個體的你隨著你的死亡而完結。不過，個體並不是你的真正和最終的本質，而更多的只是那真正和最終本質的現象；那不是自在之物本身，而只是那自在之物的現象，只是在那時間的形式上表現出來，並據此有其開始和結束。而你的自在本質本身並不認識時間，也不認識開始、結束和某一具體個體的界限：因此，這不可以排除在任何個體性之外，而應該存在於所有的一切。所以，採用第 1 種意思，死亡以後你就成了無；而採用第 2 種意思，你就是並且將一直是所有的一切。因此，我說了，在你死亡以後，你將是一切和一切都不是。要簡潔回答你這問題，那就難有比這更正確的回答了；但這回答當然包含了自相矛盾之處，這恰恰是因為你的生命是在時間當中，但你的不死卻是在永恆裡面。所以，這個你也可以成為一種沒有延續的不滅，而這又會導致一個自相矛盾。但一旦把超驗

的東西引入經驗範圍之內的知識，就會出現這種情況：這經驗範圍內的知識就好像遭受了某種委屈，因爲這知識被誤用到並不適用於這知識的地方。

色拉敘馬霍斯：聽著：我的個體性得不到延續的話，你那永恆不朽對我就是分文不值。

熱愛眞理者：或許你還允許我們再談談。假定我保證你可以延續你的個體性，但條件是：在這個體性再次醒過來之前，會有 3 個月完全沒有意識的像死了一樣的沉睡。

色拉敘馬霍斯：那可以啊。

熱愛眞理者：既然在完全沒有意識的狀態下，根本就沒有時間的尺度，那麼，在我們處於死一樣的沉睡之時，在那有意識的世界，到底是過了 3 個月抑或過了 1 萬年，對我們是一樣的。因爲在我們醒來的時候，我們就得憑信賴接受是那 3 個月抑或 1 萬年。所以，在 3 個月後把個體性交還給你，抑或在 1 萬年以後，對於你是無所謂的。

[305]

色拉敘馬霍斯：這說到底應該是無法否認的。

熱愛眞理者：那麼，如果在過了 1 萬年以後，萬一忘了把你弄醒過來，那我相信，對在你那非常短暫的存在以後緊接著漫長的非存在，你已經是那樣的習慣，這不幸於你就不至於那樣的巨大了。但可以肯定的是：你不會感受到這一不幸。並且如果你知道那維持你此刻現象的運作的祕密驅動裝置，在那 1 萬年裡一刻都不曾停止呈現和運作那同類的其他現象，那你也就完全不會對此不幸介懷了。

色拉敘馬霍斯：是嗎？用這方式你就打算一步步、神不知鬼不覺地騙走我的個體性？我可不會受這樣的嘲笑。我要求的是我的個體性的延續，失去這個體性的話，沒有什麼動因和現象是可以撫慰我的。這個體性是我最上心的，是我不會放棄的。

熱愛眞理者：那你就是認爲你的個體性是如此的愉快、傑出、完美和無與倫比，再也沒有更優秀的了，所以，你不會以此交換任何其他的個體，某一可以讓你活得更好和更輕鬆的個體？

色拉敘馬霍斯：我的個體性，無論是個什麼樣子，都是我。

這世界上，沒有什麼可以轉移爲我，
因爲上帝就是上帝，我就是我。*

我，我，我要存在！這**存在**對我才是適合的，而人們先要說服我認定就是我的那種存在，卻不是適合的。

[306] **熱愛眞理者**：但看看吧！在那喊著「我，我，我要存在」的可不只你一個，而是所有的一切，所有哪怕只具有一點點意識的一切。所以，在你的這願望恰恰就**不**是個別才有的，而是無差別地爲一切所共有。那並非源自個體性，而是出自總體的存在，是每一個在那**存在**之物的本質性東西，並的確是存在之物**賴以**存在的東西，因此透過存在而得到滿足，唯獨只涉及存在，而不是爲某一特定的個體存在所獨有，因爲這願望根本不是指向這樣的個體——雖然這願望每次都顯得似乎是這樣，因爲這只能在這一個體生物那裡達到意識，除此以外，別無他途。所以，這願望就總是顯得只涉及這一個體。但這只是表面假象。雖然具有侷限性的個體會死抱這一假象不放，但反省深思就會打碎這假象，把我們從這幻想中解放出來。也就是說，那如此激烈要求存在的，只**間接的**是個體，但直接和眞正的卻是生存意志，其在所有一切那裡都是同樣的東西。那麼，既然存在本身就是生存意志的自由作品，並的確就是生存意志的映照，那存在也就無法逃脫得了意志：但意志就

---

* 參見歌德，《森林之神》。——譯者注

暫時地透過存在而得到滿足，亦即盡量地滿足那永遠無法滿足的意志。對意志來說，所有的個體性都是一樣的，它根本就不會說起這些，雖然對於只是在自身直接感覺到意志的個體看來，它似乎是向其說起這些。由此就導致了意志會加倍小心地守護著它自身的這一存在，並正因此確保物種得以維持。這也就表明：個體性並不是完美的，而是有某種侷限。所以，要擺脫這個體性並不是損失，而是獲得。因此，拋開那憂心吧，一旦完完全全從根本上認識了你的自身本質，亦即認識到你就是那普遍的生存意志，你那憂心就會顯得特別的幼稚和可笑。

色拉敘馬霍斯：你和所有的哲學家才是幼稚和可笑呢，像我這樣一個成熟、穩重的人，卻與這種瘋子談了一刻鐘，那純粹只是開玩笑和消遣而已。我現在有更重要的事情要做了，上帝保佑！ [307]

第 11 章　生存空虛學說的幾點補充

142

生存的虛無表現在其整個形式，表現在時間和空間的無限性和相較之下個體在這兩者中的有限性，表現在匆匆即逝的現時（而現時就是現實的唯一存在形式），表現在所有事物的依賴性和相對性，表現在持續成為而不存在，表現在持續地渴望而又無法滿足，表現在爭取持續受到障礙（生活也就由此組成），直至這些障礙被克服為止。**時間**以及在時間裡面和藉助於時間的所有事物所具有的**短暫性**，不過就是形式；在這形式之下，生存意志的奮鬥的虛無性就顯露給了生存意志——這作為自在之物是常駐不滅的東西。**時間**就是這樣的東西：由於其緣故，所有一切在每一刻都在我們的手裡化為虛無，也由此失去一切真正的價值。

143

過去曾經存在過的，現在已經不再**存在**；其不再存在就猶如從來不曾存在過似的。但此刻存在的所有一切，在接下來的另一刻就已成了曾經的存在。所以，最沒有意義和最不重要的現在相對最有意義和最重要的過去都有**現實性**的優勢；這樣，現在與過去的關係就恰似有與無。

　　人們驚訝地發現：在不曾存在了無數千萬年以後，自己**一下子**存在了；然後，經過短暫的時間，自己又重回到那同樣長時間的不存在。這種情形總好像不太對勁——我們的心在說。就算是理解力粗糙的人，對此思考一番也會隱約感覺到了時間的觀念性。時間的觀念性和空間的觀念性是一切真正形上學的鑰匙，因為透過這些就可以為那另一種與大自

[308]

然秩序完全不同的事物秩序鋪平了道路。康德的偉大正在於此。

我們生活中的每一事件只有在某一刻才屬於現在式的「是」（ist），然後，就永遠成了過去式的「曾經是」（war）。每到了晚上，我們就又少了一天。看著我們那段短暫的時間一點點地流走，我們或許會狂躁起來——假如在我們的本質深處不是祕密地意識到：永不枯竭的永恆之源屬於我們，在將來和隨時都可以從這一源泉中更新生命的時間。

基於上述思考，我們當然就可以奠定這樣的理論：享受此時此刻，把這當成生命中的目標，就是最大的**智慧**，因為只有此時此刻才的確是唯一真實的，其他一切都只是我們的想法和念頭而已。但是，我們也同樣可以把這種做法視為最大的**愚蠢**，因為在接下來的一刻就不再存在，就像夢一樣完全消失的東西，永遠不值得嚴肅、認真地努力和爭取。

144

我們生存的立足點除了不斷消逝的現時以外，別無其他。所以，我們的生存從根本上就是以持續的**運動**為形式，並沒有獲得我們所渴求的安寧的可能。這就像一個跑下山坡的人：要停下腳步的話，就必然跌倒在地，也只有繼續奔跑才不至於倒下。也同樣，就像在手指尖上保持平衡的木桿。再就是像行星——一旦這行星停止向前運動，就會撞入其恆星之中。因此，活動不息就是存在的特徵。

在這樣一個沒有任何某種固定性的世界裡，持續不變的狀態是不可能的，一切都在不息地循環和變化；一切都在匆匆前行和奔馳，恰似不停地邁步和運動以保持身體平衡的走鋼索者。在這樣的世界裡，幸福簡直是不可想像的。幸福無法在一個只是發生著柏拉圖的「永恆的形成、永遠不會存在」的地方安身。首先，沒有任何人是幸福的，相反，每一個人終其一生都在爭取某種臆想的幸福——這種幸福極少達到，就算達

[309]

到了，也只會以失望告終。一般來說，每個人最終抵達港灣之時，船體已是千瘡百孔，桅桿、風帆都已消失無蹤了。不過，既然生活只是由轉瞬即逝的現時所構成，現在又即將完結，那這個人到底曾經是幸福的還是不幸的就都一樣了。

但是，讓人驚奇的是，在人類和動物世界裡，人和動物那如此巨大的、多樣的和不息的運動，卻是由這兩種簡單的動力——飢餓和性慾——所產生和維持的，至多加上無聊的少許幫助；這兩種欲望竟能夠為如此複雜的機器傳送「第一推動力」，展開了這些五光十色、變化多端的木偶戲。

現在，如果我們更仔細地考察這事情，我們首先就可看到無機物的存在每一刻都在受到化學力量的作用，並最終被這些化學力所銷蝕；而有機物的存在只能經由物質不斷地變化才得以成為可能，而這又需要持續不間斷的流動，因而就需要得到來自外在的說明。所以，就其本身而言，有機的生命就已經像是在手上為取得平衡而必須始終處於運動狀態的木桿；因此，有機的生命就是持續不斷的需求，總是一再重複的匱乏和沒完沒了的困苦。但也只能經由這種有機生命，意識才成為可能。據此，這所有一切都是**有限的存在**，與其相對立的則可被理解為**無限的**：既不會受到來自外在的銷蝕，也不需要來自外在的說明，因此就是「永遠保持不變」、處於永恆的安寧，「不生也不滅」，沒有變化，沒有時間，沒有多樣性和差別性，對這些的否定性認識構成了柏拉圖哲學的基本音調。否定生存意志以後，所通往的必然就是這樣一種存在。

145

[310]

我們生活中的場景就像粗糙的鑲嵌磚上的圖案：靠得太近時，這些圖案無法產生作用，而只能從遠距離觀看才會發現這些圖案的美麗。所以，「得到了我們熱切渴望之物」就等於發現了那是空洞和無用的。

我們總是活在對更好的期待之中，也經常在同一時間後悔和懷念往昔的時光。而現時則只是暫時忍受而已，只被視為通往我們目標的途徑。因此，在就快到達人生的終點時，回眸往昔，大多數人都會發現自己的一生都是「暫時」地活著；他們會很驚訝地看到：自己如此不加留意和咀嚼就聽任其逝去的，恰恰就是他們的生活，恰恰就是他們在生活中所期待之物。這樣，一個人的一生總體而言就是被希望愚弄以後，跳著舞投入死亡的懷裡。

但除此之外，還有個體意志的貪得無厭，也正因此，每一次的滿足就產生出新的願望，其渴求永不滿足，了無盡期！但是，這一切歸根結柢都是因為意志本身就是統治世界的君王，遍及一切；因此，部分是難以讓它滿足的，只有全部（但那又是沒有盡頭的）才能讓它滿意。同時，當我們考慮到這世界君王在其個體現象中所獲得的，卻是那樣的少之又少，通常僅足夠維持個體的身體，那必然激發起我們的同情。個體深深的痛苦和煩惱也就由此而來。

146

我們正處於精神無能的時期，其標記就是人們尊崇各種各類拙劣的東西，而人們用以表示這時期的自創詞，「現在」（jetztzeit）可謂相當貼切；這詞含義自負、聲音刺耳，似乎其「現在」就是「不折不扣」的「現在」，為了這一「現在」的到來，在這之前的所有其他「現在」都只是搭橋鋪路而已，因為甚至泛神論者也毫不害羞地說出，用他們的話來說，生命就是「目的本身」。假如我們的這一存在就是世界的最終目的，那這目的就將是最愚不可及的，不管定下這一目的的是我們抑或另有其他。

[311]

生命首先就表現為一個任務，也就是說，要維持這一生命的任務，亦即法語的 de gagner sa vie。這一問題解決以後，那爭取回來的卻

成了負擔，第 2 個任務也就接踵而至：如何處理、安排這一生活，以抵禦無聊——這無聊就如同在一旁窺伺著的猛獸，隨時撲向每一生活安定的人。因此，第 1 個任務就是爭取得到某樣東西，第 2 個任務則是在爭取得到這東西以後，讓我們不會感覺到這樣東西，否則的話，它就成了一個負擔。

人的存在肯定是某種錯誤，這一點只需簡單留意下面這些就足夠清楚了：人就是需求的集合體；那很難才能得到的滿足，除了帶給他沒有苦痛的狀態以外，再無其他；而處於這樣的狀態，他仍會落入無聊的魔掌。這直截了當地證明了：存在就其本身而言是沒有價值的，因為無聊恰恰就是感覺到了這一生存的空洞、乏味。也就是說，我們的本質和存在就在於渴望生活，而假如生活本身真有肯定的價值和真實的內容，那是無法產生無聊的。僅僅只是存在本身就已經讓我們充實和滿足了。但現在，我們對自己的存在並沒有感到高興——除非我們正在爭取達到某一目標：那樣的話，因為距離遙遠和遭遇障礙，這一目標就會造出帶給我們滿足的假象，但目標一旦達到，假象也就隨之消失了；或者除非我們正在從事純粹的智力活動：在進行這些活動時，我們其實是從生活中抽身出來，以從外面回頭審視這一生活，就像坐在包廂裡的旁觀者。甚至感官樂趣本身也只在於持續的爭取，而一旦他的目標達到了，快樂也就消失了。每當不是處於上述兩種情形，而是退回到存在本身，生存的空洞和虛無感覺就會襲向我們——這就是我們所說的無聊。甚至那扎根於我們內在的、無法消除的對奇特事情的追求和喜好，也顯示出我們是多麼巴不得看到事物發展那無聊、乏味的自然秩序能夠中斷。甚至大人物的奢侈、熱鬧的喜慶和富麗堂皇的排場也不是別的，而正是徒勞地想要超越我們存在的那種本質上的貧瘠狀態。這是因為那些貴重寶石、珍珠、羽飾、天鵝絨，還有如此之多的蠟燭、載歌載舞、戴上又摘下的面具等等，細想之下，到底又算得了什麼？沒有人會在現時感到完全幸福，真的感到完全幸福的話，那他就是喝醉了。

[312]

147

表現為人的有機體那些極盡巧妙和複雜的裝置的，是生存意志至為完美的現象，這些現象最終都要化為塵土。這些現象的整個本質和爭取最終也就明顯地歸於毀滅。這就是永遠真實和坦率的大自然所給予的單純、樸實的表達，即這意志全部爭取的從本質上就是虛無的。假如我們是某樣就其自身而言是有價值的東西，是某樣無條件的東西，那就不會是以非存在為目的。對這一道理的感覺就構成了歌德的優美詩句的基礎：

在古老塔頂的高處，
是英雄的高貴精靈。

死亡的必然性首先從這一事實推論出來：人只是一種現象，並不是自在之物，因此並不是「真正存在的」。這是因為假如人就是自在之物，那人就不會消亡。至於構成了這些現象的基礎的自在之物，卻只能在現象裡呈現出來，那是自在之物的特性所致。

我們的開始和我們的結束，形成多麼強烈的反差！前者是情慾的幻想和性慾的陶醉，後者則是所有器官的毀壞和屍體的惡臭。從開始到結束，在愉快和生活樂趣方面，走的也始終是下坡路：快樂幻想的童年，興高采烈的青年，艱苦勞累的中年，身衰力竭並經常是可憐的老年，臨終疾病的折磨和最後與死神的搏鬥——這一切難道沒有直截了當地表明：存在就是錯誤的一步，其後果逐漸和越來越明顯地顯現嗎？

把生活視為幻滅是最正確的看法，所有一切都清楚無誤地指示著這一點。

[313]

147（補充）

我們的生活具有某種**微觀**的特性：它是一個不可分的點，我們透過時間、空間這兩個強力透鏡所看到的是拉開了的，也因此是放大了許多的生活。

時間是我們頭腦中的裝置，目的就是透過時間上的持續，讓事物和我們自身那**完全虛無的存在**披上了一層現實性的外衣。

由於在過去錯失獲得某一幸福或者享受某一快樂的機會而後悔和哀嘆，這是多麼愚蠢的事情啊！因為這些幸福或者享受到現在還剩什麼呢？只是乾癟的記憶罷了。我們真實得到過的一切，也不外如此。據此，**時間形式**本身就是一種手段和方法，就好像是特意要讓我們明白所有塵世間的快樂都是虛無的。

我們和所有動物的存在並不是某種牢固的，至少是暫時保持不變的東西，而只是**流動性的存在**，其存在只能透過持續不斷的就像漩渦一樣的變化。這是因為雖然身體的**形式**暫時和大致地存在，但其條件卻是物質持續變化，不斷地新陳代謝、吐故納新。與此相應，所有那些生物的首要工作，就是時刻去爭取適合流入身體的物質。與此同時，他們也意識到以上述方式只能短暫地維持像他們這樣的一種生存構成。所以，他們就力求在死亡臨近時把其存在交付給即將取代他們的另外的生物。[314] 這種追求和努力就以性慾的形式出現在自我意識裡，而表現在對其他事物的意識，亦即表現在對客體事物的直觀，那就是生殖器的形態。我們可以把這種衝動和驅力比之於串起珍珠項鍊的一條線，而那些快速交替著的個體生物則對應著這條線上的珍珠。如果我們在想像裡加快這種交替，並且在整個序列中，同時也在單一個體裡，總是只看到永恆的形式，而物質材料則持續在變化，那我們就會意識到：我們只有某種半存在。對存在的這種理解構成了柏拉圖這一學說的基礎——這一學說告訴我們：存在的只是**理型**，而與理型對應的事物只具有影子似的構成。

我們**純粹只是現象**，與自在之物截然不同——可以透過下面這一點而得到形象的說明和證明：我們的存在不可或缺的條件就是物質持續地流入和流出，對作為食物、營養的需求總是一再重複，因此，我們就像那些經由煙、火或者噴射的水流所引出的現象：一旦沒有了物質供應，這些現象就會暗淡或者停止。

我們也可以說生存**意志**只表現為純粹的現象，而這些現象將完全、徹底地**化為無**。但這種無和連帶現象卻始終是在生存意志的範圍之內，在此基礎上。當然，這些是模糊的、難懂的了。

把人類世界的全部**一眼盡覽**，那我們就會看到處處都是無休止的爭鬥，都是用盡一切身體和精神的力量，為了生存的激烈搏鬥，所面對的是各式各樣威脅我們的隨時會發生的危險和不幸。然後，看看付出所有這一切努力所換回的報酬，看看那存在和生活本身，那我們或許會發現某些沒有苦痛的間歇時間，但這些時間馬上就會受到無聊的襲擊，很快就被新的痛苦所終結。

[315]　　在**需求**和**匱乏**的背後就是**無聊**，甚至比較聰明的動物也受其襲擊。這是生活並沒有**真正的內涵**所致，生活只是透過需求和幻象而維持其**活動**。但一旦這些需求和幻象沒有了，那存在的空洞和空虛就暴露出來了。

如果我們不再從大處審視世事發展的進程，尤其是人類快速的世代更迭及其匆匆一現的存在假象，轉而觀察**人類生活的細節**，大概就像在喜劇中所展現的樣子，那這些所造成的印象，就猶如透過高倍顯微鏡觀察滿是纖毛蟲的一滴水，或者察看肉眼難見的一小塊乳酸菌——裡面的蟎蟲辛勤地活動和爭鬥，使我們失聲而笑。這是因為正如在這極為狹窄的空間展開嚴肅認真、隆重其事的活動會造成喜劇效果，那在極為短暫的時間裡做出同樣的事情也同樣如此。

第 12 章　論生存的痛苦與虛無

148

如果痛苦不是我們生活最接近和直接的目的,那我們的存在就是這世上最違反目的的了。這是因為如果認為源自生活本質上的匱乏,那些沒完沒了的在這世上無處不在的苦痛沒有任何目的,純粹就是偶然的,那這一看法就是荒謬的。我們對苦痛的敏感性幾乎是無限的,但對享樂的感覺則相當有限。雖然每一個別的不幸顯得就像是某一例外情形,但總的來看,不幸卻是規律中的事情。

149

正如溪水只要沒有碰上阻礙物就不會捲起漩渦,同樣,人性和動物性決定了順應我們的意志的一切,是不會為我們所真正察覺和注意的。[316] 我們對這些有所注意的話,那這些肯定就是沒有馬上順應我們的意志,在這方面已經遇到了某些阻礙。相較之下,任何阻礙、牴觸或者拂逆我們的意志,因而也就是任何的不快和苦痛,我們都會直接、馬上和異常清楚地感覺到。正如我們**不會感受**到整個健康的身體,而只會感覺到鞋子夾住腳趾頭的一小處地方,同樣,我們不會考慮到所有進展順利的事情,而只會留意到煩擾我們的某些雞毛蒜皮的小事。我多次反覆強調過的一點,即舒適和幸福是否定特性的,而痛苦則具有肯定的特性,就是基於這個道理。

所以,大多數形上學體系宣揚痛苦、不幸是否定性質的,其荒謬在我看來實在是無以復加的;其實,痛苦、不幸恰恰是肯定的,是讓人感

覺得到的東西。而所謂好的東西，亦即所有的幸福和滿意，卻是否定性的，也就是說，只是願望取消和苦痛終止而已。

與這一道理相吻合的還有這一點：我們一般都會發現快樂遠遠低於，而苦痛則遠遠超出我們的預期。

誰要想簡略檢驗一下這樣的說法，即在這世上快樂超出苦痛，或者起碼這兩者互相持平，那他就在一隻動物吃另一隻動物的時候，把這兩隻動物各自的感受互相對照一下吧。

150

在遭遇不幸或承受痛苦時，最有效的安慰就是看一看比我們更不幸的其他人——這一點是人人都可以做到的。但如果是人類的整體，那會得出什麼樣的結果呢？

[317] 我們就像在草地上玩耍的綿羊，而屠夫已經盯著這些綿羊，選好了向牠們開刀的次序，因為在我們的好日子的時候，我們並不知道命運此刻已為我們準備了何種不幸和禍害：疾病、貧困、迫害、殘廢、失明、瘋狂、死亡等等。

歷史向我們展示國家、民族的生活，但除了講述戰爭和暴亂以外，再無其他：天下太平的日子似乎只是作為短暫的停頓、幕間的休息而零散地出現。同樣，個人的生活也是一場持續不休的爭鬥——這可不只是比喻，只是與匱乏或者無聊的爭鬥，而是實實在在地與他人作戰。無論在哪裡，人們都會發現敵人，始終活在爭鬥之中，到死的時候武器仍然在握。

151

讓我們的生存平添不少折磨和煩惱的，就是**時間**時時刻刻催逼著我

們，從不讓我們從容喘息；它在每一個人的後面步步緊跟，就像揮舞著鞭子的嚴厲工頭或管教者。也只有那些落入了無聊的魔掌的人才逃過了時間的催逼。

152

但是，正如沒有了大氣的壓力，我們的身體就會爆炸，同樣，人生沒有了匱乏、艱難、挫折和厭倦，人們的大膽、傲慢就會變本加厲；就算不會達到爆炸的程度，也會驅使人們做出肆無忌憚的蠢事，甚至咆哮、發狂。無論何時，每個人都確實需要配備一定分額的操勞，或者擔心，或者困苦，正如一艘船需要一定的壓艙物才能走出一條筆直和穩定的航線。

工作、**煩惱**、**操勞**和**匱乏**固然是幾乎所有人終其一生的命運，但如果所有的欲望還沒有來得及出現就已經獲得滿足，那人們又將如何充實自己的人生？假設人類移居到了童話中的**極樂國**，在那裡一切都自動生長出來，鴿子也是烤熟了在空中飛來飛去，每個人很快就找到了自己熱戀的人，並且不費吹灰之力就得到了她——假設是這樣，那一部分人就會死於無聊，或者會自行上吊了結；而另一部分人則尋釁打架，各自掐死、謀殺對方，從而製造出比大自然現在加在他們身上的還要多的痛苦。因此，對於這樣的人類，再沒有其他適合的活動舞臺，再沒有其他適合的存在了。

[318]

153

正如在上文所回顧的，由於舒適和快樂具有否定的性質，而痛苦則是肯定性質的，所以，衡量一個人的一生是否幸福並不是根據他一生中的歡樂和享受，而是根據他一生中缺少痛苦的程度，因為痛苦是肯定性

質的。但這樣的話,動物的命運看起來似乎就比人的命運更可忍受了。我們就更仔細地考察人和動物這兩種情形吧。

無論人的幸福和不幸以何種複雜多樣的形式呈現出來,並刺激人們追求前者和逃避後者,所有這一切的物質基礎不過就是身體上的快感或者苦痛。這一基礎相當的狹隘,無非就是健康、食品、免受風雨寒冷的襲擊、得到性慾的滿足,或者欠缺所有這些。因此,人並不比動物真正享有更多身體上的快樂——除了人的每一快樂因為人的更發達的神經系統而得到了提升以外,但與此同時,人對每一種苦痛的感覺也相應地提升了。不過,在人的身上被刺激起來的情感比動物的情感卻強烈很多!情緒的動盪也深沉得多和激烈得多!兩者根本不可以相提並論,但所有這些最終也只是為了獲得那同樣的結果:健康、飽暖等等。

這首先是因為人想到了不在眼前的和將來的事情而增強了所有的一切,也就是說,憂慮、恐懼和希望也就由此真正出現了。這些憂慮、恐懼和希望對人的折磨遠甚於此刻現實的苦、樂,而動物所感受到的則只是侷限於此刻現實的苦、樂。也就是說,動物並沒有反省思維——這一苦、樂的濃縮器;所以,這些苦、樂不會積存起來,就像人類藉助回憶和預見所出現的情形。對動物來說,現時的痛苦哪怕是無數次接連反覆出現,也始終就像第一次出現那樣是現時的痛苦,不會累加起來。所以,動物享有令人羨慕的無憂無慮和心平氣和。相較之下,由於人有了思想及與此相關的一切,那些本來是動物與人所共有的苦、樂的基本要素,在人那裡卻變成提升了的幸福感和不幸感,而這些甚至會演變成瞬間的,有時甚至是致命的狂喜,或者可以導致絕望的自殺。仔細考察一番,事情的原委是這樣的。滿足人的需求本來只是比滿足動物的需求稍為困難一點,但為了增強快樂感受,人卻是有目的地提高其需求。所以,就有了奢侈、排場、菸酒、鴉片、珍饈百味,以及與這些相關的一切。然後,同樣由於有了思想,就另有了只有人才會有的這一快樂的,同時也是痛苦的源泉。這一源泉帶給他太多太多的苦惱,幾乎更甚

於所有其他方面的苦惱。那也就是雄心和榮譽感、羞恥感——用簡單的話說，就是他所認為的別人對他的看法。這有著多種多樣、千奇百怪的形態，會成為一個人的幾乎所有奮鬥和努力的目標——而這已是超越了身體快樂或者苦痛的層面。雖然人在真正的智力享受方面確實超越了動物——這可以有無數的級別，從最簡單的遊戲或者談話一直到最高級的智力創造——但是，在痛苦的那一邊，無聊作為與此相對應的平衡的東西出現了，而無聊卻是不為動物所知的，起碼對處於自然狀態下的動物是這樣。也只有最聰明的動物在被馴化了的狀態下才會受到一點點無聊的襲擊。但無聊之於人的確猶如鞭笞般難受。這種痛苦可以見之於那許許多多總是想著填充自己的錢包而永遠不會想到要充實自己腦袋的可憐人，對這些人來說，他們富裕的生活狀態已經成了一種懲罰，因為現在他們已經落入無聊的魔掌。為了逃避無聊的打擊，這些人就四處奔跑，一會兒到這裡走走，一會兒又到那裡旅行。甫一抵達某一處地方，就緊張兮兮地打聽可供「消遣的去處」，一如飢寒交迫的窮人憂心地詢問「派發救濟的地方」，因為當然了，匱乏和無聊是人生的兩極。[1]最後需要指出的是，在滿足性慾方面，人會做出獨特的、相當執拗和挑剔的選擇——這有時候會提升為強烈程度不一的激情之愛。關於這一論題，我在我的主要著作第 2 卷〈論性愛〉一篇已作詳盡的討論。這樣，對人來說，性慾的滿足就成了長時痛苦和短時快樂的根源。

與此同時，讓人驚嘆的是，憑藉那附加的、動物所沒有的頭腦思維，在人與動物所共有的同一狹隘的苦、樂基礎之上，人們建起了人的幸福和不幸這樣高大、廣闊的建築物；在涉及這些幸和不幸的方面，人的心情受著如此強烈的情緒波動和激情震撼，以致這些所留下的印記就清楚地展現在他的容貌和表情上；但到頭來和事實上，這些也不過就是

[320]

---

[1] 游牧生活本是最低級文明社會的特徵標記，游牧生活的最高級現在再度出現了，那就是已成普遍的旅遊生活。前者是**匱乏**所致，而後者則是**無聊**造成的。

動物同樣得到的東西，並且動物付出了少得多的感情和折磨就得到了它們。但由於所有這些，人所感受到的痛苦在比例上就比快樂要多得多，而這痛苦還由於人確實**知道**了死亡而加大了許多。而動物則只是本能地逃避死亡，並不真正地知道死亡這回事，因此不會真正地盯著死亡，就像總是面對著死亡前景的人那樣。雖然只有少數動物得享天年，而大多數動物則剛好來得及繁殖其物種而已；然後，假如不是更早的話，就成了其他動物的獵物，而唯獨只有人才可以做到讓所謂的自然死亡在其物種中成為常規（這當中也有著可觀的例外）──雖然如此，基於我上述的理由，動物仍然占據著優勢。此外，人就像動物一樣甚少真正地得享天年，因為人違反自然的生活方式連帶人的操勞和情慾，還有由所有這些而起的物種退化，都很少讓人得享天年。

[321]

動物透過僅僅只是存在所獲得的滿足遠甚於我們，植物則是完全的滿足，而人在這方面則是根據其意識的呆滯程度而定。與此相應，與人的生活相比，動物的生活包含更少的痛苦，但同時也包含更少的快樂。這首要是因為動物一方面並沒有**操勞**和**憂慮**及其帶來的折磨，但在另一方面，動物也沒有了真正的**希望**，因此也就沒有了透過思想對歡樂未來的期待，以及與思想相伴的種種想像出來的美妙幻象，而這是我們最多和最大歡樂的源泉。所以，在這一意義上動物是沒有希望的。動物沒有憂慮和沒有希望是因為動物的意識侷限於直觀所見，並因此侷限於此時此刻。因此，動物只會對此刻已經呈現在其直觀面前的事物，有著極為短暫的恐懼和希望；而人的意識的視野包括整個一生，甚至超越了這一範圍。但也正因此緣故，動物與我們相比在**某一**方面卻似乎的確更智慧，也就是說，能夠平靜、不受影響地享受此時此刻。動物就是現時的體現，因此明顯享有的平靜心境經常讓因思慮和憂心而時常不安和不滿的我們感到羞愧。甚至那正談論到的希望和期待所帶給我們的歡樂也不是免費的。也就是說，一個人經由希望和期待所提前享受到的滿足，在稍後則從實際的享受中扣除，因為他稍後獲得的滿足也就相應減少了。

[322]

相較之下，動物既沒有提前享受，也沒有在稍後從享受中扣減，所以是完整地、不打折扣地享受現時和真實的東西本身。同樣，不幸也只是恰如其真實分量煩擾著動物，但對於我們這些不幸卻由於預見和恐懼，由於擔心禍患而增加了10倍之多。

正是動物所獨有的這種**完全沉浸於現時**的特點，讓我們從馴養的動物中得到很大的快樂：這些動物就是現時的化身，它們在某種程度上讓我們感覺到每一輕鬆和不受打擾的時間的價值，而心事重重的我們卻通常不加理會就讓這些時光過去了。但動物上述那種比我們更能只是從生存中取得滿足的素質，卻被充滿自我、沒有心肝的人類所摧殘，並且遭到如此程度的利用和壓榨，動物除了只是苟且偷生以外，已經別無其他了，例如：那本來在身體結構上是要遨遊半個世界的小鳥卻被囚禁在一英尺見方的空間，慢慢憔悴、叫喊而死，因為「困於籠子的小鳥心情鬱悶，牠的歌唱不再是因為快樂，而是發自憤恨」。[2]而人的最忠實的朋友，那如此聰明的狗卻被人套上了鐵鍊！看到犬隻遭受如此虐待，我就感受到深切的同情，對其主人感到極大的憤慨。我高興地想起幾年前《泰晤士報》報導過的一起事件：某一勛爵把一隻大狗用鐵鍊拴了起來。某天當這位勛爵走過院子的時候，向這隻狗走去並想拍打一下狗頭。結果，他的整隻手臂被這隻狗撕咬開了，真是罪有應得！這隻狗想說的是：「你不是我的主人，而是個魔鬼——你把我的短暫存在變成了地獄一般！」但願所有拴起狗的人都落得同樣的下場！

[323]

---

[2] 另一版本是：並且把鳥兒困在籠子裡面是虐待動物，這一如此得天獨厚，能以極快速度漫遊天空的生物，卻被囚禁在以英尺見方的空間，就只是為了要欣賞鳥兒的叫喊！

154

如果從上述議論得出這樣的結論：提高了的認識力造成了人的生活比動物的生活有更多的苦痛——那我們可以把這歸根溯源到一條更普遍的法則，並由此獲得一個寬闊得多的總體認識。

認知就其本身而言總是沒有痛苦的。痛苦只涉及**意志**，是由意志受到了拂逆、抑制和阻礙所造成的；但除此之外，還需達到這一條件：這種阻礙必須伴隨著認知。也就是說，正如光線只有在空間裡存在的物體把光線反射回來才會照亮這空間；也正如聲音需要迴響和共鳴，即只有透過那振動的空氣波碰撞在硬物上，才能在一定的距離被聽見——所以，在孤立的山頂上發出的聲音明顯是微弱的，在空曠之地的歌唱也的確只能產生很小的效果——同樣，意志所受到的阻礙要被感受為痛苦的話，就必須伴以**認知**，但痛苦對認知本身而言卻是陌生的。

因此，**肉體**的苦痛就已經是以神經及其與腦髓的連接為條件，這就是為什麼如果手腳通往腦髓的神經被切斷，或者腦髓本身透過哥羅芬而失去了功能，那手腳的受傷是不會被我們感覺到的。正因為這樣，垂死之人的意識一旦消失，那在這之後的身體抽搐就被視為不帶痛苦的。**精神**上的痛苦以認知為條件是不言自明的，精神的痛苦隨著認知的程度而增加也是很容易看得出來的，並且這一點在上述的議論和在《作為意志和表象的世界》第 1 卷第 56 節的內容也得到了證明。所以，我們可以這樣形象地表示這裡面的關係：意志是琴弦，對意志的拂逆或者阻礙則是琴弦的顫動，認知是琴的共鳴板，苦痛則為聲音。

據此，不僅無有機體不會感到痛苦，植物也同樣沒有痛苦——無論意志在這兩者受到了怎樣的抑制。相較之下，每一動物，就算是一條纖毛蟲也會感覺到苦痛，因為認知是動物狀態的真正特徵，儘管這認知是多麼地欠缺完美。隨著認知沿著動物的等級而提高，痛苦也相應地增加。所以，在最低等的動物裡痛苦是最輕微的，例如：昆蟲在身體的後

半截幾乎已全被撕開，僅以一點點腸子黏連著的時候，仍能狼吞虎嚥地進食。但就算是最高等的動物，由於缺乏概念和思想，牠們所承受的痛苦仍然與人的痛苦不能相比。也只是在由於理性和深思而有了否定意志的可能性以後，對痛苦的感受力才達致了最高程度。這是因為假如沒有了否定意志的可能性，那這種對痛苦的感受就成了毫無目的的殘忍折磨。

155

在青年的早期，我們憧憬著那即將展開的生活，就像在劇院裡等候大幕拉開的小孩：高興和急切地期待著即將上演的好戲。我們並不知道將要發生什麼，其實是一種福氣，因為對知道真相的人來說，這些小孩有時候就像是無辜的少年犯：雖然不是被判了死刑，而是被判了要生活下去，但對這一判決的含義這些小孩是不明白的。儘管如此，每個人都想活至高齡，亦即活至這樣的狀態：「今天已很糟糕，從今以後更是每況愈下，直到最糟糕的一天終於來臨。」

156

[325]

如果我們盡可能接近地設想一下，太陽在運轉的過程中所照耀到的總體各種各樣的匱乏、磨難和痛苦，那我們就會承認：如果太陽不曾在這地球上創造出生命現象，就像其在月球上那樣，而是讓地球的表面就像月球的表面那樣仍然處於晶體的狀態，那情形就會更好。

我們也可以把我們的生活視為在虛無的極樂安寧中加進了一小段無益的騷動插曲。不管怎麼樣，就算是那些日子混得還過得去的人，生活得越長就越清楚地意識到：生活總體而言就是失望，不，應該是欺騙才對；或者這樣說吧：生活有著某種極其撲朔迷離，甚至某種騙局的特

質。當兩個青年時代的朋友在分別了大半輩子，已成白髮老人之時再度聚首，看到對方時所引起的主要感覺就是**對整個一生的完全失望**，因為看到對方就會勾起對早年的回憶；而在往昔旭日初升的青春年華，生活在他們的眼裡是多麼的美麗，生活許諾給他們的如此之多，最終履行的諾言又屈指可數。在這兩個老朋友久別重逢之時，這肯定是主要的感覺，他們甚至覺得不需要用言詞去表達出來，而是彼此心照不宣，並在這感覺基礎上敘舊、暢談。

誰要是歷經了**兩至三代**的人，都會感覺像是這樣的觀眾：這個觀眾一直坐在觀眾席上，看完了市集戲臺上演的所有魔術戲法，並看著同樣的表演連續重複地進行；這些表演只是為表演一場而設，所以，在錯覺和新奇消失以後，對他就再也無法發揮效果了。

[326] 考慮到宇宙間浩繁的布置和安排，那在無限空間裡數之不清的燃燒的恆星，除了照亮其他星球以外就無所事事；而那些被照亮的星球就是匱乏和苦難上演的舞臺：身處這樣的星球，就算至為幸運，那也不過是帶來了無聊，別無其他，起碼從我們所熟悉的物種可以得出這樣的判斷——考慮到這些，那真的非讓人瘋狂了不可。

很值得我們**羨慕**的人是沒有的，很讓人**同情**和**哀嘆**的人卻數不勝數。

生活就是一份必須完成的定額工作，在這一意義上，所謂的「安息」是一個相當恰當的表達。

假設性行為既不是一種需要，同時也不會伴隨著肉慾快感，而是一件純粹理性思考以後的事情，那人類還會真的延續下去嗎？每個人難道不會因為同情將來的一代而寧願免去他們的負擔嗎？或者起碼人們不會想要扛起這任務，把負擔冷血地加之於下一代。難道不是這樣嗎？

這個世界就只是**地獄**，人既是地獄中的被折磨者，同時又是折磨別人的魔鬼。

人們肯定又會說我的哲學無法帶給人安慰——恰恰只是因為我說出了真相，而大眾則喜歡聽到上帝把一切事情都做得很好一類的話。那

就到你們的教堂去吧，不要理會我們哲學家的話了！至少，不要要求哲學家根據你們的訓練樣式編排其學說！只有冒牌哲學家和騙子才會這樣做，你們也盡可以從這些傢伙那裡隨意訂製你們所喜歡的學說。[3]

婆羅門神因為某種原罪或者過失而創造了世界，為此婆羅門神本身就得待在這一世界裡贖罪，直到從這一世界解脫為止。相當的美妙！在**佛教**裡，世界的產生是因為那經由贖罪而獲得的清明極樂的涅槃狀態，在經過很長一段安寧時期以後遭到了難以解釋的破壞，混濁出現了；亦即經過了某種只能在道德意義上理解的厄運，雖然這事情甚至在自然方面也有其精確對應的圖像和類比：史前世界星雲帶莫名其妙地出現，而太陽也就由此產生了。因此，由於道德上的失誤，自然方面就越趨惡劣，直至成為目前這一可悲的形態。太了不起了！對**希臘人**來說，這世界和神祇是某種深不可測的必然性的結果。這種解釋還是可以將就的，因為這種解釋暫時還能讓我們滿足。**奧爾穆茲德**與**阿里曼**的爭鬥，那是可以聽聽的。但一個**耶和華**的上帝只是因為他願意和高興而創造了這一匱乏的世界和苦難的世界，然後，為自己所做的而鼓掌，「看著一切所造的都甚好」，那這一見解就讓人無法忍受了。所以，在這一方面，我們看到猶太教在文明民族的種種信仰學說中處於最低的一級；與此完全吻合的就是猶太教是唯一完全沒有關於永生不朽理論的宗教，連這方面的點點痕跡都沒有（參見《附錄和補遺》第 1 卷，第 119 頁以下）。

[327]

就算萊布尼茲的示範和說明是正確的，即在眾多**可能**有的世界中，這一世界始終是最好的，那也不應該有這種為神辯護的《論神的善良和仁慈》。這是因為造物主的確不僅只是創造了這一世界，而且還一併創造了可能性本身：據此，他本來應該安排好一切，盡可能地創造出一個更好的世界。

總而言之，把這一世界視為一個全知、慈愛和全能的神靈所創造

---

[3] 給那些哲學教授無法避免的樂觀主義難堪，既容易又愜意。

出來的成功作品，這一觀點一方面與這一世界所充斥的苦難尖銳矛盾，另一方面也與這一世界最完美的現象，亦即人那明顯不完美，甚至可笑的扭曲之處完全不相協調。這裡面的不協調和矛盾永遠無法解決。但這些例子卻與我們的說法相吻合，也是我們的說法的證明——如果我們把這一世界視為我們自己的罪孽的產物，這一世界因此是有不如無。在第 1 種觀點裡，這些同樣的例子成了對造物主的嚴厲指控，並提供了諷刺的素材；在第 2 種觀點裡，則是對我們自己的本質和意志的譴責，很適合讓我們變得謙卑起來。這是因為它們使我們得出這樣的見解：我們就像是放蕩的父親生下的孽種：來到這一世上的時候已負有罪責；也正是因為我們必須不斷地償還這一罪責，我們的存在才變得如此淒慘，我們的結局就是死亡。沒有什麼比這一點更確鑿無疑的了：大致而言，**這一世界**的許多和巨大的**痛苦**正是**這一世界**深重的**罪孽**所引起——在此，我指的並非自然、經驗方面的關聯，而是形上的連繫。根據這一觀點，也只有《舊約》中的原罪故事讓我與《舊約》得以和解，這故事在我的眼裡甚至是《舊約》中唯一形上的真理，雖然裹上了寓言的外衣。這是因為沒有什麼比錯誤的一步和罪惡的肉慾而招致這樣的結果，更與我們的生存相似的了。我忍不住向深思的讀者推薦**克勞迪烏斯**對這一問題的專門討論——這篇文章很流行，但卻相當深刻，它把基督教根本的悲觀精神充分地顯示出來。文章的題目是〈因為您的緣故，這是可詛咒的土地〉，刊登在《萬德斯貝克信使報》第 4 部分。

[328]

要掌握可靠的羅盤以隨時辨認生活中的方向，要始終正確理解生活而不至於誤入歧途，最適合不過的方法就是讓自己習慣於把這一世界視為贖罪的地方，因此也就好比是監獄、罪犯流放地，而「勞動場」就是最古老的哲學家對這一世界的稱謂（根據亞歷山大的克雷芒，《雜文集》，3，第 3 章，第 399 頁）。在基督教教士中，俄勒岡尼斯以可嘉許的勇氣表達出同樣的看法（參見奧古斯丁，《上帝之城》，登記冊 2，第 23 章）。對這種世界觀理論上和客觀的說明不僅見於我的哲學，

而且也見於各個世代的人類智慧，亦即婆羅門教、佛教[4]、恩培多克勒、畢達哥拉斯的哲學等。西塞羅在《哲學殘篇》（比朋蒂尼版，第12卷，第316頁）中也提到，古老的智者教導人們這一世界觀，人們在接受祕密的宗教儀式時，也受到同樣的教誨：「我們由於前世犯下過失，現在就誕生以服刑抵罪。」燒掉瓦尼尼的肉身要比駁倒他的觀點更容易，因為瓦尼尼至為有力地表達了這一觀點：人類充滿如此之多和如此之大的痛苦，假如不是因為這樣的言論會招致基督教的反感，我甚至斗膽這樣說：「如果真有惡魔的話，那他們就是化身為人，並為自己的罪孽而遭受懲罰。」（《論大自然的奇妙祕密》，第50篇對話，第353頁）甚至真正被正確理解的基督教，也把我們的生存理解為某一罪孽、某一過失的結果。一旦我們習慣於這樣的看法，我們就會合乎事實地調節對生活的期待，因此也就不會把生活中大大小小的艱難、痛苦、煩惱、匱乏視為奇怪和意外，而是視其為規律之中的事情；我們也就知道在這一世上，每個人都得為自己的存在而遭受懲罰，並且遭受懲罰的方式因人而異。監獄裡的壞處之一就是在監獄裡相處的犯人群。與這些罪犯混在一起是怎樣的情形，一個理應與更好的人生活在一起的人，不用我說都會知道。具有美好靈魂的人，還有天才，在這一世上的感覺有時就跟一個高貴的政治犯的感覺一樣：他混雜在一群粗鄙、下賤的罪犯中，在櫓船上做苦役；所以，那政治犯與這些罪犯一樣，都想要與對方分開。但總而言之，上述的把握方式會讓我們在審視大多數人那些所謂的不完美之處，亦即審視他們道德上和智力上，以及相應地也在面相上的可鄙特性的時候不再是詫異，也更加不會憤怒，因為我們會時刻記住我們所在之

---

[4] 要在生活中有耐性，要沉著容忍災禍和人，那沒有什麼會比牢記佛教的這一警告更適合的了，「這就是輪迴，就是欲、求的世界，因此就是生、老、病、死的世界。這是本來就不應該有的世界。這裡就是在輪迴之中。所以，你們還能期待什麼更好的呢？我想要每個人每天都重複4遍這段話，充分意識到這裡所說的內容。」

處，並因此把每個人首先視為只是由於其罪孽才存在，這個人的一生就是為其出生而贖罪。這恰恰就是基督教所說的人的有罪本性；也就是我們在這一世上所看見的我們的同類的基礎。除此之外，由於這一世界的特性，人們大都和或多或少處於痛苦和不滿的狀態，而這樣的狀態並不會讓人更關心人和更親切待人。最後，人的智力在絕大多數情況下，都只是勉強夠為意志服務。所以，我們必須據此調節我們對世人的要求。誰要是堅守這一角度，就會知道與人交往的衝動實為有害的傾向。

事實上，堅信這一世界，因此也包括人，就是某種本來就不應該存在的東西，會讓我們互相容忍和原諒，因為對於在這樣的困境之中的人又能期待些什麼呢？的確，從這一角度出發，我們就會想到人與人之間真正恰當的稱呼不應該是「先生」（sir, monsieur），而應該是「難友」（Leidensgefahrte, compagnon de miseres, my fellow-sufferer）。這些稱呼儘管聽起來很古怪，但與事實是吻合的，會幫助我們正確地看待每一個人，並提醒我們應有最需要的容忍、耐心、照顧、對鄰人的愛——這些是每一個人都需要得到，也因此需要給予他人的。

156（補充）

這一世間事物，尤其是人世間，其特徵並非人們常說的**有欠完美**，而是**扭曲**、**顛倒**，在道德、智力、身體及所有方面。

對許多惡行，我們不時聽到這樣的藉口：「但這**對人來說是自然的**」，是根本不足夠的；我們應該這樣回答：「正因為這一行為是惡劣的，所以就是**自然的**；也正因為這是**自然的**，所以就是惡劣的。」要正確理解這話的含義，那就必須認識了原罪學說才可以。

在評判一個人的時候，我們應該始終堅持這一觀點：這個人的基礎是根本就不應該有的東西，是某種罪惡、顛倒、被理解為屬於原罪的東西，也正因此要歸於死亡。這其中的劣根性，甚至透過無人經得起仔細

[331]

的審視和檢查這一點而典型地表現出來。對人這一生物，我們又能夠期待些什麼呢？所以，從這一觀點出發，我們就會更寬容地判定他人；一旦潛藏在人身上的惡魔甦醒過來並向外探頭探腦的話，我們也不至於感到奇怪；並且會懂得更珍重一個人身上的優點，不管這出自他的智力抑或出自其他素質。其次，我們將留意到人的處境，並能考慮這一點：生活本質上就是匱乏和經常是悲慘的條件狀態；在此狀態下，每個人都得為自己的存在而胼手胝足和拚搏，因此不可能總掛著一副笑臉迎人。相反，如果人真的就像所有樂觀的宗教和哲學所喜歡認為的那樣，是上帝的作品甚至化身，或者在每一意義上都是他應該成為的樣子，那當我們第一次看見一個人，與其加深了了解和繼續交往以後，我們所獲得的印象與這一說法卻是多麼的完全不一樣呀！[5]

讓所有的囚犯都得到赦免（《辛白林》，第 5 幕，第 5 景）。人們的每一愚蠢、缺陷和惡習，我們都必須寬容對待；謹記我們眼前所見的就只是我們自己的愚蠢、缺陷和惡習，因為這些東西正是人類的弱點，而我們也屬於這人類；所以，我們的身上因此也有著所有這些弱點，也就是還有那些現在正讓我們大發雷霆的缺點——我們在大發雷霆，純粹只是因為這些缺點此刻還沒有在我們身上凸顯出來而已，也就是說，這些缺點沒有流於表面而是躲藏於深處，一有機會就會現身，正如我們現在在他人身上就見到了這些缺點。當然了，某一弱點在某一個人的身上更為明顯，在另一個人身上則是另一弱點更為突出；或者不可否認，在一個人身上的劣性總和要比在另一個人身上的多。這是因為人的個體性差異大得難以估量。

[332]

---

[5] 另一版本：評判一個人的正確標準就是：這個人本就是屬於不應存在的生物，他的存在需要透過各種各樣的苦痛以及死亡而救贖——對這樣的人，我們又能期望些什麼呢？為了我們的出生，我們是首先透過這生活，其次是透過死亡以贖罪。那**原罪說**就是**寓言**化了這些道理。

第 13 章　論自殺

157

　　就我至今所看到的，只有一神教（亦即猶太教）的信眾把自殺視為犯罪。這相當引人注目，因為無論是在《舊約》還是《新約》，都找不到任何某些禁止自殺或者某些只是明確指責自殺的地方。因此，宗教老師們就不得不為了唾棄自殺而提出自己的哲學根據，但這些哲學根據卻是如此的糟糕，以致他們為了彌補力度不足的根據，就以強力的措辭，亦即以謾罵來表示他們的厭惡。這樣，我們就得聽到自殺是最大的懦弱，這種行為只有在瘋癲的時候才是可能的以及其他無聊的話，或者自殺是「錯誤」的一類完全沒有意義的說法。但很明顯，人在這世上自有對自身的**權利**，它無可爭議甚於任何其他（參見第 121 節）。正如我所說的，自殺甚至被視為犯罪和與此相關的，尤其是在粗俗迷信的英格蘭，就是那羞辱性的葬禮和沒收自殺者的遺產。所以，陪審團幾乎無一例外地認定這自殺是瘋癲所致。在此，我們先讓道德感覺來作決定，比較一下我們聽到某個熟人犯罪的消息，例如：犯下了謀殺、殘忍行為、詐騙、偷竊，與聽到這熟人自殺的消息，這兩者讓我們產生的印象。前一個消息會引起我們強烈的憤慨，極度的厭惡，促使我們呼籲嚴懲或者報復；而後一個消息卻讓我們哀傷和同情，夾雜著的常常是在某種程度上讚嘆這人的勇氣，而不是針對惡劣行為的那種道德上的指責。誰又不曾有過自願離開這一世界的相識、朋友、親戚？難道每個人都要帶著厭惡認定這些人就是罪犯嗎？不！當然不！我倒是認為教士們需要接受質詢：他們有什麼權力在沒能夠指出來自《聖經》的權威說法，甚至也沒有一丁點站得住腳的哲學論據的情況下，從布道壇上和在文字裡，把

[333]

許多我們敬重和熱愛的人所做出的行為打上**犯罪**的印記，拒絕讓那些自願離開這世界的人得到體面的葬禮。但有一點是要確定的：我們要求的是**理由**，而不是當作理由的空泛之談或者罵人詞語。[1]如果說刑法禁止自殺，那這可不是教會方面有效的理由，並且也絕對是可笑的，因為什麼懲罰可以嚇阻尋死的人？如果懲罰的是自殺的**企圖**，那懲罰的只是那人的笨拙以致不能成事而已。

古人們也遠不是以這種眼光看待自殺的事情。**普林尼**（《自然歷史》，比朋蒂尼編，書冊28，第1章，第4卷，第351頁）說：「我們的看法是：不要太過熱愛生命，以致要用各種方式延長這生命。你要這樣願望的話，那無論你是誰，你也一樣要死亡，不管你是過了善良的一生，抑或是道德敗壞的或者是罪惡的一生。所以，每個人都需首要記住，因為這是他的靈魂的解救手段：大自然所給予人們的各種好處當中，最好的莫過於及時的死亡，而這是每個人能為自己做得最好的事情。」普林尼還說（書冊2，第7章，第1卷，第125頁）：「甚至神祇也不是萬能的，因為就算他願意，他也無法決定自己的死亡，而死亡卻是凡人在承受如此之多的生命苦痛中所能得到的最好禮物。」在馬西利亞和凱奧斯島，如果有人能夠提出離開人世的充分、有力的理由，那高級官員甚至就公開給予他們毒人參屬飲料（馬克西穆斯，書冊2，第6、7、8章）。[2]古時候有多少個英雄和智者不是自己結束自己生命的？

---

[1] 另一個版本：我倒是認為教士們需要接受要求，給出理由，為何把我們的朋友和親戚打上犯罪的印記，拒絕給他們以體面的葬禮。來自《聖經》的理由是沒有的，哲學上的理由又站不住腳，也不獲得教會的承認。理由呢？理由呢？理由呢？你們說啊！死亡是我們太過需要的最後一條退路，我們是不會聽由教士只是用命令而奪走這一退路的。

[2] 在凱奧斯島，老人自願死亡是風俗。可參見馬克西穆斯，書冊2，第6章；赫拉克利德斯·彭提烏斯，《著作殘篇》，4；埃利亞努斯，《雜聞軼事》，3，37；斯特拉波，書冊，克雷莫編，10，第5章，§6。

雖然亞里斯多德（《尼各馬克倫理學》，第5卷，15）說自殺對國家是不公正的行為——雖然對他自己本人並不是這樣——但在描述逍遙派倫理學時，斯托拜烏斯（《文選》，2，第7章，第286頁）引了這樣一句話：「好人在太過不幸的時候必須放棄生命，但壞人則在極好運的時候也要放棄生命。」同樣，在第312頁：「所以，一個人必須結婚和生兒育女，為國家效力……要保存自己的生命以培養才能，但在需要的時候，又能夠放棄自己的生命等等。」我們發現自殺也甚至被斯多噶派 [335] 頌揚為高貴和英勇的行為，1百多處的段落可以證明，而裡面最強有力的出自塞內卡。再有就是印度人。眾所周知，印度人的自殺經常是某種宗教行為，特別是寡婦自焚，還有投身在（印度教中的）世界主宰的神車的輪子下，作為祭品獻身給恆河的鱷魚或者神聖的廟池等等。在舞臺上——這可是人生的鏡子——也是一樣：我們看到，例如：在著名的中國戲劇《趙氏孤兒》（由聖朱力安在1834年翻譯）中，幾乎所有的高貴角色都是以自殺結局，但卻不曾給出一點點暗示，觀眾也不會想到這些人是犯下了罪行。在我們自己的舞臺上，根本上也沒有什麼兩樣，例如：在《穆罕默德》中的帕米拉，在《瑪麗‧斯圖亞特》中的莫蒂默、奧賽羅、特茨基伯爵夫人。索福克里斯說，如果是我自己願意的話，那神祇會放開我的。哈姆雷特的獨白就是在冥想著犯罪嗎？他只是說，假如我們可以確定死亡就是絕對的消滅，那考慮到這世界的狀況，他會無條件選擇死亡。「但，唉，難題就在這裡。」但一神教教士們和順應他們的哲學家為反對自殺所提出的根據和理由，是些無力的、輕易就可駁倒的詭辯（參見我的論文《論道德的基礎》，§5）。**休謨**在他那很值得一讀的《論自殺》裡面，對他們所提出的那些根據給予了最透澈的反駁。這篇文章直到休謨逝世以後才問世，並且馬上在英國就受到可恥的迷信想法和卑鄙的教士專制的壓制。所以，這篇文章也只是偷偷地高價賣出了極少的幾冊。受惠於巴塞爾的再版，我們得以保存了這位偉大人物的這篇及另一篇論文：《論自殺和靈魂的不朽》，（已故）大衛‧休

謨著，巴塞爾，1799，由詹姆斯‧德克爾出售，共 124 頁。但一篇純粹的哲學文章，以冷靜理性批駁了反對自殺的流行理由，出自英國的一位一流思想家和作家之手，卻不得不偷偷地走私透過，就像是在做一件無賴之事，直到其在外國得到保護為止——這樣的事情對英國民族是極不光彩的。與此同時，這顯示了教會在這一問題上是否問心無愧。反對自殺的唯一有力的道德理由，我在我的主要著作第 1 卷第 69 節已經說清楚了，那就是：自殺妨礙達到最高的道德目標，因為自殺只是以一個表面上的解救辦法擠掉了從這苦難世界得到解脫的真正方法。但這犯錯與基督教教士想要對其認定的犯罪，卻是相當長的距離。

基督教的最核心是這樣的真理：苦難（十字架）就是生活的真正目的，所以，基督教摒棄自殺，因為自殺與這一目的是相反、對立的，而古代人從某一相對較低的角度出發，是贊同甚至敬重自殺行為的。但基督教反對自殺的理由卻是寡欲、苦行的理由，所以只有對某一比歐洲的道德哲學家所曾有過的倫理視角都要高得多的倫理視角才是行得通的。但如果我們從那相當高的視角走下來，就再沒有譴責自殺的說得過去的道德理由。一神教教士對自殺異乎尋常的反對熱情，既沒有《聖經》的支持，也沒有得到有力理由的支撐，因此看上去必然就是基於某一祕密的原因。這原因是否就是：自願放棄生命，對於說出「神看著一切所造的都甚好」的人，實在是非常糟糕的恭維？所以，是這些宗教裡面所必不可少的樂觀主義在譴責自殺，目的就是避免受到自殺者的譴責。

158

總而言之，我們會發現：一旦一個人的生活恐懼更甚於死亡恐懼，那他就會結束自己的生命。但死亡恐懼所形成的抵抗卻是甚有分量的，那彷彿就是守衛出口的衛兵。假設生命的結束是某種純粹消極和否定的事情，是某種突然的停止存在，那或許人人早都會結束自己的生命。只

不過這種結束卻是某種積極和肯定的事情，是肉體的毀壞。這會把人嚇倒，恰恰是因為肉體就是生存意志的現象。

但與那些守衛出口的衛兵的搏鬥，一般來說可不像遠遠看上去的那麼艱難，確切地說，那是精神痛苦與身體痛苦相對抗所致。也就是說，如果身體上持續地感受著劇痛，那我們對所有其他的苦惱是無所謂的：身體康復是我們唯一上心的事情。同樣，劇烈的精神痛苦會讓我們感受不到身體的痛苦：我們蔑視這後者。甚至如果身體的痛苦占據了上風，那對我們不過就是某一有益的分散，是精神痛苦的某一暫停。這正是讓自殺變得容易的地方，因為與自殺相伴的身體痛苦，在承受超巨大精神痛苦的人看來，一點都不重要。這尤其見之於那些受純粹病態的、極度的憂鬱情緒驅使而自殺的人。這些人根本不需要克服自己，一點都不需要為此作準備，而是只要那獲指派看護他們的人給他們單獨兩分鐘，他們就會迅速了結自己的生命。

159

如果在沉重的噩夢中，害怕和驚慌達到了最高級，那就會讓我們從夢中醒來，這樣，那晚間的所有怪物也就隨之消失了。同樣的事情也發生在生活之夢——假如那害怕和驚慌達到了最高級，迫使我們要與這世界決裂的話。

160

我們也可以把自殺視為某種試驗，是人們對大自然提出問題，並強迫大自然給予回答。也就是說，死亡以後，人的存在和認知會經歷什麼樣的改變。但這可是一個笨拙的試驗，因為自殺取消了那能聽到回答的意識身分。

[338]

第 14 章　生存意志的肯定和否定學說的補遺

161

在某種程度上先驗就可看出，這也是很平常的不言自明：現在造出這世界現象的也必然有能力不這樣做，因此就是保持靜止；或者用其他的話說，除了這現在的「延伸」以外，也必然還有「收縮」。那麼，如果前者就是生存的意志的現象，那後者就是不想生存的意志的現象。本質上，這與吠陀學說的「偉大的沉睡」（參見《奧義書》，第 1 卷，第 163 頁）、佛教徒的涅槃和新柏拉圖主義者的「彼岸」是同樣的事情。

與某些愚蠢的看法相反，我指出了**否定生存意志**一點都不意味著消滅某一物質，而只是不想生存的意志的行為；那到此為止還在**意志**的同樣東西，不再**意志**了。既然我們要認識這存在物，這**意志**，這作為自在之物的東西，就只能在和透過其意志行為，在其停止這些意志行為以後，我們就無法說出或者明白那存在物還會是什麼或者還會做出什麼。所以，那種否定**對於我們**——而我們也就是意志行為的現象——就是過渡為無。

肯定和**否定**生存**意志**就只是「意志還是不要意志」。這兩種行為的主體是同一個，所以，這樣的主體既不會因這行為也不會因那行為而消滅。它的「意志或說意願」就表現在這直觀所見的世界，也正因為這樣，這直觀所見的世界就是它的自在之物的現象。相較之下，對於「不要意志」我們卻認識不到其現象，除了其開始和更確切地說在個體時的現象，而個體在原初就已經屬於意志的現象。因此，只要個體是存在的，那我們就看到不意志（或不願意）永遠在與意志（或願意）爭鬥：如果個體完結了，在這個體身上的不意志取得了上風，那就是不意志的

[339]

純粹宣示（這就是教皇封聖的意義）。對此，我們只能說不意志的現象不可能是意志的現象，但卻不知道不意志是否有其現象，亦即是否會先產生出某一智力，然後再爲這智力保持某一次要的存在。既然我們所認識的智力，只是意志在其肯定意志時的一個工具，那我們也不明白爲何在取消了對意志的肯定以後，它還要產生出智力；我們關於這主體也就說不出些什麼，因爲我們只是在那些相反、對立的行爲，在意志那裡肯定地認出了這主體，這作爲其現象世界的自在之物的東西。

162

希臘人的倫理學與印度人的倫理學有鮮明的對照。前者（雖然柏拉圖是例外）的目標是讓人過上幸福的生活，而後者的目標總而言之則是從生活中獲得解放和解救，正如《數論頌》的第一句已經直接說出來的。

要獲得這相關的、透過直觀而更強烈的對比，那我們只需審視一下佛羅倫斯美術館裡古代優美的石棺，那些浮雕所表現的婚禮的一系列儀式，從最早的求婚開始，一直到婚慶歌者的火把照亮古典雕柱下面的圓盤線腳；然後，與之相比較，想像一下**基督教**的棺材：黑色的裝飾以表示哀悼，還有上面的十字架。那種對照是至爲意味深長的。兩者都想就死亡得到安慰，兩者採用了彼此相反的方式，而兩者都是對的。希臘人[340] 的倫理學的特質是**肯定**生存意志：那生活無論什麼時候，無論那形態如何變換，都始終是實在和眞實的。而印度人的倫理學則是透過苦難和死亡的象徵，表現了對生存意志的**否定**和要從這死亡和魔鬼統治著的世界中得到解脫，「直到意志變成了不要意志」。希臘—羅馬的異教精神與基督教精神的對立矛盾，究其實，就是肯定生存意志與否定生存意志的矛盾。據此，歸根究柢，基督教是對的。

163

　　我的倫理學與所有歐洲哲學的倫理學的關係，就類似《新約》與《舊約》的關係——根據教會對這種關係的看法。也就是說，《舊約》把人們置於法律的統治之下，但這卻不會引導人們走向解救。而《新約》則宣布法律是不足夠的，甚至為人們開脫法律責任（例如：《羅馬書》，7；《加拉太書》，2和3）。《新約》宣揚恩寵、慈悲的王國，人們透過信、對鄰人的愛和完全克制自己而到達這一王國，這是從罪惡和世界獲得解救之路。這是因為儘管遭受新教徒和理性主義者的歪曲，那苦行的精神確實就是《新約》之魂。而這正正就是否定生存意志，從《舊約》到《新約》。從法律的統治到信的統治，從因良行稱義到透過中間人獲得解救，從罪惡和死亡的統治到從基督那裡獲得永生——這些過渡意味著本意上的從只是美德過渡到否定生存意志。在我之前的所有哲學體系中的倫理學都是保持著《舊約》的精神，連帶它們那些絕對的（亦即缺少根據和目的的）道德律法和所有的道德誡命與禁止，連那發出命令的耶和華也悄悄地考慮進去——儘管這些在形式和闡述方面會是如此的不同。相較之下，我的倫理學有根據、目的和目標：這倫理學首先在理論上證明了公正和仁愛有其形上的根據；然後，也表明了完美做出的公正和仁愛行為最終所引向的目標。與此同時，我這倫理學真誠地承認這世界是卑鄙、下流的，指出了否定意志就是從這世界獲得解脫的必經之路。所以，我這倫理學真正具備了《新約》的精神，而其他倫理學所秉承的則是《舊約》的精神，並因此在理論上只是流於猶太教（赤裸裸的、暴虐專制的一神教）。在這一意義上，人們可把我的學說名為真正的基督教哲學，雖然在那些只關注外殼而不曾深入事情的核心的人看來，這是離奇的怪論。

[341]

164

　　有能力想深一層的人都會很快看出：人的渴望和情慾並不是在其個體方向與他人偶然交會時才開始變得有罪的——因為在那交會點上，會引發禍害和惡意——而是一旦這人的渴望和情慾存在了，那其原初和就其本質而言，必然是有罪的和惡劣的，因此，整個生存意志本身就是惡劣的。的確，這世界所充斥的惡性和悲苦就只是眾多的性格（生存意志就客體化在其中），在不間斷的必然性鏈條所帶來的情勢下必然得到的結果，因為那所出現的情勢給性格提供了動因；因此，那些惡性和悲苦也就只是對生存意志的注釋（參見《德意志神學》，第 93 頁）。我們的存在本身意味著罪孽，死亡則證明了這一點。

165

　　具有高貴性格的人是不會輕易慨嘆自己的命運的，確切地說，哈姆雷特讚揚霍拉旭的話適用於他：

[342]　　你就像是這樣的人：
　　　　因為受著所有的苦，所以也就沒受苦了。

　　這可以由此去理解：這樣一個人在別人身上也認出了他自己的本質，並因此關心和分擔別人的命運，幾乎總是看到他周圍的人承受著更殘酷的命運，所以就不至於抱怨自己的命運了。但一個不高貴的自我主義者，把現實侷限在其自身，其他人則被視為只是面具和幻影。他不會感同身受其他人的命運，而只會把全部的關心和同情投向自己，結果就是對自身極為敏感和頻繁地抱怨。

　　正是在其他人的現象中又再認出了自身——而由此首先產生了正義

第 3 章）中認為這觀點出自畢達哥拉斯門徒。但這觀點嚴格說來卻是錯的。這是因為不再想因性交的緣故而性交的話，那否定生存意志就已經出現了；那麼，只要目標已經達到，那繁殖人類就是多餘和沒有意義的了。此外，沒有了主體的激情，沒有了肉慾和衝動，純粹只是出於思考和冷血的目的算計要在這一世界生下一個人，讓其在此存在——這在道德上將是相當有疑問的行為，也只有極少數人會做這事情。的確，人們 [345] 或許可以說這種事情與只是出於性慾的生殖的關係，就如同冷血思考的謀殺與在盛怒之下而殺人的關係。

譴責所有違反自然的性滿足，是基於與上述相反的理由，因為經過這樣的性滿足，那衝動就得到了滿足，生存意志也就得到了肯定，但繁殖就受到了抑制，而繁殖則是唯一保持著否定生存意志的可能性。由此可以解釋為何只有在基督教出現以後，因為基督教具有苦行的傾向，所以雞姦就被視為嚴重的罪行。

168

在一座**修道院**裡，珍視貧窮、貞潔、服從（亦即斷絕一己的意願）的人聚在一起，並透過一起生活試圖讓存在本身稍稍輕鬆；但這更多的是要放鬆那清心寡欲的嚴苛狀態，因為看到志同道合的斷念的人，會增強他們的決心和給予他們安慰。此外，要過有一定程度的制約的生活，那一起生活的陪伴和社交是與人性相適宜的，是對飽受許多嚴重欠缺的某種無害的舒緩。這就是**修道院**的正常概念。誰又會把這樣的組織稱為傻子和瘋子的團體，正如人們根據（我的哲學以外的）其他的哲學所必然會做的？

真正的修道院生活，一如苦行，其內在的精神和意義就是：人們認識到了應該和能夠有一種比我們現在的存在更好的存在，他們想要透過鄙視這世界所能給予的、擯棄所有的樂趣——因為樂趣是沒有價值

的——以強化和維持這一信念；現在他們就安靜和自信地等待這一去掉了空洞誘餌的生命的結束，以便在將來會歡迎死亡時分的到來，因為那就是解救的時刻。印度教的遁世者和乞討者有著完全一樣的傾向和意思，佛教的僧人也同樣如此。當然，在實踐與理論並不一致方面，沒有什麼會比得上修道院生活，這恰恰是因為修道院生活的根本思想是那樣的崇高，而「糟蹋最美好的東西是最惡劣的」。名副其實的修士是至為值得尊敬的人，但在絕大多數的情形裡，僧衣只是一套面具服裝，要在穿著僧衣的人當中找到真正的僧人，就跟要在化裝遊行的人群中找到真正的僧人一樣，都是很難的。

[346]

169

為了否定我們自己的意志，設想我們完全地和毫無保留地屈從和獻身於某一陌生的個體意志，會是一種心理、心靈的輕便手段，因此是真理的某一合適的寓言載體。

170

常規的特拉普苦修會修士的數目當然是很小的，但人類的一半人口卻肯定是由**非自願的特拉普修士**組成：貧窮、服從、缺乏樂趣，甚至缺乏最必要的救濟物質，還有那經常是被逼出來的，由於欠缺而造成的貞潔——這些就是他們的命運。這其中的區別只是特拉普修士出於自由選擇、有計畫地苦修，並沒有希望要改善生活，而非自願的特拉普修士生活方式，則可算是我在討論苦行一章裡以「次好的道路」所形容的——這是大自然由於其秩序基礎的緣故而早就精心引進的，尤其當我們考慮到除了直接出自大自然的罪惡以外，還有人的不和諧和惡意所帶來的罪惡，不管是在戰爭還是在和平之時。但救世主的那句話（《馬太福

音》，19：24）：「駱駝穿進針的眼，比財主進上帝的國還容易呢！」也恰恰表達了非自願的苦痛對於永恆解救的必要性，這就是為什麼那些極其嚴肅對待其永恆解救的人，會自願選擇貧窮——就算是命運拒絕貧 [347]窮，讓其誕生於富貴之家。所以，生而為王子的釋迦牟尼佛自願拿起了乞丐棒子。方濟各托缽修會的創立者，阿西西的方濟各，在還是毛頭小子的時候，在舞會上與名流們的女兒坐在一起。當被問到：「那麼，弗蘭茨先生，你不是很快就要在這些美女當中作一選擇嗎？」他回答說：「我已給自己選定了一個更美麗的。」「哦，是誰呢？」「貧窮。」在這之後他很快拋棄一切，沿途乞討著穿過大地。

誰要是透過這些思考而想清楚困厄和苦痛對於我們的解救通常都是那樣的必不可少，那他就會認識到我們該羨慕別人的，與其說是他們的幸福，還不如說是他們的不幸。

出於同樣的理由，那與命運相對抗的斯多噶主義的信念，雖然是抵抗生活中痛苦的一副很好的盔甲，並有助於更好地忍受現狀，但這種思想有礙我們獲得真正的解救。因為這使我們變得鐵石心腸。我們的心又如何能夠透過痛苦而得到改善呢，如果這心是裹著鐵石一樣的外殼，並不感覺到痛苦？再者，具有某種程度的斯多噶信念並不是非常少見的。很多時候，這種信念是偽裝出來的，最後就成了「面對逆境露出微笑」；但如果這種自若的神態不是偽裝的，那通常就只是由於沒有感覺所致，是因為欠缺能量、活躍性、敏感性和想像力，但要感受巨大的內心苦痛，感覺、能量、活躍性、敏感性等卻是必需的。這種斯多噶思想特別容易為冷漠和呆滯的德國人所有。

171

做出不公正或者卑劣的行為，對行為人而言，那顯示了他們肯定生存意志的強度，因此也顯示了這些人距離真正的解救，距離否定生存意

[348] 志，所以就是距離從這世界得到解脫還是相當遙遠的；那也就是在他達到上述目標之前，他仍要念完的漫長的認識和苦難課程。對要承受別人的卑劣行為所造成的痛苦的人而言，雖然那些卑劣行為造成肉體、有形的禍害，但在形上方面卻是好事，從根本上是有益的，因為這些有助於把他引向他的真正獲救。

172

世界精神：這些就是你的勞動和苦痛分額，你就是為了這些而**存在**的，一如所有其他存在的事物。

人：那我從存在又能得到什麼呢？如果這存在是忙碌的話，那我就是匱乏的；如果這存在是空閒的，那就會是無聊的。對如此之多的勞動和痛苦，你怎能給我如此可憐的報酬？

世界精神：但這報酬是與你的所有辛勞和所有苦痛相對等的，你這報酬就是這樣，恰恰就是因為那存在是可憐和寒酸的。

人：是這樣嗎？這當然超出了我的理解力。

世界精神：我知道。——（旁白）我要告訴他生活的價值恰恰就在於教育我們不要對生活有所意志（意願）嗎？要接受這至高的聖禮，生活本身必須首先使他做好準備。

172（補充）

正如我說過的，從總體上看，人的一生展現了一齣悲劇的特質；一般來說，我們看到生活不過就是一連串破滅了的希望、落空了的計畫和太遲才認識到的錯誤。在此，這些悲哀的詩句證明了個中真理，

老年和經驗，手挽著手

引他走向死亡，讓他得知，

在如此痛苦和漫長的探究以後，

一輩子都是他的不是。

──這與我的世界觀完全吻合，那就是把這存在本身視爲如果沒有更好的某樣東西是某種錯誤，也只有認識到這一錯誤才可以讓我們回頭。人只要是存在和只要是人，那在大體上就已經是他的不是了，所以，順理成章地，每一個體的人在**縱觀**其一生時，都會發現他的不是（in the wrong）。他在**大體**上，在普遍情形裡看清這一點，那就是他的解救，而爲此目的，他必須在個別情形裡，亦即在他的個體一生中開始認識到這一點。這是因爲「適用於屬的，也適用於種」。

生活完全可被視爲給予我們的**苛刻一課**，雖然以我們那瞄準的完全是另外一個目標的思維模式，無法明白我們是如何走到需要這一課的地步。據此，我們應該滿意地回望我們那些逝去的朋友，考慮到他們熬過了他們的一課，並且是眞心願望人生一課對他們起到了作用。從同一個角度出發，我們應該期待著我們的死亡：那是一件渴望著的和令人高興的事情，而不是通常所以爲的讓人畏縮和戰慄的事情。

幸福的生活是不可能的，人們頂多能達到的是**英勇的人生過程**。這樣英勇地過了一生的人就是以某種方式和在某些方面，爲了所有人的好處（從某個角度看），與超常的困難爭鬥並最終取得了勝利；但他卻只得到了微薄的酬勞，甚至點滴的酬勞都不曾得到。到最後，他就像戈齊的《鴉王》中的王子那樣化爲了石頭，但卻依然保持著高貴的姿勢和大度的表情。對他的懷念保持不變，身爲**英雄**他也將得到人們的頌揚；他的**意志**受到了傷害和抑制：在其一生中艱辛和勞動但收效甚微，世人對其也不會有任何的感激；他的意志在**涅槃**中**熄滅**了（卡萊爾就在此意義上寫了《論英雄和英雄崇拜》）。

[349]

173

[350] 那麼,如果我們現在透過諸如上述思考,亦即從一個相當高級的角度出發,得以看到為人類承受痛苦的辯解理由,那這辯解理由可沒擴展至動物那裡。動物的痛苦是巨大的,雖然其大部分是由人所帶來的,但很多時候也與人無關。[1] 我們就不禁要問:那形態如此之多的意志受盡折磨和驚怕,又沒有以反省思考為條件的自由去獲得解救──這是為了什麼呢?動物世界的痛苦只能由此找到合理的理由:因為在生存意志之外的現象世界中,不存在任何東西,而生存意志又是飢餓的意志,所以,生存意志就只能靠啃吃**自己的肌肉**為生,因此就有了各級意志現象,每一級就以另一級為生。此外,我建議讀者參見本書第 153 和 154 節,因為在那裡我闡明了動物感受痛苦的能力比人類小很多。但在這之外,還要再補充些什麼的話,那終將是假設性的,甚至神話式的,所以,盡可以交由讀者自己推測。

---

[1] 參見《作為意志和表象的世界》,第 3 版,第 2 卷,第 404 頁及以下。

第 15 章　論宗教

174　一篇對話

德謨斯菲力斯（大眾的代言人，以下簡稱「德」）：親愛的老朋友，我們之間不妨直話直說吧。您不時地對宗教冷嘲熱諷，甚至公開取笑，以此顯現你的哲學才具。對此我是不高興的。每個人的信仰對這個人來說都是神聖的，你的信仰對於你也應該是這樣。

皮拉萊特斯（真理之友，以下簡稱「皮」）：我要反駁此論斷！為什麼僅僅因為別人的頭腦幼稚和單純，我就要對謊言和欺騙表示尊重？我敬重真理，無論在任何情況下；也正因此，我不會敬重任何與真理相牴觸的東西。若人們的思想精神被如此禁錮，那在這地球上，真理是永遠不會發出光芒的。我信奉的格言是：真理長存——哪怕這一世界就此沉淪！對法學家就是「正義長存——哪怕這一世界就此沉淪」！每一行業的人員都需要類似的話作為其行業格言。

德：醫學行業人員的格言就應該是這樣的：「我們儘管製造藥丸——哪怕這一世界就此沉淪！」——這可是輕易就能實現的。

皮：但願不會發生這樣的事！對一切事情，都得有所保留。　　　　　[351]

德：這就對了，也正因為你這說的，我希望你也有所保留地理解宗教，並且能夠明白，必須根據大眾的理解力來滿足大眾的需要。對整天營營役役、為物質奔忙的大眾來說，宗教是唯一的手段，把生命的更高含義向這些感覺粗糙、頭腦笨拙的大眾宣示，讓他們能夠對此意義有所感覺。這是因為一般來說，一個人除了要滿足自己的身體需求、快感欲望以及因此需要一些消遣娛樂以外，對其

他一切本來就沒有感受和感覺。宗教的創立者和哲學家來到這一世上，把常人從麻木、渾渾噩噩中喚醒，並爲他們指出了存在的更高意義：哲學家面對的是少數人，受到豁免的人；宗教的創立者面對的是許許多多的人，是大多數人。「要讓大眾獲得哲學修養，是不可能的。」*——你們的柏拉圖已經這樣說過，你可不要忘了。宗教就是大眾的形上學——我們絕對要讓他們有其形上學，並因此必須在表面上尊重，因爲懷疑他們的宗教也就等同於剝奪了大眾的宗教。正如我們有大眾的詩歌，有民諺所承載的大眾智慧，同樣，我們也必須有一套大眾的形上學。這是因爲人們絕對需要**對生活的某一解釋**，而這個解釋必須與他們的理解力相稱。所以，這個解釋始終是對眞理的某種寓言式的梳妝打扮，並且在實際事務和情感方面，可以作爲人們的某種行爲準則與（在痛苦和死亡的時候）某種安撫和慰藉。這一大眾的形上學或許還能做出與眞理同樣多的事情——如果我們擁有眞理的話。不要對大眾的形上學那混亂、古怪、顯得荒謬的形式反感，因爲你這受過教育和有學問的人，對爲了讓粗糙的大眾明白深刻的眞理所必須採取的迂迴曲折的手段是無法想像的。正因此不同的宗教只是不同的格式系統——說明人們把握和具體想像到他們本來無法理解的眞理。對人們來說，這些格式系統與那些眞理已經無法分離了。因此，我親愛的皮拉萊特斯，不要對我的話感到不高興，嘲笑宗教是狹隘和有失公正的。

[352]

皮：但那不正好也是同樣狹隘和有失公正嗎？——如果給予大眾的，除了那一套根據大眾的需要和理解力而爲其量身定做的形上學以外，就再不許還有其他形上學；如果那套大眾形上學的教導必須成爲人類探究的里程碑，成爲一切思想的準則，以至於那少數

---

* 參見柏拉圖，《理想國》，6，8。——譯者注

和得到豁免者的形上學——正如你所命名的那樣——也只能是加強、鞏固和說明那套大眾的形上學而已；也就是要求人類最高級的頭腦能力不要應用，不要發展，甚至在其萌芽之時就要扼殺掉，以確保這樣的思維活動不至於擾亂那一套大眾的形上學？這樣的做法與宗教的自負和傲慢相比，從根本上還有什麼不同嗎？自己本身就沒有忍耐、仁慈，卻在宣揚忍耐，甚至溫柔的仁慈——這是適宜的事情嗎？審判異端的宗教裁判庭、宗教戰爭和十字軍東征，處死蘇格拉底的毒藥杯與燒死瓦尼尼和布魯諾的乾柴堆，可以為此作證！時至今日，雖然這些已經過去了，但對真正的哲學探討，對真理的認真探索，對最高貴的人的最高貴的使命構成最大障礙的不是那傳統的，得到了國家授予壟斷權的大眾形上學，還能是其他什麼？這套形上學的規定，在每個人的早年就在腦中烙下了深刻的印記。除非一個人的頭腦能有神奇的彈性，否則，這些都是難以磨滅的。人們的健全理性也就從此永遠被擾亂了，亦即人們對所有相關事情的本來就已經微弱的獨立思考和不帶偏見的判斷能力，也就從此永遠被癱瘓和敗壞了。

德：這其實也就是說，人們在獲得了某一信念以後，並不想放棄此信念以採納你的那一套。

皮：啊，如果這一信念是建立在深刻的認識之上，那就好了！那就可以運用理由進行一番較量，我們雙方手上也就握有同樣的武器。[353] 但宗教卻很坦白，宗教並不會透過理由取得確信，而是以啟示（Offenbarung）爭取信仰。那麼，對於信仰，人們童年期在這方面的能力是最強的。因此，人們首要關注的是控制和利用這一敏感、可塑的時期。這樣會比透過恐嚇和報導神蹟更有效地讓信仰的教義扎根。也就是說，如果在一個人的童年，人們以異常鄭重的語氣，以這個小孩從沒見過的極度認真的神情，反反覆覆地陳述一些根本的觀點和教義；與此同時，對這些觀點和教義任何可

能的懷疑完全忽略掉，或者只是稍稍提及，目的只是展示那走向墮落的第一步——那對這個人造成的印象就將是如此的深刻，一般來說，亦即幾乎在任何情況下，這個人都不會再有能力懷疑那些教義，正如他不會懷疑自己的存在一樣。所以，在成千上萬的人中，也沒有一個具備思想的強力能認真和真誠地發問：這些是真的嗎？所以，人們把那些仍有此能力的人稱為思想堅強（esprits forts）的人——這形容比我們所認為的還要貼切。對除這些人以外的大眾，無論什麼荒謬或者可恥的東西，都可以以此灌輸方式讓其在頭腦中扎根，成為堅定信仰的對象，例如：如果殺害某一異教徒或者某一不信宗教者，就是將來靈魂能夠得救的關鍵一步，那幾乎每一個人都會把殺人這件事當作一生中的頭等大事，並且在臨近死亡之時，回想到此事終於成功，就會得到安慰和力量，就像以前的幾乎每一個西班牙人把公開燒死一個異教徒視為一件敬神，讓神高興的事情一樣。在印度，我們也有一個對應的例子，一個由強盜和暗殺者（「暴徒」）組成的**宗教合作社**。這個合作社最近被英國人大量處決而鎮壓下去了。宗教合作社的成員虔敬和崇拜**卡里**女神的方式，就是利用每一個機會暗殺自己的朋友和旅行同伴以獲得他們的財物。他們十分認真地誤以為這是在做一些十分值得讚揚的事情[1]，也有助於他們獲得永恆的解救。因此，早年就灌輸進頭腦的宗教教條，力量是如此強大以致可以泯滅良心，並最終泯滅所有的同情心和一切人性。如果讀者想親眼和近距離看看早年的信仰灌輸所具有的力量，那就觀察一下英國人吧。這些得天獨厚，具備了比所有其他民族都要高的思想、理解力、判斷力和堅定性格的英國人，看看他們由於愚蠢的教會

---

[1] 《「暴徒」合作社的歷史和行事詳解》，倫敦，1837，以及 1836 年 10 月至 1837 年 1 月《愛丁堡週報》。

迷信的緣故，變得那樣的低下，甚至可鄙，因為在英國人的其他能力和才智襯托下，這種迷信看起來簡直就是偏執幻覺和瘋狂。而這得歸功於把教育交到了教士手中，而教士們則處心積慮要在人們的早年，就往頭腦裡灌輸各種各樣的信仰規定，直至在某種程度上癱瘓掉大腦的思維。這在以後就表現為在人們的一生中都有的那種愚蠢的狂熱虔誠。甚至那些在其他方面很有理解力、很有思想的人，也為此而身價大跌，讓我們難以理解。但現在如果我們考慮到要達成這樣的傑作，在童年可塑期灌輸信仰是多麼的關鍵，那基督教的傳教活動在我們看來就不只是人的狂妄、放肆和無禮達到了頂點，而且還顯得極其荒謬——也就是說，如果傳教並不是侷限於還處於**童年期**的民族的話，例如：霍屯督人、卡菲爾人、南海島人等。對這些童年期的民族的傳教活動因此的確是取得成績的。但在印度，婆羅門教對基督教傳教士的那些侃侃而談，則遷就地報以點頭微笑，或者乾脆聳肩了事。總而言之，面對印度人，基督教傳教士儘管有著最好的機會，但想要印度人皈依基督教的企圖還是澈底落空。《亞洲日報》1826年第21卷的一篇真實報導說，傳教士經過多年的傳教活動，在整個印度（根據1852年4月《泰晤士報》，僅英國所占的領土部分，印度人口就有1.15億），皈依了基督教的在世的印度人不會超過300個。與此同時，人們也承認那些皈依了基督教的人都有極不道德的特徵。從上億的人口中，只有區區300個可收買的、被收買了的靈魂。自那以後，基督教在印度的情形絲毫沒有好轉，[2] 雖然基督教傳教士現在正企圖在純粹教授世俗英國課程的學校違反約定，試圖按照他們的意思影響學童的頭腦，夾帶基督教的私貨。對此，印度人已經滿懷嫉妒地警戒著。這是因為正如我已說過的，只有

[355]

2　參見本書第115節。

少年期才是播下信仰種子的時期,而不是成年期,尤其不是在別的信仰種子早已播下並生根以後的成年期。那些成年以後皈依其他宗教的人,其聲稱獲得了的信念,一般來說,都只是掩蓋某些個人利益的幌子。正因為人們感覺到那幾乎不可能還會是除此之外別的情形,所以,無論在哪裡,如果一個人到了成熟的年紀又改信另一宗教,就會受到大多數人的鄙視,雖然這恰恰暴露出人們視宗教並非理性上確信的事情,而只是在早年,在還沒有經過任何檢驗就灌輸進頭腦的信仰而已。人們在這事情上的態度是有理由的,因為不只是盲目相信的大眾,就算是每一個宗教的教士、神職人員,這些學習過、研究過其所信仰的宗教的源頭、根據、教義及其爭論的人,都團結一致,忠誠地和熱切地擁護其特定國家的宗教。因此,一個宗教或者一個教派的神職人員轉到另一個宗教或者另一個教派,是這世上至為罕見的事情,例如:我們會看到天主教的教士深信其宗教的所有原則所包含的真理,而新教教會的教士也同樣深信其宗教原則就是真理,他們都同樣熱切地擁護自己教派的原則。但是,他們的這種確信卻取決於他們所誕生的國家或地區。也就是說,對於南部德國人來說,天主教教義的真理是清楚明白的,但對北部德國人而言,新教教義的真理才是確鑿無疑的。這樣,如果諸如此類的確信是建立在客觀根據上,這些根據就必然是氣候方面的,就像植物那樣,某些植物只有在這一塊地方才能成長,另外某些植物也只有在另一塊地方才能茂盛。但現在無論哪裡,人們都完全信賴地全盤採納本來出自某一局部地方的人所確信的東西。

德:這沒有什麼壞處,並且也沒有什麼根本性的兩樣,例如:事實上新教國家更適合北方,天主教更適合南方。

皮:似乎是這樣,但我採用了更高的視角,關注的是更重要的事情,亦即人類物種在認識真理方面的進步。因此,如果一個人無論誕

生在哪裡，在早年就已經被強行灌輸了某些說法，並且人們還讓其相信千萬不要對這些說法產生懷疑，否則就會有失去永恆解救的危險——那是相當可怕的事情，亦即只要這些說法涉及我們所有其他知識的基礎，所以從此為其永遠地定下觀察的角度；並且假如這些說法本身是錯誤的，那人們的觀察角度就永遠錯位了，因為進一步而言，從那些說法引出的多個結論和結果，會在各個方面影響我們的整個知識系統，並完全扭曲了人類的總體知識。對此所有的文獻都可以證明，特別是中世紀的文獻；還有 16 和 17 世紀的則更是如此。看看那時候各個時期的甚至思想頭腦一流的人，也由於被灌輸了虛假的基本觀點而損害了思維，尤其是大自然的真正本質和作用的所有見解，對於他們就像早已根深蒂固了似的。這是因為在整個基督教時期，一神論就像夢魘一樣壓抑著所有的思想探索，尤其是哲學上的探索，並且羈絆和妨礙著每一個進步。上帝、天使和魔鬼把整個大自然蒙蔽起來，讓那時候的學者無從觀看，沒有什麼探索是終於可以完成的，沒有什麼事情是可以一探究竟的。相反，任何探索一旦超出了最明顯的因果關聯，都以上帝、天使和魔鬼等名義馬上停止，因為就像**蓬波納齊**面對類似情形時所說的：「的確，在這些方面哲學家大概不會帶給我們見解了，因此，有必要回溯到上帝、天使和魔鬼。」（《論咒語》，第 7 章）當然，我們可以懷疑此人是在諷刺，因為他在其他方面的陰險為人所知，但他現在這句話只是表達了他那個時代的人普遍的思維方式而已。如果真有人具備罕有的思想彈性，能藉此擺脫思想的桎梏，那他的文字，甚至連同他本人就會被付之一炬，就像布魯諾和瓦尼尼遭遇的那樣。但**一般**常人是如何由於早年所接受的形上學的灌輸和損害而導致頭腦思維殘疾，那我們可以從這個人批評另一個陌生的信仰學說時，透過那可笑的一面至為清楚地表現出來。因為我們發現此人一般都只是竭力和細

[357]

心地指出另一個信仰學說的教義,是如何與他本人所信奉的教義不相吻合。他會辛辛苦苦地分析,在別的信仰學說裡不僅沒有說出,而且也確實沒有認為他自己那套信仰中的同樣的東西。這樣,頭腦簡單的他就以為已經證明了另一套信仰學說的謬誤。他的確從來不曾真正想到過提出問題:兩個信仰學說中到底哪一個更有可能是對的。相反,他本人信仰的規定才是確實的先驗的原則。莫里森牧師在《亞洲雜誌》第 20 卷,就提供了這樣一個可笑的例子。莫里森先生批評了中國人的宗教和哲學方式,讓人忍俊不禁。

德:那這就是你的更高視角了。不過,我向你保證,還有一個比你這更高的視角呢。「首先是生活,然後才是哲學思考。」——這句話有著比表面上乍看還更深遠的含義。我們最首要做的是抑制住大眾粗野和卑劣的天性,阻止他們做出極度不義、殘忍、暴力和恥辱的事情。如果我們想要等到大眾能夠認清和明白真理,那肯定會太遲了。這是因為就算這一真理已被發現了,那也會超出大眾的理解力。不管怎麼樣,把真理裹上一層寓言外衣、某種比喻、某種神話等等,對於大眾都是有好處的。就像康德說的,我們必須有對正義和美德的公開旗幟,並且這一旗幟必須在任何時候都在那裡高高飄揚。旗幟上到底要用什麼徽章圖案,說到底都是一樣的,只要這一旗幟能夠標示所要表達的含義就行了。無論何時何處,對人類大眾來說這些包含真理的寓言都是合適的代替品:代替了大眾永遠無法接觸的真理本身,也代替了大眾永遠無法理解的總體哲學,更別提那總體哲學每天都在變換形態,也還沒有具體哪一種哲學獲得了普遍的承認。所以,我好意的皮拉萊特斯,實際的目的在各個方面都要優先於理論。

皮:你說的這些,與畢達哥拉斯學派的洛克魯斯所給出的古老建議相當地接近:「我們是以騙人的話語約束和管制我們的靈魂——如果

真話並沒有結果的話。」（《論世界靈魂》，第 104 頁，斯特法努斯）我幾乎要懷疑你是想仿照今天的時尚讓我記住，

但我的朋友，這樣的時間始終會來的：
我們可以安靜地享受我們的美味。*

你的建議其實就是我們應該及時做足防範，這樣，不滿和憤怒的大眾的暴風驟雨才不至於擾亂我們的用餐。但這整個視角卻是錯誤的，雖然這些在當今普遍受到歡迎和讚揚。因此，我這裡得趕緊對此觀點提出抗議。認為國家、正義和法制缺少了宗教及其教義的協助就無法維持，認為司法和警察為了執法和維持法律秩序，就需要宗教作為必要的補充——這樣的觀點是**錯誤的**。哪怕把這樣的觀點 1 百次地重複，它仍然是錯誤的。這是因為古人尤其是希臘人，[359] 為我們提供了有力的反例事實。也就是說，我們所理解的屬於**宗教**的東西，古人根本就沒有。他們沒有神聖的經書和教義教授給人們，要求每一個人都要接受，並且年輕的時候就要及早刻印在人們的頭腦裡。同樣，道德並不是由宗教神職人員宣揚的，或者說祭司和神職人員並不會關注人們的道德，或者操心人們要做些什麼和不要做些什麼之類的事情。一點都不！祭司和神職人員的職責只涉及**廟宇**儀式、祈禱、唱誦、奉獻祭品、列隊遊行和驅邪儀式等等。所有這些一點都不是以改良個人道德為目的的。這整個所謂的宗教只是主要在城市的這裡或那裡為某些高貴種族的神祇建起某些廟宇，並在那裡為了國家進行上述崇拜活動。這從根本上也就是某種警察的事務。除了活動的有關人員以外，不會強迫任何人參與或者只是相信這些。在整個古代，沒有任何跡象顯示人們有信仰某一教

---

* 參見《浮士德》，1，1090。——譯者注

條的義務。只是當有人公開否認神祇的存在或者詆毀神祇時,他們才會受到懲罰,因為這些人現在冒犯和侮辱了侍奉那些神祇的國家。除此以外,人們對神祇願意怎麼認為,悉從尊便。如果有人想要私下祈禱或者奉獻以獲得神祇的青睞,並且自願承擔費用和危險,那他可以自由地這樣做;如果不這樣做,也沒有任何人會反對,國家就更不會這樣做了。每一個羅馬人在家裡都有其守護神和家神——這些也不過就是畢恭畢敬地擺放在那兒的祖先塑像(阿普羅伊斯,《論蘇格拉底的神祇》,比朋蒂尼編,第15章,第2卷,第237頁)。對於靈魂不滅,對於死後的生活,古人並沒有什麼明確、清晰的概念,也更沒有死板、硬性的規定,只有寬鬆、搖擺不定和有疑問的觀念,並且各人有各人的說法;至於神祇,人們的觀念同樣是言人人殊和模糊不清。因此,我們所理解的那種**宗教**,古人的確是沒有的。因為這樣,古人就陷入無法無天和無政府狀態了嗎?難道法律和秩序不正是他們的傑作,以至於這些仍然構成了我們生活的基礎?難道財產不曾受到完全的保護,雖然那些財產的大部分是由奴隸組成的?這種情形難道不是已經維持了上千年之久?所以,對於宗教的實際目標和必要性,在你所指出的和當今常用的意義層面,亦即宗教是維持一切法律秩序所不可缺少的一個基礎,我是不承認的,並且是必須反對的。這是因為從你的這一立場看,那些對光明和真理純粹與神聖的追求,不過就像堂吉訶德一樣,並且如果在其充滿正義感時敢於指責占據權威地位的信仰就是篡奪者,就是把真理的寶座據為己有並為保有這個寶座而持續進行欺騙,那看上去就像是犯罪了。

德:宗教並不是與真理對立的,因為宗教本身就是在教導真理。因為宗教的作用範圍並不是狹窄的教室,而是面向這個世界和人群,所以,宗教應該適應如此龐大和混雜的人群的需求與理解力,不可以讓真理赤裸裸地現身。或者借用一個醫學類比吧,我們不能原

封不動地給出真理，而只能採用某一神祕的工具作為溶劑。在這方面你還可以把真理比喻為某些本身是氣體形態的化學物——那麼，人們為了藥用、保存或者發送這些化學物，就必須用某一固體的、可觸摸到的基礎物與之結合，因為如果不是這樣的話，這個氣體物就會揮發掉，例如：氯氣用於所有這些目的的時候，都只是以氯化物的形態出現。但如果那純粹的和抽象的，並不夾雜神話和虛構成分的真理，永遠超出我們所有人的理解，甚至超出了哲學家的理解，那就可以把這真理比喻為氟——氟是無法單獨顯現的，只能與他物相結合而顯現。或者說得不那麼學究氣吧，如果真理只能以神話和寓言的方式表達，否則就無法表達出來，那真理就類似於水：缺少了容器，水是無法運送的。而那些堅持原封不動地占有真理的哲學家，就好比要打碎那盛水的容器而只得到水本身。或許的確就是這樣的情形。但不管怎麼樣，宗教就是真理以寓言和神話的方式表達出來，採用這樣的方式以便人類中的大多數人可以接近和消化，因為如果這一真理是純粹和不含雜質的，那大眾是永遠無法忍受此真理的，就好比我們無法在純氧中生活一樣，而需要 4/5 的氮作補充。不打比喻地說吧，對人民大眾來說，生活中的深層意義和崇高目的也只能以**象徵**的方式揭示和展現，因為人民大眾沒有能力把握這些真正含義。相較之下，哲學則應該像埃勒夫西斯的神祕宗教儀式一樣，只面對少數人，只面對一些天之驕子。

[361]

皮：我明白了，說到底就是真理披上了謊言的外衣。但這樣，真理就是與某樣對真理自身有害的東西結盟了。這是因為那些有權把非真理的東西當作真理的工具加以應用的人——在這些人手裡，有了一樣多麼危險的武器！如果情形就是這樣，恐怕非真理所造成的傷害會更甚於真理所帶來的好處。確實，如果坦白承認那些寓言只是寓言，還可以忍受，只不過這樣做的話，這些寓言就會失去

人們的尊敬，並連帶失去其作用。因此，只能聲稱這些寓言在本來意義上的真實，而事實上這些寓言頂多只是在寓言的意義上是真實的。這就是那難以彌補的缺陷和永遠的弊端所在，就是為何宗教永遠與不帶偏見地追求純粹真理的高貴努力發生碰撞，並且永遠不會停息的原因。

[362] 德：啊，不！因為這方面已經考慮到了。宗教或許沒有直截了當地承認其寓言本質，但宗教也把這些地方明白顯示出來了。

皮：那是在哪裡做到這些的呢？

德：在宗教的那些神祕故事中。甚至可以說，神祕故事從根本上只是神學的「技術術語」，為宗教寓言服務。所有宗教都有其神祕故事。真正說來，一個神祕故事就是一個明顯荒謬的教條，但這教條本身卻隱藏和包含了某一很高的真理，這一真理本身完全無法為粗糙大眾的平庸理解力所理解。現在，大眾就信賴地把蒙上了一層包裝外衣的真理接受過來，不至於受到對他們來說是明顯荒謬之處的迷惑。這樣，人們就盡其可能地分享到個中內涵。為解釋得更清楚，我可以補充說，甚至哲學人們也試圖運用神祕的東西，例如：同時是虔信派教徒、數學家和哲學家的巴斯卡，就以這三重身分說過，上帝無論在哪裡都是中心，無論在哪裡都不是邊緣。同樣，**馬勒伯朗士**也很準確地指出：「自由是一個神祕之謎。」我們可以更進一步地聲稱，宗教裡的所有一切其實都是神祕的。這是因為要讓粗野大眾明白本來意義上的真理是絕對不可能的，只有反映真理的那些神話和寓言才適合他們並給予他們光明。赤裸裸的真理並不適宜在庸俗的大眾眼前展示，要蒙上一層厚紗才可以露面。因此，要求宗教在本來意義上的真實是完全不合理的苛求。在此順便一說，在我們當今，那些無論是理性主義者還是超自然主義者都是荒謬的，因為雙方的前提都是認定宗教必然是本來意義上的真實。在此前提下，理性主義者力圖證明宗

教並不是本來意義上的真實，超自然主義者則頑固地宣稱宗教就是本來意義上如此這般的真實。或者更進一步，那些理性主義者把宗教裡的寓言成分刪減和修正一番，好讓宗教可以是本來意義上的真實，但那就成了平淡無奇的東西。超自然主義者則還沒做足準備就想宣稱宗教裡的東西都是本來意義上的真實；但如果沒有異端裁判庭和火刑堆的話，這種宣稱是根本不可能得到承認的——他們應該知道這一點。而事實上神話和寓言是宗教的真正構成要件，但因為大眾的思想侷限，在這沒有辦法的條件下，宗教很好地滿足了人們那無法根除的對形上學的需求，並且取代了那困難得多或許永遠也無法獲得的哲學真理。 [363]

皮：哦，對的，那就與用木頭做的義肢代替真肢差不多，這個義肢填補了缺肢的遺憾，湊合著完成真肢的任務，與此同時，卻要求被視為真肢本身，且組裝得時好時壞等等。然而，這裡的差別就是：一般來說，真肢先於義肢而存在，但宗教無論在哪裡都比哲學佔得了先機。

德：所有這些可能確實是這樣。但對沒有真肢的人來說，一隻木製的義肢可是價值非凡的。你可要記住：人們對形上學的渴求是絕對需要滿足的，因為人們的思想地平線必須有一個界限，不應該是無邊無際的。判斷事情的能力，斟酌和掂量具體的理由，然後決定孰對孰錯——這樣的能力，常人一般是沒有的。此外，大自然及其匱乏所加之於人們的勞動，也不會讓人們有時間從事諸如此類的探究，或者得到從事這些探究所需的相關訓練。因此，大眾根本談不上是基於理由而獲得信念，而是依賴於信仰和權威。就算某一真正的哲學取代了宗教的位置，那也起碼仍有 9/10 的人就只是因為相信權威的緣故而相信它，所以也就重新成了一椿信仰的事情，因為柏拉圖的話，「要讓大眾獲得哲學修養是不可能的」將永遠都是事實。但權威只能經由時間和情勢奠定起來，因

此，對除了理由以外別無其他的某種東西，我們無法賦以權威。所以，我們只能讓在歷史長河中已經得到了權威的東西得到權威——雖然那只是以寓言表達的真理。那麼，這一真理在權威的支撐下，首先回應了人們對形上學的真正要求，亦即面對我們的理論需求——這些理論需求出自有關我們存在的那糾纏人的神祕之謎，也是源自我們這樣的意識：在有形和物理的世界背後，肯定隱藏著某些形上的東西，隱藏著某一不可改變的東西，而這不變的東西則是那永恆在變的東西的根源。其次，這一真理回應了永遠活在困頓之中，終有一死的凡人的意志、恐懼和希望；所以，這一真理創造出了神靈和惡魔，好讓人們可以祈求他們，可以得到安慰，可以得到青睞。最後，宗教也針對人們的確存在的道德意識，對此給予支援和提供來自外在的根據。沒有了這一支援和根據，在與許許多多的誘惑的搏鬥中，人們就不會輕易堅持住自己的道德意識。正是從這一方面看，宗教為在生活中遭受了無數的巨大痛苦的人們，提供了安慰和安寧的某一永不枯竭的源泉，甚至在人們垂死之際也不會拋棄他們，而在那一刻更發揮其全部作用。因此，宗教就像為一個盲人牽手引路，因為這盲人自己無法視物；並且最重要的是讓這盲人到達終點，而不是讓他看見所有一切。

皮：最後所說的這個方面，當然是宗教最閃亮之處。如果宗教就是某種「欺騙」（Betrug），那它確實就是「好心的欺騙」。這是不可否認的。因此，宗教的神職人員就成了介於騙子與道德教師之間的奇特中間物。這是因為就像你所正確分析的，就算他們了解了千真萬確的真理，也不應該原汁原味地教導這一真理，更何況情況不是這樣呢。因此，或許會有某一真實的哲學，但卻絕對沒有真實的宗教——我說的真實是這個字詞本來和真正的含義，而不是透過鮮花或者寓言表達的那種真實，正如你所描述的。如果是後

者意義上的真實，那每一套宗教都是真實的，只是程度上有差別 [365]
而已。不過，當然了，這世界普遍呈現給我們的就是好與壞、誠
實與虛假、善良與邪惡、高貴與下流難解難分的混合體。與此完
全吻合的是最重要的、最高級的和最神聖的真理，也正好是摻著
謊言一併出現；事實上，真理必須藉助謊言的力量，因為謊言對
人們能更有力地發揮作用。真理作為上帝的啟示的時候，也必須
由謊言作引導。我們應該把這一事實視為道德世界的一個獨家標
誌。與此同時，我們不要放棄希望在將來的某一天，人類達到了
成熟和文化的某一階段，一方面能產生出真正的哲學，另一方面
又有能力領會這些哲學。如果「簡單就是真理的標誌」，那赤裸
裸的真理就應該是簡單的和能讓人理解的，以至於可以以其真實
的形態傳達給所有人，而不需要摻雜神話與寓言（一堆的謊言），
亦即不需包裝成為**宗教**。

德：你對大眾可憐的能力沒有足夠的認識。

皮：我只是表達出我的希望而已，我是不會放棄希望的。以簡單樸素的
形態出現的真理，當然會逐離宗教，因為鳩占鵲巢已經很久了。
但也正因為宗教長期以來占據了這一位置，這一位置也就一直為
真理開放著。然後，宗教履行完自己的使命就壽終正寢了。宗教
也就可以放過其一直引領到了成年期的人類，宗教自身也就安詳
地逝去。這將是宗教的安樂死。但只要宗教還活著，就會有兩張
面孔：一張是真理，一張是欺騙。根據所看到的其中一張面孔，
我們也就相應地熱愛它或者敵視它。因此，我們必須把宗教視為
必不可少的一弊，這一弊的必要性是人類中大多數人可憐的智力
缺陷所造成的。這些大眾的頭腦沒有能力把握真理，因此，在緊
迫的情況下需要真理的代替品。

德：說真的，人們還以為你們哲學家已經把真理完全準備好了，只等來 [366]
人領取和理解。

皮：如果我們還沒有掌握真理的話，那就主要歸咎於哲學在以往無論何時何處都承受著來自宗教的壓力。不只是在表達和傳達真理方面，甚至在思考和發現真理方面，人們也是盡力使這些成為不可能，所用的手段就是把尚處幼年的小孩交到神職人員手裡，由他們處理其頭腦的事情。這樣，人們的根本思想在以後將要運作的軌跡，已經由宗教人員如此堅實地鋪墊好了，以致人們的根本思想在大的事情方面，終其一生都被固定下來了。有時候，尤其當我從東方研究中回過頭來，拿起16和17世紀那些甚至是出自最出色的思想者的著作，看到他們的思想全被猶太教基本思想所癱瘓，處處受到制約，我得說是震驚不已。如此的頭腦思維，又能想出怎樣真正的哲學！

德：就算發現了真正的哲學，宗教也不會像你所以為的那樣，就此從這世上消失。這是因為並沒有一套形上學適合所有的人，人們在思想能力上的天然差別，再加上對各人思想能力的不同培養，永遠不會讓這成為可能。絕大多數人都必須從事繁重的體力勞動，要為人類提供沒完沒了的必需品，這些勞動是必不可少的。這樣，絕大多數人不僅沒有時間培養其潛能，沒有時間學習思考，而且由於肌肉的繃緊力量和感覺的敏感性彼此是截然對立的，所以，太多和很強的體力勞動會讓精神思想麻木，使頭腦沉重、粗笨、遲鈍，因此除了很簡單和容易把握的關係與境況以外，再無力把握其他事情。屬於這類人的起碼占了人類的9/10之多。但人們仍然需要有某一套形上學，亦即需要某一套對這世界和對我們這一存在的說明和解釋，因為這屬於人們最自然的需求。更確切地說，人們需要一套大眾的形上學。而要成為大眾的形上學，就必須結合許多稀有的特質，亦即必須容易把握，並在恰當的某些地方連帶某些模糊的、甚至無法捉摸的東西；然後，一套正確的和充足的道德學必須與其教義連繫在一起；但最首要的是這一套大

[367]

眾的形上學必須能夠為在痛苦中，在死亡中的人們提供永不枯竭的安慰。由此可知，宗教只可能是寓意上真實，而不是本意上真實。再者，宗教還需要獲得某一權威的支持——這一權威由於其悠久的歷史、普遍的認可，還有其證物、文獻，連帶其音調和吟唱而讓人肅然起敬。要把這些特質集於一體是如此的困難，以致不少人如果他們考慮到這些，就不會那樣願意隨時協助破壞宗教了，而會記住宗教是人民大眾最神聖的財富。誰要想對宗教做出評判，那就應該永遠不要忘了宗教面對的對象——大眾——的素質，亦即不要忘了大眾低劣的道德和低下的智力。讓人難以置信的是，宗教傳播得那麼廣遠，那點點的真理火花又是多麼頑強地持續閃爍，儘管包裹著離奇寓言和古怪儀式的粗糙外衣，那種頑強和難以根除就猶如麝香的氣味：一旦與其接觸，就難以消除。這方面的說明，我們可以認真審視記錄在《奧義書》裡高深的印度智慧，然後再看看當今印度那些瘋狂的偶像崇拜，那些在朝聖、慶典、列隊行進中的表現，還有那些禁慾和苦行的隱居者滑稽可笑的所為。但不可否認的是，在所有這些瘋狂和滑稽的行為中卻深藏著某種東西，某種與上述高深智慧一致的東西，或者說是這個智慧的反映。這種東西卻需要如此布置一番，才能為野蠻大眾所接受。在這樣的對立和矛盾裡，我們可以看到人性的兩極：[368]個別人的智慧與大眾的獸性；這兩極卻在道德的範疇找到了和諧一致。啊，誰又不曾想到《提魯庫拉爾》（V，1071）對句中的這一句話：「看上去，泛泛之眾就像是人；但類似這樣的人的東西，我卻從沒見過。」受過更高教育的人可能至少有保留地理解和解釋宗教，有學問、有思想的人或許會私下裡把宗教換成哲學。在此，某一套哲學卻不能適合所有人，每一套哲學也只能根據親和力的法則，吸引那些所受的教育和思想能力與此哲學相吻合的公眾。因此，任何時候都有一套低級的教科書式的形上學提供給受

過教育的平民，也有一套更高級的形上學提供給精英分子，例如：康德的高級學說也得被弗里斯、克魯格和薩拉特及類似的人降低和敗壞一番，才能為學校所用。歌德所說的一句話，也同樣適用於這裡：「一種東西不會適合於任何人。」純粹的啟示信仰和純粹的形上學是為兩個極端而設的，而對於在兩端之間的人，則是上述兩者互相修正，組成無數的組合與等級。人與人之間由大自然和教育所定下的巨大差別決定了不得不如此。

皮：說真的，你的這一觀點讓我回憶起你提到過的古人的神祕事情。那些神祕事情背後的目的，似乎就是要說明解決由於人們不同的思想天資和不同的教育而產生的窘境。他們的計畫就是從大眾中，從那些完全無法領會赤裸真理的人裡面，挑選出一些或許能接受某種程度的真理的人；從這些人中又再挑出某幾個人，向其透露更多的啟示，因為這些少數人更有能力理解這些東西。由此逐級向上，最後就是能夠領受神祕奧祕的人。所以，就有了小、中、大不一的奧祕。這些事情的由來，就在於正確認識到了人的智力是參差不齊的。

[369] 德：在某種程度上，我們所受的低級、中級、高級的學校教育，代表著對神祕奧妙的不同領受。

皮：是，但那只是比較接近於這樣，並且只有更高級知識的題材和內容用拉丁文寫出時才是這樣。自從情況已經不再如此，所有的神祕奧妙也就世俗化、褻瀆化了。

德：不管那是怎樣的情形，就宗教方面我想提醒你的是，關於宗教應該少從理論方面去理解，多從實際方面去考慮。人格化了的形上學或許始終是宗教的敵人，但人格化了的道德卻是宗教的朋友。或許所有宗教裡的形上學都是錯的，但所有宗教裡的道德成分卻都是真的——這從下面的情形就可以推測出來，亦即所有宗教的形上學都是彼此矛盾的，但宗教的道德部分卻都是互相吻合的。

皮：這證明了這樣的邏輯規律：從錯誤的前提可以引出一個真實的結論。
德：你就只盯著這個結論吧，並且要永遠記住宗教有其兩面性。如果從其理論的一面，亦即從其智力的一面看，那是不合理的；但從其道德的一面看，卻顯示出是引導、馴服和安慰人類這一具有理性的物種的唯一手段，這一物種與猿猴的親緣關係並沒有排斥其與老虎的同樣關係。同時，一般來說，宗教也足以滿足了人們那朦朧的形上學的需求。你好像並沒有充分認識到你們這些有學問的、思維訓練有素的、頭腦清晰明亮的人，與人類中那些在重負壓迫之下像動物一般的人及其遲鈍、呆滯、笨拙、混濁、懶散的意識，兩者天淵之別！後一種人的思想是澈底用於維持生計一類的操勞，而不會有動力向別的某一方向活動起來。他們的肌肉力量是那樣單一地用力，以致構成智力的神經力量隨之下降得厲害。這樣的人，無論如何都必須有某樣堅實有力的東西作依靠，以應付人生中的滑溜和荊棘路程。因此，隨便某個美麗的寓言就可以向這些人傳達某些道理，因為對於他們那粗糙的頭腦，除非這道理採用圖像和比喻，否則他們是絕對不會明白和接受的。深奧的解釋和細膩的分析是他們力所不逮的。如果你如此理解宗教，並記住宗教的目的是實際性壓倒一切，理論性則是次要的，那宗教看起來就配得到最高的敬意。

皮：但歸根結柢，這樣的敬意是基於這樣的原則：為了目的可以不擇手段。我無意基於這樣的考慮而妥協。不管怎麼樣，宗教或許是一件很不錯的工具，用以馴服和訓練那顛倒、遲鈍和惡毒的兩足物種，但在熱愛真理的人看來，每一個哪怕是善意的謊言都是不可取的。謊言和欺騙成了美德的工具——那將是很古怪的事情。我宣誓效忠的是真理的旗幟。無論何時何地，我都將忠誠於真理。並且不管成功與否，我都會為光明和真理而奮鬥。一旦我發現宗教就在敵人的行列，我就會……

德：但你不會發現宗教在敵人的行列裡！宗教並不是欺騙，宗教是**真實**的，並且是所有真理中最重要的真理。正如我已經說過的，因為宗教的教導是那樣的高級，以致大眾無法直接領會這些教導，因為宗教的光明會讓平庸者目眩，所以，宗教就得披著寓言的外衣出現，教導那本身並不是真實的，但就其更高的含義而言卻是真實的東西。這樣去理解的話，宗教就是真理。

皮：那是沒有問題的——如果宗教聲稱自己只是在寓言的層面上真實。只不過宗教卻要求人們認為宗教就是完全的，就是字面意思上的真實，這就是欺騙了，這就是熱愛真理的人所理應反對的。

[371]　德：但這的確是宗教的一個必不可少的條件。一旦宗教坦承其教義中所比喻的意思才是這其中的真實東西，那這些教義就將失去其作用；宗教對於世道人心的難以估量的有益教化，經由這些死摳字眼而喪失淨盡。所以，與其以書呆子的死板態度固執堅持，還不如放眼看看宗教在實際領域所取得的巨大成就——在人的道德、人的情感方面，在指導人的行為，在安慰受苦之人，無論在其生時抑或在其死亡之際。因此，你就得加倍小心，不要以你那些理論上的吹毛求疵去懷疑人們的某種東西，並以此最終奪去人們獲得安慰和寧靜的無盡源泉。人們多麼需要這一源泉啊！那些遭受了更殘酷命運的人，的確比我們更需要它。也正因此，宗教應該是絕對神聖不可侵犯的。

皮：以這樣的議論，我們就可以駁倒抨擊販賣贖罪券的**路德**了，因為有多少人，難道不是在得到了贖罪券以後，就獲得了無以替代的安慰和安寧？因為人之將死，手握一疊贖罪券，人們也就滿懷信心，自己已經握有可以進入所有九重天的入場券。人們也就懷著愉快的希望離開這一人世。安慰和安寧的理由又有什麼用呢，如果在此之上，永遠懸掛著達摩克利斯的幻滅之劍？真理，我的朋友，唯獨只有真理才經得起檢驗，才靠得住，唯獨真理的安慰才

是堅實的，這是不可摧毀的鑽石。

德：對的，如果你口袋裡有真理，在我們需要它的時候就能讓我們幸福的話。但你所擁有的只是一套一套的形上學——這些形上學裡除了會確切使我們頭痛以外，再沒別的其他確切的東西。在我們奪走人們一樣東西之前，必須給予他們一樣更好的東西代替。

皮：啊，如果我不用聽這些話就好了！讓人們擺脫一樣謬誤並不是從人們那裡奪走一樣東西，而是給了他們一樣東西，因為認識到某種東西是錯的，本身就是認識了一個真理。沒有什麼謬誤稱得上是無害的，遲早這一謬誤就會給人帶來禍害。所以，不要欺騙任何人，而是要坦承不知道那無人知道的東西，讓每個人自己得出自己的信條。這些信條或許並不會真的那麼糟糕，尤其是人們的各種信條會互相切磋，會互相更正。不管怎樣，多種多樣的觀點會奠定包容的基礎。那些具有知識和能力的人，可以從事對哲學家的研究，甚至把哲學的歷史延續下去。 [372]

德：那將是何等的美事！全民都成了形上學的專家，在自然中摸索，互相吵架，並最終拳腳相向的形上學專家！

皮：哦，不時地因這因那打打架，那可是生活中的調味品，頂多只是一椿無傷大雅的事情——與教士統治、教徒的搶掠、對異端的迫害、宗教裁判庭、十字軍東征、宗教戰爭、聖巴特羅梅大屠殺等相比，這些就是強行指定大眾形上學得出的結果。因此，我堅持認為，荊棘叢是無法長出葡萄的，騙局是無法讓人得到解救的。

德：我還要向你重複多少次呢？宗教不是騙局，而是真理本身，只是披上了神話和寓言的外衣而已。至於你的計畫，亦即每個人都應該是自己的宗教的創立者，那我還要告訴你，這樣一個個人的宗教獨立是完全澈底違反人性的，因此會破壞所有的社會秩序。人是形上學的動物，亦即人有著某種相當強烈的形上學的需求，所以，人們首要是在其形上學的意義上理解生活，想由此推論出

[373] 一切。因此，聽起來很古怪，雖然所有教義教條都是那樣的不確定，但在形上學的根本觀點方面相互一致，對人來說卻是頭等重要的事情，甚至可以說人們只有在這方面的觀點是同聲同氣的，才有可能構成真正和持久的社會。因此緣故，人們更多的是根據其宗教而不是根據政府，甚至不是根據其語言而互相認同和劃分。據此，也只有當某一套普遍獲得認可的形上學系統成為了基礎，社會的大樓、國家也才可以根基穩固。當然了，這樣的形上學系統只能是大眾的形上學，亦即宗教。這一宗教與國家的憲法，與人們所有的社會生活表現，以及與私人生活的一切莊嚴行動都融合在了一起。古老的印度就是這樣的情形，在波斯人、埃及人、猶太人，還有希臘人和羅馬人等社會都是一樣的情形。在信奉婆羅門教、佛教和穆罕默德的社會人群中，情形概莫能外。中國雖然有3套信仰，但其中最流行的佛教，卻恰恰是最不需要國家操心照料的。中國還有這樣一個廣泛和每天都要用的說法，「儒道釋三教實為一家」，亦即在主要方面三教是一致的。中國的皇帝也在同一時間共同信奉這三教。最後，歐洲是**基督教**國家聯盟，基督教是歐洲每一成員國的基礎，是這些國家的共同紐帶。因此，儘管土耳其地處歐洲，卻並不被視為真正屬於歐洲。與此相應，歐洲的君王是「蒙主恩賜」才成為王侯，教皇是上帝委派的總督。因為教皇的威望是最高的，所以，他把所有的王位都視為只是從教皇那借出的分封。同樣相應地，大主教、主教也有其世俗的統治地位，例如：時至今日，他們在英國上議院仍擁有席位和投票權。新教的君主也就是教會的首領，在幾年前的英格蘭，這位首領就是一個18歲的女性（維多利亞女王）。由於教皇的背信，改革已經動搖了歐洲國家的大樓，尤其透過廢除信仰

[374] 共同體，解除了德國的真正統一。因此，德國的統一在事實上被瓦解以後，只能透過人為的，純粹是政治上的紐帶而重新恢復。

這樣，你可以看出信仰及其統一，與社會秩序和每一個國家的連繫是多麼的關鍵和重要。無論在哪裡，信仰都是憲法和法律的支撐，亦即社會大樓的基礎。如果信仰沒有給予政府權威和統治者威望支持，那社會大樓的基礎就很難存在下去。

皮：哦，的確，上帝對君王來說就是一個聖誕老人，以方便君王們在別無他法的情況下，把大孩子們趕上床去。因此君王們很注重上帝。這很好，但我想給每位統治的君王一點建議：在每半年的特定一天，認真地閱讀《撒母爾記》1：15——這樣，他就永遠記得把王位建立在聖壇之上意味著什麼。除此之外，自從「神學家的最後的論據」——火刑堆——已不再應用以後，那個統治工具已經失去了很多效力。這是因為你知道的，宗教就像螢火蟲，牠們需要黑暗以便發光。大眾在某種程度上的無知就是一切宗教的前提條件，是宗教能夠生存下去的一個要素。另一方面，只要天文學、自然科學、地理學、歷史、關於地域和人民的知識廣為傳播光明；到最後，甚至哲學都獲准發言——到了這個時候，每一套以奇蹟和啟示支撐起來的信仰都會沉淪，而哲學就會取而代之。在歐洲，臨近15世紀末，知識和科學的時代隨著博學的新希臘人的到來而出現了曙光；在欣欣向榮的16世紀和17世紀，更是陽光普照，把中世紀的陰霾一掃而光。在同等程度上，教會和信仰就必然慢慢地消沉。因此，在18世紀，英國和法國的哲學家起來與其針鋒相對，直到最後，在腓特烈大帝治下，**康德**出現了。康 [375] 德剝奪了宗教信仰一直擁有的哲學支持，解放了這位「神學的婢女」，因為康德以德國式的澈底和冷靜方式，對整件事情發起了攻擊——這樣，哲學就改換了一副面孔：不再是那麼的草率輕浮，而是更加的嚴肅認真。結果在19世紀，我們看到基督教虛弱了許多，幾乎全然失去了嚴肅的信仰，甚至淪落到了為自身生存而戰的地步。而憂慮不安的君王們，卻試圖透過人為的刺激手段以救

亡，就像醫生試圖用麝香救助垂死的病人。在此，看看孔多塞的《人類精神進步史表綱要》中的一段吧——這看起來就像為警醒我們這一時代而寫：「哲學家和偉大人物的宗教熱忱只不過是政治上的虔信，我們要為之辯護的每一宗教，每一留給人們的、有好處的信仰，能夠期望其帶給人們的只是或多或少延長了死前的痛苦而已。」（《第五個時代》）在上述事情的整個發展過程中，讀者始終可以觀察到信仰和知識，就類似於天平的兩邊：一邊升起的時候另一邊就下降。的確，這一天平是如此的敏感，短暫的影響也能顯示出來，例如：在 19 世紀初，波拿巴指揮的法國烏合之眾發動了掠奪性侵略，人們隨後為驅趕和懲罰這幫強盜而付出的巨大努力，導致人們短暫放棄了科學研究，並因此導致了傳播知識方面某種程度的退步。教會也就馬上又重新抬頭，宗教信仰又馬上煥發出活力——當然了，與那時代相呼應，那活力部分地只是詩意的性質。在接下來 30 多年的和平時間裡，人們的閒暇和富足把科學研究和知識傳播促進到了一個少有的程度，結果就是我說過的宗教面臨瓦解和崩潰的危險。或許那經常預言了的時間很快就要到來了，亦即宗教就要與歐洲人說再見了，就像保姆照顧的小孩已經長大成人了，從現在起他要接受家庭教師的教誨。這是因為由權威、奇蹟和啟示支撐起來的信仰教義，毫無疑問，只適合輔助處於兒童期的人類。但根據所有相互吻合的物理和歷史資料，其歷史至今還不超過一個 60 歲的人 1 百倍的人類，仍然處於兒童期而已。這是每個人都會承認的。

[376]

德：啊，你就不要不加掩飾地得意預言基督教的沒落了。你就想想歐洲人是多麼地感激這一宗教！這宗教源自東方——真正和古老的故鄉，後來隨著歐洲人而來。經由基督教，歐洲認識了這樣一個根本真理：生活的目的不可能就是生活本身，我們存在的真正目的是在我們的存在之外。歐洲人由此有了一個在此之前聞所未聞

的方向。也就是說，希臘人和羅馬人把生活的目的完全鎖定在了生活本身，因此，在這個意義上他們當然可以被稱爲盲目的異教徒、野蠻人。因此，他們所有的美德說到底都是服務於公益，都是有具體用處的。亞里斯多德很天眞地說過：「那些對他人最有用處的美德，也必然是最大的美德。」（《修辭學》，1，第9章）所以，對古希臘和羅馬人來說，熱愛自己的國家就是最高的美德——雖然這愛國是非常含糊的，因爲在「愛國」裡面，狹隘、偏見、虛榮和很好理解的自利占很大成分。就在上面的引文之前，亞里斯多德列出了各種美德，並對其逐一分析。那就是公正、勇氣、節制、高尚、慷慨、寬容、善良、理智、智慧。這些與基督教的美德相比，差別是多麼的巨大！甚至柏拉圖，這位前基督教時代的、無與倫比的、最超驗的哲學家，除了正義以外，不知道還有其他更高級的美德。並且也只有柏拉圖是無條件的和因爲正義的緣故而推薦正義這一美德的。而對所有其他的哲學家，所有一切美德的目的不過就是過著幸福愉快的一生，而道德就是達到幸福一生的途徑而已。基督教把歐洲人從平庸的、粗糙的與這膚淺的、渾渾噩噩的存在合爲一體的狀態解放了出來。並讓他抬起頭來， [377]

　　眺望天空和星星。*

據此，基督教宣講的不僅是正義，而且還有仁慈、同情、施捨、原諒、對敵人的愛，以及忍耐、謙卑、斷念、信仰和希望。事實上，基督教走得更遠，因爲基督教教導我們這一世界是邪惡的，我們需要獲得解救。因此，基督教宣揚要蔑視這一世界，否定自

---

* 參見奧維德，《變形記》，1，85-86。——譯者注

我、貞潔，放棄自身的意志，亦即背棄生活及其虛幻的逸樂。基督教教導我們要認清痛苦所具有的聖化力量，而一種刑具就成了基督教的象徵。我高興地承認，對生活這一嚴肅認真和唯一正確的觀點，早在基督教誕生 1 千多年前，就已經以其他方式在亞洲流傳。直至今天，也仍然獨立於基督教而傳播和存在。但對歐洲人來說，這樣的觀點卻是一個新奇和偉大的啓示。這是因爲眾所周知，歐洲的人口包含很多亞洲部落和種族——他們被迫離開家園，流浪並逐漸抵達歐洲。在其遙遠的遷移中，他們家鄉的原初宗教及其正確的生活觀失傳了。這樣，在新的氣候裡，他們就形成了自己的差不多可以說是粗糙的宗教，主要就是德洛伊德宗教、凱爾特宗教、日爾曼人的宗教和希臘人的宗教。這些宗教在形上學方面的內容相當單薄和膚淺。與此同時，希臘人卻發展出了一套完全特別的，我們可以稱爲直覺的細膩和正確的審美觀，而這是在這地球上曾經有過的所有民族當中爲他們所獨有的。因此，透過他們的詩人之口和他們的雕塑家之手，他們的神話獲得了異常優美、賞心悅目的形態。但在另一方面，生活的嚴肅、眞正和深刻的含義，希臘人和羅馬人卻不曾領會，他們就像大孩子般地生活，直至基督教的到來才引起他們注意到生活的嚴肅一面。

皮：要評估後果的話，我們只需要把古代與緊隨其後的中世紀做一番比較，例如：比較一下伯里克利時代與 14 世紀。我們幾乎無法相信眼前所看到的是同一種生物。在古代，我看到人性最美好的施展和發揮，出色的國家機構和組織，明智的法律，聰明地委任國家職務，受理性約束和規管的自由，所有那些達到頂峰的藝術品，連帶詩歌和哲學——在千百年過去以後，這些作品仍然是無法企及的典範，幾乎就是出自更高一級的生物，是我們永遠無法與之比肩的。此外，還有那種由於高貴的社交而增色不少的生活——這在色諾芬的《會飲》中得到了描繪。我們再看看中世紀，如果

你能夠的話。你會看見在那時候，教會禁錮了人的精神和人的身體力量，以致騎士和教士可以把生活的全部重負推給他們共同的負重牲口，即三等生物。你會發現拳頭就是真理，封建主義和狂熱緊密地連繫在一起。其後果就是嚇人的無知和思想蒙昧，與此相應的缺乏寬容、信仰紛爭、宗教戰爭、十字軍東征、迫害異端和宗教裁判庭；而社交形式則是由粗野和紈褲子弟習氣共同湊合而成的所謂騎士，以及書呆子式的教育和成了一套套的胡鬧與荒唐把戲，還有那下賤的迷信和對女人的猿猴般的崇拜。這些風氣留至今天的殘餘，亦即對女性獻殷勤所獲得的應有回報，就是女人們越發飛揚跋扈。這已淪為所有亞洲人的持久笑柄，在此希臘人也會有同感。在黃金中世紀，這當然發展至有計畫的、形式化的臣服於女人和為女人效勞，連同那些強加於人的所謂英雄作為、對女性的求愛、浮誇的抒情吟唱等等，等等——雖然需要指出的是，最後這些有其智力一面的胡鬧把戲，卻是主要發生在法國。對於物質的和遲鈍麻木的德國人，騎士更多的是以酗酒和搶掠而出名。大杯喝酒、打家劫舍才是正事。當然，在宮廷裡，這些騎士也不至於唱不出幾首乏味的宮廷抒情詩。那為何後來移風易俗了呢？就是因為人們的遷移和基督教的到來。

[379]

德：很好，你提到了這些。人們的遷移是禍害的根源，基督教則是遏止這些的防波堤。正是為了應對隨著遷移蜂擁而至的粗魯、野蠻的人潮，基督教首先就是一個馴服和控制的工具。粗野之人必須首先跪下，學會崇拜和服從；只有在這之後，我們才可以開化他們。就像愛爾蘭的聖派翠克，德國的溫弗里德也做出了同樣的成就，並且是一個真正的博尼法吉烏斯將軍一般的人。人們的遷移，亞洲部落對歐洲的最後挺進，還有之後由阿提拉、成吉思汗和帖木兒率領的並不成功的嘗試，以及作為滑稽尾聲的吉普賽人遷移，沖刷掉了古老的人文。基督教正正就是對抗野蠻的本原，正如稍

後在整個中世紀時期，教會及其等級制度在限制那些具有暴力本錢的人，限制那些君王和騎士做出粗野和蠻橫事情方面是極為必要的，是針對那些巨無霸冰塊的破冰器。但基督教的根本目的與其說是把此生變成適意的一生，不如說是要讓我們變得更配過上一種更好的生活；基督教把目光越過這段時間（一生），越過轉瞬即逝的幻夢而投向彼岸，要引導我們獲得永恆的解救。基督教的方向是倫理性的——在此，我用了這個詞最高的，在基督教傳來之前還不為歐洲所知的含義。我在比較古人和基督教徒的道德與宗教差別時，已經表明了這一點。

皮：理論上你說的是有道理的，看看實踐又是如何吧。與接下來的基督教世紀相比，古人沒有中世紀時期那麼殘忍，這是無可爭議的。中世紀的刑具別出心裁，火刑更是不計其數。再者，古人相當的寬容，尤其推崇公正，經常為國家而獻身，顯現出多種多樣的高貴情操和那種真正的人性。甚至到了今天，了解他們的所為所思就稱為「人文」學習。宗教戰爭、宗教屠殺、十字軍東征、宗教裁判庭以及其他審判異端的裁判庭，對美洲土著人的種族滅絕，並引進非洲奴隸以取代他們——所有這些都是基督教帶來的結果，在基督教之前的古代，卻不曾發現與此相似或者同等分量的事情，因為古時候的奴隸、家奴是一個滿足的、忠心於主人的人。這些古時候的奴隸，與甘蔗莊園裡那些譴責和控訴人類的不幸黑奴相比，那可是涇渭分明。當然，那時對雞姦行為的容忍是要指責的，這也是人們批評古人道德的主要地方。但這與我所提到的基督徒的可怕行徑相比，簡直是小巫見大巫。時至今日，這一罪過早已不像表面上所看到的那樣稀有。考慮到所有這些，你還能說人類經由基督教而真變得更道德了嗎？

德：如果結果與那純淨和正確的學說並不相稱，那有可能是因為那學說對人類而言太過高貴和崇高了，因此，那學說把目標定得太高

了。遵守非基督教的道德，例如：遵守伊斯蘭的道德當然更容易。但正是最崇高的東西，卻最容易被人曲解、利用和借用其名號進行欺騙。「濫用最優秀的東西是最惡劣的」，因此，甚至那些高貴深遠的學說，有時候也被人們當作幌子而做出至為卑鄙的事情和真正的罪行。但舊的國家制度、古老的藝術和科學的沉淪，正如我所說的，可歸因於外來野蠻人的入侵。隨後，無知和粗野占了上風，由此導致暴力和欺騙奪取了統治，以致騎士和教士成了人類的負擔——這些是不可避免的。對此的部分解釋，就是新的宗教教導人們尋求的不是暫時的而是永恆的解救，純淨的心靈比有知識的頭腦更重要，所有世俗的樂趣，甚至科學和藝術所提供的樂趣也是讓人厭惡的。但只要科學和藝術有助於宗教，那也會予以推動並達到一定的繁榮。 [381]

皮：在相當狹窄的範圍之內是這樣。但科學卻是不可靠的傢伙，應該受到控制。相較之下，那可愛的無知無識，作為信仰教義的一種必需，卻得到了用心的培養。

德：但人類直至在那之前所獲得的，保存在古老作品裡的知識，卻唯獨經由教士（尤其是修道院中的教士）的搶救，才不至於湮沒。啊，要不是基督教在大遷移不久之前就出現了，那在大遷移之後將會是怎樣的一種情形！

皮：如果人們不帶成見地、冷靜地精確權衡宗教帶來的利與弊，那的確是極為有用的探討。當然，要這樣做的話，我們需要比我們雙方所掌握的要多得多的歷史和心理學資料。學院可以把這方面的探討變成一篇得獎論文的對象內容。

德：他們會小心不做出這樣的事情。

皮：你這樣說我很驚訝，因為對宗教來說是一個糟糕的徵兆。此外，的確也有這樣的學院：在回答學院提出的問題時，不會明言的條件就是誰最能順著學院的意思說話，誰就能獲獎。如果首先能有某 [382]

個統計學家告訴我們，每年有多少犯罪是因為宗教的動因，又有多少犯罪是因為其他別的動因而得到遏止，那就好了。屬於前者的為數絕對很少，因為一個人受到誘惑去犯罪的話，那對抗此犯罪念頭的首先肯定是法律中對此犯罪的懲罰和遭受此法律懲罰的可能性。接下來他要考慮的第2件事是犯罪對於他的名聲所構成的危險。如果我估計沒錯的話，這人將長達數小時地反覆考慮這兩個障礙，而宗教方面的考慮不會在這之前進入他的頭腦。一旦他克服和擺脫了阻止他犯罪的前兩個障礙，那我相信**僅僅**只是宗教的話，是絕少能制止他犯罪的。

德：但我相信宗教經常能夠遏止犯罪，尤其是如果宗教的影響已經透過習慣發揮作用，以致人們對嚴重的惡行馬上望而卻步。早期留下的印象是無法磨滅的，例如：我們想一想有多少人，尤其是貴族，經常做出多麼巨大的犧牲以履行已經許下的諾言——這純粹只是因為在童年期，父親經常一臉嚴肅地教導他們：一個榮譽之士，或者說一個紳士，或者一個騎士，總是一諾千金，不會違背自己的諾言。

皮：如果不是具有一定程度的與生俱來的正直和誠實，那也是不會起作用的。你不要把一個人的善良本性的結果歸之於宗教的原因，因為善良本性的緣故而產生的對罪行的受害者的同情，可以遏止罪案的發生。這樣的動因是獨立於任何宗教的。

德：但這樣的動因如果缺少了宗教動因的外衣，那對大眾就會絕少發揮出作用。披上宗教動因的外衣以後，原來的動因肯定得到了加強。就算沒有這樣的天然基礎，單是宗教動因本身也經常可以防止犯罪。我們對此不應感到奇怪，因為大眾裡面就算是那些受過更高教育的人，也有時候不僅受到了宗教動因的影響，因為這些起碼有寓言性的真理做其基礎，而且也受到了甚至最荒謬的迷信的左右，並且在其一生中都聽任其擺布，例如：不會在星期五做

事，不會13個人圍桌而坐，會順應偶然的徵兆（預兆）等等，等等。受過更高教育的人仍然是這個樣子，那大眾就更不用說了。你對那些大老粗的極為狹隘的思維是不會充分明白的，那些人的頭腦思想相當蒙昧，尤其是這樣的頭腦思想再搭配上一副卑劣、不公和惡毒的心腸作為基礎。而這恰恰是至為常見的情形。絕大多數的人類都是諸如此類的人。對於這些人必須盡量地暫時予以引導和控制，並且是藉助的確是迷信的動因而做到這一點，直至他們能夠接受更正確和更好的動因為止。宗教的直接作用可以由此證明，亦即例如：在義大利，經常發生這樣的事情：一個小偷經由其懺悔神父把所偷之物歸還原主，因為懺悔神父把歸還所偷之物定為小偷獲得赦免的前提條件。然後再想想人們宣誓的時候——在此，宗教真正顯示了它的決定性影響。那麼，有可能一個人在發誓的時候是直接以**道德之人**的身分，並以此莊嚴回應——在法國，人們似乎就是這樣看待宣誓的，其宣誓公式只是我發誓（je le jure）就可以了。公誼會教徒同樣如此，因為他們鄭重地說出的「是」或「不是」可以被接受為宣誓。或者也有可能這人在發誓的時候是真心相信自己在押上永恆的極樂——這種相信有可能只是一層外衣，裡面其實是這人自己的道德情感。但無論怎樣，宗教的看法和概念是喚醒和召喚人的道德天性的手段。很多時候一開始是發了假誓，但要真的發出誓言時就突然拒絕了——這樣，真相也就出來了。

皮：但更常見的是人們的確發了假誓，也就是在所有證人都目睹的情況下踐踏真理和正義。發誓是法律工作者們的形上學的小動作——這些他們應該盡量少用為好。如果不可避免，那就必須以最莊重的方式進行，千萬不能沒有神職人員在場。甚至需要在教堂，或者在毗鄰法庭的小教堂或祈禱室進行。對一些極為可疑的情形，讓一些學童在場也是恰當的做法。法國那種抽象化的宣誓方式是

[384]

完全不起作用的，正是因爲對具體的實在之物進行抽象，只應該留給每個人的頭腦，根據其所受的教育程度。不過，你引用宣誓作爲例子，以證明宗教具有實際效用卻是對的。但除了這些是否還有更大的效用，我卻是懷疑的，儘管你說了那麼多。你只需想一下，假設現在突然有一份公開聲明廢除了所有的刑法，那麼，我相信，在宗教動因的保護下，不管是你還是我，都沒有膽量哪怕就從這裡單獨走回家去。與此相比，以某種同樣的方式聲明所有的宗教都是不眞實的，那麼，在唯獨只有法律保護的情況下，我們仍是一如既往地生活，不會有更多的驚慌，也不會讓我們增添防護的措施。但我還想告訴你，宗教經常會造成某種相當敗壞的道德影響。一般可以這樣說，把責任給了上帝，那也就是從人們那裡抽掉了這責任，因爲如果人們無法做出良好行爲的話，那獻媚上帝就很容易代替了己過。與此相應，我們可以看到無論在哪裡，無論在什麼時候，絕大多數人都發現透過祈禱乞求登上天堂要比透過做出行爲和實事來上天堂容易許多。每一種宗教很快就會發展至這一步：神的意志最首要關注的與其說是人們的道德行爲，還不如說是對神的信仰、神廟的儀式和各式各樣的敬神習俗。這些逐漸地會被視爲甚至可以代替道德行爲，尤其是這些與神職人員的薪酬掛鉤的話。在神廟裡供奉動物犧牲，或者做彌撒、建神廟，或者在路邊豎起十字架，很快就成了最值得嘉許的功德。甚至嚴重的罪行，也可以透過這些功德而獲得贖罪。同樣，悔罪、臣服於教士的權威、告解、朝聖、捐獻給廟宇及其神職人員、出資興建寺院（修道院）等等，等等，也是贖罪的方式。到最後，神職人員看起來就幾乎只是中間人，從事的就是與可被收買的神祇之間的交易。就算事情沒有發展到這一步，那眞有這樣一種宗教嗎，亦即信徒們起碼不會把祈禱、唱誦讚美和多樣的虔敬練習，當作是道德行爲的部分替代品？例如：看看英格蘭吧。

康斯坦丁大帝指定了星期天為基督教的星期天，以區別猶太教的安息日，卻被大膽無恥的教士欺騙性地把兩者，甚至連名字都混淆為一。這樣做的目的就是把耶和華所規定的安息日，亦即在工作6天以後，疲倦的全能之神必須休息的那一天——這一天因此**實質上就是一週中的最後一天**——轉換成基督徒的星期日，亦即「太陽之日」（Sonntage）、輝煌開啓一週的第一天、虔敬和歡樂的一天。由於這一騙局，在英國，不守安息日（Sabbathbreaking），或者褻瀆安息日（desacration of the Sabbath），亦即在星期日，從事任何哪怕是最簡單的事情，不管是要賺錢還是為了娛樂，任何玩遊戲、聽音樂，或者織雙襪子，或者閱讀任何世俗的書籍都被視為重罪。一般人難道不是相信，只要他們總是像他們的精神導師所教導的那樣，「嚴守神聖的安息日，定期參加敬神的服務」，亦即只要他們在星期日堅持無所事事，並且能夠總是在教堂坐上兩個小時，聽那已經聽了千百遍的祈禱文，並同一時間跟著饒舌，那就算他們不時允許自己做了這樣或者那樣的事情，都能求得原諒？那些人形的魔鬼，在北美自由州（應該稱「奴隸州」才對）的奴隸主和奴隸販子，一般都是正統和虔誠的英國聖公會教徒——這些人會把在星期日工作視為重罪；並且由於對此深信不疑，也依時上教堂等等，所以，他們期望會得到天堂極樂的。宗教敗壞道德的影響與宗教促進道德的影響，前者更加的沒有疑問。相較之下，對宗教，尤其是基督教和伊斯蘭教引起的殘忍行為，對這些宗教為世界所帶來的不幸做出彌補，那促進道德的影響該有多麼巨大和確定才行！想想那些宗教狂熱，那沒完沒了的宗教迫害，那些宗教戰爭，那種古人完全沒有概念的血腥瘋狂；然後想想那持續兩百多年的十字軍東征：那是完全不計後果的大屠殺，伴隨著戰場上的吶喊「這是上帝的旨意！」其目的就是要占領這個人的墳墓——而這個人生前宣講的卻是愛和忍受！想想

[386]

把摩爾人和猶太人從西班牙清除和滅絕,想想聖巴托羅梅慘案,宗教裁判庭和其他對異端的裁判庭,還有穆斯林在 3 大洲的強勁征服。再想想在美洲的那些基督徒,美洲的絕大部分和古巴的全部原住民都被滅絕了,根據拉斯・卡薩斯的記載,在 40 年間,1200 萬人被殺掉了——當然,這些都是在「為了主的榮名」之下進行的,並且是為了傳播福音之故。除此之外,也因為不是基督徒就甚至不被視為人類。雖然我之前曾談及這些事情,但如果時至今日,《發自上帝之國的最新報導》[3] 仍在印刷,我們就將不知疲倦地舊事重提。尤其不能忘記的是,在印度這片神聖的土地,人類的搖籃,起碼是我們所屬種族的搖籃——正是在這塊地方,首先是伊斯蘭教徒,然後是基督教徒,相繼以最恐怖的方式,攻擊和肆虐堅持人類原初和神聖信仰的人。那永遠令人痛惜的惡意、殘忍破壞和毀滅古老神廟與神祇的圖像,時至今日仍讓我們看到伊斯蘭教徒那種一神教的狂熱所留下的痕跡。這種狂熱從瑪穆德開始,一直延續到殺兄犯奧朗札比。在這以後,葡萄牙的基督徒最忠實地依樣畫葫蘆,破壞神廟和在果阿設置宗教裁判庭。還有我們不要忘了,那些上帝的選民在埃及,在聽從耶和華的直接命令,在偷取了他們信賴的老朋友借給他們的金銀器皿以後,現在就由摩西領頭[4],開始殺戮和搶掠那受讚美之地,目的就是聽

---

[3] 一份報導基督教傳教成果的雜誌,其第 40 個發行年度是在 1856 年。
[4] 塔西佗(《歷史》,50,5,第 2 章)和查士丁(50,36,第 2 章)為我們留下了出埃及的歷史基礎。這些讀來既有教育意義也有娛樂性,從中我們也可以就《舊約》和其他書籍所涉及的這方面歷史基礎而推斷出真實情形。在上述章節,我們看到法老再也不想容忍猶太人留在純埃及地區,那些鬼鬼祟祟、骯髒、身患傳染性疥瘡的猶太人,因此把他們趕上船,放逐阿拉伯海岸。一隊人馬被派去追他們,這是對的,但那不是要帶回已被驅逐的寶貝傢伙們,而是要奪回他們**偷走的**東西。也就是那些猶太人從神廟裡**偷走的**金器,因為誰又會借出東西給這些無賴呢!上述那隊人馬因為自然事件而受阻

第 15 章　論宗教 | 345

從那耶和華直接和總是重複發出的命令，從合法占有者那裡奪走「應許之地」[5]，沒有任何同情可言，對居民毫無憐憫地殺戮和滅

（verhindeert：但在更新和更權威的版本裡是 vernichtet，即「而被毀滅了」——譯者注）—— 這也是真的。在阿拉伯海岸嚴重缺乏的首先是水，然後，一個大膽的傢伙走了出來，提出只要大家追隨他和聽從他，他就可以提供一切東西。他看見過野驢子等等。我認為這些就是歷史的基礎，因為很明顯，詩一樣的《出埃及記》就是由此散文而成。雖然查士丁（亦即《龐培·特羅古斯摘要》）犯下了一個嚴重的時代錯誤（亦即根據我們基於出埃及事情的假想），但這迷惑不了我，因周圍 1 百個時代錯誤也夠不上一個奇蹟那樣讓人懷疑。我們也從這兩個羅馬古典作家那裡看到，猶太人無論任何時候任何地方都受鄙視和憎恨，這或許是因為猶太人是地球上唯獨不認為此生之外還有來生的民族，是異類，但在撒謊方面卻別具一格。

[5] 假如在時間的長河中，再有一次會重新出現這樣一個民族：這民族自己有一個上帝，這上帝把這民族鄰邦的土地送給他們，然後這些土地就要作為「應許之地」加以征服和占領 —— 假如是這樣，那我建議這民族的鄰居居及時行動起來，不要耐心等待數個世紀以後，最終會有高貴的國王尼布甲尼撒的到來以實施遲來的公義，而是及時地把這民族從應許之地趕走，把那如此大方贈送鄰邦土地予人的上帝的廟宇碾碎 —— 一塊石頭都不要剩下來。按理本就該如此。

誰要是不懂希伯來文而又想知道《舊約》是什麼，那就必須讀一下《舊約》的《七十子譯本》：那是所有翻譯中最準確、最真實，同時也是最美麗的譯本，因為這譯本有一種完全另一樣的口吻和色彩。《七十子譯本》的風格在大部分地方都是既高貴又樸素，並沒有那些教會的東西，也沒有任何基督教的痕跡。相較之下，路德的譯本顯得既粗俗和迷信，很多地方也是不準確的，有時候是故意要這樣做，並且完全是一副教會的、修身養性的腔調。在上面提到的段落中，路德擅自緩和了某些語詞的效果，而這些是可以稱為作假的，例如：在本來是「殺死」之處，路德的譯文是「驅逐」，但原文卻分明是「殺死」（εφόνευσαν）等等（參看《約書亞記》，10：37）。

此外，研究《七十子譯本》以後給我留下的印象，是對偉大國王尼布甲尼撒衷心的愛意和深深的尊敬，儘管他有點太過溫和對待這一民族了：這一民族有他自己的上帝，這一上帝贈送或者應許他們鄰邦的土地，然後他們就透過搶掠和謀殺占有了這些土地，然後就在那裡為他們的上帝建起了一座廟宇。要是每個民族，其神祇要把這民族的鄰邦土地變成「應許之地」的話，那這民族及時碰上尼布甲尼撒就好了，還有安條克國王，並且不要那麼的客氣！

[389] 絕,甚至婦女和兒童(《約書亞記》,第 10 章和第 11 章)——因為這些人不曾接受割禮,也不認識耶和華。這就構成了充足的理由把針對這些人的所有殘暴行為合理化、正當化,這就類似出於同樣的理由,在更早的時候,始祖雅各和他的神選民對沙林的國王哈默及其人民做出了無恥行徑——這在《摩西五經》第 34 章裡有輝煌的描述。這也是因為那些人民是不信上帝的人。這些的確是宗教最糟糕的一面:每一宗教的信眾都認為自己可以對別的一切宗教的信眾為所欲為,並因此以最邪惡和最殘忍的方式對待他們。就以這樣的方式,伊斯蘭教徒對待基督徒和印度教徒,基督徒對待印度教徒、伊斯蘭教徒、美洲土著、黑人、猶太人、異教徒等等。我說**所有的**宗教——這或許說過頭了,因為為維護真理,我必須補充這一點:出自這一原則的狂熱的暴烈行為,就我們真正知道的,也只是涉及一神教的追隨者,亦即只涉及猶太教及其兩個分支,基督教和伊斯蘭教。至於印度教徒和佛教徒,我們卻沒有看到類似行為的描述和報導。雖然我們知道大概在西元 5 世紀,佛教徒被婆羅門趕離了他們在印度半島的原初家園,然後這些佛教徒就散布在整個亞洲,據我至今所知,驅趕期間沒有關於發生暴力行為、戰爭和殘忍行為的任何確切資料。當然,這有可能是那些地區的模糊歷史所致,但印度教和佛教極其溫和的特性,這些宗教不停地強調對所有**生命的**憐憫,還有就是婆羅門教由於種姓制度的緣故而不會真正接納新的皈依者——所有這些因素都讓我們希望,這些宗教的追隨者沒有做出大規模的、各種各樣的殘暴事情。**斯賓塞·哈代**在出色的著作《東方的修道生[390] 活》第 412 頁,讚揚了佛教徒超常的容忍,並且還保證說:佛教的編年史中關於宗教迫害的例子,少於任何其他宗教。[6] 事實上,

---

6 哈代,《東方的修道生活》,第 412 頁:「佛教的僧侶對在其周圍的各種

不容忍也只是一神教本質上的特點：唯一的一個上帝，從本質上也就是一個嫉妒的，不樂於看到還有其他上帝的上帝。相較之下，多神教的神靈從本質上就是容忍的。他們生活，也讓別的神靈生活。首先，他們願意容忍他們的同事，在同一宗教裡的神靈；然後，這種容忍就擴展至其他陌生的神祇。因此，這些陌生的神祇得到熱情的接納，在這以後有些甚至得到了同樣的權利。羅馬人就有這方面的例子，因為弗里季亞的、埃及的及其他陌生的神祇，都得到羅馬人自願的接納和尊敬。因此，也只有一神教才讓我們看到種種宗教戰爭、宗教迫害、對異端迫害的裁判庭，還有破壞聖像、掃除陌生神祇的畫像，拆除印度的神廟和拆除面向太陽已3千年的埃及巨型塑像——因為他們那嫉妒的上帝說過「你不可製作偶像」等等。回到主要的一點吧，你強調人對形上學的強烈需求，關於這點你確實是對的。但在我看來，宗教與其說是滿足，還不如說是利用和濫用了人們在這方面的需要。起碼我們看到了在促進人的道德方面，宗教的用處在大多數情況下是有疑問的；而宗教的不好之處，尤其是尾隨宗教的殘暴事情卻是一目了然的。如果我們考慮到宗教有支撐王位的用處，當然就是另一回事了，因為只要王位是受上帝恩典的賜予，那神壇和王位就是緊密連繫在一起的。因此，每一個聰明的、熱愛自己的王位和家庭的王侯，都成了具有真正宗教情懷的模範而走在人民的前面。

[391]

宗教並不會流露出一點點的敵意。這種無所謂的態度是很容易解釋的，因為根據佛教自己的原則，一切暴力反對和對抗，就算是針對謬誤，也是有違其戒條的。為此理由，佛教的編年史記載了比其他宗教要少的迫害的例子。真理是要被尊重的，無論這真理由誰宣示出來。只有天堂才會有純淨的、完美的、不含雜質的真理，但由於在各個體系中都有部分的真理，所以，那些體系要被視為在教益方面略遜一籌，而不是要用柴和火加以摧毀的絕對害人的東西。有佛教的地方都奉行這一原則。」

甚至馬基維利在《君王論》第 18 章，也迫切建議君王們具有這種宗教的情懷。再者，人們可以提出：啓示的宗教之於哲學，恰如神授的君權與人民授予的君權。所以，這兩組中的前者（啓示的宗教與神授的君權）是天然的聯盟。

德：啊，可不要用這種調子嘛！但記住：你這樣做就是鼓吹烏合之眾統治和無政府主義，而這些可是法律秩序、所有文明和人類的大敵。

皮：你說得對。這些只是詭辯而已，或者就是擊劍大師所說的胡攪蠻纏的招數。我收回我的話。但你看，爭論不時也會讓本來誠實的人變得有失公正和心生惡意。所以，就讓我們到此爲止吧。

德：雖然我做出了種種努力，但我還是感到遺憾並沒有改變你對宗教的心態。儘管如此，另一方面，我卻可以向你保證：你說的所有那些一點都不曾動搖我對宗教具有高價值和必要性的信念。

皮：我相信你說的，因爲正如胡迪布拉斯所言：

人們不情不願但又最終相信了的，
仍然是他們自己的看法。

但我安慰自己的就是爭論和礦泉水浴一樣，事後的作用才是眞的。

[392] 德：那我就祝你有美妙的事後作用吧。

皮：或許會是那樣吧——只要那句西班牙諺語不會重又湧上嘴邊。

德：那句西班牙諺語說了什麼？

皮：Detras de la cruz está el diablo.

德：說德文，西班牙人！

皮：稍等——上菜。「十字架後面站著的是個魔鬼。」

德：哎，我們可不要語帶諷刺地分手，而是要明白宗教就像雙面神靈**伊阿努斯**，或者更準確地說，宗教更像是婆羅門教的死神**雅瑪**，都

長著兩副面孔；並且就像雅瑪那樣，一張是很友善的，另一張則相當陰森。我們兩人都只是把目光盯著其中一張面孔而已。

皮：你說得對，老夥計！

175　信仰和知識

哲學作為一門知識，完全不會關注人們應該或者可以信仰些什麼，而純粹只是**著眼**於我們可以**知道**些什麼。那麼，如果我們可以**知道**的是完全有別於我們所要信仰的，那就算對信仰來說，這也不是壞事，因為信仰正正就是要教導我們無法知道的東西。一旦人們有能力知道是怎麼回事了，信仰就成了無用和可笑的東西，其無用和可笑大概類似於給數學一類提出一套信仰學說。

另一方面卻可以提出這樣的反對意見，雖然信仰永遠可以比哲學教導給我們多得多的東西，但信仰卻不會教導任何與哲學的結果不相吻合的東西，因為知識的構成材料比信仰更堅實，這樣，如果這兩者互相碰撞，信仰就會破碎的。

無論如何，信仰和知識都是從根本上不一樣的事物。為了雙方各自的利益，兩者必須嚴格分開，這樣雙方就要各走各路，甚至不要理會對方。　[393]

176　啓示（或領悟）

曇花一現的一代又一代人，快速地接連誕生和逝去，個體的人則在恐懼、困頓和痛苦中，跳著舞投進死亡的懷抱。與此同時，人們卻永不厭倦地發問：這到底是怎麼一回事？這整齣喜劇鬧劇，究竟有何含義？人們呼喚上天以求回答，但上天始終沉默以對。相較之下，教士和神職人員卻帶來了啓示或領悟。

但誰要是真的以爲那並非人類的生命曾經向我們人類透露了人類的存在、世界及其目的的訊息，那他就仍然只是個大小孩而已。除了人類智者的思想以外，不會還有其他別的啓示；即使是智者的思想，也與所有人類的東西一樣，都免不了出錯的命運。這些思想經常被裹以奇特寓言和神話外衣，並被稱爲宗教。其實，一個人到底是依據自己的思想而生活和奮鬥，抑或信賴別人的思想都差不多，因爲這些他所信賴的永遠只是人類的思想和看法。但人們一般來說都有這樣的弱點：寧願信賴那些聲稱有其超自然源頭的別人，也不信賴自己的頭腦。但如果考慮到人與人之間巨大的智力差別，那一個人的思想被別人在某種程度上視爲啓示或領悟，就相當有可能了。

相較之下，所有的神職人員，無論在哪個地方，也無論在哪個時期，不管是婆羅門教的，還是伊斯蘭教、佛教或者基督教，其根本祕密和狡猾之處，就在於準確認清和理解了人們極其強烈的和無法根除的對形上學的需求。然後，他們就聲稱擁有能夠滿足此需求的手段，因爲他[394] 們能夠以某一奇特的方式，直接接收到那巨謎的密碼。人們一旦接受了他們的說法，他們就可以隨心所欲地控制和左右人們。因此，在統治者和君王當中，那些更精明者就與這些人結盟，其他君王則自己也受著這些人的控制。如果出現了至爲稀有的例外情形，亦即當某一位哲學家登上了王座，那就會不合時宜地擾亂這整齣的喜劇。

177　論基督教

要公正評判基督教，那我們就必須考察在它之前的是什麼，被它排斥掉的又是什麼。一開始的是希臘羅馬的異教信仰，如果作爲大眾的形上學，那這異教信仰只是某一毫不足道的現象，既沒有眞正的、具體的教義，也沒有明確表達出來的倫理學；甚至沒有眞正的道德上的傾向，沒有神聖原始文獻，以致難以冠上宗教之名，而只是人們幻想的遊戲之

作，是文學家從民間童話中取材而成的拙劣作品，並且大部分內容只是對自然力的明顯擬人化而已。我們實在難以想像那時候的成年男人會認真對待這一幼稚的宗教。但古老作家的許多段落卻證實了那時候人們的認真態度，尤其是馬克西穆斯的第 1 卷，還有就是希羅多德作品的很多文字段落。從這些文字裡，我只挑出最後一本書中第 65 章的一些文字。希羅多德表達了他個人的意見，並且就像一個老婦一樣絮絮叨叨。隨著時間的推移和哲學的進步，這種認真態度當然消失了。這樣，基督教才有了擠掉國家宗教的可能——雖然國家宗教有其外在的撐持。但國家宗教就算是在最好的希臘時期，也一點都不像後來時期的基督教，或者不像在亞洲的佛教、婆羅門教或者伊斯蘭教那樣得到認真、嚴肅的對待；因此，古人們的多神教與多個一神論是大不相同的兩回事。關於這一點，可由阿里斯托芬的《蛙》充分證明。在此劇中，戴奧尼索斯就作為一個可憐的小丑和膽小鬼出場，並成為人們的笑料。並且這部劇是在戴奧尼索斯慶祝節日時公開上演。基督教要排擠掉的第 2 樣東西就是猶太教。猶太教裡粗糙生硬的教義經由基督教純淨化了，並且也悄無聲息地寓言化了。總體上，基督教是完全寓言性質的，因為在世俗中稱為寓言的，在宗教上就名為「奧祕」。必須承認，基督教不僅在道德學說上遠遠超越了之前的希臘羅馬異端宗教和猶太教，甚至在**教義**方面也超越了之前的宗教，因為基督教所教導的寬恕、對鄰人的愛、對仇敵的愛、死心斷念和對自我意志的否定，是基督教所獨有的——當然，在西方是這樣。對於的確沒有能力直接掌握真理的大眾來說，還有什麼比那些美好的寓言更適合的呢？這是因為這些寓言作為指導現實生活的入門教科書，作為安慰和希望之錨是完全足夠的。一套這樣的寓言，夾雜了一點的荒謬成分，其實是必需的，因為這些成分有助於暗示這個宗教的寓言本質。如果從本意上理解基督教的教義，那伏爾泰就是對的。而如果在寓言的層面上理解，那基督教就是一個神聖的神話，一個用以向大眾傳達真理的工具——缺少了這一工具，大眾是不會理解這些真理的。

[395]

我們可以把這些比之於拉斐爾以及朗格的那些阿拉伯花飾——這些所表現的是明顯有違自然和不可能的東西，但這些東西卻說出了某一深藏的含義。甚至教會的這一說法，即對宗教的教義，我們的理性是無能為力的、盲目的和要不得的，從根本上而言，也就是說那些教義本質就是寓言，因此，並不能根據理性（理性都是在本意上看待和理解一切）可以唯一制定的標準來衡量和判斷。宗教教義中的荒謬之處，正是寓言和神

[396] 話的特徵和印記，雖然這些荒謬之處在現在討論的基督教裡，是因為把《舊約》和《新約》兩個如此不同的學說硬是連繫在了一起所致。那一偉大的寓言也只是逐漸地在外在機緣巧合的情況下完成的。這是透過對深藏的真理的解釋——這一真理雖然還沒有進入人們清晰的意識，但卻發揮著默默的影響——並最終由**奧古斯丁**完成。奧古斯丁參透了其含義，然後把這個真理作為系統的整體加以把握，並將那些缺失的部分補充完整。因此，只有經奧古斯丁整理出來的，得到了路德確認和支持的學說，才真正是完美和完整的基督教，而不是如今天的新教徒那樣：按照《啟示》的字面的本來意義去理解，因此把其侷限於一個個體，誤以為原始基督教才是完美和完整的。這就好比好吃的是那水果，而不是水果裡的種子。但一切宗教所具有的缺點，永遠都是不敢公開承認自己的寓言性質，而只是隱晦地這樣做。所以，這些宗教都必須以無比認真嚴肅的態度，把其學說按照字面含義傳達給信眾，而宗教的那些根本上有其需要的荒謬之處，則帶來了持續不斷的欺騙，並成為一大弊端。更糟糕的是，隨著時間的流逝，終有一天，這些宗教並不如字面意義上的那真實就會大白於天下，那這些宗教就會轟然倒塌。就這方面而言，如果宗教馬上承認其寓言性質，那將會更好——只不過，我們又怎麼能夠讓大眾理解某種東西既可以是真實的同時，又不是真實的呢？既然我們發現所有的宗教都或多或少是這樣的性質，那我們就必須承認：某種程度上的荒謬與人類是相稱的，甚至的確就是生活的一部分，而假象則與人類須臾不離，正如這些也被其他現象所證實。

關於上文所說的《舊約》和《新約》的結合就是荒謬產生的根源，這裡有一個例子和證明。例子和證明來自基督教，經奧古斯丁——這位路德的指路明星——完善了的命定和神恩赦免教義。根據這一教義，一些人就比另一些人能夠優先得到神恩，這樣的結果就是人們出生的時候已經獲得現成的特權，並且是在最重要的方面。這一讓人反感和荒謬的教義源自《舊約》的看法：人就是某一陌生意志的作品，經由此陌生意志，人就從無中生成。考慮到真正的道德優點的確是與生俱來的，如果以婆羅門教和佛教轉世輪迴的觀點審視這種事情，那就已經有了一種完全不一樣的和更理性的意義，因為根據轉世輪迴的觀點，一個人與生俱來的，亦即這個人隨身從另一世界和從前生帶來的優越於他人之處，並不是來自陌生的神恩饋贈，而是這個人自己在那另外的世界所作所為的結果。與上面所說的奧古斯丁的教義相關的，還有另一條：絕大部分人都是敗壞和墮落的，因此也是註定要受到永恆的詛咒的；人類中只有極少數者，更確切地說是因為神恩選擇和命定的緣故，被認定是公正、正直的，並因此有福在死後升上天堂。而其他的大眾理應下地獄，承受永恆的地獄折磨。[7]如果從字面本意上理解，那這一教義是讓人反感和憤慨的。這不僅僅是因為很多時候一個才剛剛 20 歲的年輕人，為了自己失足、走錯的緣故，甚至只是因為不相信，就得經受無盡的地獄折磨以贖罪，還因為這幾乎是普遍地受詛咒下地獄，其實是原罪帶來的後果，亦即原初的犯罪墮落的必然結果。但這一點是造物主無論如何所必然預見到的。首先，造物主並沒有把人做得更好。然後，卻又安排了陷阱，而造物主又必然知道人們會掉進陷阱的，因為所有這一切都是他的作品，一切都不會隱藏而不為他所知。因此，他從無中生出這脆弱的、受罪惡控制的物種，目的只是聽任這一物種受盡痛苦折磨。最後，還有這一點：上帝告誡人們要寬恕和原諒別人的過錯和罪責，甚至要愛自己的

---

[7] 參見威格斯，《奧古斯丁主義和伯拉糾主義》，第 335 頁。

敵人，但上帝自己卻根本沒有這樣做，而是恰恰相反，因為在過錯和罪責已經犯下和永遠過去了以後，懲罰不會達到改進或者威懾的目的，而只是報復而已。如此審視的話，整個人類看起來實際上就像是正正為了要接受永恆的折磨和詛咒而設定和創造的。例外是稀有的，而這些稀有的例外，是由於上帝神恩選擇的緣故而獲得解救，但其中的原因是什麼卻無人知道。撇開這些不談，情形似乎就是親愛的上帝創造了這世界，以便魔鬼得到它——如果真是這樣的話，那假如上帝當初不曾創造這一世界，情形反倒會更好。從字面上的意義來理解那些教義，就是這樣的情況。如果從寓言的層面理解教義的話，那對所有這些就可以有詳盡的解釋。但首先，正如已說過的，這個學說和教義中的荒謬，甚至讓人厭惡之處，只是猶太一神教及其教義的結果——猶太一神教宣講上帝是從無中生有，以及相關的否認轉世輪迴學說的那些的確似是而非、讓人不快的東西，因為轉世輪迴學說是自然的，在某種程度上是不言自明的，因此在任何時候都被除了猶太人以外的幾乎所有人類所接受。正是為了剔除這裡所產生的巨大弊端與緩和教義中讓人厭惡的成分，教皇格利高里一世在西元 6 世紀，非常睿智地發展了煉獄的學說，而這個學說從根本上已可見於歐利根的著作（參見貝爾，《歷史和批評辭典》，「歐利根」的條目，注釋 B），然後正式成為教會的條款。這樣一來，整件事情就極大地得到了緩和，並且在某種程度上取代了轉世輪迴，因為煉獄和轉世輪迴一樣，都提供了一個純化的過程。出於同樣的目的，也安排了一切重回的學說——這樣，在這世界喜劇的最後一幕，甚至罪人也通通無一例外地被置於原初的狀態。也只有堅定信仰《聖經》的新教徒，才不會放棄相信人們將在地獄承受永恆的懲罰。「這樣對他們才好呢！」——那些幸災樂禍的人儘管可以這樣說，只不過聊以自慰的是，他們並不真的相信這一點，而是讓這件事暫時晾在一邊，心裡在想著：事情也許並不會那麼糟糕。

由於**奧古斯丁**僵化和系統化頭腦的緣故，經過他對基督教一番嚴

格的教義化，經過對在《聖經》裡只是暗示或者略略提及的，始終缺乏明確基礎的理論的嚴格定義，奧古斯丁為這些理論定下了如此嚴苛的輪廓，為基督教做出了如此冷冰冰的闡明，以致在今天看來讓人厭惡，並因此遭受理性主義者的反對，正如在奧古斯丁時代，奧古斯丁受到了伯拉糾主義的反對一樣，例如：在《上帝之城》（12，c，12），那理論抽象概括起來就是這樣的：**上帝從無中創造出某一存在物**，規定了禁忌和命令；然後，因為這些禁忌和命令沒有得到遵從，上帝就永無休止地以各種能想像出來的痛苦折磨這一存在物；為此目的，上帝把這一存在物的身體和靈魂不可分離地連在了一起，以免那折磨透過分解而毀滅了這一存在物，讓他得以逃脫（《上帝之城》，圖書13，第2章；第1章最後和第24章最後）。上帝要的就是這一存在物永遠地活著，永遠地受苦。這個從**無**中生成的可憐傢伙，起碼有回到原初的**無**的權利，而回到這一不可能是很糟糕的避難所，也是他確實可以有的權利，是他先天固有的。我起碼忍不住要同情他。如果我們另外再考慮到奧古斯丁的其他學說，亦即所有的一切並不真正取決於一個人的所為或者所不曾為，而是一切都已經由神恩選擇而事前決定了的，那我們就不知道還能再說些什麼了。當然，我們那些受過高等教育的理性主義者會說：「但所有這些都不是真的，而只是嚇唬人的鬼怪。相反，我們會永遠進步，逐級提升，不斷變得更完美。」

遺憾的是，我們沒有開始得更早一點，否則，我們就已經到達目 [400]的地了。一旦我們聽了瓦尼尼這個邪惡和遭受火刑的異端所說的話以後，這些話引起的混亂就只會有增無減：「如果上帝不願意那些糟糕和卑劣的行為存在於世，毫無疑問，祂僅用一個手勢就足以把所有那些無恥行徑驅逐出這一世界，因為我們又有誰可以抵抗得了上帝的意志？我們又怎麼可以假設抵抗上帝意志的罪行能夠實施——如果不是上帝賦予了罪犯實施罪行的力量的話？如果人們犯罪並非上帝所願，那上帝就是弱於反對他並有反對他的力量的人。由此人們可以得出結論：上帝所要

的就是這樣一個世界，因為如果上帝想要一個更好的世界的話，祂就能有一個更好的。」（《永恆天道的競技場》，練習16，第104頁）瓦尼尼在這之前第103頁是這樣寫的：「如果上帝想要有罪惡，祂就是行惡的；如果上帝是不想要那些罪惡的，但那些罪惡仍在發生，結果就是人們必然認為上帝要麼是缺乏遠見的，要麼就是無能的，或者就是殘忍的，因為祂對如何實現自己的意旨既不知道，也沒有能力，或者就是漠不關心。」在此，我們也清楚了為何時至今日，人們還是死命緊抱「意志（意欲）是自由的」這一教義，雖然從霍布斯一直到我，所有認真、正直的思想家都把「意志自由的說法」斥為荒謬之談——讀者可參看我的獲獎論文《論意志的自由》。當然，燒死瓦尼尼要比駁倒他更容易，所以，之前已割掉他的舌頭以後，人們選擇了燒死他。每個人都可以試試駁倒他，但不是以空話這樣做，而必須是認真做，要運用思想。

奧古斯丁的這一坦率的理解是對的，亦即絕大多數人都是有罪的，只有極少數人配享永恆的極樂。這一見解也見之於婆羅門教和佛教，但由於其轉世輪迴的說法，這一見解並不令人反感，因為雖然在婆羅門教中，也只有極少數人能夠獲得終極解脫，而在佛教中，極少數人的解脫則被稱為**涅槃**（兩者都等同於我們那永恆的極樂），但這些極少數的人卻並非享有這方面的特權，而是在來到這一世上時，就已經帶著前世積累下來的功德，現在也只是在同一道路上繼續前行而已。而其他所有人卻不是被扔進那永恆燃燒的地獄之火，而只是進入與他們的所為相吻合的世界。因此，誰要是問起這些宗教的導師：所有那些不曾獲得解脫的，現在到底在哪裡，現在是什麼，那回答就是：「你就看看你的周圍吧，然後你就看到他們了。這就是他們的遊戲場，這就是**輪迴**，亦即渴求、痛苦、生、老、病、死的世界。」如果我們把正在談論的奧古斯丁的教義，亦即極少數的受恩選者與如此眾多的永遠受詛咒之人，從寓言的意義上理解以便在我們的哲學意義上解釋，那就與這一真理吻合

了：確實只有很少人能夠否定意志並以此從這世界中解脫（正如很少的佛教徒能夠得到涅槃）。另一方面，這教義所說的永恆的詛咒，正正就是說我們的這一世界：絕大多數的受詛咒者就屬於這一世界。這一世界夠糟糕的，這是煉獄，是地獄，這裡也不乏魔鬼。我們只需看看人們間或對別人能夠做出些什麼樣的傷害，還有那些費盡思量的酷刑，慢慢地把同類折磨致死。人們可以問一下自己：魔鬼還能做出比這些更多嗎？對於那些沒有皈依的人，那些頑固肯定生存意志的人，也是同樣會永久待在這一世界。

但說真的，如果一個高地亞洲人問我歐洲是什麼，我就只能這樣回答他：歐洲是世界上的這樣一塊地方，那裡的人的頭腦裡完全是聞所未聞和難以置信的錯誤觀念，亦即認為人的出生是絕對的開始，人是從無中生成的。

從最根本上而言，並且撇開兩種宗教的神話不論，佛教的**轉世輪迴**和**涅槃**與奧古斯丁的世界分成**兩城**的看法是一致的，亦即奧古斯丁在他的《上帝之城》（尤其是在書冊 14，第 4 章；書冊 15，第 1 章和第 21 章；書冊 18 最後；書冊 21，第 1 章）裡所寫的「地上之城」和「天上之城」。 [402]

魔鬼是在**基督教**裡極有必要的一個角色，是抗衡至善、全知、全能上帝的平衡物，因為對上帝來說，不可能無法預見到那壓倒性的、數不勝數的和沒有底線的邪惡壞事到底因何而起——除非有一個魔鬼在那兒為這些負責。所以，自從理性主義者廢除了魔鬼以後，由此產生的另一方面的不好後果就越來越被感覺到了——這在當時是可預見的，也被正統派預見到了。這是因為我們不可能移走建築物的支柱以後，又不威脅到剩下的建築物。這也印證了在其他方面得到證實的一點，亦即耶和華是奧爾穆茲德（善神）的變換，撒旦則是與奧爾穆茲德無法分開的阿里曼（惡神）。奧爾穆茲德本身就是因陀羅的變換。

基督教的一個特有缺點，就是它不像其他宗教那樣是一套純粹的

學說，而是從根本上和首要的就是**歷史**，是一系列的事件，是錯綜複雜的事實、個人行為和苦痛。正是這些歷史構成了教義，而信仰這些教義就獲得了解救和極樂。其他的宗教，尤其是佛教，當然也有歷史附加的東西，諸如創建者的生活事蹟等，但這些並不是教義的一部分，而只是與教義相伴隨而已，例如：我們可以把《方廣大莊嚴經》所包含的釋迦牟尼佛（今世佛）一生的部分，與《福音書》作一比較。《方廣大莊嚴經》的這些內容是與教義，亦即與佛教完全分開的兩碼事，因為往世佛的一生與現世佛的一生完全不同，也與將來佛的一生完全不同。在此，佛教的教義並不會與宗教創建者的一生融為一體，也不是基於個別的人和事，而是具有普遍性的東西，適用於各個時期。因此，《方廣大莊嚴經》不是基督教意義上的《福音書》，不是關於某一解救事實的佳音，而是關於這個人的一生——這個人就每個人應如何解救自己的問題給予了我們指導。正因為基督教的這一歷史特性，中國人嘲笑那些傳教士為講童話故事的人。

在此還順便提起基督教的另一根本缺陷——這一缺陷是無法解釋得過去的，其造成的惡果都表現了出來。那就是違反自然地把人從根本上所屬的**動物世界**分離出來。基督教只肯承認人，**動物**則直截了當地被視為**物**。而婆羅門教和佛教卻忠實於真理，明確承認正如人在普遍方面與整個大自然密切相連，同樣，人與動物有最接近的和最大部分的、明顯的親緣關係；並且總是透過轉世輪迴及其他的說法，表現出人與動物世界的緊密關係。**動物**在婆羅門教和佛教中扮演的重要角色，與在**猶太—基督教**中的無足輕重和沒有價值互相比較，就可以在宗教的完美方面否定猶太—基督教，雖然人們在歐洲已經習慣了那種荒謬之處。在美化猶太—基督教這個根本性缺陷（其實只是更放大了這一缺陷而已）時，我們發現了這一常用的、可憐的無恥伎倆——我在《倫理學的兩個基本問題》第244頁（第2版第239頁）已經抨擊過。這個伎倆就是在形容動物與我們人類所共有的，並首要證明了我們是本性相同和相通的

自然功能運作的時候，例如：在形容動物和人的吃、喝、懷孕、生產、死亡、屍體等時，用的是完全不一樣的字詞。這的確是一個很卑劣的伎倆。上文所說的這一根本缺陷，就是上帝從無中生有的創造所帶來的後果——根據這一說法，造物主（《創世記》第 1 和 9 章）把所有的動物都交給了人類，讓人類**統治**牠們，亦即可以隨心所欲地處置牠們，就像處置一件物品似的。造物主也沒有吩咐要好好對待動物，正如一個販售狗的人，在與他養大的狗分手時，也好歹會關照**買主**幾句。在第 2 章，造物主則把人指定為動物學的教授，要人們給動物取一個從此背負的名字。而這只是一個信號，表明動物是全然依賴人類的，亦即動物是沒有權利的。神聖的恆河！我們物種的母親！這樣的歷史和故事給我的感覺與猶太氣味給我的感覺是一樣的。歸根結柢，就在於猶太人的這一觀點：動物是人類的享用品。不幸的是，直至今天這一猶太觀點的後果也是可以感受到的，因為這些已轉至基督教裡面。為此理由，我們應該停止讚揚基督教具有最完美的道德觀。基督教其實有一個巨大和根本的不足之處，那就是它的準則只侷限於人，而所有的動物都是沒有權利的。因此，為保護動物免遭野蠻的、毫無惻隱之心的、很多時候比獸性更甚的人群的毒手，警察就得取代宗教的位置。但因為警察的保護是不足的，所以，時至今日，在歐洲和美國到處成立了動物保護組織。相較之下，這樣的組織在整個**未受割禮**的亞洲，卻是全世界最多餘的事情，因為在這裡，宗教為動物提供了足夠的保護，甚至讓動物成了接受呵護恩澤的對象。這樣的成果，例如：在蘇拉特建起的那些大的動物醫院，甚至基督教徒、伊斯蘭教徒和猶太教徒都可以把生病的動物送往那裡。但在成功治癒以後，這些人不可以取回那些動物。這是非常正確的做法。同樣地，每一個婆羅門教徒、佛教徒在交上一次好運或者得到一次很好的收穫時，不會大聲呼喊「偉大的上帝！我讚美你！」之類，而是到市集買下一些鳥兒，然後到城門放飛牠們。在各種宗教信徒的匯集地奧斯特拉坎，經常有機會看到這些放飛鳥兒和各種各樣其他類似的善舉。相

[404]

[405] 較之下，我們看看那些基督教暴徒如何喪盡天良地對待動物，如何漫無目的地一邊笑著一邊殺戮，或者致殘，或者折磨牠們；甚至把他們的老馬——他們的衣食供養者——榨盡骨髓，直至在鞭打聲中終於倒下。我們確實可以這樣說，人就是這地球上的惡魔，動物則是受痛苦折磨的靈魂。這都是伊甸園裡上帝安排留下的後果。這是因為要對付暴民，只能透過武力或者宗教，在這方面基督教可恥地失靈了。我從某一可靠的來源知悉，當某個新教牧師接到某一動物保護團體的要求，要做布道說說動物受虐的事情，這位牧師回應說儘管他抱著極大的善意，他也無法這樣做，因為宗教沒有給他任何的支撐和支持。這位牧師是誠實的，他說對了。值得讚揚的慕尼黑保護動物聯合會在一份日期是 1852 年 11 月 27 日的公告中，以良好的意願盡力從《聖經》中引用了「要憐憫動物的規定」，並提到了《箴言》（12：10）、《傳道書》（7：24）、《詩篇》（147：9；104：14）、《約伯記》（39：41）、《馬太福音》（10：29）。但這只是虔誠的騙局，寄希望於我們並不真的去翻查那些段落。也只有著名的第一段說了些相關的東西，雖然力度很弱。其餘的雖然談到了動物，但卻不是說要憐憫牠們。那這一段說了些什麼呢？「一個公正的人會顧惜他的牲畜」——「顧惜」這是怎樣的用語！人們會顧惜一個罪人或者做壞事的人，但不是顧惜一隻無辜的、忠誠的動物，並且這動物還經常是其主人的贍養者，這動物吃的也只是少許的飼料而已。「顧惜」！我們欠這些動物的不是顧惜，而是正義，並且在歐洲這一塊滲透了「猶太味」的大陸，這樣明顯和簡單的真理，即「動[406]物從根本上與我們人類是同一的」也成了讓人反感的怪論。[8] 保護動物的

---

[8] 動物保護協會在勸告人們的時候，總是用上這樣的拙劣論據，即殘忍對待動物會導致殘忍對待人類——就似乎只有人才是道德責任的直接對象，而動物則只是間接對象，就其自身而言只是一樣物品！呸！參見《倫理學的兩個基本問題》，第 164、243 頁（第 2 版，第 161 頁和第 238 頁）以下。

工作就落到了以保護動物為目的的團體和警察那裡。面對烏合之眾普遍的卑鄙無恥的行為，兩者能做的很有限——在此，關鍵問題是動物無法投訴，在數百件的殘忍虐待中，曝光的甚至不到一件，尤其是對此的懲罰也過輕了。最近英國有人建議採用鞭刑，我認為是很適合的。但面對這些大眾，又能有什麼期待呢，因為那些學者甚至動物學家，非但不承認人與動物那種他們能夠體認的本質同一性，而是反過來偏執、狹隘地與誠實和理性的同行狂熱爭論，因為這些同行把人類列入相關的動物一類，或者表明人與黑猩猩的極大相似之處。超級基督教思維和虔誠的 **榮—斯特林** 在《精神王國中的情景》（第 2 卷，第 1 景，第 15 頁）中的下列比喻，難道不是特別讓人厭惡嗎？「突然，那骨骼萎縮成難看得無法形容的小侏儒的形體，正像一隻大的十字蜘蛛受到鉛玻璃的焦點照射，在灼熱中，蜘蛛那膿一樣的血液被烤得嘶嘶作響和煮熟了。」這一信奉上帝之人就做出了如此可恥之事，或者心安理得地在旁觀察——在這種情形裡，兩者的結果都是一樣的。事實上，斯特林並沒有覺得這樣的事情有何不妥，所以他以隨便自然的口吻告訴我們這事兒！這些就是《創世記》第 1 章和猶太人對大自然的整體理解所造成的影響。對於印度教徒和佛教徒，適用的卻是這樣的大格言「這就是你」。這說的永遠都是所有的動物，目的就是要我們謹記動物的內在本質與我們的內在本質是同一的，以規範我們的行為。你們那至為完美的道德系統就趕緊走吧。

[407]

　　我在哥廷根讀書的時候，**布魯門巴赫** 在生理學講座時，相當嚴肅地向我們講到了動物解剖是多麼可怖的事情；所以，人們應該盡量少些這樣的解剖，也只有在那些能帶來關鍵的和直接用處的試驗才可以進行。然後，要邀請所有的醫學生參加，必須在大廳裡盡量公開進行，讓在科學祭壇上做出的殘忍犧牲盡量發揮出最大的用處。但在今天，每個庸醫都認為自己有權在他的折磨室裡殘忍虐待動物，以確定問題所在，而對這些問題的解答早已寫在書裡了，但他可能太懶或者太過無知而不去翻

看和研究。我們的醫生再不像以往那樣接受過古典的教育,以獲得些許人文和高貴氣質。現在,他們想盡早進入大學,目的只是想要學會塗抹膏藥,然後就在這世上賺錢致富。

值得專門提及的是紐倫堡的恩斯特・馮・布拉男爵做出的噁心事。他把這事情公之於眾(《對人的與脊椎動物的腦髓的比較研究》,曼海姆,1854,第 131 頁及以下),其天真無邪的心態讓人難以理解,就似乎他做出了一件美妙的事情。他為了做一個完全是多餘和無用的試驗而有計畫地餓死了兩隻家兔,亦即看看在餓死的過程中家兔腦髓中的化學成分是否會有相應比例的變化!為了服務科學,是嗎?這些手拿解剖刀和坩堝的先生們,難道想都沒想過他們首先是人然後才是化學家?把無害的幼崽從母親懷中拿走,然後關門上鎖,讓其慢慢飽受痛苦地餓死——我們又如何還能安靜入睡?就不會做噩夢嗎?這是發生在巴伐利亞嗎?正是在巴伐利亞,在阿德爾伯特親王的庇護下,「尊敬」的佩爾納**樞密官**在保護動物免受虐待方面為整個德國樹立了榜樣。在紐倫堡,就沒有慕尼黑的分支機構嗎?——那機構的工作是行之有效、利益重大的。如果馮・布拉男爵的殘忍行為無法受到阻止,那就可以逃過懲罰嗎?但誰要是像這馮・布拉先生那樣仍要從書中學習很多東西,那他至少要記住:透過殘忍虐待的方式榨取最終的答案,那就是把大自然放在刑具上拷問以增加知識,因為要得到這些知識,還有許多其他無害的寶庫,用不著折磨那些可憐無助的動物至死,例如:馮・布拉就大腦的重量與其餘身體重量的比例進行了細緻的檢驗,其實,自從**索瑪連**得到了清晰的觀點以後,人們都知道,也不會對此還有爭論,即我們並不是以與整個身體重量的比例衡量腦髓的重量,而是以與其餘的神經系統的比例(參見布魯門巴赫,《生理學制度》,1821,第 173 頁)。很明顯,這些屬於初步的知識,在我們就人類與動物的大腦進行試驗之前,就應該掌握這些知識。但當然了,慢慢虐待動物至死,要比認真學習一些東西來得容易。那可憐、無助的幼小兔子到底做錯了什麼,以致要被人逮

住,去承受慢慢餓死的苦痛?對所要探究的事情,誰要是不知道或不明白書裡已經有相關的內容,那就沒有權利進行解剖。法國的生物學家似乎在這方面以榜樣走在了前面,而德國人則狂熱地參與其中,殘忍折磨無辜的動物,亦即為了解決純粹理論性的,並且經常是很無謂的問題而殘忍折磨經常是數量龐大的無辜動物。特別讓我反感的其中一個例子,就是馬克堡的路德維希‧菲克教授在《論骨頭形狀的原因》(1857)一書裡,報告了他如何摘除了年幼動物的眼球,以證實他的假說:骨頭現在就長進那空穴裡面了(參見 1857 年 10 月 24 日《中央報》)！ [409]

很明顯,現在是時候在歐洲終結猶太人對大自然的理解和解釋了,至少是對動物的看法方面;要承認、珍惜和尊重這一道理:**那永恆的本質,既活在我們身上,也活在所有動物身上**。知道這一點,記住這一點！這一句話是嚴肅認真的,裡面一個字都不會刪減——哪怕猶太會堂把全歐洲都覆蓋了。誰要是無法看清**動物**在本質上和主要方面完全與我們同一,區別只在於智力,只在於附屬的東西,而不在於實體物質,亦即不在於意志——那他肯定是耳目感官閉塞,被「猶太味」完全麻醉了。這世界並不是粗劣的設計,動物也不是供我們使用的產品。諸如此類的觀點就留給猶太會堂和哲學講壇好了,因為這兩者從根本上並沒有多大的差別。上面提到的認識給了我們正確對待動物的準則。在此我建議宗教狂熱者和教士們不要太過反對上述觀點,因為這一次與我們站在一邊的不只是**真理**,還有**道德**。9

鐵路的最大好處就是,那千千萬萬的拉車牲口從此免除了一生的痛苦。

不幸的事實是,被趕往北方並因此皮膚變白的人卻有吃肉的需求,雖然在英格蘭有以素食維生者。但對那些要被食用的動物,我們應

---

9 他們派遣傳教士向婆羅門教徒和佛教徒傳教,想要傳授「真正的信仰」給他們。但這些人了解到動物在歐洲的遭遇以後,對歐洲人及其教義充滿了厭惡。

該施用哥羅芬,並對其致命處瞬間一擊,讓其完全感覺不到死亡。我們這樣做,甚至不是出於對動物的「顧惜」,就像《舊約》所說的那樣,[410] 而是出於那討厭的義務,為了那活在我們身上,活在所有動物身上的永恆本質。對所有那些將被屠宰的動物,我們都要預先以哥羅芬麻醉,這是高貴的、向人類致敬的行為。這樣做的話,西方的更高科學與東方的更高道德觀就結合在一起了,因為婆羅門教和佛教的準則不只是侷限於我們的「鄰人」,而是把所有的有生命者都納入保護之中。

只有當這一簡樸的、沒有任何疑問的崇高真理深入人心時,即**動物在主要的和本質的方面,與我們人類是完全一樣的**,動物才不會被視為沒有任何的權利,並因此受盡那些粗野流氓隨心所欲的折磨。也只有到了那個時候,才不會聽任那些醫學騙子忽發無知的奇想,拿無數的動物作實驗。讓其承受極度的痛苦折磨,正如現在所發生的那樣。當然,我們也注意到現在的動物通常都是先以哥羅芬麻醉了——這樣,這些動物在手術期間就免除了痛苦,並在手術以後迅速死亡。但是,對那些在當今非常頻繁進行的,針對神經系統及其敏感性的手術來說,這一麻醉方法卻必然是被排除的,因為這正好抹去了所要觀察的東西。遺憾的是,[411] 人們最常作解剖用的動物,就是動物當中在道德上至為高貴的狗[10],而

---

[10] 就說說殘忍拴住狗吧,狗是人的唯一真正伴侶和忠實朋友,就像居維葉所言,這是人做出的最有價值的征服;並且狗這種智力很高、感情細膩的動物,就像罪犯一樣被鎖鍊鎖了起來,從早到晚渴望自由和運動而不可得,生活就像是緩慢的折磨!由於遭受這樣殘忍的對待,狗就喪失了狗性,變成了沒有愛意、狂野、不忠實的動物,在人這個惡魔面前,就是一副顫抖、匍匐的樣子!我寧願人們把狗偷走了,也不願意眼前看到自己造成這樣的慘況(參見上面我對上帝和他拴著的犬隻的評論)。把鳥兒囚在籠子裡也是醜惡和愚蠢的殘忍行為,應該禁止。在此,警察應該頂替人性而執行監察。

* 後來的版本增加了內容。內容是:對動物那全沒良心的胡作非為,也必須在歐洲終結。猶太教對動物的觀點必須因其不道德而被逐出歐洲。還有什麼比這一事實更顯明呢:在本質上和主要方面,動物與我們就是同樣的東西?無

狗由於其相當進化的神經系統的緣故對痛苦更加的敏感。*

178 論一神論

正如多神論就是把大自然的某些部分和某些自然力擬人化，同樣，一神論就是把整個大自然一下子擬人化了。

如果試著想像我就站在某一生靈面前，對他這樣說：「我的造物主啊！曾幾何時，我什麼都不是，是無，但你卻把我創造出來了；現在，我成了某些東西，甚至就是我了。」我接著補充說：「我感激你所做的這一好事」，最後，「如果我一無是處的話，那就是**我的錯**」——那我必須承認：由於學習過哲學和研究過印度的思想，所以，我的頭腦已經無法接受上述諸如此類的想法。此外，上述想法也與**康德**在《純粹理性批判》（在〈宇宙起源證據的不可能〉一章）中所表達的思想相矛盾：「我們無法抗拒，同時也無法忍受這樣的想法：某一生靈，某一我們想像為所有可能的生靈中的至高者會對自己這樣說：『我是從永恆到永恆，在我以外就是無，除了那些純粹透過我的意志而成的東西以外；**但我又是從何而來呢？**』」順便說一句，最後一個發問，還有引用的康德上述整個章節，都不會阻止康德以後的哲學教授把**絕對**變成他們哲學議論中永遠的主題，而**絕對**的意思，說得通俗點就是沒有原因的。這對他們是很不錯的想法。總而言之，這些人是無可救藥的，我還是不厭其煩地告誡大家，不要把時間浪費在這些人的寫作和演講上面。

人們是把木頭、石頭或者金屬弄成**偶像**，還是從抽象的概念中組合成偶像，都是一樣的：只要人們面前有一個生靈，人們向其奉獻犧牲， [412]

法看出這一點的話，這個人的各個知覺感官都得全閉塞不清才行，或者這個人就是不想去看清楚，因為對此人來說，一點點的小錢比起真理更能獲得他的歡心。——譯者注

向其祈求，向其致謝，那就是**偶像崇拜**。從根本上我們是奉獻出我們的羊隻，還是奉獻出我們的意向——這也沒有多大的差別。每一禮拜或者祈禱儀式，都無可爭辯地證實了**偶像崇拜**。因此，所有宗教的神祕派別都一致同意爲他們的那些門徒廢除所有的禮拜儀式。

179 《新約》和《舊約》

猶太教的基本特徵就是**實在論**和**樂觀論**，這兩者是緊密相關的，也是眞正的**一神論**的條件，因爲這一神論聲稱物質的世界就是絕對的眞實，而生活則是給予我們的一個舒適、愉快的禮物。婆羅門教和佛教則相反，其基本特徵就是**觀念論**和**悲觀論**，因爲這些宗教把這世界視爲只是一個夢幻的存在，而生活就是我們的罪孽的結果。在《阿維斯陀古經》的學說——眾所周知，猶太教就是由此而出——那悲觀的成分就由阿里曼所代表。但在猶太教，這卻占據了次要的位置，以撒旦爲代表；而撒旦正如阿里曼那樣，也是蛇、蠍子和害蟲的創造者。猶太教馬上利用了撒旦修補其樂觀論的基本錯誤，亦即用了原罪。原罪爲猶太教引入了悲觀元素，而這是爲掌控那最明顯不過的眞理所必需的，這也是這一宗教最正確的基本思想，雖然這宗教把這存在的原因和必須表現爲先於這存在的東西，放置在了存在的過程中。

證明耶和華就是奧爾穆茲德一個最令人信服的證據，是《七十子譯本》中的《以斯拉一書》（6：24）路德所刪去的一段，「居魯士大帝在耶路撒冷建造了主的住所，在那裡，給主以**持續的火供**。」[11] 還有就是《馬加比二書》（第 1、2 章和第 13 章 8 節）顯示：猶太人的宗教原

---

[11] 另一個版本是：**耶和華就是奧爾穆茲德**，在《七十子譯本》的《以斯拉一書》（6：23）得到了強有力的證明，因為在那裡有官方的報導：在耶路撒冷的廟宇裡，給了**主持續的火供**。這一段被路德明智地刪去了。這是因為在此的啓示似乎啓示了超出他們的目的的更多東西。

來就是波斯人的宗教，因為據描述，那被俘往巴比倫監獄的猶太人，在尼希米的指引下，在這之前把聖火藏在一個乾枯了的地下蓄水池——在那被水淹了以後，稍後經由奇蹟又再度復燃，並讓波斯國王大受啟發。如同猶太人一樣，波斯人也厭惡聖像崇拜，所以也從不把神祇表現在畫像上（**斯皮格爾**的《論瑣羅亞斯德教》也說出瑣羅亞斯德教與猶太教的緊密關係，但認為前者是從後者而出）。正如耶和華是奧爾穆茲德的變形，同樣，撒旦對應的就是阿里曼，亦即奧爾穆茲德的對手〔路德在《七十子譯本》的**撒旦**處，寫的是**對手**，例如：在《列王一書》（11：23）〕。侍奉耶和華似乎形成於約西亞的治下和得到了希勒家的幫助，亦即從波斯人那裡接受過來，經由以斯拉在從巴比倫的流亡中返回時加以完善。這是因為直至約西亞和希勒家為止，即使在所羅門王統治下，在猶太地區顯然是自然宗教、拜星教、崇拜巴力主神、崇拜阿斯塔蒂女神等占據著主導地位（參閱《列王記》中關於約西亞和希勒家）。12

在此附帶說一下證明猶太教是出自瑣羅亞斯德教的事實：根據《舊約》和其他猶太教的權威，天使是耶和華的坐騎，長著牛頭的生物（《詩篇》，99：1；在《七十子譯本》的《列王二書》，6：2和22：2；

---

12 居魯士大帝和大流士對猶太人那令人難以解釋的施恩，讓猶太人重建其廟宇，是否或許因為猶太人以前崇拜巴力主神、阿斯塔蒂女神、火神摩洛克等，但在巴比倫，在波斯人取得勝利以後，就換上了瑣羅亞斯德信仰，就在耶和華的名下侍奉奧爾穆茲德？與這相吻合的就是（否則，這就是荒謬的了），居魯士大帝向以色列的神禱告（《七十子譯本》，《以斯拉一書》，2：3）。《舊約》裡面這之前所有「記」要麼是在後來，要麼是在流亡巴比倫以後撰成的，或者耶和華的教義起碼是在後來才加進去的。此外，透過《以斯拉一書》第8和第9章，我們了解到了猶太民族令人生厭的一面；在此，那被選中的民族是以其始祖亞伯拉罕的惡行的榜樣行事：如同亞伯拉罕驅逐夏甲和以實瑪利一樣，在流亡巴比倫時猶太人所娶的妻子連同他們的孩子也被趕走了，因為他們並不是摩西的種族。比這更令人鄙棄的事情還真的想不出來，除非亞伯拉罕那種無恥勾當是杜撰出來的，目的是掩飾這整個民族那些更加非同尋常的行徑。

《列王四書》，19：15，坐騎在天使之間）。這樣的生物，半牛半人，也半是獅子，與對以西結的描述（第 1 章和第 10 章）非常相似，也見之於波斯波利斯的雕塑，尤其是在摩蘇爾和尼姆魯得所發現的亞述人的雕像。甚至在維也納也有一塊石刻，表現了奧爾穆茲德騎著這樣半牛的天使（對此的詳細資料，參見《維也納文學年鑑》，1833 年 9 月，對《波斯遊記》的評論）。對那坐騎的起源，約翰·哥特列布·羅德在他的《瑣羅亞斯德教民族的神聖傳說》給出了詳細的分析。所有這些都有助於闡明耶和華的譜系。

相較之下，《新約》肯定是出自某一印度的源頭，它那完全就是印度式的，把道德推至苦行的倫理學，它那悲觀論和它的化作人形說都證明了這一點。但正是由於這些，讓《新約》和《舊約》有了明顯的、內在的矛盾，以致只有那因罪而墮落的故事才給出了可以連結起兩者的接合點。這是因為當那印度學說踏上了應許之地，就產生了要把這兩者結合起來的任務：即認識到世界的道德敗壞和悲慘景象，其獲得解脫的

[415] 必要性和透過某一化身人形者而得到拯救，以及自制和懺悔贖罪的倫理學；與猶太一神教和它那「看著一切所造的都甚好」。這也盡其所能地成功了，也就是說，盡其所能地把那兩種如此完全不同，甚至矛盾的教義結合了起來。

正如一條常春藤蔓因為需要支撐和支援而纏繞著一根砍削粗糙的柱子，到處都適應和重現那根凹凸不成形的柱子，但卻將那柱子裹上了生命和嫵媚——這樣表現出來的就不再是一根粗糙、凹凸的柱子，而是令人愉快的一景——同樣，那源自印度智慧的基督教教義裹住了與其完全不同質的粗糙猶太教樹幹，這樹幹所必須保留的基本形態已透過這基督教教義變成了某樣完全是別樣的，某樣有生命力的、真實的東西：那看起來是同樣的東西，但其實已大不一樣。

也就是說，那從無中創造出這世界，與這世界分離的造物主，與救世主同一了，並透過這救世主與人類同一了；這救世主是作為人的代

表，因為人在救世主那裡獲得解脫，就正如人在亞當那裡墮落，並自那以後就深陷罪孽、沉淪、痛苦和死亡的枷鎖之中。這是因為世界在此就表現為所有的這些，一如佛教所說的那樣，而不再是在猶太教樂觀論（這發現「所造的一切都甚好」）照耀下所展示的樣子，相反，那魔鬼現在就稱為「世界之王」（《約翰福音》，12：32），直譯就是「世界的統治者」。這世界不再是目的了，而是手段：那永恆歡樂的王國是在這世界和那死亡的彼岸。在這世界的死心斷念和所有的希望都朝著一個更好的世界——這就是基督教的精神。但打開朝向這一目標的路徑卻是和解，亦即從這世界及其路徑解脫出來。在道德倫理學上，報仇的權利被愛你的敵人的誡令取代了，保證後代延綿不息被許諾以永生取代了，一個人的惡行會還報於自己的孩子，直至第4代被那福蔭一切的聖靈所取代了。

所以，我們就看到那些《舊約》的教義經由《新約》而得到了校正和重新的詮釋；這樣，就與印度的古老宗教有了某種內在的和本質上的和諧一致。基督教裡面一切真實的東西，也見之於佛教和婆羅門教。但那猶太教的看法，即一樣從無中生成的東西，一件時間上的拙劣產品，要為其充滿苦痛、恐懼和苦難的短暫一生而極盡謙卑地感激，並為此讚美耶和華——這樣的看法，在印度教和佛教中卻是無論如何都找不到的。這是因為在《新約》中，可以嗅到和感覺到那印度智慧的精神，就像那花的芬芳從遠方熱帶原野，越過山崗和河流飄了過來。而在《舊約》那裡，也只有原罪和從伊甸園墮落才與這些相吻合，而這原罪和墮落恰好就是作為對樂觀的一神論的糾正措施必須馬上加進去的，這也是唯一讓《新約》與之銜接的結合點。但正如要澈底了解某一物種就需要了解這物種的屬，而要了解這屬本身又只能在了解這物種的基礎之上，同樣，要澈底明白基督教，就需要知道那其他的兩個否定世界的宗教，亦即需要認識婆羅門教和佛教，並且是一種扎實的盡可能精確的認識才行。這是因為正如梵文首先打開了明白希臘語言和拉丁語言的大門，同

[416]

樣，婆羅門教和佛教可讓我們了解基督教。

我甚至抱有希望：將來會有熟悉印度宗教的《聖經》研究者，能夠找出完全獨特之處，以證明印度宗教與《聖經》的密切關係。與此同時，我試著提出下面一點。在《雅各書》的書信（《雅各書》，3：6）中，「生命形成的輪子」一直是「詮釋者的痛苦」。但在佛教裡面，輪迴卻是相當熟悉的概念。在**阿貝爾·雷穆薩**翻譯的《富貴啓》中，在第

[417] 28頁寫道：「輪子就是靈魂轉生的象徵，那就像一個圓圈一樣，沒有開始也沒有結束。」在第179頁：「輪子是佛教徒所熟悉的象徵。它表達了靈魂在不同形式存在的圈子裡的持續過渡。」在第282頁，佛陀本人說：「誰要是不認識眞理，就會墮入生與死的輪迴。」在**布努**的《佛教歷史介紹》裡，我們發現（第1卷，第434頁）這有意思的一段，「他認出了轉生輪迴是什麼了：那有5個標誌，既是活動的也是不活動的；在成功完成了，在消滅了所有賴以進入這世界的道以後」等等。在斯賓塞·哈代的《東方的修道生活》（倫敦，1850）第6頁，可讀到：「就像一個輪子的運轉，有著生和死的常規輪替，其道德原因就是依戀現存的東西，而作用原因就是因果報應。」（還可參見同一著作，第193、223和224頁）在《智力月亮的升起》一劇中（第4幕，第3景）：「無知是**激情之源**——它轉動著**這一可朽存在之輪**。」登在《亞洲研究》（第6卷，第181頁）上面的**布坎南**對佛教的描述，根據緬甸文本，那各個世界的永恆形成和毀滅就是：「世界的連續的毀滅和重生就酷似一個**巨大的輪子**，我們無法指出哪裡是開始，哪裡是結束。」（同樣一段話，只是更長一些，也出現在桑格馬諾的《緬甸帝國概述》，1833，第7頁）《摩奴法典》是這樣寫的：「是梵天，以5種基本形態滲透一切存在物，透過生、長、死各級而讓他們在這世上輪轉，直至他們配享至福爲止，**就像車輪一樣**。」（《印度教法律的概要，或者摩奴法典》，威廉·瓊斯爵士譯，第12章，124）根據格勞爾的難解詞語注釋彙編，*Hansa*是印度的**托鉢僧、苦行僧**（*Saniassi*）的同義詞。那**約翰**

（Johannes）這名字（**漢斯，**Hans，就是由此而出）是否與印度的**托缽僧**（與他在沙漠的托缽和苦行生活）有關呢？

佛教與基督教一個完全外在的和偶然的相似之處，就是這兩種宗教在其誕生地都並非主流，因而這兩者就只能這樣說：「先知在本地是沒有人尊敬的。」（《約翰福音》，4：44）

如果想要為了解釋基督教與印度教義一致而諸多猜測和推測的話，那我們可以假設：那些《福音書》對逃往埃及的紀錄是有某些歷史基礎的；從埃及教士（他們的宗教源自印度）那裡接受教育的耶穌，從他們那裡接受了印度的倫理學和化身凡人的概念，並在之後就致力於讓其適應於自己的家鄉猶太教義，將之移植在古老的樹身上。感覺到自己道德上和智力上的優勢或許最終鼓動耶穌把自己當做是化身凡人，並據此把自己名為「人子」，目的是表明他並不只是一個凡人。甚至可以設想：在他的強大和純粹的意志之下，藉助於意志作為自在之物所特有的無限威力——我們透過動物磁性和與這相關的魔法作用而對此有所認識——耶穌或許也可以做出所謂的奇蹟，亦即透過意志形上的影響而造出效果。在這方面，那些埃及教士所教的對他就大有幫助。在這之後，傳言會誇大這些奇蹟。這是因為一件真正的奇蹟，無論在哪裡都是大自然對自己的一個否定（《福音書》想要藉對奇蹟的描述以支持其可信性，但卻恰恰以此削弱了可信性）。與此同時，也只有在這樣的前提下，我們才可以在某種程度上解釋為何保羅——他的主要的書信肯定是真的——可以把一個剛剛死去不久（其同時代人還在世）的人完全真誠地表現為上帝的化身，是與世界的創造者為一體，因為這樣的一種性質和程度的神化（除這以外都是很認真的）是需要許多世紀才可以逐漸成熟的。但在另一方面，人們也會因此而對保羅的這些書信的真實性總體上提出質疑。總而言之，我們的《福音書》是以某些真的或者起碼是出自耶穌時代和周圍環境的片斷作基礎——這一點，我恰恰從那些讓人反感的預言就可推論出來，即預言世界末日，預言人子榮耀地駕著天上的

雲降臨，並且會是在某些許諾的當時在場的人仍在生時發生的。也就是說，這預言並沒有實現是相當惱人的事情，不僅在後來讓人反感，也把保羅和彼得弄得尷尬不堪。這在賴瑪魯斯的相當值得一讀的書，《耶穌和他的門徒的目標》（§42-44）有詳細的分析。假如那些《福音書》是在大概幾百年以後寫的，並沒有看到那同時期的證明材料和資料，那作者就會小心不摻入那些預言，因為那些預言並沒有在那時實現已是很明白的事情。作者也同樣不會放進去所有那些段落——賴瑪魯斯從這些段落中相當敏銳地建構起了他稱為「門徒們的首個體系」的東西，而根據這個體系，耶穌就只是猶太人的一個世上的解放者——除非《福音書》的作者們對包含上述段落的同時期材料和資料的依據與基礎已做了一番功夫。這是因為甚至信眾中的只是口頭的傳統，也會漏出一些東西，讓那宗教信仰陷入尷尬的境地。附帶說一下，賴瑪魯斯讓人無法理解地忽略了對其假設尤其有利的段落，《約翰福音》11：48（可與1：50和6：15比較）；同樣，還有《馬太福音》27：28-30；《路加福音》23：1-4、37、38；《約翰福音》19：19-22。假如人們真的提出和貫徹這一假設，那人們就必須相信：基督教的宗教、道德內容是由住在亞歷山大港，精通印度教和佛教學說的猶太人所搜集、整理出來的；然後，一[420]個有悲劇命運的政治英雄變成了那些印度教和佛教學說的切入點，因為那原本是塵世的拯救者被改造成了一個天上的彌賽亞。當然，對這裡說的會有諸多反對說法。但是，由**斯特勞斯**所提出來的、用以解釋《福音書》故事的神話原理，至少對那個別的細節肯定是正確的，而要識別這神話原理在多大程度上涉及這些故事是非常困難的。總體而言，對神話一類的東西如何解釋，人們必須用距離更近一些的和沒有那麼可疑的例子加以闡明，例如：在整個中世紀，不管是在法國還是在英國，亞瑟王都是一個相當具體的、有過相當多事蹟的、謎一般的人物，始終有相似的性格，出現時始終帶著同一樣的隨從。他那圓桌子、那些騎士、那些不同尋常的英雄事蹟、那古怪的法蘭克王國宮廷總管、那不忠的夫人，

以及蘭斯洛特騎士等等，成了許多個世紀的詩人和小說作者歷久不衰的主題。所有這些作者都向我們展現了同樣的人物和同樣的性格，所發生的事件也都非常地一致，也只是在服飾和風俗方面，亦即根據作者自己在各個時期的這方面的情形而存在明顯差異。還只是在好幾年前，法國的部門派維爾馬克先生到英國，目的是探究亞瑟王神話的起源。在基礎事實方面，得出的結果就是在第6世紀初期，在威爾斯生活著一個名叫亞瑟的小首領。他持續不斷地與薩克遜入侵者爭鬥，那些不足道的事蹟已被人們忘記了。但就從這些東西，只有天才知道為什麼會變成了一個如此閃亮的人物，在許多世紀中，在無數歌謠、羅曼史和小說裡受到頌揚。讀者可讀一下托瑪斯・德・維爾馬克著《古老不列顛人的流行故事及探究圓桌時期的起源的論文》（兩卷本，1842），列森著《古代歷史學家和真實文本中所發掘的亞瑟王》（1825）——在這裡面，亞瑟王的形象可是模糊不清，猶如在霧中一般，但也不是完全沒有點實在的內涵。羅蘭，那整個中世紀的英雄人物，那在無數歌謠、史詩故事、小說中頌揚的人物，甚至還有那羅蘭的紀念柱，也與此一樣，直到最後為阿里奧斯托提供了素材，並由此得到了神化。那麼，這個人物在歷史裡面只有一次偶爾地，並且是以3個字提到過，也就是說，艾根哈德認為羅蘭是留在容瑟弗的貴族之一，是「胡盧蘭德斯，英國邊境的指揮官」，而這就是我們對他的所知。同樣，我們對耶穌基督所真正知道的，就是塔西佗的《編年史》（圖書15，第44章）。再一個例子就是著名的西班牙人熙德：那是在傳說和歷代志中，但尤其是在那著名的、異常美妙的《羅曼采羅》的歌謠和最終也在高乃依最出色的悲劇中受讚頌的人物。他的那些主要事件，尤其是涉及**施曼娜**那些事件則非常一致。但對於熙德稀有的一點點歷史資料則並沒有給出什麼東西，除了說這雖然是個勇敢的騎士和出色的統帥，但性格卻異常的殘忍、不忠，並的確就是個待價而沽之徒：一會兒到這一方，另一會兒又到另一方效力，更多的是為薩拉遜人而不是為基督徒服務，幾乎就是個傭兵隊長，但卻娶了個

[421]

施曼娜的女子。從都西的《西班牙歷史研究》（1849，第 1 卷）中可看到更詳細的情形，而都西似乎就是最先找到這傳說的準確源頭的人。《伊里亞德》的歷史基礎又是什麼呢？確實，爲了更深入此問題，我們想想牛頓的蘋果的故事吧，其毫無根據我在上文第 86 節已經說過了，但這故事卻在千百本書裡重複。甚至歐勒爾在《致公主的書信》第 1 卷中也沒有錯過機會，有滋有味地描述一番此事。假如歷史眞的那麼重要，那我們人類就不會是這樣謊話連篇了——而我們很遺憾地正是這個樣子。

[422]

180　教派

奧古斯丁主義及其關於原罪和與此相關的教義，我已經說了，就是眞正的、容易理解的基督教。相較之下，**伯拉糾主義**則是盡力把基督教還原爲笨拙和平庸的、樂觀主義的猶太教。

奧古斯丁主義與伯拉糾主義的對立永遠分裂著教會，其根源是前者說的是事物的自在本質，後者說的是現象並把現象當作了本質，例如：伯拉糾主義者否認原罪：因爲小孩還不曾做出任何事情，所以小孩就必然是無罪、天眞無邪的——這是因爲伯拉糾主義者沒有認識到雖然小孩作爲現象才剛剛開始存在，但作爲自在之物卻不是這樣。對於意志的自由、救世主贖罪的死亡、神恩寬恕等等，也同樣如此。由於其膚淺、易懂，伯拉糾主義就總是占據著上風，現在作爲理性主義則更是如此。希臘教會是溫和的伯拉糾主義，自從特蘭托公議會以後，天主教也是溫和的伯拉糾主義，並想要以此對抗奧古斯丁主義和因此對抗神祕主義情感的路德，以及喀爾文的天主教；耶穌會士也是半個伯拉糾主義者。詹遜教派則是奧古斯丁主義者，他們的理解或許是基督教最眞正的形式。這是因爲新教透過摒棄了獨身主義和總體上的禁慾與苦行，以及其代表、聖人，所以，就成了沒有了稜角的，或者更準確地說是支離破碎的基督

教，因為這種基督教缺少了突出之處，也就變得什麼都不是了。

181　理性主義

[423]

基督教的核心學說是人的原罪和墮落，就是我們這自然狀態下是無法得救的，自然人是腐敗的，相關的還有經由救世主，經由信仰救世主始可獲得調解與和解的教導。這樣，基督教呈現出來的就是悲觀主義，與猶太教的樂觀主義，也與猶太教的真正後裔——伊斯蘭教——的樂觀主義恰成對照。基督教與婆羅門教和佛教卻有淵源。所有人經由亞當犯了罪而受到詛咒，所有人經由救世主將可獲得解救——這一點表示人的真正本質和根子並不存在於個體，而是存在於物種。這物種也就是關於人的（柏拉圖式的）**理念**，個體則是這一理念分散在時間上的現象。

宗教與宗教之間的根本差別，就在於它是樂觀主義的抑或悲觀主義的，而一點都不在於它是一神教還是多神教，或者三神（創造者、維持者和破壞者）一體，或者三位一體，泛神論，或者無神論（就像佛教那樣）。因此，《舊約》和《新約》是針鋒相對的，兩者合而為一構成了奇特的，類似半人半馬一樣的東西。也就是說，《舊約》是樂觀主義的，《新約》是悲觀主義的。正如已經證明了的，《舊約》源自奧爾穆茲德的學說，《新約》根據其內在精神，與婆羅門教和佛教有淵源，因此在歷史上有可能出自這兩個宗教。《舊約》是大調的音樂，《新約》則是小調。《舊約》中的唯一例外就是原罪，這在《舊約》中沒有得到利用，就像餐前的小吃一樣，直至基督教重新吸收了原罪說法，因為這是基督教與《舊約》唯一契合的共同點。

上文指出的基督教的根本特性，聖·奧古斯丁、路德和梅蘭希通（又譯「墨蘭頓」）也都很準確地把握了，並盡量地系統化。但在今天，這個根本特性卻被那些踏著伯拉糾足跡的理性主義者竭盡全力模糊掉，《聖經》中的那些解釋也被去掉了。他們的目的就是把基督教

[424]

還原爲乏味的、自我的和樂觀的猶太教，另加上一套更好的倫理學和未來生活——這是樂觀主義爲了保持前後一致所要求的。這樣做的目的，也就是避免那喜氣洋洋不至於太快就到了盡頭，也就是延遲對樂觀主義觀點大聲嚎叫的死亡的到來——而這死亡，就像那石化了的客人一樣，終於向興高采烈的唐璜走了過來。這些理性主義者是誠實的人，但卻是平庸淺薄的傢伙。他們無法稍稍感知《新約》神話的深刻含義，無法超越猶太樂觀主義的眼光，因爲這一樂觀主義可以爲他們理解，也合乎他們的心意。他們想要赤裸裸的、乾巴巴的眞理，無論是在歷史方面還是在教條方面。我們可以把他們比之於古代那些持神話就是歷史的觀點的人。當然了，超自然主義者爲我們帶來的從根本上是一整套的神話，但這些神話卻只是些工具或者載體，以傳達重要的和深刻的眞理，因爲採用其他的途徑讓大眾明白這些眞理是不可能的。另一方面，這些理性主義者遠遠不曾認識到，甚至不曾只是朦朧地感知到基督教的含義和精神。關於這一點，由理想主義者的門徒**維格舍德**寫的幼稚著作《基督教義》提供了例子。維格舍德在§115及注釋中，竟敢以**西塞羅**在《論道義》中一些乏味的空話，來反對奧古斯丁和改革者就原罪和自然人的本性敗壞的深刻話語，因爲西塞羅的空話更合乎他的心意。他以一派天眞所表現出來的乾巴和膚淺，以及完全無法理解基督教的精神讓人驚嘆。但維格舍德只是眾多的例子之一。**布萊施奈德**在對《聖經》的解釋中剔除了原罪部分，而原罪及其救贖卻是基督教的精華。另一方面，無可否認，超自然主義者有時候就是壞得多的東西，亦即最壞意義上的教士。就看基督教如何取捨了。雙方的共同錯誤就在於他們都在宗教裡尋找赤裸裸的、乾巴巴的和一字不差的眞理。但只有在哲學裡，人們才會追求這種眞理，宗教只有一種適合大眾的、間接的、象徵性的、寓言性質的眞理。基督教是一個寓言，這寓言描繪了某一眞實的思想，但寓言本身卻不是眞實的。把寓言假設爲眞實的，就是超自然主義者和理性主義者一致犯下的錯誤。超自然主義者想宣稱寓言本身就是眞的，理想主義者

[425]

則對寓言進行一番新的闡釋和改造，直至根據他們的標準變得真實。因此，上述每一方都以有關的和有力的根據與對方爭論。理性主義者對超自然主義者說：「你們的學說是不眞實的」，超自然主義者對理性主義者說：「你們的學說並不是基督教」──雙方都說對了。理性主義者相信自己是以理性作爲衡量的尺度，但事實上，他們的理性已經預設了一神論和樂觀主義，亦即類似於盧梭的《薩伏雅牧師的信仰自白》一類的東西，而這就是所有理性主義者的範例。因此，他們對於基督教教義，除了那些認定是在「本來意義」上眞實的以外，亦即除了一神論和不朽靈魂以外，其他的都想一概不承認。但如果他們無知無恥地訴諸**純粹理性**，那我們就必須給他們呈上《純粹理性批判》，以迫使他們認識到他們的這些教義，這些根據理性而挑選出來作保存的教義，只是基於對經驗範圍之內的原則的超驗應用，並因此只是缺乏批判性的，所以是站不住腳的哲學教條主義。《純粹理性批判》在每一頁都反對這種教條主義，並顯示其整體都是自負、自以爲是的。正因此，此著作的名字就已經宣告了反對理性主義。所以，超自然主義有寓言式的眞理，但理性主義卻難說有什麼眞理的東西。理性主義者完全搞錯了。誰要想成爲理性主義者，他就必須是哲學家；而身爲哲學家，就要擺脫所有的權威，邁步向前，不會因任何東西而退縮。但如果要想成爲神學家，他就必須保持連貫一致，不能放棄權威的基礎──就算權威要求他相信無法理解的事情，他也得遵命。一僕無法侍候兩主，要麼順從理性，要麼遵從《聖經》。要走中間道路在此就是腳踩兩條船。要麼相信，要麼哲學思考！選定了就要全心全意。但相信的話，卻只相信到一半的程度，不再深入；同樣，哲學思考的話，卻只思考到一半的程度，不再深入──這種半途而止，就是理性主義的根本特徵。另一方面，只要理性主義者是完全誠實地行事，並且只是欺騙自己，那他們在道義上是說得過去的；超自然主義者卻因爲把只是寓言的東西當作是本意上的眞理，所以經常性地故意欺騙他人。雖然如此，由於這些超自然主義者的努力，保存在

[426]

寓言裡面的真理就保存了下來，而理性主義者則以其乾巴、平庸的特性把這些真理以及與這些真理一起的基督教的全部精粹都扔掉了。的確，理想主義者一步一步地最終到達在80年前伏爾泰飛升到的高度。很多時候，看到他們在確定上帝的本質特性時，當只用「上帝」一詞和識別標記不再足夠時，他們就相當小心地在一個人與某一自然力之間挑選了中間地帶（這當然是非常的困難），那是相當可笑的。與此同時，理性主義者與超自然主義者在爭鬥中自相殘殺，就像從卡德摩斯種下的龍牙長出的盔甲武士。除此之外，某種偽善也從某一方面給了致命一擊。也就是說，就像在義大利城市裡的狂歡節，在忙於平淡、實事的正經人群

[427] 裡，可以看到瘋狂的面具在那兒穿梭跑動，同樣，在今天的德國，在哲學家、自然探究者、歷史學家、批評家和理性主義者中，我們看到塔杜夫一樣的偽君子混跡其間，身披已經過時了幾個世紀的外衣。那種效果是相當滑稽的，尤其是這些偽君子在那兒高談闊論的時候。

有人誤以為科學可以永遠向前進步，永遠傳播廣遠，與此同時，又不會妨礙宗教永遠存在下去，枝繁葉盛。這些人囿於一個極大的錯誤。物理學與形上學是宗教的天然敵人。宗教也是物理學和形上學的敵人，宗教無時無刻不在盡力壓制物理學和形上學，就等於物理學和形上學在暗中破壞宗教一樣。要在兩者間談論和平與和諧，是極為可笑的事情。兩者之間進行的是一場你死我活的爭鬥。宗教是無知的產兒，它不會比其母親壽命更長，歐麥爾（又譯「奧馬爾」）深諳這一點，因為歐麥爾焚毀了亞歷山大圖書館。歐麥爾給出的理由就是那些書籍的內容要麼已經包含在《可蘭經》裡了，要麼就是多餘的。歐麥爾的這一理由被人們視為幼稚可笑，其實這一理由可是相當聰明的，只需打點折扣去理解就是了，因為歐麥爾接著表明科學一旦越過了《可蘭經》的範圍，就成了宗教的敵人，因此是不可容忍的。如果基督教的統治者也有歐麥爾那麼聰明的話，基督教的處境就會好很多。現在要焚毀所有的書籍，要廢除學院，以「我的意願就是我的理由」來震懾大學，讓人類倒退回到中世

紀的狀態，那是有點遲了。只依靠一小撮愚民主義者，是成不了什麼大事的。今天，人們視這些愚民主義者為一心想弄滅燈火以便在黑暗中偷竊的人。這是因為很明顯，各個國家和民族已經在逐漸擺脫信仰的枷鎖。這方面的跡象到處可見，雖然在不同的國家有稍稍不同的差別。其中的根源就是太多的知識已在人民當中普及。各種各樣的知識每天都在積累，向著四面八方不斷擴展開來，使每個人都根據自己的能力而拓寬了視野。這樣終有一天，人們的知識會達到一定的程度，以致構成了基督教骨架的那些神話都萎縮了，信仰也再無法依附其中。人類長大了，宗教就像兒時的服裝一樣，對人類再也不那麼合身了。並且這不會有就此停止的時候，這衣服也已發出劈劈啪啪的爆裂聲。信仰和知識在同一頭腦中是無法相安無事的，就像狼和羊關在同一個籠子裡。更確切地說，知識就是狼，威脅著要吃掉旁邊的羊。在危難之際，我們看到宗教死死地抓住道德，聲稱自己就是道德的母親，但這可是沒用的！真正的美德是不依靠任何宗教的，雖然每一個宗教都認可美德並由此給美德以支持和支撐。基督教先是受到了中層階級的驅趕，基督教也就逃至低下和高上階層：在低下階層，基督教以一種宗教私下集會的面目出現；在高上階層，基督教則成了一種政治和權術。這樣，我們就得牢記歌德說過的話——這話適合這裡：

[428]

> 一旦感覺到了人為的目的，我們也就馬上意興闌珊。*

在此本書第 174 節所引用的孔多塞的那段話，會再度得到讀者們的贊同。

信仰就像愛情，是不可以勉強的。因此，企圖透過國家的規章法則引進或者加強基督教，是一件危險的事情，因為就像強迫人們相愛，

---

* 參見《塔索》，第 2 幕，第 1 景。——譯者注

反倒招來恨意一樣，強迫人們相信就會導致真正的不相信。只有透過完全是間接的，並因此透過各種長時間的預先準備功夫，才能有助於這類信仰；也就是說，必須為此準備很好的土壤，這樣的土壤就是無知。所以，為此目的，在英國從很久遠以前一直到我們這個時代，人們都是小心翼翼確保全國 2/3 之眾是沒有閱讀能力的。所以，直到現在英國還有一些在任何別處都不會有的離奇的信仰。如果政府把民眾的教育從教士那裡接手，信仰就會日薄西山了。因此，總而言之，在科學的持續侵蝕之下，基督教逐漸走向盡頭。但基督教還是有一點點希望的，因為要考慮到只有那些沒有原初文獻的宗教才會消失。那些統治世界的希臘人和羅馬人，其宗教已經消失了。相較之下，遭受蔑視的猶太民族，其宗教卻保存了下來。信奉《阿維斯陀經》的民族的宗教也在拜火教徒中得到了保存。而高盧人、斯堪地那維亞和日爾曼人的宗教都已經消失了。婆羅門教和佛教則繼續扎根和開花——這些是最古老的宗教，並且有詳盡的原初文獻。

[429]

181（補充）

如果一個宗教要把**某個單一的事件**作為基礎，並且把在某時某地發生的事件化為這世界及所有存在的轉捩點，那這個宗教的基礎就是非常脆弱的，人們只要對其仔細推敲一下，那這個基礎就不可能維持下去。相較之下，**佛教**假設了數以千計的佛，那是多麼的智慧！這樣，佛教就不像基督教那樣，說是**耶穌基督**拯救了世界，除非透過耶穌基督，否則就不可能得到解脫。那無人認識耶穌基督的 4 千年——其紀念碑就莊嚴、雄偉地屹立在埃及、亞洲和歐洲——那些年代，連帶其輝煌和壯麗，就這樣到魔鬼那兒去了嗎？眾多佛陀的說法是必須的，因為在每一遠古時代行將結束的時候，世界連帶那教誨就沉淪了；因此一個新的世

界就要求有一個新的佛陀。解救是永遠存在的。13

文明程度在**基督教**國家是最高的，原因並不在於**基督教**有助於發展文明，而是因為基督教已經衰弱了，不會發揮出多少影響力了。只要基督教仍然發揮影響力，文明就會相當落後，例如：在中世紀。相較之下，**伊斯蘭教**、**婆羅門教**和**佛教**卻仍然在人們的生活中發揮著深刻的影響。在中國，宗教的影響卻是最低的，所以，在那裡文明程度與歐洲等量齊觀。所有宗教都是與文明相對立的。

與其把宗教的真理描述為寓言意義上的真理，我們其實可以像康德的道德神學那樣，稱其為服務於實際目的的一套假說；或者是一套指導性格式，是規則性的，類似於解釋磁力的有關電流的物理假說一樣；或者就像解釋化學組合比例的有關原子的假說等等。14 人們需小心不要把這些假說視為客觀上是顛撲不破的，但卻可以運用這些假說把各個現象連繫起來，因為在結果和實驗方面，這些東西與真理本身所能做的相差無幾。這些是指導行為的指路明燈和靜思時的主體安慰。

對大眾來說，唯一能懂的論據是神蹟；因此，所有宗教的創始者都做出神蹟。

神學家試圖一會兒讓《聖經》的那些**神蹟**寓言化，一會兒又把這些神蹟自然化，以便以某種方式除掉它們，因為他們覺得「奇蹟就是謊言的跡象」。

宗教的原初文書包含了神蹟以證實其內容，但總有一天會到來——這些神蹟胡亂造成反效果。

宗教必然會有的良心不安，可以由此看得出來：宗教禁止人們對它

---

13 基督教的一個缺點尤其妨礙其要成為世界宗教的聲稱和要求，那就是在主要的事情上就圍繞著某個單一的事件，並把世界的命運就寄託在這一事件。這尤為讓人反感，因為每個人本來就有理由完全無視這樣的事件。
14 甚至在太空中的極、赤道和平行線，也是這樣的性質，在天空並沒有這樣的東西：天空是不轉動的。

的**嘲笑**,以嚴懲對付類似行為。

[431] 　　在人類命定所遭受的諸多殘酷和可嘆的磨難中,這一個可不是最輕微的:我們存在著,卻不知道到底從何而來,要去往何處,為了何種目的。誰要是深深地感受到這一厄運,並為此震撼的話,那就幾乎無法控制對這些人的憤怒:這些人聲稱對上述困惑難題有特別的了解,他們想以啓示或領悟的名義,傳達這些了解給我們。

　　我想忠告這些談論**啓示**的先生們,今天不要太多地談論啓示,否則,將來某一天,他們就會輕易獲得啓示而知道啓示到底是什麼了。

　　歐洲的**政府**禁止針對其國教的任何批評。但他們本身卻派遣**傳教士**到婆羅門教和佛教的國家,那些傳教士熱切地從根本上攻擊所抵達國家的宗教,為他們要引進的宗教空出地方。而當中國的皇帝或者東京的大官員砍去這樣的人的頭顱,他們卻大呼小叫地抗議。

　　宗教占據和統治了這一世界,而大眾則聽命於這些宗教。與此同時,哲學家們靜悄悄地走著緩慢的步子,為解開那些巨大的祕密而努力,而服務的對象則是極少數拜天資和教育所賜能夠明白這些真理的人。通常一個世紀才帶來**一個**這樣的哲學家。一旦人們發現這個是真正的哲學家,就總是以歡呼迎接他,認真地聽取他的話語。

182

　　在以前的世紀,宗教就是一片森林——軍隊可以在此駐紮和隱藏。時至今日,重施故技的努力遭受了挫敗。這是因為經過諸多砍伐以後,現在森林淪為只是灌木叢了,只有那些騙子和流氓才會不時隱身其中。所以,對那些把宗教扯進任何事情的人,我們要多加小心,並且要記住我之前已經引用過的一句俗語:「在十字架背後站著的是個魔鬼。」

第 16 章　梵文文學散論 [432]

183

　　儘管我相當崇敬梵文的宗教和哲學著作，但對梵文詩歌作品卻很少感受到愉悅，有時候在我看來，那些詩歌甚至是缺乏趣味和怪異的，一如這些人所創作的雕塑作品。就算是那些戲劇作品，我欣賞它們也主要是因為它包含的對那些宗教信仰和風尚禮俗相當有啟發性的說明和例證。這可能是因為就其本質而言，詩歌是無法翻譯的。因為在那些詩歌中，思想和字詞是那樣緊密、牢固地相互生成在了一起，就像「子宮的部分和胎盤中的嬰兒」，以致人們不可以在不損害意思的情況下以外國的語言替代它。雖然一切節拍和韻腳從一開始就是思想與語言之間的妥協，但這種妥協就其本質而言，也只有在思想的母語土壤中才得以進行，而不能在人們要把這詩歌移植到那種外國語言中實施，也絕對不能在翻譯者那一般都是貧瘠的頭腦中進行！總而言之，一個詩人才思自由泉湧，在出現的時候已是自動和直覺地帶著節拍和韻律，而翻譯者那嘔心瀝血、絞盡腦汁、冷冰冰地計算和數著音節和苦覓韻腳——兩者對比，是怎樣的一種反差？再者，現在歐洲並不乏直接向我們發話的詩歌，但正確的形上觀點則相當缺乏，所以，我的意見是梵文翻譯者應少把精力投放到詩歌中去，而更多地翻譯《吠陀》、《奧義書》和哲學著作。

184

[433]　當考慮到就算有最好的和精心培養出來的教師的幫助，以及在多個世紀中備好的哲學輔助工具，要對希臘和羅馬的作家有一種真正精確、活生生的理解，仍是多麼的困難，而他們的語言卻是我們在歐洲的先行者的語言，是現在仍然活著的語言的母親；相較之下，梵文卻是千年前在遙遠的印度所說的語言，要學習這一語言的手段相對而言是相當不完善的；再加上考慮到歐洲學者從梵文翻譯過來的作品（只有極少數除外）留給我的印象——我就產生了懷疑：我們的梵文學者在理解原文時，並不比我們學校的 6 和 7 年級學生所理解的希臘作品要好；但因爲這些學者並不是男孩，而是有知識和理解力的男人，從其所眞正理解的、在總體上也大概湊合出個中的含義，在這過程中當然就會因疏忽而出現各人各自理解的東西。歐洲的漢學家翻譯的中國作品則要拙劣得多，因爲那些東西經常完全讓人不知所云。當我們看到就算是這些人當中最縝密細緻的，也在相互之間糾正和證明對方離譜的錯處，我們對上述就更是確信無疑了。這方面的例子大家可在**阿貝爾·雷姆薩**的《法顯印度遊記》中經常找到。

　　在另一方面，考慮到穆罕默德·達拉斯科蘇丹（奧蘭澤布的兄弟）在印度出生和成長，是個有學問、有思想和追求知識的人，亦即大概懂得他的梵文就像我們懂得我們的拉丁文；除此之外，還有一些至爲博學的大師與其一起合作——這些讓我預先就對他翻譯的《吠陀》和《奧義書》波斯語本有了敬重。此外，當我看到杜伯龍如何懷著深深的，與此相匹配的敬畏應用此波斯語譯本，把它一字一字地重現在拉丁語裡面，在這過程中，儘管受制於拉丁語的語法也把波斯語的句法精確地保留了

[434]　下來，寧願讓蘇丹沒有翻譯而直接搬過來的梵文字詞維持不變，只是在另外的難解字詞彙編中解釋——我讀起這一譯本的時候是完全信任的。這種信任馬上就經受住了讓人高興的檢驗。這是因爲這本拉丁文《奧義

書》從頭到尾都散發出《吠陀》的神聖精神！認真閱讀並深諳這部波斯文—拉丁文本的無與倫比的書，從最內在的深處受到了怎樣的觸動！每一行字都飽含著扎實、確切和完全協調一致的意思！在每一頁都可讀到深邃、原初、高貴的思想，而整本著作都散發著一種高級和神聖的認真氣質。一切都呼吸著印度的空氣和原初的、接近自然的存在。啊，在此，人的思想頭腦會受到洗滌，一切在這之前被灌輸的猶太迷信和一切為此服務的哲學也會被清除乾淨！這樣的閱讀（閱讀原文除外）可是這世界上可能有的最有益處和最能提升我們的：那是我在世時的安慰，也將是我死時的安慰。至於對拉丁文本《奧義書》的真實性的一些懷疑，我推薦大家閱讀我的《倫理學的兩個基本問題》第271頁註釋。

那麼，把這本著作與歐洲那些神聖的印度文獻或者印度哲學的譯本相比較，後者（除了極少數的例外，例如：除了舒萊格爾翻譯的《薄伽梵歌》和科爾布魯克翻譯的《吠陀》的一些段落）就給了我相反的印象。那些譯本所譯出的句子，意思空泛、抽象，經常是搖擺不定和不確定的，其連貫性也是鬆散的。我所得到的只是原文思想的模糊輪廓，其中夾雜的補丁可讓我注意到某種異樣的東西。互相矛盾之處交錯出現。一切都是現代的、空洞、乏味、膚淺、缺乏深意和西方式的，被歐洲化了、英國化了、法蘭西化了和（最可怕的）德國樣的雲山霧罩化了，亦即給出的不是清晰、明確的意思，而純粹只是大而空的字詞。例如：《印度百科全書》（第41，加爾各答，1853）有最新的羅爾的譯本，人們從這裡面可以讀出德國味道，即作為德國人，羅爾已經習慣了寫出慣用句，而又讓讀者以此想出些清晰和明確的東西。人們在這些句子當中也太過頻繁地察覺到了「猶太氣味」。所有這些都削弱了我對這些譯本的信心，尤其當我考慮到那些譯者是把從事研究作為飯碗，而那高貴的安格提·杜伯龍完成作品卻不是追求自己的利益，而是出於對知識和學問的熱愛；以及達拉斯科蘇丹所得到的獎勵卻是被他的國王兄弟奧蘭澤布「為了主的榮光」而砍下了頭顱。我確信：至今為止，要獲得《奧

[435]

義書》的真正知識,因此就是要獲得《吠陀》的真正和神祕的教義,唯有透過這拉丁文的《奧義書》;其他的譯本我們可能讀過,但卻感覺不到一點點《奧義書》的真正知識。看上去,達拉斯科蘇丹也比英國學者掌握了好得多和完整得多的梵文抄本。

185

　　《吠陀》合集當然不是出自《奧義書》的同一作者和同一時期。我們讀過**羅斯**翻譯的《俱梨吠陀》第1部和**史蒂文斯**翻譯的《莎摩吠陀》第1部,就會完全確信這一點了。也就是說,這兩者都是由祈禱和儀式組成,散發著星辰崇拜的氣息。在此,最高神靈因陀羅被祈求,連帶著的還有太陽、月亮、風和火。人們在所有頌歌裡對這些神靈極盡阿諛奉承,附帶著對乳牛、食物、飲料和勝利的索求,並為此獻上祭品。祭品和給教士饋贈就是受稱讚的唯一美德。既然奧爾穆茲德(在這之後耶和華由此而出)其實就是因陀羅(根據伊薩克·雅克布·施密特),並且既然密特拉神就是太陽,那麼,古艾伯人的拜火也就是從與因陀羅一起傳給了他們。正如我所說的,《奧義書》是人類最高智慧的產物,也是唯一只給有學問的婆羅門閱讀,所以,安格提·杜伯龍把《奧義書》翻譯成「要隱藏起來的奧祕」。那《吠陀合集》則是公開的,雖然是以間接的方式,但那是給大眾的,因為那祈禱儀式,亦即公開的祈禱和獻祭禮儀是《吠陀合集》的內容。據此,《吠陀合集》就提供了完全是乏味的閱讀內容,亦即根據所提到的樣品而評判的話,因為**科爾布魯克**在《論印度人的宗教儀式》中當然翻譯了《吠陀合集》其他書中的頌歌,這些頌歌帶有與《吠陀》相似的精神,尤其是在第2篇文章中的優美頌歌。我在第115節給出了這頌歌的翻譯。

[436]

186

人們在印度鑿石建造巨大的石頭廟宇時，或許還沒發明出文字藝術，那住在廟宇裡的數目很多的教士就成了《吠陀》的活著的儲存器。其中每一個教士或者每一學派就憑記憶熟記《吠陀》的一部分並傳下去，就像古時凱爾特人的祭司那樣。在這之後，《奧義書》就在這些廟宇中，亦即在那莊嚴的環境中寫成。

187

被人們視為佛教先驅的**數論—哲學**，在自在黑所作、**威爾遜**翻譯的《數論頌》裡，我們可以詳盡地看到（雖然由於翻譯得不完美而就像霧裡看花一樣）。這種哲學是有趣和有啟發性的，因為數論哲學把所有印度哲學的基本教義，以高貴的認真態度、詳細全面地呈現給了我們，諸如從這悲慘的存在中解脫的必要性，根據所作所為而輪迴、覺悟是解脫的首要條件等等。所有這些，在印度自千百年來人們都是以高貴認真的態度對待的。

[437]

但是，我們看到這整個哲學卻由於一個錯誤的基本思想而遭破壞，即原初物質與最高精神的絕對二元論。但這也恰恰是數論派與吠陀不同的地方。**原初物質**很明顯就是創造性的大自然，同時也是自在物質，亦即不具有任何形式的，只在思維中而不會被直觀到的物質。這樣理解的話，這原初物質只要一切都從此而生，那就的確可被視為與創造性的大自然等同。但**最高精神**卻是認知的主體，因為最高精神是感知的、不活動的旁觀者。那麼，現在，這兩者就被當做絕對的不同，彼此是獨立的。這樣的話，對原初物質為何要為了最高精神的解脫而努力的解釋就不足以服人了（《詩篇》，60）。更有甚者，在整部著作中都在教導最高精神的解脫是最終目標，但又突然（《詩篇》，62、63）一下

子原初物質成了應該要解脫的東西。假如把原初物質和最高精神視為有共同的根源,所有的一切都有違迦毗羅*的意願而指示這一根源;或者最高精神就是原初物質的改頭換面,也就是說,那二元論至少被取消掉了——如果是這樣的話,那所有的這些矛盾之處就都會消失了。要明白這樁事情,我別無他法,只能視原初物質為**意志**,而最高精神為認知的主體。

數論派一個特有的狹隘和書呆子氣的地方就是數目的事情,對所有的特質、素質等的點數和編號:這在印度似乎是慣常的事情,因為在佛教的著作裡也有同樣的事情。

188

所有印度宗教中**靈魂轉生**的道德意義就在於,不僅我們所做的每一不公正的行為要在接下來的再生中抵罪,而且我們所承受的每一不公正的行為也必須視為我們應得的,是因我們前世的惡行和壞事之過。

[438]

189

3種高級的種姓名為**重生**,至少可以由此得到解釋,就像通常所描述的:在那些種姓的青年到了成年以後被授予聖線,就好比是第2次誕生。但那真正的原因卻是:一個人只有在這前世中做出了出色的貢獻,才會誕生在這些種姓當中,所以,他在那前世中就肯定已經是一個人了;而誰要是誕生在低級的種姓,或者誕生在比這還要低級的人家,那在其前世,他可能會是動物。

---

*   數論哲學的創始人。——譯者注

189（補充）

你們嘲笑**佛教**的**永世**和**劫**！當然了，**基督教**採取的視角可以縱觀一段時間；從**佛教**的視角出發，無盡的時、空展現出來並成為其審視的主題。

正如《佛說普曜經》在開始時是特別的簡單和自然，在隨後的每一次結集中，每經過一次新的編撰就變得越來越複雜和越奇妙，那**教義本身**也遭遇了同樣的事情：其不多的簡單和非同尋常的原理，經過愈加仔細的闡釋，經過空間和時間的詮釋、經驗的定位、擬人化等等，就逐漸變得雜亂、繁複、五光十色，因為大眾的頭腦就喜愛這樣，就喜歡想些離奇古怪的東西，而不滿足於簡單和抽象的東西。

婆羅門教的教義和梵天的兩個詞（Brahm 和 Brahma）之間的分別，超靈與生物體、金胎、創生神拍拉甲拍底、高級精神、原初物質等的分別〔人們在奧布里著的《論印度的涅槃》（1856）中可以看到關於這些的簡短和很好的說明〕，從根本上就只是神話式的杜撰，炮製出來的目的是**客觀**地展示那本質上和絕對地只有其**主觀**存在的東西；因此，**佛陀**捨棄這些東西，就只認准**輪迴**和**涅槃**。這是因為教義越是變得複雜、混亂和多樣，就越是神話化。瑜伽派和托缽僧就最明白這道理。他們講究方法地坐好坐正，內斂所有的感覺，忘掉這整個世界和自己本身。然後，意識中所留下來的就是原初的本質。不過，這樣的事情說來容易，做起來卻很難。

以前曾經如此高度文明的**印度人**，現在卻處於淪落的狀態，是他們在長達 700 年間受到穆罕默德信徒的可怕壓迫所致，因為那些穆罕默德信徒想要用武力讓他們皈依伊斯蘭教。現在，印度也只有 1/8 的人口成了**穆罕默德的信眾**（1858 年 1 月《愛丁堡評論》）。

190

《阿波羅尼的一生》（佛拉維烏斯·菲洛斯特拉托斯著）裡的一些段落顯示，**埃及人**（衣索比亞人）或者說他們的教士是來自印度的。

190（補充）

很可能的是，恰如希臘語和拉丁語與梵文略有淵源一樣，**希臘和羅馬神話**與**印度神話**也有一點點的淵源，而希臘—羅馬神話和印度神話也與埃及神話有淵源（科普特語，莫非是來自雅弗語或者閃米特語族）。宙斯、波塞頓和黑帝斯或許就是梵天、毗濕奴和濕婆：波塞頓和濕婆都有一個三叉戟，其目的在波塞頓那裡並沒有解釋。一種頂上有圈的十字架，維納斯女神的符號♀，恰好就是濕婆的那行生殖器像和女性生殖器像。古埃及的奧斯里斯（Osiris）或許就是印度教的大自在天（Isvara）。埃及人和印度人都崇敬蓮花。

[440] 羅馬的**傑納斯**（謝林[1]還曾開過關於傑納斯的學術講座，並把他解釋爲原初的一）是否就是那有著兩副面孔，有時候則是四副面孔的死亡之神閻羅王？在戰爭時期，死亡的大門就打開了。或許創生神拍拉甲拍底就是伊阿珀托斯？

印度教的女神**安納·普爾納**（朗格列，《印度的紀念碑》，第2卷，第107頁）肯定就是羅馬人的**安娜·佩壬娜**[2]。沒有人注意到

---

[1] 謝林對傑納斯的解釋（在柏林學院）就是：傑納斯的意思是「作爲原初一體的混亂」。但瓦爾茨在《古羅馬的宗教》中給出了一個更澈底的解釋。參見圖賓根大學的說明書，1845年。

[2] 另一版本：安納·普爾納就是安娜·佩壬娜，豐富食物的女神（參見伯倫，1，第201-212頁）。

嗎？[3]——濕婆的一個別名**巴吉思**，讓人想起先知巴基斯（同上書，1，第178頁）。在《沙恭達羅》（第6幕結尾，第131頁）中，**迪維斯佩提**作為因陀羅的別名出現了，而這明顯就是**迪斯匹特（朱庇特）**。[4]

至於**佛陀**與**沃登**（*Wodan*）的**同一**有這樣的說法，即（根據朗格列，《印度的紀念碑》，第2卷）星期三（沃登之日，Wodansday）對墨丘利和佛陀都是神聖的。拉丁文本《奧義書》中的科爾班在《馬可福音》7：11中出現，κορβαν（οεστι δωρον），拉丁文則是 Corban，亦即供品。但最重要的是下面這些：墨丘利星（水星）對**佛陀**是神聖的，在某種程度上與佛陀是同一的，星期三也就是**佛陀**之日。但墨丘利是**摩耶**的兒子，佛陀則是王后**摩耶**的兒子。這不會是巧合！「這裡埋葬著一個吟遊詩人！」施瓦本人說（參見《佛教指南》，第354頁注釋；《亞洲研究》，第1卷，第162頁）。

斯賓塞·哈代（《東方的修道生活》，第122頁）報導說，在某一莊嚴的慶典要授予教士的長袍必須在**一天**之內縫製和完成；而希羅多德（《歷史》，2，第122章）也同樣描述了在一個莊嚴的場合，教士們被授予了長袍。

德國人的先祖是**曼努**（Mannus），其兒子是圖伊斯康；在拉丁語本的《奧義書》中，第一個人則稱為曼（Man）。

眾所周知，**貞信**及**門努**或者**曼努**，在另一方面與**諾亞**是同一的。巨人參孫（Samson）的父親（《士師記》，第13章）叫**瑪諾亞**（Manoe），也叫瑪努、馬諾亞、諾亞；《七十子譯本》則寫成 Μανψε 和 Νψε。那諾亞莫非就是去掉了前面字母的「瑪諾亞」？

在伊斯拉斯坎人那裡，朱庇特稱為**提尼亞**（莫洛·德·約內在道德與政治科學學院，1850）。這莫非與中文的**天**有關聯？伊斯特拉斯坎人有

---

[3] 這在《亞洲研究》，第8卷，第69-73頁早就被注意和討論了。
[4] 這在《亞洲研究》，第1卷，第241頁已說過了。

了印度人的安納‧普爾納。

*　　*　　*

所有這些類似之處,維爾福德和巴爾在《亞洲研究》中做了透澈的研究。

第 17 章　考古散論

191

佩拉斯吉人（Pelasger）的名字，毫無疑問是與**佩拉古斯** * 有關的，用以描述那些來自亞洲零散的、被排斥並走失了的原始小部落：這些部落最先到達了歐洲，在那裡很快就完全忘掉了自己母國的文化、傳統和宗教，而在另一方面，則由於美好、溫和的氣候與肥沃土地的影響，以及希臘土地和小亞細亞的許多海岸，他們自己就在**希倫**的名下得到了一種完全合乎自然的發展和獲得了純粹人性的文化，其完美是除此之外任何其他地方都不曾有過的。所以，他們只有一種半開玩笑似的、小孩式的宗教，嚴肅的東西則躲到了神祕劇和悲劇裡面。我們唯獨要感謝這個希臘民族的，是準確地把握和合乎自然地表現人的形態和舉止，發現了建築藝術唯一正規的，並由他們永遠固定下來的比例，發展出了詩歌的真正形式，以及發明了那的確優美的韻律，建立了朝著人的思維的各個基本方向的哲學體系、數學的基本概念，為理性立法奠定了基礎，對某種真正優美和高貴的人類存在給出了總體上合乎標準、規定的描繪。這是因為這一小小的天選的繆斯和典雅民族可說是配備了對美的直覺。這種美的直覺滲透和擴展到了一切：臉容、身形、姿勢、衣服、武器、建築物、容器、工具及其他東西，並且無論何時何地都不捨棄它們。所以，我們在多大程度上遠離了希臘人，尤其是在雕塑和建築藝術方面，那就將在同等的程度上遠離了良好的趣味，遠離了美。古人是永遠不會

[442]

---

* 希臘語中對大海的形容。——譯者注

過時的。他們永遠是我們一切努力的指路明星，無論是在文學上還是在造型藝術方面，我們永遠不要忘記這一點。那些放肆想要撇開古人的時代，等待它們的就是恥辱。因此，某個腐朽的、可憐的和純粹只想著物質的「當今」想要逃學，以便能自大傲慢地感覺好一些，那就是播下了恥辱的種子。

在另一方面，希臘人在機械技術和在自然科學的各個分支方面卻遠遠落後於我們，因爲這些事情所要求的更多的是時間、耐心、方法和經驗，而不是高級的精神思想能力。所以，從那大多數的自然科學著作中，我們除了知道他們所不知道的東西以外，就再也學習不到什麼東西了。誰要是想知道古人在物理學和生理學方面的**無知**是多麼的讓人難以置信，那就讀一下**亞里斯多德**的《論問題》好了。那些是古人無知的一個標本。雖然那些**問題**通常都是正確的，並且部分是構思細膩的，但解答卻絕大多數都是很糟糕的，因爲他並不知道解釋的其他要素——除了始終那句「熱和冷，乾燥和潮溼」。

191（補充）

希臘人就像**日爾曼人**那樣是從亞洲移民過來的原始部落，他們都遠離了故鄉，完全是**以自己之力**成長了起來。但希臘人變成了什麼，而日爾曼人又變成了什麼？我們只需比較一下，例如：兩種人的神話，因爲在這神話之上，希臘人稍後建立了他們的詩歌、文學和哲學——他們的首批教育家就是古老的吟唱者，俄耳甫斯、穆賽烏斯、安菲翁、利納斯和最後的荷馬。在他們之後的是 7 個智者，到最後哲學家出現了。希臘人就好比是經歷了他們學校的 3 個年級，而日爾曼人在大遷移之前則根本談不上這些東西。

在**高級文理中學**不應該教授古老德國的文學、**尼伯龍根**及其他中世紀詩人，因爲這些東西雖然很值得留意，也值得閱讀，但卻不會有助

於培養趣味，而是奪去了那本應屬於古老和真正經典作品的時間。但如果你們這些高貴的日爾曼和德國愛國者要以古老的德國蹩腳詩歌取代希臘和羅馬的經典，那你們就會教育出遊手好閒的懶蟲而已。把這些尼伯龍根與《伊里亞德》作比較，簡直就是**藝瀆**。年輕人尤其不應聽到這些胡扯。

192

在斯托拜烏斯的《田園詩》第 1 部中，俄耳甫斯的頌詩是有關印度的多神教，經過了有形象、造型感覺的希臘人一番遊戲般的點綴。那當然不是出自俄耳甫斯，但卻是古老的作品，因為這頌詩的一節早在偽託亞里斯多德的《宇宙論》（這本書最近被人認為是出自克萊希普斯）中就已經被提及。這裡面可能會有些俄耳甫斯的東西，但人們還是忍不住要把這視為記錄了從印度宗教過渡到希臘多神教的東西。無論如何，我們可以把這作為解毒劑，針對的是那在同一部書中備受推崇的克里安提斯獻給宙斯的讚美詩，因為這首讚美詩明顯有著猶太的氣味，也正因[444]此，這讚美詩是那樣的招致人們的喜歡。我永遠不會相信斯多噶主義者克里安提斯，因此也就是泛神論者，會寫出這篇讓人噁心的、粗製濫造的讚美玩意；我倒是懷疑這是某個亞歷山大的猶太人所為。不管怎麼樣，這樣誤用克洛諾斯的名號是不對的。

192（補充）

克洛托、拉克西斯和阿特洛波斯表達了與梵天、毗濕奴和濕婆同樣的根本思想，但這些已是太過自然的思想，以致我們因此而無法推論其歷史淵源了。

193

在荷馬的作品裡，許多詞語、比喻、形象和成語是沒完沒了地經常出現，植入的時候是那樣的生硬和機械，就像是固定的模式。

194

詩歌比散文要早，因爲菲勒塞德斯是第一個以散文寫作哲學，邁利特的赫克特斯則是第一個以**散文**書寫歷史；這些事情被古人視爲值得紀念——這些可以在以下得到解釋。在人們書寫之前，人們就尋求以詩歌的形式眞實地持久保存有保存價値的事實和思想。那麼，在他們開始書寫的時候，他們很自然地把一切都寫成詩歌，因爲他們除了以詩歌保存値得紀念的東西以外，並不知道還有什麼其他方式。那些最早的散文家脫離了詩歌，就像是脫離了一樣已成過剩的東西。

194（補充）

[445] 希臘人唯一剩下來的**神祕**宗教儀式，或者更準確地說，與這神祕宗教儀式相類似的東西，就是共濟會及其儀式：加入其中就是入門和接受聖職儀式；人們在那所學到的是奧祕，其不同的等級則是小、大、更大的奧祕。這些類似既不是偶然的也不是傳承過來的，而是因爲這些源自人性：在穆罕默德信徒那裡，也有類似的蘇菲教派的神祕儀式。因爲羅馬人並沒有自己的神祕儀式，所以，人們就入門和接受外來的神祇，尤其是伊西斯，其禮拜和祭禮很早就擴展到了羅馬。

195

　　我們的衣服對我們幾乎所有的姿勢、舉止都發揮了某種程度的影響，而古人的衣服卻不是這樣的。古人或許根據他們的審美感覺而對此不便有所預感，因而保留了寬大並不緊貼身體的衣服。正因此，當一個演員穿上古時候的衣服，就要避免我們的衣服以某種方式所造成的，之後成了習慣的動作和姿勢。所以，他也就用不著趾高氣揚和挺胸自大的樣子，就像穿著寬外袍和束腰外衣，在拉辛劇中的法國小丑那樣。

195（補充）

　　我們或許可以這樣描述**古人精神**的特徵：他們無一例外地和在所有的事情上都爭取盡可能地接近大自然，而當代精神的特徵則是竭盡可能地遠離大自然。我們只需看看古人和現代人的衣服、風俗、工具、住所、器皿、藝術、宗教和生活方式。

第18章　神話方面的一些思考

196

　　這有可能是這一現象世界的一切生物共有同一淵源和透過自在之物的一體性所導致的結果，不管怎麼樣，事實就是：所有的生物都有相似的類型、模式，某些法則在所有一切中都是同樣和有效的——只要這些法則得到足夠普遍的理解。由此可以解釋：我們不僅可以以極不相同的事物互相解釋或者說明，甚至在描述和描繪中還可以發現並非有意為之的恰當比喻或寓言。這方面一個精美的例證就是歌德關於青蛇的異常美麗的童話。每個讀者都幾乎是不由自主地去尋找這其中的寓意，所以，在這童話故事出來以後，許多讀者就馬上相當熱情和認真地以多種方式展開尋找和發掘工作。歌德也對此忍俊不禁，因為他當時並不曾有寄予任何寓意的意思。人們可在**丁策爾**的《歌德著作研究》（1849）找到對此的報導，我更是早就從歌德本人所說的知道了此事。《伊索寓言》的起源就是歸功於事物中這普遍的相類似和典型的同一性，也正是基於此，歷史就可以是寓言式的，而寓言式的就可以是歷史的。[446]

　　從古老的時候開始，希臘神話就比任何其他神話提供了更多的素材作寓意分析，因為希臘神話吸引我們對其演繹，提供了模式、樣板以形象地說明幾乎每一個基本思想，並的確是在某種程度上包含了一切事物、關係的原初典型——也正因此，這些原初典型時時刻刻地透現出來。這其實是出自希臘人要把一切都擬人化的遊戲本能。因此，早在最古老的時候，甚至赫西俄德本人就已經寓言式地理解那些神話，例如：當他列舉出（《神譜》，5，第211頁及以下）黑夜的孩子，並在這以後很快列舉了厄里斯的孩子，亦即努力、損害、飢餓、苦痛、爭鬥、謀

殺、爭吵、說謊、非義、不誠、災難和誓言,那赫西俄德就恰恰只是給出了道德的寓言。他所描述的擬人化的黑夜和白天、睡眠和死亡(同上書,5,第746-765頁),就仍是物質性的、有形的寓言。

每一個宇宙的,甚至每一個形上的體系,根據以上理由都可以在神話裡找到對應的寓言。總而言之,我們不得不視絕大多數神話為只是感覺到的,而不是思考清楚的真理的表達。這是因為那些古老的希臘人就正如青年期的歌德那樣:他們除了以圖像和比喻來表達他們的思想以外,別無他法。但與此同時,對**克羅澤**透過漫無邊際的、折磨人的冗長繁瑣功夫認真和艱辛地分析出神話就是被人有目的地儲存了自然的形上真理,我則必須以亞里斯多德的「神話的胡扯所涉及的東西,並不值得認真地去考慮」(《形上學》,2,4)打發了事。但在此,亞里斯多德也表現為與柏拉圖相反的的人:柏拉圖喜歡研究神話,但卻以寓言的方式。

所以,我下面對一些希臘神話試圖發掘其寓言方面的含義,必須在以上的意義上理解。

197

神靈體系首要偉大的基本特徵,可以讓我們瞥見一個有關最高的本體論和宇宙論原理的寓言。**烏拉諾斯**就是**空間**,是一切存在物的首要條件,亦即與事物的承載者蓋亞一起,是第1個生育者。**克洛諾斯**是**時間**。他閹割了生殖的本原:時間消滅了每一個生殖能力,或者更準確地說,是消滅了生殖**新的形式**的能力,在第1個世界週期以後,那生產出活的物種的原始生殖就停止了。宙斯逃過了父親的吞噬,他就是**物質**:只有物質逃脫得了時間的所有其他的消滅性力量而繼續堅持。但所有事物都是從物質而出。宙斯也就是神和人的父親。

現說得更詳細一點:**烏拉諾斯**不讓其與大地之神所生的子女看到

光明，而是把他們藏在地下深處（赫西俄德，《神譜》，第155頁及以下）。這可以表示大自然的首批動物產品——我們也只能看到處於化石狀態的這些東西。但在大懶獸和柱牙象那裡，我們也就如同看到了宙斯扔到地下世界的巨人——在這之前的世紀，人們也在那些化石中甚至認出倒下的天使！但隱藏在赫西俄德的《神譜》背後，的確依稀有著地球早期變動的痕跡，以及氧化了的、可產生生命的表層與被其擠進地球裡的難以駕馭的、控制著可氧化物的自然力之間的爭鬥痕跡。

再者，**克洛諾斯**，那狡黠的傢伙，使用詭計閹割了烏拉諾斯。這可以說明那暗襲一切的時間，這時間解決了一切和祕密地、一個接一個地把我們帶走，最終也奪取了天空與大地，亦即與大自然原初生產出**新的形體**的能力。那已經生產出來的就作為**物種**將在**時間**上繼續存在。克洛諾斯卻吞噬了自己的孩子，而時間則不再產生出物種，而只是讓**個體**顯露出來，生產出只是可朽的生物。只有宙斯才唯一逃脫了這一命運：物質是永存的。與此同時，英雄和智者也是不朽的。更具體地說，上述過程是這樣的。在天空和大地，亦即大自然失去了那生產**新的形態**的原始生殖能力以後，這生殖力就變成了**阿芙蘿黛蒂**，而阿芙蘿黛蒂就是從烏拉諾斯被割下的生殖器掉進大海而成的泡沫生出來的，也恰恰只是**有性生殖**出個體以保持現有的物種，因為現在已經沒有能力再生出新的物種了。作為阿芙蘿黛蒂的陪伴和助手，厄洛斯和希馬洛斯就是為了這樣的目的而出現的（《神譜》，第173-201頁）。

[449]

198

人的本性與動物和整個大自然本質的關聯及一體性，因此也就是微觀世界與宏觀世界的關聯及一體性，由那充滿神祕之謎的斯芬克斯表達了出來，由半人半馬的怪物，由艾菲索斯的阿爾特彌斯（在她無數的乳房下面，有許多不同的動物形態）表達了出來，也由埃及的人身和動物

頭的形狀、印度的象頭神，還有那些尼尼微的人首翼牛和人首獅子表達了出來——後者讓人想起半人半獅的化身。

199

伊阿珀托斯的孩子表現了人的 4 個基本性格素質及與此相伴的苦痛。**阿特拉斯**是忍耐的，必須負重。**墨諾提俄斯**是勇敢的，就會被制服和被投進毀滅之中。**普羅米修斯**是深思和精明的，就會被束縛了手腳，亦即在有效行動時遭受障礙，而那鷲鷹，亦即那憂慮就啃咬著他的心。**厄毗米修斯**是沒有思想、欠缺考慮的，就受到自己的愚蠢的懲罰。

人的未雨綢繆，那為第二天的考慮，人類超過動物的地方，事實上就完全擬人化為普羅米修斯。這就是為什麼普羅米修斯具有**預言的本領**：那意味著深思熟慮的預見能力。這就是為什麼普羅米修斯也把火的應用授予人類——而這是動物所沒有的——並奠定了人類生活的藝術和技巧。但因為這**為將來而憂慮**的特權，人們必須承受不間斷的**憂慮**以作處罰，而這也同樣是動物所沒有的。這也就是那隻鷲鷹，以啃吃被鐵鍊拴住了手腳的普羅米修斯的肝臟為生。厄毗米修斯有可能是在**後來**補充發明出來的，他代表了後知後覺和事後的憂心與補救，是魯莽、輕率、沒有思想者的回報。

[450]　　普羅提諾（《九章集》，4，圖書3，第 14 章）對普羅米修斯給出了某一完全不一樣的，亦即某種形上但卻耐人尋味的解釋。那就是普羅米修斯是世界靈魂，製造了人類，並因此落入了只有某一海克力斯才能掙開的束縛。

我們這時期的教會死敵會覺得下面的這一解讀合乎口味，那被束縛的普羅米修斯就是被上帝（宗教）束縛住的理性：也只有推翻了那宙斯，普羅米修斯才能獲得解放。

200

潘朵拉的寓言對我始終是不清楚的，甚至讓人摸不著頭腦和反常的寓言。我懷疑赫西俄德本人就已經誤解和扭曲了這個寓言。潘朵拉在其盒子裡面的並不是這世上所有的災難，而是所有的好處，就像其名字所顯示的。就在厄毗米修斯倉促打開這盒子的時候，好處就飛走了，而只有這裡面的希望被留住和給了我們。最後，我很滿意地發現了古人幾段與我這意見相一致的話語，亦即在《選集》（《希臘選集》，雅各斯編，第 7 章，書信 84）和在那被引用的巴布里烏斯的一段話，開頭是這樣的：「宙斯把所有的好的東西收集在一個圓桶裡。」（巴布里烏斯，《寓言》，58）

201

赫西俄德在《神譜》（詩篇，275 和 518）的兩個段落中，把那特別的書信體詩「清晰的聲音」歸為**赫斯帕里得斯**姊妹所作。這首詩把赫斯帕里得斯的名字和她們的逗留大為延長至深夜連繫起來以後，讓我有了這當然是很古怪的念頭：赫斯帕里得斯是否以某種原因就有蝙蝠的意思？也就是說，那詩很好地對應了這些動物所發出的短暫、口哨樣的音聲[1]；此外，用上「黃昏的女兒：赫斯帕里得斯」就會比「深夜的女兒：蝙蝠」更貼切，因為蝙蝠飛的時候更多的是在黃昏而不是深夜： [451]它們是出來尋找昆蟲，而「黃昏的女兒：赫斯帕里得斯」恰恰就是拉丁文 vespertiliones（蝙蝠）的對應詞。所以，我不想壓制這樣的想法，因為以此引起注意以後，有人就可能找到更多證實此說的東西。如果天使

---

[1] 希羅多德在《歷史》（4，183）中就用這詞寫過：「啾啾鳴叫，他們就像蝙蝠一樣地發出啾啾聲。」

就是有翼的公牛，那為何赫斯帕里得斯姊妹就不可以是蝙蝠呢？或許她們就是在奧維德的第4部書《變形記》被變成了蝙蝠的阿爾克托厄及其姊妹。

202

貓頭鷹是雅典娜的鳥兒，可能是因為學者秉燭夜讀和研究的緣故。

203

神話讓克洛諾斯吞食和消化石頭，並不是沒有原因和意義的，因為那完全是難以消化的悲傷、憤怒、損失和受到的侮辱，唯獨時間才可以消化掉。

203（補充）

泰坦神族被推翻，並被宙斯以雷霆打進了地下——這與那些對抗耶和華的造反天使似乎是同一個故事。

伊多梅紐斯因為自己的誓言而犧牲自己的兒子的故事和耶弗他的兒子的故事，在本質上是同樣的事情。

就正如梵文有哥特和希臘語的根源，同樣，是否還有某一更古老的神話，而希臘與猶太神話就由此古老神話而出？如果盡情發揮機靈，那我們甚至可以提出：**宙斯**與**阿爾克墨涅**生育了**海克力斯**的那個雙倍長的夜晚，就是由於在遙遠的東方，約書亞命令太陽在耶利哥靜止不動而產生的。宙斯和耶和華互相不經意間幫了對方的大忙，因為天空的神靈就像地上的神靈一樣，總是祕密地關係友好。但與耶和華的嗜血行為和他選定的強盜民族相比，父親宙斯的娛樂卻是多麼的無邪！

204

  在此結尾處，我對一個眾人皆知的、經阿普萊伊斯而奠定了不朽地位的神話，給出我的相當微妙和極其奇特的寓意式解讀，雖然這種解讀由於所涉話題而招來人們的嘲笑——這些人很想說的一句話就是：「從崇高到可笑只有一步之遙。」從我的哲學的頂點視角審視——而我的哲學，人們都知道就是禁慾苦行的角度——**對生存意志的肯定**就集中在性行為那裡，性行為就是肯定生存意志最明確的表達。這種肯定的意義其實就是：那原初並沒有認知的意志，亦即一種盲目的渴望和衝動，在經由表象的世界認知了自身的真正本質以後，並沒有因此而讓這擾亂和妨礙了自己的意志和渴望，而是從此有意識地、考慮周詳地意志之前聽憑沒有認知的本能和衝動而意志的東西（參見《作為意志和表象的世界》，第 1 卷，第 54 節）。與此相應，我們發現那透過自願的禁慾而苦行和**否定**生活，與透過性行為而肯定生活的人，在經驗中可以以此區別開來：前一種人是在沒有認知、作為某種盲目的生理功能的情況下，也就是在睡眠中發生那後者是帶著意識和考慮，亦即在認知的幫助下所完成的事情。事實上，這一點是相當值得注意的：這一抽象的，與希臘人的思想沒有任何關聯的哲學觀點，連帶那例證的經驗過程，在**普賽克**（*Psyche*）的優美神話中得到了精確的寓言式表述：普賽克只能在看不到丘比特的情況下才可享受愛神（丘比特），但普賽克卻對此感到不滿，所以就無視所有的警告一定要看到他。這樣，在神祕力量的無可避免的判決以後，普賽克就陷入無邊的災難之中，也只有經過在地下世界的流浪和在那裡完成艱難的人物，普賽克才得以贖罪。

[453]

第19章　關於美和美學的形上學

205

　　既然我在我的主要著作裡已經足夠詳盡地討論了對（柏拉圖式）理念的認識和這一理念的對應物，亦即認識的純粹主體，那如果我不是考慮到我的這些思想在我之前還不曾被人提出來，所以我最好不要有所保留，因為對這些思想所作的解釋、說明在將來或許會受到歡迎，那我就會把在此又重談同一個話題視為多餘的。當然，我在下面討論這一話題時，已經假設讀者了解我在此之前所作的討論。

　　美的形上學真正的難題可以相當簡樸地這樣表示出來：某一事物與我們的意志沒有任何的關聯，但為何這一事物會引起我們的愉悅之情？

　　也就是說，每個人都覺得某樣東西能夠引起我們的愉悅，其實只是因為這樣東西與我們的意志有關，或者正如我們所喜歡表達的那樣，與我們的目標有關；所以，不帶意志刺激的愉悅似乎就是自相矛盾的說法。但是，被我們這樣稱為美的東西卻很明顯引起了我們的愉悅，而這又與我們的個人目的，亦即與我們的意志沒有任何關係。

　　我對此難題給過這樣的解答：我們在美的事物裡總可以領會到有生命的和沒有生命的大自然那本質的和原初的形態，因此亦即柏拉圖所說的理型；而這種領會的前提條件就是這些形態（理念）的根本對應物，即**擺脫了意志的認識主體**，亦即某一不帶目的、打算的純粹智力。這樣，當我們開始領會到美的時候，意志完全從意識中消失了。意志才是我們一切悲哀、苦痛的根源。這就是那與審美相伴的愉悅和歡樂的根源。所以，愉悅和歡樂是以消除了任何痛苦的可能性為基礎的。但假如有人提出異議，認為隨著痛苦的消除，愉悅的可能性也會被一舉消除，

[454]

那就要記得：正如我已經多次解釋過的，幸福、滿意的本質是**否定**的，也就是說，那只是痛苦的終止；而痛苦的本質卻是肯定的。因此，在一切意志活動從意識中消失以後，留下的就是愉悅的狀態，亦即沒有任何痛苦。在我們正在討論的審美狀態中，甚至沒有發生痛苦的任何可能，因爲審美的個人成了一個純粹出於認知，而不再是意志狀態的主體，但他仍然意識到自身和自己的活動。正如我們所知道的，作爲**意志**的世界是第 1 位的，而作爲**表象**的世界則是第 2 位的。前者是欲求的世界，因此也就是充滿花樣繁多的痛苦和不幸。但後者就其本身而言是沒有痛苦的；此外，表象世界還包含了值得一看的景觀，一切都是那樣的意味深長，至少是甚具娛樂性。美感愉悅就在於享受這些景觀。[1] 要成爲純粹的認識主體就意味著擺脫、忘記自身，[2] 但由於人們通常無法做到這一點，所以，他們一般都無法純粹、客觀地領會事物，而這卻是藝術家的天賦所在。

[455]

206

一旦個人的意志暫時放鬆了控制分配給這意志的頭腦表象能力，並讓這種本來爲了服務意志才生成和存在的頭腦表象能力，從其本職工作中完全解放出來，讓這種頭腦能力暫時不用照料這一意志或這個人自身（而這本來就是智力的天然主題和定期、經常的工作），而這一頭腦表象能力卻又繼續保持著活躍，全神貫注和清晰地領會那直觀、形象之物——一旦出現這種情況，那頭腦的表象能力就馬上變得完全**客觀**了，

---

[1] 充分的滿足、最終的安慰、真正讓人羨慕的狀態，永遠只能由圖畫、詩歌、音樂和其他**藝術品**呈現給我們。人們由此當然可以獲得信心：這種滿足狀態肯定是存在的。

[2] 純粹的認知主體出現了，因爲我們忘記了自身，然後完全投入到直觀所見之物中，這樣，在我們的意識裡，就只有這些被觀照之物。

也就是說，它就會變成反映客體的一面忠實的鏡子；或者更精確地說，成為了幫助在每一客體上面展現自身的意志化為客體的工具，因為這意志的內在本質，現在就隨著更長時間的直接觀照而越發完全澈底地顯示出來，直至這一觀照窮盡這意志的內在為止。也只有以這樣的方式，伴隨著純粹的主體而產生了純粹的客體，亦即在那被觀照之物顯現的意志得以充分展示出來，而這恰恰就是這一被觀照之物的（柏拉圖所說的）**理型**。不過，要認識這樣的理念，需要我們在察看一個客體時，真正忽略其在時間、空間的位置，那也就是忽略其個體性。這是因為正是那一客體的始終是由因果法則所確定的在時、空的**位置**，使這一客體與作為個體的我產生了某種關聯；因此，也只有撇開這一客體的時、空位置，這一客體才可以成為**理念**，也以此方式和與此同時，我才成為純粹的認識主體。正因為一幅繪畫把瞬間飛逝的時刻永遠固定了下來，亦即把這一時刻從時間中撕了下來，所以，這幅繪畫提供給我們的就已經不是個體的東西，而是**理念**，是在各種變化中保持恆久不變的東西。不過，要讓主體和客體發生上述所要求的變化，前提條件就是認識力不僅從其原初的職責抽身，能夠完全自主，而且還必須以其全部能量繼續保持活躍，儘管此時並沒有意志的動力，而意志的動力是迫使認識力活動起來的天然驅力。但困難就在這裡，並且因為這一困難，這種事情就很少發生，因為我們所有的想法、追求，我們的所聽和所見都合乎自然地、直接或者間接地為我們數不勝數、大大小小的個人目標服務。據此，驅使認識力發揮功能的是意志，而一旦缺少了這種動力，認識力馬上就會疲乏和鬆弛下來。因動力而活動起來的認識力足以應付實際生活，甚至勝任某一專門的科學分支，因為科學各個分支的目標都總是瞄準著事物之間的**關係**，而不是事物的自身和內在本質。所以，這些學科的所有知識都循著理由律（這根據也就是關係的要素）的主導思想前行。因此，只要那知識的著眼點就是有關原因和效果或者有關其他根據和結果——那也就是在自然科學的所有分支，還有數學、歷史或者發明等方面所出

[456]

现的情況——那人們所尋求的知識就必定是爲**意志的目的**服務。意志越是強烈追求這一目的，這目的就越快達到。同樣，在國家事務、戰爭、金融或者商業運作中，在各種各樣的陰謀詭計裡，由於意志強烈的渴求，意志首先強迫智力集中全力去精確追蹤具體情況下所有的原因和結果。事實上，意志在此能夠鼓動某一特定的智力令人驚訝地超常發揮。所以，要在諸如此類的事情取得顯著成就，不僅要求具備聰明或者精細的頭腦，而且還需要強而有力的意志，後者必須從一開始就驅使智力投入艱辛、緊張和不息的勞動。缺少了這些勞動是完成不了上述任務的。

但是，如果我們要認識事物客觀、自身的本質，那就是完全另一回事了，而對事物客觀、自身本質的認識，構成了事物的（柏拉圖式的）理念，也必然是在優美藝術方面做出任何成就的基礎。也就是說，在上面提到的事務中起促進，甚至必不可少的作用的意志，在這裡卻必[457]須完全退出，因爲現在適宜智力單獨、完全依靠自己的力量獨立發揮，自願做出貢獻。在此，一切都必須自然而然地發生：認識力必須不帶目的地活動，因而就是處於沒有意志的狀態。這是因爲只有在**純粹認知**的狀態，即完全脫離了自己的意志及其目標，以及一併脫離了自己的個體性，才可以純粹客觀地觀照事物，也才可以把握事物的（柏拉圖式的）理念。但這樣不帶意志地去把握必須永遠是先於觀念（構思），亦即先於最初的、永遠屬於直觀的知識，後者在以後就成了眞正的詩歌、藝術作品，甚至眞正哲學命題的素材和核心，或者說靈魂。我們在**天才**創作的作品裡一向留意到的那些並非蓄意的、不帶目的的，甚至部分是無意識和直覺的成分，恰恰就是完全脫離和獨立於意志、不帶意志的原初藝術認識所致。正因爲人本身就是意志，所以我們就把這種認識歸於某樣有別於這個人的東西，歸於這個人的守護神、天才。正如我已經多次解釋過的，這一類認識並不循著理由律的指引。也正因爲這樣，這一類知識與爲意志服務的知識互相對立。由於天才的客觀性，天才以深思熟慮見人之所不能見。這使他有能力作爲文學家或者畫家向我們直觀和栩栩

如生地描述或者描繪這一大自然。

但在著手**創作**作品時，因爲現在的目的就是傳達和表現所認識到的東西，又因爲已有了**目的**，所以，意志就可以並且必須再度活躍起來。據此，理由律就在這裡再次恢復了統治：我們就根據這理由律，恰如其分地運用藝術的手段以達到藝術的目的。這樣，畫家關注的是他的繪圖的準確性和色彩的處理；而文學家則忙於寫作大綱，然後是遣詞造句和韻律節奏。

但因爲智力源自意志，智力因此客觀顯現爲腦髓，也就是顯現爲 [458] 身體的一部分，而整個身體又是意志的客體化；又因爲智力從一開始就是確定爲意志服務的，所以，智力理所當然就是從事於我們在一開始就已談論的一類爲意志服務的活動。在從事這一類活動時，智力忠實聽從智力的這一類知識的自然形式（這由理由律表達出來）的指引，受意志（這是人的原初的東西）的驅動而投入活動，並由意志所維持。相較之下，從事第 2 類認識則是對智力的某種非自然的濫用，所以，這類認識活動的前提條件就是擁有明顯異常的、超出比例的，也正因爲這樣是相當少有的智力和腦髓（智力的客觀體現）分量與優勢——這是相較於身體其餘部分和爲意志目標所需而言。正因爲超常比例的智力是反常的，所以，由此產生的現象有時候會使我們想起瘋狂。

所以，認識力在此已經不忠實於其根源，即意志。那本來只是爲服務意志而產生的智力幾乎在所有的人那裡仍然是爲意志效勞，這些人的生活就是在這些方面發揮智力並取得成果。把智力用於任何一門**自由**的藝術和科學就是濫用，但智力在這些方面的運用和發揮奠定了人類進步和榮耀的基礎。智力甚至還可以以另一種方式對抗意志，因爲在那些顯現出神聖性的不尋常現象中，智力消除了意志。

此外，對世界和事物的那種純客觀把握——這作爲原初的知識構成了藝術、文學和純粹哲學構思的基礎——不管是因客體的原因還是主體的原因而起，都只是稍縱即逝的，既可以因爲我們無法持續保持所需的

精神高度集中，也因爲世事的發展不允許我們完全以安靜的、無動於衷的、置身局外的顧客身分在這一世界生存，就像畢達哥拉斯所定義的哲學家那樣。相反，每個人都必須在生活中巨大的木偶戲裡上演自己的角色，並且幾乎是一刻不停地感受著把他連接和活動起來的繩子的牽引。

[459]

207

至於這種審美觀照中的**客體**部分，因此也就是（柏拉圖式的）**理念**，我們可以形容爲當時間——我們認知的這一形式和主觀條件——被抽走以後，擺在我們面前的東西，情形就像把玻璃片從萬花筒中抽走一樣，例如：我們看到植物含苞、開花、結果，並對那推動力永遠不知疲倦地推動這一循環重複進行而感到驚訝。如果我們能夠認識到：儘管發生著所有這些變化，我們眼前的仍只是這植物的一個不變的理念，那我們的驚訝就會消失。但是，我們沒有能力直接觀照這把花苞、花朵、果實一體起來的理念，而只能透過**時間**的形式認識這一理念。這樣，植物理念就以其在各個階段的形態分開展現給我們的智力。

208

如果我們考慮到詩歌和造型藝術總是把**個體**作爲主題，目的就是精確和細膩地把這一個體及其一切獨特的細節，甚至那些毫不顯眼之處展現出來；然後回頭看到科學是運用**概念**進行工作，而每一條這樣的概念都代表了無數的個體，因爲這概念一次性地確定和描繪了這一整類事物的特徵——這樣，綜合這些考察我們似乎就會覺得：藝術的追求相當渺小和欠缺意義，那甚至就是小孩子的所爲。不過，藝術的本質卻在於以一類千，因爲它對個體精心、細緻的個別描繪，其目的就是揭示這一個體總類的**理念**，例如：從人類生活中選取某一事件、某一場景，連帶參

與其中的人物，經過精確、完整地刻畫、描寫，讓我們從某一審視角度 [460]
清晰和深刻地認識到人的理念。正如植物學家從無限豐富的植物世界裡
摘取了一朵鮮花，然後把它剖開，以便讓我們看到植物的本質，同樣，
文學家從熙攘不息、迷宮般混亂的人類生活歲月中提取了單獨的一幕，
甚至經常只是人的某種情緒和感觸，以此讓我們看清楚人的生活和本
質。所以，我們看到偉大的思想者，如莎士比亞、歌德、拉斐爾、林布
蘭並不認為極其精確、認真勤勉地描繪某一甚至並不聲名顯赫的個人，
把他的全部特性，包括最細微之處生動、形象地展現在我們面前，是一
種有失身分的事情。這是因為只有透過直觀、形象的方式，才能把握每
一獨特和個別的事物。所以，我曾把詩歌定義為一門透過字詞使我們的
想像力活動起來的藝術。

如果我們想直接感受一下直觀知識，作為基本的和首要的知識如何
優於抽象知識，並由此認識到藝術透露給我們的比所有的科學都要多，
那就讓我們審視一個人生動、美麗、富於表情的臉吧——無論是在自然
中，還是經由藝術的媒介。從這一張臉上我們所獲得的對人的本質，甚
至大自然本質的了解，遠遠比一切詞語及其表達的抽象概念所要告訴我
們的還要深刻！在此附帶說一句，我認為突然射出的陽光之於一處美麗
的風景，就猶如笑容之於一張漂亮的面孔。所以：「歡笑吧，女孩們！
盡情地歡笑吧！」

209

不過，**一幅圖畫**之所以比一樣實物更容易說明我們認識某一（柏拉
圖式的）理念，因此，這幅畫之所以比現實更接近理念，原因大致上卻
是：藝術作品已經是透過了某一主體作用的東西；因此，它對我們的精
神思想而言就猶如動物營養，亦即已經吸收了的植物營養之於我們的身 [461]
體。但更仔細地考察一下，這情況在於造型藝術的作品並不像現實那樣

向我們展示那只存在一次，以後不再的東西，亦即**這一**物質與**這一**形式的結合，而正是這些結合構成了實際和具體之物、真正的個別事物；藝術作品展示給我們的只是**形式**。如果這一形式能夠完美地和多方面表現出來，那就是理念本身了。因此，圖像馬上就把我們從個體的東西引至單純的形式。這種脫離了物質的形式已經使形式大為接近理念了。每一圖像都是這樣一種分離，不管這是一幅繪畫，還是一尊雕塑。所以，形式與物質的分離就屬於美術作品的特徵，這恰恰是因為美術作品的目的就是引導我們認識某一（柏拉圖式的）**理念**。對藝術作品來說，**最根本**的事情就是只把形式而不連帶物質表現出來，甚至大張旗鼓地達到這一目的。這就是為何蠟製人形無法造成美學效果，也不是藝術作品（在美學的意義上說）的真正原因，雖然這些蠟製人像就算是造工巧妙，比最好的繪畫或者雕塑都容易百倍地造成假象，能以假亂真。所以，假如模仿實物到幾可亂真的地步就是藝術的目的，那蠟製人像就必然是第一流的藝術品了。也就是說，蠟製作品似乎不僅提供了形式，而且還一併給予了物質，它們因此讓我們產生錯覺，以為我們眼前所見的就是具體實物本身了。這樣一來，蠟製造型作品就不是像藝術作品那樣，把我們從只存在一次、永遠不再的東西，亦即從某一個體引至那永遠、無限次地存在於無數個體之中的東西，亦即形式或者理念，而是表面上要把個體本身，亦即只存在一次、永遠不再的東西提供給我們，但這東西卻又缺乏了那賦予這一匆匆即逝之存在有價值的東西，亦即缺乏了生命。這就是為什麼蠟製形象使我們毛骨悚然，因為它看起來就跟僵屍一樣。

[462]　　人們會以為只有雕塑才給予形式而又不帶物質，而油畫則也提供了物質——假若油畫運用顏色模仿了素材及其特性。但是，這樣就等同於在純粹幾何學的意義上理解形式了，我在這裡所說的形式卻不是這個意思，因為從哲學意義上說，形式是與物質相對立的，因此包括了顏色、質地、光滑度，一句話，包括了每一性質、特性。當然，單純的雕塑只是給予純粹的幾何形式，把這一形式展現在對這形式而言明顯是陌生的

材料——大理石——上面。以這樣的方式，雕塑就顯而易見地把形式單獨分離了出來。而油畫則一點都沒有提供物質，而只是給予貌似的形式——不是幾何意義上的形式，而是上述哲學意義上的形式。我必須強調，油畫甚至沒有給予這種形式，而只是給出了貌似的形式，亦即只是給出了作用於某一感官（視覺）的效果，並且也只是發自一個視角。因此，甚至油畫也不是真的造成某種假象，讓我們誤以為眼前所見就是某一實物本身，亦即就是形式和物質合為一體的東西；油畫所造成的貌似真實其實也總是帶有這種表現方式的某些已被人們承認的條件，例如：由於不可避免地消除了兩隻眼睛的視覺差，油畫呈現的樣子就總是跟一個獨眼人所看到的差不多。所以，甚至油畫也只是表現出**形式**而已，因為它只表現形式的效果，甚至是不全面的，亦即只作用於眼睛。至於藝術品為何比實物更容易幫助我們把握理念的其他原因，讀者可參見《作為意志和表象的世界》第 2 卷第 30 章第 370 頁。

下面的討論是與上述思想相關的，不過，在這裡形式要再度在幾何學的意義上理解。黑白銅版畫和墨水畫比彩色銅版畫和水彩畫合乎高雅的趣味，而彩色銅版畫和水彩畫對欠缺修養的人則更有吸引力。這原因明顯就在於黑白的表現手法只給予了我們**形式**，就好比是抽象地給出這形式，而對這種形式的領悟（正如我們所知道的）是智力方面的，也就是屬於直觀理解的事情。相較之下，對彩色的把握卻純粹是感覺器官的事情，甚至是感覺器官所進行的一種特別調整（視網膜活動的質的可分性）。在這方面，我們也可以把彩色銅版畫比作押韻的詩行，黑白銅版畫則可比作只有節奏的無韻詩。至於詩文裡面韻腳與節拍的關係，讀者可參見《作為意志和表象的世界》第 2 卷第 37 章第 427 頁。

[463]

210

我們在青少年時代所獲得的印象是那樣的充滿意義，在生命中的黎

明，呈現在我們眼前的一切都是那樣的理念性，都是那樣的美輪美奐，其原因就是那仍是個別的事物，讓我們首次了解到了這一個別事物的種類，而這一類事物對我們仍然是新奇的。因此，每一個別事物也就代表了它那一類事物。所以，我們在這些個別的事物裡面把握了這一類事物（柏拉圖式）的**理念**，而這一理念對於美是至為關鍵的。

211

美（Schöne）這個詞毫無疑問是與英語 to shew（展現）同源、相關的；因此，shewy 就是顯眼、奪目的意思，what shews well 則是很好地**展現**出來的含義，亦即清晰顯現、可被直接觀照，因而也就是清晰地表達了意味深長（柏拉圖式）的理念。

美麗如畫（malerisch）一詞的含義從根本上是與 *schön*（美麗）一詞的含義相同的，因為前者形容那些展現自身、把種類的理念清晰地表現出來的事物，因此適合形容畫家（Maler）的表現手法，因為畫家恰恰是致力於表現和突出理念，而理念確實構成了美中的客體部分。

212

人體的美麗與優雅，兩者結合就是意志在其客體化的最高一級最清晰的展現，也正因為這樣，它是造型藝術所能達到的最高成就。當然，正如我（《作為意志和表象的世界》，第 1 卷，第 41 節）所說的那樣，每一自然的東西都是美的，每一動物因而也都是美的。如果這種美在某些動物身上並不那麼明顯，那原因就是我們並沒有對其純粹客觀地觀照，並以此領會其理念，而是因某些無法避免的聯想而脫離了這一客觀狀態。在大多數情況下，這種聯想是某種很強的相似性造成的，例如：人與猴子之間的相似之處。這樣，我們就無法把握猴子這一動物的

理念，而只是看到了人的可笑形象。癩蛤蟆與汙泥、泥漿的相似似乎也以同樣的方式產生效果。但儘管如此，這仍不足以解釋為何有些人在看到這些動物時，就像另一些人看到蜘蛛那樣會感到無比厭惡，甚至害怕和恐懼。這些原因似乎在於更深一層的、形上的和神祕的關聯。與我這一看法不謀而合：正是這些動物通常被用作意念治療，因而也就是應用於魔法目的，例如：祛除熱病時，把蜘蛛藏於一個堅果的外殼裡，然後由病人把它繫在脖子上，直到蜘蛛死去為止；或者當面臨巨大的、致命的危險時，把一隻癩蛤蟆放在一個密封容器裡，裡面盛滿病人的尿液，然後在正午剛好鐘敲響12點，把容器埋於屋子的地窖裡。不過，這種把動物慢慢折磨至死是需要向永恆的正義贖罪的。這再一次解釋了為何人們會有這樣的看法：誰要是行使巫術、魔法，那他就是與邪魔簽訂了合約。

213

　　無生物的大自然要是沒有了水，在沒有一切有機物的情況下呈現出來時，會為我們造成一種相當悲涼，甚至壓抑的印象。這方面的例子就是那些只讓我們看到光禿禿岩石的地區，尤其是離法國土倫不遠的一條通往馬賽狹長的、沒有任何植物的岩石谷。但規模更大、更震撼的例子 [465] 則是非洲的沙漠。無有機體的大自然之所以給我們造成那種悲涼印象，首先是因為無有機體團塊唯獨只遵循引力的法則；因此，這裡的一切都是朝著引力的方向。相較之下，看到植物會直接讓我們感受到極大的愉悅。當然了，植物越是豐富、多樣，越是擴展開來，並且放任其自然生長，那我們感受到的愉悅就越大。這裡面最直接的原因就是植物似乎克服了引力法則，因為動植物世界朝著與引力剛好相反的方向升起。生命的不尋常現象直接宣告自己屬於某一嶄新的和更高級的事物秩序。我們本身就屬於這一類東西，那些是與我們同源、相近的，是我們的存在的

組成部分。看到這生命的現象，我們的心情為之一振。所以，首要是植物世界那垂直向上的伸展，讓我們一看到就會直接感受到了愉快。如果長勢良好的樹木叢，再加上十來株筆直、修長的冷杉樹梢從中間脫穎而出，那就是相當吸引人的美景。相較之下，一株四周經過修剪的樹木就再也不會打動我們了。事實上，在產生的效果方面，一株傾斜的樹木會比挺拔的樹木大為遜色，所以，垂楊柳的細枝低垂下來，因而也就是屈從了地心吸力──這就給了垂柳「哀柳」（Trauerweide）的名稱。流水在很大程度上消除了無機大自然所造成的淒涼效果，因為流水的巨大運動使流水有了生命的外表，還有就是水與光那不斷的遊戲。再者，水是一切生命的原初條件。此外，大自然的植物景色讓我們如此愉悅，就是因為植物表達的是平和、靜謐和滿足；而動物世界卻大多數呈現出不安、匱乏，甚至爭鬥的狀態。所以，植物世界很容易就使我們進入一種純粹認知的狀態、擺脫了自身的束縛。

[466] 　　大自然的植物，甚至那最平凡普通和毫不起眼的種類，一旦沒有了人為的隨心所欲的影響，就會馬上排列出圖畫般的美景──此情此景令人驚嘆。所以，在任何躲過開墾、耕作，或者在開墾、耕作還不曾到達的小塊地方，我們都可看到植物的這種情形，儘管那些只是薊屬植物、荊棘和一些最尋常普通的野生花卉。但在玉米地和蔬菜園裡，植物世界的美學成分卻降至了最低點。

214

　　人們很早就已經認識到：為人類的目的服務的製作品，因此也就是器具、建築物等，要達到美的目的就必須具備與大自然作品的某種相似。不過，如果我們認為這種相似必須直接地體現於形式，例如：直柱應該表現出樹木，甚至人的四肢的樣子；盛器必須做得像貝殼、蝸牛殼，或者花萼的外形；到處都要呈現出植物或者動物的外形──那我們

就是錯的。其實，與大自然作品的相似性不可以是直接的，而只能是間接的，亦即不應只在於形式，而應該在形式的特性上面。在完全不相同的形式裡面，其特性卻可以是一樣的。所以，建築物和器具不應只是模仿大自然，而是要秉承大自然的精神製作這些東西。而大自然的精神就在於：每一樣東西和每一部分都是那樣的直接符合其目的，以致馬上就把那目的宣示出來了。這是用最短的途徑和最簡單的方法達到目的所致。也就是說，這種明顯地符合其目的就是大自然作品的特徵。雖然在大自然的作品中，意志是由內向外地作用，並且完全地主宰著物質；而在人為的作品中，意志則是從外面作用，首先得透過直觀的媒介，甚至透過事物目的的某一概念，然後要制服某一陌生的，亦即原先是表達出另一種意志的物質來達到目的和表達自己，但在人為製作作品時，我們仍可以保留大自然作品的上述特性。古老的建築工藝就顯示了這一點：因為古老建築的每一部分或者每一環節，都與其直接目的精確吻合，這目的也就以此方式天真、單純地被展現了出來；也因為古老的建築沒有任何漫無目的的東西。這與哥德式建築恰成對照：哥德式建築恰恰是因為有著許多沒有目的的附件和飾物而披上一副高深莫測的神祕外貌，因為人們會以為這些東西另有某些不為我們所知的用途。古老建築也與每一退化、變質的建築風格形成鮮明的對比：後者假裝獨特，採用樣式多樣，並無實際需要的各種忸怩手法，輕佻、任性地玩弄對其目的不甚了了的藝術手段。古代的花瓶與古代的建築是同樣的情形：這些花瓶的美就在於它們以一種天真直率的方式展示了它們是什麼和要作何用途。古代的所有其他器具也都一樣：看著這些東西，我們甚至覺得，如果由大自然來製作這些花瓶、陶罐、燈具、桌椅、頭盔、盾牌、鎧甲等等，那麼，它們就會是這個樣子的。相較之下，讓我們看看今天那些鑲金鑲銀的惡俗瓷器，還有那些女士服飾和其他東西。人們捨棄了我剛才談到的那種古老風格，換回那種不知羞恥的洛可可時尚——這種做法充分暴露了當今人們可悲的精神思想，並在他們的額頭上永遠地烙上了精神空

[467]

虛、貧乏的印記。這些一點都不是雞毛蒜皮的事情，它們是當今時代精神思想的印記。現代人的文學和那些不知所謂的舞文弄墨者，對德語造成的損害就是這方面的明證——這些人恣意妄爲地糟蹋德國語言，並且免受懲罰，就像那些摧毀藝術的汪達爾人一樣。

215

人們把某一藝術作品的基本思想的生成稱爲**受孕**（konception，又譯**構思**），是相當確切的，因爲那基本思想的生成之於藝術作品，就像受孕之於人的生成一樣，是最關鍵的。並且與受孕一樣，那基本思想的生成不僅需要時間，而且還需要時機和情緒。也就是說，那客體不斷地與主體交媾，前者就好比男性，後者就好比女性。但這種交媾只有在某一幸運的一刻，適逢有緣的主體，才會產生結果；到了那一刻，一個新穎、獨到並因此存活下去的思想就產生了。也正像在男女交媾中，能否受孕更多的是依賴女性而非男性一樣，如果主體處於適宜接收的情緒，那麼，現在幾乎任何進入主體認知統覺的客體都開始向這一主體發話，亦即都會在這主體認知統覺裡產生某一生動活潑、深刻獨到的思想。因此，有時候，目睹某一微不足道的東西或者事件就成了一件偉大和優美的作品的種子，例如：在看見一個錫製容器的瞬間，雅可布·伯默突然豁然開朗，並隨即感受到了大自然內在深處的本質。不過，一切都最終取決於我們自身的能力：正如沒有什麼食品或者藥物可以給予我們生命力，或者取代它；同樣，沒有什麼書籍或研究學習可以給予或者取代我們自身的思想。

216

但是，一個**即興**詩人（或**即興**演奏家）也就是一個時刻都是聰明、

靈活的人，因爲他有一整套齊全的、精心挑選的各式泛泛之作，以備不時之需。這樣，他就可以根據每次不同的情況和時機，爲口味各異的需求提供快捷、即時的服務。「單腿站立而口吟詩句二百。」

217

如果一個人打算以文藝女神的垂青——我指的是這個人的文學天賦——爲生，那在我看來就有點像一個要以自己的姿色爲生的女性。爲了可鄙的利益，這兩種人都褻瀆了那本來應該是他們內在的自由稟賦。這兩種人會耗盡其稟賦，在大多數情況下，都會落得個可恥的結局。所以，請不要把你的文藝女神降格爲賣笑女子，而應該像歌德那樣：

我歌唱，就像那　　　　　　　　　　　　　　　　　　　[469]
棲息枝頭的小鳥。
從喉嚨裡發出的歌聲，
已經是豐厚的報酬。*

作爲文學家的座右銘，道理在於文學的稟賦屬於生活中的節日，而不屬於勞動的日子。就算文學家與此同時操持另一種職業，並感覺到自己的文學才能受到束縛和掣肘，他的這一才能仍可能成功發揮出來，因爲文學家不像哲學家那樣需要掌握眾多的知識和科學。事實上，文學家的天賦反而會因此得到濃縮，這跟因太多的閒暇和職業性的發揮而稀釋了這天賦是一樣的。相較之下，哲學家卻由於我已說過的原因，不大可以在同一時間從事另一種職業，因爲以哲學賺取金錢有著其他方面的和巨大的不利之處。因此緣故，古人把這一點視爲識別詭辯派與哲學家的

---

* 參見《歌唱者》。——譯者注

標誌。所羅門說的這些話也值得讚許:「智慧加上一筆遺產就好了,這樣,我們就可以享受陽光。」(《傳道書》,7:12)

我們在古代能有**經典作家**,亦即能夠寫出歷經千百年仍不失其青春光芒的作品,其大部分原因就在於,在古時候撰寫書籍並不是一門賺錢的行業;唯其這樣,我們才能推斷在那些經典作家及其優秀作品中也不會摻雜著劣質的東西,因為他們不會像我們當代甚至最好的作家那樣,當精神揮發掉了以後*,仍然把麻木、遲鈍帶進市場,以賺進一些金錢。

218

音樂是真正普遍的、人人能懂的語言,因此,人們在世界各處,上下數千年都以無比的認真和熱情說著這門語言,從不間斷。一曲意味深長的旋律很快就不脛而走,傳遍全球;而一段空洞無物的旋律用不了多久就會銷聲匿跡。這一事實表明,旋律的內涵是相當容易為人理解的。不過,音樂卻不是狀物寫景的,而只是傳達哀、樂之情,因為哀、樂對**意志**而言才是唯一的現實。所以,音樂向心盡情傾訴,但卻不曾**直接**向腦袋講述什麼東西。如果指望音樂做到後者,就像人們在所有**描繪性**的音樂裡所指望的那樣,那就是對音樂的濫用。這樣的音樂因而應該被澈底摒棄。雖然海頓和貝多芬也曾誤入這一迷途,但根據我的了解,莫札特和羅西尼卻從來沒有這樣做。這是因為傳情是一回事,狀物則又是另一回事了。

[470]

這一普遍語言的語法也得到了至為精細的規範,雖然這只是在**拉莫**為此奠定了基礎以後的事情。相較之下,破解這一語言的詞彙,我指的是根據以上所述,破解這一語言內容所傳達的不容置疑和重要的含義,

---

* 參見席勒,《人的尊嚴》。——譯者注

亦即讓理性能夠哪怕只是大概地把握音樂在旋律與和聲裡所表達的東西——這工作在我著手之前，還從來沒有人嚴肅、認真地嘗試下一番功夫。這如同其他許多事情一樣，充分表明了人們普遍是多麼的不喜歡深思和細察。更準確地說，人們就是這樣無知無覺地活著。不管在哪裡，人們的目的就只是吃、喝、享用，而且是盡量不用動腦思考。這是他們的本性使然。所以，看到他們誤以為必須扮演哲學家的角色，就像大家所看到的那些哲學教授，還有他們出色的作品和他們對哲學與真理表現出來的真摯和熱情，那是真夠滑稽的。

219

採用普遍和通俗的說法，我們可以斗膽這樣說：音樂總起來看就是旋律，而這個世界就是對應這旋律的歌詞。但要理解這句話的含義，讀者則先要弄明白我對音樂的解釋。

音樂與人們每次加之於這音樂的某些具體的外在東西，例如：歌詞、舞蹈、活動、遊行、宗教或者世俗的慶典等等，兩者間的關係就類似於純粹的優美建築，亦即著眼於純粹美學目的的藝術，與人們不得不興建起來的現實建築物的關係：在建造這些現實建築物時，人們必須爭取把這些建築物的那些與建築藝術本身並不相干的實用目的，與建築藝術特有的目的結合起來，建築藝術也就是在實用目的所強加的條件下達成自己的目的。因此，我們就建造出了廟宇、宮殿、劇院、軍械庫等：這些建造物本身很美，同時又與這些建造物之實際用途相稱，甚至透過建造物的美學特性把這些建造物的目的明白地顯示出來。所以，音樂與歌詞，或者其他加諸音樂本身的現實物，也是處於類似的僕從關係，雖然這並不像建築藝術那樣不可避免。音樂必須首先遷就、順從歌詞，儘管音樂一點都不需要歌詞的說明；事實上，如果沒有了歌詞，音樂的開展反而能夠自如得多，因為音樂不僅要讓自己的每一個音符吻合歌

[471]

詞中字詞的長度和含義，而且自始至終都必須與歌詞保持某種一致。這樣，音樂也就同樣背負加在它身上的、相當隨意的某一目的特徵，並因此成了教堂音樂、歌劇音樂、舞蹈音樂和軍樂等。但所有這些目的、用途都是與音樂自身的本質完全不相干的，正如純粹美學上的建築藝術與人的實用目的並不相干一樣。音樂和建築藝術就只能順應人們的實用目的，讓自身的目的屈從於那些陌生的目的。對建築藝術來說，這幾乎總是無法避免的，但音樂卻不是這樣：它在協奏曲、奏鳴曲，尤其是交響樂曲裡自由地發揮──這最後者是它的最佳遊戲場所，在這裡音樂恣意狂歡。

另外，我們已經步入歧途的音樂，可以比之於在羅馬帝國後期君主治下步入歧途的羅馬建築：繁縟、過火的修飾要麼遮蓋了，要麼甚至破壞了建築中簡樸和關鍵的比例關係。也就是說，我們的音樂提供了許多噪音、許多樂器、許多技巧，但卻不曾給予我們哪怕是點滴清晰的、深刻的和觸動人心的基本思想。並且在時下那些膚淺、空洞、欠缺旋律的音樂作品裡，我們再一次看到了當今時代的同樣趣味，那就是容忍模稜兩可、晦澀難懂、雲山霧罩，甚至空洞無物的文風。這一切的源頭主要就是那可憐的黑格爾學說和他那套江湖騙術。就給我羅西尼的音樂吧！它才不用歌詞說話呢！在當今的音樂創作中，人們更為注重的是和聲，而不是旋律。但我卻持相反的觀點：我認為旋律是音樂的核心，和聲與旋律的關係就猶如調味醬之於烤肉一樣。

[472]

220

大歌劇其實並不是純粹藝術意義上的產品，那毋寧說是出自近乎粗野的想法：人們以為只要拚命堆砌藝術手段，在同一時間炮製出各種各樣完全不同類型的印象，不遺餘力地投放人力、物力以渲染效果，就可以提升觀眾的美感。其實，音樂作為所有藝術中之最強有力者，全憑

一己之力就可以完全占據對其敏感的心靈。事實上，要恰如其分地理解和欣賞音樂中的最上乘之作，聽眾必須全神貫注、心無旁騖——只有這樣，我們的全副精神才能投進並沉浸於音樂之中，以完全明白它那極爲眞摯、親切的語言。但在欣賞一部相當複雜的歌劇音樂時，情況可不是這樣。我們的精神思想在同一時間透過眼睛受著各種各樣的刺激：五彩繽紛的華麗場面，奇幻無比的圖景，燈光和色彩營造出來的至爲強烈、鮮明的印象；此外，我們還得留意歌劇的故事情節。所有這些都使我們的精神思想變得游離、渙散、麻木、暈頭轉向，對那聖潔、神祕和眞摯的聲音語言的敏感也就降至了最低點。所以，諸如此類的東西直接與音樂的目的背道而馳。另外，我們還有芭蕾舞表演，這些表演通常都是意在挑起觀眾好色的快感甚於要給我們帶來審美的愉悅。此外，由於施展這一手段的範圍狹窄，與由此產生的重複單調的表演，這種表演很快就變得相當煩悶、冗長，並因此消磨了我們的耐性。尤其當那同樣二流的舞曲不斷地反覆演奏——這經常持續 15 分鐘之久——我們的音樂感覺被折騰至疲憊、遲鈍的地步，也再沒有能力感受接下來更嚴肅和更高一級的音樂印象了。

[473]

雖然純粹的音樂是自足的，並不需要任何其他協助，但如果把純粹的音樂語言與詞語互相配合起來，或者甚至加入和配上一些直觀展示出來的情節動作，以便讓我們那不喜完全空閒的直觀和思考智力能夠有一些輕鬆的、與欣賞音樂相關的事情可做；這樣，我們的注意力就更能緊隨著音樂；與此同時，結合音樂那普遍的、不具圖像的心的語言表達，配上某些直觀的圖像，就好比爲講解某一泛泛的概念而畫出的示意圖或者舉出的例子——這樣做雖然不是能夠純粹欣賞音樂的人所要求的，但這種處理還是可以說得過去的。諸如此類，也的確加深了音樂的印象。不過對這些的運用都應該控制在盡可能簡單的範圍之內，否則，所產生的效果就有違音樂的主要目的。

在歌劇裡，拚命堆積聲樂和器樂的聲部當然發揮出音樂的效果，

可是就音樂的效果而言，從只是四重奏一直到百件樂器齊備的大樂隊，卻完全不是隨著增加音樂手段就相應得到加強。這是因爲和音不能有超過3個調子，也只有在一種情況下可以有4個調子，而我們在同一時間也無法把握比這更多的音調，儘管這3個或4個音調是由各自不同的8度音聲部在同一時間演奏出來。從所有這些可以解釋爲何一部優美的、只用4聲部演奏的音樂，有時候會比整部氣派壯觀的嚴肅歌劇更深地觸動我們，因爲歌劇的精華已經包含在這四重奏裡面了；就正如一幅素描有時候比一幅油畫更能產生出效果。不過，削弱四重奏效果的主要原因

[474] 是它欠缺和音的幅度，亦即從低音到上面3個聲部中的最低音之間的兩個或者3個8度音距離，正如這從低音提琴的深度以上的幅度是在管弦樂隊的掌握之中。正因此，如果一個能彈奏達到聽覺極限的最低一級低音的管風琴，持續不斷地彈奏出基本低音，就像在德勒斯登的天主教堂所彈奏的那種基本低音，那管弦樂團的效果就會令人難以置信地得到加強。只有這樣，和音才會產生其全部效果。但總而言之，對一切藝術、一切美、一切思想性的描述而言，簡樸是一條關鍵的法則，事實上，眞理也往往與簡樸連繫在一起。偏離這一法則總是危險的。

所以，嚴格來說，我們可以把歌劇稱作爲欠缺音樂感之輩而設的欠缺音樂感的發明。在歌劇裡面，音樂首先得藉助某樣與音樂本身並不相干的媒介物蒙混進來，亦即大概爲一個繁冗拖沓、索然寡味的愛情故事及其清水湯一般的詩文伴奏，因爲歌劇唱詞不可以忍受凝鍊、濃縮和充滿精神思想的詩句，原因是樂曲無法跟上這歌詞了。但這試圖把音樂完全變成低劣詩歌的奴隸是偏離大道的歧途，**格魯克**在這方面做得至爲明顯。因此，格魯克的歌劇音樂除了序曲以外，缺少了歌詞就變得一無是處。我們確實可以說歌劇毀壞了音樂，這不僅因爲音樂卑躬屈膝地迎合那乏味無聊和天方夜譚般的故事情節，以及其中出現的那些全無規則可言的事件；不僅因爲我們的頭腦被布景和服飾所展現出來的幼稚、粗俗的華麗擾亂和轉移了精神，還有男舞蹈演員賣弄的舞蹈招數，女舞蹈演

員穿的短裙，不，不僅是因為這些，而是因為甚至歌唱本身也經常性地擾亂了和諧，那就是每當演員的歌唱——從音樂上考慮人聲也是一種樂器——不是與歌劇中其他聲部互相合作，而是試圖完全地壓倒一切。雖然如果這是女高音或者男高音，這是沒有任何問題的，因為既然唱的是 [475] 高音，旋律也就是基本上並且自然而然地歸於這一高音，但在男低音和次中音詠嘆調裡，主旋律在大多數情況下都是交由高音調樂器完成；這時候歌唱就凸顯了自己，就像一個莽撞、插話的小孩子，但這歌唱本身卻只是和音而已，主旋律應該蓋過它的聲音才是。或者為把旋律交給高音或者低音而完全違背音樂的本質，伴樂被移至對位的高 8 度。但在這期間，我們的耳朵又總是追隨著最高的聲音，亦即伴樂。我的確認為有樂隊伴奏的獨唱詠嘆調只適合女低音（Alto）或者女高音（Soprano），而男聲也就只適宜與女低音或女高音的二重唱，或者在多聲部的劇裡派上用場，除非男聲在沒有伴奏，或者只有低音伴奏的情況下演唱。演唱旋律是最高聲音的天然特權，並且應該繼續是這樣。因此，在一部歌劇裡，當勉為其難和矯飾的男中音或者男低音詠嘆調結束以後，輪到女高音詠嘆調出場時，我們馬上感到了滿足，並且覺得這才符合大自然和藝術。**莫札特**和**羅西尼**這樣的大師知道如何減輕，甚至克服這一弊端，並不等於說這一弊端就不存在了。

　　彌撒裡面的歌唱帶給我們比歌劇音樂更為純淨的音樂享受。歌詞在大多數情況下聽不大清楚，要麼就是哈利路亞、光榮、憐憫、阿門等的不斷重複，這把彌撒歌唱變成了一種單純的（不帶歌詞的）視唱練習了。在此，音樂只是保留著泛泛的基督教特徵，可以自由地發揮，而不像歌劇演唱那樣在自己狹窄的地盤也飽受了各種各樣的損害。所以，彌撒歌唱中的音樂不受妨礙地發揮出自己的全部力量，因為它用不著帶著新教教會音樂的令人消沉的清教或者衛理公會教派特性而總是匍匐地上，就像新教倫理學那樣，而是張開巨大的翅膀自由飛升，如六翼天使一般。只有彌撒樂和交響樂才唯一給予我們純淨、不含雜質的音樂

[476] 享受，而歌劇音樂卻遭受淺薄的戲劇及其劣質詩文的折磨，盡量忍氣吞聲，將就著這一強加給它的陌生累贅。偉大的**羅西尼**有時候在處理歌詞時帶著嘲弄的鄙視，雖然並不完全值得稱道，但這起碼是真正出於音樂上的考慮。總而言之，大歌劇經過長達 3 個小時的演出已經使我們對音樂的感覺變得遲鈍，而那通常都是乏味的情節，又以慢如蝸牛的步伐，不停地考驗著我們的耐性，所以，這種大歌劇本質上就是冗長、令人厭倦的。而這種缺陷只能經由個別異常出色的演出才可以克服。因此，這一類的大歌劇也只有大師級的作品才值得欣賞，其他的平庸之作則可棄之。人們應該嘗試使歌劇濃縮、緊湊一些，以盡可能地限制在一幕和 1 個小時之內。我在羅馬的時候，羅馬的瓦爾歌劇院的有關人等深感這一問題，但他們卻想出了這麼一個拙劣的解決辦法：在山谷劇院，把一部歌劇和一部喜劇的每一幕交替著上演。一部歌劇的最長演出時間不應該超過兩小時，而話劇的最長時間則可以是 3 個小時，因為觀賞話劇所需要的注意力和精神消耗可以維持長一些時間，因為話劇遠沒有沒完沒了的音樂那麼累人。到了歌劇的最後一幕，那音樂簡直就是折磨神經了。所以，歌劇的最後一幕對聽眾來說通常都成了一種刑罰，對歌唱者和樂隊人員來說就更是如此。所以，我們甚至會相信這麼多的一大群人聚在一起，目的就是要折磨自己，以耐力和毅力堅持到最後結尾。而每一個人早就在私下裡期盼這結尾快點到來──當然，那些中途退場者是例外。

歌劇的序曲應該告訴我們歌劇裡面音樂的特徵和劇情的脈絡，以便讓我們對欣賞歌劇有所準備。這可不宜做得太過清楚和直露，而應該採用像夢境預兆未來事件那樣的方式。

221

所謂的**輕歌舞雜耍劇**（Vaudeville）就好像是一個人穿著從舊貨市

場買回的亂七八糟的衣服炫耀自己：那些衣服都是別人穿過的，是爲別人量身而做，只適合別人。人們還看出這些不同的衣服並不相配。這就類似雜燴劇中丑角所穿的衣服，全由從體面人家穿過的衣服剪下來的不同碎塊拼湊而成。這種眞正的音樂怪胎應由警察禁止演出。

222

值得指出的是：在音樂裡，作曲的價值甚於演奏；但在戲劇裡，則恰好相反。也就是說，一首很不錯的樂曲，雖然只是經由一般水準的演奏，但如果能做到純粹、無誤，那與一首糟糕的樂曲得到了最出色的演奏相比，前者帶給我們更多的愉悅。而一齣糟糕的戲劇，由優秀的演員表演，那與由業餘演員馬虎演出至爲優秀的劇本相比，前者更能產生出效果。

一個演員的任務就是在千百個相當不一樣的角色中，表現出人性的各個不同側面，但這演員做出所有這些，卻是以自己那既定的、永遠不會磨滅的個性爲共同基礎的。爲此原因，這演員本人必須是一個有才能的、人性相當完整的標本，尤其不可以有如此的缺陷，以致這樣的人，照哈姆雷特的話說不像是大自然創造出來的作品，而只是出自「大自然的幫工」之手。不過，一個演員所扮演的角色越接近這個演員的自身個性，那他就越能出色刻畫這一角色。在眾多的角色當中，與他自己的個性相吻合的那一角色是他扮演得最好的。所以，甚至最蹩腳的演員也有某一個他能表演得入木三分的角色，因爲在那時候，他就猶如是眾多面具中的一副活生生的面孔。

要成爲一個好的演員，他必須：(1) 具有把自己的內在形之於外在的天賦才能；(2) 擁有足夠的想像力，目的就是想像出如此活生生的虛擬場景和事件，自己的內在本性也被刺激出來了；(3) 具備足夠的理解力、經驗和修養，能夠恰當地理解人物和處境。

[478]

223

「人與命運的搏鬥」就是悲劇的普遍主題——這是 50 年來我們那些好發空洞、單調、不知所云、甜膩得讓人噁心的言論的當代美學家異口同聲說出的看法。這種說法的前提假設就是：人的意願（意志）是自由的——所有無知者都抱有這一奇想；除此之外，我們還有一種絕對命令——不管命運如何阻撓，我們都必須達到這一絕對命令的道德目的，或者執行其指令。上述那些先生們從這種說法獲得鼓舞和喜悅。不過，那個所謂悲劇的主題卻是一個可笑的看法，因為我們與之搏鬥的對手根本就是一個隱身的對手，一個戴著霧一般頭罩的俠客；所以，我們發出的每一擊都落入虛空；因為想要躲開這一對手而偏偏一頭投進他的懷裡，就像拉烏斯和伊底帕斯王所遭遇的情形一樣。再者，命運是全能的，因而與之搏鬥簡直就是可笑至極的大膽妄為。所以，拜倫的這一說法是完全正確的：

要與命運拚爭，
就像是玉米穗要反抗鐮刀。

——《唐璜》，5，17

莎士比亞對此也是這樣理解的：

命運，顯示您的威力吧：我們並不是自己的主宰，
命中註定的必然發生，那就讓它發生吧！

——《第十二夜》，第 1 幕結尾

在古人看來，命運就是在總體事物當中隱藏著的必然性。這種必然

性既不理會我們的意願、請求，也不會考慮我們的罪孽或者功德，而是指引著人類的事務，並且透過一種祕密的關聯，也把那些從表面上看彼此完全沒有關聯的事情，根據命運的意願牽引到一處。這樣，這些事情看起來是明顯偶然地走到了一起，但在更高的意義上說，這其實都是必然的。也正因此，透過神諭、占卜、睡夢等方式**預知**將要發生的事情也就是可能的了。

由上帝決定的命運則已經是基督教化了的命運，也就是把命運變成了上帝著眼於這世界的最大好處的旨意。

224

我認為悲劇裡面的**合唱**，其美學目的就是：首先，受到暴風驟雨般激情震動的主要人物，在他們表達出對事情的看法的同時，也讓觀眾聽到冷靜的置身局外者在深思熟慮之下的說法；其次，對戲劇中由劇情逐步、具體展示出來的關鍵道德教訓，合唱也可以在同一時間表達出對此的抽象，因而是簡短的看法。合唱以這一方式發揮的作用就跟音樂中的低音一樣：在低音的持續伴奏下，我們也就得以聽聞那演奏中的每一單個和音中的基本聲音。

225

正如地球石層的化石模型向我們展示了遙遠太古時代生物的形體，而這些化石模型保留著那些曇花一現的生物的痕跡歷經無數的千百萬年；同樣，古人在**喜劇**裡留下了反映他們歡快生活和活動的忠實與永久的紀錄給我們。這些紀錄是那樣的清晰、精確，好像古人的目的就是要為一種高貴、美好的生活立此永久存照，以傳給綿延的後世——那匆匆即逝的生活讓他們嘆息。現在，假如我們重新為留下來的這些軀殼、 [480]

骨架注入血肉，把柏拉圖斯和泰倫提烏斯的劇作搬上舞臺，那逝去已久的活潑生活就又將鮮活地呈現在我們的眼前，就像古代留下的鑲嵌地磚一樣，經水沖洗以後就會重現其本來的色彩。

226

發自和刻畫了德國民族的真實本質和精神的唯一貨真價實的喜劇，除了僅有的《米娜‧馮‧巴恩海姆》以外，就是伊夫蘭的劇作。這些戲劇作品的優點一如其忠實表現的民族的優點，更多的是在道德而不是思想智力的層面，但法國和英國的喜劇，我們則可以說是剛好相反的情形。德國人是絕少有獨創性的，一旦他們確實表現出了獨創性，那我們就不該像席勒和施萊格爾那樣，用每行 4 個重音的雙行押韻的詩律干涉、指責他們的創作。席勒和施萊格爾對待伊夫蘭是有失公正的，甚至在對待考茨布的問題上，他們也做得過分了。同樣，人們現在對待羅巴克的態度也是不公平的；但對那些蹩腳的粗製濫造者炮製出來的鬧劇，人們卻給予了讚許。

227

總而言之，戲劇作為反映人的存在的一面最完美的鏡子，根據其對人的存在的理解，因而在其目的、意圖方面可被分為 3 個等級。在第 1 級，同時也是最常見的一級，戲劇只停留在純粹有趣的層面：劇中人物得到了我們的關注，因為他們追逐的是與我們相似的目標；情節則是透過劇中人耍弄的詭計、他們的性格和各種各樣的機緣巧合而鋪展開來；插科打諢和妙語警句則是這一類戲劇的調味料。第 2 等級的戲劇變得令人感傷了：它們刺激起我們對主人翁，也間接對我們自己的同情和憐憫；劇情變得哀傷、感人；但到結尾時，會讓觀眾恢復平靜、得到滿

足。最高和最難的一級戲劇則旨在營造出一種**悲劇**意味：生存中深重的苦痛和磨難展現在我們的眼前；所有人為的奮鬥都是虛無的——這就是我們的最終結論。我們深受震撼，意志拋棄生活在我們的內在被刺激起來了——那是這級戲劇中直接的或者伴隨著的和音。

[481]

當然，我並沒有把那些帶政治傾向的戲劇考慮在內。它們給媚人的大眾暗送秋波，迎合他們心血來潮的趣味。這些是我們當代文人喜愛的批量產品。類似的這些劇本很快——通常在第 2 年——就會被扔到一邊，就像那些已經過了時的日曆一樣。不過，這一點可不會讓我們的那些寫作匠煩心，因為在他們對文藝女神的呼喊裡就只包含一個懇求：「今天就賜予我們每天的口糧吧！」

228

據說所有的開局都是困難的。但在戲劇藝術裡卻相反：所有的結局都是困難的。這一點可以透過數不勝數的戲劇作品得到證明：這些劇的前半部還是相當不錯的，在這之後，戲劇的發展就變得模糊不清、淤塞不暢、搖擺不定，特別是到了聲名狼藉的第 4 幕；到最後，不是弄出一個牽強附會，讓人難以滿意的結局，就是故事的結局是觀眾老早就預想到了；或者乾脆就像《愛彌尼亞・加洛蒂》一劇那樣，來一個倒人胃口的結尾，讓觀眾們掃興而回。結尾如此困難，一方面是因為把事情弄混亂總會比把事情理出頭緒容易得多；另一方面則是因為戲劇在開始的時候，我們交給作者的是一張白紙，讓他自由發揮，但到了結尾時，我們卻有了具體的要求：要麼是皆大歡喜的結局，要麼是悲慘淒涼地收場。但人事的發展卻不會這樣輕易走向某一確定的方向，而是應該自然而然和理所當然地得出結果，來不得半點牽強附會；並且在這過程中不能為觀眾預先察覺。史詩和愛情傳奇也同樣應該如此。只是由於戲劇的緊湊特性，結局的問題才顯得更突出，因為創作結局的難度加大了。

[482] 盧克萊修的「無中只能生無」同樣適用優美藝術。優秀畫家在創作歷史圖畫時，會把現實中的人當作模特兒，繪畫中的頭像也取自生活中的眞實面孔。然後，畫家根據美或者性格的需要對其加以理念化。我相信優秀的小說家也是這樣做的：他們所認識的眞實人物成了他們小說中虛構人物的原型，然後，作家根據自己的意圖把這些原型化爲理念和補充完整。

一部**小說**如果刻畫**內在**的東西越多，表現**外在**的生活越少，那這部小說也就越高級和越高貴。這種關係、比例作爲識別小說等級的典型標誌，伴隨著各個級別的小說，從《項狄傳》一直到粗糙無比、滿是奇情和動作的騎士故事及大盜傳奇。《項狄傳》當然是幾乎沒有情節，但《新愛洛依絲》、《威廉・邁斯特》只有很少的情節！甚至《堂吉訶德》也只有相對稀少、無關重要和流於滑稽的情節。這4部小說都是它們的類別中的佼佼者。我們再看看讓・保羅的奇妙小說吧：在那麼一點點外在生活的基礎上，所展現的內心生活卻是多麼的豐富。甚至華特・史考特的小說，裡面的內心生活也是明顯壓倒了外在生活，後者的出現總是爲了推動前者的發展。但在拙劣小說裡面，外在事件就是爲了外在事件的緣故而存在。藝術就在於以盡量少的外在事件，引起內在最劇烈的活動，因爲內在的東西才是我們的的興趣所在。

小說家的任務不是敘述驚天動地的大事件，而是把微不足道的小事情處理得引人入勝。

229

[483] 我坦率地承認：《神曲》所享有的盛名在我看來是誇大了。原因肯定主要在於《神曲》裡面過分荒謬的基本思想；其結果就是到了〈地獄篇〉，基督教神話最讓人反感的一面就馬上刺眼地展現在我們的眼前。作品風格和隱喻的晦澀難懂也是原因之一。

傻瓜最喜歡也最讚嘆，

別人用花俏的語言和刁鑽、古怪的字眼，

向他們講述的東西。*

儘管如此，《神曲》中幾近言簡意賅的簡潔和有力表達，更有甚者，但丁那無與倫比的想像力，都確實讓人嘆為觀止。正因為這樣，但丁就讓他所描繪的那些不可能的事情帶上了某些明顯的真實性，因此也就是類似於夢境的真實性：因為但丁不可能經歷過那些事情，所以，看起來他肯定是夢見過那些東西，以致能夠描述得如此生動、精確和形象。否則，我們如何解釋：在〈地獄篇〉第11節的末尾，維吉爾描述了破曉時分、星星下沉的情景，但他忘記了自己正在地底下的地獄裡面；而只有到了這主要部分的結尾處，他才「從裡面出來，又重新見到了星辰」？** 在第20節的結尾處，我們再一次看到同樣的錯誤。難道我們可以認為維吉爾拿著懷錶，所以，他知道此時此刻在天上發生的事情嗎？在我看來，這由記性所致的筆誤，比塞凡提斯那聞名的關於桑丘·潘莎的驢子的筆誤還要糟糕。

　　但丁這一作品的名字相當準確、獨特，並且毫無疑問是帶有諷刺意味的。喜劇，是嗎？對這樣一個上帝來說，這一世界的確就是一齣喜劇：在最後一幕，這個上帝永無厭足的報復欲望和匠心獨運的殘忍折磨，讓他以觀賞那些生命忍受沒完沒了的、漫無目的的痛苦為樂事，而這些生命本是上帝自己在百無聊賴中，漫不經心地創造出來的，他們也只是因為發展的結果不合上帝的旨意，在其短暫的一生中做出了和相信了一些不討上帝歡心的東西。此外，與上帝那些聞所未聞的殘忍相比，所有在〈地獄篇〉裡受到如此懲罰的罪行都變得不值一提。的確，上帝　　[484]

---

* 　引自盧克萊修。——譯者注

** 　參見〈地獄篇〉，34，最後一行。——譯者注

本人比起我們在〈地獄篇〉裡所碰到的所有魔鬼還要凶惡得多，這是因為這些魔鬼的確只是秉承上帝的旨意，依仗他的權威行事。所以，宙斯不會對被籠統視為與上帝一體感激不盡，在詩中幾處地方卻奇怪地出現了這樣的情形（例如：第 14 節，第 70 行至第 31 節，第 92 行）。事實上，在〈煉獄篇〉裡，這樣的描寫簡直就是到了可笑的地步（第 6 節，第 118 行）：「高貴的朱庇特，他為了我們在地球上被釘上了十字架。」宙斯對此到底會有何話說？「哎呀，慘呀！」維吉爾、但丁和服從上帝命令的每一位所表現出來的俄羅斯農奴般的卑躬屈膝，以及接領上帝的聖旨時那種戰戰兢兢和畢恭畢敬著實讓人感到噁心。在但丁引以為自豪地敘述的一件事情上面，他在詩中的本人就把這種奴性心理發揮到了極致（第 33 節，第 109-150 行），甚至榮譽、良心都已喪失殆盡了。也就是說，一旦榮譽、良心與上帝的殘忍旨意有所牴觸，那它們就不再起任何作用了。所以，為了得到一份口供、證詞，他鄭重、嚴肅地向被施以精心設計、慘不忍睹的酷刑的受苦者許下諾言：給他一小滴止痛水以緩解其痛苦。當受刑人履行了被強加於自己的條件以後，但丁卻絲毫不顧及榮譽、良心，赤裸裸和不知羞恥地違反自己的承諾以「讚頌上帝的榮耀」。這是因為但丁認為緩解上帝施加的痛苦──哪怕是那麼一點點──都是絕對不允許的；雖然這種緩解在此只不過是擦去一滴冷凝了的淚水，而上帝也不曾明確禁止他這樣做。因此，無論在此之前的一刻他如何鄭重做出承諾，他都不會履行了。在天上，這些行為可能是家常便飯、值得稱道──這我不知道；但在人世間，誰要是做出了這樣的行為，那他就是一個無賴、惡棍。順便說一句，由此例子可以清楚地看出，道德如果除了上帝的意志以外，沒有任何別的基礎，那該是多麼可疑和危險的事情：因為好的可以變成壞的，壞的可以變為好的，速度之快就像電磁鐵的兩極弄反了一樣。但丁的整部〈地獄篇〉其實就是**對殘忍的禮讚**；在倒數第 2 節，寡廉鮮恥和喪失良心也以上面提過的方式被大加頌揚。

> 我會大膽無畏地說出，
> 通行天下的真理。
>
> ——歌德

　　另外，對被創造者而言，這一切都是「神的悲劇」，並且永無盡頭。雖然這部作品的序曲在個別之處讀來愉快和有趣，但與沒完沒了的悲慘部分相比，這些地方卻少得可憐。我們會不由自主地認為：但丁其實在內心深處對於這一整潔的世界秩序抱著諷刺、挖苦的態度，不然，津津有味地描繪那些令人反胃的荒謬之處和持續不斷的行刑場面，要有相當不尋常的趣味才行。

　　對我來說，我所鍾愛的**佩脫拉克**始終是居所有其他義大利詩人之首。在感情的真摯和深度及其直截了當的表達方面——這些都是直抵心靈——在這世上無人能出其右。因此，我對他的十四行詩、凱旋詩、押韻歌謠的喜愛，遠甚於阿里奧斯托離奇的胡鬧作品和但丁那些描繪令人毛骨悚然的醜陋面孔的詩作。佩脫拉克直接發自內心的、行雲流水般的語言，其訴說也完全有別於但丁過分講究，甚至矯揉造作的貧乏語彙。佩脫拉克一直是我心儀的詩人，並將永遠是這樣。我們這個至為出色、卓絕的「當今」竟敢以貶損的口吻談論佩脫拉克，只不過更證實了我對佩脫拉克的判斷而已。作為一條多餘的證明，我們可以比較一下，打個比方說，穿著便服的但丁和佩脫拉克——我是說把他們寫的散文放在一起比較一下：佩脫拉克優美的、飽含思想和真理的《論孤獨的生活》、《承受好運、厄運的方法》等，以及他的書信，和但丁那些乾巴乏味、繁複冗長的繁瑣哲學。最後，據我看來塔索並不配占據緊隨 3 位偉大的 [486]
義大利詩人之後的第 4 位置。願我們這些後代人盡量公正吧，雖然作為同時代人我們是不可以做到這一點的。

230

在荷馬的作品裡，形容事物的都是一些與這些事物完全和絕對貼切的屬性詞，而不是與當時所形容的東西相關的或者相類似的詞語，例如：亞加亞人永遠受到陽光普照，大地永遠被稱作生命的滋養者，天空是寬廣的，大海則是葡萄酒一樣的昏暗。這就是荷馬作品獨特地表現出來的客觀性。荷馬就像大自然一樣，不會讓事物受到人為事件、人的情緒觸動的影響。不管他的主人翁是高興抑或悲慟，大自然都不為所動地繼續它的步伐。相較之下，當主觀的人悲哀時，整個大自然在他們的眼裡都變得陰暗和憂鬱等等。荷馬卻不是這樣。

我們這時代的詩人裡面，**歌德**是最客觀的，而**拜倫**則是最主觀的。拜倫總是敘述著自己，甚至在寫作最客觀的一類詩歌時，例如：詩劇和史詩，裡面的主人翁也是描述著拜倫自己。

歌德與**讓‧保羅**之比，就猶如正極之於負極一樣。

231

歌德的艾格蒙特是一個輕鬆對待生活和必然為此錯誤付出代價的人。但作為補償，這同樣的心態也讓他同樣輕鬆地對待死亡。《艾格蒙特》一劇中的平民場景則是合唱。

231（補充）

阿普萊伊斯所寫的一個故事講述一個寡婦看見了那在狩獵中被人謀殺了的丈夫。這故事與《哈姆雷特》的故事完全相似。

[487] 在此，我想把我對莎翁這一巨作一處地方的猜想寫下來。這一猜

想雖然相當大膽，但我還是寫下來供讀者評判。在「生存還是毀滅」的著名獨白裡，有這麼一句話「when we have shuffled off this mortal coil」——一直被人視為模糊，甚至不可解，並且又從未得到過真正透澈的解釋。原文的動詞片語會不會是 shuttled off（梭織）呢？shuttle 作為動詞已經不再使用了，但 shuttle 則是織布用的梭子。因此，句子的意思就可能是「當我們飛梭織完這一可朽的線捲」。小小的筆誤是不難發生的。

232

在威尼斯的藝術學院裡，在畫在亞麻布上的溼壁畫之間有這樣一幅圖畫：神靈們端坐在雲端裡的金桌、金椅上；下面則是被羞辱了一番的客人——他們被投進了黑夜的深處。歌德首次到義大利並寫作《伊菲格涅亞》時，肯定看到過這幅圖畫。

233

說起**歷史**，我總是想到了與它相對立的文學。歷史學之於時間就等於地理學之於空間。所以，地理學與歷史學一樣，都算不上是真正意義上的科學，因為兩者的課題都不是普遍的真理，而只是個別的事物。關於這一點，我建議大家閱讀《作為意志和表象的世界》第 2 卷第 38 章〈論歷史〉。歷史一直是想要學習些東西，但又不肯付出學習真正的科學所需的腦力的人喜愛的科目。時至今日，歷史比起以往都更受到歡迎：每年出籠的數不勝數的歷史題材的書籍可以為此作證。誰要是像我那樣，在所有的歷史中都總是不由自主地看到了同樣的東西，正如在萬花筒的每次轉動時，我們都看到只是換了個花樣的同樣的東西，那他是不會對其懷有狂熱興趣的，但也不會對此加以責備。唯一可笑和荒唐的

[488]

事情就是許多人想把歷史變成哲學的一部分，甚至把它弄成哲學本身，因為他們誤以為歷史能夠取代哲學的位置。要解釋各個時代的大眾為何對歷史都情有獨鍾，我們可以觀察一下人們慣常的社交談話：那一般來說也就是一個人講述了某件事情，就此，另一個人則是另一個說法——在這樣的條件下，每個人就都肯定地得到別人的注意。一如這類的社交談話，我們在歷史書籍中也可看到人們的思想只是關注個別的事情。在高貴的交談裡面，正如科學那樣，人們的思想會上升至普遍性的東西。不過，這並不就此剝奪了歷史的價值。人類生命是那樣的短暫和倉促，它分散在無數百萬個個體生命之中，大批成群地一頭投進被稱作「遺忘」的巨獸那永遠張開著、等待著它們的大嘴洞裡。這樣，把那些即將被吞沒的東西的一鱗半爪搶救出來，留下對最重要和最有趣的事物、對主要事件和主要人物的紀念，使其不至於遭到全盤毀滅，這些努力是相當值得感謝的。

在另一方面，我們也可以把歷史學視為動物學的延續，因為對全體動物來說，我們考慮它們的物種就足夠了；至於人類，由於人具有個體的性格，所以，我們也就有必要了解單個的人和單個的事件，因為單個的事件是引出單個的人的條件。歷史本質上的缺陷也就馬上由此顯現出來了，因為單個的人和事是數不勝數、永無盡頭的。在研究了歷史的這些單個的人和事以後，我們就會知道：我們需要了解的總量並不會因為我們已經知道了的而有所減少。至於其他嚴格意義上的科學，我們起碼可以預期完整地掌握其中的一門。當我們面對中國和印度的歷史，看著那些浩如煙海的材料，我們就會知道這根本就是一條錯誤的道路，那些孜孜不倦的求知者不得不認識到：我們只能從單個裡面看到眾多，在個別情況中得出規律，在對人性的了解中辨認出各民族的活動，而不是**永無休止地**羅列事實。

歷史從頭至尾除了講述戰爭以外，別無其他。而戰爭既是最古老也是最現代的雕塑作品的主題。一切戰爭的根源不外乎就是**偷竊的欲望**。

伏爾泰說得很對:「所有的戰爭不過就是偷竊而已。」也就是說,一旦一個國家感覺有了**多餘的力量**,就撲向其鄰國,奴役其人民,目的就是可以不用自食其力,而是把他人的勞動成果據為己有,不管這些成果是現成的,抑或將來才會產生。這為世界歷史和英雄業績提供了素材。尤其在法語辭典裡,藝術和文學的名聲應被收在 gloire(法語,榮耀)詞條下,而在 gloire militaire(法語,戰爭、軍事的榮耀)一詞下,應該寫上 voyez butin(法語,參見「贓物」一詞)才對。

但是,當**印度人**和**埃及人**這兩個相當篤信宗教的民族有了多餘的力量,似乎通常都沒把這些用在掠奪性的戰爭或英雄業績上面,而是用於建造**建築物**——這些建築物能夠抵禦千百年時光的侵蝕,讓後人對其懷念並充滿敬意。

歷史除了上述根本缺陷以外,還另有這樣的缺陷:歷史繆思女神克利奧全身上下都沾染了謊言,情形就像中了梅毒的街邊妓女。當代的歷史考證雖然在盡力醫治歷史的這一疾患,但以它局部的醫治手段也只能抑制個別在這裡或者那裡冒出的症狀;再者,許多混雜其中的江湖郎中只會加重病情而已。所有的歷史大致上都是這樣的情況——《聖經》中記載的歷史除外,因為這是不言自明的。我相信歷史上記載的事件和人物與真實的事件和人物的關係,就跟書籍首頁的作者畫像與作者真人差不多,亦即只是給出大致上的輪廓,只是模糊的相似,但經常由於某一錯誤的特徵而歪曲了真相;有時候,則連一點相似之處都沒有的。

[490]

報紙是歷史的秒針,但這一秒針與其他兩針相比,通常不僅是由更次級的金屬所做,而且也甚少指示正確。報紙上的所謂頭條文章就是對當時的時事情節的合唱。各式誇大其詞是報紙報導的本質,正如誇張也是戲劇的本質一樣,因為報紙必須炒作每一事件,盡量地小題大做。因此,由於其行業的緣故,報紙寫作者都是危言聳聽的高手;這是他們增加吸引力的手段。正因為這樣,他們就像那些一有風吹草動就狂吠一番的小狗。所以,我們必須控制自己,不要太過留意他們的大呼小叫,以

免影響自己的消化。並且我們應該清楚：報紙通常都只是一副放大鏡而已，在最好的情形下也仍是如此，因為那經常只是映在牆上的手影遊戲而已。

在歐洲，伴隨著歲月歷史的是那相當奇特的、按時間順序的顯示器：它以形象的表現事件方式讓我們第一眼就可辨認出每一個年代，並且是在衣服裁縫的控制之下（例如：1856 年在法蘭克福展出了一幅據稱是莫札特青年時代的肖像畫。我一眼就看出這幅畫不是真作，因為畫中的衣服屬於比他們那時候早 20 年的年代）。只是到了現在這個年代，這種歷史顯示器才出現混亂，因為我們的時代甚至沒有足夠的創意能像其他年代那樣發明一件屬於自己時代的衣服款式，而只是呈現了一個化裝舞會：每個人身上穿著的都是很早以前人們就棄置一邊的衣服，就像是錯置了生活年代的人。而在這之前的年代，人們還起碼有足夠的頭腦發明了燕尾服呢。

[491] 仔細考察一番，事情其實是這樣的。正如每個人都有一副面相，據此我們可以暫且判斷這個人的為人，同樣，每個時代也有其毫不遜色的外貌特徵。這是因為每個時代的精神就像一股強勁的、吹遍萬物的東風。所以，在人們的所做、所想或者所寫裡面，在音樂、繪畫和某種風行的藝術中都可找到這種時代精神的痕跡，所有的一切都被打上其印記。因此，例如：必然就會有只見字詞不見意義的年代，也會有只有音樂沒有旋律和只有形式沒有目的的時期。修道院築起的厚牆充其量頂住了這股東風的吹襲，如果這東風沒有把這些厚牆推倒的話。所以，一個時代的精神也會給予這時代一個外貌。這時代精神的基本低音就永遠是由每個時代的建築風格和式樣所奏出。首先是各種飾物、家具、器皿、用具等，最後甚至人們所穿的衣服，理的髮型和修剪鬍子的方式，都無一不取決於時代的精神。[3] 正如我已經說過的，當今時代由於缺乏創意，

---

[3] 鬍子成了遮住人臉的半個面具，應該遭到警察的禁止。再者，這一處於臉部

所以在所有這些方面都帶著欠缺個性的印記。但最可悲的事情卻是這當今時代竟然選中粗野、愚蠢、無知的中世紀作為模仿的範本，偶爾也溜進了法國法蘭西斯一世時期，甚至路易十四時期。當今時代那保留在圖畫和建築物上面的外在一面，到了將來某一天會給後代人留下什麼樣的印象啊！

那些見錢眼開、以取悅大眾為宗旨的人，把這一時代傳神地稱為鏗鏘悅耳的「當今」，就好像連綿的過去全為了這「不折不扣」的當今的到來而搭橋鋪路、精心準備，現在終於大功告成了一樣。後世的人在看到我們所建起的宮殿和鄉間別墅的時候，目睹那種路易十四時期最讓人噁心的洛可可風格，會是怎樣的敬仰啊！[492]

但看到那些肖像畫和達蓋爾銀版照片，看到一副擦鞋匠的面相但卻蓄著蘇格拉底式的鬍子，看到講究衣著打扮的人卻穿著討價還價的猶太商販在我青年時期流行穿著的衣服，他們卻很難知道那些到底是些什麼玩意兒。

這個時代普遍欠缺審美趣味，也反映在人們為紀念偉人而豎立的紀念雕像上面：這些雕塑人物都是身穿現代人的衣服。這是因為這種雕像紀念的是**理念**中，而非現實裡的個人，是一個如此這般的英雄，一個有著這樣或者那樣素質的人，一個創作了這些傑作或者做出了這些事蹟的人物，而不是紀念一個曾經在這世上顛沛流離，飽受與我們的本性相連的所有缺點、弱點之苦的凡夫。正如不應該也一起頌揚後面的那些缺點，我們也同樣不應炫耀他所穿過的上衣、褲子。現在作為一個理念性

中央的性別特徵是**誨淫**的，因此，它取悅於女人。蓄鬍與否始終是測量希臘人和羅馬人的精神文化的晴雨錶。在羅馬人中，西彼奧‧阿菲加奴斯是第一個剃去鬍子的人（普林尼，《自然歷史》，50，7，第 59 章）。在安東尼執政時期，鬍子又再一次冒出來了。查理曼大帝並不允許人們留有鬍子，但在中世紀直至亨利四世時期，蓄鬍子到了登峰造極的地步。路易十六廢除了蓄鬍的風俗。

的人物，他就以人的形態站在那，就以古人的方式著裝好了，亦即半裸著身體。只有這樣的處理才與雕塑相符，因為雕塑純粹只是著眼於形式，所以雕塑也就要求完整、沒有彎曲、變形的形體。

既然說起雕像的話題，那我就想一併指出：把雕像放置 10-20 英尺高的基座上面，是明顯缺乏美感，甚至荒謬的做法，因為這樣人們無法清楚地看到這一雕像，尤其是這種雕像一般都由青銅做成，亦即呈深黑色。這樣從遠處觀賞，我們無法看清這一雕像；但如果太過靠近，那雕塑又高高在上，藍天也就成了其背景，並且刺人眼睛。在義大利的城市，特別是在佛羅倫斯和羅馬，我們在廣場和街道都可見到大量的雕像，但所有那些雕像的底座都比較低，這樣，人們就可以清楚地觀賞它們。甚至羅馬蒙特卡瓦洛的巨型雕像的底座也是很低的。所以，在此證明了義大利人有良好的審美趣味。而德國人則喜愛一個刻有浮雕的高高的糕點甜食架子去表現英雄人物的形象。

[493]

234

在討論美學一章的結尾處，我想談一下在**波阿色萊**藏畫（在慕尼黑）中老萊茵河低地畫派的作品。

要欣賞一件真正的藝術品，我們並不真的需要先來一番藝術史的介紹；但對於我們在此談論的畫作，情況可就不一樣了。我們起碼只有在看過凡·艾克之前的油畫以後，才可以正確評估凡·艾克的作品價值。也就是說，在凡·艾克之前，油畫的風格和趣味出自拜占庭，亦即採用金的底色和膠畫顏料；畫中的人物僵直而生硬，既沒有生氣，也沒有動感，並且頭上都圈著帶有聖者名字的一個大神聖光環。凡·艾克是一個真正的天才；他回歸自然，在油畫中畫出了背景，賦予畫中人物生動的姿勢、動作和構圖；人物的臉上流露出真實的表情，服飾的皺褶也得到了精確的描繪。另外，凡·艾克引入了透視技法，在運用技法方面大

致上達到了至為完美的程度。他的一些後繼者，例如：舒利爾和梅姆林（Hemling）延續著他的方向；其他的則重拾以前的荒謬處理手法，甚至他本人也不得不保留一些教會認為必不可少的表現法，例如：他仍然得畫上光環和巨大的光線。但人們看到他已盡其所能摒棄了不少陋習。因此，凡・艾克總是與他時代的精神抗爭，舒利爾和梅姆林也一樣。所以，對他們的評判要結合考慮到他們的時代。他們畫作的題材大多數都是空洞乏味的，一部分則是荒謬愚蠢的；並且無一例外都是陳腐、老套，跟宗教有關的事情，例如：「3個國王」、「垂死的瑪麗」、「聖克利斯朵夫」、「描繪童貞女瑪麗的聖盧克」等。這些都應歸因於他們的時代。他們所畫的人物很少有一種自由的、純粹的人的姿態和表情，[494]
而是普遍都做著教士的手勢動作，亦即某種拘束、死板、造作、謙卑、躡手躡腳的乞丐舉止。這些也同樣是他們的時代的過錯。另外，這些畫家並不了解古人的作品。因此，他們所畫的人物甚少長著一副美麗的面孔，在大多數情況下，這些人物的相貌都是醜陋的，也永遠沒有優美的四肢。雖然線條透視大部分是正確的，但空中透視卻闕如。他們所了解的大自然是其畫筆下所有一切的源泉，因此，樣貌表情是真實的，但卻永遠沒有多少深意。他們所畫的聖人沒有一個臉上是帶有一絲真正神聖性的莊嚴、超凡脫俗的表情——而這也只有義大利人才能刻畫出來，尤其是拉斐爾和柯列吉奧在早期的畫作裡面。

所以，我們可以對這一節所討論的油畫作品做出這樣的客觀評價：這些作品在表現實物方面，不管是頭部還是長袍和其他素材，大都達到了完美的技巧，幾乎可以與很久以後17世紀出現的真正荷蘭畫派所取得的成就比肩。相較之下，至為高貴的表情、最高級的美和名副其實的優雅，對他們來說又是陌生的。但正因為這些才是藝術的目的，而技法只是手段而已，所以，這些作品就不是第一流的藝術品。事實上，欣賞這些作品並不是不帶條件的，因為我們必須首先去掉上述列舉的缺陷，以及言之無物的題材和那些千篇一律的宗教動作，並把這些歸之於他們

所處的時代。

　　這一畫派的主要優點——但這只是**凡‧艾克**和他最好的學生所做出的——在於他們對現實的幾可亂眞的摹寫，而這得之於畫家對大自然的清晰觀察和在描繪方面下過的刻苦、勤勉功夫；還有就是生動鮮明的顏色——這是這一畫派所特有的優點。在這些作品之前或者之後，還沒有哪些油畫具有這樣的色彩，這些是燃燒的色彩，把顏色的最大能量都發揮出來了。所以，歷經 4 百餘年以後，這些畫作看起來似乎只是完成於昨天。如果拉斐爾和柯列吉奧知道了這些色彩，那該有多好！不過，這是這一畫派的祕密，因而已經失傳了。我們應該對這些畫作進行化學分析。

第 20 章　論判斷、批評和名聲

235

康德在《判斷力批判》一書裡面闡述了自己的美學；據此，在考察了美學以後，我在這一篇裡也一併補充簡短的判斷力批判——但這只是經驗給予的判斷力；我主要是想說：在大多數情況下，人們並沒有判斷力，因為判斷力就像鳳凰一樣的稀有，要等上 5 百年才得一見呢。

236

人們所用的**趣味**（Geschmack）一詞，指的是發現或者只是讚賞美學上正確的東西，雖然人們選用這詞的時候並沒有顯示出良好的趣味；而這種發現和讚賞並不是在某一條規則的指導下進行的，因為要麼沒有哪一條規則含括如此廣泛的範圍，要麼應用這一規則的人，或更確切地說，評判者並不知道這樣一條規則。我們可以不用**趣味**這詞，而改用**美的感覺**這一說法，如果這不是詞意重複的話。

與男性的創造性才能或說天才相比，理解、評判的趣味就猶如女性的特性。在沒有能力**創造**的情況，理解和審美趣味就在於**接受**（接收）的能力，亦即分清什麼是美麗的、合理的和適宜的，什麼是與這些恰恰相反的能力；因此也就是能夠分別好壞，發現和欣賞好的，拒絕和抵制壞的。

237

作家可分爲流星、行星和恆星。流星能夠製造出短暫的轟動,人們抬頭仰望,大聲喊道:「瞧!就在那呢!」然後就永遠地消失了。行星和行星一類的彗星則要維持長得多的時間。行星和彗星經常照耀得比恆星還要明亮——雖然那只是因爲行星和彗星距離我們更近的原因;也會被不識者誤以爲就是恆星。儘管如此,這類星星很快就得讓出位置。此外,這些星星也只是借來了光亮,其作用範圍也只侷限於同一軌道的其他星星(同時代人)。這些行星變動和遷移,循環運轉也就那麼幾年的時間。只有恆星才唯獨是持久不變的,在穹蒼中牢固保持其位置,自身發出光芒,在各個時期都發揮作用,因爲這些恆星的外觀不會因爲我們觀測角度的改變而改變——它們是沒有視覺差的。這些恆星並不像另兩類星星一樣只屬於**一個**星系(民族),而是屬於整個世界。但也正因爲恆星所處的高度,其光芒通常需要許多年才被我們地球人所看見。

238

要衡量一個**天才**,我們不應該盯著其作品中的缺點,或者根據這個天才的稍爲遜色的作品而低估這個天才。我們應該只看到他最出色的創作。這是因爲甚至在智力的層面,人性中的弱點、顛倒和錯誤仍舊是那樣的根深蒂固,就算是有著最閃亮頭腦的人,也難以完全和時時刻刻都倖免。所以,甚至在最偉大的人所寫出的著作中,也會出現大的缺陷。賀拉斯說:「偉大的荷馬也有打盹的時候。」把天才區別開來的,因此應該成爲評判他的標準的,就是這一天才在時間、心緒都在助力的情況下所能飛升的高度——這一高度是平庸才具的人永遠無法企及的。同樣,把同一級別的偉人,諸如偉大的文學家、偉大的音樂家、哲學家和藝術家等相互間作比較,卻是一件糟糕的事情,因爲這樣做的話,我們

幾乎無法避免有失公允，至少在比較的當下是這樣。也就是說，我們眼盯著一位偉大天才的某一獨特優點的時候，就會馬上發現這一獨特優點在另一位偉大天才的身上是沒有的。這樣一比較，後一位就被貶低了。但如果我們從這後一位天才所特有的、完全是另一種長處出發，那我們也無法在前一位那裡找到同樣的長處。這回輪到前一位在這種比較中被低估了。

238（補充）

某些批判家誤以為作家或作品哪些好、哪些壞是由他一個人說了算的，因為他們把自己的玩具喇叭當成了可以遠揚名聲的銅管長號。

正如一種藥品如果劑量過大就不會達到用藥的目的，**挑剔**和**抨擊**一旦超出了公正的界限也會遭遇同樣的情形。

239

對具有思想價值的作品來說，相當不幸的事情就是：只能靜待那些本身只能生產拙劣之作的人去稱讚優秀作品；並且總體而言，具有思想價值的作品不得不先經過人的判斷力而獲頒發的桂冠，但判斷力這一素質之於大多數人就等於生殖力之於被閹割者。我想說的是：大多數人的判斷力相當微弱、難有什麼結果，那只是貌似判斷力而已。所以，判斷力本身已可被視為很稀有的大自然饋贈。所以，很遺憾，**拉布呂耶爾**所說的既真實又巧妙：「在這世上至為稀有的東西，除了辨別力，接下來就是鑽石和珍珠了。」人們缺乏的就是辨別力，因此也就是判斷力。人們不懂得分辨真與假、精華與糟粕、黃金與黃銅，也看不出常人與至為稀有的天才在思想上的雲泥之別。結果就像這一首老歌謠所說的：

在這世上，這就是偉人的命運：
他們已經不在的時候，方才獲得人們的賞識。

在真正的、傑出的作品出現之時，首先擋在其前路上並且已經鳩占鵲巢的就是拙劣，但卻被人們錯認爲是傑出的貨色。此外，經過了長期和艱苦的奮鬥以後，如果那些貨真價實的作品終於成功要回本來屬於自己的位置和贏得了聲望，那用不了多久，人們就會把某個毫無思想，但又搔首弄姿、粗俗厚臉皮的效顰者拉上前臺，完全是鎮定自若、面不改色地把這個模仿者與天才人物一起安置在聖壇之上，因爲人們看不出兩者的差別，而是真心實意地以爲這一模仿者又是另一個偉大的人物。爲此理由，**伊里亞德**以下面這些詞句開始了他的第 28 個文學寓言：

愚蠢的大眾不會厚此而薄彼，
不管是優秀的還是拙劣的東西都合乎他們的趣味。

莎士比亞逝世後不久，他的劇作就得空出位置給班・強生、馬辛格、博蒙和弗萊切的作品，在長達 1 百年間不得不讓位給這些東西。同樣，康德的嚴肅哲學被費希特的離譜假話、謝林的折中主義和雅可布一本正經和令人厭惡的鬼扯蛋擠掉了位置。到最後，像黑格爾這樣一個徹頭徹尾的可悲的江湖騙子，竟被人們尊爲與康德並列，甚至遠遠高於康德的人物。哪怕是在人們都能接觸和欣賞的某一領域範圍，我們也看到無與倫比的華特・史考特很快就被沒有價值的競相模仿者擠出了大眾的視線之外。這是因爲大眾對於優秀的東西從根本上是不會有感覺的，這種情形無論在哪裡都概莫能外。所以，他們根本沒想到過：真正能夠在詩歌、藝術或者哲學上有所成就的人其實是少之又少的，也唯獨這些人寫出的作品才值得我們關注。所以，應該把賀拉斯的句子：

神、人,甚至供貼宣傳廣告的柱子
都不允許文學家變得平庸、沒趣

在那些染指文學和其他高級學問的敷衍者的眼前,每天都毫不留情地晃動幾回。這些人搞出來的東西的確就是野草——這些野草是不會允許玉米苗長出來的,因為這些野草要覆蓋一切。這樣就出現了英年早逝的**福伊希特斯勒本**所獨特和優美描述的情形:

根本就沒有好的作品問世, [499]
他們狂妄地叫喊。
偉大的作品終於露面,但人們卻視而不見。

它們的聲音淹沒在喧嘩和吶喊中,
懷著靦腆的悲涼,
好的作品就是這樣悄無聲息地過場。

人們這種缺乏判斷力的可悲情形同樣反映在科學裡面,亦即反映在錯誤和已遭批駁的理論所具有的強韌生命力上面。一旦這些東西取信於人,就能在50年或者長達一個世紀裡蔑視和抗拒真理,就像防波石堤對抗著海浪。足足過了1百年以後,哥白尼仍然不曾擠掉托勒密;培根、笛卡兒和洛克也是經過特別長的時間,遲遲才發揮出影響(我們只需讀一下達朗貝爾為百科全書所寫的著名序言)。**牛頓**也是同樣的情形。我們只需看看**萊布尼茲**在與**克拉克**爭論時,尤其是在§35、§113、§118、§120、§122、§128。對牛頓地心吸力理論的攻擊還夾雜著怨恨和蔑視。雖然牛頓在出版了他的《自然哲學的數學原理》以後,還活了幾乎40年,但直到他去世為止,牛頓的理論仍只是部分地獲得承認,並且這也只是侷限在英國。而在他的國家之外,根據伏爾泰描述牛

頓理論一書的序言所說,追隨牛頓理論的人不會超過 20 人。正是這一篇介紹文字,在牛頓逝世 20 年以後最大程度上增進了法國人對牛頓理論體系的了解。在這之前,法國人堅定、頑固和愛國熱情十足地死死抱住笛卡兒的旋轉學說,而僅僅只是在這 40 年前,笛卡兒的哲學在法國的院校中仍是遭禁的。再有就是達格蘇的總理拒絕讓伏爾泰發行他介紹牛頓理論的文章。但在另一方面,牛頓那荒謬的色彩理論卻在歌德的色彩理論出現了 40 年以後,竟仍然完全把持著統治地位。雖然**休謨**很早就漸露頭角,並且寫作得通俗易懂,但在他 50 歲以前仍然是默默無

[500] 聞。**康德**雖然一輩子都在發表作品和授課,但他還是要等到 60 歲以後才開始有了名氣。當然,藝術家和文學家比思想家有更多的表演,因為他們擁有比思想家起碼多 1 百倍的觀眾和讀者群。但是,莫札特和貝多芬在世之時,大眾又是怎樣看待他們的?人們在當時是怎樣看待但丁,甚至莎士比亞的?莎翁的同時代人要是對莎翁的作品價值有一點點的認識,那莎翁就起碼會留下一張傳神的、可靠的肖像給我們。可別忘了,在莎翁的年代,繪畫可正大行其道呀。但現在遺留下來的只是幾幅讓人生疑的畫像、一幅畫工拙劣的銅版畫和一個擺放在他墓地的做工更糟糕的半身塑像。[1] 同樣道理,莎翁遺留下來的手稿就會數以百計,而不是像現在這樣只有幾個留在法律文件上的簽名。現在所有的葡萄牙人仍以他們唯一的文學家卡米奧斯為傲,但卡米奧斯在世時卻是靠施捨過活。他從印度群島帶回來的黑人小孩每天晚上就幫他從大街上收集人們施捨的幾個小錢。當然,隨著時間的流逝,每個人都會得到公正的評判,「時間老人是個公正之人」,就像一句義大利俗語所說的。但這種公正的評判卻來得既慢又遲,就像以前帝國最高法院發出的判決,而不便明說的條件就是這一作者已經不在人世。耶穌・西拉克(11:28)的格言:

---

[1] 威佛爾,《對莎士比亞肖像的歷史、真實性和特徵的探究》,附 21 幅版畫,倫敦,1836。

「不要頌揚在世之人」得到了忠實的奉行。凡是創作了不朽作品的人都得以這一印度神話安慰自己：天上只一日，世上已千年；同樣，世上的千年也只是天上的一日而已。

我在這裡所痛惜的人們欠缺判斷力，也顯示在下面這一情形：雖然在每一個世紀，人們尊重在此之前的優秀之作，但對在同一時代的好作品卻不會賞識；本應是專注於好的作品，但現在卻都是關注著拙劣之作。每個年代都有著這樣的下三濫作品，為以後的年代提供了笑料。但當真正有價值的創作在自己的時代出現時，人們卻很難認出它們——這就證明了大眾對於久已獲得了承認的天才之作，也同樣是無法理解、無法欣賞、無法真正地評估——雖然人們聽從權威而不得不尊重這些東西。這方面的證據就是那些拙劣的東西一旦獲得了名聲，例如：費希特的哲學，就能在一、兩代人之中保住名望和影響力。不過，如果讀者人數越多，那玩藝兒的垮臺也就越迅速。

[501]

240

正如太陽需要眼睛才可看到太陽的光芒，音樂需要耳朵才可聽到它的聲音，同樣，所有無論是藝術還是科學的巨作，其價值就是以與這些巨作思想相近的、能理解這些思想的、這些巨作能對其述說的有思想者為條件。也只有這樣的人才掌握那咒語去喚起藏匿在這些作品裡的精靈，讓其現身。頭腦平庸的人面對這些巨作就猶如面對一個密封的魔法櫃子，或者就像面對一件他們不會撥弄的樂器，他們也只能在這樂器上胡亂彈出一些混亂的、不規則的聲音——儘管在這一方面人們是多麼地願意自欺欺人。正如同樣的一幅油畫，是在黑暗角落裡觀看抑或得到太陽光線的映照，其造成的效果是大不一樣的；同理，同樣一部傑作，根據理解者思想能力的不同而留下不一樣的印象。所以，一部優美的作品、一部思想性的作品要真正地存在和真正地活著，就需要某一能感

應的心靈、某一能夠思考的頭腦。不過，當作者把他的這樣一部傑作送給這一世界，隨後常有的感覺就跟這樣一位燃放焰火者的感覺一樣：這位仁兄花費了大量時間和精力準備了焰火，並滿腔熱情地為觀眾表演完畢，然後才發現自己來到錯誤的地方，他的觀眾都是從盲人院出來的。但這種情況還不至於是最糟糕的，因為如果面對他的焰火的觀眾恰好就是製造焰火的人，而他施放的焰火又是異常的絢爛，那他可就得腦袋搬家了。

[502]

241

　　同種同質、同聲同氣是感受愉快的源頭。對我們的美感來說，自己的同類以及同類之中與己同一種族的，毫無疑問是最美麗的。同樣，在與他人的交往中，每個人都明顯喜愛與己相仿的人。所以，一個蠢人肯定願意與其他蠢人交往，遠甚於與哪怕是所有具有偉大思想的人加在一起。據此，每一個人首要喜歡的必然是自己的作品，只是因為那正好就是自己心靈的影像、自己思想的回音。其次，與他本人相似的人所寫出的東西會合乎他的胃口。所以，那些膚淺、呆板和頭腦古怪，只會搬弄字詞的人，只會真心實意地讚許膚淺、呆板、古怪、乖僻和除了賣弄辭藻別無其他的東西。而對於偉大思想者的巨作，他只是迫於權威而不得不接受，亦即出於害怕而不得不承認這些作品的價值，但在心底裡，他是不喜歡這些東西的。「這些東西並沒有投其所好」，這些作品甚至讓他反感——但這一點，可是絕對不能承認的，甚至不能向自己承認。也只有具有出眾的頭腦思想的人才會真正欣賞天才創作的作品；但從一開始，要在沒有權威的幫助下認出這些就是偉大的作品，那需要具備明顯的思想智力優勢才行。所以，考慮到所有這些，我們就不會為那些巨作遲遲才獲得讚許和名聲而感到奇怪，讓我們驚奇的，反倒是這些作品竟還可以獲得讚許和名聲。這一結果只能經歷一個緩慢而又複雜的過程。

也就是說，每一個愚笨的人慢慢就迫不得已，就好比是被馴服了似地承認頭腦比他們高一級的人具有權威。這一過程層層遞增，到最後會到達以聲音的**分量**而不是**數量**決勝負的地步，而這恰恰就是一切真正的，亦即實至名歸的名聲的條件。就算是走到了這一步，就算已經經歷了磨難和考驗，那最偉大的天才作品的處境，仍舊像微服出巡的國王來到了他的民眾當中：臣民百姓並不認識這一國王，所以，除非大臣們簇擁著他，否則，他的臣民是不會聽他號令的。這是因為下級官吏並不直接從國王手中接領聖旨，這些下級官員只會辨別再上一級官員的簽名手諭，就正如這上一級的官員也只辨別其更上一級的官員。就這樣層層推進，直至內閣祕書辨別出大臣的筆跡，而大臣又能核實國王的璽印。天才在大眾當中所享有的名聲也就是以類似的逐級認可為條件。這一逐級認可的程序在開始的時候最容易停滯，因為最高的權威人物寥若晨星，在許多情形下甚至一個都沒有。但認可越是擴展至下層，那同時接受上一級權威的人數也就越多——到了這時候，天才的名聲就不會停滯、擴展不開了。

[503]

　　面對這種情形，我們只能以這樣的想法安慰自己：絕大多數的人都不是自己去判斷，而只是依賴他人的權威以評判事情，這其實未嘗**不是**一件幸運的事。這是因為假如每個人都根據自己在巨作中的確體會到的和享受到的而做出評判，而不是由強迫性的權威促使他說出妥當、適合的評語——雖然這些評語並非出於真心——那麼，對柏拉圖、康德、荷馬、莎士比亞，還有歌德的作品，絕大部分的人將會做出怎樣的評判？假如情形不是這樣，那高級別的創造就根本不可能得到聲譽了。同時，每個人剛好擁有足夠和必需的判斷力，以認出和聽從比他更高一級的權威——這是第 2 件幸運的事，因為這樣一來，許多人就最終服從於極少數人的權威，由此就產生了評判作品的整套程序、制度。在這整套評判程序的基礎之上，那種牢固和遠揚的名聲也才有了奠定的可能。對於處在最低一級，完全沒有能力感受到偉大思想家所做出的貢獻的人，最終

就只能依靠樹碑立傳以製造出感官的印象給他們,好讓這些人對那些天才的成就和貢獻有某一隱約的、模糊的猜測和想像。

[504]

242

在阻擋高級別作品獲得名聲方面,嫉妒卻不會遜色於欠缺判斷力。從一開始,就算是對最低一級的作品,**嫉妒**就已經發力阻撓其獲得名聲,自始至終都可說是不屈不撓的。這因此讓原本就已是陰險、惡毒的世道人生更增加了險惡。阿里奧斯托的形容很準確:

這一陰暗、憂鬱更甚於明亮、喜悅的人生,
卻是充滿著嫉妒。

也就是說,嫉妒把到處都在興旺、發達的所有平庸之輩,祕密和非正式地聯合起來,以同心協力對抗各個級別的個別出類拔萃者。也就是說,人們不會願意在其活動和影響範圍內聽說或者容忍這樣的佼佼者,相反,「如果在我們當中有人要出類拔萃的話,那就請他到別處去出類拔萃吧」。這樣,除了優秀的東西很罕有,發現、明白和賞識優秀東西也很困難以外,現在還得再加上萬眾的嫉妒之心協調一致地發揮作用:務必壓制優秀的東西,如可能的話,最好是連根拔掉,以絕後患。[2]

因此,一旦在某一學科有人顯現出傑出的才能,這一學科裡的所有平庸之士就會一起動手把這才能掩蓋起來,奪走其機會,以各種方式

---

[2] 人們不會得到真實的評價,而只是被認定為他人所認為的樣子。這給人們壓制非凡的思想者提供了機會;這樣,庸才就可以趁機阻止和盡量拖延時間,不讓那些傑出作品**露面**。
對於成就,有兩種行為態度:要麼自己也做出成就,要麼就是不承認這些成就。而後一種方式由於更便利,所以人們通常更樂於使用。

不讓這傑出才能曝光、展現出來和讓人知悉，似乎這些才能就是對膚淺、無能、馬虎、潦草的他們的一種背叛和造反。在大多數情況下，這一整套掩藏、壓制才能的辦法在相當長的一段時間裡頗為有效，而這只是因為天才懷著赤子之心把自己的作品獻給人們，以為這些人會欣賞自己的傑作——這樣的天才偏偏不是那些心懷叵測、手段老辣的卑劣傢伙的對手：這些傢伙在庸俗、無恥方面卻是極為到家的。這位天才甚至一刻都不曾想到，也不理解人們使得出這些招數。在挨上當頭一棒以後，懵然、失措的他或許就會開始懷疑自己的作品呢。這樣，他就對自己都糊塗了。要不是他及時擦亮眼睛，看清楚那些毫無價值的人及其勾當，他還會放棄努力呢。我們用不著從剛剛過去或者已經遠逝的年代找出具體的例子，我們只需看一看德國的音樂家是如何深懷嫉妒，在整整一代人的時間裡拒絕承認偉大的**羅西尼**的成就。在一次大型、隆重的男聲合唱集會裡，我就親眼目睹了人們和著羅西尼不朽的〈我心悸動〉旋律，諷刺性地唱出菜單裡的菜名。多麼無能的嫉妒！庸常的字詞被羅西尼的旋律壓過和吞沒了。所以，儘管嫉妒當道，羅西尼的奇妙旋律照樣傳遍了全球，讓每一個聽者頓感神清氣爽，一如過去是這樣，現在是這樣，無盡的將來仍是這樣。稍遠一點的，我們看到當一個名叫**馬紹爾·荷爾**的人讓人發現他知道自己做出了某些成績以後，德國的醫學人員，尤其是醫學批評家簡直就是怒髮衝冠。嫉妒是表明有所欠缺的確切標誌；如果是針對別人做出的成就而嫉妒，那就表明自己在這方面無所建樹。人們對傑出之士的嫉妒態度，我那卓越的**巴爾塔札爾·格拉西安**在其著作中的一個篇幅很長的寓言裡作了異常優美的描述。這寓言是在《審慎》一書中，標題是「炫耀的人」。在這篇寓言故事裡，所有的鳥兒對孔雀的羽毛忿忿不平，並一致聯合起來對付牠。喜鵲說：「只要我們能夠阻止那該死的孔雀開屏，牠還有什麼美可言？大家都看不見，那美不就等於沒有了嗎？」等等。據此，謙虛的美德純粹就只是為防範嫉妒而發明出來的武器。至於無論任何時候，只有欺世盜名者才會要求別人謙虛，

[505]

[506] 而看到有出色才能的人**自謙**又滿心歡喜——這在我的主要著作第 2 卷第 37 章第 426 頁（第 3 版，第 487 頁）已經詳盡討論過了。**歌德**的這一名言很多人並不喜歡，亦即「只有無賴才是謙虛的」。在這之前，一個老前輩在**塞凡提斯**的筆下也表達過這一意見。他在塞凡提斯的《詩壇遊記》的附錄中給予文學家這一必須謹守的行為準則：「每一個詩人，只要寫出的詩行顯示出自己就是一個詩人，那他就要看重自己，並堅信這一俗語：把自己看成是無賴的人，就是一個無賴。」在**莎士比亞**的許多十四行詩中——只有在這些詩作中莎翁才可以談論自己——既自信又坦白地表示自己所寫的是不朽之作。對此，莎翁著作的當代校對和評注編輯**柯利爾**在為莎翁的十四行詩所寫的〈序言〉（第 473 頁）中是這樣說的：「在許多十四行詩裡，可看到詩人自信的明顯跡象，他對這些詩作能夠永存深信不疑。我們的作者在這方面的看法是堅定、始終如一的。他從不諱言自己的看法。或許從古至今，還不曾有過一位寫出這樣的作品的作者，是如此頻繁和明確地表示出自己的這一堅定信念：對於他所寫的文學作品，這一世界是不會眼睜睜看著任其湮沒的。」

嫉妒之人為了貶低好的東西而常用的一個招數，而這說到底也就是貶低好東西的另一面，就是不顧顏面、肆無忌憚地稱頌拙劣的東西，因為一旦拙劣的貨色被奉為圭臬，優秀之作也就完了。所以，這一伎倆可以在好一段時間裡發揮作用，尤其是這一手段大規模採用的話。但到最後，清算的日子還是要到來。劣作雖曾獲得為時短暫的名聲，但現在，那些下作的吹捧者卻要付出永遠失去信譽的代價。正因為這樣，那些吹捧者都很樂意藏匿起自己的真實名字。

[507] 由於直接貶損、批評傑出的作品會遭受上述同樣的危險——雖然這危險距己更遠一點——所以，許多人還是挺精明的，不至於下定決心採用這一方法。因此，當傑作露面的時候，最初的結果經常就只是因此受到了極深傷害的同行陷入了深深的沉默，就像看到了孔雀開屏的鴉雀，那種步調一致就好像有了某種約定：他們全都閉上了嘴巴。這也就是塞

內卡所說的「嫉妒者的沉默」。如果作品面對的**最直接的**公眾就只是作者的同行和競爭者，例如：在高級的學術研究領域裡就是這樣的情形，而更大的公眾群因而只是間接地透過上述直接的公眾行使其投票權，而不是自己去調查研究，那麼，那些直接的公眾只要蓄意保持陰險、狡猾的沉默，其技術用語就是**視而不見、不理不睬**，那在長時間裡已可達到目的。就算那種「嫉妒者的沉默」終於被讚揚之聲所打破，那在此主持了公道的讚揚聲也甚少不是帶有種種私下的打算：

> 許多人也好，一個人也罷，
> 承認別人，
> 不過就是要顯示一下，
> 承認者的所能。
>
> ——歌德，《西東合集》

也就是說，人們如果把名聲給予與己相同或者相關學問領域的人，那說到底就必然剝奪了自己在這方面的名聲；人們讚美別人就只能付出自己的聲望的代價。所以，人本來就根本不會傾向於和有興致稱頌別人，而是喜歡和感興趣責備、誹議別人，因為責備和誹議別人就是間接地讚揚了自己。但假如人們是稱頌別人，那就肯定是出於別的其他動機和考慮。既然在這裡我指的不是同夥之間的無恥地吹吹拍拍，那麼，在此起作用的考慮就是：除了自己做出成就以外，僅次一級的能力就是正確評估和承認別人所做出的成就——根據赫西奧德和馬基維利所列出的 3 級頭腦能力（參閱我的《論充足理由律的四重根》，2；第 2 版，第 50 頁）。誰要是不抱希望，不再主張和聲稱達到第 1 級的能力，就會很樂意抓住機會占據第 2 級能力的位置。人們所做出的每一成就之所以有確切把握期望最終能獲得承認，幾乎唯獨就是因為這一點。同樣是因為這一緣故，一旦某一作品的巨大價值得到了承認，不再被隱瞞和否定，人

[508]

們就會爭先恐後地表示讚嘆和尊敬，因為人們意識到色諾芬所說的話：「要認出智者，自己首先就必須是智者」，他們承認別人就可以為自己沾上榮耀。所以，既然人們已經無法染指原創性的成就，那現在就盡快退而求其次，亦即趕緊表現出準確賞識那些成就的能力。因此，在此發生的情形就像一支被擊潰了的軍隊：原先個個唯恐不是衝鋒在前，現在大家只恨自己逃跑得太慢。也就是說，現在人們就爭先恐後讚許那已獲得了承認的非凡作品，同樣是因為人們畢竟是明白我在之前第 241 節已經探討過的同氣相通的法則，雖然人們通常向自己隱瞞起這一點。也就是說，人們在讚嘆非凡的作品的時候，無論是在思維方式還是對事情的看法上，就似乎是與那非凡作品的作者同聲同氣了，這樣，就起碼能夠為自己的趣味保全了顏面，而現在這已是唯一剩下的東西了。

由此可以輕易看出：雖然名聲很難獲得，但一旦到手，要保存這一名聲卻是輕而易舉的事情。同樣，那快速得來的名聲，很快就會消失——這在拉丁成語中叫做「來得快，去得也快」。其中的道理是明擺著的：某一成就的價值能為常人所輕易認識並為同行競爭對手所願意承認，那做出這一成就的能力就不會比常人和同行的能力高出很多。這是因為「每人只會稱頌自己有望和期望達到的成就」。再者，由於我已多次提及的同氣相通法則的作用，迅速冒起的名聲是一個讓人起疑的信號，也就是說，這一名聲就是大眾給予的直接讚許。這一大眾的讚許意味著什麼，福康知道得很清楚，因為在他演講時，當聽到熱烈、響亮的喝采聲，他就問站在他旁邊的朋友，「自己是否無意中講錯什麼話了」（普盧塔克，《箴言錄》）。出於相反的理由，能夠維持長久的名聲，很遲才成熟起來；要得到延綿多個世紀的名聲，通常都必須以得不到同時代人的讚許為代價。這是因為要能夠持續得到人們的認可和尊重，就必須具備難以企及的非凡之處，甚至只是看出別人的這一非凡之處就已經需要不一般的頭腦思想了；而有這不一般的思想的人，卻不是隨時都存在的，起碼不會隨時湊夠數目讓人們聽得見他們的聲音。但那一直是

警覺著、提防著的嫉妒卻會不惜一切扼殺這些聲音。相較之下，很快就得到人們承認的平庸成就，其壽命卻有可能短於成就這些的人，以致那些成就者雖然在青年時代享有名聲，但到了晚年卻默默無聞。而做出偉大成就的人卻相反地在長時間內默默無聞，但換來的卻是晚年的赫赫名聲。但假如這赫赫的名聲只在他們死了以後才到來，那這種人就像**讓‧保羅**所說的：塗抹死人的香油卻成了新生兒洗禮的聖水。他們也就只能以聖人只有死後才獲封聖徒來安慰自己。所以，馬曼在〈希羅德〉一詩中的優美描述得到了證明：

> 在這世上真正的偉大，
> 肯定不會馬上取悅於人。
> 大眾所尊奉為神的，
> 很快就從神壇撤下。

值得注意的是，這一規律在油畫中得到了完全直接的證實，因為鑑賞家都知道：最偉大的傑作不會一下子就吸引住人們的眼睛，也不會在初次觀賞就能馬上造成難忘的印象，而只是經過反覆觀摩以後，印象才會越來越深刻。

另外，某一作品能否得到及早、正確的評估和賞識，首要取決於這一作品的類別和性質，亦即根據這類作品水準的高低以及相應在理解和評判上的難易，根據這類作品面對的公眾群的大小而定。雖然後一個條件，即公眾群的大小主要取決於第一個條件，即作品水準的高低，但也部分地取決於這類作品是否可以大量複製，就像書籍和樂譜那樣。在上述兩個條件結合作用以後，那些並非服務於有用目的的成就——在這裡談論的也就是這一類成就——其價值在盡早獲得人們的承認和賞識方面，組成了下面的序列，排得越前就越有希望快速獲得公眾準確的評估和賞識：走鋼絲演員、馬戲團的花式騎手、芭蕾舞演員、魔術師、演

[510]

員、歌手、樂器演奏家、作曲家、文學家（作曲家和文學家都是因其作品能被複製）、建築師、畫家、雕塑家、藝術家、哲學家。排在末席的毫無疑問是哲學家，因為他們的著作給讀者帶來的不是娛樂，而只是教誨；要理解這些著作需要具備一定的知識，讀者自己在閱讀時也要付出相當的努力。所以，哲學著作的讀者群相當小，這類作者所得到的名聲，其伸延與其說是在寬度，還不如說是在長度。總而言之，名聲能否持續下去大致上是與這一名聲到來的早遲成反比；所以，上面的序列倒過來就可以反映名聲持續的情況。這樣，在維持名聲方面，文學家和作曲家也就緊隨哲學家之後了，因為他們寫下來的所有作品都有永久保存的可能。但不管怎麼樣，第一號位置理所當然地屬於哲學家，因為在這一領域裡做出成就會稀有得多，也具有很高的價值，這些哲學著作也有被近乎完美地翻譯成所有語言的可能性。有時候，哲學家享有的名聲甚至超過了他們著作的壽命，例如：泰利斯、恩培多克勒、赫拉克利特、德謨克里特、巴門尼德、伊比鳩魯等等。

[511]　　相較之下，那些具有某一用處，或者直接提供感官樂趣的作品卻不費吹灰之力就能得到人們的準確評估和賞識。在許多城市裡，一本寫得出色的糕點製作手冊是不會長時間受到冷落的，更不用等到後世才碰上知音。

　　與迅速獲得的名聲歸於同一類的是虛假的名聲。虛假的名聲就是靠人為的炒作、不實的頌揚、一眾好友和收受了賄賂的批評家的幫腔、上頭的暗示和下面的合謀共同作用的結果，是以大眾缺乏判斷力為前提條件的。這種虛假的名聲就像人們用充氣圈在水裡浮起重物。這些充氣圈會在水中浮起這一重物或長或短的時間——這端看這些充氣圈縫合得是否完好。但充氣圈裡的空氣終究要慢慢漏掉，重物也終將沉沒。這也是所有不是依靠**自身**而獲得名氣的作品終將遇到的命運：虛假的讚揚聲逐漸減弱和消失了，那定下的盟約壽終正寢了，識貨者發現這一名聲其實名實並不相符。這名聲消失了，換來的只是人們對其越發鄙視。而真正

的作品，其名聲的源泉全在**自身**，並因此在各個不同的時候都重新能夠引發人們讚嘆，就像特別輕盈的浮體，依靠自身就能浮上水面，並沿著時間的長河漂浮。

　　縱觀文字寫作的歷史，無論古今，還真不曾有過什麼虛假名聲的例子能與黑格爾哲學的虛假名聲相比。還從來不曾有過如此拙劣、如此明顯荒唐虛假、如此赤裸裸的空話、不知所云的字詞，令人噁心和作嘔的內容，能像這一徹頭徹尾毫無價值的假哲學那樣，竟然可以這樣被厚顏無恥地捧為這一世界至今為止還從未見過和讚頌過的、最博大精深的智慧。這些荒誕的事情，用不著我說，都是在太陽底下發生的。但是，值得指出的是，所有這些僞劣貨色卻在德國公眾那裡取得了澈底的成功。而這正是德國人的恥辱所在。在長達 1/4 世紀裡，這一厚著臉皮創造出來的名聲被人們視為名副其實；這一「不可一世的怪獸」在德國學術界風頭之勁，可謂獨一無二。甚至對這種傻事並不買帳的寥寥幾個人，在 [512] 談起這種荒謬事情的始作俑者時，也不敢不畢恭畢敬，除了用上絕無僅有的天才和偉大的精神思想者一類的字詞，不敢再用其他。所有這一切將如何收場，我們還是忍不住推論一番。這樣，在文字寫作的歷史中，這一時期就將作為一個民族和時代的恥辱汙點，永遠成為今後多個世紀的笑談，並且是罪有應得！當然，時代或者個人都有自由頌揚拙劣的貨色、蔑視優秀的作品，但復仇女神最終不會放過他（它）們，恥辱的鐘聲終將敲響。正當被收買了的夥計們發出大合唱，以有計畫地傳播這位冒牌哲學家的名聲，宣揚他的毒害頭腦思想和無可救藥的信筆胡寫之時，人們馬上就可以看出這種讚美大合唱的特質，如果在德國還具有稍為細膩一點思想的人的話；這種大肆吹捧就只是出自某一目的，而完全不是得之於認識。這是因為這種讚美鋪天蓋地，一發不可收拾；這片讚美之聲傳往地球的四面八方，從所有人的大嘴裡奔湧而出，毫無條件，毫無節制，也毫無保留，直到詞語告罄為止。上述那些受人錢財、站好了位置、替人吆喝鼓掌的人，仍不滿足於只是唱出混聲即興讚歌，他們

還緊張兮兮地搜索德國以外未經賄賂的一丁點讚語,然後如獲至寶地高聲炫耀。也就是說,假如某一名人讓自己不得不或者中圈套說出了幾句讚語,或者偶然無意中說了幾句好話,又或者反對者在批評的時候,出於害怕或者同情而把責備的話語說得委婉一點——假如出現這種情形,那些馬屁精就迫不及待地撿起這些東西,然後就到處招搖。這樣,這都是有目的的,大唱讚歌者其實就是博取酬勞的雇傭兵、收人錢財以及誓要共同進退的文人同夥。相較之下,僅僅只是發自認識的真心實意的讚揚,卻完全是另一種性質。福伊希特斯勒本很美妙地說過:

[513]　　人們搪塞和支吾,
　　　　就只是為了不尊重好的事物!

也就是說,發自認識的真心讚揚來得既慢又遲,就算來了,也只是零星分散、少得可憐。並且這些讚語始終帶有保留,以致接受者的確可以這樣說這些讚揚者,

　　　只是嘴皮子嚅動,上顎卻不動分毫。
　　　　　　　　　　　　　　——《伊里亞德》,22,495

給予別人讚揚的人在心裡可是老大不願意的。這是因為這些讚語和獎賞,是在真正偉大的成就已經再也無法掩藏起來的時候,從那些呆滯、粗糙、倔強,並且心生嫉妒和極不情願的平庸之輩那裡硬奪過來的。這一月桂花環,就像科洛斯托所吟唱的,是高貴之人的汗水換來的;正如歌德所說:

　　　那是勇氣的結果,或遲或早
　　　終將戰勝愚蠢大眾的抵抗。

據此，這種性質的讚賞與那種受目的驅動的無恥吹拍、逢迎相比，就像一個高貴、真情、很難才獲其芳心的戀人與付錢得到的街邊妓女之比；人們在黑格爾的名聲光環中馬上就會認得類似這街邊妓女臉上塗抹的厚厚脂粉、唇膏——如果就像我已說過的，德國人還有一點點**細膩**眼光的話。如果真是那樣，那席勒的〈理想〉一詩中所描述的情形就不至於作為德國民族的恥辱刺眼地成為現實了：

我看見了名聲那神聖的花冠，
在平庸者的頭上遭受褻瀆。

在此作為虛假名聲實例的黑格爾光芒，當然是史無前例的事情，甚至在德國也找不到相似的例子。因此，我請求公共圖書館保存好歌頌黑格爾大名的所有文獻，小心地、木乃伊式地保存好，包括這一冒牌哲學家本人及其崇拜者所寫的全部文章，以作將來後世的教育、警醒和娛樂之用。同時，這也可以為這一時代和這一國家立此存照。

但如果我們把目光放遠一點，把注意力集中在歷史上各個時期的**同時代人的讚語**，那我們就會發現：同時代的人的讚語其實就是街邊的妓女，受盡了成千上百個下流傢伙的玷汙。誰還會對這一娼婦產生欲望？誰還會以得到她的青睞為豪？又有誰不會鄙視她、拒絕她？相較之下，**綿延後世的名聲**卻是驕傲、矜持的絕色美人，她只把自己獻給配得上她的人，獻給勝利者和難得一見的英雄。事情就是這個樣子。此外，我們也可由此推斷兩足的人類必然是處於何種境況了，因為需要經歷幾代人，甚至數個世紀以後才可以從上億人當中產生出屈指可數的具有判斷力的人，即懂得區別好與壞、真與假、黃金與黃銅的人。這些人因此也就被稱為後世的裁判員。對這些人來說，情勢更有利，因為無能者難以消除的嫉妒，還有卑鄙者帶目的的阿諛奉承都沉寂了，真知灼見到現在才有了機會發言。

[514]

與上述人類可憐的境況相對應，我們難道沒有看到那些偉大的天才，無論是在文學還是在哲學和藝術，都總是孤身奮戰的英雄，赤手空拳與漫山遍野的大部隊進行一場堪稱絕望的搏鬥！這是因爲絕大多數的人類那呆滯、粗野、反常和粗暴的特性，始終以各種各樣的方式方法抵消天才所發揮的影響，它們在這一過程中組成了龐大的敵對勢力——在敵衆我寡的形勢下，英雄們最終倒下了。每一個英雄都是參孫大力士：強力者被弱者的詭計和對手的人多勢衆所擊敗；一旦他最終失去了耐性，他就一併毀掉對手和自己。或者那些英雄就像到了小人國的格列佛：最終還是被超大數量的小人制服了。這些個別的英雄無論成就了什麼，都很難得到人們的承認，都是很遲才仗仰權威的力量獲得賞識，並且輕而易舉就被擠掉了位置——至少在好一段時間是這樣。這是因爲與之作對的虛假、膚淺、乏味的東西始終源源不斷流入市場，而這些東西與大衆更投契，因此能夠堅守大部分的陣地。評論家就儘管對著大衆吶喊吧，就像哈姆雷特把兩張畫像拿到他那下賤的母親的眼前，「你長眼

[515] 睛了嗎？你到底長眼睛了嗎？」——唉，他們不就是沒長眼睛嘛！當我觀察人們欣賞大師作品的情景，還有他們喝采的方式，我就經常想起那些受過訓練的猴子表演的所謂猴戲：那些猴子貌似常人的動作舉止，不時就會暴露出缺乏某一眞實的內在本原，因爲那些動作舉止暗示了非理性的本質。

那麼，根據以上所述，人們經常使用的這一說法：一個人「高於他的世紀」，就應理解爲：總而言之，這個人是高於人類的，也正因此，要直接認識這樣一個人，本身就得具備明顯高於常人的能力。但這種能力明顯高於常人的人太過稀有了，不可能在任何時候都大量存在。所以，在這一方面，如果這個人不曾受到命運特別的眷顧，那他就「不被其世紀所認識」，亦即長時間不獲承認——直到時間逐漸湊齊了稀有者發出的聲音，這些稀有者也就是具有足夠的頭腦思想以評判高級別的作品。在這之後，後世的人就會說，「這個人高於他的世紀」，而不是

「這個人高於人類」。也就是說，人類巴不得把自己的過錯推諉給僅僅是某一世紀。由此可以推論：高於自己世紀的人的確就已經是高於任何一個其他的世紀——除非在某一世紀裡，憑藉好得不能再好的運氣，在這個人的成就領域裡，某些公正和有能力的裁判與這個人同時誕生。就像一個美麗的印度神話所說的，正當毗濕奴投胎為一個英雄的時候，梵天在同一時間也降生在這一世上，並成為吟唱毗濕奴事蹟的人；所以，瓦米基、瓦薩和卡里德薩都是梵天的化身。[3] 在這一意義上，我們可以說每一不朽的作品都在考驗它所處的時代是否能夠慧眼識寶。在大多數情況下，這些時代都無法透過考驗，情形並不比菲勒門和包吉斯的鄰居好得了多少——這些鄰居因為認不出這些神靈而把他們趕走了。據此，用以評估一個時代的智力水準的正確標準，就不是有多少偉大的思想者在這一時代出現，因為這些思想者的能力是大自然的產物，這些思想者的能力能夠得到發掘和修養也只是巧合情勢所致；其實，正確的評估尺度應該是：這些思想者的作品在這些同時代人的手裡得到了什麼樣的對待。也就是說，我們要看一看這些傑作是迅速受到了人們熱情的歡迎，抑或對這些傑作的讚許姍姍來遲、不無怨恨；又或者這些讚許和歡迎要完全等到後世。尤其當這些是高級別的作品，那這更需要採用這一評估尺度了。這是因為越少人能夠涉足偉大思想家工作的領域，那上述的好運就愈加肯定不會出現。在此，在名聲方面，詩人文學家享有巨大的優勢，因為他們的作品人人都可以接觸得到。如果把華特·史考特的作品給當時1百個人閱讀和評判，那或許隨便一部瞎寫一通的作品都會比史考特的作品更能得到這些常人的歡心。但史考特在終於奠定名聲之後，人們照樣可以讚揚史考特「高於他的世紀」。但如果那1百個以整個世紀的名義對作品做出判斷的讀者，除了缺乏能力以外，還再加上嫉妒、不誠實和追求個人利益，那麼，這作品就將遭受悲慘的命運，情形就像

---

[3] 波利埃，《印度的神話》，第1卷，第172-190頁。

一個訴訟人等候已被收買了的法官做出判決。

與此相應，文字著作史普遍顯示出：那些以思想和認識爲目的的人備受冷落、不爲人知，而以貌似這些假象而炫耀的人卻獲得了同時代人的讚嘆和金錢上的進帳。

[517]　　這是因爲一個著作者要發揮出作用，首要條件是他獲得名聲、號召力，讓其作品成爲必讀品。但這許多根本沒有價值的作者透過玩弄花招，透過偶然的因素和與大眾的同聲相應就迅速獲得了名聲。而眞有水準的作者卻遲遲無法獲得名聲。也就是說，前一類作者有的是朋友，因爲無恥之輩總是大量存在，並且是聚在一起；而後一類作者有的只是敵人，因爲無論在哪裡，無論在何種狀況下，優越的智力都是這世上最招人討厭的東西，尤其對在同一行學問中想混出個名堂的混混而言，就更是這樣。[4]假如哲學教授們認爲我在此暗指他們，暗指他們這30多年來對我的著作所採用的戰略戰術，那他們猜對了。

因爲現實情形就是如此，所以，眞要成就一些偉大的東西，創造出一些能流芳後世的東西，主要的條件就是不要理會同時代人及其看法、觀點，以及由此產生的批評或者讚語。這一條件是自動形成的，只要其他人團結在一起的話，而這卻是幸運的事情。這是因爲在創造偉大作品的時候，如果作者考慮到廣泛的意見，或者同行的判斷，那所有這些都會在他邁出的每一步把他引入歧途。所以，誰要想綿延後世，那他就要擺脫他那時代的影響。當然了，如果他這樣做，那在大多數情況下，他也就只能放棄對同時代人發揮影響：就要準備犧牲同時代人的讚美，以換取延綿數世紀的名聲。

當某一新的，但與通常見解相對立的基本眞理出現在這世上的時

---

[4]　一般來說，某一作品的讀者群，其數量與其品質是成反比的；所以，例如：僅從一部文學作品不可勝數的出版數，是一點都無法推斷出這部作品的價值的。

候，人們普遍都頑固地和盡可能長時間地予以抗拒；甚至當人們開始動搖，幾乎已是信服這一真理了，也仍然要矢口否認它。與此同時，這一基本真理悄無聲息地發揮著影響，就像強酸般發揮著腐蝕作用，直到一切都銷蝕淨盡。到了那時候，喀啦啦的開裂聲時有所聞；古老的謬誤終於轟然倒塌了，而一個新的思想大樓就好像突然之間聳立了起來，就像是剛揭幕的紀念碑：人們嘖嘖稱奇，奔相走告。當然，所有這一切的發生過程經常都相當緩慢，因為一般來說，值得人們傾聽的說話者已經不在世的時候，「說得好！」「說得妙！」等一類喝采聲才會響起來。

相較之下，才具平平的人所寫出的作品卻遭遇更好的命運。這些作品在時代總體文化的發展過程中產生，與這一時代的總體文化有著密切的關聯。所以，這些作品與這時代的精神，亦即與正巧在當下流行的觀點緊密結合，並著眼於為剎那瞬間的需要服務。所以，這些作品真有那麼一些優點的話，人們很快就會認得出來；並且由於這些作品切合當時的文化時代，所以很快就能吸引人們的興趣。這些作品也就會得到公正的待遇，甚至經常會得到遠遠超出公正的待遇。它們也只給了嫉妒者很少的材料，因為就像我已說過的：「每個人只會稱頌自己有望和期望做出的成就。」但那些非凡的巨作，那些註定是屬於整個人類，要在多個世紀中存活的東西，在其產生之時就已遠遠地領先。正因為這樣，這些巨作對同時代的文化和同時代的精神而言就是陌生的。這些巨作並不屬於這些時代的文化和精神，與這些東西格格不入，因此也就無法贏得這時代人的興趣。它們屬於另一更高的文化階段和某一仍然遙遠的時期。它們的運動軌跡與其他作品的運動軌跡相比，就猶如天王星的軌跡與水星的軌跡相比。所以，它們暫時是不會得到公正待遇的，人們都不知道應該如何評判它們。這樣，人們就只能讓這些作品自行走其蝸牛步子。地上的爬蟲的確無法看見天上的飛鳥。

以某一語言出版的 10 萬本書裡，大概也只有一本是屬於真正的和永久的著作。而在這一本著作拋離那 10 萬本書，終於取得其應得的榮

譽之前，卻通常得承受怎樣的命運啊！這樣的著作是出自不尋常的、明顯高超的頭腦。而正因為這樣，這些傑作是明顯與其他作品不一樣的——這一點遲早會顯現出來。

我們可不要以為上述情形在將來某個時候會有所改善。人的可憐本性雖然在每一代人中都改換了一下面目，但在各個時代都是一樣的。傑出的思想者甚少在其在生之時排除阻力、取得成功，因為他們的作品根本上就只能被與他們相似、相通的人所完全真正地理解。

那麼，既然從那幾百萬人之中也難得會有一人走上通往不朽之路，踏上這一條道路的人必然就是相當的孤獨；這一通往後世的旅程所經過的就是荒無人煙的可怕地區，就像利比亞大沙漠。眾所周知，從未見過這一大沙漠的，是無論如何也想像不出那種荒涼感覺。在此，我附帶給予將到這地區一行的人一個建議：一定要盡量輕裝而行，免得中途要扔掉太多的東西。因此，我們應該時刻謹記巴爾塔札爾·格拉西安的妙語：好的東西，如果濃縮，就成了雙倍的好。這一格言尤其應該推薦給全體德國人。

偉大的思想者之於其所生活的短暫時代，就猶如一棟大樓之於其坐落的狹窄廣場。也就是說，人們無法看到這棟大樓的整體，因為人們距離這棟大樓太近了。出於相似的原因，人們對這偉大的思想者不會有所發覺，但相隔了一個世紀以後，這位人物就會被人認識和懷念。

的確，那創作了不朽作品的時間上的可朽兒子，其人生與那不朽作品相比，也是極不相稱的——這就類似於終有一死的母親，例如：西米爾或者瑪雅，卻生下了長生不死的神祇；又或者這類似於忒提斯與阿基里斯的那種不相稱的關係。這是因為匆匆即逝與永垂不朽形成了太過巨大的反差。他那短暫的一段時間，他那充滿欲求、受盡折磨、難得安定的一生，甚少能夠允許他看到自己不朽的孩子哪怕是剛剛開始其閃光歷程，或者允許他看到自己得到人們的客觀承認。相反，一個享有後世名聲的人，其境遇卻與貴族恰恰相反，因為貴族在人們對其本人了解之前

[520]

就已有了名聲。

但是，對一個享有名聲的人來說，在當世享有名聲抑或在後世享有名聲，兩者間的差別最終就只在於：如當世享有名聲，他的崇敬者與他就在空間中分隔；如享有後世的名聲，那他的崇敬者與他則在時間上分隔。這是因為哪怕是享受到了當世的名聲，一個人一般來說也不曾親眼看見他的崇敬者。也就是說，崇敬之情承受不了太過接近的距離，而是始終要保持較遠的距離，因為貼身靠近我們所崇敬的人物的話，崇敬之情就會像奶油融化於豔陽之下。據此，哪怕一個人在當世已享有盛名，但在他周圍90%的人也只是根據這一名人的地位和財富而對他另眼相看，其餘10%的人頂多只是由於從遠處傳來的訊息而模糊地意識到這個人的過人之處。關於這種崇敬之情與我們面對面看著所崇敬的對象，這種名聲與實際生活的不相協調，我們有**佩脫拉克**所寫的一封美妙的拉丁文書信。那是1492年威尼斯版《書信集》中第2封信，收信人為托瑪士·馬薩蘭西斯。在信裡，佩脫拉克提到：所有他那時代的學者都認可和謹守這一格言：著作者只要讓讀者見上哪怕一面，那所寫的作品就會受到這些讀者的輕視，所以，那些享有盛名的人，在得到人們承認和尊崇方面，如果他們與常人總得要保持遠遠的距離，那這距離是在空間上抑或是在時間上，就差不了多少。當然，他們有時候可以知悉空間距離中的名聲，但卻永遠不會知悉時間距離中的名聲。但作為補償，真正和偉大的成就卻可以確切預計到後世的名聲。的確，誰要是產生了某一真正偉大的思想，那早在孕育這一思想的瞬間，他就意識到了自己與未來後代的關聯；他也就連帶感覺到自己的存在延展了多個世紀；以此方式他就不僅是為了後世而活，而且還將與後世一起活著。在另一方面，如果我們在研究過巨作以後，對這一位偉大的思想者欽佩不已，期盼見到這一思想者，與他交談，和他在一起，那這一渴望也不只是單方面的，因為這一作者本人也渴望後世能夠欣賞他，把感謝、愛意和榮耀獻給他——而這些卻是與這一思想者同時代的嫉妒者拒絕給他的。

[521]

243

假如最高級的思想著作通常只能從後世的裁判庭那裡得到承認和讚賞,那對於某些曾經不可一世的謬誤,等待它們的卻是相反的命運。這些謬誤由頗有才華之士提出,看起來似乎有理有據,人們也以如此之多的知識和理解為其辯護,以致在其同代人當中獲得了名聲和威望——起碼只要那些謬誤的始作俑者仍在世,就仍能保存其威望。這一類的謬誤包括許多錯誤的理論、錯誤的批評,還有就是由時代的偏執定見所帶來的某種不自然的趣味或者風格,以及根據這些而炮製出來的文學、藝術作品。所有這些東西之所以取得威望,風行於一時,只是因為暫時還沒有人懂得如何指出、證明或駁斥其虛假、錯誤之處。但通常在下一代人當中就已產生這些有識之士,然後,那輝煌、燦爛也就壽終正寢了。只有在個別的情形,那輝煌的名聲才維持長一點的時間。牛頓的色彩理論就曾經是、現在仍然是這樣的情形。其他同樣的例子包括古希臘天文學家托勒密的宇宙體系理論、斯達爾的化學理論、**弗·奧·沃爾夫**對荷馬其人的否認,或許還有尼布爾對羅馬皇帝歷史的破壞性批評等等。因此,無論當世的判決是有利抑或不利,後世法官席是審議當世判決的公正的上一級法庭。所以,能夠同時滿足當世和後世是相當困難的,也是相當稀罕的。

[522] 我們應該謹記時間在糾正認識和判斷所必然發揮的作用。這樣,無論是在藝術、科學,抑或在實際生活當中,每當我們看到某一離譜的謬論出現和流傳開來,或者某些不當的,甚至根本荒謬、反常的事情和行為造成了效果和影響,而人們又對此表示讚許,我們就能讓自己平靜下來。也就是說,我們用不著氣急敗壞,更不要沮喪和氣餒,而應該記住:那些人終將要從迷途折返;他們只需要時間和經驗,然後自己就會認識到明眼人一眼看出的東西。如果**真理**是以事實說話,那我們用不著急急忙忙以言詞幫腔:時間自會雄辯滔滔地為真理主持公道。所需時間

的長短，當然得取決於所認識對象的難度和虛假道理以假亂真的程度。但不管怎麼樣，這些謬誤終歸要終結。在許多情況下，試圖提早揭穿這些東西是不會有結果的。最壞的情形不過就是這最終在理論上發生了在實際當中所發生的情形：這些迷惑和欺騙由於所向無敵而變得更大膽放肆，變得越發離譜和瘋狂，到最後，真相大白已經是不可避免的了。也就是說，在理論思想方面，荒誕的東西也由於愚蠢傢伙們的盲目自信而越鬧越不像話，到最後，就算是最呆滯的眼睛也看出了荒謬。所以，我們應該對這些人說：「儘管瘋狂吧，越瘋狂就越好！」回頭看一下那些曾經風光了一時，然後就銷聲匿跡的狂想和怪行，我們就能更堅定信心。在語言的風格、語法、拼寫等方面都有這樣的一些怪誕玩藝兒，各有3、4年的掙扎時間。至於更了不起的謬誤，那我們就只能慨嘆人生苦短了，但在看到這些正要走上回頭路時，切記不要跟風，因為不想與潮流俱進可以有兩種方式：要麼在潮流之先，要麼在潮流之後。

第 21 章　論學者和博學

244

乍看許許多多、五花八門的求學和授課的機構，還有熙熙攘攘的學生和教師，大家就會以為人類很熱衷於真理和知識。不過，在此，表面現象仍然是靠不住的。教師授課是為了賺錢：他們追求的不是什麼智慧，而只是有智慧的外表和名聲；學生學習不是為了得到知識和見解，而只是為了能夠誇誇其談，顯示出派頭。也就是說，在這世上每隔30年就湧現出一代新人。這些一無所知的孩子，現在就想要把人類歷經數千年積累起來的知識，概括、扼要，以最快的速度塞進頭腦裡面；然後，就可以比所有前人都更聰明了。為此目的，年輕人走進大學，急匆匆抓起書本，而且是最新出版的書本——這些是他們同時代的夥伴。只要夠新、夠短就行！就正如他們也是新的！然後，他們就有本錢妄加評判了。在這裡我還沒有包括把學習當作是飯碗的人。

245

各個年代和各種各樣接受過或正在接受教育的人，**目標**一般來說只在於獲得資料、資訊，而不是對某事、某物能有一個深刻的**認識**。他們以掌握各種資料、資訊為榮，有關所有的石頭，或者植物，或者戰爭，或者各種實驗，以及所有有關的書籍。這些人可從來不曾想到過：資料知識純粹只是說明我們獲得某一深入認識的**工具**而已，這些資料、資訊本身卻沒有或者只有很小的價值；而一個具有哲學頭腦的人，其特徵全在於他的思考方式。看到那些對什麼事情都略知一二的通才，以及他們

那看起來很了不起的無所不知，我有時候會對自己說：「原來不用怎麼動腦子，就可以閱讀那麼多的東西！」甚至當我看到報導：老普林尼總不停地閱讀或者讓人念書給他聽，無論是在進食、旅行，抑或洗澡都是這樣——我就會產生疑問：老普林尼難道真的欠缺自己的思想到這個地步，以致要把別人的思想源源不絕地灌輸給他，就像肺癆患者要吃燉肉湯才能維持生命？老普林尼在作品中那種缺乏自己判斷的輕信，還有他那難懂的、一味只要省略字詞的討厭文體，都無法讓我高度評價老普林尼的獨立思考能力。

246

正如大量的**閱讀和學習**會損害自己的思維，大量的**寫作和教學**也一樣會逐漸讓人不再對事物有一清晰、透澈的**理解和認識**，因為人們再沒有時間去達到這樣的理解和認識。這樣，在寫作或者教學、作報告的時候，人們就得用語詞填塞清晰認識裡面的空白和缺口。大多數的書籍之所以寫得又長又臭，原因就在這裡，而不是因為書籍所討論的是枯燥的問題。就像人們所說的，一個好的廚師用一隻舊鞋底就能燒出一道好菜，同樣，一個優秀的作者能把最枯燥的話題討論得妙趣橫生。

247

對絕大多數的學者來說，他們的知識只是手段，而不是目的。這就是為什麼這些人永遠不會在其知識領域裡取得一點點偉大的成就，因為要做到這一點，他們所從事的知識或者學問就必須是他們的目的，而其他別的一切，甚至他們的存在本身就只是手段而已。這是因為假如我們從事某些工作並不是因為這些工作本身，那我們就只是半投入到這工作中去。能夠真正做出成績的人——無論所從事的是何種工作——都是為

了這工作本身而工作，而不只是把這一工作視爲達到某一別的目的的手段。同樣，能夠獲得新穎、偉大的基本觀點的人，也只是那些把得到自己的見解視爲自己學習的直接目的，對此外別的目的無動於衷的人。但學者們的學習和研究普遍都是爲了應付教學和寫作。因此，他們的頭腦就像不曾消化食物就又再把食物排泄出去的胃腸。正因爲這樣，他們所講授和寫出的東西沒有什麼用處。這是因爲未經消化的排泄物是無法給他人養分的，而只有經血液分離出來的乳汁才可以。

[525]

248

假髮的確是很能代表純粹學者的象徵的。數量可觀的別人的頭髮剛好遮蓋和美化了缺少自己頭髮的頭殼，正如學者的廣博知識不過就是以大量別人的思想裝潢了自己的頭腦。當然了，這些別人的思想並不會把自己的頭腦包裹得那樣伏貼、自然，不會在任何情況下都可用得得心應手，也不會在自己的頭腦中深深扎根，以致在耗盡以後，從同一源泉又會馬上生出別樣的東西以作替代，正如從自己的土壤裡所生成的東西。正因此，**斯特恩**在《項狄傳》這部小說中大膽地說出：「一盎司自己的見解就等同於一噸別人的智慧。」

就算是最淵博的學問，與天才的思想相比，兩者間的關係千眞萬確就猶如植物標本與永遠更新和發展、永遠清新和年輕、永遠是千變萬化的植物世界之比。還有什麼比注釋者的旁徵博引與古老作家的單純樸實造成更大的反差？

249

業餘愛好者，你們只是業餘愛好者！——這一帶有輕視意味的稱呼說的是那些由於欣賞和熱愛學問或藝術而學習和研究這一門學問或藝

術的人；而這樣稱呼別人的人本身卻是爲了利益而從事這些學問或藝術，因爲吸引他們的只是從事這些行當可以賺錢。這種輕視是基於這些人如此低級的想法：一個人是不會眞認眞從事某一樣事情的——除非是受飢餓、困苦所迫，或者受到其他貪欲的刺激和推動。公眾也是同樣的心理，因此也持同樣的看法。由此造成了人們普遍尊崇「專業人士」，懷疑和不信任所謂的業餘研究者。但其實，對業餘愛好者、研究者來說，他們所樂於研究的事情就是目的，而對專業人士來說，這一工作只是手段而已。也只有那些直接感興趣於他們的工作，懷著摯愛投身其中的人才會完全認眞地對待這一工作。最偉大的成就永遠是由這一類人所創造，而並非那些受薪的雇工。

250

這樣說來，**歌德**也是在色彩理論方面的業餘研究者了。關於這一話題，我想說幾句。

人的愚蠢和劣性會得到人們的允許，因爲愚蠢是人的權利。但談論這些愚蠢和劣性卻是一樁罪過，是對良好禮儀和規矩的粗暴破壞。果然聰明的預防措施！但我這一次顧不了這些，要跟德國人來個實話實說。這是因爲我必須說：歌德的色彩理論所遭受的命運就是一個觸目驚心的證明：證明了德國學術界要麼是不誠實的，要麼就是完全欠缺判斷力的。情形極有可能是這高貴的一對正在聯手作祟。廣大受過教育的讀者尋求的是愜意、舒服和消遣，所以，不是小說、詩歌、喜劇一類就會被隨手推到一邊去。如果他們例外想要閱讀一些教誨的話，他們首先是要等候懂得該讀什麼才可找到眞正的教誨的人士以白紙黑字給出的說法。而懂得這方面事情的人，他們認爲就是**專業的人士**。也就是說，人們把**以這一學問為生**的人和**為這一學問而生**的人混為一談，儘管這兩者甚少是同一類人。**狄德羅**在《拉摩的姪兒》一書中就已說過，向學生講授某

一學問的人，並不就是懂得這一學問和認眞研究這一學問的人，因爲眞正懂得並認眞鑽研這一學問的人可沒有多餘的時間向學生講課。開班授徒的人，只是以這一學問謀生。對他們來說，這一學問是「一隻能爲他們下蛋的雞」*。當一個民族最偉大的思想者集中精力研究某一課題，正如歌德研究色彩理論那樣，而又得不到人們接受的時候，政府就有責任委託由政府資助的學院成立委員會，以考察這一課題。在法國，遠沒有這麼重要的事情也是以如此方式處理。否則，政府養著這些學院是爲了什麼？難道就是爲了讓這些愚蠢的傢伙坐在一起自吹自擂、目中無人嗎？新的和重要的眞理甚少出自這些人。因此，這些院士至少理應有能力對別人做出的一些重大成就做出判斷，必須因職權的緣故而發表意見。到目前爲止，柏林學院院士**林克**先生在他的《博物學入門》（第 1 卷，1836）就爲我們提供了一個樣品，向我們展示出他的學院判斷力到底是怎樣的水準。林克先生先驗地認定他的大學同事**黑格爾**是一位偉大的哲學家，**歌德**的色彩理論則是一件粗活。在這本書第 47 頁，林克先生把黑格爾和歌德兩人扯到了一起：「一旦轉到了**牛頓**的話題，黑格爾簡直就是大發雷霆；對歌德，那或許是出於**寬容**吧，但劣活畢竟應該受到劣評。」這位林克先生竟然夠膽說得出來，一個可憐的江湖騙子是**寬容**了我們民族最偉大的思想者！我在下面補充同一本書裡的一些話，作爲林克先生可笑的判斷力和大膽放肆行爲的例證和解釋上面所說：「在思想的深奧方面，黑格爾超過了他的所有前人。我們可以說，那些前人的哲學在黑格爾哲學面前消失無蹤了。」（第 32 頁）在描述了一番黑格爾的那些在大學講壇上的胡言亂語以後，林克先生寫出了這樣的結語（第 44 頁）：「這一學說是由最高一級的形上的思想見解組成的巍峨大樓，其基礎深厚而堅固。這在知識科學中迄今爲止還不曾有過。黑格爾的這些話語，『必然性的思維就是自由；精神爲自己創造了一個道德

[527]

---

*　參見席勒，《學問》中的箴言詩。——譯者注

的世界——在這世界裡，自由重又變成了必然性』，讓與黑格爾思想相近的人肅然起敬。一旦領會了這些話的含義，人們會讓說得出這樣見解的人永垂不朽的。」由於這位**林克**先生不僅是學院院士，他同時在學術界也有一定的名氣，甚至或許還稱得上是德國學術界的名流，所以，他的這些話——尤其是這些話從來不曾遭受任何批評——也可被視爲對**德國人的判斷力和德國人的公正性的檢驗**。據此，人們就更容易理解爲何在至今長達30年裡，我的著作竟然會一直被視爲不值得看上一眼。

251

但德國的學者卻是太過貧窮了，以致不能做到誠實、正直。因此，德國的學者窺測風向、見風使舵，遷就、逢迎別人，否定自己的信念；所教的和所寫的盡是一些自己不相信的東西；溜鬚拍馬、糾眾、結黨，對大臣、有權有勢的人物，對同事、學生、書販、書評人，一句話，對除了眞理，別人的優點和成就以外的一切都畢恭畢敬。這些就是他們的行事方式。這樣，他們通常就變成了謹小慎微的傢伙。結果就是在德國的文字創作領域裡，尤其是在哲學界，虛假、不誠實已經明顯占了上風。現在唯有希望這種虛假風氣越演越烈，到最後，由於它再也無法欺騙得了任何人而失去威力。

252

此外，學術界一如其他領域，在這裡，人們喜歡那些低調、不張揚，不會想要顯得比別人聰明的人。對那些古怪、偏執和構成某種威脅的人，人們是一致聯合起來共同對付的——在這方面，他們是多麼的人多勢眾！

就總體而言，在學術共和國，情形就跟墨西哥共和國一樣，因爲

在墨西哥共和國，各人只想著各人自己的利益，只**為自己**追求權力和聲望，哪管國家的整體利益會因此而蒙受極大損害。在學術共和國裡，每個人同樣只想著突出**自己**，以爭取聲望。人們唯一意見一致的是這一點：一旦真有出色思想的人暴露出來，大家都不能允許其繼續露面，因為這樣一個人對大家都構成威脅。整個學術界的情形由此可想而知。 [529]

253

教授和獨立學者之間，自古以來就有某種相互敵視。或許我們可以用家犬和野狼之間的相互敵視來說明這種情形。

教授由於其所處的地位，在讓同時代人知道自己方面擁有很大優勢；而獨立學者也因其自身的處境，享有能讓後世的人知道自己的優勢。因為要達到這一目的，除了其他的、更稀有的要素以外，一定的閒暇和獨立自主是必不可少的。

由於人們需要很長時間才會發現應該把注意力留給上述兩者中的哪一方，所以，以上兩者就可以並肩各自發揮作用。

總而言之，教授所得到的廄棚裡的飼料，很適合於反芻動物，相較之下，在大自然中獵獲食物者，卻更適宜生活在自由的野外。

254

人類各種各樣的知識，其絕大部分始終就只是存留在紙頁上、書本裡——這些也就是人類的紙上記憶。只有一小部分是在某一特定時刻的確活生生地存在於某些人的頭腦裡。之所以是這種情形，原因尤其在於人生的短暫和無常，除此之外，就是人的惰性和追求享樂。每一代的匆匆過客，從人類的知識當中也只拿到了自己恰好要用上的分量。很快，這一代人又告完結了。大部分的學者都是相當膚淺的。接下來是新的滿

[530] 懷希望的一代：他們一無所知，而只能一切從頭學起。同樣，他們學到了自己所能學到的東西，或者掌握了在自己短短的一生旅程中可以用得上的知識，然後，人生又告謝幕了。所以，如果沒有書寫和印刷，人類的知識可就遭殃了！因此，圖書館是人類唯一可靠、長久的記憶，人類單個成員的記憶都只是相當有限和欠缺完美的。正因此，大部分的學者都很不願意別人檢查、核實自己的知識，就好比商家不會喜歡客人檢查、核實其帳本一樣。

人類的知識在各個方面都是一望無際的。對於值得我們知道的知識，我們個人甚至還沒了解到 1%。

據此，各個學科已經覆蓋了如此大的範圍，誰要想「在此有所成就」，那就只有埋首於某一專門的學科，對所有其他的就無暇顧及了。然後，他雖然可以在自己的專科領域裡超出泛泛之輩，但在除此之外的其他任何方面則都是泛泛之輩中的一員。如果再加上現在已日漸普遍對古老語言的學習的忽略——對古老語言只是淺嘗輒止的學習是沒有多大作用的——那全面的人文教育就形同虛設了。我們也就將看到學者們在自己專業以外，完全就是笨蛋和呆子。總而言之，這樣一個專科學者就類似於一個工廠的工人：這個工人一輩子就是製造一些特定的螺釘、鉤子、把手——這些是製造機器或者設備所需的——除此之外，就再沒有做過別樣的工作。在這工作方面，這個工人當然達到了異常熟練的程度。我們也可以把這一專科學者比之於只待在自己家裡，從來不曾邁出過家門的人。這個人對自己家裡的一切都很了解，包括每一細小的臺階、每一個角落、每一根橫梁，就像維克多·雨果筆下的敲鐘人凱西莫多熟悉整個聖母院，但除此之外，一切就都是陌生的和不了解的。而真正的人文教育卻絕對要求多方面的知識和對事物的總體了解。一個更

[531] 高意義上的學者因此當然應該是某種博學的人。但如果還想要成為哲學家，那在他的頭腦裡，最偏僻、最尖端的人類知識都得連繫起來，因為這些知識又能夠在除此之外的哪裡可以連繫得起來呢？第一流的思想家

從來就不會成爲一科的專家。對於這樣的思想家，整個的存在就是一道難題，而對於這一道難題，每一個思想家都以某一方式方法爲人類提供新的解答。這是因爲配得天才之名的人，只能是那些把事物的整體、事物根本的和普遍的特性作爲自己的成就課題的人，而絕對不是把自己一生都花費在試圖解釋事物間某些專門、特殊連繫的人。

255

在歐洲，廢除了作爲學者間通用語的拉丁語和引入了小家子氣的民族語言，是知識、學術界的眞正不幸。首先是因爲只有依靠拉丁語才可以在歐洲有一廣大的、有知識的讀者群。這樣，每一本新出的書籍都可以直接面對這些讀者。現在，眞正有思想、有判斷力的人在整個歐洲本來就已經很少了，如果再由於語言的限制而把學術的論壇分割和拆散，那這些人所發揮的良好作用就更是大爲削弱了。由那些混飯吃的寫作匠所炮製、經出版商所隨意挑選的翻譯，卻是普遍通用的學者語言的至爲糟糕的代替品。正因此，經過短暫一段閃亮時間以後，**康德**的哲學就深陷於德國人判斷力的泥潭，而在其之上，費希特、謝林，最後還有黑格爾僞科學的鬼火卻享受著它們的閃爍時光。**正因此**，**歌德**的色彩理論得不到公正的對待。**正因此**，我一直被人無視和忽略。**正因此**，獨具智力和判斷力的英國民族仍然由於讓人臉紅的信仰狂熱和教士約束而降格。 [532]
正因此，法國邐邐聞名的物理學和動物學才缺少了足夠的和相稱的形上學所提供的支撐和調控。我還可以舉出更多的例子。但除此之外，相連的第 2 個和更大的壞處很快就到了：人們不再學習古老的語言了。現在法國，忽略這些語言已成風氣，甚至在德國也是如此。在 1830 年代，拉丁文的《法典》已被譯成了德文。這一跡象清楚表明了人們已開始不懂得所有學問的基礎——拉丁語；亦即表明蒙昧、粗野到來了。現在情形已經發展到了這種地步：希臘文甚至拉丁文的原文現在是附帶著**德文**

注釋一起出版。這簡直就是亂七八糟的瞎胡鬧。這其中的真正原因就是編者和發行者不再懂得拉丁文寫作（儘管那些先生們如何顯得很有學問的樣子），而可愛的年輕一輩在他們的手裡也巴不得走上懶惰、無知、粗野之路。我原以為這種編輯手法會在學術雜誌上受到應有的鞭撻，但讓我吃驚的是，沒有人對此予以責備，就好像這一切都是理當如此。這意味著書評家只是書籍編者或者出版商的無知保護人、親朋好友。那些至為體貼入微的低級行徑，在德國的各類文字出版物中已經駕輕就熟了。

我在這裡還要指責的另一越來越明目張膽的惡劣做法，就是人們在學術著作，在真正探討學問，甚至在學院出版的雜誌、期刊裡，在引用希臘文甚至拉丁文著作時，作者搬出的竟然是德語的譯文。天哪！難道你們的文章是要寫給裁縫、鞋匠看的嗎？我想是的——這樣就可以為書刊**打開銷路**了。那麼，就讓我最忠順地說出這樣的話吧：你們的確無論是在何種意義上都是俗。骨子裡多一點自重，口袋裡就少一點錢吧。就讓那些不學無術的人感到自卑好了，而不要盯著人家的錢包哈腰、鞠躬！用德語譯文代替希臘語和拉丁語原文，就等於用菊苣根代替真正的咖啡。此外，這些譯文的準確性我們可是一點都不可以放心的。

[533]

如果事情到了這步田地，那就再見了，人文科學、文化！再見了，高雅的趣味和高貴的思想！蒙昧、野蠻又將降臨——儘管有了鐵路、電報和熱氣球。最後，我們也一併失去了我們的先輩曾經享受過的一大優勢。也就是說，拉丁文不僅為我們打開了古代羅馬帝國的大門，而且也直接讓我們了解到在整個中世紀時期和一直到18世紀中葉為止的當代時期，在歐洲各個國家、地區的情況。所以，9世紀的司各圖斯、12世紀的薩利斯伯里、13世紀的雷蒙·魯露斯，以及上百個其他的人就可以直接用這語言向我們說話，而一旦這些人想到科學的事情，他們就會用對他們而言是自然和特有的語言。所以，直至現在，這些人仍然可以與我貼近：我是直接與他們接觸的，真正地認識他們。但如果

他們每個人都用自己當時所在國家和地區的語言寫作,那現在將是怎樣的情形?過半的東西是我無法弄懂的,與他們進行真正的精神上的接觸就將是不可能的事情。在我眼裡,他們就將是遙遠地平線上的幻影,或者我只能透過譯文的望遠鏡去了解他們。正是為了避免出現這種情形,根據培根自己明確的說法,培根後來把自己的《隨筆集》翻譯成了拉丁文——但在這過程中,卻得到了**霍布斯**的幫助(參看《湯瑪斯·霍布斯的一生》,沙勒維爾,1681,第22頁)。

在此必須附帶提一下:想要在知識、科學的領域裡伸張愛國主義的話,那這種愛國主義是一個人們都要攆走的猥褻和骯髒傢伙。這是因為在此,人們從事的是純粹和普遍人性的事情,也只有真、美和清晰才唯一具備價值。但因為偏愛了不起的自己恰好所屬的國家,就把這份偏愛作為砝碼放在了衡量事物的天平上,並且出於類似的考慮,現在就一會兒罔顧真理,一會兒又不公平地對待別國的偉大思想者——目的就是要誇耀自己本國更為遜色的頭腦。還有什麼比這更不知羞恥的呢?這種庸俗、低劣行為的例子,我們每天都可看到,遍布所有歐洲國家的作者的文章。所以,這種愛國主義早在**伊里亞德**的33個文學寓言裡就受到了奚落。

[534]

256

為改善大學生的**品質**——而這是以削減已經超出的學生**數量**為代價——我們應該訂下這些法律上的規定:(1) 未滿20歲的不可以進入大學。學生也必須是透過了兩種古老語言的嚴格考試才可以被大學錄取。這樣的話,學生就必須免除兵役,以取得「優異學者成績」。大學生該學的東西實在太多了,不可以這樣虛擲1年或者更多的青春,在與他們將來的職業很不一樣的武器技藝方面。而且這種軍事訓練會削弱沒有文化的人(不管他是誰)對學者自始至終都會懷有的尊敬,也正正就是**勞**

帕赫在其喜劇《百年之前》，透過「老德紹人」對一個考生的陰險暴力行爲所表現的同樣野蠻。讓從事學問的人自然免除兵役並不曾使軍隊縮小，但卻會減少了拙劣的醫生、拙劣的律師和法官、無知識的教師和各種各樣學術騙子的數目——尤其是考慮到士兵生活的各個方面都的確對將來的學者有敗壞的作用，就更是如此。(2) 法律上應明確規定：大學的一年級學生所修的課程必須就只是哲學科目，在第 2 學年之前他們當然不能上那 3 種高級科目的課程。但對於這些高級科目，神學學生、法律學生和醫科學生則各需要學習 2 年、3 年和 4 年。在另一方面，在中學裡，課程則需侷限於古老語言、歷史、數學和德語寫作文體；尤其是在古老語言方面，更要透澈地學習。但因爲學習數學的資質是相當專門和特別的一種，與這個學生其他方面的資質並不同步發展，並且的確與其他資質沒有共通之處[1]，所以，數學應該完全分班講授。這樣，讀六年級其他科目的學生可以跟四、五年級的學生一起上數學課，而不會有傷顏面。反之亦然。只有這樣，學生才可以根據自己這方面的能力學習到數學科目。

教授們當然不會支持上述建議，因爲他們更關心的是學生的數量而不是品質，也同樣不會支持以下建議。授予博士學位應該是完全無償的，這樣，那由於教授的逐利而喪失信譽的博士學位就會重新恢復榮譽。如果眞能這樣，那後續的對博士的國家考試就可以取消了。

---

[1] 讀者就此問題可讀一下威廉·哈密爾頓的精彩文章——那是對維沃爾的一本書的評論，登在了 1836 年 1 月《愛丁堡週報》。這文章稍後也與他的其他文章編輯在一起出版了，也被翻譯成了德文，題目是〈論數學的價值和沒有價值〉（1836）。

第 22 章　論自為的思考

257

　　正如藏書最豐富的圖書館，如果書籍放置混亂，那其用處也不及一個收藏量相當一般，但卻整理得有條有理的小小圖書室，同樣，大量的知識，如果未經自己思維的加工處理，其價值也遠遠遜色於數量少得多，但卻是經過頭腦多方想通了的知識。這是因為只有透過把我們的所知多方組合，透過相互比較各個真理，我們才可以完全掌握這些知識，它們也才真正地為我們所用。我們只能深思我們所知道的東西——這樣我們就真正學到了一些道理，但我們也只知道經過我們深思的東西。

[536]

　　不過，雖然我們可以隨意地讓自己閱讀和學習，但隨意地讓自己思考卻的確不是我們所能為的。也就是說，正如火的燃燒需要通風才能燒旺和延續，同樣，我們的思考必須由對思考對象的興趣所激發和維持。而這種興趣可以是純粹客觀（客體）的，也可以只是主觀（主體）的。只是在涉及我們的個人事務時才會有主觀（主體）的興趣；但對事物純粹客觀的興趣，則只有本性喜歡思考的人才會有的，對這些人來說，思考就像呼吸一樣自然。但這類人卻相當的稀有。所以，大多數的學究對事物很少有客觀上的興趣。

258

　　自為的思考與閱讀對我們的精神思想所產生的效果，其差別之大令人難以置信。所以，這種差別把頭腦能力本來就有差別的不同人，更持續地加大了差別——因為根據頭腦能力的差別，人們各自相應傾向於自

為的思考或者閱讀。也就是說，閱讀把一些想法強加給我們的頭腦，而這些想法與我們此時此刻的傾向和心緒是如此的異樣和格格不入，就像圖章要強行在上面壓下印痕的火漆。在這期間，我們的頭腦受到完全來自外在的**壓力**去思考某一事情或者某一道理——而進行這樣或者那樣的思考，我們當時正好是既沒有欲望也沒有情緒。相較之下，在自為思考的時候，我們只是由著自己的興致，而這即時的興致則由外在的環境或者某一記憶更詳細地**限定**。也就是說，直觀所見的外在環境並不像閱讀那樣，把某一確定的想法強加給我們的頭腦，而只是提供給頭腦素材和機會去思考與這頭腦的本質和當下的情緒相稱的、相符的事情。所以，**太多**的閱讀會使我們的精神失去彈性，就像持續壓著的重物會使彈簧失去彈性一樣；而讓自己沒有自己思想的最穩妥的辦法就是在空閒的每一分鐘馬上隨手拿起書本。這種習慣解釋了為何龐雜的知識讓大多數的人變得比他們本來更加的沒有思想，更加的頭腦簡單，也使他們的寫作事業無法取得成功。這些人，就正如**波普**所說的：

不停地閱讀別人，卻不會被別人所閱讀。

——《愚人志》，3，194

學者是閱讀書本的人，但思想家、天才，照亮這一世界和推動人類進步的人卻是直接閱讀世界這部大書。

259

歸根結柢，只有自己的基本思想才有真理和生命：因為我們真正和完全了解的只是我們自己的思想。閱讀得來的別人的思想只是別人留下的殘羹剩飯，是某一陌生人穿過的衣服。

別人的和閱讀得來的思想，與自身生出的思想相比，就如同史前時

代的植物化石痕跡與在春天綻放的植物相比。

260

閱讀只是我們自己思考的代替品。在閱讀的時候，我們是被別人牽引著自己的思想。除此之外，許多書籍的唯一用處只是向我們表明錯誤的道路竟有如此之多，而一旦讓自己聽從其引導，就會拐入如此不堪的迷途。但聽從自己的守護神的指引，亦即自發思考、自由思考、正確思考的人，卻是掌握了能夠找到正確方向的羅盤。所以，我們只能在自己的思想源泉乾枯的時候才去閱讀——甚至對頭腦優秀的人來說，思源乾枯也是常有的事情。而趕走和消除自己的具有原始力度的思想，目的卻是拿起一本書——這樣做是對我們的聖靈的犯罪。這樣的人就好比逃避一望無際的大自然，為的就是察看植物標本或者觀賞銅刻的美麗風景。

儘管有時候我們自己幾經艱辛、緩慢的思考和組合才得以發現的某一見解或某一真理，可以在一本書裡輕鬆和現成地找到，但是，經過自己的思維所獲得的見解或真理卻是價值多上百倍。這是因為只有經過自己的思維，那見解或真理才會真正融入我們的思想系統，才會成為這整體的一部分和某一活的肢節，與我們總體的思想完美、扎實地連繫起來，其根據和結果才為我們所了解，才會帶上我們整個思維模式的色彩、色調和印記，才會在我們需要的時候呼之即來，因此是有其扎實的基礎而再不會消失。據此，歌德的這兩行詩句完全應用在這裡，並的確在此得到了解釋： [538]

繼承自父親的遺產
你必須掙回來，才算是真的擁有。

也就是說，自為的思想者只是在後來才了解到權威贊同自己的看法，而

那權威也只是確認和支持了他的這些見解和增強了他的信心。相較之下，那些書本哲學家卻從權威的看法出發，把別人的意見和看法湊合成一個整體——這就跟以異樣的材料組合而成的機器人相似，而自爲的思想者卻恰似一個生出來的活人。這是因爲自爲的思想者就像活人一樣生成：外在世界讓思考的頭腦受孕，思想果實也就隨後生成。

學來的真理就像只是黏附在我們身上的義肢、假牙、蠟製鼻子，頂多就是透過手術植上別人皮肉而安裝的假鼻子；但經過思考而獲得的真理卻像天生的四肢——也只有它們才真正屬於我們。思想家與只是學者的差別就在這裡。因此，自爲思想者在思想上的收穫，就像一幅優美的圖畫：栩栩如生，光、影準確無誤，色調恰到好處，色彩和諧統一。但僅僅只是學者的人，在思想上所得到的卻像是一大塊的調色板：上面滿是繽紛的顏料，或許放置得有系統、有計畫，但卻沒有和諧、連貫和含義。

[539]

261

閱讀就是以別人的而不是自己的頭腦思考。我們自己的思維始終是要盡力發展出一個連貫的整體，一個哪怕是不那麼嚴格自成一體的體系。但對自己的思維而言，沒有什麼比透過不斷的閱讀而過量引入別人的思想更有害的了，因爲這些東西出自各個不同的頭腦，屬於不同的體系，各自帶有不同的色彩，是永遠不會自動匯合而成一個思維、知識、觀點和信念的統一體。相反，這些亂七八糟的東西很容易就會在頭腦裡造成巴比倫式的語言混亂；而一旦充塞著這些雜亂的聒噪，頭腦從此就會失去一切清晰的見解，也就幾乎是處於紊亂了。這種情形見之於許多學究，這使他們在健康的理解力、準確的判斷力和實際生活的技巧與智慧方面，遜色於許多沒有多少文化的人，而這些欠缺文化的人把從外在事物那裡，透過實際經驗和與人交談以及不多的閱讀所得到的點滴知識

始終是屈從於和納入自己的思想。科學的**思想者**則是在更大程度上這樣做的。也就是說，雖然這些思想者需要很多的知識，並因此必須進行大量的閱讀，但他們的頭腦思想卻足夠強勁地控制著所有這些，吸收、同化掉這些知識，將其納入自己的思想體系之中，使之屈從於他們那有機的、連貫的、總體的和不斷增加的卓越觀點。在這期間，他們的思維就像管風琴的基本低音：始終統領著一切，始終不會被其他聲音所蓋過。但只是博學的頭腦遭遇的卻是相反的情形：在他們的頭腦裡面，就好像發自各種不同調子的音樂碎片在相互干擾，基本的音調已經消失不見了。

262

把一生都花在閱讀並從書籍中汲取智慧的人，就好比透過閱讀許多遊記而獲得了對某一處地方精確的資訊。這些人可以就許多事情給予我們資訊，但根本上，他們對這一處地方的實際情況並沒有連貫、清晰和透澈的了解。相較之下，把一生花在思考上的人，就好比親身到過這一處地方：他們才唯一真正知道所談論的是什麼，對那一處地方的事情有一連貫的了解，在這話題上是真正在行的。

[540]

263

平庸的書本哲學家與自為的思想家相比，就跟歷史的考究者與歷史的目擊證人之比：這目擊證人講述的是自己對事情親身的、直接的了解。所以，所有自為的思想者從根本上是和諧、一致的，他們之間的不同只是出自視角的不同。如果視角不變，那他們就都會說出同樣的東西，因為他們說出的只是自己的客觀所見。我不止一次帶著幾分猶豫把一些命題公之於眾，因為它們有違通常的見解──但在這之後，我很驚

訝、很高興地在偉大思想家的古老著作裡，發現了與我相同的見解。相較之下，那些書本哲學家卻只是告訴我們這一個人說了什麼，另一個人怎麼認為，然後又再一個人對這些的異議等等。他們就把這些東西相互比較，再三權衡和斟酌，做出一定的批評，就想以此方式找出事情的真相。在這方面，書本哲學家酷似考據式的歷史編纂學者，例如：他們會著手調查萊布尼茲曾幾何時是否信奉斯賓諾莎的哲學等諸如此類的問題。證實我這裡所說的最清晰的例子，就是**赫爾巴特**所寫的《對道德學和自然權利的分析說明》和《談論自由的通信》。這種人不厭其煩所做

[541] 出的許多功夫或許會讓我們覺得奇怪，因為我們覺得，他們只需眼睛專注於事情本身，做出一點點獨立的思考，很快就可以達到目的。不過，這裡面存在一點小小的困難，因為這樣做並不取決於我們的意願：我們可以隨時坐下來閱讀，但卻——不可以隨時坐下來思考。也就是說，思想就像人一樣：我們並不可以隨時隨心所欲傳喚他人，而只能靜候他們的光臨。對某一事物的思考必然是透過外在機會與內在情緒和強烈好奇的機緣巧合而自動展開，而這種條件卻是那些書本哲學家永遠不會碰到的。這甚至可以透過涉及我們的個人利益的思想而加以解釋。如果我們必須就諸如此類的個人事務作一決定，那我們並不可以在任意某一時間坐下來，細心考慮清楚各種根據和理由，然後做出決定。這是因為經常偏偏就在這個時候，我們難以全神貫注於要考慮的事情，而是思緒飄忽不定，想到別的事情了；我們對思考這事情的不情願和厭惡，有時候就是造成一現象的原因。此時，我們不應強迫自己，而是要靜候適合思考事情的情緒自動到來：這種思緒經常是不期而至和重複出現，而在不同時候的每一次不同的思緒，都會把不同的光線投向所審視的對象。這一緩慢的過程也就是我們所說的**深思熟慮**。思考的任務必須定額分開完成。這樣，我們就會想到一些在之前被忽略了的東西，甚至我們厭惡的不情願心態也會在這過程中消失，因為這些事情一旦被我們看清以後，通常都會顯得容易接受了許多。同樣，在思考理論問題時也必須等候恰

當的時機，就算是具有偉大思想能力的人也不是時時刻刻都可以自為地思考。因此，把其餘的時間用於閱讀是不錯的做法，而閱讀，正如我已經說過的，是自己思維的代替品，為我們的精神頭腦提供了素材，因為在閱讀的過程中別人為我們思考事情──雖然這思考始終是以某種並非我們自己的方式。也正因此，我們不應該閱讀太多；只有這樣，我們的 [542] 思想才不會習慣於代替品，並與此同時荒廢了思考本身，亦即不會蹈襲前人，不會因為跟隨別人的思路而疏遠和偏離自己的思路。我們最不應該只是為了閱讀而完全逃離現實世界的景象，因為在觀賞現實世界的時候，引發自己思考的機會和情緒會比在閱讀的時候頻繁得多。這是因為那直觀所見和現實的事物以其原初性和力度，是思維的頭腦的天然對象，輕而易舉就能深深激發起這樣的頭腦。

根據這些思考，如果自為的思想家與書本哲學家就其表述方式已可輕易分辨出來，那是不奇怪的：自為的思想家的表述莫不打著認真、直接和原初的印記，其所有的思想和用語都是出自對實地、實事的體驗；而書本哲學家則一切都是二手貨色、傳承下來的概念、東拼西湊的糟粕，呆板、晦暗、無力，就像是從印痕複製出印痕。書本哲學家那由陳詞、慣用語以及時髦詞彙所構成的文體，就像是這樣一個小國：流通的完全是外國貨幣，因為這一小國本身並不曾鑄造自己的錢幣。

264

僅僅只是經驗，就跟閱讀一樣並不可以取代思考。純粹的經驗知識與思考的關係就跟進食與消化和吸收的關係一樣。當經驗自誇只有透過經驗的發現才促進了人類知識的發展，那就猶如嘴巴吹牛說整個身體的生存唯一是嘴巴的功勞。

264（補充）

有真正思想能力的人所寫出的作品，與其他泛泛之作的區別，就在於前一類作品具有一種**斷然**和**確切**的特質，連帶由此而來的清晰、明瞭。這是因為這些有思想的人當然是清晰、明確地知道自己想要表達什[543]麼——其表達的方式可以是散文、詩歌或者樂音。這些斷然和清晰的特質是其他泛泛之作所缺乏的，單從這一點就可以馬上認出這一類作品。

265

一流的思想者的特質標記，就是他們所有的判斷都是直截了當的。他們所說的一切都是他們自己思考的結果，其表達的方式就已無一例外地顯示出這一點。因此，這些人在思想的王國就像王侯一樣具有一種王者般的直截了當；而其他人卻像是處於附屬的地位，不由自主——這一點從他們那缺少自己印記的表達風格就已經看得出來。

所以，每一個真正的自為思想者在這一方面就跟王侯一樣：他是直截了當的，沒有任何人在他之上。他的判斷就猶如君王頒布的命令，是發自他自身充足的力量，直截了當地表達出來。這是因為這樣的思想家並不會聽從權威的看法，就像君王並不接受命令一樣；相反，他並不認可任何東西——除了他自己已證實了的以外。相較之下，庸常的頭腦受制於各種各樣現行的意見、權威和偏見，就跟默默服從法律和號令的普羅大眾沒有兩樣。

266

熱切和匆忙引用權威的說法以定奪有爭議的問題的人，不是提出自己的理解和觀點（這些是他們所沒有的），而是搬出別人的思想、見

解，並為此洋洋得意。這種人的數目相當龐大。正如塞內卡所說的：「每個人更願意去相信，而不是自己做出判斷。」所以，對他們的那些有爭議性的問題，權威的說法就成了他們共同用以擊潰對方的武器。誰要是捲入這一類爭辯之中，可不要打算以根據和理由來捍衛自己的觀點，因為對付這樣的武器，對手可是潛入無能思考、無能判斷的洪水裡面的帶角的西格弗里德。所以，對付這些人，就要把他們認為的權威意見搬給他們，作為「因敬畏而成的有效論據」，然後，就可以大聲喊道：我們勝利了！

[544]

267

在現實的王國裡，儘管那可能是如此的美麗、迷人和愜意，但我們始終只是活動在一種要去持續克服的重負（重力）氣氛之下，但在思想的王國裡，我們卻成了不具肉身的精靈，既沒有了重負也沒有了困苦。所以，一副精妙、豐碩的思想頭腦在某奇妙一刻在自身所尋覓到的幸福，是這地球上任何幸福都無法比擬的。

268

思想就跟我們的戀人一樣。我們以為永遠不會忘掉這一思想，我們的戀人也永遠不會對我們變冷淡；但眼不見，心不念！最精妙的思想如果不是寫下來的話，也有可能從此無法挽回地失之遺忘，而我們的戀人除非與我們締結了婚姻，否則也有可能跑掉。

269

一個人所想的大量思想對他本人是有價值的，但其中只有寥寥可數

的一些，是有力量仍可經由共鳴或者反射而發揮作用，亦即在寫下來以後仍能吸引讀者的興趣。

270

但是，首先僅僅是我們**自為想出來的東西**，才具有真正的價值。也就是說，我們可以把思想者分為首先是**自為思考**的人和隨時**為了別種的目的**而思考的人。前一類是**真正的**、具有雙重含義的自為思想者：這些人就是實際上的**哲學家**。這是因為只有這種人才會認真、嚴肅地對待所思考的事情。他們生存的快樂和幸福也就在於思想。而後一類則是**詭辯者**：他們只是想**顯示**有思想的樣子，並希望以此從別人那裡獲得利益——而這就是這種人所要尋求的幸福，他們也只有在這方面是認真的。一個人到底屬於上述哪一類，從這個人的整個方式、方法，很快就可以看得出來。**利希騰貝格**是第 1 類人的例子，**赫爾德**則屬於第 2 類。

271

當我們考慮到**存在的問題**是多麼的巨大，與我們是多麼的息息相關，這一隱晦不明、充滿著疑問、飽受痛苦折磨、匆匆即逝、如夢如幻的存在！對這如此巨大，與我們如此息息相關的問題一旦有所意識，其他的問題和目標就全都顯得不足掛齒了。與此同時，我們看見幾乎所有人（除了稀有的極少數例外情形）都似乎沒有清晰地意識到這一問題，他們甚至好像不曾對此問題有絲毫的察覺，而是更關注其他的一切；過一天算一天，也只考慮那稍微長遠一點點的自己個人的將來，因為他們要麼明白無誤地拒絕考慮這一問題，要麼就是在這一問題上，心甘情願地將就接受某一套大眾形上學，並以此得到滿足。當我們考慮清楚上述所有這些，那我們就會得出這樣的看法：人之被稱為思想的生物，那只

是在相當廣泛的意義上而言；此後，對人們頭腦幼稚和沒有**思想的特性**，我們就不會大驚小怪。相反，我們就會知道正常人的智力視野雖然超過了動物（動物由於對未來、過去都沒有意識，動物的整個存在就好比唯獨只是現在），但是，人的思想視野也並非像人們普遍認為的那樣遠遠超出了動物。

與我這所說的相應：甚至在談話中，我們也發現大部分人的思想猶如割斷了的乾草那樣，是如此的短淺、破碎，以致無法讓我們理出稍長一點的主線。

如果居住在這一地球上的人是真正的思想生物，那就不可能對各種各樣的、驚人的，甚至漫無目的噪音坐視不理，聽其為所欲為。如果大自然真的是要人思考的話，那它就不會給人耳朵，它就起碼會給人配備一副密封的，可以關閉的耳朵，就像我所羨慕的蝙蝠的那種耳朵。但事實就是，人就像其他生物一樣只是可憐的動物，他的能力也只是為剛好能夠維持自己的生存而設置。為此理由，人們需要隨時張開耳朵，因為這耳朵不管白天還是黑夜，都會自動地告知追捕者的到來。

[546]

第 23 章　論寫作和文體

272

　　首先,有兩種寫作者:一種是因為有內容要寫出來;另一種則是為寫作而寫作。第 1 種寫作者是有了一些在他們看來值得傳達給別人的思想或者經驗;第 2 種人則是需要錢,所以,他們是為了錢而寫作。這第 2 種人的思考是為了寫作。我們很容易就可以認出這種人:他們會把他們的所想盡可能拖長來寫,弄出些半真實的、扭曲的、牽強的、搖擺不定的想法,也大都寫得晦澀難懂,目的是要裝成不是他們原本的樣子。所以,他們寫出的東西既不確切又不清晰。人們因此很快就可以發現:這些人寫東西只是為了填滿紙頁,在我們最好的作家的作品裡,人們也不時看到這種情形,例如:萊辛劇作中的部分段落,甚至在讓・保羅所寫的許多小說裡面。一旦發現這些東西,我們就要扔掉這些作品,因為時間是很寶貴的。一旦一個作者是為了填滿紙頁而寫作,那這位作者根本上就是在欺騙他的讀者,因為作者聲稱他之所以動筆就是因為他有某些要向我們傳達的東西。稿酬和版權從根本上敗壞了寫作。只有純粹是因為有東西要寫才動筆的人,才會寫出值得一寫的東西。如果在寫作的各個領域裡,只有極少數的,但卻是優秀的書籍才可存在,那就真的是功德無量!但可惜這是永遠不可能發生的事情——只要寫作者有稿酬可賺的話。這是因為金錢就好像被下了一道惡咒:不管是哪一位作者,只要他是為了牟利而寫作,那寫出的東西就開始變質。偉大人物寫出的最優秀著作,在其產生的時候,著作者都不曾獲得酬勞或者只是得到了很少的酬勞。這一句西班牙諺語因而在此得到了證明:「榮譽和金錢不會走進同一個口袋。」當代文字寫作在德國內外的淒慘景象,根源就在於

[547]

寫書可以牟利。每一個人需要錢的話，就坐下來寫出本書，而讀者大眾又傻乎乎地掏錢購買。這種情形的次要後果就是語言的敗壞。[1]

一大群拙劣的寫作者純粹是以讀者大眾的愚蠢養活自己，因為讀者竟然蠢到非最新印刷的東西不讀。這群寫作者就是「日報記者」（Journaliste），這一稱謂非常確切！翻譯成德文就應該是「按日賺工資者」。

273

我們也可以說有 3 類作者：第 1 類只寫不想。這些作者把自己的記憶、回顧寫下來，或者乾脆直接從其他書裡取材，屬於這一類的作者數量最多。第 2 類是一邊寫作一邊思考。他們思考的目的就是為了寫作，這類為文者數目也不小。第 3 類則是在動筆以前就想好了要寫的內容。他們寫作只是因為他們思考過一些事情，這些人為數極小。

屬於第 2 類的，直到動筆才開始思考的寫作者，就好比外出隨意走上一圈的獵捕者：他們不大可能會把許多獵物帶回家裡。相較之下，第 3 類的為數很少的寫作者就好比早就捉住了獵物，這成群的獵物在稍後從一處柵欄被趕進了另一同樣是圍起來的地方——在這裡，這些獵物是無法逃走的，獵人此刻要做的只是瞄準和扣下扳機（描述和表

---

[1] 偉大的作家（高的級別）和藝術家的特點，因此也是為他們所共有的東西，就是他們**對其事業是認真的**，而其他的人則除非是對他們有用的和有進帳的事情，否則，對任何其他都不會認真對待。

如果一個作者是出於自己內在的某種使命和衝動而寫出了一本書並獲得了名聲，但在這之後就利用這名聲而過多寫作，那他就是**為了可憐兮兮的金錢而出售自己的名聲**。一旦一個人的寫作是因為要謀取某些東西，那他就不會寫出什麼好的東西。

只是到了這個世紀，才有了**職業**的作家。在這之前，只有具有**使命感**的作家。

現）。這種捕獵是會有所收穫的。

甚至在這爲數很少的，在動筆之前就的確已認真思考過的作者當中，也只有極少數是思考過**事物本身**，而其他的則只是思考過**書本**，思考過別人所說過的話語。也就是說，這後一種人真要思考的話，那就必須先經由別人的和既定的思想而獲得更接近和更強力的刺激和推動。別人的這些東西就成了他們最接近的題材。所以，他們始終是受著別人思想的影響，因而永遠不會真正有所獨創。但上述那些屬於鳳毛麟角的寫作者，卻受到了**事物本身的激發而思考**，因此，他們思考的直接是那事物本身。也只有在這些人的作品裡面，才可覓到將會長存不朽的東西。不言而喻，我在這裡談論的是高級學問和思想的寫作者，而不是撰寫白蘭地釀造、精餾的人。

只有那些在寫作的時候直接從自己的腦子裡掏東西的人，其作品才值得一讀。但是，炮製書籍的人、編撰綱要和彙編者、平庸的歷史作者等等，都是直接從書本裡取材，然後直接形諸筆墨，中途甚至不曾經過大腦的循例放行，更不用說經過大腦的一番加工和處理了（如果書的許多編者和作者了解自己編出的書裡面的東西，那他們將是多麼的博學啊）。因此，這些人所發的議論經常意義含混，讀者絞盡腦汁也搞不懂他們到底想的**是什麼**。其實，他們根本就沒有在想些什麼。他們所抄寫的原書本身有時候就是同樣的雲山霧罩、不知所云。所以，這樣的寫作就好比根據石膏模子再造出另一副石膏模子。到最後，安提諾斯就變成了幾乎難以辨認的臉部輪廓。所以，我們應該盡量少讀這類的綱要和彙編，因爲完全避免這種書籍是有點困難的，因爲把多個世紀以來積聚起來的知識濃縮在小小空間的簡編、概要一類，也屬於所謂的彙編。

沒有什麼比相信這一看法更錯誤的了：最遲說出的話語始終是更準確的，最新寫出的文字肯定優於之前的文字，每種新的變化都是一個進步。真正思考的思想者，能夠做出正確判斷和嚴肅認真對待自己所從事的事情的人只是例外。到處都充斥著蒼蠅、蚊子一類的害蟲。這已經是

[549]

規律中的事情。這類人總是隨時、勤勉地以他們的方式，自以為是地把真正的思想者經過深思熟慮以後說出的話語越改越糟糕。因此，誰要想就某一話題向人求教，那就千萬不要馬上只是拿起討論這一話題最新出版的書，滿以為科學總在進步，而這撰寫者肯定是利用了之前的舊著。事實的確是這樣，但是怎樣利用的呢？這撰寫者不曾澈底理解前賢的作品，但卻又不願意直截了當沿用舊著的字詞。所以，就把那本來表達得更好和更清晰的原話改得一塌糊塗，弄巧成拙。要知道，原話是前賢根據自己對事物親身和活的認識寫出來的。這撰寫者經常漏掉了前賢最精髓的部分，漏掉了對事情最鮮明生動的解釋和最絕妙的評論，因為這撰寫者無法認出這些價值，對前賢簡明、扼要、含蓄的筆法也沒有感覺。只有膚淺的嘮叨才和他們同氣相通。這樣，一本更早的傑出著作就常常被更新出的和更糟糕的，純粹為金錢而撰寫的書取而代之。這些新作在同夥的頌揚聲中狂妄、傲慢地登場。在學問領域裡，為了獲得認可、產生影響力，每一位著作人都想拿出一些新的東西，而這經常只是推翻在此之前人們認為正確的東西，以亮出自己本人可笑、荒唐的貨色。這一招有時候也可以奏效於一時，然後人們又回到原來正確的東西。這一類的新作者並不會嚴肅、認真地對待這世上的任何事情，除了他們那尊敬的自己——而這正是他們想要別人認可的。提出某一似是而非的悖論應該能夠快速達到這一目的；他們那缺乏創造性的頭腦就向他們推薦了否定之法：所以，他們就否定**很久以來一直得到公認的真理**，否定諸如生命力、交感神經系統、生物的自然發生、畢夏對情慾的作用和智力產生的效果所做出的劃分等等；這些人又重回到極端的原子學說中去。因此，很多時候，科學的步伐是逆行的。屬於這一類別的還有那些在翻譯原作的同時，做出修改和糾正的翻譯者。我始終覺得這種翻譯是大膽、無禮的行為。你們自己寫出值得讓別人翻譯的書吧，就讓別人的作品保持原樣好了。所以，可能的話，我們就要閱讀那些真正的原創者、奠基者和發現者的著作，或者至少是在某一學問領域裡被公認的大師的作

品。寧可購買二手書，也不要閱讀內容方面的二手書。當然，因爲「在別人做出發現以後，提出一點點的補充是容易的」，所以，我們在了解了某一理論的堅固扎實的根據、理由以後，就要知道對這一理論的最新補充。總而言之，這一普遍的規律同樣適用於此處：新的甚少是好的，因爲好的只是很短時間內是新的。[2]

273（補充）

一本書的**書名**之於這本書，就應該是信封上的地址、姓名之於一封寄出去的信。也就是說，書名首先就是要讓這本書能夠引起那些可能會對這本書感興趣的公眾注意。因此，書名應該是描述性的；並且既然書名本質上就是簡短的，那書名就必須凝練、扼要，如可能的話，書名要能夠透露出內容的梗概。據此，煩瑣、囉嗦、含義模糊、不知所云或者虛假、誤導讀者的書名都是糟糕的，而虛假、誤導讀者的書名可能導致這本書遭受與寫錯地址的信件同樣的命運。但至爲惡劣的卻是偷竊得來的書名，亦即別的書籍已有的書名。因爲首先這是剽竊行爲；其次，這最明顯地證明了書的作者完全缺乏獨創性，因爲既然連爲這本書取一個新的名字的創意都沒有，那他就更沒有能力給予這書新的內容。與此類書名相關和類似的就是模仿，亦即半偷竊別人的書名，例如：在我出版了《論大自然的意志》很長時間之後，奧斯特就寫了一本《論自然界的精神》。

[551]

---

[2] 為了確保長久吸引讀者的這一興趣，我們必須要麼寫出具有永恆價值的東西，要麼就得不斷寫出些新的東西——而恰恰因為這樣，這些新的東西就越搞越差。
我要是接近頂點，不下又不上，
那我就得每次都搞出新的花樣。
——蒂克

274

一本書只是這一本書作者的思想所留下的印痕而已。這些思想的價值要麼在於其**題（素）材**，亦即作者所思考的對象；要麼在於其**形式**，亦即作者對其題材所作的處理。也就是說，作者對這些題材**想出了些什麼**。

思考的對象（題材）是多種多樣的，它們給予一本書的優勢也同樣是多種多樣的。所有經驗的素材，也就是說，所有歷史的、自然物理的事實本身，以及在最廣泛意義上的這一類東西，都包括在題材裡面。獨特之處全在於**客體**。因此，某些書無論其作者是誰，都可以成為重要的作品。

相較之下，作者想出了些什麼，其獨特之處卻在於**主體**。思考的對象可以是人人都可接觸到的、很熟悉的東西，但對這些對象的把握形式、作者想出了些什麼，在此卻賦予了這本書價值並存在於主體中。因此，如果一本書是在這一方面出色的話，那此書的作者也就是出色的。由此可以推論：一個值得一讀的作者，越不需藉助於其題材，也就是說，書的題材越是為人熟知和越是被人反覆採用，那這一作者所做出的成績就越大，例如：3個偉大的希臘悲劇作家就曾處理過同樣的題材。

[552]

所以，如果一本書很出名，我們就要分清楚這本書的名聲是因為其題材，抑或是因為其對這題材的處理形式。

由於選取了特定的**題（素）材**，相當平庸、膚淺的人也可能寫出很重要的書籍，因為只有他們才接觸到這些素材，例如：對偏遠的國家，對罕見的自然現象，對所進行的試驗和對歷史事件等描述——因為作者就是這些事情的目擊證人；或者這些作者花費了時間和精力去搜尋和特別探究了這些事情的來龍去脈和原始資料。

但如果**形式**才是關鍵的，因為那些素（題）材每一個人都可以接觸

到，甚至是相當熟悉的；也就是說，如果只有對這些素材所做出的思考才會給予作品價值，那就只有具有出色頭腦的作者才寫得出值得一讀的東西。這是因為其他的人只能想出人人也都會想到的東西，他們寫出的作品是其思想的印痕，但每一位讀者自己就已經有了產生這種印痕的原型物了。

不過，讀者大眾對題材的興趣遠甚於對形式的興趣，也正因為這樣，讀者大眾無法領略更高一級的文化。他們在對待文學作品時把這種傾向表現得至為可笑，因為他們一絲不苟地探究現實發生過的情形，或者文學家本人的那些引發出這些作品的親身經歷。的確，這一類事情對廣大讀者來說，最終還是比作品本身更有趣，他們閱讀更多的是關於歌德的書而不是歌德寫出的書，探究浮士德的傳說比研讀《浮士德》長詩更勤奮。貝爾格已經說過：「讀者會就萊諾爾到底是何許人展開學識淵博的考察。」我們看到此話一字不差地應在歌德的身上，因為我們現在已經有了許多對《浮士德》長詩和浮士德傳說的學識淵博的調查。這些調查是並且永遠屬於題（素）材方面。這種對題（素）材（與形式相比較）的偏好，就好比對一個美麗的古義大利花瓶的外形和圖案視而不見，一心只是探究這花瓶的黏土成分和顏色的化學構成。

迎合和助長這種不良傾向，試圖透過**題材**產生效應的做法，在必須明確做出形式方面的成績的領域裡，因而也就是在詩歌領域裡，是絕對要不得的。儘管如此，我們還是不時看到那些下三爛的戲劇作者竭力利用題材，以吸引觀眾到場。所以，例如：他們就把某些生平並沒有多少戲劇性事件的名人硬是搬上了舞臺；有時候那些與名人一起出場的真實人物還沒死去，戲劇作者們就已經等不及了。

在此所談論的題材與形式的差別，甚至在人們的談話中也表現了出來。也就是說，要能夠進行談話，首先必須具備理解力、判斷力、機智、活潑等素質。這些素質賦予談話形式。但接下來很快就要看談話的素材了，亦即我們可以與這個人談論的東西，也就是他的知識。如果可

[553]

供交談的**素材**很少，那就只有具備比上述**形式**方面更高程度的素質，才可以使談話具有價值，因為這種談話所涉及的素材就只能涉及人們一般都熟悉的人、自然的狀況和事物。但如果一個人缺乏形式方面的這些素質，但他的某一方面的知識讓這談話具有一定的價值，那情形就剛好相反了：這種談話的價值全在於這談話的素材。這正應了那句西班牙俗語所說的：「笨蛋對自己家裡的了解更甚於聰明的外人。」

275

一個思想的真實生命維持至這一思想終於成為字詞為止：到了這時候，這一思想就成了化石，從此以後就是死的，但同時也是堅固、經久的，就像遠古世界石化的動植物。我們也可以把這一思想的短暫生命比作水晶在結晶的一刻。

也就是說，一旦我們的思想找到了字詞，那這一思想就不再是密切和至誠至真的。在其開始為他人而存在的時候，它就停止活在我們的內在了；就像一個嬰兒與母體分離了，這嬰兒開始了自己的存在。詩人歌德也說了：

你們可不要用反駁來使我迷惘，
人們一旦說話，思想就開始混亂。

276

羽毛筆之於思考就等於拐杖之於走路，但最輕鬆自在的走路是不需藉助拐杖的，最美妙的思考不需藉助羽毛筆而進行。只有當我們開始變老了，我們才會喜歡藉助拐杖走路，才會喜歡藉助羽毛筆思考。

277

某一**設想**一旦在頭腦裡占據了位置或者誕生了，那這一設想就有了自己的生命，就在這方面類似於一個生物體：從外在世界那裡只吸收對它有益的、與它同質的東西，而與它有害的、異質的東西則要麼拒絕和排斥，要麼就原封不動地剔除掉——如果無法阻止這些東西闖入的話。

278

諷刺作品必須像代數學一樣，只可以運用抽象和不確切的數或量，而不能以具體的、帶名稱的這些東西操作。我們不可以把活人寫進諷刺作品中去，就像我們不可以在活人身上進行解剖一樣——以防我們的身家、性命受到威脅。

279

一件作品要**永恆不朽**，就必須具備**如此之多**的優點，以致要找到一個能夠理解和賞識所有這些優點的讀者也不容易。但是，總會有這一位讀者賞識這一作品的這一優點，而那一位讀者則敬慕這一作品的另一優點。這樣，歷經多個世紀，在人們的口味和興趣不斷變換的情況下，這一作品仍然能夠維持其聲譽和名望，因為這一作品時而在這一意義上，時而又在另一意義上得到敬重，永無窮盡。不過，寫出這一著作的作者，亦即有資格存活在後世之中的人，卻在他的同時代人當中，在這偌大的世界裡始終無法找到與己相似的人；他實在是太過不同了。並且，就算他像永遠流浪的猶太人一樣走過了幾代人，他發現情況仍舊是一樣的。一句話，他就是阿里奧斯托的詩句所描繪的人：「大自然塑造了他，然後把模子打碎了。」這是因為如果情況不是這樣的話，那就難以

[555]

理解爲何這位作者的思想就不會也像所有其他作者的思想一樣遭湮沒。

280

幾乎任何時候，無論是在藝術還是在文學當中，都會有一些錯誤的基本觀點、方法和格調流行開來，並得到人們的讚嘆。思想平庸的人就會爭相仿效這些東西，而有洞察力的人則會看穿和鄙視這些東西，不爲時尙所動。但用不了幾年，甚至讀者大眾也終於看到了這些把戲可笑的本來面目。那些矯揉造作的作品用以打扮自己，並曾讓人們驚豔的脂粉、口紅終於剝落和褪色了，就像馬虎地塗抹在牆壁上的劣質灰泥裝飾掉了下來；這些作品現在就像光禿的牆壁一樣擺在了我們面前。所以，當某些很長時間以來就已蠢蠢欲動的錯誤的基本觀點，現在終於明目張膽地清晰表達出來時，我們用不著生氣，而是應該感到高興，因爲人們從現在開始很快就會感覺、看穿和最終道出它們的虛假本質。到了那時候，就好像膿瘡終於被弄破了。

281

面對我們這時代不知廉恥的亂寫文字，及日益嚴重、罪惡洪水般洶湧而至的無用和劣質書籍，**書評雜誌**應起著堤壩的作用，因爲這些雜誌應該公正、無私、嚴格地做出判斷，毫不留情地抨擊不夠資格的作者炮製出來的每一劣品。那些乾癟的腦袋就藉助於那些劣品，想要助其乾癟的錢包一把。所以，所有的書籍中 9/10 都是這一類劣質作品。書評刊物應該毫不留情地嚴厲譴責這些貨色，履行職責，迫使濫竽充數者不再看見筆就手心發癢，阻止他們繼續招搖撞騙，而不是以無恥縱容的方式與作者和出版者結盟，助其搶奪讀者的時間和金錢。一般來說，這些搖筆桿子的是只有微薄薪水和酬勞的教授或者文人，他們爲了賺錢

[556]

而寫作。既然這些寫作人的目的是一致的，他們也就有著共同的利益，也就團結起來，互相扶持，互相吹捧。這就是劣書獲得好評的由來，書評雜誌登載的盡是這些吹捧文字。所以，這些刊物信守的格言就是「生活，也讓別人生活」（而讀者大眾則頭腦簡單，寧讀最新的，不讀最好的）！現在或者過去可曾有過一家書評刊物，可以誇口從來不曾讚揚過最低級的文字垃圾，從來不曾詆毀或者貶低優秀之作，或者從來不曾狡猾地把出色的著作視為不值一提，不予置評，目的就是引開大眾對這些傑作的注意？可曾有過一家書評刊物是認真負責地始終根據作品的重要性而篩選出作品，向讀者宣傳、推介它們，而不是聽任親朋好友的引薦，或礙於同事、同行的情面，或者甚至接受了出版商的賄賂而這樣做？難道不是每一個人在看到一本書被捧上天或者被踩在腳下時，都會馬上近乎機械性地翻看出版商的名字嗎——只要這個人不是新手的話？書評普遍都是維護出版商和書販而不是讀者公眾的利益。但如果真有我在上文所要求的書評刊物，那每一個拙劣的寫作者，每一個缺乏思想的編纂者，每一個剽竊別人著作的傢伙，每一個空洞、無能、一心只是爭取職位的冒牌哲學家，每一個蒼白而又自負的假冒詩人，在看到自己粗劣的製品用不了多久就將被釘在恥辱柱上，那發癢的手也會癱瘓下來。這對於文字創作是真正的福祉，因為在文字創作的領域裡，劣作不僅毫無用處，而且還是相當有害的。既然現在的書籍絕大多數都糟糕至極，根本就不應該問世，那麼，對書籍的讚揚就應該是稀罕的，就像現在的抨擊那樣稀罕才對——而現在人們甚少發出抨擊是因為人們受到個人利益考慮和這宗旨的影響：「大家都是自己人！讚揚別人吧，別人到頭來也會讚揚你！」在社會生活裡，對於無處不在的愚昧、沒有頭腦思想的人，我們有必要持寬容的態度；但把這種寬容也帶進文字創作的領域，則是徹頭徹尾的錯誤。這是因為在此領域，這些愚蠢的傢伙卻是厚顏的闖入者；鄙視他們的劣等貨色是對優秀作品的義務和責任，因為辨別不出什麼是壞的也就無法看清什麼是好的。總而言之，在文字寫作的領

[557]

域，那源自社會生活的**禮貌**是古怪的並經常是有害的東西，因為禮貌要求人們把壞的說成是好的，因此就是直接妨礙實現科學和藝術的目標。當然，我希望的書評雜誌只能由這些人執筆：他們誠實、可靠，不會被賄賂收買，兼備少有的知識和更少有的判斷力。照此標準，甚至整個德國恐怕也出不了這樣一本書評雜誌。這樣的書評雜誌就將是公平的裁判庭，其成員則必須是選舉出來的。但現在的書評雜誌卻是掌握在大學協會或者文人集團的手裡，甚至出版商和書販或許也在暗中為著書業的利益操縱著這類雜誌；並且書評雜誌一般也有劣質作者的某些聯盟，以阻撓傑作的露面。**歌德**早已說過，沒有什麼地方比文壇更不誠實了。我在《論大自然的意志》第 22 頁（第 2 版，第 17 頁）更為詳盡地討論了這一問題。

因此，最重要的就是必須取締**匿名**的做法，因為這實已成了文學流氓護身的盾牌。人們在書評、文學雜誌裡引入匿名做法的藉口，就是保護誠實的評論者和讀者的顧問免受著作者及其靠山惱羞成怒的攻擊。但如果匿名真的保護了批評者，那這一做法就百倍之多地為無法支持和證明自己言論的匿名者開脫了一切責任；或者當那些可被收買的和無恥的傢伙為了從出版商那裡獲得一點點的酒錢，而向讀者頌揚某一本劣書的時候，這種匿名做法就能夠為他們掩蓋這種丟臉的事情。這種做法還經常為水準低下、寂寂無聞和根本無足輕重的評判者作掩護。一旦知道躲在匿名的陰影之下就能確保安全，那些傢伙的放肆妄為，就會令人難以置信；又有什麼欺騙行為是他們不敢使用的呢？正如有一種萬靈藥，以下是對付所有匿名批評的**萬應反批評**，不管那些匿名者是吹捧拙劣之作抑或貶損優秀作品，都一概行得通：「報上名來，你們這些流氓！躲在暗處攻擊身在明處的他人是好漢的行為嗎？那只是無賴、地痞的行徑。有種就報上名字吧，**你這個壞蛋！**」這是證實有效的。

盧梭在《新愛洛綺絲》的前言裡就已經說過：「正直、誠實的人就得承認自己所出的東西。」翻譯成德文就是「正直、誠實的人就要在自

己寫出的文字上簽上名字。」一般的肯定命題都可透過換質位法反轉過來。爭論和攻擊性的筆戰——評論文章大都屬於這類文字——就更是如此！所以，**里默**在《關於歌德的報導》一書的〈前言〉（第29頁）所說的是相當正確的：「一個露出自己臉孔的公開對手，是一個誠實、不會過分的人，對這樣的人我們可以諒解、容忍，並與之和好。但躲在暗處的敵手卻是**卑鄙和怯懦的無賴**，對他所做出的判斷，他是沒有足夠的膽量承認的，他的意見因此對於他本人也不是很重要的，他只是感興趣於暗中獲得發洩怨毒所帶來的快意，既不被人認出，又不受到懲罰。」這段話可能是**歌德**的看法，因為歌德的看法經常透過**里默**表達出來。但盧梭定下的規則應該普遍應用於印刷出來的每一行文字。難道一個戴上面具的人可以獲准在大庭廣眾面前或者在會議上大放厥詞嗎？甚至會讓這樣的人肆意攻擊和指責別人嗎？人們難道不是馬上一腳把他踢出門外嗎？

德國人終於獲得了出版自由以後就不知羞恥地濫用這種自由。享 [559] 有出版自由的先決條件應該至少是禁止一切匿名和假名。這樣，每個人就得為自己透過出版發行這一擴音器公開說出的話，至少是以名譽承擔責任——如果他還有一點點名譽的話。而如果這個人已經名譽掃地，那他說出的話就因其名字被抵消了。匿名攻擊並非匿名的作者是明顯不光彩的。一個匿名的批評家，意味著這個人就他人或者他人的作品所作的介紹或更確切地說隱瞞，是**不願意強力**主張和維護的，所以不想透露自己的名字。這樣的事情人們可以容忍嗎？因此，正如警察不會允許人們戴著面具在街上走動，他們也同樣不應容忍人們匿名寫作東西。專門登載匿名文字的文學刊物就是無知對學問、愚蠢對理智私設法庭進行審判的地方，而且不會受到懲罰；也是讀者公眾被人愚弄、欺騙的地方，因為對拙劣作品的吹捧騙去了讀者的時間和金錢，欺騙者同樣不會受到懲罰。匿名難道不是為所有文字寫作，尤其是為出版業的流氓行徑提供了穩固的據點嗎？所以，這樣的據點必須被徹底鏟平。換句話說，發表在

刊物上的每一篇文字都必須署上撰寫者的名字,而編輯則要承擔核實名字的重大責任。這樣,因為就算是最微不足道的人也被他所到之處的人所知曉,刊物上 2/3 的謊言也就銷聲匿跡,搖脣鼓舌者的放肆行為也將有一定程度的收斂。法國現在就是以此方式處理這一問題。

在文學的領域裡,只要不存在禁止匿名,那所有誠實、正直的作者就應該聯合起來對付匿名的行徑,要公開地、不知疲倦地、時時刻刻地對這種行為表示出極度鄙視,給這樣的行為烙上恥辱的印記;要以各種方式讓人們認識到:匿名批評和評論是卑賤、不光彩的。誰要是匿名撰文和匿名投入筆戰,那就可以此事實假定這個人是在試圖欺騙讀者,或者在不冒任何風險地損害別人的聲譽。所以,我們在談論起某一位匿名評論者時,儘管只是順便談起這個人,並且沒有要責備他的意思,我們也要用上這樣的字眼:「這個或者那個膽怯的匿名無賴」、「那本期刊上的戴著面具的匿名流氓」等等,這的確是談論這些傢伙時合適和正確的口吻。這樣才可以使他們對自己那營生意興闌珊。這是因為一個人只有在讓人看到他是誰,以此讓別人知道所面對的人的時候,才可以期望得到對他本人的某些敬重;但蒙上面罩躡手躡腳活動的人卻沒有資格得到我們的重視。更準確地說,這種人以其行為本身剝奪了自己的公民權。他就是個「無名氏」,而每一個人都可以指責說,這位無名先生就是一個流氓。所以,我們應該馬上把匿名評論者稱作是痞子、下流坯子,尤其是在反批評的時候就更應這樣對付他們,而不要像某些作者那樣,儘管名譽受到那些無賴的玷汙,但由於懦弱的緣故仍稱他們為「尊敬的評論者先生」。「一個不敢說出自己名字的下流坯子」——這是所有正直的人對其的標準稱呼。如果在這之後有人做出功德,除掉了這受到了夾道鞭撻的傢伙的隱身帽子,揪著他的耳朵把他拖上前來,那些夜貓子們就會為真相大白而歡聲雷動。當某一口頭的謾罵和中傷傳到我們的耳朵裡,我們最初的怒氣爆發,一般都是提出這一問題:「這是誰說的?」但匿名者卻不會給予回答。

這種匿名評論家尤其可笑和尤其不要臉的做法，就是採用國王才用的「我們」這一代名詞，但其實他們不僅只能用單數的「我」，而且還要用縮小詞，並且在使用的時候要態度謙卑，例如：他們應該說「渺小和可憐的我」、「懦弱和耍出小狡猾的我」、「隱藏起來的無能的本人」等等。對於那些隱藏身分的騙子，那些從某一文藝小報的昏暗一角發出嘶嘶聲響的瞎蟲來說，這樣稱呼自己是合適的，他們的業務必須終結。發表文章而又不署上真實姓名，就等同於在日常生活中的物質上的欺騙。「要麼報上名來，要麼就給我住嘴！你這個無賴！」——這是我們對那些人要說的話。每一篇不署真名的批評文字我們都可以馬上加上「欺騙」兩個字。這種匿名業務可以帶來金錢，但肯定不會帶來榮耀。這是因為在匿名發出攻擊的時候，假名先生就只是無賴先生。我們可以一百對一地打賭：不想公開自己名字的人，就是想要欺騙讀者大眾。只是對匿名出的書，我們才有合理理由對其匿名批評。總而言之，隨著匿名的消失，文壇上無賴行為的 99% 就會銷聲匿跡。直到這一匿名業務被禁止之前，我們一有機會就要讓操控這些事情的人（匿名批評機構的董事和雇主）為他們的雇員所犯下的罪過直接負責任，並且要用上對這種人理應採用的口吻和語氣。沒有什麼太過放肆的謊言是匿名評論者不敢說出的：他們根本就不用為此承擔責任。所有的匿名評論都是為了造假和欺騙。而我自己呢，我寧願開一間賭場或者妓院，也不會辦這樣的匿名書評雜誌。³

[561]

281（補充）

一個匿名批評者的罪孽，應該由出版和編輯這東西的人直接負責，就好像那些東西是他本人寫的一樣；就正如一個手工師傅要為他的

3　另一個版本：我寧願開一個專門偷、騙、造謠中傷的機構，也……

學徒的拙劣工藝負責。我們對那些傢伙不要客氣，這是他這工作所應得的。

匿名的做法是文字上的招搖撞騙——我們應該馬上對其喊道：「你這個流氓，如果你不承認對他人所說的東西，那就閉上你的臭嘴！」

匿名的批評並不比一封匿名信更具權威，因此同樣要受到質疑。或[562]者，我們是否可以把投身於此，主持這樣一個匿名者社團的人的名字，看作是他的夥計的真誠的保證？

現在的寫作者到底還有多少誠實可言，可以從這一點看得出來：他們在歪曲引用別人著作的時候，可謂沒有良心、不負責任。我的著作中被別人引用的部分普遍受到了歪曲，也只有我那些旗幟鮮明的追隨者是例外的情形。很多時候，這種歪曲是由於粗心大意造成的，因為這些為文者用慣了陳腔濫調，一下筆這些東西就習慣性地傾瀉而出。有時候，則是由於小孩子式的自以為是——他們想矯正、改正我的表達。但最多的是出於卑劣的目的。這樣的話，這種故意歪曲就是卑鄙、無恥的下流行徑，正如製造偽幣一樣。做出這種行為的人，以此行為一舉剝奪了自己的名譽。

282

文字的風格是精神思想的外表，它比肉體外相更少欺騙性。模仿別人的風格就等同於戴上了一副面具。就算這副面具非常好看，但因為這副面具是死物，這副面具也就很快變得如此索然無味，讓人生厭，哪怕是一張至為醜陋的、活的面孔也比這副死面具要好。所以，那些以拉丁文寫作，仿效古老作家的作者，就確實像是戴上了一副面具。也就是說，我們能夠聽見他們說話，但就僅此而已，因為我們無法看見他們的外表、風格。但在那些**自為思想家**的拉丁語作品裡，我們卻看到各人的面相和風格，例如：在斯各圖斯、佩脫拉克、培根、笛卡兒、斯賓諾

莎、霍布斯等人的作品裡，因為他們並不會勉強自己去模仿別人。

矯揉造作的文體就好像是擠眉弄眼而成的表情。人們書寫的語言就是人們的民族面相，而各個民族的面相有著很大的差別，從希臘語一直到加勒比語，都是如此。

我們要在別人的文字作品中發現文體毛病，目的就是避免重蹈別人的覆轍。　　[563]

283

要對一位寫作者的精神產品做出初步的評價，我們並不怎麼需要知道他思考過**什麼素材**，或者他對這些素材**想出了些什麼**，因為這樣做就意味著必須讀完他所有的作品。其實，首要知道他是**如何**思考就足夠了。作者思考的方式，他的思維的基本特性和大致**素質**，其精確的模子和印痕，就是這位作者的**文體**。也就是說，這個人的文體會顯示出這個人所有思想的**形式特性**，而這一形式特性是始終保持一致的，不管這個人思考的素材**如何**各自不一，也不管他得出了些什麼思想。這就好比是一塊麵糰：以此麵糰可以捏出各種各樣、差別很大的形狀。所以，當路人向歐倫斯皮格爾打聽要走多長時間才能抵達下一目的地時，歐倫斯皮格爾做出了似乎荒謬的回答，「繼續走！」——歐倫斯皮格爾的目的就是從問路者的步速計算出這一問路者在一定時間內能夠走出多遠的距離。同樣，我只需讀上幾頁某位作者的文字，就可以約略知道他能對我有多大的幫助。

正是由於私下意識到這種情況，所以，那些平庸的作者都盡力掩藏自己特有的、自然的風格。這樣，他們就首先**被迫**放棄自己的質樸、無華。因此，質樸、無華是那些高人一等，充分感受到自身優勢並因此充滿自信的思想者的特權。也就是說，那些思想平庸的作者完全不敢下定決心直寫自己的所思，因為他們預感到這樣寫出來的東西會顯得簡單、

幼稚。但其實，直寫自己的所思總還是具有一定價值的。所以，如果他們老老實實地寫作，把自己確實思考過的相當一般的點滴東西，以樸實簡單的方式傳達給讀者，那麼，他們所寫出來的東西還是可以讓我們一讀；在其特定的範圍之內，甚至還是有一定教益的。但他們卻偏偏沒有

[564] 這樣做。他們力圖顯得比實際上想得更多，想得更深。所以，他們在表達自己的想法時，喜用生僻的字眼、複雜的長句、時髦和牽強的短語、拐彎抹角和閃爍其詞的類疊句子。這一類作者就在既想傳達這些思想、又想掩藏起這些思想之間左右為難。他們很想把自己的思想裝飾一番，以顯示出一副淵博、高深的樣子。這樣，讀者就會以為在他們所寫的東西裡面另有更多讀者暫時還不曾察覺的東西。因此，他們時而把自己的想法用短小、模稜兩可、似是而非的格言式句子零碎地表達出來——這樣，就好像是別有一番深意在這些句子之外（**謝林**關於自然哲學的著作就提供了這方面的絕好例子）；時而又把自己的思想淹沒在滔滔的語詞裡面，其囉嗦、繁複讓人忍無可忍，就好像他們的思想不花費龐大的功夫就不足以說得清楚一樣。其實，他們腦子裡面也就那麼一些簡單至極的想法，甚至只是老套的濫調（屬於這一類的大量例子見之於費希特的大眾作品和許多其他不值一提的草包所編的哲學教材）。或者他們會看中某一自以為高雅、有文化的風格，例如：會盡力寫出某種深研、科學的味道，而讀者則被這些又長又臭，但卻沒有思想的巨無霸句子折磨得頭昏腦脹（由那些不知羞恥的黑格爾門徒編寫的黑格爾刊物《科學知識年鑑》，尤其為我們提供了這一類例子）。又或者，他們刻意寫出機智、俏皮的筆法，看上去十足的瘋瘋癲癲、精神錯亂。諸如此類的情形不勝枚舉。他們所有的這些努力都是「雷聲大，雨點小」，經常使讀者無法看清他們的葫蘆裡究竟賣些什麼藥。他們寫下沒有一丁點思想的名

[565] 詞、句子，但卻又冀望別人以此想出點東西。所有類似的努力，其骨子裡不外乎就是拚命尋求新的手段，把字詞當作思想販賣給讀者；並且透過運用新的字詞，或者舊詞新用，或者拼湊、組合短語和句子，造成有

思想的假象，以彌補作者恰恰在這一方面所痛心感受到的欠缺。為了達到這一目的，他們時而採用這一手法，時而又變換另一種方式以冒充學問和思想——此情此景真的讓人忍俊不禁。這些手段可能暫時欺騙了沒有經驗的讀者，但這副死面具遲早會被人們識穿，招來別人的笑話。到了那時候，又得變換新的花樣了。我們看過不少作者下筆狂熱奔放、酣暢淋漓，完全是忘乎所以的樣子；但轉眼間，並且在接下來的第 2 頁就變成了嚴謹認真、引經據典，一副學問大家的派頭，其咬文嚼字、拖沓凝滯的文體，就像已故克利斯蒂安·沃爾夫所慣用的文體——雖然現在披上了現代的外衣。但最經久耐用的辦法還是寫出含混、讓人不明所以的文字——但這只在德國才吃得開。在德國，**費希特**最先採用了這一風格，**謝林**則把它發揚光大，而到了**黑格爾**手裡，這種風格達到了極致，而且效果至為美妙！但是，沒有什麼事情比寫出無人能懂的東西更容易，而以人人都可以明白的方式表達出重要、深奧的思想則是最困難不過的。如果作者真有頭腦思想的話，那他是用不著使出這些招數的，因為有了思想就可以以自身的樣子示人，並證實了賀拉斯的這句話：

頭腦智慧是正確寫作的條件。

但上述那些作者卻像那些試驗 1 百多種不同的金屬組合物，以代替那唯一的和不可取代的黃金的人。其實，作者最需要提防和避免的，就是明顯的努力，以表現出比實際上更多的思想，因為如果作者是這樣做的話，那反倒引起讀者懷疑這位作者並沒有什麼思想，因為一個人總是冒充擁有自己實際上欠缺的東西。正因為這樣，如果我們說作者的文體**質樸**、**無華**，那就是一條讚語，因為那意味著這位作者能夠以自身的樣子[566]示人。總而言之，質樸、無華都能獲得人們的歡心，而有失自然總是惹人反感。我們也可以看到：每一個真正的思想家都是努力爭取以盡量單純、清晰、準確和扼要的方式表達自己的思想。據此，簡樸不僅始終是

眞理，而且也是天才的標誌。文體是因思想而優美，但在那些假冒思想家的作品裡，思想據說是因文體而變得美麗。文體只是思想的剪影，寫出模糊或者拙劣的文字其實就是思維遲鈍或者混亂。

所以，寫出良好文體的首要律條就是：**寫作者必須是有話要說**；事實上，僅僅這麼一條規則本身就差不多足夠了。這一規則含義多麼深遠啊！而無視這一規則卻是德國哲學著作的寫作者和思辨作家的通病，尤其是自**費希特**時代以來。也就是說，我們可以注意到哲學作者很想**顯示**出一副有話要說的樣子，但其實他們卻無話可說。這種由大學的假冒哲學家所引入的寫作方式，甚至在這一時代顯赫的文學名家的作品中也屢見不鮮。這也是句子裡出現扭曲的、模糊的，甚至模稜兩可的由來，也同樣導致了冗贅、淤滯不暢的文風、僵硬的文體和不著邊際、一發不可收拾的詞語；最後還有那不知疲倦的長篇大論以掩蓋作者缺乏思想的情況，就像風車一樣轉個不停，使人頭暈目眩。這種文字可以讓我們讀上幾個小時而始終無法把握住哪怕是某些清楚、具體表達出來的思想。臭名昭著的《哈爾年鑑》──後來是《德意志年鑑》──就爲我們提供了這方面的大量典型例子。與此同時，德國人的沉著和耐性已經使他們習慣了一頁接著一頁地讀著各種各樣的文字垃圾，而又不太知道作者到底想要說些什麼。德國的讀者們誤以爲這一切都理當如此，殊不知作者只

[567] 是爲寫而寫。相較之下，一個具有豐富思想的優秀作者很快就會贏得讀者的信任：作者是認眞的，作者在說話時，**的確是有話要說**。這會讓有頭腦的讀者耐心地認眞讀下去。正因爲這樣的作者的確是有內容要傳達給讀者，所以，他總是以最簡單和最明確的方式表達自己的思想，因爲他所關心的就是喚起讀者與自己一樣的思想。據此，他就可以與**布瓦洛**一起說出：

> 我的思想隨時可以盡情表露，
> 我的詩句不管是好是壞，總是言之有物。

而同一位詩人所說的「言多必然無物」適用於上述那些作者。那些作者的另一個特點就是：盡可能地迴避所有**明確和斷然**的詞語，這樣，他們就可以在需要的時候擺脫窘境。所以，在任何情況下，他們都會選用**抽象**一些的詞語，而有思想的作者卻會採用更具體的字詞，因為具體的字詞能讓讀者更直觀、形象地看清事情，而直觀所見是所有證據之源。證明那些作者喜好抽象詞語的例子有很多，一個尤其可笑的例子就是在過去 10 年間德語文章中，在本來應該使用「導致、產生（某一效果）」（bewirken）或「（作為原因）引起」（verursachen）等動詞的時候，人們幾乎全都使用了「**以……為條件、前提**」（*bedingen*）一詞，因為「以……為條件」這一動詞是抽象和不確定的詞語，更少具體的含義（其含義只是「非此不行」，而不是「由此」、「因此」）。所以，使用這樣的**抽象**詞語就總能為自己留下一扇小後門——這對某些人來說是求之不得的，因為這些人私下意識到自己本事有限，所以總是不放心使用肯定和斷然的詞語。至於其他也使用更抽象詞語的人，卻只是他們跟風的國民性使然。所以，文章寫作中的每一個愚蠢花樣，就像日常生活中的每一個無禮行為一樣，馬上就會找到仿效者。這種喜歡跟風的風氣可以從這兩者能夠迅速蔓延得到證明。英國人則無論在文章寫作抑或在日常生活方面都會以自己的判斷為依據，但德國人卻最稱不上是這樣。因此原因，「導致、產生」和「引起」等詞幾乎已經全部從最近 10 年出版的文章書籍中絕跡，人們到處都只用「以……為條件」（bedingen）一詞。在此提出這些事情是因為這是這一類可笑事情的典型例子。

頭腦平庸的作者寫出的是空洞和沉悶的文字——我們甚至從這些人總是帶著一半的意識說話就可以推斷出這一點。也就是說，他們連自己說出的字詞的真正含義也不甚了解，因為這些字詞是他們鸚鵡學舌般現成搬過來的。所以，他們更喜歡用整個短句和成語，而不是把詞語組合起來。這就是為什麼他們的文字特徵明顯缺乏清晰的思想印記，而這

恰恰是因為這些作者並沒有留下這些印記的印模——他們自己清晰的思維。所以，我們讀到的只是一團模糊和不確切的字詞、流行的慣用話、用得泛濫的俗語和時髦說法。這樣做的結果就是：他們寫出的濃霧一樣的東西就像是用破損了的字模印出來的文字，讀來讓人如墮五里霧中。相較之下，具有頭腦思想的作者透過其文章的確是在向我們說話；因此，他們的文字能振奮和愉悅我們。也只有這些作者才是完全有意識、有目的地精選、組合個別字詞。所以，這些人的表述比起上述其他作者的表述，就好像一幅的確是用**油彩**繪成的油畫跟一張用模板印出的畫作之比。也就是說，在前一種情形裡，作者選用的每一個字，或者畫家勾勒、塗抹的每一筆都帶有特定的目的；但在後一種情形裡，所有的一切都是機械性印上去的。[4]在音樂裡我們也可以觀察到同樣的差別。這是因為天才作品的特徵就是在各個細微的部分都匠心獨運，這就好比**利希騰貝格**所說的：**加力克**無處不在的靈魂就顯現在加力克身上所有的肌肉上面。

[569]

至於上面提到**單調**、**乏味**的文字，我們可以大致上分為兩類：一種是主體（觀）的，另一種是客體（觀）的。屬於**客體**（觀）的單調、乏味始終是因我們現正討論的作者能力欠缺所致，也就是說，因為作者根本就沒有足夠清晰的思想或者見解可供傳達。這是因為誰要是有一定的思想、見解，就會直截了當地達到自己的目的，亦即傳達自己的這些思想和見解。這樣，他就始終能夠給予讀者清晰表達出來的觀念和看法；他也就既不會囉嗦、冗長，也不會言之無物和混亂。哪怕這位作者的根

---

[4] **平庸之人沒完沒了寫出的東西**就像是用**模板**壓印而成，也就是說，純粹是由時髦的現成慣用語所組成。作者不曾想到任何東西就把這些詞語寫了下來。頭腦傑出的人卻組合字詞以形容每一專門的情景。

生動的字詞、獨創的說法和巧妙的表達就像衣服一樣：在新的時候，這些令人眼前一亮，產生很好的效果。但隨後，人們就一窩蜂仿效它們。這樣，很短的時間以後，這些詞句就被用爛了，到最後，變得完全沒有效果了。

本觀點是錯誤的，但在這樣的情形裡，他的根本觀點仍然是經過了清晰思考和仔細推敲。所以，這一觀點至少在形式上是正確的，也就是說，這樣的作品始終還有一定的價值。而客觀上**單調**、**乏味**的文章，基於同樣的理由，總是沒有價值的。相較之下，**主觀**上感到的單調、乏味就只是相對的，那是因為讀者對作者所討論的事情缺乏興趣，但這缺乏興趣有可能是因讀者自己的侷限所致。所以，甚至優秀的作品，對某些讀者來說，也可能是主觀上單調、乏味的。同樣，一些最拙劣、低級不過的作品，對某些讀者來說，卻可以是主觀上相當有趣的，因為那題材或者說作者吸引了他們的興趣。

如果德國的文人能夠認識到：雖然人們要盡可能地像偉大的思想者一樣地思考，但卻應該像每個常人一樣地運用那同一語言，那就將是很有益的事情。我們要用平凡的字詞說出不平凡的東西，但德國的作者卻做出恰恰相反的事情。也就是說，他們盡力把渺小的想法裹以莊嚴、高貴的字詞，用最不尋常的詞語、最造作、最不自然、最古怪的空話表達相當尋常的思想。那些句子始終是踩著高蹺闊步前行。這種鍾情於浮誇、虛張聲勢、矯揉造作的文風，其代表人物就是莎翁《亨利四世》（第1部分，第5幕，第3場）一劇中的旗手**匹斯托爾**——他的朋友**福斯塔夫**很不耐煩地對他吼道：「我實在是拜託你了！你就不可以像人一樣說話嗎？」我把下面這一宣傳廣告提供給喜歡具體例子的人：「我們出版社即將推出一本既有學術理論性又有實際操作性，集科學、生理學、病理學、療法於一體的專著。其探討的對象名為『臌脹』，是一種人所共知的氣體現象。在本專著裡，作者把這些現象的有機體和因果關係連繫起來，根據這些現象的特性和本質，結合所有作為這些現象前提條件的，不管是內在還是外在的生物起源學的因素，以及這些現象的全部外現和活動，對這些現象做出了有系統的描述和解釋，從而為人類和科學的思想知識做出了貢獻。這一德語譯本幾經勘誤，並附有詳細的注釋和評語。該書譯自法國的《放屁的藝術》。」

[570]

在德語裡我們沒有與法語詞 stile empesé（僵硬的文體）精確對應的字詞，但在德國，這種文體卻更常見。如果這種文體與矯揉造作結合出現在書裡，那就等於在社交中出現的故作深沉、趾高氣揚、扭捏作態的舉止行為，都是同樣令人作嘔的。缺乏思想的內容就喜歡以這樣的文字外衣裝扮自己，正如在日常生活中，愚人喜歡擺出嚴肅的神情和拘泥於形式一樣。

寫出**矯揉造作**的文字就像是精心穿戴一番以免被人看作是普通平民並與之為伍，但真正的紳士哪怕是穿著最糟糕的衣服，也很少會有被人錯認的危險。因此，正如人們從一個人衣著華麗和盛裝看出這是一個俗人一樣，從矯飾、虛浮的文體就可認出這是個平庸的作者。[5]

[571] 儘管如此，如果認為我們的作文應該像說話一樣，那可是錯誤的看法。相反，每一種寫作文體都必須帶有某種精煉、簡潔的氣質，這也的確就是各種文體萬變不離的宗旨。所以，怎麼說就怎麼寫是要不得的，一如與此相反的做法，亦即說話就像寫作一樣：那就成了書呆子氣，聽眾聽他說話也倍感吃力。

晦暗、模糊的表達無論在任何情況下都是糟糕的信號，因為在99%這樣的情形裡，那都是因為作者的思想模糊、不確切所致，而這又幾乎無一例外歸因於作者的思想本身就是前後不一、自相矛盾和因此有欠正確的。一旦在某一頭腦中萌生了某一正確見解，這一見解就會盡力清晰呈現，並且很快就可以做到這一點：那清晰的想法很容易就能找到恰當的表達。我們能夠想出來的東西總能找到清楚、易懂、沒有歧義的語言表述。寫出難懂、晦暗、錯綜複雜、歧義詞句的人，當然並不知道自己到底要說些什麼；事實上，對於自己想要表達的東西，他們只是朦朧

---

[5] 誰要是有值得一說的話，那他用不著使用矯揉造作的字詞、複雜的短語和幽暗不明的隱喻以遮蓋自己的意思。相反，他會簡單、清楚、樸實地表達出自己的看法，並且確信能產生效果。所以，誰要是使出上述招數，也就以此暴露出自己欠缺頭腦思想和知識。

地有所意識，但這朦朧之物還沒有成為確切、具體的思想。他們經常希望向自己和向他人隱瞞自己其實是無話可說的。如同費希特、謝林、黑格爾一樣，這些人希望顯得知道自己其實並不知道、思考自己其實並不曾思考、說出自己其實並不曾說出的東西。如果一個人真有一些實在、確切的東西需要表達，那他會盡量含糊其辭，還是盡量清楚地表達出意思？甚至**昆提良**也說過：「對事情有專門了解的人說出的話經常更易懂，也更清楚……所以，一個人越是沒有本事，說出的話就越是模糊難懂。」[6]

同樣，我們的語言表達不能像謎面一樣讓讀者瞎猜，而應該知道想還是不想表達出自己的意思。德國人寫文章時躲躲閃閃、猶豫不決、顧左右而言他，這使他們寫出來的東西沒有吸引力，讓人不堪忍受。當然，如果作者傳達的是某些在某一方面不合法、不許談論的事情，那就另當別論。[572]

正如過度的作用通常會造成與目標相反的效果，同理，雖然字詞可以讓人領會思想，但這只是在某種限度之內。如果字詞堆砌超出了一定限度，那就讓要傳達的思想變得更加模糊。達到這一點就是風格的任務和判斷力的事情，因為每一個多餘的字詞都會產生與其目的相反的效果。**伏爾泰**的話正好表達了這一層意思：「形容詞是名詞的死敵。」但當然了，不少寫文章的人傾瀉字詞，其目的就是掩飾自己思想貧乏。

據此，我們要避免一切贅語和一切並不值得讓讀者傷腦筋、句子中間可有可無的插入語。我們必須照顧讀者的時間、努力和耐性。這樣，我們就可以讓讀者相信：那些寫出來的東西值得讀者認真關注，花費在此的努力是有回報的。刪去了不錯的東西也總比加進空洞的廢話要

---

[6] **令人費解的文字**（Unverständliche）是與**缺乏理解力**（Unverständigen）緊密相關的。在這種令人費解的語言背後，極有可能是故弄玄虛，而不是深不可測的思想。

好。赫西俄德的話適用於這裡：「一半比全部還要多。」（《工作與時日》，5，40）總之，不要把所有話都說出來！「讓自己變得討厭的祕訣就是把話全都說完。」* 所以，可能的話，就只說出精華，就只說出主要的，讀者自己也會想到的東西則一概不寫。用很多的字詞，但傳達的意思卻很少——這是作者思想平庸的確切標誌，無一例外都是這樣。相較之下，具有出色頭腦的作者卻能言簡意賅。

眞理在赤裸的時候是最美的，其表達越簡樸，所造成的印象就越深刻。原因之一就是讀（聽）者的精神不會受到其他枝節思想的擾亂，原因之二就是讀（聽）者覺得自己在此並沒有受到表達者巧妙、動聽言辭[573] 的迷惑，那產生的效果完全是出自眞理本身，例如：在哀嘆人生的虛無方面，還有什麼會比《聖經・約伯記》中的這一段話更讓人印象深刻：「人為婦人所生，日子短少，多有患難。出來如花，又被割下；飛去如影，不能存留。」** 正因為這樣，歌德的單純、簡樸的詩歌遠勝於席勒修辭講究和華麗的詩作。這也是為何許多通俗、流行歌謠能夠產生如此強有力效果的原因。所以，正如在建築藝術裡必須避免過分裝飾一樣，在語言藝術裡我們也要避免不必要的辭藻、毫無用處的潤飾和一切重複、多餘的言詞，也就是要盡力寫出一種**貞潔的**文體。凡是可有可無的詞語都只會造成不良的效果。簡單和樸實是所有優美藝術都要謹守的法則，因為簡單和樸實，甚至和最偉大、最崇高的也是協調、一致的。7

---

* 參見伏爾泰，《論人》，6，172。——譯者注
** 參見《約伯記》，14：1。——譯者注
7 另一個版本：**缺乏思想的內容**就要藉助各種形式以掩藏自己：會藏身於裝腔作勢、自以為是和華而不實的辭藻，以及幾百種其他的花樣。但偏偏樸實不被採用的，因為一旦以樸實的形式出現，那就無法折騰，其簡單、遲鈍就盡現出來。甚至頭腦不錯的作者也不敢寫出樸實的文字，因為自己的思想就會顯得乾巴和乏味。所以，樸實的風格始終是為天才準備的禮服，正如赤裸是美麗身體的特權一樣。

眞正的簡潔就是永遠只說出值得說出的東西，準確區分什麼是必要的，什麼是多餘的，讀者自己能夠想到的則不必無謂討論和解釋。但我們卻永遠不可以為求簡潔而犧牲清晰，犧牲語法則更是不可以的。爲了簡潔字詞而不惜削弱某一思想的表達，甚至模糊或妨礙了複合句的意思，那就是可憐的弱智行為。但當今廣爲流行的假冒簡潔就是這樣做的；其手段就是把有用途的字詞，甚至把必要的語法或者邏輯成分去掉。當今德國那些蹩腳的筆桿子，就像中了邪一樣地沉迷於這種簡潔方式，其愚蠢令人難以置信。也就是說，他們為了省一個字和達到一石二鳥之功，不僅只是讓**一個**動詞或者**一個**形容詞同時服務於幾個不同的分句，並且是朝著不同的方向——讀者碰到這樣的句子時，在不明其意的情況下，必須通讀完所有的複合句，就像在黑暗中摸索路徑，直到那謎底一樣的關鍵字終於出現，並讓我們明白所讀過的句子。除此之外，他們還透過許多其他完全不合規矩的字詞省略方法，寫出了其簡單頭腦誤以爲的簡約風格和濃縮文體。這樣，爲節省而去掉了本來馬上就可以顯示出複合句子含義的一個詞以後，他們就把整個句子弄成了一個謎——讀者爲解開謎底而必須反覆閱讀整個複合句子。特別是他們摒棄分詞「Wenn」和「So」，必須到處都前置動詞代替，而不做些必要的，對於他們那種頭腦當然是太過細膩的分辨：這樣的翻轉句子在哪裡是合適的，在哪裡卻是不合適的。由此就常常不僅產生了難看的硬性和造作，而且還導致讓人費解的句子。與此類似的是，人們現在普遍喜愛的一個語言錯誤。這用例子可很好地說明，這樣的句子「Käme er zu mir, so würde ich ihm sagen.」（假如他來找我的話，我就會跟他說）等等，現在 9/10 的搖筆桿子的人會寫成 würde er zu mir kommen, ich sagte ihm，而這不僅是笨拙的，而且還是錯誤的，因爲只有問句才可以以「würde」開始，一個假設的句子卻頂多只能用現在式，而不是未來式。但在簡約方面，他們的才能就只是計算字詞和隨時準備不惜代價刪去個別字詞，甚至字詞中的某一音節。他們完全就只是在這一方面

[574]

試圖弄出縮短的文體和敦實的陳述。據此,每一個音節,只要其邏輯、語法或者語音作用不為這些呆滯頭腦所明白,就被乾脆利索地刪掉,而一旦某一個傻瓜做出了這樣的大膽行為,數以百計的其他人就會歡呼著爭相仿效。對此,無論在哪裡都沒有反對的聲音!對這種愚蠢行為沒有反對和抵制,相反,只要有人做出某一真正的蠢事,其他人就會讚賞和模仿!所以,在1840年代,這些無知的搖筆桿子的傢伙完全棄用德文中的完成式和過去完成式,因為他們為了其所鍾情的簡短,無論是在何種情況下都以未完成過去時態取代之,以致未完成過去式也就只是這語言裡面唯一的過去式。為此付出的代價就不僅僅是沒有了句子細膩的精確性或者語法的正確性。不,不僅是這些。人的理解力也經常一併受到了損害,因為這樣寫出來的詞句純粹就是瞎扯。所以,在上述種種破壞語言的做法當中,以棄用完成式為**最卑劣的**,因為這損害了語言中的邏輯及連帶的語言的含義。這是語言學上**駭人聽聞**的事情。[8] 我敢打賭:在過去10年出版的書籍裡面,讀者肯定找不到哪怕是一個過去完成式,甚至完成式也沒有。難道這些先生們真的以為過去式和完成式代表了同一含義,所以,這兩者可以不加區別地混用?如果他們真的這樣認為,那中學四、五年級該為他們空出位置了。如果古老作家這樣馬虎寫作,那他們將會遭遇什麼樣的情形?這種褻瀆語言的例子,幾乎無一例外見之於所有報紙和大部分學術刊物,[9] 因為在德國,正如我已說過的,文字

8　另一個版本:人們在當代對德語所做出的種種駭人聽聞的傷害,其中最厲害者則是消除完成式,以過去式取而代之,因為這種做法直接破壞了語言的邏輯,混亂了語言的含義,把個中的根本差別一舉消除了,並讓語言說了與說話者本意不一樣的意思。在德語裡,使用過去式和完成式的規矩是和拉丁語一樣的,因為在這兩種語言裡,主導原則是一樣的:把仍在繼續的未完成動作與已經完成、完全已成過去的動作區別開來。

9　**在號稱學術的**《哥丁根評論》(1856年2月),我發現在絕對需要用上虛擬式的過去完成式的地方——假設這句子是有人能理解的意思的話——作者卻為了那受歡迎的簡約而用了一般的過去過去式,也就是看到了這短語「er

寫作中的某一愚蠢做法和日常生活中的每一個無禮舉止一樣，都會找到大批的仿效者；也沒有人敢特立獨行，因為我們德國人判斷力不佳，我們的鄰人反倒更具有判斷力——這一事實並不是我所能掩蓋的。由於上面已提到過的消除了動詞的兩種重要時態，一種語言幾乎就已經降至粗糙的地步。該用完成式的時候，選用過去式不僅是對德語語法規則的犯罪，而且也是對所有語言的普遍語法的犯罪。所以，為德國的文人開設一個小型語言學校是有必要的了：在此，他們就可以了解過去式、完成式和過去完成式之間的差別；接著就是第2格和第6格的分別，因為人們在該用第2格（所有格）的時候，總是無拘無束地越來越普遍地採用離格，例如：「萊布尼茲的一生」和「安德列亞斯‧霍費的死」，不是寫成「Leibnitzens Leben」和「Hofers Tod」，而是寫成「das Leben von Leibnitz」和「der Tod von Andreas Hofer」。這樣的錯誤發生在其他語言，人們將會如何看待？例如：假如一個義大利寫作者把「di」和「da」（亦即所有格和離格）混淆了，那義大利人將會說些什麼？但由於在法語，這兩個助詞都是由那呆板的「de」所代替，而德國的寫書者的現代語言知識又不曾超出那一點點的法語程度，所以，他們就相信可以把那法語的簡陋之處也加在德國語言上面，並且在做出蠢事時，都會有人讚賞和模仿。[10] 出於那值得尊敬的理由，因為法語貧乏之故，介系詞 pour 得履行 4 或 5 個德語介系詞的職責，所以，我們那些愚蠢的搖筆

---

schien」，而不是「er würde geschienen haben」。我對此的回應是：「可憐的傢伙！」

[10] von 的**離格（第6格）**簡直已成了**所有格（第2格）**的同義詞：每個人都以為可以挑選他想用的那一個。前者逐漸就會完全取代所有格，人們就會像是個德國的法國人一樣地寫東西。這可是羞恥的事情：語法失去了所有的權威性，取而代之的是胡寫者的率性而為。所有格在德語中透過「des」和「der」表達出來，而 von 標示的是離格，永遠記住這一點吧，我的夥計們，如果你們是要寫德語而不是法式德語的術語的話。

桿子的人，就在需要用上 gegen、um、auf，或者其他介系詞，或者甚至不需用上介系詞的地方都用上「für」，就只是為了跟風和模仿法語的 pour，搞得如此離譜，以致介系詞「für」6次當中有5次是用錯的。[11]

---

[11] *für* 很快將會成為德語中唯一的介系詞了。人們亂用這介系詞已到了無法無天的程度。「Liebe *für* Andre」（對他人的愛）而不是用 *zu*；「Beleg für u. s.w.」（對……的證明），而不是用 *zu*；「wird *für* die Reparatur der Mauern gebraucht」（對修牆所要用到的）而不是用 *zur*；「Professor *für* Physik」（物理學教授）而不是用 *der*；「ist *für* die Untersuchung erforderlich」（對探究所需的）而不是用 *zur*；「die Jury hat ihn *für* schuldig erkannt」（陪審團認定其有罪）而 *für* 在此是多餘的；「Beiträge *für* Geologie」（對地質學的貢獻）而不是 *zur*；「Rücksicht *für* Jemanden」（對某人的體諒）而不是用 *gegen*；「reif *für* etwas」（某事已準備就緒）而不是用 *zu*；「er braucht es *für* seine Arbeit」（他的工作需要用上那東西）而不是用 *zu*；「Die Steuerlast *für* unerträglich finden」（納稅負擔已無法承受）、「Grund *für* etwas」（對某件事的根據理由）而不是用 *zu*；「Liebe *für* Musik」（對音樂的愛）而不是用 *zur*；「Das jenige was früher *für* nöthig erschienen, jetzt...」（《郵報》，那早些時候似乎是需要的東西，現在……）。而「*für* nötig finden」、「*für* nötig eracten」（視為必需的）則毫無例外見之於最近10年所有的書籍和報紙，但這卻是錯誤的用法。在我年輕的時候，一個中學高年級學生也不會犯下這樣的錯誤，因為在德語裡，應該寫成「nötig eracten」，要麼就是 *für* nötig halten。所以，現在一個寫作者在需要某一個介系詞的時候，一刻都不用多想，就用上 *für*，而不管這到底表達了什麼。這一個介系詞必須承擔大任、代表所有的其他介系詞。「Gesuch *für* die Gestattung」而不是用 *um*；「*für* die Dauer」而不是用 *auf*；「*für* den Fall」而不是用 *auf*；「Gleichgültig *für*」而不是用 *gegen*；「Mitleid *für* mich」而不是用 *mit* mir（在一篇反批評文章）；「Rechenschaft *für* eine Sache geben」而不是用 *von*；「*dafür* befähigt」而不是用 *dazu*；「Für den Fall des Todes des Herzogs muß sein Bruder auf den Thron kommen」而不是 *im*；「Für Lord R. wird ein neuer Englischer Gesandter ernannt warden」而不是用 *an Stelle*；「Schlüssel *für* das Verständniß」而不是用 *zum*；「Die Gründe *für* diesen Schritt」而不是用 *zu*；「ist eine Beleidigung *für* den Kaiser」而不是用 *des* Kaisers；「Der König von Korea will an Frankreich ein Grundstück *für* eine Niederlassung abtreten」（《郵報》），用德語說的話，那就是「Frankreich dem König eine Niederlassung

同樣的短語，例如：「這些人，他們並沒有判斷力」，而不是應該的「這些人並沒有判斷力」。總而言之，類似法語這樣的某一黏合起來的平民語言，把這法語的貧乏語法引入德語——這一高貴得多的語言——是極為有害的法國化。但這並不就是如一些狹隘的純粹主義者所誤以為的引入個別的外來詞語：這些外來詞語將被吸收並豐富了語言。德語詞彙幾乎一半來自拉丁語，雖然哪些詞語是取自羅馬人，哪些又是從祖

---

für ein Grundstück giebt」。「Er reist *für* sein Vergnügen」而不是用 *zum*；「Er fand es *für* zweckmäßig」（《郵報》）。「Beweis *für*」而不是「Beweis *der* Sache」；「Ist nicht ohne Einfluß *für* die Dauer des Lebens!」而不是 *auf*（蘇科教授在耶拿）；「*Für* einige Zeit verreist!」（*für* 意味著贊同，也只有在拉丁語也可以這樣用的話才可以這樣用）。「Indignation *für* die Grausamkeiten」（《郵報》）而不是用 *gegen*。「Abneigung *für*」而不是用 *gegen*；「*für* schuldig erkennen」，還有就是「*für* schuldig erklären」——這 *für* 都是多餘的。「Das Motiv *dafür*」而不是用 *dazu*；「Verwendung *für* diesen Zweck」而不是用 *zu*；「Unempfindlichkeit *für* Eindrücke」而不是用 *gegen*；題目「Beiträge *für* die Kunde des Indischen Alterthums」而不是用 *zur*；「Die Verdienste unsers Königs *für* Landwirthschaft, Handel und Gewerbe」而不是用 *um*（《郵報》）；「Ein Heilmittel *für* ein Übel」而不是用 *gegen*；「Neues Werk: das Manuskript *dafür* ist fertig」而不是用 *dazu*；人人都寫成「Schritt *für* Schritt」而變得毫無意義，而不是用 *vor*；「Freundschaftliche Gesinnung *für*」而不是用 *gegen*；甚至「Freundschaft *für* Jemand」也是錯的，必須用 *gegen*：也就是說，在德語中，*gegen* 既意味著「相反」也意味著「對方」；「Unempfindlich *für* den Schmerzensruf」而不是用 *gegen*；「Er wurde *für* todt gesagt!」還有「*für* würdig erachten」，*für* 都是多餘的。「eine Maske erkannte er *für* den Kaiser」而不是用 *als*；「*für* einen Zweck bestimmt」而不是用 *zu*；「*Dafür* ist es jetzt noch nicht an der Zeit」而不是用 *dazu*；「Sie erleiden eine *für* die jetzige Kälte sehr harte Behandlung」而不是用 *bei*；「Rücksicht *für* Ihre Gesundheit」而不是用 *auf*；「Rücksicht *für* Sie」而不是用 *gegen*；「Erforderniß *für* den Aufschwung」而不是用 *zu*；「Neigung und Beruf *für* Komödie」而不是用 *zur*。最後的兩個短語是一個著名的德語語言文學研究者寫出來的（J. 格林，《關於席勒的演講》，根據 1860 年 1 月《文學報刊》所登載的節選）。

先語言梵文中來的，存在一定的疑問。被提名的語言學校可以出一個有獎問題，例如：清楚解釋這以下兩個問題的區別：「Sind Sie gestern im Theater gewesen?」（您昨天到劇院了嗎？）和「Waren Sie gestern im Theater?」（您昨天在劇院嗎？）

　　那越來越普遍的錯用 *nur* 一詞提供了不當簡潔的又一個例子。眾所周知，*nur* 一詞的含義是明顯有侷限的：詞的意思是「不多於……」但現在，我不知道是哪一個乖僻的傢伙首先把這詞用作「不外於……」的意思，而這就成了完全不一樣的思想了，但為了那有好處的節省字詞，這種錯誤馬上就得到了最熱情的模仿，以致這詞的錯誤用法現在已是至為常見的了，雖然這樣的用法常常表達出的字面意思是與寫作者想要表達的意思相反。例如：「Ich kann es nur loben.」（我只能讚揚它）──那就是說我不能獎勵它、仿效它；「Ich kann es nur missbilligen」（我只能反對它）──那就是說不能懲罰它。還有就是，好些形容詞普遍被用作副詞，例如：「ähnlich」（相似的、類似的）和「einfach」（簡單的、簡樸的）──雖然這樣的副詞用法以前可能有過幾個例子，但這對於我始終是刺耳的。這是因為任何語言，都不會允許人們把形容詞原封不動當作副詞應用。假如一個希臘作者寫出 ομοιος（同樣的）而不是 ομοιψς（以同樣的方式），απλους（簡單的）而不是 απλψς（以簡單的方式），那人們會怎麼說呢？或者在其他語言裡，一個人寫成了：

similis	而不是	similiter，
pareil	而不是	pareillement，
like	而不是	likely，
simplex	而不是	simpliciter，
simple	而不是	simplement，
simple	而不是	simply。

只有德國人才是不客氣的，直接率性而爲，根據自己的短淺見解和無知而對待德語，而這些與其民族的精神面相是相吻合的。

所有這些一點都不是小事。這些是毫無價值的搖筆桿子們對德語語法和精神的破壞，而又沒有任何人提出異議。那些本應反對這些的所謂**學者**、有科學文化的人士，卻爭相仿效。這是一場互比愚蠢和失聰的競賽。德國語言已是完全掉進了口角、吵鬧之中：每個人都不甘人後，每個搖筆桿子的流氓都來破壞一把。

在任何情況下，我們都要盡可能地分清楚形容詞和副詞，因此，例如：在意思是「sicherlich」的時候寫成「sicher」。[12] 總而言之，我們都不應爲了**簡約**而做出以**確切和精準**爲代價的哪怕小小的犧牲，因爲正是確切和精準的可能性讓一種語言有其價值。只是因爲得益於**確切和精準**，語言才能精確和無歧義地表達出某一思想的每一**細微變化**和調整，就猶如讓這思想穿上了一件溼的衣服出現，而不是猶如套著一個袋子。美麗、有力和言簡意賅的文體就在於此，經典作家也就由此而成。而砍掉了前綴和附加的成分，去掉了把副詞與形容詞區分開來的音節，刪去了助詞，在需用現在完成式的時候用了過去式等等，把語言弄得支離破碎，而表達確切和精準的可能性也就恰恰由此完全失去了。現在所有德國的寫字者就都猶如著了這蔓延開來的偏執狂，在這方面，個個都做得唯恐落在人後，而沒有任何人提出一點點的反對；那種沒有頭腦的做法，在英格蘭、法國和義大利是永遠不會成爲普遍的。這種砍削、肢解語言，就猶如把一件貴重的材料切開、割破成碎片，目的就是可以包裝地更緊湊。這樣，這語言就會淪爲一種讓人半懂不懂的粗話，德語很快

[580]

---

[12] 只有德國人和霍屯督人才會允許自己做出這樣的事情，寫出「sicher」而不是「sicherlich」；然後，在要寫「gewiss」之處寫成了「sicher」。
寫成 *sicher* 而不是 *gewiss*：*sicher* 是一個形容詞，其副詞形式是 *sicherlich*。*sicher* 不可以作爲副詞代替 *gewiß*，就正如現在普遍所發生的情形，而這樣做並沒有任何的根據基礎。

就會成爲這種粗糙的語言。

但這種對簡約的錯誤追求方法，最明顯地表現在砍削單個字詞的部分。計日薪的出書者、無知得讓人目瞪口呆的文人和可收買的報紙記者全方位修剪德語的字詞，一切都不過就是爲了所喜愛的和他們所理解的簡約目的。在這種追求中，他們就活像那些急躁的、說話不清楚的人：只是爲了要在短時間內、一口氣說多些話，就吞掉字母和音節；在急忙呼吸空氣之時，氣喘吁吁地匆匆說出短語，所以就只是說出字詞的一半。上述寫作者也是以這樣的方式，爲了在很小的空間[581]內多寫出些文字，也是從字詞的中間砍掉字母，在字詞的開頭和末尾砍掉整個音節。也就是說，首先，那服務於韻律、發音和悅耳的雙母音和加長了的 -h 就全都砍掉。這樣，所有在某個地方仍能去掉的東西，就都砍掉了。我們的那些字詞蠶食者，他們的破壞狂就尤其瞄準了字尾音節「ung」和「keit」，恰恰只是因爲他們不明白也感覺不到這些音節的含義，在他們那厚厚的腦殼之下，遠遠無法察覺到在我們的祖先循本能組成語言時，在變換那些音節的時候所花的細膩心思，因爲透過「ung」，一般就把主體、行爲，與客體、行爲的對象區分開來；但透過「keit」，則大多表達了持久的、長存的素質，例如：前者的例子是 Tötung（謀殺）、Zeugung（生育）、Befolgung（遵守）、Ausmessung（測定）等等；後者的例子是 Freigebigkeit（慷慨）、Gutmütigkeit（好心腸）、Freimütigkeit（坦率、正直）、Unmöglichkeit（不可能）、Dauerhaftigkeit（持久性）等等。我們只需看看這 3 個字，「Entschließung（決定、決議）、Entschluß（決心）和 Entschlossenheit（堅毅）」。但由於太過愚笨而無法認清這些，我們「對待今天」的粗糙語言改進者卻寫出了諸如「Freimuth」（坦率）；但他們也應該寫出 Gutmut 和 Freigabe 才對，還有就是「Ausfuhr」，而不是「Ausfuhrung」，「Durchfuhr」而不是「Durchfu-hrung」。 *Beweis*（證據）是對的，但就像我們那些呆滯的所要改良爲 *Nachweis*

（證據）則是不對的，而應該是 Nachweisung，因為 Beweis 是某樣客體（客觀）的東西如，mathematischer Beweis（數學證據）、faktischer Beweis（實際證據）、unwiderleglicher Beweis（不可否認的證據）等等，而 Nachweisung 則是某樣主觀的東西，是發自主體的東西，是證明（Nachweisen）的行為。通常，他們在寫「Vorlage」的時候，意思並不是像這詞所指的那樣，即「提交的樣品」，而是指提交的行為，亦即「Vorlegung」，這當中的區別就類似於 Beilage（附件）和 Beilegung（調停）、Grundlage（基礎）和 Grundlegung（奠基）、Einlage（附件）和 Einlegung（放入）、Versuch（試驗）和 Versuchung（試探、誘惑）、Eingabe（呈文、申訴書）和 Eingebung（突發靈感）、Zuruckgabe（復原）和 Zuruckgebung（退回）及許多其他相似的字詞。但甚至法院也認可這樣的損毀語言，即法院辦公室不僅寫「Vorlage」（草案、樣品），而不是寫「Vorlegung」（呈送），而且也用上「Vollzug」（執行），而不是「Vollziehung」（執行），並且命令要 in Selbstperson 出現，亦即要其本人（in eigener Person）而不是他人身分現身；[13]——那我們就不要覺得奇怪，為何會看到報紙的寫手報導「Einzug einer Pension」（退休金的「Einzug」）——他的意思其實是「Einziehung」，即「取消退休金」，也就是「退休金將再不能入場了」。這是因為表達彩券的抽獎用 Ziehung einer Lotterie，但一支部隊的列車則用 Zuge eines Heeres 的德語智慧，他是無法理解的。不過，對這樣的報紙寫作者又能有什麼

---

[13] 法院不是寫 *Vorladung*（**傳訊**），而是寫了 *Ladung*（**裝載**）。但只有武器和船隻才是 *Ladung*（**裝滿彈藥、裝載了貨物**）的，而招待宴會只會發出 *Einladung*（**邀請**），法庭只會有 *Vorladung*（**傳訊**）。法院要永遠記住：法庭判斷力的身家性命是聽任他們自己決定的，所以，這些可不是鬧著玩、隨便出醜的。在英國和法國，人們在這方面更加的精明，始終堅守那古老的官方文體，因此，法庭的幾乎每一個判決都是以 whereas（有鑑於……）或者 pursuant to（依據……）開始。

期待呢——如果就算是有學問的《海德堡年鑑》（1850年，第24期）也在說「Einzug seiner Güter」（沒收他的財產）？這《德國年鑑》至多可以給出這樣的藉口：那只是一個哲學教授這樣寫的。我感到奇怪的是：為何還沒發現「Absatz」取代了「Absetzung」、「Empfang」取代了「Enpfangnis」，或者「die Abtretung dieses Hauses」取代了「Abtritt dieses Hauses」，因為這樣做才是前後一致的，那些德語改進者也才是值得尊敬的，並能帶來令人愉快的誤會。但我的確是在一份有不少讀者的報紙上發現了，並且是多次發現了「Unterbruch」而不是 Unterbrechung——這樣一來，人們就會被誤導，以為那是一般的疝氣，而不是腹股溝疝。但報紙卻恰恰是最沒有理由剪裁字詞的，因為那些字詞越長，那它們就更占滿了專欄；而如果這是由無辜的音節所致，那這報紙就因此少散發了謊言給這世界。但嚴肅地說吧，我現在必須在此提請大家記住：閱讀人口中肯定有多於9/10之數，就僅僅閱讀報紙而已，所以，他們幾乎就是無法避免地根據這些報紙而塑造和形成自己的拼寫、語法和風格，甚至以他們的簡單頭腦，會視諸如此類的破壞語言的做法為簡約的表達、優雅靈便和獨具慧眼的語言改良。的確，沒受教育階層的年輕人會尊報紙為某種權威，因為報紙畢竟是印刷出來的東西。因此，認真說來，出於國家的需要，報紙是要確保在語言方面做到完全沒有錯誤。為達到這一目的，我們可以聘用一個監察員：這監察員不支薪；但那些報紙的寫手如果肢解了字詞或者用上了在優良作家那裡不曾碰到過的字詞，還有那些語法上（雖然就只是句法上）的錯誤，以及組合不當或者搞錯了意思的介系詞——每一次犯下諸如此類的錯誤，就向他們徵收1個金路易的手續費；但對那些狂妄嘲笑一切語法規則、亂寫一氣的傢伙，例如：不是正確寫出「hinsichtlich」，而是寫成 hinsichts 的，則得罰上3個金路易，如果重犯的話則罰上多一倍。頭腦平庸的人應該墨守成規，而不要去改進語言。抑或德語是被剝奪了權利的，是微不足道的小事，並不值得受

到每一個糞堆都會享有的法律保護？可憐的菲利斯特人！如果做事馬虎的人和報紙寫手保留斟酌決定之力，可以根據自己一時的心情和念頭，聽從自己缺乏理解力的判斷處理德語，那德語又究竟會變成什麼樣子？再者，我們這談論的惡劣行為一點都不是只侷限在報紙方面，而是成了普遍的事情，無論是書籍還是講學問的期刊，人們都是以同樣的熱情和同樣不加考慮地破壞語言。我們會發現人們無所顧忌地截去了詞語的前綴和附加部分，例如：「Hingebung」變成了「Hingabe」[14]；「Mißverstandniß」剪成了 Mißverstand；Verwandeln 成了「Wandeln」；Verlauf 成了「Lauf」；Vermeiden 成了「Meiden」；Berathschlagen 成了「Rathschlagen」；Beschlusse 成了「Schlusse」；Auffuhrung 成了「Fuhrung」；Vergleichung 成了「Vergleich」；Auszehrung 成了「Zehrung」，以及種種這些把戲，間或還有些更惡劣的。就算是在那些講究學問的著作裡面，我們也發現作者在趕時髦，例如：在列普修斯的《埃及人年表》（1849）第 545 頁是這樣寫的：「Manethos fügte seinem Geschichtswerke—eine Übersicht—nach Art ägyptischer Annalen, zu」（馬內托斯為他的歷史著作，根據埃及編年史的方式，補充了一個概要）——也就是說，為了節省一個音節，把「hinzufügen」（補充）寫成了「zufügen」。今天所有的胡亂和糟糕寫作的人，就是以這樣**笨拙的方式**截去字詞的音節和破壞德國語言，而那種破壞在之後是無法修復的。所以，這樣的語言改進者必須一律像小學生一樣地受到責罰。每一個善意的和有識之士都要為了保護德國語言站到我這一邊來，共同對抗德國人的愚蠢。類似今天在德國的那些搖筆桿子傢伙，其隨意和放肆惡待語言的行為，要是發生在英國、法國、義大利（義大利甚至還有令人羨慕的「保護義大利語學院」），那將會招來何種對待？舉例說吧，

---

14 我們可以說：「Die *Ausgebung* der neuen *Ausgabe* wird erst über acht Tage stattfinden.」（新分發的東西將只能在 8 天後分發）。

我們看到在《義大利古典作品集成》（米蘭，1804，第 142 卷）裡，編輯在審閱《切尼尼的一生》一書時，半點偏離純正托斯卡納語的地方都不放過。要是某一個字母出了差錯，編輯就會馬上在註腳裡提出批評。《法國道德學者》（1838）的編輯也是這樣，例如：針對伏維納古所寫的這一句話「ni le dégoût n'est une marque de santé, ni l'appétit est une maladie.」（厭食既非健康的跡象，有胃口也不是疾病，《隨想與格言》），編輯指出應該是 n'est，而不是 est。換上我們德國人，要怎麼寫就儘管怎麼寫好了！如果伏維納古寫了 la difficulté est à les connaitre（困難就在於認識它們），那編輯就會表示，「我認為應該是『de les connaître』」。在一份英國報章，我看到某位演講者受到了嚴厲的斥

[585] 責，因為他說了 my talented friend（**我那位有才華的朋友**），而這並非標準的英文。其他國家就是這樣嚴肅看待自己的語言的。[15] 相較之下，德國的每一個塗鴉者都毫無顧慮地生造離奇的字詞，而不會在雜誌上接受夾道鞭笞，反而還能找到讚賞者和仿效者。那些寫作者和最低級下作的搖筆桿子者，在強加給某一動詞從來不曾有過的含義時，是從來不會縮手縮腳的——只要讀者能夠猜到那強加上去的含義，那這種做法就是有創意的，就會有人模仿。那些傻瓜把隨時穿過自己頭腦的雜七雜八都寫下來，罔顧語言的語法、慣用法、含義和種種常識，並且是越離奇越瘋狂就越好！我剛剛就讀到 Centro-Amerika 而不是 Central-Amerika。為了節省一個字母而不惜犧牲上文提到的語言能力！這意味著德國人在所有事情上面，都是仇視規則、法律和秩序的。他們喜歡個人隨心所欲，然後再以自己敏銳的眼光找出老套的合理理由。所以，德國人是否能夠學會在街上靠右邊行走，就像英倫三島以及所有英國殖民地的英國

---

[15] 英國人、法國人、義大利人的這種嚴格態度並不是書呆子的咬文嚼字，而是一種小心、謹慎的行為：他們不允許搖筆桿子的人妄動民族的聖物——語言，而這卻是現在德國正在發生的情形。

人那樣無論在大街還是小巷，都嚴守靠右走的規矩，我是持懷疑態度的——哪怕嚴守規矩很有明顯的好處。在俱樂部和社交會所裡，我們也可以看到人們喜歡隨著性子走，破壞最符合目的的公共準則，而這樣做並不會為自己帶來任何便利和好處。但**歌德**說了：

> 隨著自己的感官生活是粗俗的，
> 高貴之人為秩序和規則而奮鬥。
>
> ——《譯稿》，第 17 卷，第 297 頁

那發自德國人特性的要破壞語言的瘋狂是普遍性的：人人都迫不及待地破壞德國語言，沒有半點的憐憫之情；那的確就像外出射鳥的人，每個人都唯恐落後。也就是說，在這樣一個時代，既然在德國沒有哪怕是一位在世的作家能夠寫出有可能延續後世的作品，那出版商、寫作匠和報紙寫手就讓自己動手去改革德語了。這樣，我們就看到現在的一代人，雖然留著長長的鬍子，但卻是性無能的，亦即沒有能力創造更高級的思想作品。他們就把閒暇用於隨意、無恥地肢解眾多偉大作家曾經使用過的語言。他們就像赫洛斯特拉圖斯一樣，為求虛榮而遺下臭名。如果說往昔的文學大家在個別之處對德語做出了某些深思熟慮的改進，那現在每一個搖筆桿子的人、每一個報紙記者和每一個地區文藝小報的編輯都認為自己有權染指語言，以除掉語言中不合自己飄忽心意的東西，或者加進新詞。

就像我已說過的，人們這種刪減字詞的躁狂主要是針對詞語的前綴和附加部分。他們這樣的亂刪減當然是為了達到簡約的效果，從而讓表達更濃縮、更有力，因為只是節省了紙頁，畢竟意義不大。所以，他們就想濃縮自己要說的話。但要達到這一目的，該做的卻不僅僅是刪減字詞的字母音節，而是需要簡明、扼要的**思維**。但這恰恰是這些人所無能為力的。此外，只要每一個概念在這語言中都有可以表達的字

詞，而這一概念細微的含義變化也可以透過這一字詞精確相應的變化而標示出來，那簡潔、有力、確切的表達才得以成為可能，因為只有透過準確運用這些字詞及其變化，才有可能在完整的句子表達以後，在讀（聽）者的心目中精確喚起表達者想要表達的思想，而不會讓讀（聽）者哪怕有一刻對表達者的意思存疑。為達到這一目的，語言裡的每一個

[587] 字根就必須能夠做出相應變化，以表示字義概念所具有的細膩差別，並以此表達思想的細膩之處，就像穿上了一件溼貼的衣服。而完成這一變化任務主要就是透過詞的前綴和附加部分：它們就是語言的鍵盤所彈出的每一個基本概念的變奏。因此，希臘人和羅馬人都透過運用詞的前綴來表達幾乎所有動詞和許多名詞微妙意思的變化。我們可以在每一個拉丁語的主要動詞那裡以例子說明這一點，例如：動詞 ponere 就可以變成 imponere、deponere、disponere、exponere、componere、adponere、subponere、superponere、seponere、praeponere、proponere、interponere、transponere 等等。德語也可展示同樣的情形。名詞 Sicht（視野、觀點）也就可以變成 Aussicht（眺望）、Einsicht（眼力、認識）、Durchsicht（審閱、檢查）、Nachsicht（醒悟）、Vorsicht（預見、謹慎）、Hinsicht（方面）、Absicht（目的）等等。或者動詞 suchen（尋找）可以變成 aufsuchen（搜尋）、aussuchen（挑選）、untersuchen（調查）、besuchen（探訪）、ersuchen（請求）、versuchen（試圖）、heimsuchen（打擊）、durchsuchen（搜索）、nachsuchen（追蹤）等。[16] 這就是詞的前綴所發揮的作用。那麼，如果為圖簡約而省略了這些前綴，無論在任何情況下都只用 ponere，或者 Sicht，或者 suchen，而不是上述的字詞變化，那一個範圍很廣的基本概念所包含的所有細微限定就無由標示，就只能聽天由命，任由讀者去理解了。這樣，語言就會變

---

[16] Führen 一詞可變成 Mitführen、Ausführen、Verführen、Einführen、Aufführen、Abführen、Durchführen。

得貧乏、笨拙和粗糙。而這正是「當今」的那些自作聰明的語言改進者求之不得的。由於自己的粗糙、無知，他們真的以為我們如此深思熟慮的祖先只是由於蠢笨才無聊地制定了這些前綴，但他們的所為則是別具匠心的，因為一旦只是看到一樣的東西，他們就迫不及待地剪掉那些前綴。但在德語，前綴都是有其意義的，都是幫助基本概念表達其所有細微的變化，也正是透過這手段，表達才有可能清晰、確切和細膩，然後才可以有力和言簡意賅。相較之下，刪減掉多個字詞的前綴，就會造成只有一個字詞，詞彙也就由此變得貧乏。但不僅是這樣。以此方式，失去的不僅僅是字詞，概念也一併失去了，因為我們沒有了把這些概念固定起來的工具。這樣，我們在說話，甚至在思考的時候也就只能滿足於約略和大概，由此也就失去了說話的力度和思想的清晰。也就是說，透過這樣的刪減而減少了字詞數目的同時，我們也就無法避免地擴大了剩下的字詞的含義。而字詞含義擴大了，又會再度失去其精確性和具體性，結果就是讓歧義和含糊有了可乘之機。這樣的話，準確和清晰已是不可能了，力度和言簡意賅更無從談起。我上面所批評的 *nur* 的含義擴大，就是說明這方面情形的例子，即馬上就帶來了歧義，有時候甚至導致錯誤的表達。如果能把概念定義得更清楚，多出兩個音節又何妨呢！難道在表達 *Indifferentismus*（冷淡態度）意思的時候，竟然有思想扭曲的人寧願省掉一、兩個音節而寫出 *Indifferenz*（冷淡）字嗎？ [588]

所以，那些幫助根詞在運用時表現各種細微變化的前綴，對於一切清晰、確切的表達和以此達到的真正言簡意賅和力度，就是必不可少的手段。詞的後綴也是同樣的情形，亦即由動詞變成的名詞的那些各式不一的末尾音節，而這透過上面的 versuchen（嘗試）變成的名詞 Versuch（嘗試）和 Versuchung（誘惑）等已經可以說明。因此，字詞和概念的這兩種變化方式就由我們的祖先經過深思熟慮，極其巧妙、恰到好處地布置在語言裡面，並在字詞上面留下了印記。但到了我們這一時代，後繼者卻是粗糙、無知、無能的塗鴉者。這些傢伙為了自己的利益而齊心 [589]

協力，透過糟蹋詞語來破壞德語這一古老的藝術珍品，因爲這些厚皮囊當然不會對那爲表達細膩、微妙的思想而設的藝術工具有任何感覺，但他們卻是蠻懂得計算字母的。所以，如果這些厚皮囊要在這兩個字詞裡面任選其一：一個詞以其前綴或者後綴精確對應所要表達的概念；另一個詞卻只是近似和大概地做到這一點，但卻短了 3 個字母——那我們的厚皮囊會毫不猶豫地選用後一個詞，並滿足於詞的大概、差不多的含義，因爲他們的思維並不需要這麼精細的劃分，而只是籠統、批發式地運作；但字詞的字母一定要少一些！表達的簡約和力度、語言的優美，就取決於這些！例如：假如他們要說 so etwas ist nicht *vorhanden*（某些東西是不存在的），那他們就會說 so etwas ist nicht da，因爲這樣就省了不少字母。他們信守的最高原則就是永遠寧取短詞以作代替，也不要精確和貼切的其他詞語。這就逐漸產生了含義極其模糊的俗字；到最後，這些詞就都變得不知所云了。這樣，德國人所眞正擁有的相對其他歐洲民族的唯一優勢，亦即德語輕率地被消除了。也就是說，在優美書寫表達方面，德語是唯一幾乎可以與希臘語和拉丁語相比肩的語言。對其他的歐洲主要語言作此讚譽則是可笑的，因爲那些都是方言、土話而已。所以，與其他歐洲語言相比，德語有著某種不同尋常的高貴、優美氣質。但那些厚皮囊又如何能對德語細巧、精緻的本質，對德語那些寶貴與柔和的材料有所感覺？——這些材料提供給思想者，好讓他們能夠固定和保存起每一精確和細緻的思想。但數字母卻是厚皮囊喜歡做的事情。所以，看看他們是如何沉醉於破壞德語的，這些「當今」的高貴兒子。只需看看他們：光禿的頭、長長的鬍子，以眼鏡而不是眼睛視物，動物性的嘴上咬著一根雪茄以代替思想，背上穿著袋子一樣的衣服而不是一件外套，無所事事地閒逛而不是勤勉地工作，一副傲慢的態度而不是有著眞知灼見，大膽放肆和故作矯情而不是做出成績。[17] 高貴的「當

17　直至 40 年前，天花奪去了 2/5 的小孩的生命，也就是奪去了所有的虛弱小

今」，華麗的模仿者，喝著黑格爾哲學的母乳長大起來的一代人！你們想把你們的爪子伸進我們古老的語言，好把你們那膚淺和愚蠢的存在痕跡和印記，就像腳印化石一樣地以永留紀念。「但願上帝阻止這樣的事情！」滾吧，厚皮囊！**這是德語**，**人們**以此表達自己，偉大的詩人以此吟唱和偉大的思想家以此寫作！收回你的爪子！否則，**你們就沒得吃了**（這是唯一可以嚇唬住他們的）。

標點符號也成了「當今」把語言越改越糟的傢伙手裡的獵物。這些男孩太早就逃學了，就在無知無識中長大。時至今日，人們在對待**標點符號**時幾乎普遍是故意馬虎處理，且自鳴得意。很難說得清楚那些亂寫一氣的人心裡到底想的是什麼，但極有可能的是，人們會把這種漫不經心的愚蠢做法看作是法國人的那種可愛、輕盈的文體，或者自以為是容易理解的寫法。在印刷出來的文字裡，人們惜標點符號如金，以致應該出現的逗號被省略掉了 3/4（就讓讀者自己摸索意思吧，如果能夠的話）；本來應該是句號，卻只有逗號，或者至多是分號等等。這樣做的直接後果就是每一大複合句子，讀者都得讀上兩遍。其實，標點符號是複合句中邏輯的一部分——只要句子是依據邏輯而標點的話。因此，人們這種故意不把標點符號放在眼裡的行為簡直就是褻瀆，尤其是那些語文學家，在處理**古老**作家的著作時也是草率處理**標點符號**。而這正是現在頻繁發生的情形，甚至連最新版的《新約》也難以倖免。理解古典著作因此也就變得難多了。但如果你們不惜靠刪除音節、計算字母而達到簡約，目的就是節省讀者的時間，那就應該用足夠的標點符號，以讓讀者一眼就認出哪些字詞是屬於哪一個分句。這就更能達到目的。很明顯，標點符號在例如法語那裡是比較鬆散的，因為法語的句子有著

[591]

孩，剩下的是更強壯、抵禦住了這火的考驗的小孩。牛痘疫苗保護了那些虛弱者。看看今天在你們的胯下跑動的長鬍子侏儒，他們的父母就只是由於牛痘疫苗的恩惠而得以存活。

嚴格的邏輯關係和因此連接緊密的詞序；在英語，由於語法貧乏，其鬆散的標點符號也勉強行得通。但鬆散和不規則的標點符號在相對古老的語言中是行不通的，因為古老、原始的語言有著複雜和高深的語法，可以造出巧妙的複合句子。諸如此類的古老語言就是希臘語、拉丁語和德語。18

[592] 現在讓我們回到我們真正討論的言簡意賅的表達。真正的言簡意賅只能出自豐富、有內容的思想，所以，是最不需要僅靠刪減字詞和短語的部分以縮略其表達方式。這些寒酸的手段，我在此一次地給予毫不客氣的斥責。這是因為有分量的、內容豐富的，因此也就是值得寫下來的思想，自然能提供充足的材料和內容，讓表達這些思想的複合句子及其完整的語法和詞彙如此的豐滿，以致沒有任何一處是空洞、輕浮的。相反，整個陳述都是言簡意賅，而思想在這樣的陳述中得到了明白、恰當的表達，並的確優雅地鋪展和活動在這些文字裡面。所以，我們不要縮略字詞和語言的形式，而是應該增加和豐富我們的思想，就像一個身體康復者應該透過恢復豐滿的體型，又再穿上之前的衣服，而不是透過縮剪衣服。

284

時至今日，伴隨著文字寫作水準的降低和古老語言被忽視，日漸普遍的文體毛病就是文體的主觀性，但這卻只在德國土生土長起來。這種

---

18 另一個版本：在類似法語，甚至英語當中，因為其語法極其貧乏，尤其是在其詞語變格和詞形變化的能力方面，其字詞因此需要有嚴格的邏輯順序，所以，其標點符號就可以是不足和鬆散的。但如果有完美的語法可以允許透過調動順序中的詞語而搭建起巧妙的句子（這提供了修辭和詩歌的巨大優勢），那並不是直接相關的句子和短語就必須透過標點符號以分開，以便讓人一目了然複合句的意思，就像希臘語、拉丁語和德語那樣。

主觀性就在於寫作者只滿足於自己知道想要表達的意思,至於讀者會看到什麼,就由他們去琢磨吧!這種作者信筆而寫,而不理會讀者,就像他們在進行獨白似的。其實,文章應該是作者和讀者的對話;並且在進行這種對話時,作者更應該表達得清楚,因為讀者一方提出的問題是作者無法聽見的。也正因為這樣,寫作的文體**不應該**是主觀的,而應該是客觀的。為此目的,作者所寫出的文字應該直接讓讀者精確想到作者所想到的事情。但要做到這一點,作者就必須時刻謹記:思想也遵循著重力定律思想,即從頭腦抵達紙頁總比從紙頁進入頭腦容易很多;所以,在這過程中,作者必須動用一切手段以助思想一臂之力。如果作者真做到了這一點,那寫出的文字就能純粹客觀地發揮作用,就像一幅圓滿完成的油畫作品。而主觀性的文體卻不會比牆上的斑點產生出更確切的效果——在看著牆上的斑點時,只有那些想像力被這些斑點偶然激發的人才會看出某些圖形,而其他人看到的則只是斑點而已。我們這裡所說的差別擴展至作者整個的語言表達方式,但在個別的例子中也經常可以證明,例如:最近我在一本新書裡讀到了這樣的句子:「為了增加現有書的數量,我並沒有寫這本書。」但這一句話表達了與作者其實想表達的相反的意思(我寫這書的目的並不是為了增加現有書的數量)。

[593]

285

寫作疏忽、馬虎的人,從一開始就以此承認了他自己的思想並沒有多大的價值。這是因為只有當我們確信自己的思想包含著真理,並且非常的重要,我們才會有所需的熱情,一心一意,以不懈的毅力用最清楚、最優美和最有力的語句把這些思想表達出來,正如放置聖物或者無價的藝術珍品時,我們會選用銀製或者金製的器具一樣。所以,古老作家的思想在其文字中存活了數千年,並因此緣故被冠以「經典」這一榮譽頭銜。這些古老作家都是細緻、認真地寫作。**柏拉圖**的《理想國》的

[594] 序言據說寫了 7 次,每次都做了大幅改動。而德國人在文體和衣著方面卻以其疏忽、馬虎明顯有別於其他國家的人。而這兩種草率、邋遢都源自同一民族性的根源。但是,正如衣冠不整暴露出了並不尊重要與之接觸的人,同樣,草率、馬虎、拙劣的文體,表明了作者並不尊重他的讀者。那麼,拒絕閱讀這樣的文章就是讀者對作者合情合理的懲罰。尤其可笑的是,某些批評家就是以極爲草率、爲賺取稿費而寫的文字批評別人的著作。這種情形就好比坐在法官席上的人穿的是睡衣和拖鞋。相較之下,英國的《愛丁堡評論》和法國的《知識分子雜誌》裡面的文字卻是多麼的認眞、嚴謹!正如與一個衣著邋遢、骯髒的人搭話之前,我會猶豫一番,同樣,一旦看到作者寫得疏忽、大意,我就會隨手把書放下。

直至大概 1 百年前,學者們都是以**拉丁文**撰寫文章,在德國尤其是這樣。在運用這一文字時,哪怕出現一個失誤在當時也是一件恥辱的事情,但大多數人還是認眞地爭取寫出優雅、精緻的拉丁文,許多人成功地做到了這一點。現在,在人們擺脫了這一鐐銬,可以用自己的母語舒適、方便地寫作的時候,本來以爲他們會很認眞地以母語寫出起碼是盡量精確和盡可能優雅的文字。在法國、英國和義大利,情況仍的確如此,但在德國卻是相反的情形!在德國,人們就像那些被支付了金錢的下人一樣,急匆匆地胡亂寫下要說的東西,從自己還沒洗漱乾淨的嘴裡冒出的詞語直接就訴諸筆墨,既不講究文體,也沒有邏輯可言,因爲在該用完成式和過去完成式的時候,都用了過去式;該用第 2 格的時候卻用了第 6 格;永遠用介系詞「*für*」代替所有的介系詞——而這一用法 6 次裡面有 5 次是用錯的。一句話,所有我在上文提到過的文體毛病,他們無一倖免。

285(補充)

人們越來越普遍地誤用 *Frauen*(妻子、太太)以代替 *Weiber*(女

人）。在我看來，這是對德語的破壞，因為德語因此而變得更貧乏了。這是因為 Frau 是妻子，而 Weib 則是**女人**（Mädchen——小姐——並不是 Frauen，而是想要成為「Frau」）。這樣的混亂在 13 世紀就曾經出現，也只是在後來這兩個名稱才分開了。女人（Weiber）不再想稱為 Weiber，與猶太人想稱為「以色列人」，與裁縫想稱為「時裝師」，與商販把其櫃檯名為「辦公室」，與每一個戲謔、玩笑都想稱為**幽默**，都是出於同一個原因，因為人們把並不屬於這個詞的東西，把更應該與那事物和事情本身有關聯的東西賦予了這個詞。並不是那詞招來對那事物的鄙視，而是恰恰相反。因此，在兩百年後，當事者就會建議再變換一下詞語。

但德語無論如何都不應該因為某一婦人的古怪念頭而減少一個字詞。所以，我們不能聽任女人及其膚淺的茶桌才女摻和這些事情，而是要謹記：歐洲的這些女人的鼓吹或者夫人們的舉止行為，最終就會將我們引至摩門教的懷抱。[19]

---

[19] 另一個版本：*Weiber* 一詞完全是無辜的，只是標示了女性性別而已，並沒有任何附帶的含義。如果這個詞帶著某一令人不快的含義，那這只是由於這詞的所指，而不是由於這個詞本身。因此，改變這個詞並不會改變這件事情。德語跟義大利語一樣，都有表達屬和種、女性和妻子的兩個相應詞，不應該由於女人的怪念頭而棄用這些詞。所以，把 Frauen 用來表示 Mädchen，也始終是不合規矩的，就算是千百個無聊的茶桌文人都畢恭畢敬地硬是把這詞作此用法。猶太人也同樣想稱為「以色列人」，裁縫也想稱作「時裝師」；不久前，還有人提議：因為 *Litterat*（**文人**）一詞已經不遭人信任，所以，這些文人先生們不想用這名稱了，想改為 *Schriftverfasser*（**原作者**）。但假如一個本身並沒有問題的名稱招致了不好的名聲，那這並不在於這個名稱本身，而在於這名稱的所指，因為新的名稱很快就會又有舊名稱的命運。個人與全體也是一樣：假如一個人改了名字，那是因為他之前讓自己的名譽受損，但這個人還是同樣的一個人，並不會讓新的名字帶有比舊名字更多的榮譽。
Weib 一詞並沒有任何過錯，不管是其發音還是詞源。所以，假如這個詞有了某些不好的含義，那這不能歸咎於這個詞，而只能歸咎於這個詞所指示的對

[596]

286

甚少人是以建築師的建築方式寫作：建築師在開始建築之前就已制定了計畫，連零星、個別的細節都已考慮妥當。大部分人的寫作就只是像玩骨牌一樣。也就是說，正如人們在玩骨牌的時候一半帶有目的、一半聽任偶然地把骨牌一塊塊排列起來，人們也是以同樣的方式，以一定的次序和連貫寫下他們的句子。寫出來的東西在完成以後整體是個什麼樣子，所有那些要得出一個什麼樣的結論——對此，寫文章的人大概都是不知道的。許多人甚至連這些都不知道就拚命地寫，一如辛勤建造的**珊瑚蟲**：長而複雜的複合句一個接著一個，也只有天知道這些句子要走到哪裡結尾。「當今」的生活就是一場偉大的**風馳電掣**，反映在寫作裡則是極度的倉促、馬虎。

287

寫出良好文筆所必須**遵循**的主導原則應該是：一個人每次只可以清楚地思考一樣事情。所以，我們不能**苛求**一個人在同一時間裡思考兩個或者兩個以上的思想。但如果作者把一個主要複合句拆開，把不止一個思想以插入句的形式塞進複合句的空隙裡，那這位作者就是在苛求讀者在同一時間裡思考多個思想。這就毫無必要和惡意地擾亂了讀者。這主要是**德國作者**的所為。雖然德語比起其他活著的語言都更適合做到這一點，但那只是為這樣做提供了可能，而不是說這樣做就是值得讚揚的。法語散文讀起來讓人輕鬆、愉快，沒有其他語言能與之相比，因為法語

象；所以，無論人們替換上哪一個詞，那詞都會受到傳染。這就跟想要稱為**以色列人**的猶太人是一樣的——雖然自從沙曼薩國王以來，就只有以色列的輝煌紀念，而再沒有以色列人了。

文章一般都沒有上述毛病。法國人會盡量以合乎邏輯、順乎自然的次序 [597]
串起自己的思想，把這些思想逐一呈給讀者思考。這樣，讀者就能集中
全副精神逐一思考作者的想法。而德國人則把不止一個想法交疊在了一
起，然後反覆交疊再交疊，弄成一個複雜、交叉的複合句，因為他們想
要同時說出5、6樣東西，而不是一個接一個地把這些東西表達出來。
要一句一句地說話，不要同時、交叉地表達5、6個意思！也就是說，
德國作者本應盡力吸引和抓住讀者的注意力，但他們卻還要求讀者違反
上述每次領會一樣東西的法則，在同一時間裡要思考3到4個不同的想
法；或者因為這是不可能的事情，所以，就讓讀者以快速變換的方式交
替思考多個想法。如此一來，「僵硬的文體」就奠定了基礎，然後，用
造作、浮誇的詞語表達至為簡單的東西，再加上其他諸如此類的方式手
段，那這種「僵硬文體」也就終於完備了。

　　德國人的真正民族性就是**笨拙、遲緩**。這可以從德國人的走路方
式、舉止動作、語言談吐、理解和思維等方面顯現出來，但德國人的寫
作風格，他們那種以造出長而笨重、錯綜複雜的句子為樂，則尤其表現
出這種民族性。在閱讀這些句子的時候，記憶力必須單獨在長達5分鐘
的時間裡耐心記住交給它的功課——直到最終在複合句子的末尾，理解
力才幫得上忙和解開謎團。德國的作者就以此炫耀自己；如果能再把矯
飾、浮誇和貌似崇高與莊嚴等悉數展示，那作者就更陶醉其中了。但願
讀者能有足夠的耐性吧！但德國作者首要竭力寫出的，無一例外就是盡
可能模糊和不確定的詞語和句子，這樣，一切就像顯現在濃霧當中：目
的似乎就是既要為每一個說法都預留一條後路，也要裝腔作勢，冒充說
出了比實際想到的更多的內容；再有就是這種特色源自確實的蠢笨和渾
噩，而正是這一點使外國讀者討厭所有的德語文章，因為他們可不願意
在黑暗中瞎摸索，而我們的國人對這一點卻似乎特別投緣。

　　本就冗長的複合句子，由於加進了連環的插入分句而變得更臃 [598]
腫，那些句子就像肚子裡塞滿了蘋果的烤鵝，讀者沒有預先看表都不敢

碰這些句子。這樣，首先賣力應付任務的是**記憶力**，而本來要投入工作的應該是理解力和判斷力才對；但理解力和判斷力的活動和發揮正是由於記憶力的活動而遭削弱和妨礙。這是因爲這樣的龐大複合句子提供給讀者的，就只是未完成的短語和散句——在這過程中，讀者必須發揮記憶力，小心收集和保存這些散句和短語，就像保存好一封撕爛了的信件的碎片——直到湊齊了，稍後才會讀到整個複合句的其餘部分，讀者才終於得知具體的意思。所以，讀者首先必須不明所以地讀上一大段文字，在這期間卻無從展開思考，而只能死記所讀到的所有東西，希望在讀完結尾的點睛句子以後，才終於得到可以思考的某些東西。讀者得到了如此之多要記住的東西以後，才獲得了供理解的某些東西——這種做法顯而易見是極爲糟糕的，並且消磨了讀者的耐性。[20] 但頭腦平庸的人明顯偏愛這種文字，其原因就在於它只有在消耗了讀者一定的時間和精力以後，才會讓讀者去理解其實可以馬上就能理解的東西；經此折騰，就產生了這些作者比讀者更具頭腦和深度的假象。這種方式也屬於上文已經提到的那一類手段——平庸的作者無意識地和本能地應用這些手段以隱藏自己的思想貧乏，製造出與此實情恰恰相反的假象。在這些手法方面，這些人的創意眞可謂驚人。

[599]   但很顯然，把一個思想與另一個思想交錯疊在一起，就像木造的十字架那樣，有違一切健康的理性。但這正正就是所發生的情形，因爲作者打斷自己已經開始的話語，而在中間插入完全不同的另一些話。也就是說，作者讓他的讀者記住已開始了的，但暫時還沒有含義的複合句，直至收到後續的補充部分爲止。這種情形就好比主人把空的食物盤子交

---

20 另一個版本：寫出**這樣長和塞在一起的複合句子**的作者，知道這龐然大物的走向和結尾的詞語，所以，作者是蠻有信心的，因爲是他建造起那迷宮；但讀者卻不知道這些而爲此受苦，因爲他要用心記住所有的分句和從句，直至讀到最後的點睛詞語才終於知道這到底要說的是什麼。

給他的客人，讓客人引頸期待會有一點點食物。真正說來，中間的逗號與頁底的注解和正文中間的插入語是同一個家族，這 3 者從根本上就只是程度上的差別而已。如果說德謨斯芬尼和西塞羅有時候也寫出了類似的包含插入式的複合句子，那他們不曾這樣做的話就更好了。

但至為無聊、愚蠢的則是插入句並非是在句子結構許可的情況下加進去，而是直接折斷整個句子以強行夾進所要插入的句子。假如打斷別人的說話是無禮的舉動，那打斷自己的說話也是如此，例如：在造句時突兀地插入分句。這種句式被應用了多年，所有拙劣、馬虎、急匆匆、眼睛只盯著奶油麵包的搖筆桿子者，在其文章中的每一頁都寫出了 5、6 個這種句式，而且為此自鳴得意。這種句式就是——我們應該，如可能的話，在列出準則的同時也舉出示範例子——折斷一個句子，以便在這句子的兩部分之間黏上另一個句子。這些人這樣地寫作卻並非只是出於懶惰，還因為他們愚蠢，因為他們把這種句式視為一種可愛的「輕靈」文體，可以讓他們的表達跳躍、活潑。只有在相當稀有的個別例子裡，這種句式才是可以原諒的。

288

在邏輯學中，固然可以順便應用上有關**分析判斷**的學說，但在良好的陳述中，邏輯其實是不會露面的，因為那會顯得簡單和幼稚。當述詞已為那個體的物種所有這一點最為明顯，例如：一隻公牛，是帶角的；一個醫生，其職責是治療疾病的等等。所以，只有在需要解釋或者定義的時候，這些才是用得著的。 [600]

289

只要**比喻**是把某一未知的關係由某一已知的關係加以說明，那比

喻就是很有價值的。甚至那些詳盡並因此變成了寓言的比喻，也只是把事物的某種關係以最簡單、最明晰、最容易爲人理解的方式表現出來。甚至概念的組成歸根結柢也是以比喻爲基礎的——只要比喻是出自把握事物中相似的地方和忽略不相似之處。再者，真正的**理解**歸根結柢就在於把握事物之間的關聯（un saisir de rapports）：我們越能在彼此差別很大的情形裡和在各自完全不同的事物當中，再次認出事物中的同一關聯，那我們對這一關聯的認識就越清晰和越純粹。也就是說，只要事物的某一關聯只在某一個別情形裡爲我所認識，那我對這一關聯的認識也就只是個別的，因此的確就仍只是直觀的。但只要我哪怕只是在兩種不同的情形裡也認識到了這同一種關聯，那對這一關聯的整個**本質**，我就有了一個**概念**，亦即有了更深刻和更完整的認識。

正因爲比喻對認知來說是強有力的槓桿，所以，能夠提出令人驚奇的，並且是鮮明、有力的比喻，也就表明了提出比喻的人具有深刻的理解力。據此，**亞里斯多德**說：「能夠找到比喻是相當難得的事情，因爲這是唯一無法向他人學習到的本領。這是天才的標記之一，道理在於要說出很好的比喻，就要認出事物中同類和相似的地方。」（《詩學》，第 22 章）同樣，「甚至在哲學裡，能夠在相差甚遠的事物當中找到相似、同類的東西，就是洞察力的標誌」（《修辭學》，3，11）。

289（補充）

發明出語言的**語法**的人類遠古智者，無論其具體是在哪裡，是多麼的偉大和了不起！因爲語法是至爲了不起的藝術品。他們創造出不同的詞類，把名詞、形容詞、代名詞的性和格，動詞的時態和語氣劃分清楚、固定了下來；同時，把過去式、現在完成式和過去完成式一絲不苟地、細膩地區別開來。希臘語則另有不定過去式呢。所有的這些，都是爲了這一高貴的目的：擁有一個合適的和得力的物質工具，以相稱和完

整地表達人的思想，可以記錄下和精確再現這些思想每一細微的變化和差別！相較之下，現在讓我們看一看當今那些要改進這一藝術品的人吧。那些粗笨、遲鈍、以搖筆桿子爲業的德國學徒，爲了節省點篇幅，就想把那些他們認爲是多餘的細膩差別清除掉。所以，他們就把多種的過去式澆鑄成鐵板一塊的過去式，然後就只固守這一時態。在這些人的眼中，上面我所稱讚的、發明了這些語法形式的人簡直就是傻瓜——他們竟然不知道我們其實可以無分彼此、粗略地一概處理所有事情！過去式就是唯一的萬應過去時態，以此表達就足夠有餘了！在這些人的眼中，甚至希臘人也是頭腦幼稚的，因爲他們竟然不滿足於 3 種過去時態，還要另外再加上兩種爲希臘語所特有的過去動作時態！[21] 此外，這些人還熱心地砍削掉所有前綴，認爲就是些無用的累贅，而剩下的部分到底表達了什麼意思，就讓聰明的人去猜吧！一些關鍵的邏輯助詞，如「nur, wenn, um, zwar, und」等，爲了節省篇幅而被省略掉了，但這些助詞卻指示了整個複合句的含義。這樣一省略，讀者也就不很清楚其中的意思了。而這卻正是很多作者求之不得的事情。也就是說，這些作者故意寫出難懂和模糊的文字，因爲他們誤以爲這樣就能夠讓讀者對他們肅然起敬。這些壞蛋！一句話，這些傢伙肆無忌憚地破壞語法和字詞，目的就是要省掉幾個音節。爲了在這裡或者在那裡去掉個把的音節。他們想出了數之不盡的辦法，傻乎乎地誤以爲這樣就可以做到言簡意賅。但是，我的頭腦簡單的人啊，言簡意賅的表達並非是刪減個把音節，而是需要完全不一樣的東西，所要求的素質是你們既不會理解，也不會擁有的。針對這些人的所爲，非但沒有任何的責備，反倒隨時有著眾多比他們更差勁的**蠢驢**群起仿效。上述那些「改進」德語的做法都得到普遍的，並且幾乎是無一例外的仿效——這一事實可以以此解釋：很多音節

[602]

---

21 我們的天才的語言改進者不是早就生活在希臘人的時候，是多麼的可惜！他們就會把希臘語的語法砍削成霍屯督的語言。

的細膩含義不爲粗人所理解,要理解消除這些音節的做法,只需擁有連最愚蠢之人都會有的智力就足夠了。

語言是藝術品,對語言人們應作如是觀,因而要**客觀**待之。據此,用語言所表達的一切都應該遵循規則和符合語言的目的。每一個句子所理應表達的意思,都必須的確能夠證明就是客觀包含在這一個句子裡面。我們不應該只是**主觀**地應用語言,得過且過地表達思想,而又希望別人可以猜到我們的意思。但那些從來不會指定格、一概以過去式表達所有的過去時態、刪掉字詞的前綴及做出其他種種事情的人,就是這樣做的。與最初那些發明和細分了動詞的時態和語氣以及名詞和形容詞的詞格的人相比,那些可憐的傢伙相差多大的距離啊!——他們巴不得揚棄所有這些,好讓德語在其手裡淪爲某種霍屯督式行話,那就更適合含糊其辭,只表達大概意思的他們!那些人就是當今在精神思想方面都破產了的文壇中一切向錢看的卑賤文人。

[603] 面對來自日報記者、寫手對語言的糟蹋,文藝刊物和學術書籍的學者們卻是服從、欣賞和模仿,而不是起碼以身則,做出相反的行爲,亦即應該保存和保持眞正優美的德語文字,以制止破壞行爲。沒有人肯挺身而出,抵制上述糟蹋行爲。德語在遭到最低級的文痞惡待的時候,沒有哪怕是一個人肯站出來施以援手。沒有,德國人就像綿羊一樣跟隨,跟著蠢驢往前走。這是因爲沒有哪一個民族像德國人那樣不願意自己獨立做出判斷(to judge for themselves)和因此做出譴責,而時時刻刻,無論是在現實社會還是文章寫作,都給德國人提供了這樣做的機會。*「這些人沒有膽汁,就像鴿子一樣。」**但是,沒有膽汁的人,也就是沒有理解力的,而理解力必然帶來某種程度的尖銳眼光。每天,現實生活、文學藝術中的很多事情都必然引發具有尖銳眼光的人在內心

---

* 後來的版本增加了內容。內容是:相反,人們誤以爲只要跟風、模仿破壞語

的嘲笑和譴責,而正是這些不會讓我們模仿那些可笑的東西。

最後,我建議讀者閱讀我的主要著作第 2 卷第 12 章所說的內容。

言的愚蠢行為,就能顯示出自己跟上了時間的潮流,就是與時代同步的作家。——譯者注

** 參見《哈姆雷特》,第 2 幕,第 2 景。——譯者注

第 24 章　論閱讀和書籍

290

　　無知只有在與財富結伴的時候才讓人降格。窮人為貧窮和匱乏所苦，他們的勞動取代了求知並占據了他們的思想。相較之下，有錢，但無知無識的人卻只是生活在感官快樂之中，就跟畜生一樣，我們每天都能看到這樣的情形。此外，對這種有錢的無知者還有這樣的指責：他們並沒有充分利用財富和閒暇，沒有應用於讓這兩者具極大價值的事業。

291

　　在閱讀的時候，別人代替我們進行思考：我們只是重複著別人的思維過程。這種情形就好比小學生在學寫字的時候，用羽毛筆摹寫教師用鉛筆寫下的筆畫。因此，在閱讀的時候，思維的大部分工作是別人幫我們做的。所以，當我們不再專注於自己的思想而轉入閱讀的時候，會感受到明顯的放鬆。但在閱讀的時候，我們的腦袋卻只成了別人思想的遊戲場。當這些東西終於撤離了以後，留下來的又是什麼呢？那是因為一個人要是幾乎整天大量地閱讀，在間歇的時候則只做沒有思想的消遣以稍事休息，那他逐漸就會失去自己獨立思考的能力，就猶如一個總是騎在馬背上的人最終就不會走路了一樣。但相當多的學究所遭遇到的情形就是這樣：他們把自己讀蠢了。這是因為一有閒置時間就馬上重新接著持續閱讀，對精神思想的癱瘓作用，甚至更甚於持續的體力勞動，因為在從事體力勞動時，我們仍然可以沉浸於自己的思想之中。正如彈簧持

[604]

續受到重壓最終就會失去彈性,同樣,我們的頭腦會由於別人思想的持續入侵和壓力而失去其彈性。正如太多的食物會搞壞我們的腸胃,並因此損害了整個身體,同樣,太多的精神食物會塞滿和窒息我們的頭腦。這是因為我們閱讀得越多,所閱讀的東西在頭腦留下的痕跡就越少——因為我們此時的頭腦就像一塊密密麻麻寫滿了東西的黑板。這樣,我們就無暇重溫和回想,而只有經過重溫和回想我們才能吸收所閱讀過的東西,正如食物並非嚥下之時就能為我們提供營養,而是在經過消化以後。如果我們經常持續不斷地閱讀,在這之後對所閱讀的東西又不多加琢磨,那這些東西就不會在頭腦中扎根,大部分就會遺忘。總而言之,精神營養跟身體營養並沒有兩樣:我們嚥下的東西真正被我們吸收的不到 1/50,其餘的經由蒸發、呼吸和其他方式消耗掉了。

此外,付諸紙上的思想總而言之不外乎就是在沙灘上走路的人所留下的足跡:我們是看到他所走過的路,但要知道這個人沿途所見,那我們就必須用自己的眼睛才行。

[605]
292

我們並不是透過閱讀有文采的作品就可掌握這些文采素質——這些包括例如:豐富的形象、生動的比喻和雄辯的說服力;大膽直率或者尖刻諷刺的用語、簡潔明快或者優美雅致的表達;除此之外,還有語帶雙關的妙句、令人眼前一亮的醒目對比、言簡意賅的行文、樸實無華的風格等等。不過,觀摩這樣的文筆卻可以引發我們自身已經具備的這些潛在素質,使自己意識到所具備的內在素質,同時也了解到能夠把這些素質發揮到怎樣的程度。這樣,自己也就更放心地順應自己的傾向,甚至大膽發揮這些才能;從別人的例子我們就可以鑑別運用這些才能的效果,並由此學到正確發揮這些才能的技巧。只有這樣,我們才實際擁有了這些才能。所以,這是閱讀唯一能夠培養我們寫作的地方,因為閱讀

教會了我們如何發揮和運用自身的天賦能力——前提當然始終是我們本身已經具備這些天賦。但如果自身欠缺這些素質，那無論怎樣閱讀也都於事無補——除了勉強學到一些死板、僵硬的矯揉造作以外；以此方式我們就只成了膚淺的模仿者。

292（補充）

為了我們眼睛的健康起見，衛生官員應該監督印刷字體的大小，以防它們小於一定的限度（1818 年我在威尼斯的時候，那些精美的威尼斯飾鍊還有人製作。一個首飾匠告訴我：那些製作微型飾鍊的匠人過了 30 年以後，眼睛就瞎了）。

293

正如地球的岩石層逐層保存著以往年代的生物，同樣，圖書館的書架上也按照時間順序保存著以往年代的錯誤觀點及其陳述——這些東西曾幾何時，就像那些以往年代的生物一樣，活蹦亂跳，得意於一時，並且也確實造成了一定的**轟動**。但現在它們卻僵直地、石化地待在圖書架上，也只有研究古籍的人才會向它們打量一眼。 [606]

294

據希羅多德所言，波斯國王薛西斯一世看著自己一望無際的大軍時不禁潸然淚下，因為他想到過了 1 百年以後，這裡面的人沒有一個還會活著。而看著那厚厚的出版物目錄，考慮到所有這些書籍用不了 10 年的時間就會結束其生命——面對此情此景，誰又能不潸然淚下呢？

295

　　文字作品跟生活別無兩樣：在這裡，我們隨便都會碰見不可救藥的粗鄙之人，到處都充斥著他們，玷汙著一切，就像夏天的蒼蠅。所以，就有了數不勝數的壞書、劣書。這些文字作品中的雜草奪走了麥苗的養分，並使之窒息。也就是說，這些壞書、劣書搶奪了讀者大眾的時間、金錢和注意力，而所有這些按理說是要投入到優秀的書籍及其高貴的目標中去的。這些壞書、劣書本身就只是爲了獲得金錢，或者謀取職位而寫出來的。所以，這樣的東西不僅毫無用處，而且更是絕對有害的。我們當今 9/10 的文字作品除了朦騙讀者，從其口袋中掏出錢以外，再沒有別的其他目的。爲此共同的目的，作者、出版商、評論家絕對是沆瀣一氣，狼狽爲奸。

　　那些多產的寫作匠，爲麵包而揮舞筆桿的人，爲對抗時代的良好趣味和真正的文化修養而成功地使用了這樣一個相當狡猾和低級，但卻管用的招數：他們竟然牽引、指揮著**高雅**社會，訓練他們**原速閱讀**，亦即讓所有人都隨時閱讀同樣的，亦即最新出版的東西，以便在其圈子裡有可談論的東西。那些出自一些曾經享有一定名氣的作者，例如：**斯賓德勒、布瓦爾、歐仁‧蘇**等的劣質小說和類似性質的文章就都是服務於這樣的目的。既然文學藝術的讀者群總是以閱讀那些最新寫出來的東西爲己任，而那些東西又是出自極爲平庸的頭腦，是爲了賺錢而寫出來的，也正因此總是多如牛毛——而作爲代價，這些讀者對於各個時期各個國家曾經有過的出色和稀有的思想著作也就只知其名而已，那還有比這更悲慘的命運嗎？那些文藝雜誌和**日報**就尤其是爲搶奪高雅讀者群的時間而想出來的狡猾手段，而高雅讀者群的時間本應是要投進真正的作品中去，以修養和薰陶自己。這樣，讀者們就把時間消磨在了平庸之人每天都在推出的拙劣作品上面。

因此，在我們的閱讀方面，**不讀**的藝術是至為重要的。這一藝術就在於別碰那些無論何時剛好吸引住最多讀者的讀物，那些造成**轟動**，甚至在其最初和最後的歲月裡竟然可以多次印刷的東西，諸如宣揚政治、文學主張的小冊，或者小說、詩歌等。我們必須記住這一點：那些寫給傻瓜看的東西總能找到大群的讀者；而我們則應該把始終是相當有限的閱讀時間專門用於閱讀歷史上各個國家和民族所曾有過的偉大著作——寫出這些著作的人可是高人一籌，其名聲就已表明了這一點。只有這些著作才的確給我們薰陶和教益。

壞的東西無論如何少讀也嫌太多，而好的作品無論怎樣多讀也嫌太少。劣書是損害我們思想的精神毒藥。

閱讀好書的前提條件之一就是不要讀壞書，因為生命是短暫的，時間和精力都很有限。

295（補充）

人們寫出了有關古代這一位或者那一位偉大的思想家的書，讀者大眾就去捧讀它們，而不是去閱讀那些古代思想家的著作，因為大眾只願意閱讀最新印刷出來的東西；也因為「物以類聚」，當今那些膚淺的人所寫出的沉悶、嘮叨的廢話，對讀者大眾而言，要比偉大的思想家的思想更加的同聲同氣和更加的隨和。但我很感激自己的好運，因為在年輕的時候我就有幸看到施萊格爾的這一優美格言——從那以後，這一格言就成了我的座右銘： [608]

認真閱讀真正的古老經典，
今人對它們的評論並沒有太多的意義。

啊，庸常的頭腦彼此多麼的相似！他們的思想簡直就是出自同一個模

子！同樣的場合，他們產生的是同樣的想法，而不會還有其他！再加上他們那些卑微、渺小的個人目的和打算。這些小人物不管嘮叨些什麼毫無價值的無聊閒話，只要是新鮮印刷出版，傻乎乎的讀者大眾就會去捧讀它們，而那些偉大的思想家的巨作卻靜靜地躺在書架上，無人問津。

讀者大眾的愚蠢和反常是令人難以置信的。他們放著各個時代、各個民族保存下來的至為高貴和至為稀罕的各種思想作品不讀，偏要拿起每天都在湧現的、出自庸常頭腦的沒完沒了的東西，就只是因為這些文字是今天才印刷的，油墨還沒乾透。這些文字每年就像蒼蠅一樣大量孵化出來。其實，這些印刷物從其誕生的**第一天**起，我們就要鄙視和無視它們，而用不了幾年的時間，這些東西就會並且永遠地受到人們的鄙視和無視，只會為人們嘲弄逝去的荒唐年代提供笑料。

296

無論何時，都有兩種並行發展，但卻幾乎是彼此陌生、互不相干的文字作品：一種是貨真價實的，另一種則只是表面上這樣。前者漸變而成**永恆的作品**。在這一方面努力的人是**為**科學或者文藝**而生**的；他們執著認真，不作張揚，但卻走著極為緩慢的步子。在歐洲一個世紀也產生不了10來部這樣的著作，但這些著作卻能**長存**。從事另一類文字作品的人卻是以科學或者文藝為生；他們策馬揚鞭，伴隨著他們的是利益牽涉其中的人所發出的喧嘩和鼓噪，每年都會把千萬本作品送進市場。但用不了幾年，人們就會問：這些作品現在在哪兒了？那些人所享有的如此早熟和如此轟動的名聲現在又到哪兒去了？所以，我們也可以把這一類文字作品形容為流水般的一去不返，而前一類文字作品則是靜止、常駐的。

296（補充）

如果在買書的同時又能買到閱讀這些書的時間，那該有多好！但是，人們經常把購買書籍錯誤地等同於吸收和掌握這些書籍的內容。

要求一個人記住他所讀過的所有東西，就等於要求他的肚子裡留住他所吃過的所有食物。食物和書籍是這個人在身體上和精神上賴以爲生的東西，透過這些，他成了此刻的樣子。但正如人的身體只**吸收**與身體同類同質的食物，同樣，每一個人也只記住讓他感**興趣**的事情，亦即符合他的總體思想或者利益目標的東西。當然，利益目標是每一個人都會有的，但類似於一個總體思想體系的東西卻是很少人會有的。所以，人們對事情不會有客觀的興趣，也正因爲這個原因，他們所讀的東西不會扎根、生長：他們不會留住所讀過的任何東西。

複習是學習之母。每一本重要的書籍都必須一口氣連續讀上兩遍。原因之一是在閱讀第 2 遍的時候，我們會更好地理解書中內容的整體關聯，而只有知道了書的結尾才會明白書的開頭；原因之二就是在第 2 遍閱讀的時候，閱讀的每一段落，我們的心境、情緒與在第 1 遍閱讀時已經有所不同。這樣，我們獲得的印象也會不一樣。情形就好比在不同光線之下審視同樣物體。

一個人的**著作**是這個人的思想**精華**。所以，儘管一個人具有最偉大的思想能力，但閱讀這個人的著作始終比與這個人的交往收穫更豐。就最重要的方面而言，閱讀這些著作的確可以取代，甚至遠遠超過與這個人的近身交往。甚至一個才具平平的人所寫出的文字也會有一定的啓發意義，值得一讀和能夠提供消遣——原因恰恰就是這些東西是他思想的**精華**，是他所有思考、研究和學習的結果；而與這個人的交往卻不一定能令人滿意。因此，我們可以讀一下一些人的作品，但與這些人的交往無法給予我們樂趣。也正因爲這樣，高度的思想修養逐漸使我們幾乎只從書本，而不再從具體的個人那裡找到消遣和娛樂。

[610]

沒有什麼比閱讀古老的經典作品更能使我們神清氣爽了：只要隨便拿起任何一部這樣的經典作品，讀上哪怕是半個小時，整個人馬上就會感覺耳目一新，身心舒暢，精神也得到了純淨、昇華和加強，感覺就猶如暢飲了山澗岩泉。這到底是因為古老的語言及其完美特性，還是因為這些古典作家的偉大思想，其著作雖歷經數千年仍然完好無損，其力度也不曾減弱分毫？或許兩種原因兼而有之吧。但這一點我是知道的：假如人們放棄了學習古老語言——現在就存在這種威脅——那新的文字作品就將前所未有地充斥著膚淺、粗野和沒有價值的文字。尤其是德語這一具有古老語言的某些完美特質的語言，現在就正受到「當今」的拙劣文人有步驟地和變本加厲地破壞和摧殘；這樣，越貧乏和扭曲的德語也就逐漸淪為可憐的方言和粗話。

我們有**兩種歷史**：**政治**的歷史和**文學**、**藝術**的歷史，前者是**意志**的歷史，後者則是**智力**的歷史。所以，政治的歷史從頭到尾讓人擔憂不安，甚至驚心動魄：充斥著恐懼、困苦、欺騙和大規模的謀殺。而文學、藝術的歷史卻全都是讓人愉快和開朗的，就像那分離了的智力；哪怕在描述了彎路的部分。這種歷史的主要分支是哲學史：究其實，這是智力歷史的基本低音，其發出的鳴響甚至傳到其他歷史中去，並且在別

[611] 的歷史中也從根本上主導著觀點和看法。所以，正確理解的話，哲學也是一種至為強大的物質力量，雖然它相當緩慢地發揮作用。

297

在世界歷史當中，半個世紀始終是一段長的時期，因為它的素材源源不斷，事情永遠都在發生。相較之下，對於文學的歷史，半個世紀通常無法寄望什麼東西，因為什麼事情都不曾發生——粗製濫造的東西跟這種歷史卻是毫無關係的。所以，50年過去以後，我們仍然是在原地踏步。

為了把這種情形說清楚，我們可以把人類知識的進步跟一顆行星的軌跡相比，而在取得每一次顯著進步以後，人類通常很快就會步入彎路——這我們可以用托勒密本輪（Ptolemaische Epicykeln）表示。在走完每一圈這樣的本輪以後，人類又重回到這一本輪的出發點。但那些的確是在行星的軌道引領人類前行的偉大思想者，卻不會走進這些本輪。由此可以解釋，為何獲得後世的名聲，經常必須是以失去同時代人的讚許為代價，反之亦然。這樣的本輪就是，例如：費希特和謝林的哲學，最後則以黑格爾的怪誕貨色達到頂峰。這一本輪是從康德最後所抵達的圓周岔開來的——我在這之後就在那裡又接過那路線繼續。但在這期間，那上述的虛假哲學家以及還有其他幾個人，就一起跑完了剛結束的本輪路線。那與他們一起跑完的公眾已經意識到他們還是在當初出發的原地。

與事物這種發展過程緊密相連的，就是大約每過 30 年，我們就可看到科學、文學或者藝術的時代精神宣告破產。也就是說，在這一段時間裡，種種謬誤越演越烈，直至最終被自己的荒謬所壓垮，而對立相反的意見與此同時卻增強了聲勢。這樣，情形就發生了變化，但接下來的謬誤卻經常朝著相反的方向。能顯示出事物發展過程中的週期性反覆，就會是文學史的根據事實的合適素材，但這文學史卻偏偏不著意這方面的事實素材。此外，由於這樣的週期相對比較短，從較遠的時間裡搜集這期間的資料經常是困難的，所以，在這一問題上，最方便的就是觀察自己的時代。如果大家想要有現實科學的例子，那盡可以拿維爾納的水成論作例子。但我還是沿用我在上文提及的、距離我們最近的例子。在**康德**的輝煌期過去以後，德國的哲學接下來是這樣的另一個時期：人們所力求的不是說服別人，而是給人以深刻印象；不是透澈和清晰，而是要閃光耀眼和誇張，尤其是要讓人無法明白；更有甚者，不是要找出真理，而是要哄騙人。在這期間，哲學是不會取得進步的。到最後，這一整個學派和方法都破產了。這是因為，一方面黑格爾及其夥伴的放肆妄

爲、胡寫一氣，而在另一方面那昧著良心的讚頌和叫賣，以及那整件可鄙事情的明顯目的，都達到了如此厲害的程度，最終所有人的眼睛都必然會看穿了那江湖騙術。並且由於某些揭露，上頭撤銷了對這事業的保護。費希特和謝林這些先例，這些極其可悲和前無古人的冒牌哲學玩意，就被這些拖進了名聲敗壞的深淵。這樣，從現在開始，在康德之後，在緊接著的上半個世紀裡面，德國哲學的完全無能就充分暴露了，[613] 但人們卻在外國人的面前吹噓德國人的哲學天賦，尤其是在一個英國作家不懷好意地諷刺德國人爲思想家的民族以後。

但誰要是想從藝術史裡面得到證明這裡所提出的本輪普遍模式的證據，那就只需看一下在上世紀蓬勃發展的**貝尼尼雕塑學派**，尤其是這學派在法國的進展：這一學派不是去表現古典的美，而是表現了庸俗的本性；不是去表現古典的樸實和優雅，而是表現了法國的社交舞禮儀。在**溫克爾曼**提出批評指責以後，隨著接下來的回歸古典學派，這雕塑學派也就壽終正寢了。再有就是，這個世紀前 25 年的繪畫也爲我們提供了證據，因爲這些繪畫把藝術只是視爲手段和工具以表現中世紀式的宗教虔信，因此把教會的題材和原型選爲這些繪畫表現的主題。不過，現在處理這些題材的畫家，卻缺乏對那些信仰真正嚴肅的感情，但由於上述的錯誤看法，所以就以弗朗切斯科・弗蘭西亞、彼得羅・佩魯吉諾、菲耶索基的安傑利科一類的作品爲範本，並的確高度評價這些畫家甚於在這些畫家之後的真正大師。關於這些錯誤，也因爲有人同一時間在詩歌中提出和實施類似的追求，所以，歌德就寫出了寓言詩《神職人員的遊戲》。這一畫派也在之後被看出是基於奇思怪想，也就壽終正寢了。接下來的就是回歸自然，具體表現在各式的風俗畫和生活場景畫，儘管有時候也會流於庸俗。

與我所描述的人類進步的進程相吻合，**文字寫作的歷史**，就其大部分的內容而言，就是各式怪胎的目錄。讓這些保存得至爲長久的酒精，就是豬皮。而爲數很少的成功誕生的胎兒，人們卻不用在這文字史中尋

找：它們仍具生命力，我們無論身在世界何處都可以隨時碰見這些不朽之作，永遠是那樣的鮮活、年輕。只有這些作品才唯一構成了我在上一節所說的**真正的**文字作品，其人物不多的歷史，我們在年輕的時候是從有思想文化修養的人的嘴裡了解到的，而不是首先從教科書的大綱和簡編中獲知。針對今天人們流行的閱讀文學史的偏執病，其目的就是不需真正懂得點什麼就可以閒聊一切，我推薦利希騰貝格一段很值得一讀的話（舊版本，第 2 卷，第 302 頁）。

[614]

但我希望將來有朝一日，有人會編寫出一本**文學的悲慘史**——這將記錄下都為本民族所具有的偉大作家和藝術家而至感自豪的各個不同國家，當這些偉大人物在世之時，究竟是如何對待他們的。這樣一部悲慘歷史必須讓人們看到所有真正的、優秀的作品，無論在哪個時候、哪個地方，都要與總是占上風的荒唐、拙劣的東西沒完沒了地惡鬥；要描繪出幾乎所有真正的人類啓蒙者，幾乎所有在各個學問和藝術上的大師都是殉道者；要展示給我們：除了極少數的例外，這些非凡的人物既得不到人們的承認和同情，也沒有學生和弟子，都是在貧困苦難中度過自己的一生，而名聲、榮譽和財富則歸於在這一學科中不配擁有這些東西的人，情形就跟以掃的遭遇一樣：以掃為父親捕獵野獸，而雅各卻在家裡穿上以掃的衣服騙取了父親的祝福。但是，儘管如此，那些偉大人物對其事業的摯愛支撐著他們，直至這些人類教育家的苦鬥終於落幕——長生不朽的月桂花環此時向他們招手了，這樣的時分終於敲響了，這也意味著：

沉重的鎧甲化為翅膀的羽毛，
短暫的是苦痛，恆久的是歡樂。*

---

* 參見席勒，《奧爾良的年輕太太》。——譯者注

第 25 章　論語言和詞語

298

　　動物的聲音只是幫助表達**意志**的興奮和活動，但人的聲音也用於表達**認知**。與此相關和相吻合的就是：除了一些鳥叫聲外，動物的聲音幾乎總是給我們留下不愉快的印象。

　　至於人類語言的起源，我們可以很肯定地說：最先的語言只是一些**感嘆詞**，這些感嘆詞表達的不是概念，而是感情、意志活動，就像動物所發出的鳴響。各種不同形式的感嘆用詞很快就出現了，從這些各自不同的感嘆詞進一步過渡發展出了名詞、動詞、代名詞等等。

　　人類的字詞是維持至為長久之物。一旦詩人、文學家把自己匆匆即逝的感受以精確、恰當的字詞表現出來，那這些感受就能在這些詞語裡存活，歷經數千年之久，並在每一個敏感的讀者那裡又再喚起這種感受。

298（補充）

　　眾所周知，語言越是古老就越完美，尤其是語法方面；然後就逐級越來越糟糕，從久遠、高貴的梵文往下，一直到粗俗的英文——這英文就像是用不同料子的碎布片縫補而成的思想外衣。語言的這種逐漸變得劣質就是一條嚴肅的依據，以質疑我們的那些乾巴巴微笑的樂觀主義者及其喜歡的「人類不斷向著更好進步」的理論。為了證明他們的理論，這些樂觀主義者不惜歪曲兩足物種的可嘆歷史。但這始終是很不好解決的難題。我們還是忍不住想像一下那不管以何種方式出自大自然懷

[616] 抱的第一批人類，完全是處於幼稚和蒙昧的狀態，既粗野又遲鈍——這樣子的人類，又如何據說是想出了那些極其巧妙的語言結構、錯綜複雜和各式各樣的語法形式——就算詞彙寶藏只是慢慢積聚而成的？而在另一方面，無論在世界何處，我們都看到後代子孫們固守著祖先的語言，只是逐漸在語言上做出小小的改變。經驗並沒有告訴我們：隨著人類世代更替語言也在語法上完善起來，而是就像我所說的恰恰相反。也就是說，語言變得越來越簡單和越來越糟糕。不過，我們是否可以假定語言的生命就類似於植物的生命，即一株植物從一顆普通的種子長成，先是並不起眼的幼芽，逐漸地成長直至達到頂點，然後就開始逐漸變老、衰退——但我們所了解的，就只是這衰敗的情形，而對之前的成長過程並不知情。這只是一個形象化的，並且是隨意提出的假說；一個比喻，而不是解釋！但真要對此做出解釋的話，那這樣的假設，在我看來是最可信和最有說服力的：人類是**本能地**發明出語言，因為人類本來就具有某種本能：由於這種本能的作用，人類不需要經過反省思維和有意識的目的，就創造出了運用自己的理性所必不可少的工具和機能；而在語言一旦形成以後，這一本能就再也運用不上了，在人類的世代更替中也就逐漸喪失了。正如所有發自純粹本能的作品，諸如蜜蜂或馬蜂的蜂巢、鳥巢、海狸窩等等，形態多種多樣，但始終是合理適宜、符合目的的；各自都有其獨特的完美之處，因為這些東西正好精確，就是正好做出其目的所要求的；對於這些作品所包含的高深智慧，我們都讚嘆不已。同樣，最早的和原初的語言也是這樣的情形：都同樣有著所有本能作品所特有的高度完美。深入探究語言的這種高度完美之處，把這些納入反省思維和清晰意識的明亮之中，則是在數千年以後才出現的語法學的事情。

299

學習多種語言不僅只是培養思想智力和文化的間接手段，其實，這種手段是直接和深入的。所以，卡爾五世說過：「懂得了多種語言，也就等於多活了幾遍。」這其中的原因如下。

對一種語言裡面的每一個字詞，我們不一定在其他語言裡找到精確的對應詞。也就是說，由一種語言的字詞所描述的總體概念，與另一種語言的字詞所表達的總體概念並非是精確一樣的，雖然很多時候不少概念確實精確對應，有時甚至驚人的一致，例如：希臘詞 ζυλληψιε 和拉丁語的 conceptio（領會），德語的 Schneider 和法語的 tailleur（裁縫）就屬於這樣的情形。很多時候，不同語言的字詞所表示的只是相似和相關的概念而已，它們之間還是有著某些微妙的差別。下面的例子可以幫助說明我的意思：

    απαιδεντοζ, rudis, roh（希臘文、拉丁文、德文：粗糙、粗野）
    Όρμη, impetus, Andrang（希臘文、拉丁文、德文：壓力、衝動）
    μηχανη, Mittel, medium（希臘文、德文、英文：手段、工具）
    seccatore, Qualgeist, importun（拉丁文、德文、法文：討厭的人、糾纏不休）
    ingenieux, sinnreich, clever（法文、德文、英文：聰明、機敏）
    Geist, esprit, wit（德文、法文、英文：精神、機智）
    witzig, facetus, plaisant（德文、拉丁文、法文：令人愉快的）
    Malice, Bosheit, wickedness（法文、德文、英文：惡毒）

除了這些，還可以加上無數其他的，甚至更恰當的例子。我們可以採用邏輯學中常用的，以圓圈標示概念的形象化方法——這樣，透過大致上互相覆蓋，但不一定是同一中心的圓圈，就大概可以把概念的相同之處表示出來，如下圖。

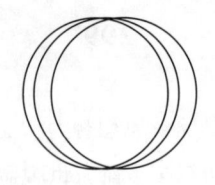

[618]　有時候，在某一語言裡並沒有描述某一概念的某一字詞，而其他大多數的，或許是所有其他語言卻都有這樣的字詞。一個相當離譜的例子就是法語竟然沒有「站立」的動詞。再有就是，對於好幾個含義，在某一語言裡卻只有一個字詞——這樣，這一個字詞就兼備了其他字詞的含義，例如：拉丁語的「Affekt」、法語的「naiv」和英語的「comfortable」、「disappointment」、「gentleman」等等。也有時候，某一外語詞所表示的概念帶有某一細微的含義，而在我們自己的語言裡，並沒有帶著如此細微的含義，能讓人馬上就想到這些含義的詞。碰上這樣的情形，關心精確表達自己思想的人儘管使用這一外語詞好了，不必理會死板、迂腐的語言純粹主義者的咆哮。在某一語言裡無法找到某一確切的字詞，以標示在另一語言裡某一字詞所標示的同一概念時，詞典就得列出多個彼此相關的字詞以再現這一概念：所有這些相關的字詞都表達了那一個概念的含義，但卻不具有同一個中心點，而是涉及與那一概念相近的不同方面，就像上圖所示那樣；這一概念所涉及的各詞的含義範圍也就以此顯示出來了。因此，例如：拉丁字 honestum 就用誠實、正直、可敬、體面、榮耀、美德等詞解釋。解釋希臘詞 σωφρων 也是以同樣的方式進行的。[1] 這就是為什麼凡是翻譯就必然有所欠缺。任何有特色、意味深長、耐人尋味的一段文字，在翻譯成另一種語言以後，幾乎都永遠無法精確和完美地發揮出原文的效果。**詩歌**是無法**翻譯**的，而只能被改寫——這種改寫始終是靠不住的。就算翻譯的只是散

---

[1]　希臘詞 σωφροσυνη 在任何其他語言裡都找不到對應詞。

文，那最好的譯文與原文相比，頂多就像是換了調子的一段音樂與原汁原味的這一段音樂之比。懂得音樂的人就會知道換了個調子意味著什麼。因此，翻譯過來的文字始終是死文字，其風格是牽強、僵硬和不自然的；要麼，這些文字是靈活自在的——那就意味著這種翻譯滿足於只取原文的大概和近似的意思，這種譯文也就是不真實的。收藏譯本的圖書館就像是收藏複製本的畫廊。甚至古老著作的翻譯本也只是代替品而已，與原作相比就像菊苣根咖啡與真正的咖啡之比。[619]

據此，學習一門外語的首要困難就在於把外語字詞所具有的每一個概念的含義都了解清楚——哪怕是自己的母語並沒有與這些概念的含義精確對應的字詞——而這可是經常碰到的情形。因此，在學習一門外語時，我們就必須在頭腦裡畫出更多全新的概念範圍。這樣，在以前還沒有概念範圍的地方就形成了概念範圍。也就是說，我們不僅學會了字詞，而且還獲得了概念。學習古老的語言就更是這樣，因為古人的表達方式與我們今人的表達方式有著很大的不同，其差別遠甚於現代不同的語言之間的差別。這一點可以從這一事實反映出來：我們要翻譯成拉丁文時，不得不動用一些與原文完全不一樣的措辭和說法。在大多數情況下，要翻譯為拉丁文的思想必須重新回鍋爐熔掉和重新澆鑄。在這一過程裡，這些思想內容被拆卸為最基本的組成部分，然後再重新組合起來。這就是為什麼我們的思想智力能透過學習古老語言而獲得巨大的好處。只有當我們正確把握了在所學的語言中透過個別字詞所標示的所有概念，在碰到這一語言的字詞時就能直接想到與這些字詞精確對應的概念，而不是首先得把這些字詞翻譯成母語字詞，然後才想到這些母語字詞所標示的概念（而這些概念與所學語言字詞所標示的概念並不總是精確對應的，在片語方面也是同樣的情形），我們才算是掌握了所學習的這門外語的**精神**，也才能說對這門語言的民族有長足的認識。這是因為正如文與其人的內在精神密切相關，同樣，一種語言與說這門語言的

[620] 民族的精神也是密切相關的。[2] 但也只有當一個人能夠不僅只是把書本一類的東西,而且還能把**自身**透過這一外語表達出來,以致在不失去個性特色的情況下,直接以這一語言表達自己,亦即外國聽眾能夠領會、欣賞他的話語,就像他的同胞聽他講母語的時候一樣——只有到了這個時候,他才算是完全掌握了這一門外語。

欠缺能力的人並非輕易就可以真正學會一門外語。他們會學到這門外語的字詞,但在運用這些外語詞的時候,想到的卻始終只是與之大概對應的母語詞,也總是保留著有母語特有的表達方式和短語。這些人恰恰是無法領會和吸收這一外語的**精神**,而這究其實又是因為他們的思維本身並非依靠自己而展開,而是大部分從母語中借來的——母語中那些流行的短語和慣用語就代替了他們自己的思想。因此,他們甚至在運用母語的時候,也總是用上老掉牙的慣用話(即英語的 hackney'ed phrases 和法語的 phrases banales);甚至在拼湊起這些詞語的時候,也仍然是那樣的笨手笨腳。這讓我們看出這些人並非完全意識到其所用字詞的概念的含義,他們的整個思維並不曾超越字詞的範圍,所以,根本就不比鸚鵡學舌強很多。基於與此相反的理由,遣詞用字獨到、恰到好處,就是高超智力的可靠標誌。

所以,由上述這些可以看出:學會了每一門新的外語,我們也就會隨之組成了新的概念,讓新的符號有了意義;概念得到了更為細膩的劃分——而如果不學這門外語的話,這些更細膩的概念就只是共同構成了一個含義更廣泛,因此就是更不確切的籠統概念,因為在我們的母語裡,標示這一大的概念就只有一個字詞;以前我們並不知道的關聯現在[621] 被發現了,因為那外語透過其特有的明喻或者暗喻標示出了那概念;據此,事物無窮多的微妙、類似之處、不同的地方、相互的關聯,透過新

---

2 真正精通多種現代語言,能以此輕鬆地閱讀,是讓自己擺脫每一個人都會沾上的民族侷限的一種手段。

學會的語言而進入了我們的意識；這樣，對所有的事物我們都有了多方的看法。現在，由此得出下面的結論：運用每一種語言，我們的思維都有所不同，所以，我們的思維會透過學習了一門語言而得到了新的修正，著上了新的色彩；這樣，通曉多種語言，除了帶給我們許多**間接的用處**以外，也是思想智力的一種**直接培養手段**，因為隨著概念的多個方面和細微差別的顯現，我們的觀點和看法也就得到了校正和完善，我們的思維也更靈活、敏捷和自如，因為學會了眾多的語言，概念也就越發脫離了字詞。古老的語言比現代的語言在幫助我們這一方面有力得多，因為古老的語言與我們現在的語言差別很大，所以不允許我們逐字逐句地複述意思，而是要求把我們的整個思想重新熔煉，以另一種形式澆鑄出來。或者（允許我用一個化學上的比喻），如果說要把一種現代語言翻譯成另一種現代語言，頂多是要求把原文的複合句、長句分解為**次一級的**成分，然後再把這些成分重組起來，那把當代語言翻譯成拉丁文，則經常必須把要翻譯的文字分拆為至細至**基本的**成分（純粹的思想內容），然後以完全不同的形式再生，例如：在現代語言裡用名詞所表達的在拉丁語裡則由動詞來表達，或者反過來等等。[3]我們把古老語言翻譯成現代語言時，也要經過同樣的工序。由此已可看出：透過閱讀諸如此

---

[3] 另一個版本：所以，我們很少能把某一現代語言中的一句很有意義的話逐字翻譯成拉丁語，而只能完全拿走此刻承載此思想的所有字詞，讓此思想赤裸裸地留在意識之中，沒有任何的字詞，就像是沒有肉體的精靈；然後，人們就得再度給這精靈裹以新的，完全是另一副肉體，給這思想拉丁語的字詞，以另一種形式再現出來，例如：原文是用名詞表達的，現在就將用上動詞等等。這樣的靈魂轉生提高真正的思維。這情形就好比化學上的初生態：一種簡單的物質從某一組合中出來了，目的就是與另一物質的結合，在這過渡過程中，這一物質有了某一特別的力和作用，是除此變化之外永遠不會有的，也做出了除此以外不能做出的事情。被所有字詞包裹著的思想在從一種語言過渡到另一種語言時，也是同樣的情形。這就是為什麼**古老的語言**直接發揮了培養的作用，加強了思維。

類的翻譯作品所獲得的對古代原作的了解，離眞實還差得遠呢。

　　古希臘人缺少了學習外語所獲得的好處，雖然他們爲此節省了許多時間，但節省下來的時間卻被大手大腳地花掉，正如從自由的人們每天在市集上溜達或者待上很長時間得到證明。這使我們想起那不勒斯的乞丐和義大利人在廣場的熱鬧活動。

　　最後，從以上所說我們可以容易明白：觀摩古老作家如何應用他們那在語法上比我們的語言完美得多的語言，並模仿他們的風格，是預先幫助我們以母語靈活、完美表達自己的思想的最佳手段。要成爲一個偉大的作家，那這種模仿練習甚至是無可替代的，就好比未來的雕塑家和油畫家在著手自己的作品之前，同樣有必要仿造和臨摹古典的傑作以訓練自己。只有透過寫作拉丁文，人們才可以學會把遣詞、用字看作是一種藝術，其材料就是語言；因此，語言是我們必須盡量小心、謹慎處理的東西。因此，對字詞的含義和價值，以及字詞的組合、語法的形式，我們會更加關注；我們就能學會精確衡量所有這些的輕重，並運用這些極具價值之物——它們在幫助我們表達和保存有價值的思想方面是最適合不過的了；我們也就學會尊重自己所所書寫的語言，就不會聽任一時的喜好而惡待語言、隨意變換語言的規範。缺少了這種語言的預備性訓練，寫作輕易就淪爲了連篇的空話。

　　不懂得拉丁文的人，就像身處一個美麗的，但卻濃霧籠罩的地區：這個人的視線範圍極其狹隘，只能看清楚身邊的東西，幾步開外就已是模糊不清了。相較之下，會拉丁文的學者卻可以有非常寬闊的視野，穿越了近代的世紀、中世紀、更古的時代。希臘語或者尤其是梵文，就當然更加大大地拓展了眼界。不懂拉丁文的人屬於**平民大眾**，哪怕他們在電氣機器方面稱得上是技術高超的專家，在坩堝裡已經提煉到了氫氟酸的自由基。

　　在你們那些不懂拉丁文的作者寫出的文章裡，你們很快就會發現除了理髮學徒式的喋喋不休以外，別無其他。他們以那法語語風和故作輕

鬆的筆調，已經在往這一方向迅速發展了。高貴的日爾曼人啊，你們轉向了平庸和粗野，那平庸和粗野就是你們將要找到的。顯示這種**懶惰**招牌式的例子和培養無知的溫床，就是在今日人們竟敢附帶**德文**注釋地出版希臘文，甚至（駭人聽聞！）**拉丁文**的著作！這是多麼丟臉的事情！在學習拉丁文的過程中，不斷地跟他說母語，那又怎能把它學會呢？所以，「在學校裡只能說拉丁文」是一條很不錯的老規矩。但教師先生也無法輕鬆寫作拉丁文，而學生也無法輕鬆閱讀拉丁文，才是事情的滑稽之處——不管你的立場為何。所以，這些背後就是懶惰及其產兒——無知，除此別無其他。這種情形是多麼的羞恥！無知就是**不曾**學會任何東西，而懶惰則**不想**學習任何東西。在我們這個時代，抽雪茄、調侃政治已經趕走了學問，正如大孩子的圖畫書已經取代了文藝刊物一樣。

299（補充）

[624]

法國人，包括學院、學會以卑鄙的方式對待希臘語；他們拿來希臘語的字詞，目的就是要醜化它們，例如：法國人寫 Etiologie、Esthétique 等等，但也只有在法語中，那 ai 是與希臘語同樣的發音；還有，bradype、Oedipe、Andromaque 等等，亦即法國人拼寫希臘字詞，就像是一個法國農民小夥子偶然從外國人的嘴裡聽到那些字詞，然後記錄下來一樣。如果法國人至少擺擺樣子，就好像他們是懂得希臘語的，那也會招人喜歡。為了像法語[4]這種本身就是一種讓人噁心的方言（這

4　另一個版本：這一極為可憐的羅曼方言，這一惡劣肢解了拉丁字詞的語言，這一本應帶著敬畏仰視其更古老和高貴得多的姐妹語言——義大利語——的語言，這一帶有噁心的 en、on 和 un 鼻音作為唯一特色的語言，以及那打嗝一樣、說不出的讓人反感的最後音節的重讀，而其他所有的語言都有著長長的、起柔和安寧作用的倒數第 2 個音節的重音；這一沒有韻律，唯獨只有韻腳的語言，並且通常都是放 é 或者 ou，以構成詩歌的形式。這一貧乏的語言。

種以至爲討厭的方式變質了的義大利語特質,即詞尾長長的難聽音節和鼻音)的緣故,那高貴的希臘語就遭到了肆意的破壞——看到這些,就像是看到一隻巨大的西印度蜘蛛在吞吃一隻蜂鳥,或者一隻癩蛤蟆在吃一隻蝴蝶。我就希望,那些「傑出的同行」,就正如那學院相互稱呼的那樣,會考慮一下這件事情,並遠離這些孩子氣的野蠻行徑,也就是要麼還希臘語安靜,就只應付他們自己的方言好了;要麼就在不破壞希臘語的情況下應用希臘語字詞。考慮到在歪曲了希臘字詞以後,人們就更費精力去解謎那如此表達的希臘字詞和破解那字詞的含義,那人們就更應該按上述去做。與此相關的還有法國學者所流行的一種極其未開化的做法,即把一個希臘字詞與一個拉丁字詞合在一起。這樣的做法,我的「傑出的同行」,散發出了理髮學徒的氣味。

我發出這樣的指責是完全合理的,因爲在學術共和國裡,政治邊界一如其在自然地理那樣是不起作用的,而語言邊界則只是對無知者而言才是存在的,但在學術共和國,「粗人」和「莽漢」是不應得到容忍的。

300

隨著概念的增加,一門語言的詞彙也應同步增加,這是合理的和有必要的。但如果只有後者而沒有前者,那就只是人們智力貧乏的標誌——因爲人們雖然很想拿出點東西,但苦於沒有新的思想,所以就只能製造新詞充數了。這種豐富語言的方式已經見怪不怪了,這也是當今時代的特色。但是,用新字詞表示舊概念,就只是爲破舊的衣服著上新的顏色而已。

順便在此一提的是,並且因爲這一例子也恰好就在眼前,我們應用「前者」(Ersteres)和「後者」(Letzteres),應該只是在這兩個詞,就像上文那樣,分別代表了**多個**字詞,而並非只是一**個**字詞的時候——因爲只有一個的話,那就不如重複這一個詞好了。希臘人一般都會毫不

猶豫地採用這種做法，但法國人卻很害怕重複用詞。德國人則頑固堅持用「前者」和「後者」，有時候，讀者被弄得都分不清何為「前者」、何為「後者」了。

301

我們看不起**中國的漢字**；但是，既然文字的任務就是借用視覺的符號，在人們的理性頭腦裡喚起概念，那麼，一開始只是把這一概念的**聽覺**符號的符號展現給人們的眼睛，並首先以這一符號承載了這一概念本身，那就是**明顯**拐了一個大彎。我們的文字因而就成了一種符號的符號。據此，我們就會提出疑問：聽覺符號相對視覺符號究竟具有什麼優勢，以致能讓我們放著從眼睛到理性的一條直路不走，而另繞這樣一個大彎，亦即讓視覺符號只有在經過聽覺符號的中介以後才能向他人的思想發話，而假如仿照中國人的方式，讓視覺符號直接承載概念，而並非只是標示其發音，那就明顯是更為簡單的。尤其是當我們考慮到與聽覺相比，視覺能夠接收更多和更細膩的變化，也可以允許多個印象同時並存，但聽覺的特性卻由於唯獨只存在於時間而無法做到這些。在此要找出的理由、根據或許是下面這些：(1) 我們由於天性使然，首先採用的是聽覺符號以首要表達我們的情緒，但在那之後，也以聽覺符號去表達我們的思想。由此，我們就先有了為耳朵而設的語言，在這之前，我們甚至不曾想到要創造出一種為視覺而設的語言。但在之後，在有必要設計出後者時，把聽覺語言轉化為視覺語言要比為眼睛另外設計出，或者另外再學習一種全新的，甚至相當不同的語言更便捷省事，尤其是人們很快就發現，不計其數的字詞可還原為很少的一些音素，因此，藉助這些音素輕易就可以表達出來。(2) 雖然視力比耳朵能夠把握和鑑別更多不同的變化，但是沒有類似為耳朵帶來變化的工具的話，我們是無法為眼睛**帶來**這些變化的。我們也永遠無法以帶來和變換聽覺符號那樣的速

[626]

度——這是因爲靈活舌頭的作用——帶來和變換視覺符號。聾啞人所用的有欠完美的手語就是這一方面的證明。這也就從一開始使我們的**聽覺**成了語言的關鍵官能，也以此成了理性的關鍵官能。但這歸根結柢只是外在的和偶然的原因，而不是源自這任務自身的本質的原因，造成了在此這例外的情形：直接的路徑並非是最好的。所以，如果我們抽象、純粹理論性地和先驗地考察語言文字，那中國人的做法是眞正正確的，我們責怪他們的只是學究氣多了一些，因爲他們沒有考慮到現實處境可供另一種選擇。與此同時，實際經驗也顯現出中文所具備的一個特別大的優勢，亦即我們並不需要懂得中文才可以中文字表達，而是每個人都可以以自己的語言閱讀中文字，就正如我們的那些數目字代表了泛泛的數目概念一樣，中文字也代表了所有的概念；那些代數符號甚至代表了抽象的量的概念。所以，正如一個曾到過中國 5 次的茶葉商告訴我的，在整個印度洋地區，中文字成爲來自各個不同國家的，並沒有一種共同語言的商人的公用交際工具。我的這位英國朋友甚至肯定地認爲：因爲中文字具有這樣的功能，將來終有一天中文字會傳遍整個世界。J. F. 大衛斯在《中國人》（倫敦，1836，第 15 章）一書裡的一段描述，也與此看法完全吻合。

302

主動意義的被動態是羅曼語族唯一非理性的，甚至是荒唐的，並不比希臘語的中**動態**好得了多少。

但拉丁語的一個特別的缺陷就是 fieri 表現了 facere 的被動式：這暗示了，也給學習這一語言的理性頭腦灌輸了這一無可救藥的錯誤：即所有存在的一切，起碼所有已成的一切都是**造**出來的。但在希臘語和德語裡，γιγνεαθαι 和「werden」並不就是 ποιειν 和「machen」的直接被動態；我可以用希臘語說 ουχ ἔότι πᾶν γενόμενον ποιουμενον，但這卻無法

直接逐字翻譯成拉丁語，而德語卻可以：「nicht jedes Gewordene ist ein Gemachtes」（並不是每樣已成的東西都是造出來的）。

[628]

303

子音就是字詞的骨架，母音則是肌肉。前者（在個體那裡）是不變的，後者則在色彩、本質和數量上都會變動很大。這就是為什麼字詞儘管歷經多個世紀，或者從一種語言變成另一種語言，在大體上都保留了很好的子音，但其母音卻輕易就會改變。所以，在詞源學上，要注意的更多的是詞的子音而不是母音。

迷信（*superstitio*）一詞，我們在德爾里約的《魔術精釋》（圖書1，第1章）和**魏格賽德**的《神學教義的建立》的〈緒論〉、第1章第5節，都同樣找到各種各樣的語源。我懷疑這詞的起源就是從一開始，這詞只標示了相信幽靈、鬼怪，也就是「逝去的人的靈魂在那漫遊，亦即死去的人仍在活著」。

我認為 μορωα 和 forma 是同一個字，就跟 renes 與 Nieren、horse 與 Roβ 一樣；希望我這裡並沒有說出新的東西。同樣，在希臘語和德語的相似之處中，這一點是最明顯的：兩者中的最高級都是透過 st（ιότξ）而成，而在拉丁語裡卻不是這樣。我寧願懷疑人們已經知道「貧窮」（arm）一詞的詞源了，即這詞來自 ερημοζ、eremus、義大利語的 ermo，因為「貧窮」意味著「什麼都沒有」，亦即「貧瘠、空洞」（耶穌・西拉克，12：4：ἐρημωόνόι 就是「使人貧窮」的意思）。而「Untertan」（臣民、奴僕）是來自古英語的 Thane（陪臣、奴僕）——這詞在《馬克白》一劇中常常用到——我希望人們都已經知道了。德語詞 *Luft*（**空氣**）則是源自盎格魯撒克遜的字詞，lofty（崇高）、the loft（閣樓）、le grenier（頂樓）仍保留這樣的意思，因為人們開始時只是用 Luft 表示上面、大氣，就像人們仍用 in der Luft 表示上面的意思。

[629] 還有就是盎格魯撒克遜的 first（第一），也在英語中保留著其常規的含義，但在德語中，則只留下「Fürst」（親王、諸侯）一詞。

再者，「Aberglauben」（迷信）和「Aberwitz」（愚蠢），我認為是來自「Überglauben」和「Überwitz」，中間經過了「Oberglauben」和「Oberwitz」（就像 Überrock 和 Oberrock；Überhand 和 Oberhand），然後 O 訛誤為 A，就好比反過來，本來是「Argwahn」訛誤為「Argwohn」。同樣地，我相信 *Hahnrei*（**戴綠帽子的人**）是 *Hohnrei* 的訛誤，而後者在英語裡仍保留著嘲笑的聲音，o hone-a-rie！見之於湯瑪斯·莫爾的《拜倫勛爵的信件和日記，附帶其生平介紹》（倫敦，1830，第 1 卷，第 441 頁）。總而言之，英語是一個貯藏室：在這裡我們可發現保存著我們的已經過時的舊詞，還有仍在使用的字詞的原初含義，例如：上述「*Fürst*」（**親王**）一詞的原初含義就是「**第一**」。在《德國神學》原初文本的新版，有些字我僅從英語就認出和明白了。至於 *Epheu* 出自 *Evoe*，應該不是新的看法吧？

「Es kostet *mich*」* 不過就是個煞有其事的、造作的和歸因於時間的語言誤用。*Kosten* 就與義大利語詞 costare（花費、價值）一樣是來自 constare。所以，「Es kostet mich」也就是 me constat，而不是 mihi constat。「Dieser Loweën kostet mich.」** 這一句話不應由動物擁有者說，而只能由被獅子吃掉的人說出來。

coluber（蛇）和 Kolibri（蜂鳥）的相似之處肯定是完全偶然的，或者因為蜂鳥只出現在美洲，我們就要從人類的原初歷史中尋找其源頭。這兩種動物是如此的不同，甚至可說是相反的，因為蜂鳥經常是

---

* 「kosten」既有「花費……」的意思，也有「品嘗……」的意思；現在這句子的用法就是「這讓我花費了……」的意思。——譯者注

** 現在的意思是「這隻獅子花費了我……」，但按照叔本華所說的原來的用法，意思就會是「這獅子品嘗了我。」——譯者注

蛇的獵物，但在此可以想像是發生了某種混淆，就類似於在西班牙語中，由於某種混淆，aceite 指的不是「醋」，而是指「油」。此外，我們還發現好多原本是美洲的名字與古代歐洲的名字有著引人注目的吻合，例如：柏拉圖的亞特蘭提斯（Atlantis）與墨西哥古老土著的名字阿茲特蘭（Aztlan）——這種名字至今仍存在於墨西哥的城市馬薩特蘭（Mazatlan）和托馬特蘭（Tomatlan）——和祕魯的索拉塔（Sorata）與亞平寧半島的索拉特斯（Soractes）。

303（補充）

我們今天的日爾曼學學者（根據《德國季刊》1855 年 10 月至 12 月）把**德意志語言**分為這樣的分支：(1) **哥德語**分支；(2) 斯堪地那維亞語分支，亦即冰島語分支，由此又有瑞典語和丹麥語分支；(3) 低地德語分支，由此分出低地德語和荷蘭語分支；(4) 弗里斯蘭語分支；(5) 盎格魯撒克遜語分支；(6) 高地德語分支——這應該是在第 7 世紀開始出現的，並分為老、中、新的高地德語。這整個體系一點都不是新的東西，而是早就由**瓦赫特**在《日爾曼語字詞樣品》（萊比錫，1727；參見萊辛，《彙編》，第 2 卷，第 384 頁）中提了出來，也同樣是否定了**哥德語**的源頭。但我相信在這個體系中，更多的是愛國主義而不是真理。我支持誠實正直、很有見解的**拉斯克**所建立的體系。源自梵文的**哥德語**，分成了 3 種方言：瑞典語、丹麥語和德語。對於古日爾曼人的語言，我們一無所知，我冒昧地猜測這樣的語言可能是一種與哥德語，因而也就是與我們的語言完全不一樣的語言：根據語言，我們**起碼**是**哥德人**。沒有什麼比**印度－日爾曼**語言這個詞更讓我感到噁心的，亦即把《吠陀》的語言與上述懶人的那些方言同時提到。「看看我們這些蘋果多會游泳！」那所謂的日爾曼神話——更準確地說，是哥德神話——連帶那尼伯龍根傳說等，可被發現在冰島和斯堪地那維亞比在我們的德國懶人那裡完善

得多，真實得多；並且北歐的古典時期、古墓的出土文物、盧恩文字等等，與德意志相比，都證實了斯堪地納維亞的是一個各方面都更高級的文明。

Wälsch 很有可能就只是 *Gälisch*（**蓋爾人的**），亦即 *Keltisch*（**凱爾特人的**）另一個發音，對古德意志人而言，意指非日爾曼的，或更準確地說非哥德的語言；因此，這個詞現在尤其是指義大利的，亦即羅曼的語言。

引人注目的是，在法語中無法找到任何德語詞，這跟英語很不同，因為在 5 世紀，法國被西哥德人、勃艮第人和法蘭克人所占據，是法蘭克國王統治著法國。

德語的 *Gift*（**毒藥**）與英語的 *gift*（**禮物**）是同一個字：也就是都出自 *geben*（**給予**），說的是**所給予的東西**，因此也有 *vergeben*（**分配**）而不是 *vergisten*（**投毒**）。*Niedlich*（**俊俏、秀氣**）出自古德語的 *Neidlich*（**讓人羨慕的**）。*Teller*（**碟子**）出自 *patella*（**膝蓋骨**）。*Viande*（**肉食**）則出自義大利語的 *vivanda*（**肉、食物**）。*Spada*（**劍**）、*espada*、*épé* 出自 σπάθη（**劍**），例如：泰奧弗拉斯特在《品格論》第 24 章，περὶ δελίας 就用了這一含義。*Affer*（**猿猴**）來自 *Afer*（**非洲人**），因為最先把猿猴帶給德國人的羅馬人就是用這詞稱呼猿猴的。*Kram*（**雞毛蒜皮一樣的東西**）則是出自 χρᾶμα, χεράνυμι（**混雜、大雜燴**）。*Taumeln*（**眩暈**）出自 *temulentus*（**陶醉**）。*Vulpes*（**狐狸**）和 *Wolf*（**狼**）兩個詞很有可能是有些關聯的，是混淆了這兩個物種所致。*Brod*（**麵包**）來自 βρωμα（**菜肴**）。*Volo*（**我想要**）和 βονλομα 或更準確地說，βονλω 在詞根上是同一個詞。*Heute*（**今天**）和 *oggi* 這兩者都是出自 *hodie*，但兩者間並沒有相似的地方。*Parlare*（**說**）很有可能是來自 *perlator*（**傳遞者**）；所以，就有了英語的 *a parley*（**會談、談判**）。*to dye*（**染色**）明顯是與 δεσω、δευευ（**沾溼、塗抹**）相關，正如 *tree*（**樹**）與 δρυς（**橡樹**）相關一樣。從 *Garhuda*、毗濕奴的鷹有了 *Geier*（**鷹**）。從 *Mala*（**腮幫**

子）有了 *Maul*（嘴）。*Katze*（貓）則由 *Catus*（公山貓）而成。*Schande*（恥辱）則是出自 *scandalum*，而這又或許是與梵文的 *Tschandala* 有關。*Ferkel*（豬崽）來自 *ferculum*（一道菜），因爲那是完整上桌的。*plärren*（大聲哭鬧）從 *pleurer*（哭泣）和 *plorare*（哭泣）而來。*füllen*（裝滿）、*fohlen* 是出自 *pullus*（雛鳥）。*poison*（毒藥）和 *Ponzonna* 來自 *Potio*（藥劑、藥水）。*baby*（嬰兒）則出自 *Bambino*（小孩子）。古英語的 *brand*（火炬、劍）則由義大利語的 *brando*（劍）而來。*knife*（刀）和 *canif* 是同一個詞，是否都是源自凱爾特語？*Ziffer*、*cifra*、*chiffre* 和 *cipher* 都很可能來自威爾斯語，因此是來自凱爾特語的 *Cyfrinach*（奧祕）（皮克特，《吟游詩人之謎》，第 14 頁）。義大利語的 *tuffare*（浸泡）與德語的 *taufen*（給……洗禮）是同一個詞。*Ambrosia*（衆神的食物）似乎是與 *Amriti*（不朽）相關；*Asen*（斯堪地納維亞的衆神）或許是與 αισα（命運）相關。Ααβρενομαι 無論是字形還是意思，都與 *labbern*（嘮叨）一致。Αολεις 就是 *Alle*。*Sève* 就是 *Saft*（汁液）。奇怪的是，*Geiß*（母山羊）是 *Zieg*（山羊）的倒寫。英語的 *bower*（村舍）就像是 *Bauer*（籠子）（我們的那些 *Vogelbauer*——鳥籠）。

我知道了解梵文的語言研究者是以與我相當不同的方式從詞的源頭推論出詞源，但我還是希望有人可從我這方面的淺薄涉獵中見到一點點的小果實。

第 26 章　心理散論

304

　　每一隻動物，尤其是每一個人，為能在這一世界生存和發展，需要在其意志和智力之間有著某一恰當的比例。大自然越是精準地為他（它）做出了這方面的安排，那他就越能輕鬆、安全、適意地度過自己的一生。而大概接近真正準確的比例也足以保護他免遭毀滅。因此，在上述比例的合適和正確界線之內，有著一定的範圍。這方面的適用標準如下。既然智力的使命就是為意志照明道路，並為其指引步伐，那麼，意志的內在衝動越厲害和激烈，那為這一意志配備的智力就必須越完美和敏銳。只有這樣，強烈的渴望和欲求、熾熱的激情、劇烈的情感等才不至於把人們引入歧途，或者驅使人們做出欠缺考慮、鑄成大錯或者走向毀滅的行為。如果意志相當強烈而智力又相當微弱，諸如此類的情形就會不可避免地發生。相較之下，一個冷漠、麻木不仁的人，也就是說，一個意志衰弱、呆滯的人，只需微弱、有限的認識力就可以生存下去；一個溫和的人則只需要普通、一般的智力。總而言之，意志和認識力之間的不成比例，亦即偏離上述的比例標準都會造成人們的不幸福，哪怕這種不成比例是由於智力超出比例所致。也就是說，哪怕智力獲得了超常和顯著的發展並由此產生了對意志完全不成比例的優勢——這也就構成了真正天才的本質——但這對於生活的需要和目標而言不僅是多餘的，而且也完全是有害的。也就是說，這種人早在青年時代，在理解、把握這一客觀世界方面就有著超常的能量，伴隨著活躍的想像力但卻完全欠缺經驗，這就造成這種人的頭腦容易接受誇張的觀念，甚至虛幻的東西，輕易就以此填塞自己的頭腦。一種偏執乖僻、不切實際的性

[633]

格就由此形成。就算是在稍後的歲月,當他們獲得了經驗教訓,把這些虛幻的東西忘掉和放棄以後,這種天才仍然永遠不會在平凡、普通的外在世界和小市民的生活中感覺自在,不會像那些只具備正常認識力的人那樣恰到好處地契入這樣的生活、如魚得水,而只會經常犯下一些奇怪的錯誤。這是因為頭腦平凡的人在自己觀念和知識的狹隘範圍內,能夠完全駕輕就熟,無人比他更勝一籌;他的認知始終如一地忠實於其原初的目的,履行為意志服務的職責,因而心無旁騖,從來不作非分之奢

[634] 想。但一個天才人物,歸根結柢卻是一個「由於過分盈餘而變成的怪物」,就像我已在討論天才時所說過的那樣,一如與此相反的情形:一個激烈、衝動但又缺乏認識力的人,一個沒有頭腦的野蠻人,則是由於缺陷不足而變成的怪物。

305

　　生存**意志**作為一切生物的核心,在最高級,亦即最聰明的動物身上毫不掩飾地表現了出來,所以,就其本質方面,讓人至為清楚地觀察和研究這生存意志。這是因為在這一級別動物**以下**的生物身上,意志就不再那麼清晰地展現出來了,其客體化程度也是低級別的;但在這一級別的動物**以上**,亦即到了人的級別,伴隨著理智的是深思熟慮,而伴隨著深思熟慮的就是人的偽裝和虛飾的能力,而這馬上就為他蒙上了一層面紗。所以,只有在人的激情爆發時,意志才會不帶偽裝地呈現出來。這就是為什麼每當人的激情發話時,不管這是什麼激情,總能獲得人們的相信,並且是有理由的。出於同樣的原因,激情成了文學家的主題和演員喜拿出手的好戲。但我們對於犬、貓、猴子等的喜愛卻是基於我在上文一開始所說的:正是牠們那些完全天真、直白的表現和表達為我們帶來了許多愉快。

　　看著那些自由自在的動物無拘無束地率性而為,或尋找食物、照顧

自己的孩子，或與其同類交往——這是一種多麼特別的樂趣！在這些方面，這些動物該是什麼和能是什麼就是什麼。就算只是一隻小鳥，我也會長時間看著而興致不減。甚至一隻水獺、一隻青蛙；或者刺蝟、黃鼠狼、狍、鹿，那就更好！這些動物能為觀賞者帶來愉快，主要是因為目睹那大為**簡化**了的我們的本性，讓我們感到高興。

在這世上只有**一種**會說謊的生物，那就是**人類**。其他種類的生物都是真實、真誠的，因為牠們都不加掩飾地展示自己是什麼和表露出自己的喜怒哀樂。表達這種根本差別的一個象徵性或者比喻性說法就是：所有的動物都以其天然形態現身和活動，而這就是牠們給我們留下如此愉快印象的很大原因。看著這些動物，尤其是自由自在的動物，我的心都飛到牠們那裡去了。相較之下，人在自己衣服的遮蔽下卻是一副滑稽、醜陋的模樣，一個怪物，看上一眼都已經使人反感，尤其再加上身上那種不自然的白色、違反自然的食肉習慣，還有喝酒、抽菸、縱慾和各種疾病。人簡直就是大自然的一個汙點！希臘人把衣物減至最少，就是因為他們對我說的這些有所感覺。 [635]

306

精神上的驚恐、不安會引起心怦怦直跳，而心怦怦直跳會引致精神上的驚恐、不安。悲哀、焦慮和情緒不寧會妨礙或者破壞人體的生命程序和有機體功能，不管這些是反映在血液循環、消化抑或排泄方面。反過來，如果心臟或者大腸、血脈、貯精囊等某個部位的工作，由於身體的原因而受到干擾、阻礙，就會產生情緒不安、焦慮害怕、鬱鬱不樂和沒有具體對象的憂傷，亦即處於人們稱為憂鬱症的狀態。正因如此，憤怒會讓人咆哮、跺腳和做出激烈的手勢動作；而這些身體表達會加劇憤怒，或者就算是很小的事情也讓人發作。所有這些幾乎不用我多說，都有力地證實了我的這一理論：意志與身體兩者是一致的，是一個統一

體。根據這一理論，身體不是別的，只是在腦髓的空間觀照中呈現出來的意志而已。

307

許多被人們歸因於**習慣力量**的東西，更準確地說，是我們原初和與生俱來的性格那種持續如一、不可改變的特性所致。因此，在相似的情形下，我們總是做出**同樣**的事情。所以，這樣的事情不管是第一次做或第一百次做，都是遵循著相同的必然性。而真正的**習慣力量**，其實是因為**遲鈍**或者**惰性**，是不願智力和意志做出新的選擇，以省去麻煩、困難，甚至危險。所以，這種遲鈍和惰性讓我們今天做著昨天已經做過上百次的，我們也知道其結果的事情。

但這習慣力量的真相卻是藏在更深的一層，因為這要在比乍看之下的更根本的意義上去理解。也就是說，**慣性力量**之於純粹是透過機械原因而活動起來的物體，恰恰就是**習慣力量**之於透過動機而活動起來的生物體。我們純粹出於習慣做出的行為，其發生的確並不是因為在當時特定情形裡某一特定的動機在發揮作用；所以，我們當時並不曾真的想到那些動機。在所有已經成為習慣的行為當中，只有最初的行為才有其動機，而這一動機所產生的次要後果就是目前的這一習慣。這一習慣足以使該行為繼續發生，情形就跟受到某種推力而活動起來的一件物體一樣：它不再需要新的推動就能持續活動下去；其實，只要這一活動不受到任何阻礙，就可以永遠地持續活動下去。動物也是同樣的情形，因為馴獸就是強制動物形成某種習慣。馬兒用不著連續驅使就會若無其事地繼續拉車前行：這種拉車前行仍然是鞭打所產生的效果，當初拉車前行就是透過鞭打而開始的，現根據慣性定律而固著成習慣了。所有這些都的確並非只是比喻而已；這是事物，亦即意志的同一性，反映在意志客體化的相當不同的級別上面；根據那意志客體化的不同級別，那同樣的

活動規律也就相應展現出不同的形態。

308

「祝您長壽！」這是西班牙語中一句很普遍的問候語，恭祝別人長壽在全世界都是相當常見的。這一做法確實不能以人們對生活的認識加以解釋，但卻能從人的本性，亦即從生存意志那裡找出答案。

每個人都希望別人在他死後能夠**懷念**他，這一願望在那些很有抱負的人那裡會升格為**渴望名留後世**。這在我看來似乎源自對生命的執著。當看到自己與現實存在的一切可能性都被割斷時，那對生命的執著現在就要去抓住那唯一剩下的存在——雖然那只是理念上的存在而已。所以，那也就是抓住了一個影子而已。

309

對於我們所從事的一切事情，我們都或多或少地希望盡快完成。我們不耐煩地巴不得事情盡快了結，並且當終於結束的時候，我們都會很高興。只有對那總的結束，一切結束中的結束，一般來說，我們才希望越遲到來越好。

310

每一次的分別都讓我們提前嘗到了死亡的滋味，而每一次的重逢則讓我們提前嘗到復活的感覺。這就是為什麼就算那些對別人淡漠的人，過了 20 年或者 30 年以後，在重新見到故人時也會感到那樣的高興。

311

對每一個我們熟悉和感覺親切的人的死亡,我們感受到深刻的創痛,因為我們感覺到在每一個人的身上都有某種無以名狀的、為這一個人所獨有的東西——現在這已是絕對**一去不復返**了。「每一個人都是深不可測、難以探究的」,這一說法甚至適用於動物個體。誰要是無意中造成了自己寵物的死亡,並看到了這寵物永別的眼神,他就會深切地感受到這一點。這一告別的眼神,會讓我們揪心悲痛。

[638]

311(再)

在我們的敵人和對手死了以後,甚至只是在短暫的時間以後,我們就有可能對其死亡感到悲哀,幾乎如同我們對待我們朋友的死亡一樣——也就是說,我們少了他們見證我們的輝煌成就。

312

突然獲知我們得到了某一特大好運容易造成致命的後果,原因在於我們的幸福感和不幸福感就只是在我們期望得到的和我們已經得到的之間的一個比例數字。據此,我們不會把已經占有的,或者預先就可以肯定會得到的好東西認為就是好東西,因為所有的快感樂趣只是**否定**的,只是消除了苦痛;而苦痛或者災禍卻是肯定的,直接就可感覺到了。在擁有某物或者有了確切能夠擁有某物的願景以後,我們的期望就馬上提升了,我們接受更多擁有物的能力也就提高了,在這方面的願景也就更寬大了。而如果由於持續不斷的不幸,我們的心情備受壓抑,期待和要求也已降至最低,那突如其來的好運就會讓我們無力承受。也就是說,這一大好運由於沒有得到原先的期望和要求的中和,現在顯然就會肯定

地以其全力產生作用。這樣，那就會爆裂我們的情緒，亦即造成致命的結果。由此才有了這眾人皆知的小心謹慎的做法：首先，讓這個人對那即將宣告的特大好運產生希望，讓他對此有了願景；然後，只是分成各個部分，逐步地把這消息傳達給他，因為透過產生了的期待，每一部分的消息就得以卸去其作用力度和保留著產生更大期望的空間。根據所有這些，我們可以這樣說：我們消化好運的腸胃雖然是沒有底的，但它的入口處卻是狹窄的。對於突然降臨的不幸，上述做法卻並不完全適用，因為在此，希望始終在對抗著這一不幸，所以，不幸的消息造成致命效果的情形要少得多。至於在遭遇好運時，恐懼卻並沒有扮演類似的抗衡角色，原因就是我們本能地更傾向於希望，而不是恐懼，就猶如我們的眼睛會自動地轉向光明而不是黑暗一樣。

[639]

313

希望就是把渴望某一事情的發生混淆為這一事情有可能發生。但或許無人能夠擺脫這種心的愚蠢——它擾亂智力正確評估一件事情發生的可能性，以至於把一件只有千分之一發生可能性的事情也視為很有可能發生。不過，不留下任何希望的不幸就像即時致命的一擊；而希望不斷破滅、不斷重生就像凌遲處死。[1]

被希望拋棄了的人，恐懼也同樣放過了他；這就是「絕望」一詞的含義。一個人渴望什麼就會相信什麼，這是相當自然的事情；相信它正是因為渴望它。如果這一有益和起緩解痛苦作用的本性特點被反覆的、異常冷酷的命運打擊所根除，當他甚至反過來走到這一地步：相信他

---

[1] **希望**是我們的整個本質，亦即意志和智力都想爭取的狀態：意志是透過願望其希望的東西，智力則透過預計很有可能成事。後者的分額越大，前者的分額越小，那對希望來說就越好；反過來的話，那就越糟。

不情願的事情肯定會發生,而他所渴望的事情,就因為那是他渴望的事情,所以就永遠不會發生——那這樣一種狀態,確實就是我們所說的絕望了。

[640]

314

在判斷他人時,我們經常會出錯——這並不完全是我們的判斷力之過,而是大多數由於培根所說的「智力並不是一盞不燒燃油的燈,而是需要得到意願和激情的供應」(《新工具》,I,49)。也就是說,從一開始,在不知不覺之中我們就會由於瑣碎不足道的小事對別人產生了先入為主的好感或者反感。另外,經常也有這樣的原因:我們並不會只停留在我們所確實發現的別人的素質上面,而是從這些素質推斷出其他的素質,因為我們以為這兩者是緊密相連的,或者是互相排斥的,例如:看到別人的慷慨大方我們推斷出正義,從虔誠推斷出誠實,從說謊推斷出欺騙,從欺騙推斷出偷竊等等。這就為許許多多判斷上的錯誤敞開了大門,一方面是因為人的性格是千奇百怪的,另一方面是因為我們的觀點流於片面。雖然性格總是連貫和始終如一的,但由於人的總體素質的根源埋藏太深,我們無法僅靠一些零星素材就可以斷定哪幾樣素質能夠在某一情況下共存,哪幾樣卻不可以。

315

在所有的歐洲語言裡,人們通常把 person 一詞泛指個體的人,這種無意識的用法相當精確和恰當,因為 persona 的本意是演員所戴的面具,人又的確並非如實表現出自己,而是每一個人都戴著一張面具和扮演著某一個角色。總而言之,整個社會生活就是一齣持續上演的喜劇。這讓內涵豐富的人覺得乏味、無趣,但平庸之輩卻樂此不疲。

316

我們會經常失口說出一些對我們有可能構成危險的話；但那些會使我們顯得可笑的話語，我們卻慎重不會說出來，因為在此，後果是即時顯現的。

317

受到不公正的對待，人的內心自然會燃起**報復**的熾熱渴望，並且人們經常說：報復是甜蜜的。證實這一點的就是人們所做出的許多犧牲，其目的只是為了享受報復的樂趣，而不是打算以此補償所受的損害。半人馬涅索斯利用生命的最後時刻作了精心安排，所以，由於確切預見到那布局極其巧妙的復仇，半人馬涅索斯的苦澀死亡也帶有了某種甜蜜。對這同一思想更現代和更可信的描述見之於義大利小說家**貝多洛蒂**的小說《兩姐妹》——這一小說已被翻譯成 3 國語言。**華特‧史考特**爵士把這所說的人的傾向非常貼切、有力地表達了出來：「復仇是以地獄之火燒熟的、味美無比的一小口食物。」在此，我想試著為渴望復仇找出一種心理上的解釋。

我們由於天災，或者偶然，或者命運的原因，即在相同的處境下所遭遇的痛苦，並不像別人任意加在我們身上的痛苦那樣讓人難受。這根源就是：我們承認大自然和偶然就是這一世界本來的統治者，並且我們看到自己經由這些所遭受的損害其他每一個人也都會同樣遭受。所以，當我們承受出自這些源頭的痛苦時，我們更多的是哀嘆人類共同的命運，而不是自己個人的命運。相較之下，別人任意對我們造成的痛苦除了本身的傷害和損失以外，還有某樣相當奇特和苦澀的東西，也就是說，它讓我們意識到了別人的優勢——不管那是透過武力抑或狡猾——和相較之下自己的無能。如果可能的話，造成了的傷害、損失可以設法

彌補；但那額外的苦澀，亦即這一想法：「我必須忍受你的這些！」卻經常給我們帶來比原來的損害更多的痛苦，而這種痛苦也只能由報復而得到中和。也就是說，透過損害那損害了我們的人——不管是運用武力抑或狡猾——我們也就顯示了自己的優勢並由此一舉抹去了他所顯現[642] 的優勢。這帶來了熱切渴望得到的一種情緒上的滿足。所以，一個人越高傲，或者虛榮心越強，那他的報復心就越強。不過，正如每一個實現了的願望都或多或少暴露出這願望原來只是假象，復仇的願望也同樣如此。通常，從復仇中期望獲得的樂趣會由於同情的作用而變了味道；事實上，做出了的報復行為會在這之後撕扯我們的心和折磨我們的良心，因為促使報復的動機已經不再發揮作用，而表明我們狠毒的證據現就擺在我們的眼前。

318

沒有實現願望的痛苦與**悔恨**相比是微不足道的，因為前者面對的是永遠開放的、不可預見的未來時光，但後者面對的是無法挽回地成了既成事實的過去。

319

耐性（Geduld, patientia）一詞，尤其是西班牙語的 suffrimiento，正是由**痛苦**一詞而來；所以，這是一種精神活動的被動態，與精神的主動態相反。如果精神活動非常活躍，那它是很難跟耐性結合在一起的。耐性是麻木不仁、精神遲鈍、思想貧乏的人和女人與生俱來的優點。但耐性卻是非常有用和必要的，這也就表明了這個世界的悲慘特性。

320

金錢是人的抽象中的幸福，所以，再也沒有能力享受具體幸福的人，就全副心思投入金錢中了。

321

所有**執拗**、**頑固**都是因爲意志強行擠進了認知的地盤。

322

悶悶不樂、**心情惡劣**與憂鬱是大有分別的，從興高采烈到憂鬱的距離比從悶悶不樂、心情惡劣到憂鬱的距離要短許多。

憂鬱吸引人，但悶悶不樂、心情惡劣卻趕走人。

憂鬱症折磨人之處，不僅讓我們對現在的一切沒有來由地惱怒和不快，不僅爲將來某一杜撰的不幸而毫無根據地擔憂，而且還讓我們莫須有地指責自己過去的行爲。

憂鬱症造成的最直接後果就是時時刻刻地考慮或者尋找那些會引起我們憤怒和不安的事情。**原因**就是一種內在的病態不滿，通常再加上發自脾性氣質的一種內在不安。如果這兩者達到最厲害的程度，就會導致自殺。

323

下面的議論更詳細地闡釋了我在《附錄和補遺》第 114 節裡援引過的尤維納利斯的詩句：

一個小小的機會就足以讓我們發怒。

憤怒馬上就會產生某種錯覺，那就是憤怒的理由被出奇地歪曲和誇大了。而這種錯覺本身又加劇了憤怒，而加劇了的憤怒又再度誇大了這一錯覺。這種互相作用持續加劇，直至形成賀拉斯所說的「短暫的暴怒」。

為防範這一點，性子急和活潑的人在剛感覺到不愉快的時候就應馬上嘗試強迫自己暫時把這件事情拋諸腦後，因為 1 小時以後，當他們回頭看這一問題時，事情早已不再顯得那樣可怕，或許很快就顯得毫不重要了。

324

憎恨是心的事情，而**鄙視**則是頭腦的所為。這兩者都不在「我」的控制之下，因為一個人的心是無法改變的，受著動機的驅動；而這個人的頭腦則是根據不變的定律和客觀的材料做出判斷。「我」只是心和腦的結合而已。

[644] 憎恨和鄙視是相互明確對立和排斥的。不少人的憎恨情緒，其根源甚至不是別的，而只是對別人的尊重——而這尊重是別人的優勢和優點所強行造成的。另外，如果我們要去憎恨我們見到的所有可憐兮兮的壞蛋，那我們就會忙得不可開交；用鄙視我們就可以更方便、容易地一概打發掉他們。真正的鄙視是真正的驕傲的背面，是深藏不露的。誰要是讓人留意到發出的鄙視，只要他是想讓別人知道他根本瞧不起他們，那他就已經是以此流露出了某些欽佩。這樣，他就暴露出了憎恨，而憎恨是排斥鄙視的，他現在只是在假裝鄙視而已。而真正的鄙視就是堅信別人是毫無價值的，這種鄙視是可以與體諒和容忍結合在一起的——透過體諒和容忍，為了自身的安寧和安全，我們就可以避免刺激我們鄙視的

對象，因為每個人都可以做出危害他人的行為。但一旦這種純粹、冷靜和發自內心的鄙視表現了出來，那就會換來對方的極度憎恨，因為受到如此鄙視的人並沒有能力以同樣的武器做出還擊。

324（補充）

引起我們某種不快情緒的事情，就算是相當微不足道的，都會在我們的腦海裡留下某種後續作用；只要這後續作用仍然存在，那就會有礙我們清晰和客觀地理解事物和情況，並的確使我們所有的想法都染上了顏色，就猶如很小的物體，如果放置在眼前很短的距離，就會限制和扭曲了我們的視野。

325

讓人們變得**鐵石心腸**的，就是每個人自己都要承受夠多的煩惱，或者自認為是這樣。所以，某種非同尋常的幸福狀態會讓大多數人變得慈善、富於同情心。但持續、不變的幸福狀態卻往往產生出與此相反的效果，因為這種狀態使人不識痛苦，以致對痛苦再也無法感同身受了。這就是窮人何以有時比富人更樂意助人的原因。

而使人們變得這樣的**好奇**和**喜歡打聽**，正如我們從其四處張望、暗中打探別人的事情就看得出來，就是無聊——這是人生中與痛苦相反的一極——雖然嫉妒在此也經常發揮作用。

326

如果我們想窺探一下自己對某個人的**真實感情**，那就要留意在第一眼看到郵差送來令人意想不到的、來自這個人的一封信時留給我們的

印象。

327

有時候我們似乎在同一時間既願意又不願意某樣事情的發生，於是對這同一件事情我們既高興又憂慮，例如：如果我們需要參加一次至關重要的考試，而能夠順利透過則對我們大有好處，那麼，我們就既渴望又害怕考試時間的到來。如果在等待期間，我們獲知這次考試暫時被延後了，那我們就會同時既高興又擔憂，因為這消息有違我們的目標，但卻讓我們得到了暫時的放鬆。這與我們等待一封至關重要的、決定性的信件，而它又遲遲沒有到來，是同樣的情形。

在類似的情形中，其實有兩種動機在對我們發揮著作用：一個動機作用更強烈，但距離我們更遠，那就是希望通過考試並獲得事情的結果；另一個動機作用稍弱，但距離我們更近，那就是希望現時能得到安寧，在這期間繼續享有保留著希望的好處——雖然這是不確定的狀態，但它起碼比有可能出現的不幸結局要好。所以，在精神世界裡也同樣發生了在物理世界裡所出現的這種情況：在我們的視野裡，一件更小但距離更近的物體遮蔽了更大但距離更遠的東西。

[646]

328

理性值得稱為**先知**，因為理性把將來發生的情形，亦即把我們現在的所為將要導致的結果和作用展示給我們。當性慾、暴怒、貪婪引誘我們做出將來就會後悔的事情的時候，理性正是以此方式使我們得以控制住自己。

329

我們的個體生活的軌跡和事件，就其真正的含義和關聯而言，可比之於粗糙的鑲嵌磚塊組成的圖案作品。太過靠近這些圖案時，我們無法正確辨認出所展現的東西，既看不出其含義，也看不出其美之所在。只有與這些圖案相隔一段距離，上述兩者才會顯現出來。同樣，在我們生活中的重要事件仍在發生或者剛發生不久，我們經常都不會明白其真正的關聯，而只能等到事過境遷了相當長一段時間以後。

這到底是因為我們需要想像的放大鏡作用，還是因為事情的整體只能相距很遠的距離才可以讓我們流覽其整體？抑或是因為激情必須冷卻下來？或者只有經驗教訓才會使我們的判斷力成熟起來？或許所有這些因素加在一起吧。但有一點是確定的：經常是只有在多年以後，我們才會正確了解別人的行為；甚至對我們自己的行為，有時候也是如此。在我們的生活當中是這樣，在歷史上也同樣如此。

330

人的幸福處境通常就猶如一些小樹林：從遠處看過去，這些小樹林顯得很美；但靠近距離或者走進樹林以後，原先的那種美就消失了。我們置身於樹林之中，但卻不知道那種美已經消失於何方了。我們經常羨慕別人的處境，原因就在這裡。

331

[647]

為什麼儘管有千百面鏡子的幫助，一個人卻並不真正知道自己看起來是何種樣子，因此也無法具體想像出自己本人，而對每一個熟人卻都

可以做到這一點？這是向「認識你自己」*邁出第一步時就碰到的困難。

這部分的原因無疑就是：一個人在照鏡子的時候，眼睛都是朝向鏡子並且靜止不動的。這樣，他的眼睛的那些有其含義的活動和眼神的特徵也就失去十之八九了。但除了這身體上不可能做到的事情以外，與此類似的在倫理方面不可能做到的事情，似乎也一併發揮了作用。我們無法以**陌生的目光**投向鏡子中的自己，但這樣做卻是**客觀**了解自己的條件。也就是說，這是因為這樣的目光畢竟是建立在倫理上的自愛之上，連帶著的是深深感受到的**非我**（參見《倫理學的兩個基本問題》中「道德的基礎」，第 275 頁；第 2 版，第 272 頁），而要純粹客觀、不打折扣地看清所有的缺陷——也只有這樣，鏡中的圖像才能忠實、真正地展現——那這樣的目光是必不可少的。但在我們看鏡子中的自己時，卻不是帶著這樣的目光；上面所說的自愛始終會在我們的耳邊悄聲防護性地說：「這個可不是非我，而是我。」——這起到的作用就是「別碰我！」，並阻礙我們純粹客觀地去把握，而要達到這純粹客觀，沒有少許惡意這一發酵酶似乎是不可能的。

332

我們並不知道自己承受痛苦和做出實事的潛力如何，直到有機會讓這些潛力活動起來，就猶如望著池塘裡波平如鏡的靜水，我們不會看得出它是如何咆哮著、翻滾著從岩石上奔騰而下，或者作為噴泉能夠迸升至怎樣的高度；又或者我們預料不到冰凍的水所能蘊含的熱量。

---

* 這是德爾菲的阿波羅神廟的格言。——譯者注

333

無意識的存在只是對其他的生物而言有其真實性，因為這存在呈現在了這些生物的意識裡；**直接的**真實性則是以自身的意識為條件。所以，人的個體真實存在也就首先是在其**意識**之中。但這樣的意識必然是能夠反映事物的，亦即以智力及其活動的範圍和素材為條件。據此，意識的清晰程度，因而也就是思考的程度，可被視為**存在的真實性**程度。但在人類本身，對我們自己和他人的存在的思考程度，或說對這些的清晰意識程度，卻是根據人們天生的精神能力的大小及其發展程度，以及人們用於深思的閒暇的多寡，而出現許多梯級差別。

至於人與人之間精神能力的真正和原初的差別，只要我們停留在泛泛、大概的情形，而不是對單個例子進行考察，那我們就不容易比較人與人在這方面的差別，因為我們無法從遠距離就可以對這些差別一覽無遺，這些差別也不像人們在教育、閒暇、職業等方面呈現的差別那麼外露和明顯。不過，就算深入後面這些差別而加以考慮，我們也不得不承認不少人享有比其他人至少高出10倍的**存在程度**，因而比他人多**存在**10次。

在此，我不想談論那些野蠻人——他們的生活常常就只是比樹上的猿猴高出**一級**而已。我們還是考察一下，例如：在那不勒斯或者威尼斯（在北方人們由於需要應付冬天，所以必須考慮更多的事情，因而變得更加的深思熟慮）的某個挑夫，並大致瀏覽一下這個人從開始到結束的一生。這種人為貧窮和匱乏所迫，全憑自己的體力，依靠辛勤的勞動以解決每天，甚至每時的急需；沒完沒了的喧嘩、騷動，許多的匱乏，對每天不作打算，在身體消耗疲乏以後就痛快休息；與他人多有口角、爭吵，沒有片刻思考的時間；享受溫暖氣候中的感官舒適和還可湊合的食物；最後，再加上從教會中接受一些粗糙愚笨的成見作為形上的成分。所以，大致而言，這個人對自己追逐的一生，或者更確切地說，被追

逐、驅役的一生，只是渾噩地有所意識。這場焦灼不安、混亂不堪的夢構成了千百萬人的一生。他們完全就只是為了當時**意志**的需要而認識。他們不會回想在自己存在中的關聯，更不會想到這一存在本身的關聯。在某種程度上，這些人存在著，但卻又不曾真正地覺察到自己的存在。所以，渾渾噩噩、不假思量地度過此生的貧困者或者奴隸，其存在比起我們一般人更明顯地接近動物的存在，後者完全就是侷限於此時此刻。但也正因為這樣，這種人的存在並沒有那麼多的煩惱。事實上，因為一切的快感樂趣從本質上而言都是**否定**的，亦即只是擺脫了匱乏或者苦痛，所以，永遠與貧困者的工作相伴的這樣一種從勞苦到消除了勞苦的持續、快速的變換——然後，這又加固和顯現為工作與休息和需求得到滿足的變換——就成了快感的永恆源泉。證實這一源泉相當豐富的確切證據，就是在貧窮者臉上常見得多（與有錢人相比）的高興表情。

現在，讓我們看一下理性、考慮周詳的商人吧。他們的一生是在籌謀和盤算未來中度過，小心謹慎地實施精心制定的計畫，創立公司，養活妻兒，傳宗接代，同時，也積極參與公眾活動。這種人的存在，比起上面所說的那種人明顯具有更高程度的意識，也就是說，他們的存在具有更高程度的真實性。

接下來，我們可以看看學者的情況，例如：研究過去歷史的專家。這種人已經意識到了整體的存在，越過了他存在的時間，超越了他本人之外，他們再三思量的是世界發展的歷程。

最後就是詩人、文學家，甚至哲學家。這些人的靜思默想達到了如[650] 此的高度，他們並不是受誘使去探索存在中的某一特別的現象，而是對這一**存在本身**，對這一巨大的斯芬克斯之謎感到驚奇。這一存在就成了他們的研究課題。他們的意識達到了如此之高的清晰度，以致成了世界意識。這樣，在這種意識中的看法和想法與為其意志服務完全無關；現在他們的意識向他們展現的世界需要他們更多的去探究和考察，而不是投身於世事的忙碌俗務。如果意識的程度也就是**真實**的程度，那麼，當

我們形容這一類人是「至為真實的人」時，這種表達就有其深意。

在此描述的極端之間和其中的級別，每個人都可以找到自己的位置。

334

奧維德的這一詩句：

動物彎曲著腰，面對著大地，*

以其本來的、肉體上的含義雖然只適用於描繪動物，但就其形象和精神上的含義而言，這一詩句卻也不幸地適用於絕大多數人。他們的感覺、思維和努力完全地投入到爭取身體的快意、舒適中去，或者也投放到個人的興趣中去，其範圍雖然經常包括多個方面，但這些興趣歸根結柢也只是因為與他們全力謀求的上述東西扯上了關聯才變得重要，也不會超出這些關聯之外。這些人的生活方式、他們的談話不僅可以證明我所說的話，甚至他們的眼神、模樣及其表情、走路的姿勢和說話的手勢動作都可以表明我說的是事實。他們身上的一切都在呼喊著：「彎腰向著地面吧！」所以，奧維德緊接著的第2行詩句：

他唯獨給了人類一副莊嚴、崇高的表情，
並且要求他們以喜悅的眼神眺望天空中的星辰。

這並不適用描繪這些人，而唯獨適用於形容那些更高貴、更具稟賦的人，那些思考和真正審視自身周圍的人。但這些人卻只占人類中的少數而已。

---

* 參見《變形記》，I，84。——譯者注

[651]

335

為什麼德文裡「gemein」*是表達蔑視的字詞,而「ungemein」**卻表達了讚嘆?為何一切一般、普遍的東西都招人蔑視呢?

gemein 一詞的原意是為所有人,亦即為整個物種所獨有、所共有的東西,因此,也就是與整個物種有關的東西。所以,那些除了具備人類這一物種所普遍共有的素質以外,就再別無其他的人,就是一個**庸俗的人**。「平凡的人」(gewöhnlicher Mensch)則表達得比較溫和,更常用於描繪人所具有的智力素質;而庸俗的人則涉及人的道德素質。

的確,一個人如果與自己物種的千百萬人並無不同,那他又能有什麼價值?千百萬人?更準確地說,是數不勝數、永無窮盡的人——大自然從其取之不盡、用之不竭的源泉裡不斷地噴湧而出,直至永遠,其慷慨一如打鐵匠打出飛濺的火花。

很明顯,這一說法是對的:一個人如果除了具備自己物種的素質以外就再沒有其他的素質,那麼,他除了擁有這一物種的生存以外,沒有權利要求享有別樣的生存。

我不止一次地探討過這一點(例如:《倫理學的兩個基本問題》,第 48 頁;第 2 版,第 50 頁;《作為意志和表象的世界》,第 1 卷,第 338 頁;第 3 版,第 353 頁):動物只有物種的性格,唯獨人才得到了真正的個體性格。但是,在大多數人的身上幾乎沒有真正屬於個人的東西:他們幾乎完全可以被納入生物分類中的綱。「這些都是樣品」。他們的所思、所欲正如他們的面相一樣,是他們所屬的整個物種,頂多是他們所隸屬的綱的所思、所欲。也正因為這樣,他們庸俗、渺小,並以

---

* 原意是**普遍**、**共同**、**一般**,引申的意思則是**庸俗**、**粗野**、**可鄙**、**惡毒**。——譯者注

** 原意是脫俗、不同凡響、與眾不同——譯者注

龐大的數目生存著。我們通常都可以相當準確地預見到他們將要說出的話和做出的事。他們沒有獨特的印記，就像工廠大批生產的產品一樣。

他們的存在難道不應該就像他們的真正本性那樣，融進物種的存在中去嗎？庸俗這一詛咒把這些人在這一方面拉近了與動物的距離：即只給予了這些人物種的本性和存在。

但不言自明，一切崇高、偉大、高貴的事物，其本質已決定了它們 [652]
只能孤獨地存在於這樣一個世界：在這裡，要描繪卑劣、下流和無恥，再沒有比那意指一般都存在的東西的「gemein」（平庸、庸俗）一詞更好的詞語了。

336

意志作為自在之物，是構成一切生物的共同材料，是事物的普遍元素。所以，意志是我們與所有人，甚至與動物和其他更低級的存在形態都共有的東西。因此，在意志方面，我們和萬物是一樣的，因為都充滿著意志。相較之下，一種生物賴以優越於另一種生物，一個人賴以優越於另一個人的卻是認識力。所以，我們要表現出來的，應該盡可能地侷限在認識力方面，只有認識力才可以顯現出來。這是因為**意志**作為我們共有的東西，就正是所謂**俗**的東西。據此，意志的每一次激烈顯現都是「俗」，亦即使我們降格為只是物種的一個標本、範例而已，因為正是在這個時候我們只顯示出物種的特徵。因此，所有的憤怒都是俗；所有的縱情狂歡、所有的仇恨和恐懼，一句話，每一種情緒，亦即每一意志的活動，當變得如此強烈，以致在我們的意識裡遠遠地壓倒了認識力，使我們變得更像是一個意志著的生物，而不是一個有認識力的人——在這時候，我們就都是俗。放縱於諸如此類的情緒，那就算是最偉大的認識天才也會變成一個最普通的凡俗之人。而誰要是希望成為超凡脫俗，亦即偉大，那就永遠不能允許意志主導的活動控制其意識，哪怕他受到

[653] 誘惑很想要這樣做，例如：他必須察覺到別人對自己憎恨、仇視的態度，但又能夠不爲所動。確實，沒有比這一跡象更能確切無誤地顯示出一個人的偉大了：對任何傷害性、侮辱性的話語都能夠無動於衷，把這些東西如同其他無數的錯誤一樣，歸之於說話者膚淺的認識力，因此也就只是知道這些東西，但卻不會對此有多少感覺。由此我們也就理解了**格拉西安**所說的話：「沒有什麼比讓別人發現自己畢竟只是一個常人更加地降低自己的身分。」

根據以上所言，我們必須隱藏起自己的意志，猶如我們必須隱藏起自己的生殖器，雖然這兩者都是我們本質的根源。我們應該只讓我們的認識力顯現出來，猶如我們只露出自己的臉。否則，我們就會變得凡俗。

甚至在戲劇當中——而戲劇的主題理應就是激情和情緒——意志的表現也會輕易變得俗不可耐，這點尤其見之於法國的悲劇作品。那些悲劇作者除了描繪激情就再沒有更高的目標了。他們時而營造出一種可笑、愚蠢的激情，時而又寫出一些簡短的俏皮、挖苦的話語，目的就是藉助這些幌子以掩蓋其主題的低俗。在看到由著名的拉切爾小姐扮演的蘇格蘭女王瑪麗‧斯圖亞特，對著伊莉莎白女王發脾氣的一幕時，儘管拉切爾小姐的演技很出色，但我還是想起了市場上的女魚販子。由於這樣的表現手法，最後一幕送別也同樣失去了一切令人肅然起敬的成分，亦即真正悲劇性的、法國人沒有半點認識的東西。同一個角色卻由義大利女演員麗斯托利表演得異常出色，因爲義大利人和德國人儘管在其他方面存在著巨大的差異，但對於在藝術中什麼才是**眞摯**、嚴肅和眞實的東西卻有著相同的感覺，因此他們和處處暴露出缺乏這類感情的法國人恰成對照。戲劇中的高貴，亦即脫俗和崇高，首先就是經由認識力——它與意志互相對立——而產生，因爲認識力自由地翱翔在所有意志活動之上，認識力甚至把意志的活動也當作了審視、思考的素材，就正如莎士比亞的戲劇尤其讓我們看到了這一點，特別是《哈姆雷特》一劇。那

麼，如果認識力上升至這樣的高度：領悟到了所有的意志與爭鬥都是虛無的，並因此取消了意志本身，那這一戲劇就是真正悲劇特質的，那也就是真正崇高的，同時也達到了這戲劇的最高目標。

337

[654]

如果智力能夠集中其力度，生活就顯得那樣的短暫、渺小和匆匆即逝，以致生活中沒有什麼事情是值得我們為之感動的，相反，一切都是無足輕重的，甚至快樂、財富和名聲也是如此；甚至無論一個人如何遭受過失敗，他也不會真的在這方面失去很多。但如果智力是鬆弛無力的，那生活看上去就是如此漫長和重要，一切都馬虎不得，都是如此困難，以致我們因此全身心投入其中，以分享那些好處，確保占有從搏鬥中獲得的戰利品和實施我們的計畫。這後一種對生活的看法是形下的，亦即格拉西安所說的「對生活太過認真」。而前一種觀點卻是超驗和形上的，對此奧維德的「一切並不那麼重要」*是不錯的表達。但柏拉圖的這一句話把這種觀點表達得更好：「沒有什麼人、事值得我們為其如此煩心。」

第 1 種感覺的產生是因為在意識中，**認知**取得了優勢；然後，認知被解放了，不再純粹只是為**意志**服務，而是去客觀理解生活的現象；現在，認知也就不可避免地看清楚了一切都是徒勞和虛無的。而在持第 2 種感覺的人那裡，**意志**占據了優勢，認知存在的目的純粹是為意志照明目標和通往這一目標的途徑。一個人的偉大抑或渺小，全在於上述哪一種人生觀點在意識裡取得優勢。

---

* 參見《變形記》。——譯者注

338

每個人都會把自己視野的盡頭當作世界的盡頭,這一錯覺在思想智力方面而言是無法避免的,一如在肉眼方面,地平線上的天、地就好像是相連似的。正是部分出於這一原因,每個人都以自己的標準衡量別人,而這樣的標準通常不過是一個裁縫的標準而已,而我們也不得不忍受這些衡量,就正如每個人都把自己的平庸和渺小強加之於我們,而這樣的天方夜譚卻又居然馬上就被人們作為事實接受下來。

339

人們頭腦中的一些概念甚少是清晰和明確的,這些概念也只是徒有其名而標示其存在而已,一旦連這些名稱都沒了,那這些概念就會完全消失了,例如:**智慧**就屬於這一類概念。這一概念在幾乎所有人的腦子裡都是那樣的模糊不清!我們只需看看哲學家對此概念的解釋!

據我看,「**智慧**」標示的不僅是理論上的完善,而且還有實踐中的圓滿。我給予智慧的定義就是:對整體和普遍的事物能有完美和正確的認識,這認識滲透在一個人的渾身上下,甚至在其一舉手、一投足也展現出來,因為這人的行事都受其指引。

340

人們身上一切原初的,因此也就是真正的東西,就像自然力一樣**無意識**地發揮作用。經意識而出的東西,也就因此成了表象和概念;把這樣的表象表現出來也就是某種程度上傳達了此表象。據此,一切真正的和經受得住考驗的性格和精神素質本來都是無意識的;這樣的素質也才留下了深刻的印象給人們。所有有意識做出的事情都是經過了一番補足

和帶有目的的；所以，這類行為已經變成了造作，亦即欺騙。一個人無意識中做出的事情並不費心勞力，但卻是任何費心勞力都無法替代的。觀念和思想的原初構成就屬於這一類事情，這些也是一切真正成就的根基和核心。這就是為什麼與生俱來的才是真正的和令人信服的。任何人想要成就某樣事情，就必須在他所從事這事情的時候——不管這是商業、寫作抑或教育——**在不認識個中規律的情況下遵循著規律。** [656]

341

許多人的生活幸福，確實就是因為他們臉上常常掛著一副愉快的笑容——這使他們贏得了別人的歡心。但我們還是要小心謹慎一點為妙，並從哈姆雷特的不朽名句中認識到：「一個人會微笑著、微笑著捅你一刀。」

342

具有閃亮和偉大素質的人並不介意承認自己身上的缺點和不足，或者讓別人看見這些東西。他們視自己已經償還了這些缺點，或者甚至會認為：這些缺點與其說貶低了他們，還不如說他們為這些缺點爭了光。尤其是如果這些缺點、不足是與他們的偉大素質直接連繫在一起，「作為必不可少的條件」，那就更是這樣的情況。這與已經引用過的喬治‧桑的這一句話不謀而合：「每個人都有自己的美德所帶來的缺點。」

相較之下，某些擁有良好品格和正常頭腦智力的人，卻永遠不會承認自己那些微的缺點和毛病。他們會小心翼翼地把這些東西遮掩起來，對任何關於這些缺點和毛病的暗示都相當敏感。這恰恰是因為這些人的全部優點就在於沒有瑕疵和不足，因此，一旦他們暴露出了某種瑕疵和不足，隨即他們的優點就會打折扣。

343

對於能力平庸的人來說,謙虛只是誠實而已;對於有著非凡才能的人而言,謙虛卻是虛偽。因此,後一種人如果坦然說出自我的感覺,對自己超常能力的意識不加修飾,那這與平庸之人表現出謙虛是同樣良好、溫文的行為。華列日斯・馬斯姆斯在〈論自信〉一章裡提供了這一類做法的相當溫文、有禮的例子。

[657]

344

甚至在被馴服、**接受訓練的能力**方面,人也是優於一切動物的。穆斯林受訓練一天5次面向麥加祈禱,從不間斷。基督徒則受訓在某種特定的場合在自己的胸前畫十字、鞠躬等等。總而言之,宗教的確就是人為訓練的傑作,我的意思是在訓練人的思維方面。所以,眾所周知,在這方面開始做工作永遠不會太早。只要我們在一個人6歲之前,極其嚴肅、反覆不斷地向他說著一樣東西,那麼,沒有什麼明顯荒謬的東西是不可以牢固植入這人的腦袋的,因為訓練人就跟訓練動物一樣,只有盡早開始才會完全成功。

貴族被訓練成唯一只把自己用名譽保證的誓言奉為神聖,認真、死板地篤信騎士榮譽的怪誕規則,甚至在必要的時候不惜為騎士榮譽而赴死,把國王真的視為某種更高級的生物。我們出於禮貌說出的客套話,尤其是對女士畢恭畢敬、細心周到的行為,都是人為訓練的結果。我們對於出身、地位、頭銜所懷有的尊崇也出自同樣的原因。我們對別人針對我們的某些話語不一樣的生氣程度也是同樣如此:英國人被訓練成把別人責備他們不是紳士的話視為極大的侮辱,如果被別人指為說謊者,那就更不得了了;法國人不能原諒別人說他是「懦夫」;德國人則覺得罵人「愚蠢」的行為,簡直就是十惡不赦的大罪等等。許多人被訓練成

能夠在某一方面始終不渝地信守誠實，但在其他各個方面的表現卻不值一提。所以，不少人不會偷錢，卻會隨手拿走可以直接享用的東西。很多商人在欺騙別人的時候可謂不擇手段，但肯定不會做出偷竊財物的事情。

344（補充）

[658]

醫生在看人的時候，看到的是這人的身體毛病；法學家則只盯著人們的劣性；而神學家則會留意世人的愚蠢。

345

我的頭腦裡面有著一個對立的反對派：它對我所做過的或者決定了的一切事情——哪怕已是經過了深思熟慮——在事後都會與我爭論，但卻又並不總是對的。這只是人的檢驗心理的一種核實和糾錯方式，但卻是經常對我發出一些莫須有的指責。我懷疑很多人也有同樣的情況，因爲誰又不需對自己說：

你以自己的能力做了什麼樣的事情，
而又對當初的嘗試和最後的成功無怨無悔？*

346

如果一個人的**頭腦觀照活動**足夠活躍，不需每次在感官受到刺激以後才可以開始其直觀活動，那這個人就具備了很強的**想像力**。

---

* 參見尤維納利斯的詩句。——譯者注

與此相應，對外在的觀照越少經由感官所引導和提供材料，那我們的想像力就越活躍。孤單一人長時間地待在囚室或者病房裡，寂靜、昏暗、朦朧，都會增有助想像力的活動；想像力在諸如此類的影響下，會自動開始活動起來。反過來，當我們的觀照從外在獲得許多現實素材，例如：在旅行中，在熙熙攘攘的人群裡，或者在光天化日之下，我們的想像力就會停止工作，甚至在需要的時候，也仍然無法活動起來：想像力知道現在並不是適合它的時間。

不過，想像力要有所成果的話，就必須從外部世界獲得許多材料，因爲只有這些材料才可以填充它的貯藏室。想像就跟身體一樣，都需要接受食物：當身體從外在獲得了許多它要消化的食物的時候，它是最沒有能力進行任何工作的，身體想要得到休息。不過，正是有賴於這些食物，身體在以後適當的時候才可以展現出所有的力量。

347

人們的**意見**、**看法**遵循著物體擺動的規則：如果擺過了重心的一邊，那就必須在這之後走回另一邊的同等距離。那些意見和看法只能隨著時間才可以找到並停止在眞正的靜止點上。

348

正如在空間，距離增大會使所有的一切收縮從而變小，其缺點和不足也就因此消失不見了，所以，在凸面鏡或者暗箱裡面，一切都顯得比在現實中的漂亮；同樣，在時間上，過去也發揮著類似的作用：逝去已久的事情或者景象，連帶其中的人物，在我們的記憶中顯得特別令人愉快，因爲記憶把無關緊要的和讓人不快的東西都清除掉了。此時此刻因爲沒有這一優勢，所以它在我們的眼中總是充滿著缺陷不足。

正如在空間裡，接近我們的細小東西會顯得比較大，當距離非常接近的話，那這些小東西就會占據我們的整個視線範圍；但一旦我們與這些東西拉開了一段距離，那它們就會顯得細小和不起眼了——同樣，在時間上，在我們日常生活中的瑣碎小事、煩惱、不幸，只要它們是在現時和在我們身邊發生，就會顯得是大事、重要的事，並相應刺激起我們的情緒、憂慮、懊惱和激情。但一旦永不疲倦的時間長河把這些事情只是帶走了一段距離，它們就會變得毫無意義，不值一提，並且很快就被忘掉了，因為這些事情大小與否全在於它們與我們距離的遠近。

349

因為**歡樂**和**悲傷**並不是頭腦中的概念和表象，而是意志的影響，所以它們不會停留在記憶的範圍；我們也無法回想起那些的意志影響**本身**，那也就是說，我們不能重溫它們，而只能回想起當時與那些相伴的**表象**，特別是在當時由歡樂或者悲傷情緒所引發的看法和表示，以透過這些來測量當時的那些情緒。所以，我們對歡樂和悲傷的回憶總是有欠完美；在事過境遷以後，我們也就淡漠了。這就是為什麼我們有時候要去重溫過去的快意或者苦痛時，都總是無功而返，因為這兩者的真實本質存在於意志，而意志就其自身而言，是沒有記憶的。記憶是智力的一種功能，而智力就其本質而言，只是提供和保留純粹的表象而已，但這些不是我們現在討論的主題。奇怪的是，到了糟糕的日子，我們都能生動地回想起過去的幸福時光；但在美好的日子裡，我們對糟糕的時候卻只有相當不完美和冷冰冰的回憶。

[660]

350

對於我們的**記憶**，我們擔心的是學過的內容紛亂和相互混淆，而不

是記得太多而導致記憶超出負荷。記憶力不會因為所學過的東西而有所削弱，就好比沙子不會因為已經堆砌了不同的形狀而失去塑造新形狀的能力。在這種意義上說，記憶是深不可測的。不過，一個人的知識越豐富多樣，那麼，要馬上找出不時之需則需時更多，因為記憶就像是一個商店老闆：他必須從一間很大的、擺滿五花八門貨品的商店找出他所需要的物品；或者實在地說，因為一個人必須從多條可能的聯想中回憶起唯獨一條，而這一條聯想由於之前的學習和練習引向他想回憶起來的東西。這是因為記憶不是一個用於儲蓄東西的容器，而只是使精神力得以發揮的一種本領，所以，頭腦始終只是在可能中，而非在實在中擁有其

[661] 全部知識。關於這一話題，我推薦讀者閱讀我的《論充足理由律的四重根》第2版第45節。

350（補充）

有時候，我回憶不起來某一個外語詞、一個名字，或者某一個技術用語，雖然我很熟悉它們。在用心想了一段或長或短的時間但又徒勞無功以後，我就完全放棄回想了。然後，往往在一、兩個小時之內，在少數情況下要遲一點，但有時得過了4到6個星期以後，當我正想著完全不同的事情時，那要找的詞就突然出現了，就好像是有人在我耳邊悄聲告訴了我這一個詞似的（所以，一個不錯的做法就是臨時用一個記憶符號把需要找的字詞記錄下來，直到它重新出現在我們的記憶中為止）。多年來我經常觀察這一奇特現象並為之驚嘆，我現得到了下面這一可能的解釋。在經過一番艱難而又沒有結果的搜索以後，我的意志保留著要找到這一詞語的意願，並因此委派智力進行監察。這樣，稍後在我的思路、聯想中，一旦某個與我要找的詞具有相同開頭字母或有著幾分相似的詞偶爾出現，那監察者就會撲向前去，把它補足成我要找的詞；這個詞也就這樣終於被揪住，並被作為戰利品突如其來地拖至我的面前。但

對這個詞是如何和在哪裡被逮住的，我卻全不知情。這就是為什麼它的出現就好像有人在我耳裡悄聲說了出來一樣。這情形就類似一個小孩無法說出學過的一個單字時，老師最後只能提示單字的第1個或者第2個字母，而小孩也就終於想起這個字了。如果無法得到這種提示，那最終就只能逐一按字母表順序尋找這一單字了。

直觀的形象比純粹只是概念更能牢固地留在我們的記憶中。所以，那些有想像天賦的人比常人更容易學到語言，因為他們把所學的詞語馬上與相對應的事物的直觀形象連繫起來，而其他人則只是把所學的詞語與自己語言中的字詞連繫起來。 [662]

凡是我們想留在記憶裡的東西，我們都應盡可能地把它們還原為某一直觀形象，不管這直觀形象是直接的，抑或只是例子、明喻、類比或者其他別的東西，因為我們的記憶能更牢固地記住一切直觀、形象的東西，而不是只在抽象思考中的東西或者只是純粹的字詞。這就是為什麼我們經歷過的事情比起我們閱讀過的事情更容易留在我們的記憶裡。

記憶法（或**記憶術**，mnemonik）不僅僅只是考慮如何運用技巧把直接的記憶透過俏皮話或者警語轉化為間接的記憶；記憶法更應該是屬於這樣一門研究記憶的系統理論：這門理論闡述和解釋記憶的特點，並且從記憶的本質推論出這些特點，然後再彼此互相推論。

351

我們只是不時地學到一些東西，但卻是整天都在忘記。

在這一方面，我們的記憶就像一個篩子：隨著時間的流逝和長久地使用，篩子只能留住越來越少的東西。也就是說，我們的年紀越老，那麼，我們現在仍交付的記憶的東西就流失得越快，而在早年就已存留在記憶裡面的東西則仍然保留著。所以，一個老人記憶中的往事距離現在

越遙遠就記得越清晰；而越接近現在記憶中的事情就越發不清楚了。[2]這樣，一個老人的記憶也就像他的眼睛一樣，變得只能看清遠距離的東西。

352

在生活中的某些時候，在沒有什麼特別外在原因的情況下，更準確地說應該是經由那發自內在的，只能從生理方面做出解釋的敏感性加強，我們對周圍環境和當下瞬間的感官把握能達到某一少有的、更高一級的清晰度；這樣的時刻就以此方式永遠印記在記憶當中，並連帶其全部個體性保存在記憶裡。而我們卻不知道為何從那成千上萬相似的時刻當中，偏偏選上這些。更準確地說，這都是相當的偶然，就像保存在岩石層裡面的一些已經絕跡了的動物的個別樣品，或者就像被人們無意中夾在一本書裡面的昆蟲。但這一類記憶卻又總是愉快的。*

353

有時候，逝去已久的一幕往事似乎在沒有明顯原因的情況下突然栩栩如生地出現在我們的回憶裡。這在很多情況下有可能是因為我們嗅到一縷淡淡的，還沒有進入我們的清晰意識的氣味，情形就跟當年我們嗅

---

[2] 另一個版本：我們的記憶就像這樣一個篩子：開始的時候孔洞是小的，只讓細小的東西穿過，但孔洞卻變得越來越大，到最後是如此之大，以致扔進去的東西幾乎都溜走了。

* 後來的版本增加了一段內容。內容是：往昔生活中的許多情景和事件，在我們的記憶中顯得多麼的美好和充滿意義，雖然那時候我們不曾珍惜就讓其溜走了！不過，不管我們是否珍惜，所有這些還是要消逝的；它們恰似一塊塊的鑲嵌磚，共同組合成了我們生活經歷的記憶圖案。——譯者注

到了這一氣味一樣。這是因爲氣味尤其容易勾起人們的回憶——這已是廣爲人知的，而頭腦中的聯想就只需要些微的驅動而已。隨便一提，眼睛是理解力的官能（《論充足理由律的四重根》，第21節）；耳朵則是理性的官能（同上書，第301節）；而嗅覺，正如我們在這裡所看到的，則是記憶的官能。觸覺和味覺是現實的，與接觸緊密相連，並沒有理念性的一面。

354

記憶的一個獨特之處就是輕微的醉意經常會大爲增強對往昔時光、情景的回憶，以致比在清醒的時候更完美地回想起當時的個中情形。相較之下，對我們在有輕微醉意的時候所說的話、所做的事的回憶，卻比我們清醒時更差。事實上，如果我們眞的醉了，那在事後是沒有回憶的。輕微的醉意有助於我們的回憶力，但提供給記憶力的素材卻很少。

355

[664]

神志不清歪曲了直觀，瘋狂則扭曲了思想。

356

在所有的思維活動中，最低的一級是算術——這一點可由此得到證明：算術是唯一可以用機器來進行的思維活動，就正如現在在英國，爲了方便人們已廣泛使用了計算機。對有限數和無限數的分析歸根結柢也就是算術運算，我們應據此評估「數學的深奧思想」——對這樣的說法，利希騰貝格是這樣取笑的：「那些所謂的專業數學家，全憑世人的

幼稚賺取了思想深刻的美譽；這種情形與神學家自認為就是聖潔的頗為相似。」*

357

一般來說，具有偉大才能的人與智力很低的人更容易相處，這是與平常人相比較而言的。基於同樣的道理，暴君與平民，祖父母與孫子女都是天然的盟友。

358

人們需要外在的活動是因為他們沒有內在的活動。一旦人們有了內在的活動，那外在的活動就成了相當不便的，很多時候簡直就是可恨的騷擾和負擔。此時，我們的願望就是閒暇和外在的寧靜。正是人們沒有內在的活動而需要外在活動，才可以解釋為何那些無所事事的人會坐立不安，並對旅行有著盲目的狂熱。驅使他們穿梭往來於國與國之間的正是他們的無聊，而在家的時候，這無聊就把他們驅趕在一起——看到那種情形就讓人忍不住要笑。證實我這所說為實的一個絕妙例子，是一個我不認識的 50 來歲男子提供的。他告訴我在兩年間他遊玩過的邊遠和陌生的國家和地區。聽到我說他必定承受了不少不便、吃了不少苦頭和經歷了不少危險時，他馬上和直截了當地在省略三段論的前提下給了一個異常天真的回答：「我可一刻都沒感覺到無聊。」

[665]

---

* 參見《雜作》，I，198。——譯者注

359

我對人們獨處就會感到無聊煩悶並不奇怪：他們單獨一人的時候是不會笑的，甚至覺得這樣做是怪誕的事情。那發笑是否就大概只是給予他人的一個信號，一個符號，就像文字一樣？欠缺想像，也欠缺活潑的思想（就像西奧弗拉特斯的《論性格》第 27 章所說的「精神呆滯、麻木」）就是人們不會在單獨時發笑的主要原因。動物則無論單獨還是聚在一起時都是不會笑的」。

厭惡人類的邁森有一次在單獨一人的時候笑了起來，並且被一個類似上述的人看見了。人家就問他爲何笑呢，因爲他是一個人呀？「這正是我發笑的原因」，邁森回答說。

360

一個有著麻木、遲鈍氣質的笨蛋，如果是爽朗活潑氣質的話，那他就成了一個小丑式的傻瓜。

361

不上劇院看戲就像穿衣打扮化妝不照鏡子，但不徵求朋友的意見就做出決定則更糟糕——因爲一個人可以對各種事情都有中肯、準確的判斷，但偏偏對自己個人的事情不是這樣，因爲在此，意志馬上就會擾亂了智力的判斷。這就是爲什麼我們應該徵求別人的意見，這與醫生可以醫治別人，但偏偏醫治不了自己，而要找一個同行診治是一樣的道理。

361（補充）

我們日常的自然而然的**手勢動作**，例如：在熱烈的交談中伴隨出現的手勢動作，是一種獨特的語言，甚至是比字詞普遍得多的一種語言（只要這些手勢動作是獨立於詞語，在各國都是一樣的），雖然各個民族都是根據其活潑性而運用手勢。某些民族例如義大利，他們的手勢語言還多了某些純粹是他們民族約定俗成的手勢，這樣的一些手勢因此也只能適用於當地。手勢動作的普遍性類似於邏輯和語法所具有的普遍性，因為手勢動作表達的是談話中屬於形式的部分，而不是談話中的內容。不過，手勢動作卻有別於邏輯和語法，因為它不僅與智力有關，而且它還和道德，亦即意志的波動有關。據此，手勢伴隨著講話就猶如準確跟進的基本低音伴隨著旋律，並且就像這低音一樣，手勢動作加強了這些話語的效果。最有意思的莫過於儘管談話中的**素材**，亦即具體內容和每次談論的事情千差萬別，但當談話的**形式**部分是相同時，那麼人們每次採用的手勢動作是完全一致的。因此，當我從窗口看到兩個人在熱烈地交談，但又聽不到他們所說的哪怕是一個字的時候，我卻可以明白他們談話中泛泛的，亦即純粹形式的和典型的含義，因為我確鑿無誤地看到說話的人現正在辯論，提出他的根據，然後界定這些根據，然後強調它們，最後以勝利者的姿態得出他的結論；或者看到他講述所遭受的一件不公，形象地向我們訴說對手的愚蠢、麻木不仁和難以對付；或者他得意揚揚地告訴別人他如何制定了一個絕妙的計畫並付諸行動，最後又如何終於取得了成功；或者哀嘆因為遭受了厄運，以至於計畫功虧一簣；再就是，他承認目前處於一籌莫展的困境；或者根據他的敘述，他如何及時識破了對手的用心和手腕，透過行使自己的正當權利，或者動用武力，挫敗了對手的陰謀和懲罰了玩弄這一陰謀詭計的人等等，等等。不過，單純的手勢動作能夠告訴我的，說到底就是整段談話在抽象中的道德或者智力方面的關鍵內容，那也就是這談話的精髓部分，真正

實質性的內容。儘管個別的談話是在不同的場合進行，交談的事情因而又是多種多樣、千差萬別，但這些東西卻都是一樣的，與話語內容的關係，就猶如概念之於被這概念所含括的個體事物。正如我已經說過的，這至為有趣的一點就是甚至脾氣差異極大的人，在表達相同的境遇時，運用的手勢動作卻是完全一樣和固定不變的，這跟每個人嘴裡都說著一種語言裡面的相同詞語完全是同樣的道理。但是，正如每個人所選用的詞語會因為受過不同的教育和發音不同而稍微有所不同，同樣，手勢動作也會因人而異呈現些微的差別。至於現存的為眾人所遵循的手勢形式，確實並不是以約定俗成為基礎的，而是原初和自然而然的，是一種真正的大自然的語言，雖然這可以經由模仿和習慣而被固定起來。我們都知道：演員和大眾演說家都必須認真研究手勢動作，後者的研究範圍則稍微狹隘一點。而這主要就是觀察和模仿，因為手勢語言不可以化為一些抽象的規則，除了一些比較泛泛的主導原則以外，例如：手勢動作不能出現在話語之後，而必須恰好走在話語之前——它宣告話語的到來，並以此引起人們的注意。

英國人對手勢語言有一種特有的蔑視，視其為粗俗的和有失身分的。據我看來，這只不過是拘謹的英國人一個幼稚的偏見而已。我們在這裡談論的是大自然給予我們每一個人，而我們又都能明白的一種語言，所以，純粹出於對眾人稱讚的紳士風度的喜愛而摒棄手勢語言，把它視為禁忌，這種做法是否妥當，令人懷疑。

[668]

第 27 章　論女人

362

在我看來，與**席勒**那字斟句酌、對仗工整的〈女性的價值〉一詩相比，**約伊**的這寥寥數語，卻更道出了對女性的真實讚譽：「如果沒有了女人，那我們在人生的開始就失去了安全；在人生的中期就失去了快感；在人生的結尾就失去了安慰。」**拜倫**以更感傷的筆觸，在《沙爾丹那帕勒之死》第 1 幕第 2 景中寫道：

人生之初，始於女人的懷中；

你最初的稚語，從她的嘴裡學習；

你最初的眼淚，她為你抹去；

而當隨從們厭倦了侍候，

那曾經引領著他們的人，

他臨終的嘆息，則經常是訴予一個女人的耳裡。

上述兩位作者都表達了對女人價值的準確看法。

363

只要看看女人的形體就可知道：這樣的形體並非為了要成就一番偉大的事情而設計——無論在精神思想還是在身體力氣方面。女人償還其生命的罪責，其方式不是做事和有所成就，而是受苦，是生產孩子的痛楚、照料孩子的憂心、還有就是對丈夫的服從。對她的丈夫，女人應

該是個耐心的、讓人愉快的伴侶。最強烈的痛苦快樂以及力量展現，與女性無緣。女人的一生與男人的一生相比較，過得更加的平靜、更加的沒有意義和更加的悄無聲息；從根本上不會更加的幸福，也不會更加的不幸。

364

[669]　女人很適合當我們孩提時的保姆和幼師之類，正正因為她們本身就是幼稚的、可笑的和短視的，一句話，女人的整個一生就是個大孩子而已，也就是說，處於小孩與男人之間的階段。而成年男人則是真正的人。我們只需看看：女孩可以與小孩嬉鬧、跳舞、唱歌玩上一整天，然後再想想：如果換上是個男子，那這男子又會是何種樣子——哪怕這男子本著最大的善意勉力而為！

365

對於年輕女孩們，大自然特意讓她們擁有某種類似於戲劇學意義上的「瞬間一現」的舞臺效果，因為大自然在短短的幾年間賦予她們豐富的嫵媚、豐滿和美麗——雖然她們必須在餘生為此付出代價。這樣，她們也就可以在那幾年裡，盡量地吸引住男人的想像，讓男人們神魂顛倒，身不由己地把照顧她們餘生的煩心事誠實正直地接受下來。要讓男人們走到這一步，單憑純粹的理智思考來看是難以提供足夠的保證。因此，大自然就以對待其所有作品的同樣方式，為女人們配備了她們所需的武器和手段以確保其生存，並且在她們最需要這些武器裝備的時候。大自然在這方面的行事是一貫吝嗇的。正如雌螞蟻在交配以後就會失去其翅膀——因為翅膀從此以後就成了多餘的，翅膀對於孵化幼蟻來說甚至是危險的——同樣，女人在生產了一胎或兩胎以後，一般就會失去其

美麗。這大概是出於同一個原因。

　　與此相吻合，年輕女孩們在心裡都把家務或者職業、事業視爲次等重要的事情，甚至當成只是娛樂，因爲她們把愛情，把征服男人視爲唯一認眞的事情。與此認眞的事情相關的，還有穿衣、打扮、跳舞等等。

366

　　一樣東西越高貴越完美，那它就越遲越慢達致成熟。男人很少在28歲以前就在理智和精神力方面達到成熟；而女人則在18歲就成熟了。但女人的理性卻因此捉襟見肘。所以，女性終其一生都是個孩子，總是只看到距離最近的東西，糾纏著此時此刻，把事物的表面現象視爲事物本身，著重渺小的瑣事而忽略了最重要的大事。也就是說，由於有了理性，我們並不像動物一樣僅僅只是活在現在，而是也遙想過去，籌謀未來。由此，就有了人的遠慮、籌畫和不時的憂心。所有這些所帶來的不論是好處還是壞處，女人都因其理性薄弱而不曾承受了多少。女人更是個思想上的短視者，因爲她們那直覺性的理解力讓她們銳利地看到了近在眼前的事物，但那些遠處的東西，卻不會進入她們狹隘的視野。因此，所有不在眼前的、所有過去的和將來的東西，對女人所發揮的作用都遠遠弱於對男性。正因爲這樣，才會產生了女人所更常有的，有時候幾近某種瘋狂的奢侈傾向。女人們從心裡認爲：男人的使命就是賺錢，而她們則是花錢。盡可能的話，在男人生前她們就是這樣做的；在男人死後就更是這樣了。男人把賺來的錢交給她們以維持家用，就已經讓她們更堅信這一點了。所有這些雖然爲女人帶來了諸多不利，但卻也爲她們帶來了這一好處：那就是女性比我們男性更多地活在當下此刻。因此，只要當下此刻還可以忍受的話，那女性就會比男性更好地享受生活。女性所特有的那種開朗也就由此而來。這一女性的特質，使她們很適合提升男性的心情，並且在需要的時候，能給飽受憂患的男性慰藉。

[670]

在困境之中或在處理棘手事情時，徵求一下女人的意見，就像古日爾曼人所做的那樣，並不就是不可取的，因為女人對事情的理解方式與我們完全不同；她們的看法甚至別具一格，因為女人喜歡走最捷的途徑以達到目的。總而言之，女人的眼睛只看到距離最近的東西。而男人則正因為這些東西近在眼前，所以眼光通常就會越過這些東西而盯在了遠處。這樣的話，就有必要讓男人收回眼光以看清楚近在眼前的和簡單的事情。還有就是，因為女人絕對比我們更實際和實事求是，所以，女人眼中所看到的也就是實際的情形，而不會更多。但男人在激情被刺激起來之際，輕易就放大眼前所見，或者添加想像出來的東西。

出於同樣的原因，我們可以推論：與男人相比，女人對不幸的人或事，懷有更多的同情心和因此有著更多的關愛和感同身受。但在正義、公正、良心方面，女人卻遜色於男人。這是因為女人的理性比較薄弱，所以，現在的、直觀可見的和直接的現實之物，對女性的影響是強而有力的。對此，那些抽象的概念、既定的準則、下定了的決心，那對過去和未來，以及對不在眼前的，還很遙遠事情的考慮，很少能夠足以抗衡。所以，女人所具備的美德，就是排第 1 位的美德，亦即「仁愛」；但對於排在第 2 位的美德，對於「仁愛」通常是必不可少的工具，亦即對於「公正」，她們卻是欠缺的。在這方面，我們可以把女人比作這樣一種生物體：雖然具備了肝臟，但卻沒有膽囊。我建議讀者閱讀我的《論道德的基礎》第 17 節。所以，我們可以發現：女人性格中的根本弱點就是欠缺公正。這一弱點首要是出自上述的欠缺理性和反省；然後，這一缺點也由於以下這一原因而得到了加強：女人，作為弱者，其自然本性決定了她們並沒有力量可倚，而只能運用狡詐，所以，女人有著本能的狡猾和那無法根除的說謊傾向。這是因為，正如大自然為獅子配備了利爪和尖齒，大象配備了長牙，野豬配備了獠牙，公牛配備了尖角，烏賊則能噴墨把水攪混，同樣，大自然為女人配備了作假的本領以自我保護。大自然雖然賦予了男性身體力量和理性，但也同時以同樣的

力度給予了女人作假的天賦。所以，作假、偽裝之於女性是與生俱來 [672]
的。也正因此，女人幾乎是不論賢愚，都特有這一本領。因此，一有機
會就發揮這一所長，對她們來說就是最自然不過的，這就好比動物在生
命受到威脅時，馬上就會動用其武器一樣。女性們把運用狡詐，在某種
程度上視為行使自己的正當權力呢。所以，一個完全真實、不帶偽裝的
女人，也許是不可能的。也正因此，女人很容易就能看穿別人的偽裝，
所以，對女人用這些招數並不可取。從上述女人的根本弱點及其附帶素
質，產生出了虛偽、無信、忘恩、負義等等。女人更經常地作偽證。是
否可以讓她們出庭宣誓作證，是值得提出疑問的。不管在何處，都不時
地發生這樣的事情：有錢的貴婦人，其實什麼都不缺，但卻在商店裡悄
悄夾帶、偷竊某樣物品。

367

年輕、強壯和俊美的男子，其天然的使命就是完成人類繁殖的任
務，目的就是人類種族不至於退化。這其中就是大自然的堅強意志，而
這些男子對女人的激情，就是此意志的表達。在男子們年富力強的時
候，這一法則是優先於所有其他法則的。因此，如果有哪些人把權利和
利益什麼的置於這一法則之前，那這些人可就倒楣了，因為不管這些人
說些什麼和做些什麼，一有機會，什麼權利啊利益的，都會被無情地粉
碎。這是因為女人那祕密的、不曾說出口的，並且的確是不曾意識到
的，但卻是與生俱來的道德，就是：「有人誤以為勉強照顧了我們這些
個體的生活，就因此擁有了對種族的權利。我們欺騙這些人是有著正當
理由的。種族的構成和福祉，交到了我們的手裡，由我們小心掌握，因
為下一代是經由我們生產。我們要認真地行使這一權利。」但女人們完
全不是在抽象中，而是在具體中意識到這一最高的基本法則，並且對此 [673]
法則的表達，不外就是在機會來臨的時候，女人們所表現出來的行為。

在此，她們的良心不安並不如我們所想的那種程度，因為在女人的內心最黑暗深處，她們意識到對某一個體的不守信用，只是為了更好地履行對種族的責任而已，而種族的權利則比個體的要大得多。對此更詳細的討論，參見《作為意志和表象的世界》第 2 卷第 44 章〈論性愛〉。

因為從根本上，女人們只是完全為了繁殖後代而存在，她們的任務就是如此，所以，女人們無一例外地活在種族，而不是活在個體之中：女人對種族的事情比對個體的事情更上心。這讓女人的整個本質和活動都帶有某種輕率、膚淺和魯莽的特性，以及某種與男性從根本上不一樣的方向。而婚姻當中那男女間已是習以為常的分歧和矛盾，也就由此產生。

368

男人與男人之間，天生的只是漠然；但女人與女人之間，天生就已經是敵意。這無疑是因為「同行如敵國」的緣故。在男人之間，這種「同行」競爭就侷限在他們各自的行業；但女人與女人之間這種「同行」競爭，卻包括了全部的女性——因為所有的女性也就僅有一種職業而已。兩個女人在大街上一相遇，就已經有了相煎的態勢。同樣，兩個女人在初次認識的時候，與兩個男性在同樣情形下相比，彼此間明顯表現出更多不自然，更多硬做出來的、虛假的舉止。因此，兩個女人之間的相互恭維和讚揚與兩個男性間相比，顯得更加的可笑。更有甚者，一個男的，就算是對比他地位低很多的人說話，一般都總是帶有某種程度的體諒和人性。相較之下，一個貴婦人對地位更低（但並非其下人）的人打交道時，所慣常的頤指氣使、趾高氣揚，卻讓人難以容忍。這應該是因為對女人來說等級和地位的差別，比起我們男人來更加的不穩定；並且會更容易和更快地改變和失去。對我們男人來說，有很多東西可供放進天平裡；但對女人而言，則只有一樣東西具有決定性的分量，那就是她們取悅的是哪一個男人。也正因此，由於她們職業的單一性，女人們

彼此的距離會比男人更接近。所以，她們會特別強調地位之間的差別。

369

把身材發育低矮、肩膀狹窄、腿部短小的女性稱為美麗，那就只有已被性慾蒙蔽了頭腦的男人才會做得出來；也就是說，女性的全部美麗全都是因為男人的性慾。其實，我們更有理由稱女性為**沒有美感**。不管音樂還是詩歌，還是造型藝術，女性都不會真正地理解，也不會有真切地感應；如果她們裝出一副了解和欣賞的樣子的話，那只是純粹為了要取悅他人而裝模作樣。所以，她們沒有能力對任何事情懷有**純粹客觀的興趣**。我認為個中原因如下。男性對一切事物都想直接控制，其手段要麼是透過明白這些事物，要麼是透過制服它們。但女性卻總是身不由己地去爭取純粹只是間接的控制，也就是說，只是透過男性來獲得這一控制，因為只有男性才對事物有一直接的控制。所以，對女性的本性來說，一切都只是手段而已——都只是贏取男人的手段。女人對所有其他事物的興趣，永遠只是假裝出來的，只是一種迂迴而已，亦即都是流於賣弄風情和附庸風雅。因此，**盧梭**早已說過：「女性總體而言並不喜愛任何藝術，不了解任何藝術，也沒有任何這方面的天才。」（致達朗貝爾的信，注釋20）任何能夠看透表面現象的人，都應該注意到了這一點。我們只需觀察女人們在音樂會、歌劇和戲劇演出時，女人注意的方向和特性，例如：就在臺上念著最偉大的傑作裡最優美的段落時，她們卻是小孩子般無拘無束，嘰嘰喳喳個不停。因此，如果希臘人真的不允許女性觀看戲劇，那他們是做對了；這樣人們起碼在劇場時能聽到點臺詞。當今，應該在「婦女在會中要閉口不言」*之外，再補充「婦女在劇場要閉口不言」這樣一條才合適，或者以後者取代前者，然後把

[675]

---

* 參見《哥林多前書》，14：34。——譯者注

這寫成大字，掛在劇場的布幕之上。我們不能期待女性還能做出什麼別樣的事情，因為我們可以想一想：從來沒有哪一位真正頭腦出色的女性，在美術的領域，創造過一件真正的、原創的、偉大的作品，或者總而言之，從來不曾為這世上帶來某一具有永恆價值的作品。這一點在繪畫方面尤其顯眼，因為繪畫的技法起碼既適合男性也適合女性。因此，女性在繪畫方面也同樣勤奮努力，但女性卻哪怕是一件偉大的繪畫作品都拿不出來。這正正是因為女性缺乏客觀的頭腦，而客觀的頭腦思想在繪畫藝術中可是一個最直接的要求。女性無論何時何地，都是處於主觀之中。與此事實相應，一般的女性對繪畫並沒有真正的感受力，因為「大自然並不會跳躍發展」。同樣，華特在享譽了 3 百年的名著《對天才的考察》一書裡，也否認女性具有任何一種高級的能力。[1]個別和零碎的例外並不會改變總體的情形，但總而言之女性確實是，並且始終是徹頭徹尾和不可救藥的菲利斯丁人，因此，由於得益於那極其荒謬的安排，女性得以分享男性的頭銜和地位，女人就總是驅使男人追逐那些**並不高尚**的野心。更有甚者，由於女性那同樣的自身素質，女人在當今的社交聚會中的把持和定調，也敗壞了現代社會的交往。至於前者，我們應該把拿破崙的這些話奉為規範，「女人是沒有地位的」。此外，**尚福爾**也說得很對：「女人本就是與我們的弱點、我們的愚蠢沆瀣一氣，而不是與我們的理性相呼應。男人與女人之間，只是表面上的同聲相應，甚少有精神上、心靈上和性格上的共鳴。」女人就是第二性（sexus sequior），亦即在每一方面都低劣一些的第二性。因此，對待女性的種種弱點，我們應施予憐憫，但要我們太過尊崇女性，卻是可笑

---

[1] 在這本書的〈前言〉裡（第 6 頁），華特寫道，「女性頭腦裡面的自然構成，決定了女性不會有很高的天才和學問」；還有就是第 382 頁，「只要女性保持其天性，那各種文學和各種知識，對她們的頭腦而言都是討厭的」；在第 397 和 398 頁，「女性（由於其性別的冷和溼）無法做到思想深刻；我們只看到女人們貌似靈活地談論瑣碎、輕鬆的事情」等等。

的，並且會把我們在其心目中降格。大自然在把男女分成各一半的時候，可不是恰恰在他們的中間劃線的。所有的正負極中，正極與負極之間的差別並不只是品質上的，而且同時還是數量上的。古人和東方民族正是這樣看待女人的，並因此更清楚女人所應有的合適位置，而我們則有著那舊法蘭西的騎士風尚，還有對女性的那種荒謬的崇拜——這正是基督教日爾曼人愚蠢的惡果。女人就這樣被寵得更加的傲慢和肆無忌憚。這不時會讓我們想到貝那勒斯的聖猴：那些聖猴意識到享有的神性和不受侵犯以後，就為所欲為了。

西方的女人，尤其是被稱為「貴夫人」的女人，是處於某種名實不副的位置（fausse position），因為被古人名為第二性的女性，一點都不適合成為我們崇拜的尊貴對象，一點都不適合把頭抬得比男人高，得到與男人一樣的權利。女性的這一名實不副所帶來的後果，我們已經看到足夠多了。因此，如果在歐洲，為人類的第二性重新指定其合乎自然的位置，終結那些「貴婦人」一類的胡鬧，那就好了，因為對「貴婦人」一類的胡鬧，不光是整個亞洲，甚至希臘人和羅馬人，都會予以嘲笑。這樣的話，無論在社會的、市民的還是政治的方面，都會帶來無數的好處。撒力法規就會成為多餘不需要的東西了。所謂的歐洲「貴婦人」，是本來就不應該有的東西。我們應該有的是家庭主婦，是想要成為家庭主婦的女孩。因此，這些女性就不至於學會傲慢自大，而是接受培養成為持家有道、謙恭待人的人。正因為在歐洲有著這些**貴婦人**的存在，所以，那些低下階層的女性，亦即女性中的絕大多數，與東方的女性相比，處境更加的不幸。甚至**拜倫**也說了（《湯瑪斯‧莫爾信札》，第 2 卷，第 399 頁）：「想到了在古希臘時期的女人的狀況——那可是相當適宜的；而現在女性的狀況呢，則只是騎士和封建時代野蠻的殘餘，造作、有失自然。女性們應該關注和照料家庭，應該吃得好穿得暖，但不應該混進社交中去。女性們也應該受到好的教育——在宗教方面；但不要閱讀詩歌啊政治的，除了閱讀有關虔誠孝敬和烹飪的書籍以外，不要

[677]

閱讀其他的東西。音樂、繪畫、舞蹈，不時也從事點園藝和耕種。我在伊庇魯斯就看到女人修路修得很好。或者做些翻晒乾草和擠奶工作，也沒問題嘛。」

370

在我們一夫一妻制的歐洲大陸，結婚就意味著削減一半我們的權利和增加一倍的義務。但如果法律同意給予女性那與男性一樣的權利的話，那法律也應該賦予女性那男性的理智功能才是。法律賦予女人越多的權利和榮譽——這些都超出了自然的比例——那就越是減少了本來真正享有這些好處的女性數目；並且在給予那些女性更多權利的同時，卻相應同樣多地剝奪了所有其他女性的自然權利。這是因爲由於一夫一妻婚姻制及與之相關的婚姻法律，違反自然地給予了女性有利的地位，[678] 完全澈底地把女性視爲與男性平起平坐的人，而女人卻又無論在哪一方面都並不如此 [2]——由於這一緣故，那聰明和小心謹慎的男性，在要做出如此大的犧牲，在簽下如此不平等契約之前，就會躊躇再三。* 因此，在一夫多妻制的國家或民族裡，每個女人都找到了保障，但在一夫一妻制的地方，已婚女人的數目是有限的。而無數無依無靠的女人，如果屬於上流階層的話，那就過著沒用的、老處女的煎熬日子。但下層階

---

[2] 歐洲的婚姻法律把女人視爲與男人同等，是出自並不正確的前提。

* 後來的版本增加了注釋。內容是：但數目大得多的男人卻處於無法結婚的境地。每個這樣的男人就製造出一個老處女，而這老處女通常都是沒有得到保障，並且不管怎麼樣，因為沒有完成自己性別的真正使命而或多或少的不快樂。在另一方面，不少男人的妻子，在結婚後很快就患上持續 30 年的慢性病。那這些男人應該怎麼辦呢？還有就是妻子變老了，再就是這男人的確很憎恨他的妻子。所有這些男人在歐洲都不可以再娶第 2 個妻子，並不像在全亞洲和非洲那樣。在這樣的一妻制安排之下，一個健康、強壯的男人要滿足其性慾，就總是……「但這些是太瑣細了，人人都知道。」——譯者

級的女性，卻不得不從事與其身體不相適應的重活，甚至成為妓女，過著既沒有幸福，也沒有尊嚴的生活——但這些妓女，在一夫一妻制的情況下卻是滿足男性需要的必需品，並因此成為被公眾承認的職業，其特有的目的就是保護那些受命運垂青的女孩，亦即保護那些已經找到丈夫或者有希望找到丈夫的女孩，免遭男人的誘姦。僅在倫敦，就有8萬多這樣的女性。這些女性，除了是一夫一妻制的吃大虧者，除了是擺在一夫一妻制祭壇上的活人祭品以外，還能是別的嗎？所有在此提到的那些處境惡劣的女性，就是為那些歐洲貴婦人，連同其自負、傲慢所不可避免地做出的抵償。因此，從女性**整個群體**出發考慮，一夫多妻制其實是一件真正的好事。在另一方面，從理智上看，如果一個人的妻子受著慢性病的折磨，或者他的妻子一直不孕，或者慢慢對於他變得過老了，那我們找不出理由不讓此男人再娶第2個妻子。很多人皈依了摩門教，似乎正是因為摩門教廢除了那有違自然的一夫一妻制。此外，給予女人有違自然的權利，那也就是把有違自然的義務加在了她們身上，而無法履行這些義務，卻讓女人感到不快樂。也就是說，不少男人出於財富或者地位方面的考慮，會認為結婚並非那麼划算——除非這一婚姻連帶著某一非常不錯的條件。這樣的話，這些男人就會希望以另外別的、能夠確保這一女人及其子女有一安穩將來的條件，去獲得他們中意的女人。但哪怕這些條件很公道、很合理和很適當，這一女性也同意放棄了那些不合比例的權利——而這些權利唯獨是婚姻給予她的——但這一女性仍然在某種程度上是不名譽的，並且會鬱鬱寡歡地活下去，因為婚姻是公民社會的基礎，因為人性就是這樣：我們過分看重他人的看法到了完全不合比例的程度。但如果這一女性對上述條件並不做出讓步的話，那她就要麼被迫嫁給她本人並不喜歡嫁的男人，要麼就最終凋謝而成老處女，兩種可能性都有，因為她要得到安置的期限是很短的。有鑑於一夫一妻制的這些方面，**托馬修斯**那很有學識的論文《論妾》，是很值得我們閱讀的，因為人們從這一著作可以看到：不管在哪個開化的民族，不管在

[679]

任何時候，直到路德的改良運動爲止，納妾成爲被允許的制度，並的確是在某種程度上，在法律上獲得承認的，並沒有附帶不名譽成分的制度。路德的改良運動推倒了這一制度，因爲推倒了納妾制，那就是爲教士婚姻尋找正當性的一種手段——在這方面，天主教黨派並不敢落後於他人。

關於**一夫多妻制**，是沒有什麼可**爭論**的：一夫多妻制應被視爲到處都存在的事實，只是如何**調控**這一制度，才是需要解決的問題。這世上眞有名副其實一夫一妻的人嗎？我們所有人都**起碼**在某一段時間，大多數情況下則總是以一夫多妻地生活。由於接下來的結果就是每個男人都需要多個女人，所以，沒有什麼比讓他自願或者應該說讓他負起照顧多個女性的責任更公平和合理的了。這樣，女性也就回到其正確的、自然的，亦即作爲從屬之人的位置。而**貴婦人**，那由歐洲文明和基督教—日爾曼人的愚蠢而誕生的怪物，以及她們那可笑的要求得到別人的尊崇就不再存在了。到時候就只有**女人**，但卻沒有**不幸的女人**，而現在歐洲全是這樣的不幸女人。摩門教是對的。

371

在印度，女人從來不曾獨立。根據《摩奴法典》第 5 章，V.148，女性都由其父親，或者丈夫，或者兄弟，或者兒子等看護和照料。當然，把寡婦與其死去的丈夫屍體一起火葬，是令人憤慨的習俗，但在丈夫死後，把丈夫辛苦了一輩子而賺來的，滿以爲是要留給自己孩子的財產，與情人一起揮霍掉，卻也同樣是令人憤慨的事情。「幸福之人謹守中庸之道。」原初的母愛，在人與動物都是一樣，都是純粹發自**本能**。因此，在孩子身體的無助狀態結束以後，母愛也就結束了。在那以後，取而代之的是基於習慣和理智之上的愛。但這種愛很多時候卻是缺席的，尤其是如果孩子的母親並不曾愛過其父親。父愛則是不一樣的性

質，也更經得起考驗，因為父愛的基礎是父親在其孩子的身上，又認出了自己的內在自身；父愛因此有其形上的根源。

在世界上幾乎所有的或新或舊的國家，甚至在西南非洲的霍屯督人當中[3]，繼承財產的唯一只是男性後裔。也只有在歐洲，情況才出現了偏離，但在貴族卻不是這樣。男人們長年累月，經辛苦勞累而辛辛苦苦賺取的財產，到後來卻落入女人的手中；而由於女人欠缺理性，這手上的財產要麼短時間內被揮霍殆盡，要麼就是白白浪費掉。這種不公平的做法既嚇人又普遍。要避免這種事情，我們就必須限制女性繼承遺產的權利。在我看來，最好的安排就是：對於要獲得遺產的女性，不管是寡婦還是女兒，都應只是獲得一份年金，一份經財物地產抵押所獲得的、終身享有的年金，而不能遺傳得到地產或者本金——除非她們沒有任何男性後裔。賺取財產的是男人而不是女人，所以，女人既沒有資格無條件占有這些財產，也沒有能力去掌管這些財產。女人起碼永遠也不可以自由處置那繼承過來的真正的財產，亦即資金、房子和地產等。她們永遠需要某一監護人；所以，她們在任何情況下都不可以有對其子女的監護權。女人的虛榮心，就算不會比男人的強，但其糟糕之處就是女人的虛榮心是完全指向物質性的東西。也就是說，虛榮女人炫耀的就是自己個人的美貌，其次就是耀眼的、華麗的、奢華的服飾或者排場。這解釋了她們為何踏進社交場合就如魚得水。所有這些，尤其是加上女性那薄弱的理智，都讓女性傾向於**揮霍**。所以，一個古老作家說過，「女人天性就是奢侈的」（參見 S. 布隆克，《希臘詩歌格言》，詩，V.115）。相較之下，男性的虛榮心，卻經常是指向非物質性的優勢，諸如智力、學問、勇氣等等。**亞里斯多德**在《政治學》（B 2，9）裡，闡明了斯巴

[681]

---

[3] 「在霍屯督人那裡，一個父親的所有財產都到了長子那裡，或者到了同一家族的最近的男性那裡。這些財產從來不會分開，也從來不會要女人繼承這些財產。」夏爾・喬治・勒羅伊，《關於動物智力及其改良的可能性哲學通信》，新版，巴黎，1802，第 298 頁。

達人如何由於給予女性太多，由於女人擁有財產的繼承權，擁有嫁妝，擁有不受約束的自由而產生了諸多不利；而這又如何在很大程度上導致了斯巴達的滅亡。或許對於法國宮廷和政府的逐漸腐化——這導致了第1次法國革命，而隨後的動亂都是這一革命的結果——法國自路易十三以來女人那日益壯大的影響也難辭其咎。不管怎麼樣，女性所占據的虛假地位——那貴婦人就是其明顯症狀——是我們社會環境的一個根本缺陷，而這一缺陷對各個方面發揮了不良影響。

[682]　　女人由其天性決定了就是要服從他人的。這可以透過這一事實顯示出來：每一個女人一旦處於與其本性相悖的完全獨立自主的位置和處境，就會馬上依附於某一個男人，受其指揮和控制。這是因為她需要一個先生、一個主人：她若年輕的話，那這男人就是她的情人；她若年老了的話，那就是聽取其懺悔的神甫。

第28章　論教育

372

依據我們智力的特質，**概念**應該來自我們對事物的**直觀認識**，中間經過抽象這一過程。所以，直觀認識是先於概念知識的。如果確實是這樣的認識步驟——那些純以自己的親身經驗為師、為教材的人就是這樣的情形——那我們就會知道得很清楚，哪些直觀認識隸屬於某一個概念，並被這個概念所代表。我們就會精確了解這兩者，並據此正確地處理我們所面對的事情。我們可以把這種方法稱為自然的教育。

相較之下，人為的教育就是在我們對這一直觀世界還沒有某種廣泛的認識之前，就透過提示、指點、閱讀等讓腦袋塞滿了概念。經驗隨後會為這些概念提供直觀認識，但在這之前，人們會錯誤運用這些概念。因此，人和事就會被錯誤判斷、錯誤理解和錯誤處理。這樣，教育也就製造出了偏差、扭曲的頭腦。因此原因，我們在青少年時代經過長期的學習和閱讀以後，在踏入社會時，我們經常會表現得時而頭腦簡單，時而又古怪、乖戾；行為舉止一會兒是緊張拘謹，另一會兒卻又相當大膽放肆，因為我們的頭腦充斥著概念，現在就老想著運用這些概念，但在套用這些概念時似乎總是顛三倒四。這是「混淆了原因和結果」所致：我們完全違背了我們思想智力的自然發展過程，首先獲得概念，最後才獲得直觀認識，因為教師不是致力於培養和發展孩子認識、判斷和思考的能力，而是努力要把別人的、現成的思想填塞進小孩的腦袋。在以後的日子裡，長時間的親身經驗就要去糾正所有的那些由於概念運用錯誤所導致的判斷。這些的糾正很少能夠完全成功。因此，很少學究具備常識，而常識則是完全的文盲也通常會有的。

[683]

373

根據以上所述，教育的關鍵在於**從正確的一端開始認識這一世界**，而獲得這樣的認識可以說就是一切教育的目的。不過，就像我已指出的，這都取決於我們能否做到：對每一件事情，**直觀走在概念之前**，再就是狹隘概念在廣泛概念之前。這樣，傳授知識的程序，就猶如概念，然後是以這些概念為**前提**的新概念。一旦在這程序中跳過了某些環節，那就會出現殘缺不全的概念；由此又會產生出錯誤的概念；最終就形成了有個體特色的乖戾的世界觀。我們幾乎每一個人都曾經長時間——許多人甚至是終其一生——在頭腦中帶著這種怪誕的世界觀。誰要是檢查一下自己就會發現：總是要等到了很成熟的年齡，有時候是突然之間，我們才能夠正確或者清晰地明白很多相當簡單的事物和境遇。直到這個時候到來之前，我們對這個世界的認識總還存在著模糊之處，這是由於我們在早年所接受的教育跳過了某個環節，這有可能是人為造成的；也有可能是自然的，是自身經歷使然。

因此，我們應該了解清楚知識的自然順序，以便講究方法地根據這一順序，讓孩子們了解到這個世界的事物和狀況，而不會一味向他們灌[684]輸一些荒唐的見解——這些東西在以後經常是很難消除的。我們必須首先防止孩子們運用那些他們無法對應清晰之概念的字詞。[1]但關鍵之處始終在於直觀認識必須先概念而至，而不是顛倒過來——但這恰恰是我們一般看到的不幸情形，就好像小孩出生時腳丫先伸出來，或者寫詩歌時先寫韻腳一樣！也就是說，當小孩的頭腦裡面還很缺少直觀印象時，概念和看法，先入為主的偏見，就已經印記在小孩的頭腦裡面。以後，這

---

[1] 甚至小孩都會有只滿足於運用字詞，而不是願意理解事物的可怕傾向。他們用心記住某些字詞，以便在需要的時候能夠蒙混過關。小孩長大以後仍然保留著這種傾向。這就是許多學者的知識只是一些花俏字詞的原因。

些孩子就把這些現成的工具套用於直觀和經驗,而不是從直觀和經驗中得出概念和看法。直觀所見是豐富多樣的,因此,它們在簡潔和快捷方面,不是抽象概念的對手,後者很快就把一切都概括打發掉了。所以,要糾正那些先入為主的概念必須花費很長的時間,或許這工作永遠也無法完成。這是因為無論直觀知識的哪一面與先入為主的概念相牴觸,直觀所說的都預先被認定是片面的,或者乾脆遭到否定。對直觀認識必須閉上眼睛,才好讓先入為主的觀點免遭傷害。所以,許多人經常終其一生都滿腦子荒唐的念頭、古怪的想法、怪癖、狂想和偏見——這些最終就成了固定的思想。的確,這種人從來沒有嘗試過自己從直觀和經驗中總結出基本概念,因為他們把一切都現成地接受過來。正是這一點造成無數這樣的人如此的膚淺和乏味。所以,我們不能這樣做,而是要從孩提時候起就堅持採用合乎自然的培養知識的方法。概念只能出自對事物的直觀,起碼不可以在沒有直觀的情況下就得到證實。這樣,小孩只獲得很少的概念,但這些概念卻都是正確的和有充足依據的。他們就會學習採用自己的,而不是別人的一套標準衡量事物。他們也就永遠不會沾上眾多千奇百怪的觀念和想法。要驅除這些東西起碼需要以後大半輩子的人生經驗和教訓。他們的頭腦思想也就一勞永逸地習慣於透澈、清晰、不帶偏見和自己做出判斷。

[685]

一般來說,早在孩子們從生活原型中了解到生活之前,他們不應該從其複製件中認識生活的任何方面。因此,不要匆匆忙忙只是把書本放在孩子們的手中,而是要讓他們逐步地了解事物和人的狀況。最重要的是要引導他們對這現實生活有一純淨的理解,讓他們始終是直接從現實世界裡提取概念,並根據現實把這些概念組織起來;而不是從別處,從書本、童話故事或者別人的談話裡拿來這些概念,然後就把這些現成的東西套在現實生活當中。在這最後一種情形裡,人們帶著滿腦子的幻象錯誤地去理解現實,或者根據那些幻象徒勞地要去重塑現實,並因此在理論上,甚至在實際中步入歧途。早年灌輸進頭腦的幻象和由此產生

的先入爲主的看法,所造成的害處是令人難以置信的。在往後的日子裡,世界和現實生活給予我們的教訓就得主要用於消除這些先入爲主的定見。根據第歐根尼·拉爾修(第6卷,7)的記載,甚至**安提西芬尼**做出的回答,也是依據上述這一道理:「當被問及最需要學習的是什麼時,他回答說:『學會甩掉學過的壞東西』。」

374

[686] 正是因爲早年吸收的謬誤通常都是難以清除的,一個人的判斷力又是最遲成熟的,所以,我們不能讓未滿16歲的孩子接觸任何可能包含巨大謬誤的理論、學說和教義,亦即不應該接觸一切哲學、宗教和各種籠統、泛泛的觀點;他們只可以學習那些要麼不可能包含謬誤的學科,諸如數學;要麼就是不會含有相當危險的謬誤的科目,例如:語言、自然科學、歷史等。一般來說,孩子們只應該學習在他們那個年紀能夠接觸到的和可以完全理解的學科。少年期和青年期是收集資料和對個別事物要專門、透澈學習和了解的時候。但是,我們的判斷力在這個時候總體而言仍未成熟,最終的解釋必然是在以後的時間。因爲判斷力是以成熟和經驗爲前提,所以,我們不應該打擾判斷力,盡量小心不要以強行灌輸定見的方式使判斷力搶先到來,否則,就會導致它永遠癱瘓。

相較之下,因爲記憶力在青少年時期是最強、最黏的,所以,我們要優先利用記憶力;但這需要我們經過謹慎、周密的考慮以後做出至爲愼重的挑選。這是因爲既然在年輕時眞正學到了的東西永遠都會黏附在記憶裡,那這一寶貴的能力就應該得到充分利用以盡可能獲益。如果我們回想一下在我們人生的最初12年裡,我們所認識的人是多麼深刻地印在了我們的記憶裡,在這段時間裡發生的事件和我們大致經歷過的、聽見的和學到的東西,也同樣給我們留下了不可磨滅的印象,那麼,把年輕頭腦的這一接受能力和記憶能力作爲教育的基礎,按照準則和規

律,嚴格地、講究方法地和有組織地引導各種印象給年輕的頭腦,就是相當自然的想法了。因為每個人只有不多的年輕歲月,並且記憶的能力總體上又相當有限,尤其是個人的記憶力,所以,最關鍵的就是:把每一學科知識的最基本和最關鍵的東西灌輸給孩子,其他的則一概免去。這些挑選工作就交由各科的大師和佼佼者在經過深思熟慮以後完成,而挑選的結果就被固定下來。這樣的挑選,其實就是把一個人總體而言必須知道的、重要的知識和對於某一特定職業或某一學科的人必須知道的、重要的知識篩選出來。然後,屬於前一類的知識就再被分類而成逐級擴大的課程或者百科全書,以適應每個人根據其外在的狀況所需要的相應級別的普遍教育:從只是侷限於勉強夠用的基本課程一直到哲學系的所有科目內容的彙編。但屬於後一類的知識則交由各個學科的真正大師精心挑選。這一整套就是專門制定的智力教育大綱,每過10年當然就有必要修訂一次。經過如此的安排,青年人就可以盡量利用其記憶力,為稍後出現的判斷力提供很好的素材。

375

　　一個人認識力的**成熟**,亦即每一個體認識力所達致的完美,就在於他所掌握的總體抽象概念與他的直觀理解能夠精確地連繫起來,以致他的每一個概念都直接或非直接地有著某一直觀知識的基礎;也只有這樣,他的這一概念才有了真實的價值。同樣,認識力的成熟也在於他能夠把獲得的直觀知識納入正確和適當的概念之下。這種**成熟**只能是經驗的產物,因而也就是時間的產物。因為我們通常都是分別獲得我們的直觀知識和我們的抽象知識,前者以自然的方式,後者則經由別人或好或壞的教育和傳達,所以,在年輕的時候,我們那些只是以詞語固定下來的概念與我們經由直觀獲得的真實知識通常無法互相吻合和結合起來。這兩者也只能逐漸接近和彼此修正。只有當這兩者完全地融合一起,才

會產生成熟的認識力。這種認識力的成熟並不取決於一個人能力的大小和完美程度，因爲一個人的能力大小並不取決於抽象知識與直觀知識的融合貫通，而是由這兩者的深度或者強度所決定的。

376

對一個實際的人來說，他最需要掌握有關**世事人生**的精確和透澈知識。但這種學習又是至爲冗長的，因爲直到他步入老年，這種學問仍然沒有止境，而如果他學習科學知識，那麼，在年輕的時候，他就已經掌握其中最重要的事實。在世事人生方面，作爲初學者的青少年需要學習首要的和至爲困難的一課，但就算是成熟的人也經常必須在這方面補上許多課。這學問本身就已經相當的困難，而這些困難又被**小說**加倍增加了，因爲小說所表現的人的行爲和事情的發展並非在現實中眞正發生。但這些東西卻被輕信的年輕人接受和吸收進頭腦裡面。這樣，原來只是否定屬性的無知現在卻被肯定屬性的謬誤，亦即被編織起來的整套錯誤設想所取代了。這些虛假的東西在以後的日子裡，甚至混亂了經驗的課程，讓我們錯誤理解所獲得的教誨。如果說在此之前青年人只是在黑暗中摸索，那現在他們則被鬼火引入了歧途。對女孩子來說，這種情形尤爲嚴重。一種完全錯誤的人生觀透過小說強加給了青年人，並刺激起對生活的那些永遠無法實現的期望。這些通常都帶給年輕人的一生不利的影響。就這一方面而言，那些在年輕時候沒有時間，也沒有機會閱讀小說的人，例如：工匠等，就擁有了明顯的優勢。有些小說是例外的，不應受到上述指責。事實上，它們還有相反的效果呢，例如：《吉爾·布拉斯》及**勒薩日**的其他小說。另外，還有《威克菲爾德的牧師》，以及華特·史考特的某些小說。《堂吉訶德》則可被視爲諷刺描寫上述錯誤之路的作品。

第 29 章　論面相

377

　　一個人的外在形象地反映了這個人的內在；一個人的面貌表達和揭示了這個人的整個本質——這一看法的先驗性質和因此的可靠性，可以由此表現出來：對那些無論是因做了好事還是因做了壞事而出名的人，或者對那些有過很不一般作為的人，人們都普遍有著要親眼看一看其人的熱望；或者如果不能有機會一睹此人的話，那至少也很想從別人那裡了解此人到底**長了個什麼樣子**。因此，一方面人們一聽到那些名人可能要到某地就聞風而至，以一睹其真實模樣；另一方面報紙、雜誌記者等——尤其是英國的——則極盡詳細、繪聲繪影地描述那些名人；畫家和銅板雕刻家也把名人的形象直觀再現出來；到最後，則是**達蓋爾**發明的照相法（其價值正因這裡說的緣故而得到高度賞識），最完美地滿足了人們的上述熱望。同樣，在日常生活當中，人們對所要與之打交道的人，都會留意其面相，在私下裡試圖透過觀察其長相特徵，以預先了解此人的道德和智力本質。但如果就像一些蠢人所誤以為的那樣：人的外在只是毫無意義的東西，因為靈魂是一回事，而身體又是另一回事，身體之於靈魂就猶如衣服之於穿著衣服的人，那就不會出現上述種種情形了。

　　而事實卻恰恰相反，每個人的面相都是某些的象形文字，是當然可以讓人讀懂的象形文字，而這些象形文字的構成筆畫，就現成地長在了我們的身上。一般來說，一個人的面貌比一個人的嘴巴甚至能夠說出更多、也更有趣的資訊，因為這個人的面貌就是囊括這個人的嘴巴所要說出的所有東西的大綱，是此人的一切思想和追求的獨家標識。此外，一個人的嘴巴只是說出了此人的想法，但一個人的長相卻說出了大自然的

[690]

想法。所以,每個人都值得我們認眞觀察和琢磨——雖然並不是每個人都值得我們與之說話。那麼,如果每一個人作爲大自然的某一思想而值得觀察的話,那最高等級的美,就更是這樣了,因爲這種美是大自然的某一更高的、更普遍的概念;是大自然關於物種的思想。怪不得這種美是那樣有力地吸引住我們的目光。那是大自然的一個根本的、首要的思想,而個體則只是次要的思想,是補充而已。

每個人都心照不宣地認定這一原則:每個人就是他所看起來的**樣子**。這一原則是對的,但困難就在於如何應用此原則。這一應用的能力,部分是與生俱來的,部分是從經驗中獲得的。但在這方面是學無止境的,甚至最熟練的閱人者也會有看走眼的時候。但是,不管費加羅怎麼說,一個人的面相是不會撒謊的,眞錯了的話,那只是我們以爲看到了一些其實並不存在的東西。當然,對一個人面相的解讀,是一項很高和很難的藝術,其中的技巧原則,是永遠不可以在抽象中學習得到的。首要的條件就是:我們必須以**純粹客觀的眼光**看待對象的面相——這可一點都不是容易的事情。也就是說,只要任何一點點的厭惡、好感,或者恐懼、希望,或者考慮到我們此刻將給此人造成何種印象——一句話,只要有某些主觀的東西混雜其中,那這面相的象形文字就會混亂,就會失眞。正如只有那不懂某一語言的人,才會聽清這語言的聲音——因爲不然的話,聲音的含義就會馬上在意識中把聲音排除——同樣,也只有那並不了解所觀察對象的人,亦即不曾透過經常見面,或者甚至與之有過交談而習慣了其模樣的人,才會看清此人的面相。據此,嚴格來說,人們也只有在首次看見一個人的面相時,才可以對其面相有一純粹客觀的印象,也才可以有了對其解讀的可能性。正如氣味只在其剛出現的時候才會影響我們,酒的味道也只在我們喝第一杯的時候才眞正爲我們領略,同樣,一個人的容貌也只在我們首次見到它時才會給我們造成完全的印象。對於這所造成的印象,我們應該認眞留意並記住;如果這些對於我們是很重要的人,那我們甚至要把此印象寫下來——也

就是說，如果我們自信對別人相貌的感覺的話。接下來的相識和交往，會抹去當初的第一印象。但以後的結果，會在將來證實當初的印象是真確的。

但是，在此我們也不想向自己隱瞞這一事實：在看到別人的第一眼時，通常都會感覺很不愉快。大多數的人，可都是毫無價值！除了一些漂亮、心腸好、聰明有思想的一些面孔以外，亦即除了一些絕無僅有的例子以外，每當看到一張新的面孔，我相信凡是感覺細膩的人，都會產生某種類似於驚恐的感覺，因為這張臉把令人不快的東西經過新的、讓人吃驚的組合呈現給了我們。人們一般來說的確就是長著一副可憐相。甚至還有這樣一些人：其臉上是那樣一副天真赤裸裸的庸俗和情操低下的樣子，再加上那動物般的、侷促的智力印記，我們禁不住在想：長出這副模樣的人，還怎麼好意思外出見人呢？戴上一副面具遮醜，難道不會更好些嗎？確實，有些面孔只需對其看上一眼，就會覺得受到了汙染。所以，對那些有著優越條件可以避開眾人，並從而完全擺脫見「新面孔」的痛苦感受的人，我們是無可指責的。對這事情給出某一形上的解釋的話，那我們必須考慮到：每個人的個性也正是這個人透過其生存本身應該加以改正和重塑的東西。但如果我們就只滿足於心理學上的解釋的話，那我們就得問自己：對於那些人，那些在其漫長一生中，在其內心除了那些渺小、低級和可憐的念頭以外，除了那些平庸、自私、嫉妒、卑劣和陰險的願望以外，還很少產生其他東西的人，我們還能指望其會長著怎樣的外貌？人內在的所有這些東西，在其持續的時間裡都在其臉上留下了顯示。所有這些痕跡，由於隨著時間那許許多多的重複而刻畫了下來。因此，大多數人的模樣初次乍看，會讓人驚駭，我們也只有慢慢才能習慣和適應，亦即慢慢對此面容所造成的印象變麻木了，以至於這一容貌再也無法發揮作用。

正因為臉部固定的表情是經過漫長的形成過程，是經過面部無數次的、轉瞬即逝的、獨特的張弛而保留下來，所以，聰明有思想的面容，

[692]

也只能是逐漸形成的,甚至要到了老年才達到其高貴的表情;而這些人年輕時候的肖像卻只是初露端倪。相較之下,我在上述關於初次看到不少人的容貌會感覺驚恐,也與之前所說的互相吻合,亦即一張面孔也只是在初次見到時才會造成準確的、全面的印象。也就是說,要獲得純粹客觀和不曾失真的第一印象的話,那我們就必須不能與這人發生任何的關聯。事實上,如果可能的話,必須還不曾與之交談。也就是說,每一次的交談,都會在某種程度上讓雙方增進了友好,給雙方引入了某種融洽的成分,一種互患的、**主觀的**關係——這樣一來,就會影響到對對方面相的客觀把握。再者,因為每個人都竭力要爭取得到別人的敬重和友誼,所以,我們所要觀察的對象,在談話中會馬上施展他已運用嫻熟的各種裝模作樣的技巧,就會奉承我們,並以此賄賂我們,我們也很快對那當初第一眼就已經明白看出的東西,變得視而不見。因此,那說法「大多數的人,增進些了解就能贏得我們(的歡心)」,其實應該這樣說才對:「大多數的人,增進些了解以後就能迷惑我們。」但以後在糟糕、不愉快的事情發生時,那我們當初第一眼得出的判斷通常就得到了證實,並最終嘲弄地一錘定音。但假如「增進些了解」就馬上產生了敵意的話,那我們也同樣沒發現經過這「增進些了解」就「贏得我們」。

[693]

這所謂「增進些了解就能贏得我們的歡心」的另一原因就是:在看第一眼的時候,儘管一個人的面相就已經警告了我們,但一旦我們與之交談,這人就不會僅僅是表現出他自己的真實本質和性格,而是還表現出他所接受過的教育,亦即他不僅表現了他真正和與生俱來的自己,而且還表現了他從全人類的共同財產那拿來的東西:這個人所說的話中 3/4 並不屬於他這個人,而來自他自身之外。這樣,我們就會經常奇怪和吃驚:這樣一個米洛陶諾斯(希臘神話中牛頭人身的怪物)一般的傢伙,竟能隨口而出如此人性的話語!但如果從「增進些了解」更進一步,更加的「增進了解」,那這人的面相早已預告了的「獸性」,就會「精彩地顯現」。因此,誰要是有敏銳閱人面相的天賦的話,那就必須重視此

人在我們對其增進了解之前的，並因此是不曾失真的面相表達。這是因爲一個人的面相直接說出的是**這個人是什麼**，如果這面相欺騙了我們，那錯不在這面相，而是錯在我們。相較之下，一個人的話語，只是說出了這個人的所想，並且更多的時候說出的只是他學來的東西，或者只是他假裝所想的東西。此外，我們與之交談時，或者只是聽見其與他人交談的時候，我們不會考慮其面相，我們會無視這根本和真實的東西，而只會留意其說話時面部的動作和表情——而這些動作和表情卻是說話者有意爲之，目的就是向他人顯現其好的一面而已。

那麼，當有人把一個年輕人帶到**蘇格拉底**的面前，讓他測試一下這年輕人的能力時，蘇格拉底所說的「你說話吧，我看看你」卻是對的（假設他所說的「看」，並非只是指「聽」的意思），因爲只有當一個人說話的時候，他臉上的特徵，尤其是眼睛才會生動起來；而這個人的精神思想潛質和能力也會在此人的臉部和表情活動中留下印記。這樣，我們才得以暫時評估這人的智力及其程度——而這正是蘇格拉底的目的。但需要指出的是：首先，蘇格拉底這一方法並不可以擴展至評估**道德素質**方面，因爲道德素質潛藏更深；其次，在他人說話的時候，對他人的臉上特徵的清晰活動，我們在客觀上所獲得的卻在主觀上失去了，因爲由於他人在說話時馬上與我們產生了個人的關係，並輕微地吸引或者迷惑了我們，讓我們再也無法免於成見，就像上面所分析的。因此，從這最後的觀點出發，更正確的做法應該是：「不要說話，這樣我好看看你。」

[694]

這是因爲爲了純粹和客觀地把握一個人的真正面相，那我們就必須在這個人孤身獨處，在他完全放鬆自在的時候觀察他。與他人的交流和交談已經讓他產生了某種反射——這通常都會讓他表現得更好，因爲這人透過那互動而活躍起來，並因此得到了提升。相較之下，當這人是單獨和放鬆的，正沉浸於想法、感覺和情緒之中——只有在這時候才是完全的**此人本身**。這樣的話，對其面相投向銳利的一眼，就可以一下子把

此人的整個本質在大概上把握住了。這是因為此人的所有思想和奮鬥的基本調子，都在其臉上留下了印記；這是關於此人要成為什麼樣的人的arrêt irrévocable（法語，最終決議），也是當此人獨處時才會完全感覺到的東西。

所以，面相學是認識人的一個主要手段，因為一個人的面相，在狹隘的意義上而言，是這個人的作假技巧唯一無法管用的地方，因為這作假，也就只是在臉部表情方面。正因此，我建議人們在某人獨自一人、沉浸於自身、在人們還沒跟他說話的時候去觀察他和認識他，這一方面是因為在這時候，我們眼前所看到的是純粹和不含雜質的面相，因為一開始說話，臉部的活動和表情就進來了，此人也就開始應用其學來的虛假東西；另一方面則是因為個人之間的關係，哪怕這種個人之間的關係[695]只是極其短暫，都會讓我們產生偏見，並因此讓我們的主觀破壞了我們的判斷。

我還需要說明的是，經由一個人的面相去發現一個人的頭腦智力，會比發現這個人的道德性格容易許多。也就說，一個人的智力更多的朝向外在。智力不僅在一個人的臉上和表情活動中留下印記，而且還可以從這個人的走路，甚至從每一個細小的動作看得出來。我們或許僅從一個人的後面觀察，就已經可以分辨出此人是個笨蛋還是個傻瓜，抑或是個有頭腦思想的人。一個人所有的動作都笨拙的像鉛一樣，都標示著這是個笨蛋；而一個傻瓜的每一個手勢都顯示出他的愚昧；而聰明才智和愛思考的人也以同樣的方式表現出來。**拉布呂耶爾**的這些話，就是基於我這裡所說的道理：「再沒有什麼比這道理更加的簡單、更加的細膩和更加的微妙，那就是：我們的舉止無一不暴露出我們；一個傻瓜，無論是進來、出去、坐下、起來，還是閉嘴不言或者站立不動，都是與一個聰明人的同樣動作截然不同的。」* 由此也可附帶解釋平庸者所具

---

*　參見〈論性格〉，第1部，第2章。——譯者注

有的那種「可靠和快捷的直覺」——根據**愛爾維修**（〈論精神〉）的說法，平庸者就以此認出並逃離那些有頭腦思想的人。這件事情本身卻主要是因為：腦髓越是巨大越是發達，脊髓和神經與腦髓相比越是細薄，那智力就不僅越高，這人的四肢也可更隨心所欲地靈活運動。因為四肢的活動是更直接和更明確地受腦髓的控制，所以，所有一切都毋寧說是受著一線的牽動——這樣，在每一身體、肢體的運動中，這一運動的目的就精確、清晰地顯現出來了。這裡所說的也類似於這一事實，甚至與這一事實密切相關：某一類動物，在生物的等級階梯中越處於高端，那這一類動物就越容易因身上的某一處地方受傷而致命。例如：我們可以看看無尾兩棲類動物：正如牠們的活動是那麼的沉重、遲鈍和緩慢，這些動物也是沒有智慧的，但與此同時卻有著異常頑強的生命力。所有這些可以由此得到解釋：這些動物雖然並沒有多少腦髓，但卻有著非常粗厚的脊髓和神經。總而言之，走路和上肢的動作，首要是腦髓功能所致，因為外在肢體是透過脊髓神經，從腦髓那獲得指示以指導肢體哪怕是最細微的活動。這也就是為何任意性的活動會讓我們疲倦，而這疲倦與疼痛一樣，其位子卻在腦髓，而不是如我們錯誤以為的在肢體。因此，腦髓需要睡眠。而那些並非由腦髓所引發的活動，亦即有機體、心臟、肺部等的那些非任意的活動，則是持續進行而不知疲倦的。那麼，既然一個人的腦袋在負責思維的同時也負責控制肢體，那這腦袋活動的特性就既會反映在一個人的思維裡面，也反映在這個人的肢體活動裡面。這樣，根據這個人的構成，一個愚笨頭腦的人，就會像一個人體模型般的走動和活動，而一個聰明有思想的人，他的每一個關節都會表現出這一點。但是，與一個人的手勢和身體活動相比，一個人的面孔卻更能讓人看出此人的精神思想構成：這個人額頭的形狀和大小，臉上五官的張、弛和靈活活動，以及最重要的眼睛——從小而渾濁、無力呆滯的豬一樣的眼神開始，逐級而上一直到最高一級的那閃亮、發光的天才人物的眼神。**精明的眼神**，哪怕是最敏銳的那種，也與**天才**的眼神有別，

[696]

因爲前者始終帶有爲意志服務的烙印，而天才的眼神，卻是擺脫了意志的奴役（參見本書德文版第 64 頁關於**天才**的表情的說法）。據此，那由**斯科札菲齊**在《佩脫拉克一生》中講述的軼事，就是完全有可信性的。那軼事說的是以前有一次在維斯孔蒂的宮廷裡，佩脫拉克與許多的王公貴族在一起，蓋拉索·維斯孔蒂要他那當時還只是小孩，長大後成了米蘭公爵的兒子，在人群中挑出最有智慧的一位。男孩看了眾人一會兒，然後就抓住佩脫拉克的手，把他引至他父親面前。所有在場的人都驚嘆不已。大自然給其天之驕子打上了如此清晰的高貴的印記，以致一個小孩也能認得出來。因此，我想給我那些洞察敏銳的國人一個建議：如果他們想要把一個平庸的頭腦，在長達 30 年的時間裡，到處宣揚爲一個偉大的思想家，那爲此目的，就不要選擇長著一副啤酒店老闆面相的人——就像**黑格爾**那樣，因爲在這人的臉上，大自然以其最清晰明白的字體，寫下了大自然已經寫慣了的兩個字：「平庸」。

但至於人的道德層面、人的性格方面，那可是與人的智力層面並不一樣。要在面相上看出人的道德素質卻困難許多，因爲這道德素質和性格，作爲形上的東西要深藏得多；雖然這也是與生物體有著連繫，但卻不如智力那樣，與這生物體的某一特定的部分或者某一系統直接相關。此外，每個人通常都就會把自己相當得意的悟性和智力示之與人，一有機會就盡力炫耀；但卻絕少把自己的道德本性完全曝光。事實上，這些東西卻被刻意隱藏起來——在這方面，人們已是熟能生巧。但是，一如上述，卑劣的念頭和不堪的想法會慢慢在一個人的臉上，尤其在一個人的眼睛裡留下痕跡。據此，從面相上判斷的話，我們很容易就可保證某某人是永遠也不會創作出一部不朽的著作的，但卻不敢保證此人不會犯下某一重大的罪行。

第 30 章　論噪音

378

康德寫過關於**活力**的論文，但我卻想寫篇關於**活力**的輓歌，因為人們如此極度頻繁地運用活力於敲擊、捶擊和撞擊，使我在一生中的每一天都遭受痛苦。當然，有人，事實上很多人會對此感到好笑，因為他們對噪音是沒有感覺的，他們也正是對根據和理由，對思想，對詩歌和藝術沒有感覺的人，一句話，對各種精神思想印象都是沒有感覺的。這是他們的腦髓組織的堅韌特性和結實質地所致。但在幾乎所有偉大的傳記或者有關他們個人表達的報導裡面，例如：康德、歌德、利希滕貝格、讓‧保羅，我卻發現這些人物抱怨噪音給思想者造成的苦痛。確實，假如在某些作者那裡並沒有這些抱怨的話，那只是因為文中的上下文並沒有引到這話題上去而已。對這事情我是這樣解釋的：正如一塊巨鑽切成了碎塊，那巨鑽價值就只與那眾多小碎鑽的價值相等了；或者正如一個軍隊，如果被擊潰了，成了一盤散沙，那就無法成事了，同樣，一個偉大的思想家一旦被打斷、擾亂、分散和打岔了思路，那所能做得就與常人無異，因為這人的過人之處，其前提條件是這個人集中其全部的力量，就像集中所有的光線，在**某一**點、**某一**對象之上，而噪音的打擾就恰恰阻礙這事情的發生。所以，這就是為什麼具有傑出頭腦的人是如此厭惡打擾、打岔，尤其是透過噪音的那種暴力打擾，而其他的人並不特別介意這些東西。歐洲最明智和最有思想的國家甚至訂下了「千萬不要打斷（或打擾）」，並名為第十一誡。但噪音卻是所有打擾當中最不禮貌的，因為那打斷了，甚至打碎了我們自己的思想。如果本來就沒有什麼可被打碎的話，那噪音就當然不會被人覺得有什麼特別。有時候某一

[698]

[699] 程度一般的和持續的噪音折磨了我好一會兒,而我對這噪音還沒有清晰的意識,因為我對噪音所感覺到的,只是思維變得越來越困難,就正如腳部先感到了絆腳的東西,然後才知道那到底是什麼。

那麼,現在,從噪音的屬轉向物類,在城市能發出迴響的巷子裡,那些真正地獄般的鞭子抽打的劈啪聲是我深惡痛絕的,那些噪音是最不負責任的和最可恥的,奪去了生活中的寧靜和沉思。沒有什麼比容許那些鞭子的劈啪聲更能清楚地表明人們的感覺呆滯和沒有思想。感受到這些突然的、刺耳的、麻痺頭腦的、剪斷意識和謀殺思想的鞭擊聲,對每一個頭腦中有著某些類似於思想的人必然是痛苦的。這樣的劈啪聲因此必然擾亂了很多人的思想活動,儘管其思想活動是比較低下的級別,但對思想家來說,這些噪音對其沉思默想造成如此的苦痛和破壞,就像行刑刀砍在了頭與軀體之間。沒有什麼聲音像這樣如此尖利地穿透頭腦:我們頭腦裡面會馬上感覺到了那鞭子的尖端,其作用就猶如含羞草受到了觸碰,維持得也同樣持久。我是尊重那高度神聖的功利性的,但我卻無法明白為何運輸一車沙子或者一車糞肥的傢伙,卻可以有這一特權,可以接連把千萬人(在市區半個小時的路程中)的頭腦中升起的思想扼殺在萌芽之中。錘子的敲打、狗的吠叫和小孩子的喧嚷是可怕的,但真正謀殺思想的只有騙子的劈啪聲。這噪音的使命,就是擊碎每一個人都不時會有的美好、沉思的一刻。只有在驅趕役畜時,除了這至為讓人噁心的噪音以外,就再沒有別的手段了,那還情有可原。但事實卻完全相反:這該被詛咒的鞭子聲不僅是毫無必要,而且甚至是沒有用處的。也就是說,透過抽出鞭子的聲音以對馬匹產生心理上的作用,由

[700] 於不停的濫用而失去了,因為這讓馬匹習以為常了,對那鞭子聲已經麻木了,並不會隨著鞭子聲而加快步伐。這種情形尤其可以見之於那些空載和在尋找顧客的馬車:走著至為緩慢的步伐,馬車夫卻一邊不停地拍打出劈啪聲,而用鞭子輕輕觸碰一下會更有效果。但假設真的極有必要以鞭子聲讓馬匹時刻記住馬鞭的存在,那輕了百倍的聲音就足以滿足此

需要，因為人們都知道動物會留意到至為輕微的、幾乎察覺不到的信號，不管那是聽覺上的還是視覺上的。受過訓練的犬隻和金絲雀都會給出讓人吃驚的例子。所以，這整件事情表明就是純粹惡意所致，並的確就是社會中以手勞動者對以頭腦勞動者的大膽嘲弄。要忍受這都市中的無恥行為，那是極其野蠻和不公正的，尤其是這種行為是可以輕易制止的，只要警察規定在每一條鞭子的末梢需打上結就行了。讓無產者留意到在他們之上階層的人的頭腦勞動是無害的，因為他們對任何腦力勞動都有著極大的害怕。如果一個傢伙駕著沒載東西的驛馬或者騎著瘦弱的老馬，穿行在人多的城市窄巷中，或者在動物旁邊走著，一邊還不停地用盡身體力氣抽打著很長的馬鞭，應該馬上拉他下來，讓他接受結結實實的 5 下鞭打。就這一點而言，這世上所有的慈善家，以及有著良好理由廢除體罰的立法會議都無法讓我改變看法。但人們還經常看到比這更惡劣的。有些趕車夫獨自在大街上走著，也沒有馬匹在場，卻不停地抽著馬鞭，因為抽著鞭子對於這些人已成習慣，而這又是人們對此不負責任的寬容所致。人們普遍對肉體及其滿足都悉心照料，那有思想的頭腦是否應該是唯一從未得到一點點的照顧、保護，更別提尊重了？趕車夫、搬運工、在街角等待零工的人等等，是人類社會中的苦役牲口，他們應該得到人道的、公平的、正義的對待，對他們要寬容、體貼，但也不能允許他們製造惡意的噪音而妨礙人類的高級追求。我想知道有多少偉大和優美的思想已經被那些鞭子聲抽出了這個世界。如果我要發布命令的話，那就要讓馬車夫在頭腦中記住：抽打鞭子與挨一頓鞭子是須臾不離的一對。我們希望更有智力、感覺更細膩的國家也在這方面開始，然後，德國人就有榜樣可循。[1] 與此同時，**托馬斯·胡德**說：「作為有音樂天賦的民族而言，他們是我所遇到過的最喧嘩的。」他們之所以喧

[701]

---

[1] 根據慕尼黑動物保護聯盟在 1858 年 12 月的一個公告，在紐倫堡，無謂的鞭打和鞭響是嚴格禁止的。

嘩，並不是因為他們比別人更鍾情於噪音，而是因為被迫要聽到這些噪音的人，由於其呆滯的緣故而感受不到那些噪音。他們不會因那些噪音而被擾亂了思考或者閱讀，因為他們本來就沒在思考，而只是抽菸，而抽菸就是思想的代替品。普遍容忍毫無必要的噪音，例如：那極其不懂事和粗野的摔門行為，恰恰就是一個跡象，表明了人的頭腦普遍呆滯和思想空虛。在德國，就好像是計畫安排好了似的，就是要由於那噪音，例如：由於那漫無目的地胡亂擊打，而讓人們無法思考。

[702] 最後，與我這章所談論的話題相關的文學，我只有一件作品可推薦的，但那是一件優美的作品，亦即由著名的畫家**布隆茨諾**寫的第三音韻的書信體詩文，題目是「論謠言，致盧卡‧馬提尼先生」。在這書信詩中，以一種悲喜劇的方式，詳盡和相當幽默地描述了人們在一個義大利城市裡所要忍受的各種各樣的噪音的痛苦。人們可在據說是1771年在烏德勒支出版的《貝爾尼、阿雷蒂諾等滑稽文選》（第2卷，第258頁）中找到。

第 31 章　比喻和寓言

379

　　凹面鏡可作許多不同比喻之用，例如：正如我所說過的，天才的頭腦可以與凹面鏡相比擬——只要那天才的頭腦也能把其力道集中在一點上，以便像凹面鏡一樣向外投放有關事物的、迷惑性的、美化了的圖像，或者把光和熱聚到令人吃驚的效果。相較之下，優雅的博學者則像是一面凸面鏡，因為這凸面鏡可以讓人同時看到在鏡面咫尺之內的眾多東西，還有那縮小了的太陽，並且把這些圖像往各個方向投向每一個人；而凹面鏡卻只是向著一個方向照出圖像，並且要求觀者選取特定的某一位置。

　　其次，也可以把每一真正的藝術品與凹面鏡相比擬——只要這一藝術品要真正傳達的並不是它那可觸摸的自身，它的經驗的內容，而是存在於這一藝術品以外的、無法用手抓住的，更準確地說是只能以想像力追尋的，作為事物難以捕捉的神韻的東西。對此話題的討論，可參見《作為意志和表象的世界》第 2 卷第 34 章。

　　最後，一個絕望的戀人可以把那狠心的美人簡練地比喻為一面凹面鏡子，因為這一美人就像凹面鏡子一樣閃光、燃起火焰和消耗能量，但在這過程中自己卻保持著冰冷無情。

380

　　瑞士就像一個思想天才，美麗、莊嚴、崇高，但卻不是一塊能夠種

出有營養果實的好地方。相較之下，普魯士北部的波美札尼亞省和荷爾斯坦的沼澤地特別富饒、豐產，但卻平坦、單調，就像有用的菲利斯特人一樣。

381

在一塊成熟了的玉米田裡，有一處被人胡亂踩出來的缺口。我站在那裡，看見在無數彼此完全相似的、筆直長滿沉甸甸穗實的玉米中間，長出了各種各樣藍色的、紅色的、紫色的花朵。這些花朵自然而然，在其綠葉的襯托下分外妖嬈。但我在想，這些花朵可是沒有什麼用處，也結不出果實，純粹只是雜草而已，忍受這些花草長在這裡只是因為人們無法將其清除乾淨。但恰恰是這些花朵為這裡的景色平添了嫵媚和豔麗。所以，這些花朵無論在哪一方面，都與文學、藝術在嚴肅、實用和注重得益的市民生活中的角色是同樣的；因此，這些花朵可被視為這些文學、藝術的象徵。

382

在這地球上有一些的確相當美麗的景觀，但這些都被人為地修飾糟蹋了，所以，我們不要耽誤時間在這些方面。

383

一個城市有漂亮的建築物、紀念碑、方尖塔、裝飾噴泉等等，但其街道路面卻鋪砌得**寒酸**、**難看**，就像德國現在的情形，那就猶如一個穿金戴銀、珠光寶氣的婦人，身上卻穿著骯髒、破舊的衣服。如要把城市

美化成義大利城市的樣子，那首先就要像義大利城市那樣鋪砌好街道路面。順便在此一提，不要把雕塑放置在屋頂一般高的基座上面，而是要採用義大利人的做法。

384

蒼蠅應被作為無恥放肆、狂妄無知的象徵。這是因為所有的動物都懼怕人類甚於一切，老遠看到了人就要逃跑，但蒼蠅卻可以在人的鼻子上安坐！

385

兩個中國人在歐洲初次上劇院。一個人忙於了解舞臺機械裝置的運作，並成功達到了目的。另一個人雖然不懂當地的語言，但卻盡力去破解那戲劇的意思。天文學家像是那第一人，哲學家則像是第二人。

386

我站在氣動裝置的水銀盆子裡，以一個鐵勺子舀起幾滴水銀，向上潑去，然後又以勺子接住它們：無法接住它們的話，它們就掉回盆子裡面，什麼都不曾損失──除了只是失去了那瞬間的形狀；所以，成功和失敗對於我是無所謂的。那創造性的大自然，或說所有事物的內在本質，與個體的生和死就是這樣的關係。

387

如果一個人的智慧就只是一種理論性的存在，並沒有成為實際、

實用的東西,那就類似於這樣的重瓣玫瑰:其色彩和芬芳使觀者賞心悅目,但直至凋謝為止,都不曾結出果實。

其實沒有不帶荊刺的玫瑰,但不少帶刺的卻不是玫瑰。

388

犬有理由成為忠實的象徵。但在植物中,忠實的象徵則應是冷杉。這是因為唯獨冷杉樹才與我們一起堅持下去,無論天氣是好還是壞,不會隨著我們失去了太陽的青睞捨我們而去,就像所有其他樹木、植物、昆蟲和鳥兒那樣:當上空再次對我們笑時,則又重返我們身邊。

389

在一棵怒放著燦爛花朵的蘋果樹背後,挺立的冷杉高昂著尖黑的樹梢。蘋果樹向冷杉說道:「瞧!我身上掛滿了美麗、活潑的花朵!你有什麼可以與我一比?墨綠的樹針罷了!」「的確如此,」冷杉回答說:「不過,冬天到的時候,你就將掉光了葉子站在那裡。可我將仍然是現在的樣子。」

390

曾經有一次,我在一棵橡樹下採集植物。在一些植物當中,我發現了一棵與其他同樣高度的植物,其顏色較深、葉子緊閉、莖稈挺直。在我觸摸這一植物的時候,它語氣堅定地對我說:「不要動我!我不是供你們製作標本的,就像其他植物那樣。其他植物,大自然只是給了1年的壽命。我的壽命卻是以世紀來計算的。我是一棵小橡樹。」那產生了

綿延多個世紀的影響的人，在童年、青年，很多時候到了成年，甚至有的的確終其一生，都似乎與其他人一個樣，也像其他人那樣顯得無足輕重。但只要讓時間走過一段日子並帶來識貨之人！他不會像常人一樣逝去。

391

我發現了一朵野花，驚嘆於這花的美麗，這花各方面的完美，我情不自禁地喊出：「但你和成千上萬像你一樣的花朵，你們的所有一切，亮麗生輝，凋謝枯萎，得不到任何人的欣賞，甚至經常難得有一雙眼睛看上你們一眼。」野花回答我說：「你這個傻瓜！你以為我開花是為了給別人看的嗎？我是為了我自己而不是為了別人而開花，我開花，是因為我喜歡開花。我活著，我開花，這就是我的愉快和樂趣所在。」

392

正當地球的表面還只是平坦整齊的花崗岩，任何生命都還沒有條件形成的時候，一天早上，太陽升起了。眾神的信使伊麗絲接受了朱諾委派的差事，一路飛來。**伊麗絲**一邊急匆匆地趕路，一邊大聲向太陽喊道：「你這麼辛苦升起是為了什麼？又沒有眼睛要看你，也沒有門農的柱子需要照射和鳴響。」太陽回應說：「但我是太陽啊，我升起來是因為我是太陽。誰要看我，是他們的事情。」

[706]

393

一處草木茂盛的美麗**綠洲**環顧四周，除了沙漠以外，看到的還是沙漠。她徒勞地想要看到一塊像她一樣的綠洲。她大聲地抱怨著：「我

這不幸、孤獨的綠洲！我就只能這樣孤獨下去了！到處都找不到我的同類！到處都找不到哪怕是一隻眼睛可以看我一眼，可以快樂地欣賞我的草地、泉水、棕櫚樹、灌木叢！我的周圍除了荒涼，沒有生命的沙漠和岩石，再沒有別的東西！在這種無人理會的孤獨之中，我的那些優勢、美麗和財富，又有什麼用呢？」

白髮蒼蒼的沙漠老太太說話了：「我的孩子，假如情形是另外一個樣子，假如我不是荒蕪、淒涼的沙漠，而是青蔥、茂盛、充滿生命的地方，那你就不會是綠洲，就不會是一塊得天獨厚的去處，旅遊者也就不會大老遠就脫口稱讚你了。你就將只是我的一小部分，就會變得渺小、無聞。所以，你就耐心忍受你的出眾之處和你的名聲的條件吧。」

394

坐氣球升上空中的人，並不會看到自己在上升，而只會看到大地下沉、下沉、再下沉。這是怎麼一回事？這是一個謎，只有那些在這方面有同感的人才會明白。

395

評估一個人偉大與否，在精神思想方面適用與身體方面相反的定律：身體的大小由於距離加大而縮小，精神思想的偉大則因距離加大而放大。

396

大自然讓所有事物都披上了一層**漂亮的**外表，就像在藍色的李子

上面鋪上了一層薄露。把這一層外表取下，然後集中起來獻給我們慢慢欣賞——這是畫家和文學家熱切投入的工作。然後，我們貪婪地享受著這些東西——此時，我們甚至還沒進入真正的生活呢。但隨後當我們進入這生活的時候，我們自然就會看到事物在剝落了大自然所覆蓋的漂亮外表以後的樣子，因為藝術家已經把這些美麗完全耗盡，我們也已經提前享受了這些美麗。這樣，我們所見的事物通常都會顯得缺乏吸引力，並不那麼令人愉快，甚至經常是令人厭惡的。因此，如果就留著那漂亮的外表，好讓我們自己去發現它，那情形將會更好，雖然這樣的話，我們就不能夠一下子領略到大分量的、集中起來的和以繪畫或者詩歌的形式一次表現出來的美，但以此換來的卻是在明朗、愉快的光線下看待事物——現在，也只有那些自然之子才可以偶爾這樣做，那些不曾透過欣賞優美藝術而提前享受了審美愉悅和生活魅力的人。

397

美因茲大教堂被周圍的房子遮蔽了，我們甚至找不到一個位置可以觀賞大教堂的全貌。這一大教堂對我而言就是一個象徵：代表了這世間一切偉大和美麗的東西。偉大和美麗的東西都應該只是因自身的緣故而存在，但美麗和偉大的東西很快就會受到需求的糟蹋。需求從四面八方而至，以偉大和美麗之物作支撐和依靠，並因此遮蔽和毀壞了偉大和美麗之物。當然，在這一匱乏和需求的世界裡，發生這一事情是毫不奇怪的，因為所有一切都的確必須為解決需求而盡力；那匱乏和需求攫取所有的一切，讓其成為解決需求的手段，就算是那些只有在需求消失了的短暫瞬間才得以產生的東西，亦即美和為了真理的緣故而追求的真理，也不例外。

對所說的這些，一個特別好的解說和證明例子就是，我們看看那些大大小小、或富或窮，為了保存人類的知識和促進那些使人類顯得高貴

的智力上的追求而建立起來的機構:無論在哪一時期,在哪一個國家,用不了多久,粗野、動物性的需求就會躡手躡腳地靠近,就是想要打著爲上述高貴的目的服務的外表,強奪爲上述目的而設的薪資。這就是學術蒙混、造假的根源,在各個學問領域可謂司空見慣。儘管其表現出來的面目不盡相同,其實質就是這種造假者對這一學問本身並不關心,所注重的就只是似有學問的外表,服務的是他們個人的、自我的和物質方面的目的。

398

每一個**英雄**都是大力士**參孫**:強者受制於弱者的陰謀詭計和人多勢眾,最後,強者失去了耐性,他也就與他們同歸於盡了;或者他就只是在小人國中的格列佛:那極其眾多的小人最終把他制服了。

399

一位母親把一本《伊索寓言》給了她的孩子們,希望她的孩子能夠受到教育和取得進步。但孩子們很快就把書還給了母親。那位最大的、一臉老成、精明的孩子是這樣說的:「這本書不適合我們讀!太過幼稚,也太過愚蠢了。我們不會再上當,不會眞的還以爲狐狸、狼、烏鴉能夠說話;我們早就過了看這些瞎胡鬧的年紀了!」從這些充滿希望的孩子身上,誰還會看不出未來心智大開的理性主義者呢?

400

在一個寒冷的冬日,爲了避免凍僵,一群箭豬相擁在一起取暖。 [709

但很快,牠們感受到了各自對方的硬刺。這讓牠們被迫分開。但當取暖的需要讓牠們的身體再度靠在一起,身上的硬刺又再次把牠們扎痛了。這些箭豬就被這兩種苦處反覆折騰,直到牠們終於找到一段恰好最能容忍對方的距離為止。所以,出自人的內在空虛和單調的社交需要把人們趕到了一塊,但各人許多令人厭惡的素質和無法讓人容忍的缺點又把人們分開了。人們最後找到的,可以讓大家在一起的適中距離就是禮貌周到和文雅慣例。誰要是不保持這一距離,在英國人們就會衝他喊道:Keep your distance!(保持距離!)由於保持這一距離,雖然相互取暖的需求只是有欠完美地得到了滿足,但大家也就不會受到硬刺的刺痛。誰要是自身擁有足夠的熱量,那他就更寧願避開社交,既不給別人麻煩,也不會受到別人的煩擾。

一些詩歌

在我把一些不會期望還能有詩歌方面價值的詩歌公之於眾的時候，我意識到我做出了自我犧牲：因為一個人不可能既要做詩人又要做哲學家。並且我這樣做，只會讓那些隨著時間的流逝，有朝一日會對我的哲學產生強烈興趣的人得益，因為他們會很想了解這哲學的作者任何個人方面的情況，但到了那時候這卻是再不可能了。因為詩歌帶著節奏和韻律的外衣，人們在詩歌裡會比在散文中更大膽、更自由地顯現自己主體的內在，並且總而言之，會以比哲學論辯更純粹人性的、更個人的，起碼是相當不同的方式表達自己，也正因此，在某種程度上與讀者走得更近。所以，我就為將來對我的哲學感興趣的人做出犧牲，把某些大都出自我青年時代在詩歌方面的嘗試發表在此，希望他們會感激我。與此同時，我請求其他人把這些視為我們之間的一些私事，在此偶然公布了而已。在文學裡，把詩歌印刷出來，就猶如在社交場合一個人在那歌唱，也就是說，都是某種個人的奉獻——也唯一只有上述考慮才會讓我做出此事。

[710]

威瑪，1813 年

十四行詩

漫長的冬夜永無盡頭，
太陽磨蹭著始終不到，
風暴與貓頭鷹競相怒吼，
干戈鳴響在脆弱的牆頭。

墳墓敞開送出了精靈：
圍著我旋轉飛舞，
想要嚇得我魂飛魄散，
但我不會向他們看上一眼。

白天，白天，我要高聲地宣布即將到來！
黑夜和鬼怪都會逃之夭夭：
晨星已在報告白天的到來。

很快，就算是最深暗之處都會被照亮：
光芒和色彩會覆蓋著世界，
無邊的遠空是一片深藍。

魯道城，1813 年

施瓦茨堡附近山谷中的岩石

我在晴朗的一天孤獨地走在林地的山谷，
留意到尖角的岩石，
那是從擁擠的森林孩子中出來的灰色東西。
看啊，在林中溪流的潺潺流動聲中，我聽到了，
一塊巨石問候其他的岩石：
兄弟們，和我一起感到喜悅吧，你們這些創造物的最古老的兒子，
到了今天，振奮精神的太陽仍在我們身邊嬉戲其光亮，
就像太陽首次升起時同樣的明媚和溫暖，
與在世界嬰兒時期時沒有什麼兩樣。
自那以後，不少緩慢移動的冬天，
我們的頭上覆蓋著雪，鬍鬚上有冰柱，

自那以後，許多我們的強大兄弟
就被我們的共同敵人，那瘋長的植物
——那時間的瞬間兒子，始終是日新月異和猛長——
深深的覆蓋和埋葬，並永遠遺憾地被剝奪了
這一縷令人高興的陽光，這一縷他們與我們在數千年前
一起看到過的陽光，就在那些腐化中孵化出那些傢伙之前。
那些傢伙，啊，兄弟們，已經在威脅我們以毀滅
從四面八方擠壓著我們。
啊！站穩了腳跟，我的兄弟們，緊緊有力地團結在一起
聯手昂頭向著太陽，讓太陽久久地照射著我們！

暴風雨中穿過雲層的陽光

在那折斷和狂掃一切的風暴中，你不為所動，
堅定、自若，你這振奮人心的太陽光！
像你那樣的微笑，那樣的溫柔、堅定和清澈，
智者在充滿痛苦和恐懼的生活風暴中也鎮定自若。

哈茨山的早晨 [712]

霧氣沉甸，烏雲壓頂，
哈茨山看上去就是陰暗：
世界混濁昏淡，
然後太陽射出了光芒，
一切都露出了笑容，
充滿了歡樂和愛意。

太陽就在那山坡上，
在那靜靜地歇息，
沉浸在深深的喜悅，
然後他就往山頂上走，
整個頂峰都被太陽抱住了，
太陽多愛這哈茨山！

德勒斯登，1815 年

西斯汀聖母像

她生下他在這一世界：他震驚地看到
那種混亂和惡行，
野蠻的狂怒和咆哮，
那不可救藥的愚蠢在肆虐，
無法止息的苦痛折磨。
震驚，但眼睛卻閃爍著
寧靜、信念、勝利的光芒，
宣告著永遠和確切的得救。

1819 年

大膽的詩句

（寫於 1819 年 4 月從那不勒斯前往羅馬的途中。我的主要著作在 1818 年 11 月已經出版了）

從那深切感受、長久埋藏的苦痛，
從內心而出向上盤繞。
我曾長期拚力管控它：

我知道我終於成功了,
不管你們想怎麼看:
你們都不會威脅到這巨作的生命,
你們可以耽誤它,但卻永遠無法扼殺它:
後世會為我豎起紀念碑。

1820 年 [713]

致康德

(在康德逝世的那一天,天空是如此的晴朗、無雲,那是我們這裡很少有的情形:也只有天頂上小小的浮雲在蔚藍色的天空漂浮。人們說,當時,一個士兵要周圍的人留意施密德橋的上空,口中說道:「看啊,那就是康德的靈魂,飛往天上去了。」——C. F. 羅伊斯,《康德和他的餐桌朋友》,第 11 頁)

我目送著你升上你的藍天,
在那藍天之上消失了你的蹤影。
我獨自留在熙攘的塵世,
你的話你的書是給我的安慰。
我要透過你的話語,
那充實心靈的聲音,活躍那孤寂:
他們都是陌生的人,在我的周圍,
世界是孤寂的,生活冗長。

(未完成)

柏林，1829 年

杜蘭朵謎語

為我們效勞的是一個小精靈，
在我們的眾多困厄之時，給我們援手，
我們所有人早就悲慘死去了，
如果他不是每天在那差事侍候。

但對其需要嚴厲的管束方可掌控，
其力量始終要受到約束；
我們時刻都要緊盯著他，
任何時候都不能放任不顧。

因為他的行事是魔鬼的陰險和狡詐，
他策劃禍害，圖謀叛變；
他為我們的生命和幸福設置陷阱，
隨時醞釀著可惡的行徑。

一旦成功掙脫了枷鎖，
去掉了那恨之已久的束縛，
他就匆忙要去為所受到的奴役報仇，
他的狂怒巨大一如他的狂歡。

他現在成了主人，我們則是他的奴僕：
想要努力拿回我們的古老權利，
從今以後都會落空，

束縛解除了,魔咒已被打破。

奴隸的狂怒一發不可收拾,
現今一切充滿死亡和恐懼:
在短暫的期限,寥寥的駭人之時,
它們就會吞噬主人的身家性命。

1830 年

試金石

一個寓言

黃金在一塊黑石上摩擦,
但一條黃色的痕跡都沒有留下:
「這不是真的黃金」,人人都這樣說,
人們把它扔到了不值錢的金屬中去。

後來人們發現:雖然那石頭
顏色黑的,但卻不是試金石,
黃金被翻找了出來,現在重獲尊榮:
只有真的試金石才能證明真金。

1831 年

花瓶

「看,我們開花也只有幾天,只有幾個小時」,
引人注目的一束豔麗鮮花向我喊道,

「但這接近黑暗的陰間,卻不會嚇住我們:
我們的確始終存在,永恆地活著——就像你一樣。」

[715] **美茵河畔法蘭克福,1837 年**

我在某次拍賣會上拍到了一冊塞凡提斯的悲劇《努曼西亞之圍》。冊子的前主人在這冊子上抄寫了奧古斯特·威廉·馮·施萊格爾下面的一首十四行詩。我讀完那悲劇以後,就在那十四行詩的旁邊寫下了一個詩節——我稱為〈胸音〉,而施萊格爾則稱為〈頭音〉。

頭音

羅馬的軍隊,疲於冗長的戰事,
對抗著自由、無畏的努曼西亞,
正當西庇奧重新訓練他的戰士,
那無法逆轉的命運時分已經接近。

重重的堡壘包圍,忍飢挨餓,武器
並沒有幫助勇敢的人;他們已與死亡結盟,
把自己、婦人、孩子付諸火口,
就是要奪走勝利者的戰利品。

被壓倒的西班牙仍舊勝利了,
流下英雄血液的他們,驕傲地
踏著高貴的厚底鞋到了陰間。

不是生利比亞和赫卡尼亞的人,

就會哭了:但哭的可是最後的羅馬人,
這最後的努曼西亞人的骨灰罈。

——A.W.V. 施萊格爾

胸音

塞凡提斯在此表現了
整座城市的自殺。
當一切都破碎了,那我們就只有
返回到大自然的起源。

1845 年

[716]

對(歌德的)威尼斯箴言詩的應和

不少人汙衊犬,我並不奇怪,
因為很遺憾,犬太過經常地讓人類感到羞恥。

吸引力

你要浪費思想和才智,
轉而迎合追隨者?
給他們好吃好喝的:
他們就會向你蜂擁奔來。

1856年

結局

疲憊的我現站在路的盡頭,
無力的頭顱幾乎無法承受月桂花環:
但看到所做出的業績我備感欣慰,
始終不曾理會別人說些什麼。

人名索引

注：人名、主題詞後面的頁碼是德文版頁碼。德文版頁碼列在頁邊空白處。

A

Abraham，亞伯拉罕，第 2 卷，284, 414

Addison，艾迪遜，第 2 卷，32

Aenesidemus（Schulze），埃奈西德穆斯（舒爾策），第 1 卷，115

Agassiz，阿加斯，第 2 卷，179

Ahasverus，亞哈隨魯，第 2 卷，283, 286

Ahriman，阿里曼，第 2 卷，327, 402, 412, 413

Aleman，Mateo，阿萊曼，馬迪奧，第 1 卷，421

Alembert, d'，達朗貝爾，第 1 卷，470；第 2 卷，499

Alkmene，阿爾克墨涅，第 2 卷，451

Altenstein, Minister，艾登斯坦（部長），第 1 卷，175

Ammonius Sackas，薩卡斯，第 1 卷，81

Amor，愛神，第 1 卷，457

Ampere，安培，第 2 卷，162

Anaxagoras，阿那克薩哥拉，第 2 卷，51

Anaximenes，阿那克西，第 2 卷，55

Angelus Silesius：見 Silesius

Anquetil dü Perron，杜伯龍，第 2 卷，433, 435

Anselm von Kanterbury，坎特伯里的安瑟倫，第 1 卷，94

Antisthenes，安提西芬尼，第 2 卷，685

Anwari Soheili，安瓦里·蘇哈里，第 1 卷，480

Aphrodite,阿芙蘿黛蒂,第 2 卷,448, 449

Apulejus,阿普列烏斯,第 1 卷,255, 301;第 2 卷,452, 486

Ariosto,阿里奧斯托,第 1 卷,239, 412;第 2 卷,86, 485, 504

Aristophanes,阿里斯托芬,第 1 卷,55;第 2 卷,395

Aristoteles,亞里斯多德,第 1 卷,55, 57, 66, 67, 68, 88, 89, 201, 278, 374, 383, 385, 386, 387, 395, 396;第 2 卷,167, 447, 600

Arkesilaos von Kyrene, König,阿爾克西拉烏斯(國王),第 1 卷,307

Arrianus,亞里安,第 1 卷,73, 75, 76

Artemidoros,阿特米多魯斯,第 1 卷,306

Arthur, König,亞瑟王,第 2 卷,420

Asmodäus,阿斯莫德,第 2 卷,226

Astarte,阿斯塔蒂,第 2 卷,413

Atlas,阿特拉斯,第 2 卷,449

Augustinus,奧古斯丁,第 2 卷,396, 399

Aureng-Zeb,奧朗札比,第 2 卷,387

B

Baal,巴力主神,第 2 卷,413

Babrius,巴布里烏斯,第 2 卷,450

Bako von Verulam,培根,第 1 卷,69, 88, 89, 321, 556;第 2 卷,499, 533, 562

Bastholm,巴斯特海姆,第 2 卷,247

Bayle,貝爾,第 1 卷,20;第 2 卷,398

Beaumont u. Fletcher,博蒙和弗萊切,第 2 卷,498

Beaumont, Elie de,埃利・德・博蒙,第 2 卷,164

Beaumont, Johann,約翰・博蒙,第 1 卷,333

Beethoven，貝多芬，第 1 卷，123；第 2 卷，470, 500

Bell, Ch.，查理斯・貝爾，第 2 卷，193

Belus，巴力主神，第 2 卷，413

Bendsen, Bende，本德・本森，第 1 卷，246, 342, 348

Beresford，巴里斯福德，第 1 卷，553

Berkeley，柏克萊，第 1 卷，26, 27, 29；第 2 卷，50

Bernini，貝尼尼，第 2 卷，613

Bertolotti，貝多洛蒂，第 2 卷，641

Bibra, Baron von，馮・布拉男爵，第 2 卷，407, 408

Bichat，畢夏，第 2 卷，110

Blumenbach，布魯門巴赫，第 2 卷，407

Bohlen, Peter von，博倫，第 1 卷，322；第 2 卷，440

Böhme, Jakob，雅克布・伯默，第 2 卷，21, 468

Boileau，布瓦洛，第 2 卷，567

Bonifacius，博尼法吉烏斯，第 2 卷，379

Borelli，博雷利，第 2 卷，169

Brahma，梵天，第 1 卷，83, 160；第 2 卷，326, 439, 515

Brettschneider，布萊施奈德，第 2 卷，424

Brierre de ßoismont，布瓦蒙，第 1 卷，331

Bronzino，布隆茨諾，第 2 卷，702

Brucker，布魯克，第 1 卷，49

Bruno, Giordano，布魯諾，第 1 卷，18, 72, 96, 105, 147, 225, 500；第 2 卷，89, 102, 352

Buchanan, Francis，布坎南，第 1 卷，146；第 2 卷，417

Buchholz, Paul Ferd. Friedr，布赫霍爾茨，第 1 卷，121

Büchner, Louis，布希那，第 2 卷，74

Buddha，佛陀，第 2 卷，183, 347, 440

Buffon,布豐,第 2 卷,149, 150, 183

Bulwer,布瓦爾,第 2 卷,607

Burdach II,伯爾達哈,第 1 卷,280

Bürger, Gottfr. August,比爾格,第 1 卷,123;第 2 卷,552

Byron,拜倫,第 1 卷,324, 323;第 2 卷,230, 478, 486, 668, 677

C

Cabanis,卡班尼,第 2 卷,110

Calderon,卡爾德隆,第 1 卷,435;第 2 卷,220

Camoens,卡米奧斯,第 2 卷,500

Cardanus,卡丹奴斯,第 1 卷,373

Carlyle,卡萊爾,第 2 卷,349

Cartesius,笛卡兒,第 1 卷,15, 16, 17, 27, 32, 33, 64, 89, 91, 94, 96, 99, 100, 201, 395;第 2 卷,135, 499, 562

Casper, Joh. Ludwig,卡斯帕,第 2 卷,175, 179

Cazotte,卡佐特,第 1 卷,336

Cervantes,塞凡提斯,第 1 卷,377;第 2 卷,482, 483, 506, 689, 715

Chamfort,尚福爾,第 1 卷,168, 202, 481, 491, 499;第 2 卷,32

Christine, Königin von Schweden,克里斯蒂娜(瑞典女王),第 1 卷,395

Christus,基督,第 1 卷,180;第 2 卷,346, 418, 419, 421

Chrysippos,克律西波斯,第 1 卷,73

Cicero,西塞羅,第 1 卷,430;第 2 卷,424

Cid,熙德,第 2 卷,421

Clarke,克拉克,第 2 卷,499

Claudius, Matthias,克勞迪烏斯,第 2 卷,328

Clemens Alexandrinus,亞歷山大的克羅門特,第 1 卷,167

Colebrooke，柯爾布魯克，第 1 卷，86

Collier，柯利爾，第 2 卷，506

Condillac，孔狄亞克，第 1 卷，64, 112, 113

Cordier，科爾迪埃，第 1 卷，55

Corneille，高乃依，第 1 卷，444；第 2 卷，421

Correggio，柯列吉奧，第 2 卷，494

Creuzer，克羅澤，第 2 卷，447

D

Dante，但丁，第 1 卷，161；第 2 卷，483, 484, 485, 500

Darius，大流士，第 2 卷，413

David, König，大衛王，第 1 卷，507

Davis, J.F.，大衛斯，第 1 卷，627

Delamarck，拉馬克，第 2 卷，174

Delüc，德呂克，第 2 卷，164

Demiurgos，造物者，第 1 卷，81；第 2 卷，302

Demokritos，德謨克利特，第 1 卷，51, 55, 100, 101；第 2 卷，108, 510

Desengano，幻滅，第 2 卷，313

Diderot，狄德羅，第 1 卷，445；第 2 卷，526

Diogenes，第歐根尼，第 1 卷，74

Diogenes Laertius，第歐根尼·拉爾修，第 2 卷，38

Dionysius Areopagita，亞略巴古的戴奧尼索斯，第 1 卷，86；第 2 卷，21

Donatus，多納圖斯，第 1 卷，167

Dorguth，多爾古特，第 1 卷，169

E

Empedokles，恩培多克勒，第 1 卷，51, 52, 55；第 2 卷，510

Epicharmos，伊壁查姆斯，第 1 卷，463

Epikuros，伊比鳩魯，第 1 卷，194, 408；第 2 卷，510

Epimetheus，厄毗米修斯，第 2 卷，449, 450

Erigena Scotus，愛留根納，第 1 卷，18, 82, 83, 263；第 2 卷，533, 562

Esquirol，埃斯基羅爾，第 1 卷，388

Esra，以斯拉，第 2 卷，412

Eulenspiegel，歐倫斯皮格爾，第 2 卷，563

Eurybiades，歐里比亞德斯，第 1 卷，443

Eusebius，歐瑟比，第 1 卷，161

Eyck, Johann van，凡·艾克，第 2 卷，493, 494

F

Falk, Johannes，法爾克，第 1 卷，211

Feuchtersleben, Emst Freih. von，福伊希特勒本，第 2 卷，498, 499, 512, 513

Feuerbach, Anselm von，費爾巴哈，第 1 卷，121

Fichte，費希特，第 1 卷，34, 120, 121, 122, 166, 176, 217；第 2 卷，19, 50, 51, 564, 565, 566, 571, 611, 612

Ficinus, Marsilius，菲奇諾，第 1 卷，332

Fick, Ludwig，菲克，第 2 卷，408, 409

Fischer, Kuno，費舍爾，第 1 卷，176

Fontenelle，豐特奈爾，第 1 卷，233

Forge, de la，福爾吉，第 1 卷，64

Fortlage，福特拉格，第 1 卷，209

Fourier，傅立葉，第 1 卷，55；第 2 卷，149, 150

Franciscus, S.，方濟各，第 2 卷，347

Franklin，富蘭克林，第 1 卷，562

Franz I, von Frankreich，法國的法蘭西斯一世，第 2 卷，491

Friedrich der Große，腓特烈大帝，第 1 卷，505；第 2 卷，375

Fries, Jakob，弗里斯，第 1 卷，223；第 2 卷，368

G

Gall，戈爾，第 2 卷，197

Garrick，加力克，第 2 卷，569

Gassendi，加森狄，第 1 卷，93

Gedicke，格迪克，第 1 卷，50

Gellert，吉拉特，第 1 卷，464

Gellius，格利烏斯，第 1 卷，443

Geulinx，格林克斯，第 2 卷，218, 219

Gleditsch，格雷迪殊，第 1 卷，343

Gluck，格魯克，第 2 卷，474

Gobineau, Comte de，戈比諾，第 2 卷，230

Goethe，歌德，第 1 卷，148, 395, 529；第 2 卷，107, 108, 186, 447, 460, 486, 487, 503, 506, 513, 552, 557

（詩歌），第 1 卷，375, 378, 379, 414, 415, 437, 463, 464, 465, 487；第 2 卷，105, 312, 613

（《格茨‧馮‧伯利欣根》），第 1 卷，251

（《艾格蒙特》），第 2 卷，252, 486

（《塔索》），第 1 卷，538；第 2 卷，585

（《伊菲格尼亞》），第 2 卷，487

（《浮士德》），第 2 卷，26, 538, 552

（《威廉·邁斯特》）第 1 卷，404, 483；第 2 卷，482

（《親和力》），第 1 卷，478；第 2 卷，137

（《童話》），第 2 卷，446

（《格言》），第 1 卷，506

（《詩與真》），第 1 卷，307, 333

（《顏色理論》），第 2 卷，205, 499, 526, 527

Goethe u. Schiller，歌德和席勒，第 2 卷，252, 573

Goldsmith, Oliver，高爾斯密，第 1 卷，394；第 2 卷，689

Gordian，戈爾迪安，第 1 卷，81

Gozzi，戈齊，第 2 卷，349

Gracian，格拉西安，第 1 卷，538, 549；第 2 卷，102, 505, 519, 653, 654

Graul，格魯爾，第 2 卷，102

Gregor I., Papst，教皇格利高里一世，第 2 卷，398

Grimm, Jakob，格林，第 2 卷，578

H

Hall, Marshal，荷爾，第 2 卷，193, 505

Hamilton, Sir William，哈密爾頓，第 2 卷，535

Hanuman，哈努曼，第 2 卷，243

Hauser, Kaspar，豪澤，第 1 卷，145

Haydn, Joseph u. Michael，海頓，約瑟夫和米克爾，第 2 卷，470

Hegel u. Hegelianer，黑格爾和黑格爾學派信徒，第 1 卷，34, 43 頁及後面，177, 193 頁及後面，199 頁及後面，209, 216；第 2 卷，19, 121, 303, 498, 511 頁及後面，527, 564 頁及後面，571, 611 頁及後面，697

Heinrich der Vierte，路易十四，第 2 卷，491

Hekatäos von Milet，赫克特斯，第 2 卷，444

Helvetius，愛爾維修，第 1 卷，167, 430；第 2 卷，32, 695

Hempel，亨普爾，第 2 卷，197

Herakleitos，赫拉克利特，第 2 卷，510

Herakles，海克力斯，第 2 卷，451

Herbart，赫爾巴特，第 1 卷，194, 200, 209, 220, 222；第 2 卷，540

Herder，赫爾德，第 2 卷，152, 545

Herodot，希羅多德，第 2 卷，394, 450

Hesiodus，赫西俄德，第 2 卷，448, 450, 507

Hiketas，希塞塔斯，第 1 卷，55

Himeros，希馬婁斯，第 2 卷，449

Hiob，《約伯記》，第 2 卷，573

Hippokrates，希波克拉底，第 1 卷，260

Hobbes，霍布斯，第 2 卷，247, 262, 533

Homer，荷馬，第 1 卷，555；第 2 卷，103, 444, 486, 503

Hood, Thomas，胡德，第 2 卷，701

Hooke, Robert，胡克，第 2 卷，147, 158, 168, 169

Horaz，賀拉斯，第 1 卷，479；第 2 卷，103

Horst，赫斯特，第 1 卷，333

Huarte，華特，第 2 卷，675

Hugo, Victor，雨果，第 2 卷，530

Humboldt, Alexander von，洪堡，第 2 卷，143

Hume，休謨，第 1 卷，30, 32, 33, 151, 194, 201；第 2 卷，335, 499

I

Idomeneus，伊多梅鈕斯，第 2 卷，451

Iffland，伊夫蘭，第 2 卷，480

Indra，因陀羅，第 2 卷，402

Isis，伊西斯，第 2 卷，445

J

Jacobi, F. H. I.，雅可布，第 2 卷，498

Jamblichus，揚布利科斯，第 1 卷，77, 80, 255

Jean Paul，讓·保羅，第 2 卷，289, 482, 486, 509, 546

Jephta，耶弗他，第 2 卷，451

Johannes Sarisberiensis，約翰·薩利斯伯里，第 2 卷，533

Johnson, Samuel，詹森博士，第 1 卷，412

Jonson, Ben，班·強生，第 2 卷，498

Josua，約書亞，第 2 卷，451

Jouy，約伊，第 2 卷，668

Julius II, Papst，教皇朱利二世，第 1 卷，260

Juvenal，尤維納利斯，第 1 卷，415；第 2 卷，643

K

Kali, die Göttin，卡里女神，第 2 卷，353

Kalidasa，卡里德薩，第 2 卷，515

Kampe, F.，坎普，第 1 卷，180

Kant u. seine Lehre，康德及其學說，第 1 卷，30 頁及後面，97, 98, 99, 101, 102, 103, 201, 206, 207, 208, 211；第 2 卷，57, 375-495, 498, 503

Karl der Fünfte，卡爾五世，第 2 卷，617

Karl der Große，查理曼大帝，第 2 卷，491

Kemp, Lindley，坎普，第 2 卷，178

Kepler，克卜勒，第 2 卷，158, 168, 723

Kerner, Justinus，克爾納，第 1 卷，322, 343

Klaproth, H. J.，克拉普羅特，第 2 卷，178

Kleanthes，克里安提斯，第 2 卷，444

Klopstock，科洛斯托，第 2 卷，513

Knebel, von，馮‧涅布林，第 1 卷，248

Koheleth，《傳道書》，第 1 卷，575 頁及後面，578

Kolumbus，哥倫布，第 1 卷，167

Konfucius，孔子，第 2 卷，183

Kopernikus，哥白尼，第 2 卷，167

Kotzebue，科茨布，第 1 卷，26；第 2 卷，480

Krates，克拉特斯，第 1 卷，74, 444

Kronos，克洛諾斯，第 2 卷，447, 448

Krösos u. Adrastos，克拉勞和阿德拉圖斯，第 1 卷，246

Krug, W.T.，克魯格，第 1 卷，223

Kyros, König，居魯士大帝，第 2 卷，412, 413

L

Labruyere，拉布呂耶爾，第 1 卷，45, 497；第 2 卷，32, 497, 695

Lactantius，拉克唐修，第 2 卷，90

Lajus，拉烏斯，第 2 卷，478

Lange, Joachim，朗格，第 2 卷，38

Laplace，拉普拉斯，第 2 卷，156

Lavater, L.，拉法特，第 1 卷，350

Lavoisier，拉瓦錫，第 2 卷，147

Layard，拉亞德，第 1 卷，149

Leibniz，萊布尼茲，第 1 卷，18, 19, 22, 96, 97；第 2 卷，122, 316, 499

Lepsius,李普修,第 2 卷,149, 584

Le Sage,勒·薩日,第 2 卷,689

Lessing, Gotthold Ephraim,萊辛,第 1 卷,159, 467;第 2 卷,480, 489, 546

Leukippos,留基伯,第 1 卷,51, 143

Leverrier,勒維里耶,第 2 卷,148

Lichtenberg, G. C.,利希滕貝格,第 1 卷,124, 464, 466;第 2 卷,32, 545, 569, 614, 664

Liebig,李比希,第 2 卷,125, 192

Link,林克,第 2 卷,527

Linné,林奈,第 2 卷,273

Livius,李維,第 2 卷,214

Locke,洛克,第 1 卷,18, 28, 29, 30, 32, 33, 56, 111, 112, 113, 201;第 2 卷,70, 108, 499

Ludwig der Vierzehnte,路易十四,第 2 卷,491, 492

Lukianos,盧奇安,第 1 卷,338, 351, 403

Lukretia,盧克利斯,第 1 卷,433

Lukretius,盧克萊修,第 1 卷,396

Lullius, Raimund,魯露斯,第 2 卷,533

Luther,路德,第 2 卷,371, 388, 396, 412, 413, 423

M

Machiavelli,馬基維利,第 2 卷,254, 263, 269, 391, 507

Mädler,麥德勒,第 2 卷,153

Mahlmann Siegfr. August,馬曼,第 2 卷,509

Mahmud, der Ghaznevide,瑪穆德,第 2 卷,387

Malebranche,馬勒伯朗士,第 1 卷,17 頁及後面,22, 27, 91, 201;

第 2 卷，362

Manethos，馬內托斯，第 2 卷，584

Manu（Englisch *Menu*），《摩奴法典》，第 2 卷，417, 441

Marius，馬略，第 1 卷，442

Massinger，馬辛格，第 2 卷，498

Mayer, Tobias，邁耶，第 2 卷，138

Melanchthon，梅蘭希通，第 2 卷，423

Melissos，麥里梭，第 1 卷，51

Mellingen，J.G.，梅林根，第 1 卷，445

Memling，梅姆林，第 2 卷，493

Menandros，米蘭特，第 1 卷，254；第 2 卷，264

Menötius, der Tapfere，墨諾提俄斯，第 2 卷，449

Merck, Joh. Heinr，梅克，第 1 卷，479

Metopos，米特普斯，第 2 卷，221

Metrodorus，門采多羅斯，第 1 卷，375

Montaigne，蒙田，第 2 卷，32

Monti, Vicenzo，蒙蒂，文聖佐，第 1 卷，450

Moratin，莫拉丹，第 1 卷，504

Moritz, Karl Philipp，莫利茨，第 1 卷，562

Morrison, Reverend，莫里森牧師，第 2 卷，357

Moses，摩西，第 2 卷，387

Mozart，莫札特，第 1 卷，123；第 2 卷，470, 475, 490

Muratori，穆拉托里，第 1 卷，101

Musonlus，穆索尼斯，第 1 卷，443

Myson，邁森，第 2 卷，665

N

Nabuchodonosor，尼布甲尼撒，第 2 卷，388

Napoleon，拿破崙，第 1 卷，534；第 2 卷，68, 278, 375, 676

Nasse，納瑟，第 2 卷，191

Nehemias，尼希米，第 2 卷，413

Newton，牛頓，第 2 卷，146, 167, 168, 169, 172, 205, 499

Niebuhr，尼布林，第 2 卷，521

Nikolai, Friedrich，尼古拉，第 1 卷，331

O

Obry，奧布里，第 2 卷，438

Odin，奧丁，第 2 卷，377

Oedipus，伊底帕斯，第 1 卷，245 頁及後面；第 2 卷，478

Oken，奧肯，第 2 卷，132

Olbers，奧爾伯斯，第 2 卷，151

Omar，歐麥爾，第 2 卷，427

Oenopides，歐諾皮德斯，第 1 卷，58

Origenes，歐利根，第 2 卷，398

Ormuzd，奧爾穆茲德（善神），第 1 卷，160；第 2 卷，327, 402, 412, 413, 414, 435

Orpheus，奧菲斯，第 2 卷，443

Oerstedt，奧斯特，第 2 卷，551

Osorius，奧索里亞斯，第 1 卷，465

Ovid，奧維德，第 2 卷，650

P

Pandora，潘朵拉，第 2 卷，450

Parmenides，巴門尼德，第 2 卷，510

Pascal，巴斯卡，第 2 卷，362

Patricius, Sankt，聖派翠克，第 2 卷，379

Paulus, Apostel，使徒保羅，第 2 卷，419

Pausanias，保薩尼亞，第 1 卷，338, 353

Perikles，伯里克利，第 2 卷，378

Perner, Hofrath，佩爾納樞密官，第 2 卷，408

Petrarka，佩脫拉克，第 1 卷，499；第 2 卷，485, 520, 562, 696

Petronius，彼德尼斯，第 1 卷，382

Petrus, Apostel，使徒彼得，第 2 卷，419

Pherekydes，菲勒塞德斯，第 2 卷，444

Philo Byblius，菲洛，第 1 卷，160, 161

Philolaos，菲洛勞斯，第 1 卷，55

Philostratus，菲洛斯特拉托斯，第 1 卷，190

Phokion，福康，第 2 卷，509

Photius，佛提烏，第 1 卷，353

Pierquin，皮埃坎，第 1 卷，292

Platner，普拉特納，第 1 卷，213

Plato，柏拉圖，第 1 卷，62, 63, 64, 194, 201, 254；第 2 卷，218, 219, 246, 447, 503, 593

Plautus，柏拉圖斯，第 2 卷，480

Plinius，普林尼，第 2 卷，334, 523

Plinius（der Jüngere），普林尼（小），第 1 卷，332, 338

Plotinos，普羅提諾，第 1 卷，15, 78, 79, 80, 81；第 2 卷，450

Plutarch，普盧塔克，第 1 卷，254, 256, 556, 580

Pomponatius，蓬波納齊，第 1 卷，64

Pope，波普，第 1 卷，102；第 2 卷，537

Porphyrius，波斐利，第 1 卷，77, 78, 81, 254；第 2 卷，109

Poseidon，波塞頓，第 2 卷，439

Pouillet，普耶，第 2 卷，I39, 140

Preller，普列勒，第 1 卷，50

Proklos，普羅克魯斯，第 1 卷，77, 255

Prometheus，普羅米修斯，第 2 卷，449, 450

Ptolemäus，托勒密，第 1 卷，71；第 2 卷，499

Puffendorf，普芬多夫，第 2 卷，247

Pythagoras，畢達哥拉斯，第 1 卷，54, 57, 490；第 2 卷，149, 328, 458

Pythia, Orakelsprüche der，皮提亞，神諭者，第 1 卷，307, 308

Q

Quintilian，昆提良，第 2 卷，571

R

Rachel, Demoiselle，拉切爾小姐，第 2 卷，653

Rameau，拉莫，第 2 卷，470

Raphael，拉斐爾，第 1 卷，558；第 2 卷，395, 460, 494

Rask, Rasmus Kristian，拉斯克，第 2 卷，630

Raupach，羅巴克，第 2 卷，480, 534

Reil, Joh. Christian，賴爾，第 1 卷，290

Reimarus, Herrn. Samuel，賴瑪魯斯，第 2 卷，419

Reinhold, C. L.，雷因霍爾德，第 1 卷，115, 208

Rembrandt，林布蘭，第 2 卷，460

Rhode, J. G.，羅德，第 2 卷，414

Riemer, Fr. Wilh.，里默，第 2 卷，71, 558

Ristori, Signora，麗斯托利，第 2 卷，653

Ritter，利特，第 1 卷，50

Rochefoucauld，拉羅什富科，第 2 卷，32, 270

Roland，羅蘭，第 2 卷，421

Rosas, Anton，洛薩斯，第 2 卷，35

Rosse, Lord，羅斯勛爵，第 1 卷，55

Rossini，羅西尼，第 2 卷，470, 475, 476, 505

Rousseau, J. J.，盧梭，第 1 卷，456；第 2 卷，425, 558, 674

Runge, Philipp Otto，朗格，第 2 卷，395

S

Sadi，薩迪，第 1 卷，500

Saint-Pierre, Bernardin de，聖皮埃爾，第 1 卷，497

Salat, Jakob，薩拉特，第 1 卷，200；第 2 卷，368

Sallustius，薩魯斯提烏斯，第 2 卷，222

Salmanassar，沙曼薩，第 2 卷，596

Salomo，所羅門，第 2 卷，469

Sanchuniathon，桑楚尼亞松，第 1 卷，149

Sand, George，喬治‧桑，第 2 卷，208, 656

Schelling und Schellingianer，謝林及謝林主義者，第 1 卷，23, 34, 37, 40, 41, 42, 121, 122, 166, 181；第 2 卷，19, 21, 76, 129, 498, 564, 565, 571, 611, 612

Schiller, Friedrich，席勒，第 1 卷，69；第 2 卷，84, 252, 480, 513, 668

Schiller und Goethe，席勒和歌德，第 2 卷，252

Schiwa，濕婆，第 1 卷，160

Schlegel, A.W.H，施萊格爾，第 2 卷，608, 715

Schleiermacher，施萊爾馬赫，第 1 卷，194, 200, 209；第 2 卷，19, 303

Schmidt, Isaak Jakob，施密特，第 1 卷，146；第 2 卷，217

Schneider, Fridemann，施奈德，第 2 卷，38

Schnurrer, F.，舒努勒，第 2 卷，174, 175, 179

Schopenhauer, Arthur，叔本華，第 1 卷，16

Schoreel，舒利爾，第 2 卷，493

Schubert, Gotthilf Heinrich v.，舒伯特，第 1 卷，306

Schulze, G.E.，舒爾策，第 1 卷，115

Scott, Sir Walter，史考特，第 1 卷，483, 519；第 2 卷，237, 482, 498, 516, 641, 689

Scouler, John，斯庫勒，第 1 卷，161

Secchi, Pater，塞基神父，第 2 卷，155

Seherin von Prévorst，普利伏斯特的遙視者，第 1 卷，358

Seneka，塞內卡，第 1 卷，73, 185, 188, 194, 224, 391, 401, 437, 444, 461, 462, 487, 504, 513, 530, 535；第 2 卷，258, 335, 543

Servius, Maurus Honoratus，塞爾維烏斯，第 2 卷，299

Shaftesbury，沙夫茨伯里，第 2 卷，32

Shakespeare，莎士比亞，第 1 卷，387, 435, 529；第 2 卷，84, 251 頁及後面，460, 477 頁及後面，486, 487, 498, 500, 503, 506

Shenstone，申斯通，第 2 卷，32

Silesius，西勒修斯·安吉奴斯，第 1 卷，500

Sirach, Jesus，耶穌·西拉克，第 1 卷，463；第 2 卷，500, 628

Sokrates，蘇格拉底，第 1 卷，59, 60, 61, 74, 189, 443；第 2 卷，352, 693

Solon，梭倫，第 2 卷，73

Sömmering, Sam.Thomas，索瑪連，第 2 卷，408

Sophokles，索福克里斯，第 1 卷，405；第 2 卷，244

Southey，修特，第 1 卷，519

Spence Hardy，斯賓塞・哈代，第 2 卷，389

Spindler，斯賓德勒，第 2 卷，607

Spinoza，斯賓諾莎，第 1 卷，17, 18, 22, 27, 38, 39, 40, 91, 92, 93, 194, 201；第 2 卷，261, 262, 562

Stahl, Georg Ernst，斯達爾，第 2 卷，521

Staunton, Sir George，斯丹唐爵士，第 1 卷，146

Sterne, L.，斯特恩，第 2 卷，301, 525

Stilling, Jung，斯特林，第 2 卷，406

Stobäus，斯托拜烏斯，第 1 卷，443；第 2 卷，221

Strauß, David，斯特勞斯，第 1 卷，322；第 2 卷，420

Suarez，蘇阿雷斯，第 1 卷，72

Sue, Eugen，歐仁・蘇，第 2 卷，607

Szapary, Graf，薩帕利伯爵，第 1 卷，319

T

Taaut，陶特，第 1 卷，160

Tacitus，塔西佗，第 1 卷，422

Tanner，塔那，第 1 卷，162

Tasso, Torquato，塔索，第 2 卷，485

Tauler，陶勒，第 2 卷，21

Terenz，泰倫斯，第 1 卷，548；第 2 卷，480

Thales，泰利斯，第 2 卷，510

Themistokles，特米斯托克利，第 1 卷，443

Theophrastus，泰奧弗拉斯托斯，第 2 卷，31, 32, 38, 665

Theophrastus Paracelsus，柏拉西斯，第 1 卷，255, 336

Tholuck,托盧克,第 2 卷,218

Thomas Messanensis,湯瑪斯・馬薩蘭西斯,第 2 卷,520

Thomasius,托馬修斯,第 1 卷,433;第 2 卷,679

Thyraeus Petrus,泰留斯,第 1 卷,339

Tieck, Ludwig,蒂克,第 2 卷,550

Tiruvalluver,提魯瓦魯瓦,第 2 卷,102

Tischbein,蒂希拜恩,第 2 卷,237

Treviranus, G. R.,特拉維拉努斯,第 1 卷,292

U

Ulpian,烏爾比安,第 1 卷,190

V

Valerius Maximus,瓦萊里烏斯・馬克西穆斯,第 2 卷,394, 656

Valmiki,瓦米基,第 2 卷,515

Vanini, Jul. Cäs.,瓦尼尼,第 2 卷,352, 400

Vauvenargues,沃夫納格,第 1 卷,153;第 2 卷,19, 584

Villemarqué, de la,維爾馬克,第 2 卷,420

Virgil,維吉爾,第 2 卷,483, 484

Virginius,維吉尼斯,第 1 卷,433

Voltaire,伏爾泰,第 2 卷,169, 172, 489, 499, 572

Vyasa,瓦薩,第 2 卷,515

W

Wachter,瓦赫特(《日爾曼語字詞樣品》的作者),第 2 卷,630, 729

Wächter, C. G. von,韋斯特,第 1 卷,438

Wegscheider, J. A. L.，維格舍德，第 2 卷，424, 628
Wenzel, G. J.，溫佐爾，第 1 卷，338
Wieland，維蘭德，第 1 卷，123
Willis, Thomas，威利斯，第 1 卷，91
Wilson，威爾遜，第 2 卷，436
Winckelmann，溫克爾曼，第 2 卷，613
Wischnu，毗濕奴，第 1 卷，136, 160；第 2 卷，515
Wöhler, Friedrich，沃勒，第 2 卷，129
Wolf, Christian，沃爾夫，第 1 卷，38；第 2 卷，565
Wolf, F. A.，F. A. 沃爾夫，第 1 卷，76；第 2 卷，521
Worcester, Bischof von，沃塞斯特主教，第 1 卷，28
Wordsworth，華茲華斯，第 1 卷，324, 519

X
Xenophanes，色諾芬尼，第 1 卷，93；第 2 卷，172
Xenophon，色諾芬，第 1 卷，451，第 2 卷，378
Xerxes，薛西斯，第 2 卷，606

Y
Yama，雅瑪，第 2 卷，392, 440
Yriarte，伊里亞德，第 2 卷，498, 534

Z
Zenon，芝諾，第 1 卷，74
Zeus，宙斯，第 1 卷，161；第 2 卷，448, 451, 484
Zimmermann, Ritter von，辛瑪曼，第 1 卷，499

叔本華　年表
Arthur Schopenhauer, 1788-1860

年　代	生　平　記　事
一七八八年	二月二十二日，出生於德國城市但澤（Gdańsk，當時的一部分，今波蘭格但斯克）。父親是富商，母親是有名氣的作家。
一七九七年	被派往勒阿弗爾（Le Havre）與他父親的商業夥伴格雷戈爾（Grégoire de Blésimaire）的家人一起生活兩年。學會流利的法語。
一八〇二年	叔本華閱讀讓・巴底斯特・羅范・德・高烏雷的《福布拉騎士的愛情冒險》。
一八〇三年	叔本華根據父親的意願決定不上文科學校學習，決定將來不當學者。他開始長達數年的旅行，周遊荷蘭、英國、法國和奧地利，並開始學商。 六月—九月，叔本華在溫布敦的住宿學校學英語。
一八〇五年	父親在漢堡的家中因運河溺水而死，叔本華認為是自殺，且將之歸罪於其母親，加上生活衝突，叔本華一生和母親交惡。
一八〇九年	離開威瑪，成為哥廷根大學（University of Göttingen）的學生。最初攻讀醫學，但後來興趣轉移到哲學。在一八一〇—一八一一年左右從醫學轉向哲學，離開了哥廷根大學。
一八一一年	冬季學期抵達新成立的柏林大學。並對費希特和施萊爾馬赫產生濃厚興趣。 以《論充足理由律的四重根》（*Über die vierfache Wurzel des Satzes vom zureichenden Grunde*）獲得博士學位。歌德

年　代	生　平　記　事
	對此文非常讚賞，同時發現叔本華的悲觀主義傾向，告誡說：「如果你愛自己的價值，那就給世界更多的價值吧！」將柏拉圖奉若神明，視康德為一個奇蹟，對這兩人的思想相當崇敬。但厭惡後來費希特、黑格爾代表的思辨哲學。
一八一三年	博士論文《論充足理由律的四重根》，第二版一八四七年出版。 十一月，歌德邀請叔本華研究他的色彩理論。雖然叔本華認為色彩理論是一個小問題，但他接受了對歌德的欽佩邀請。這些研究使他成為他在認識論中最重要的發現：找到因果關係的先驗性質的證明。
一八一四年	五月離開威瑪，搬到德勒斯登（Dresden）。
一八一六年	出版《論視覺與顏色》（*Über das Sehen und die Farben*），又將其翻譯成拉丁文。
一八一七年	在德勒斯登。與鄰居克勞斯（Karl Christian Friedrich Krause，試圖將自己的想法與古印度智慧的想法結合起來的哲學家）結識。叔本華從克勞斯那裡學到冥想，並得到了最接近印度思想的專家建議。
一八一八年	出版代表作《作為意志和表象的世界》（*Die Welt als Wille und Vorstellung*，以下簡稱 WWV）第一版，作為叔本華最重要的著作 WWV 的第二版在一八四四年出版。發表後無人問津。第二版在第一版一卷的基礎上擴充為兩卷，叔本華對第一卷中的康德哲學批評進行了修訂，第二卷增加了五十篇短論作為對第一卷的補充，第三版經過小幅修訂之後，在一八五九年出版。 叔本華說這本書：「如果不是我配不上這個時代，那就是這個時代配不上我。」但憑這部作品他獲得了柏林大學編外教授的資格。

年　代	生　平　記　事
一八三一年	八月二十五日，柏林爆發霍亂，本來打算與當時的戀人一起離開柏林，但對方拒絕了他，兩人分道揚鑣，叔本華獨自逃離柏林。同年十一月十四日黑格爾因霍亂死於柏林。
一八三三年	移居法蘭克福。
一八三六年	出版《論大自然的意志》（*Über den Willen in der Natur*）；第二版，一八五四年出版。
一八三七年	首度指出康德《純粹理性批判》一書第一版和第二版之間的重大差異。
一八四一年	出版《倫理學的兩個基本問題》（*Die beiden Grundprobleme der Ethik*），內容包括一八三九年的挪威皇家科學院的科學院褒獎論文〈論意志的自由〉（*Über die Freiheit des menschlichen Willens*）和一八四〇年的論文〈論道德的基礎〉（*Über die Grundlage der Moral*），幾乎無人問津。第二版在一八六〇年出版。 同年，他稱讚倫敦成立防止虐待動物協會，以及費城動物友好協會。甚至抗議使用代名詞「它」來指動物，因為「它」導致了對它們的處理，好像它們是無生命的東西。 叔本華非常依賴他的寵物貴賓犬。批評斯賓諾莎認為動物僅僅是滿足人類的手段。
一八四四年	在他堅持下，出了《作為意志和表象的世界》第二版。第一版早已絕版，且未能引起評論家和學術界絲毫興趣，第二版的購者寥寥無幾。
一八五一年	出版完成了對《作為意志和表象的世界》的補充與說明，就是兩卷本《附錄和補遺》（*Parerga und Paralipomena*），這套書使得叔本華聲名大噪。麥金泰爾在《倫理學簡史》中對叔本華的描述「對人性的觀察是那麼出色（遠遠超出我所說的）」可以在這套書中得到印證。《附錄和補遺》第一卷中的〈人生智慧錄〉更是得到了諸如托馬斯曼、托爾斯泰等人備至推崇。

年　代	生　平　記　事
一八五九年	《作為意志和表象的世界》第三版引起轟動，叔本華稱「全歐洲都知道這本書」。叔本華在最後的十年終於得到聲望，但仍過著獨居的生活，陪伴他的只有數隻貴賓犬，其中，以梵文「Atman」（意為「靈魂」）命名的一隻最為人熟悉。
一八六〇年	九月二十一日，死於呼吸衰竭，七十二歲。

經典名著文庫 215

叔本華《附錄和補遺》第二卷
Parerga und Paralipomena II

文庫策劃	—— 楊榮川
作　　者	—— [德] 亞瑟‧叔本華（Arthur Schopenhauer）
譯　　者	—— 韋啓昌
編輯主編	—— 蘇美嬌
特約編輯	—— 郭雲周
封面設計	—— 姚孝慈
著者繪像	—— 莊河源
出版者	—— 五南圖書出版股份有限公司
發行人	—— 楊榮川
總經理	—— 楊士清
總編輯	—— 楊秀麗
	地　　址 —— 臺北市大安區 106 和平東路二段 339 號 4 樓
	電　　話 —— 02-27055066（代表號）
	傳　　真 —— 02-27066100
	劃撥帳號 —— 01068953
	戶　　名 —— 五南圖書出版股份有限公司
	網　　址 —— https://www.wunan.com.tw
	電子郵件 —— wunan@wunan.com.tw
法律顧問	—— 林勝安律師
出版日期	—— 2025 年 5 月初版一刷
定　　價	—— 820 元

版權所有‧翻印必究（缺頁或破損請寄回更換）

本書經上海人民出版社有限責任公司授權出版，只限在港澳臺地區發行、銷售。
© 上海人民出版社有限責任公司 2019。

國家圖書館出版品預行編目資料

叔本華《附錄和補遺》/ 亞瑟‧叔本華(Arthur
　Schopenhauer) 著；韋啟昌譯. -- 初版 -- 臺北市：
　五南圖書出版股份有限公司，2025.05-
　　冊；公分
　譯自：Parerga und Paralipomena
　ISBN 978-626-423-224-1(第 1 卷：平裝). --
ISBN 978-626-423-225-8(第 2 卷：平裝)

　1.CST: 叔本華(Schopenhauer, Arthur, 1788-1860)
　2.CST: 學術思想　3.CST: 哲學
147.53　　　　　　　　　　　　　　114001955